Programmieren auf der SAP® BTP

SAP PRESS

SAP PRESS ist eine gemeinschaftliche Initiative von SAP SE und der Rheinwerk Verlag GmbH. Unser Ziel ist es, Ihnen als Anwendern qualifiziertes SAP-Wissen zur Verfügung zu stellen. SAP PRESS vereint das Know-how der SAP und die verlegerische Kompetenz von Rheinwerk. Die Bücher bieten Ihnen Expertenwissen zu technischen wie auch zu betriebswirtschaftlichen SAP-Themen.

Damit Sie nach weiteren Titeln Ihres Interessengebiets nicht lange suchen müssen, haben wir eine kleine Auswahl zusammengestellt.

Florian Pohl, Jean-Francois Tate Tsiledze,
Constantin Freiherr Teuffel von Birkensee, Raphael Witte

Programmieren auf der SAP® BTP

Rheinwerk
Publishing

Liebe Leserin, lieber Leser,

SAP-Landschaften sind komplex, und wir alle wissen, wie schnell sich Technologien und Anforderungen in der IT-Welt ändern. Genau da setzt SAP PRESS an: mit Büchern, die nicht nur Theorie vermitteln, sondern konkret im Alltag helfen.

In diesem Buch finden Sie direkt umsetzbare Ratschläge, praktische Beispiele und Lösungen für drängende Herausforderungen. Unsere Autor*innen sind Profis, die wissen, wo der Schuh drückt – und wie man Probleme effizient löst. Mit ihrer Erfahrung an Ihrer Seite können Sie Ihre SAP-Projekte gezielter angehen, fundiertere Entscheidungen treffen und die vielen Facetten von SAP besser meistern.

Ob Sie gerade erst beginnen oder schon lange im SAP-Umfeld tätig sind: Wir sind davon überzeugt, dass dieses Buch Ihnen hilfreiche Anleitungen und Tipps an die Hand gibt, um Ihre täglichen Aufgaben und Projekte erfolgreich zu meistern.

Wir freuen uns stets über Lob, aber auch über kritische Anmerkungen, die uns helfen, unsere Bücher zu verbessern. Zögern Sie also nicht, sich bei mir zu melden; Ihr Feedback ist jederzeit willkommen.

Wir wünschen Ihnen viele Aha-Momente und eine erfolgreiche Umsetzung mit diesem Buch!

Ihre Nicole Gürgens
Lektorat SAP PRESS

nicole.guergens@rheinwerk-verlag.de
www.rheinwerk-verlag.de
Rheinwerk Verlag • Rheinwerkallee 4 • 53227 Bonn

Auf einen Blick

Wir hoffen, dass Sie Freude an diesem Buch haben und sich Ihre Erwartungen erfüllen. Falls Sie Anregungen, Wünsche und Kommentare haben, lassen Sie es uns wissen: **service@rheinwerk-verlag.de**.

Informationen zu unserem Verlag und Kontaktmöglichkeiten finden Sie auf unserer Verlagswebsite **www.rheinwerk-verlag.de**. Dort können Sie sich auch umfassend über unser aktuelles Programm informieren und unsere Bücher und E-Books bestellen.

Autoren Florian Pohl, Jean-Francois Tate Tsiledze, Constantin Freiherr Teuffel von Birkensee, Raphael Witte
Lektorat Nicole Gürgens
Copy-Editing Alexandra Müller, Olfen
Typografie & Layout Vera Brauner
Satz SatzPro, Krefeld
Herstellung Nadine Preyl
Covergestaltung Silke Braun
Coverbild iStock: 1395695074 © BlackJack3D
Druck Beltz Grafische Betriebe, Bad Langensalza

FSC www.fsc.org MIX Papier | Fördert gute Waldnutzung FSC® C089473

Dieses Buch wurde mit mineralölfreien Farben auf FSC-zertifiziertem Papier aus nachhaltiger Waldwirtschaft gedruckt. Hergestellt in Deutschland.

Bibliografische Information der Deutschen Nationalbibliothek:
Die Deutsche Nationalbibliothek verzeichnet diese Publikation in der Deutschen Nationalbibliografie; detaillierte bibliografische Daten sind im Internet über *http://dnb.dnb.de* abrufbar.

ISBN 978-3-367-10819-0

1. Auflage 2026

Rheinwerk Verlag GmbH • Rheinwerkallee 4 • 53227 Bonn
service@rheinwerk-verlag.de

Inhalt

Vorwort

Willkommen in der Welt der SAP Business Technology Platform (SAP BTP)! In einer Zeit rasanter technologischer Innovationen ist es entscheidend, sich schnell anzupassen und neue Technologien effektiv zu nutzen. Dabei spielt die SAP BTP besonders im SAP-Umfeld eine zentrale Rolle.

Doch wie navigiert man durch die ständig wachsenden Anforderungen und die Vielzahl an Lösungsalternativen? Wie findet man den richtigen Weg im Dschungel der Möglichkeiten?

Dieses Buch bietet Ihnen einen umfassenden Überblick über die verschiedenen Programmiersprachen im SAP-Umfeld und konzentriert sich dabei speziell auf die optimale Nutzung der SAP BTP.

Ein zentrales Thema ist dabei die Einführung und Anwendung von Qualitäts-Gates. Diese sind von entscheidender Bedeutung, um sicherzustellen, dass die entwickelten Lösungen den höchsten Standards entsprechen und den Anforderungen der Unternehmen gerecht werden. Darüber hinaus werden Richtlinien vorgestellt, die die Nutzung von Low-Code- und No-Code-Plattformen sowie ABAP in der Cloud im Vergleich zu Node.js auf der SAP BTP beschreiben.

Doch dieses Buch geht weit über die technischen Aspekte der Entwicklung hinaus. Es beleuchtet auch die strategische Bedeutung dieser Technologien und zeigt auf, wie Unternehmen durch den gezielten Einsatz der richtigen Programmiersprachen und Plattformen ihre Geschäftsprozesse optimieren und ihre Wettbewerbsfähigkeit steigern können. Von der Planung und Strategieentwicklung bis hin zur konkreten Umsetzung in Projekten werden alle notwendigen Rollen und Schritte detailliert beschrieben.

Dieses Buch richtet sich an Entwickler, IT-Manager und Entscheidungsträger, die ein tiefes Verständnis für die Möglichkeiten und Herausforderungen der Programmierung im SAP-Umfeld auf der SAP BTP erlangen möchten. Es bietet wertvolle Einblicke und praktische Anleitungen, um die besten Entscheidungen für die technologische Zukunft Ihres Unternehmens zu treffen.

Ich wünsche Ihnen viel Freude beim Lesen und hoffe, dass dieses Buch Ihnen wertvolle Erkenntnisse und Inspiration für Ihre Arbeit im SAP-Umfeld vermittelt.

Klaus Strack
Geschäftsführung Deutschland, NTT DATA Business Solutions AG

Einleitung

Die *SAP Business Technology Platform* (SAP BTP) hat sich in den vergangenen Jahren zum zentralen Dreh- und Angelpunkt der modernen SAP-Welt entwickelt. Sie bildet das technologische Fundament für zahlreiche SAP-Lösungen und ermöglicht mit ihren vielfältigen Services – von der Anwendungsentwicklung über Integration, Prozessautomatisierung bis hin zur künstlichen Intelligenz – eine gewinnbringende Datennutzung und die effiziente Umsetzung innovativer Prozesse im Unternehmensumfeld.

Als offene und modulare Plattform bietet die SAP BTP entscheidende Vorteile, die Unternehmen dabei unterstützen, Innovationen und Prozesse schnell umzusetzen. Dazu zählt die *Clean-Core-Strategie*, bei der alle Anpassungen und Erweiterungen innerhalb der SAP-Landschaft auf bzw. mit der SAP BTP außerhalb des Kernsystems umgesetzt werden. Ebenso wichtig ist die *Multi-Cloud-Strategie*, die die Nutzung zusätzlicher Anbieter wie Amazon Web Services, Azure oder Google Cloud ermöglicht. Zudem ist die SAP BTP essenziell für die Einbindung von Zukunftstechnologien wie künstlicher Intelligenz, Automatisierung und event-getriebenen Architekturen.

Ziel dieses Buches

Da die SAP BTP zahlreiche Services und damit eine Vielzahl an Technologien und Werkzeugen vereint, wirkt deren Zusammenspiel auf viele Anwender*innen und Entwickler*innen zunächst äußerst komplex.

Das Buch »Programmieren auf der SAP BTP« wurde geschrieben, um einen verständlichen und praxisnahen Leitfaden bereitzustellen, der Anwender*innen und Entwickler*innen bei der Entwicklung und Integration von Anwendungen auf der SAP BTP Schritt für Schritt begleitet und unterstützt. Dabei werden nicht nur die wichtigsten Grundlagen und Werkzeuge vorgestellt, sondern auch Best Practices und konkrete Handlungsanweisungen aufgezeigt – verständlich, anwendbar und direkt in realen Projekten umsetzbar.

Für wen ist dieses Buch geeignet?

Das Werk richtet sich in erster Linie an Anwender*innen und Entwickler*innen, die auf der SAP BTP programmieren oder Erweiterungen umsetzen möchten, sowie an Berater*innen und Entscheider*innen, die ein grundlegendes Verständnis der SAP BTP und ihrer vielfältigen Einsatzmöglichkeiten erlangen möchten. Auch Studierende und Berufseinsteiger*innen im SAP-Umfeld finden in diesem Werk einen fundierten Überblick und eine praktische Anleitung.

Inhalt dieses Buches

Kapitel 1, »SAP Business Technology Platform: strategische Grundlagen und Architektur«, führt zunächst in den Clean-Core-Ansatz ein, eines der zentralen Leitprinzipien der SAP BTP. Es wird detailliert erläutert, wie mit Key-User-Erweiterungen, ABAP-Cloud- und Side-by-Side-Erweiterungen standardisierte und zukunftsfähige Architekturen gestaltet werden können.

Kapitel 2, »SAP Cloud Application Programming Model«, erläutert das Thema SAP Cloud Application Programming Model (CAP) und zeigt, wie Sie mit diesem Programmiermodell leistungsstarke Anwendungen entwickeln können. Außerdem wird erläutert, wie damit Datenmodelle und Services strukturiert sowie SAP-Fiori- und andere Frontends nahtlos integriert werden.

Kapitel 3, »ABAP in der Cloud und ABAP RESTful Application Programming Model«, widmet sich dem Schwerpunkt ABAP in der Cloud. Es wird herausgearbeitet, wie sich die ABAP-Umgebung von klassischen On-Premise-Systemen unterscheidet und wie mit dem ABAP RESTful Application Programming Model zukunftsfähige und skalierbare Services und SAP-Fiori-Anwendungen entstehen.

SAP Build steht im Zentrum von **Kapitel 4**, »SAP Build«. Die SAP-Build-Lösungen – SAP Build Apps, SAP Build Process Automation, SAP Build Work Zone und SAP Build Code – ermöglichen eine nahtlose Verbindung von No-Code-, Low-Code- und Pro-Code-Entwicklungen. Dieses Zusammenspiel bildet eine perfekte Grundlage für die Zusammenarbeit zwischen SAP-Anwender*innen und professionellen Entwickler*innen.

Kapitel 5, »Events und APIs«, zeigt die Bedeutung event-getriebener Architekturen auf. Anhand des Beispiels SAP Event Mesh wird erläutert, wie sich verschiedene Systeme effizient vernetzen lassen und welche Chancen sich dadurch eröffnen.

In **Kapitel 6**, »Künstliche Intelligenz auf der SAP BTP«, werden die Einsatzmöglichkeiten von künstlicher Intelligenz auf der SAP BTP erläutert. Es werden diverse KI-Services vorgestellt, wie z. B. SAP Document AI, Data Attribute Recommendation und generative Modelle. Darüber hinaus wird gezeigt, wie mit SAP AI Core, SAP AI Launchpad und Joule eigene Szenarien umgesetzt und native Machine-Learning-Funktionen von SAP HANA Cloud genutzt werden können.

Zuletzt wird im abschließenden **Kapitel 7**, »DevOps und Sicherheit«, das Thema DevOps auf der SAP BTP näher beleuchtet. Es wird gezeigt, wie der Einsatz von Git, CI/CD

Pipelines und SAP-Transportmanagement moderne Entwicklungs- und Betriebsprozesse etablieren kann. Ergänzend werden Tools wie der SAP Alert Notification Service und Kibana vorgestellt.

Programmierbeispiele zum Download

Damit Sie die Beispiele in diesem Buch nachvollziehen und sofort selbst ausprobieren können, finden Sie unter *www.sap-press.de/6104* im Bereich **Materialien** die Programmierbeispiele zum Download. [+]

In hervorgehobenen *Informationskästen* finden Sie in diesem Buch Inhalte, die wissenswert und hilfreich sind, aber etwas außerhalb der eigentlichen Erläuterung stehen. Damit Sie die Informationen in den Kästen sofort einordnen können, haben wir die Kästen mit Symbolen gekennzeichnet:

Dieses Symbol weist Sie auf *Besonderheiten* hin, die Sie beachten sollten. Es *warnt* Sie außerdem vor häufig gemachten Fehlern oder Problemen, die auftreten können. [!]

Mit diesem Symbol sind *Tipps* und *Hinweise* aus der Berufspraxis markiert, die praktische Empfehlungen geben, die Ihnen die Arbeit erleichtern können. [+]

In Kästen, die mit diesem Symbol gekennzeichnet sind, finden Sie Informationen *zu weiterführenden Themen* oder wichtigen Inhalten, die Sie sich merken sollten. [«]

Danksagung

Ein Fachbuch wie dieses, geschrieben von Experten, die nicht hauptberufliche Autoren, sondern vor allem auch Kollegen, Vorgesetzte, Partner und Väter sind, entsteht nicht im Vakuum. Unzählige Stunden konzentrierter Schreibarbeit flossen in die sieben Kapitel dieses Werks. »Programmieren auf der SAP BTP« wäre nicht möglich gewesen ohne die Unterstützung zahlreicher Menschen in unserem persönlichen Umfeld, denen wir im Folgenden in persönlichen Worten von Herzen danken möchten.

Jean-François Tate Tsiledze:

Zunächst danke ich meiner Mutter Martine von Herzen für ihre liebevolle Erziehung und all die Opfer, die sie für mich gebracht hat. Ein besonderer Dank gilt meiner Frau Nadja für ihre unermüdliche Unterstützung und dafür, dass sie mir so vieles abgenommen hat, um mir Raum für dieses Buch zu geben. Meine Söhne Christophe und Raphaël – ihr seid meine größte Motivation und gebt mir die Kraft, auch an schweren Tagen weiterzumachen.

Florian Pohl:

Mein Dank gilt ganz besonders meiner Verlobten Alina für ihre starke Unterstützung, ihr Verständnis und die Kraft, die sie mir während der Entstehung dieses Buches gab. Ich danke meiner Familie und meinen Freunden für ihr Verständnis während dieser intensiven Zeit und dafür, dass sie mir trotz meiner begrenzten Verfügbarkeit wertvolle Ablenkung verschafften. Darüber hinaus danke ich auch meinem Teamleiter Martin Pichlo herzlichst für die nötige Zeit, die er mir in den vergangenen Wochen zum Schreiben einräumte.

Raphael Witte:

Mein besonderer Dank gilt meiner Frau Daniela und unserer Tochter Sophia. Während der Arbeit an diesem Buch blieb oft wenig gemeinsame Zeit. Umso mehr möchte ich mich bei euch für eure Unterstützung in dieser Zeit bedanken. Ich möchte mich auch herzlich bei meiner Mutter Hedwig und meinem verstorbenen Vater Johannes bedanken – ohne euch wäre ich heute nicht da, wo ich bin. Dank gilt auch meiner Familie und meinen Freunden für Ihr Verständnis und die oft willkommene Ablenkung. Für die Unterstützung und die vielen hilfreichen Gespräche bedanke ich mich zudem herzlichst bei meinen Kolleg*innen im Cloud Custom Development.

Constantin Freiherr Teuffel von Birkensee:

Ein besonderer Dank gilt meinen beiden Kindern, Amelie und Maxime, die mich in dieser intensiven Zeit nicht nur begleitet, sondern auch mit viel Geduld und Verständnis unterstützt haben. Eure Liebe und euer Rückhalt haben mir viel Kraft gegeben. Ebenso möchte ich mich herzlich bei meiner Ex-Frau Viktoria bedanken. Sie hat mir in vielerlei Hinsicht den Rücken frei gehalten und mich, gemeinsam mit ihrem Mann, tatkräftig unterstützt – dafür bin ich sehr dankbar. Ein großes und von Herzen kommendes Dankeschön geht auch an meine Eltern, Birgit und Benedikt Teuffel von Birkensee. Eure Liebe, euer Vertrauen und eure stetige Unterstützung haben mir den Weg geebnet. Ohne euch wäre ich heute nicht da, wo ich bin.

Gemeinsamer Dank:

Ein herzliches Dankeschön geht an unsere Vorgesetzten, Markus Böhme und Eric Rotzoll, die uns nicht nur die Freiheit gegeben haben, dieses Buch zu schreiben, sondern uns auch mit Vertrauen, Rückhalt und wertvollem Feedback unterstützt haben. Ohne diese Offenheit und Förderung wäre »Programmieren auf der SAP BTP« in dieser Form nicht möglich gewesen. Wir bedanken uns zudem bei Tsvetelina Tsoneva und Janine Baumann – eure Unterstützung, euer offenes Ohr und eure Bereitschaft, uns in vielen kleinen und großen Dingen zu helfen, haben uns sehr weitergebracht und motiviert.

Zum Schluss danken wir der gesamten SAP-Community. Die zahlreichen Beiträge, Diskussionen und das geteilte Wissen von Expert*innen, Anwender*innen und Vordenker*innen waren für uns eine stetige Quelle der Inspiration und haben maßgeblich zur Qualität und Tiefe dieses Buches beigetragen.

Kapitel 1
SAP Business Technology Platform: strategische Grundlagen und Architektur

Die SAP Business Technology Platform eröffnet Ihnen viele Möglichkeiten. Das Konzept des Clean Core bildet das neue Fundament der Entwicklung. In diesem Kapitel erfahren Sie, wie Sie diesen Ansatz für Ihre spezifischen Szenarien optimal nutzen können.

Standards vereinfachen Geschäftsprozesse erheblich. SAP bietet für die meisten Business-Szenarien standardisierte Szenarien, die Kunden direkt nutzen können. Viele Unternehmen verfügen jedoch über individuelle Prozesse, die sie gerade in ihrem Business auszeichnen und besonders machen. Diese Prozesse machen den Unterschied – doch wie lassen sich solche kundenindividuellen Prozesse im SAP-System umsetzen?

Im klassischen SAP ECC (R3) konnten Systeme umfassend modifiziert werden, was allerdings häufig Updates und Upgrades erschwerte oder unmöglich machte. In der modernen cloud-getriebenen Systemlandschaft ist dieser Ansatz weder möglich noch empfehlenswert. Der Grund: System-Updates und neue Releases sind heute wichtiger denn je, neue Technologien wie künstliche Intelligenz oder Automatisierungen erfordern regelmäßige Aktualisierungen, um wettbewerbsfähig zu bleiben. Bestimmte Anpassungen oder gar Modifikationen sind in Cloud-Systemen heutzutage nicht mehr vorgesehen. Dieses Kapitel zeigt, wie Sie mit der SAP Business Technology Platform (SAP BTP) dennoch eigene Szenarien umsetzen können, ohne Flexibilität einzubüßen. Dazu stellen wir Ihnen die folgenden Themen vor:

- Grundprinzipien und Möglichkeiten von Clean Core
- Einblick in die verschiedenen Entwicklungsmöglichkeiten und -plattformen
- Vorstellung der SAP Business Technology Platform
- Überblick von Events, API und AI

Abbildung 1.1 veranschaulicht die typischen Bedürfnisse bei Kunden.

Abbildung 1.1 Entwicklungsanforderung beim Kunden

Kernziel ist die klare Trennung zwischen SAP-Entwicklung und Kundenentwicklungen, um Eingriffe in den SAP-Programmablauf zu vermeiden. Diese Trennung reduziert den Upgrade-Aufwand erheblich und ermöglicht automatische Updates in Cloud-Systemen. Dabei kommen moderne Technologien zum Einsatz:

- SAP Cloud Application Programming Model (CAP)
- ABAP RESTful Application Programming Model
- In-App Extensions

Abschnitt 1.1 erläutert die Clean-Core-Strategie und zeigt die kritischen Erfolgsfaktoren für deren Implementierung.

1.1 Clean Core

Das Ziel von Clean Core ist, dass das System so nah wie möglich im Standard verbleibt und die Erweiterungen cloud-kompatibel und integriert sind. Dabei ist es erlaubt, das System zu adaptieren, um die Geschäftsanforderung umzusetzen und neue Funktionen zu erweitern. Clean Core steht für ein Systemarchitekturkonzept und eine Philosophie, die sich in verschiedenen Dimensionen streng am Standard orientiert.

Zu den Zielen von Clean Core gehören:

- Schaffung einer reaktionsfähigen IT-Architektur zur flexiblen Anpassung an sich ändere Geschäftsanforderungen

- Ermöglichen problemloser System-Upgrades
- Bereitstellung einer Grundlage für cloud-konforme, modulare Erweiterungen und Integrationen
- Vorbereitung für einen potenziellen zukünftigen Wechsel in die Public Cloud

1.1.1 Grundprinzipien des Clean-Core-Ansatzes

Clean Core geht über »saubere« Programmierung hinaus und umfasst die gesamte Systemarchitektur sowie die dazugehörigen Prozesse.

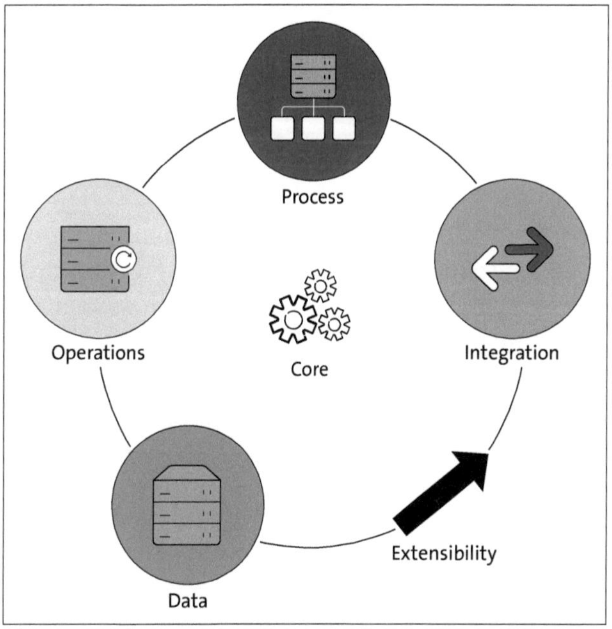

Abbildung 1.2 Clean Core

SAP definiert fünf Bereiche von Clean Core (siehe Abbildung 1.2):

1. **Extensibility**: effektive, upgrade-stabile Erweiterungen, die von SAP-Standardfunktionen entkoppelt sind
2. **Data**: hohe Datenqualität und Governance zur Ausschöpfung des Prozesspotenzials und Minimierung von Fehlern
3. **Integrations**: erweiterbare IT-Landschaft, die innovative APIs sowie ein ereignisgesteuertes Design nutzt
4. **Processes**: Optimierung der Prozesse, um die Wettbewerbsfähigkeit zu erhöhen und die Komplexität zu minimieren
5. **Operations**: Implementierung von bewährten Betriebskonzepten, Systemüberwachung und geeignetem Release-Management

Diese fünf Dimensionen haben unterschiedliche Gewichtungen im Bereich Entwicklung und sind für alle Beteiligten in SAP-Projekten relevant.

Extensibility

Erweiterungen sollten nur erfolgen, wenn es nötig ist. Sie müssen cloud-kompatibel sein und mithilfe des Three-Tier-Modells (siehe Abschnitt 1.1.3) entwickelt werden. Es muss sichergestellt werden, dass immer der volle Umfang der Erweiterungsmöglichkeiten (siehe Abschnitt 1.1.2, »Technologische Grundlagen: In-App Extensions, ABAP Cloud und Side-by-Side Extensions«) genutzt wird und man sich nicht auf eine Technologie beschränkt. Für Erweiterungen müssen klare Anforderungen und Richtlinien vorhanden sein, wie die Entwicklung durchgeführt werden soll. Technische Unsauberkeiten müssen dokumentiert und regelmäßig auf ihre Machbarkeit hin überprüft werden.

Data

Um eine optimale Performance des Systems sicherzustellen, ist es notwendig, das Datenvolumen kontinuierlich zu kontrollieren und gegebenenfalls zu reduzieren. Dabei sollten veraltete, nicht mehr genutzte oder redundante Daten konsequent identifiziert und entfernt werden, um unnötige Belastungen für das System zu vermeiden. Besonders bei der Speicherung personenbezogener Daten muss sorgfältig geprüft werden, ob diese tatsächlich erforderlich ist. Es muss sichergestellt sein, dass solche Daten bei Bedarf gelöscht werden können, um sowohl gesetzlichen Anforderungen als auch unternehmensinternen Datenschutzrichtlinien gerecht zu werden.

Integrations

Die Nutzung von Standard-APIs mit OData oder SOAP ist entscheidend für eine zukunftssichere und wartbare Systemarchitektur. Die Verwendung von veralteten Techniken wie RFC oder IDoc sollte vermieden werden, da diese nicht mehr aktuellen Anforderungen im Hinblick auf die Erweiterbarkeit und Cloud-Kompatibilität entsprechen. Stattdessen empfiehlt sich die Verwendung moderner, ereignisgesteuerter Designs für Standard-Events zur Integration.

Processes

Die Definition von Prozessen ist ein entscheidender Faktor für die Clean-Core-Umsetzung. Berater*innen und Kunden müssen sich intensiv mit den Clean-Core-Dimensionen auseinandersetzen, um sicherzustellen, dass Prozesse aktuellen Standards entsprechen und adäquat implementiert werden können.

Operations

Clean Core wird vollständig im gesamten End-to-End-Prozess angewandt, um wartbare Systemlandschaften zu gewährleisten. Ein effektives Release Management spielt dabei eine zentrale Rolle, damit Änderungen geprüft und nachvollziehbar sind. Definierte Entwicklungsrichtlinien müssen zur Qualitätssicherung regelmäßig geprüft werden. Zusätzlich sollten Tools wie das ABAP Test Cockpit (ATC, siehe Abschnitt 1.1.5, »Tools und Services«) genutzt werden, um die Qualität der Entwicklung zu bestimmen und potenzielle Schwachstellen frühzeitig zu finden. Identifizierte Schwachstellen sollten dokumentiert und regelmäßig daraufhin überprüft werden, ob sie beseitigt werden können.

1.1.2 Technologische Grundlagen: In-App Extensions, ABAP Cloud und Side-by-Side Extensions

SAP bietet Entwickler*innen verschiedene Möglichkeiten, mit Clean Core zu entwickeln:

- Key-User Extension oder auch In-App Extension genannt
- ABAP Cloud
- Side-by-Side Extensions

Abbildung 1.3 zeigt einen Gesamtüberblick aller Technologien, die für Clean Core bereitgestellt werden.

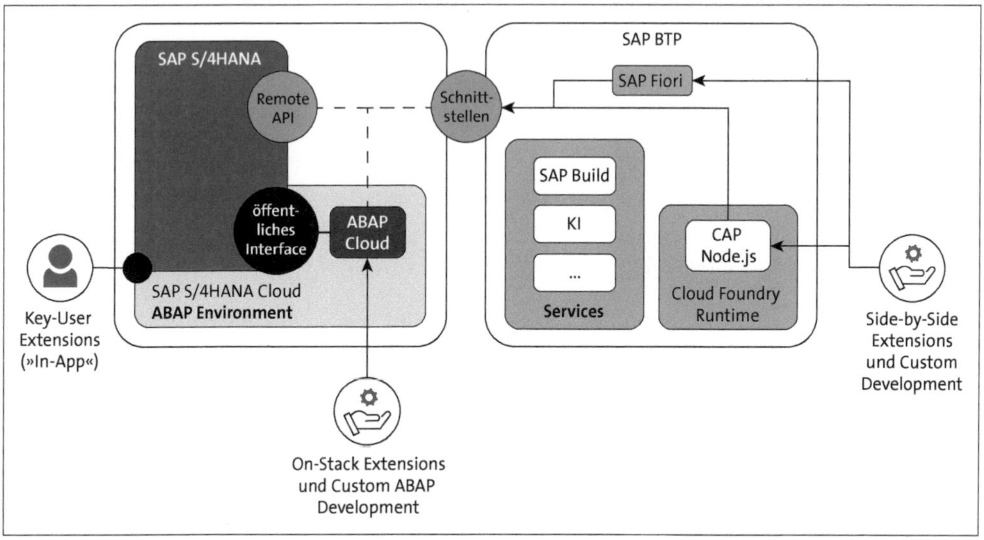

Abbildung 1.3 Technologische Grundlagen für Clean Core

Im Folgenden werden alle Technologien einzeln betrachtet, angefangen mit der Key-User Extension, die die geringsten Erweiterungsmöglichkeiten bietet, über ABAP Cloud bis zur Side-by-Side-Entwicklung, die die vielfältigsten Erweiterungsmöglichkeiten etabliert.

Key-User Extensions

Key-User Extensions sind der einfachste und schnellste Weg in der Clean-Core-Strategie von SAP, um Kundenanforderungen in SAP S/4HANA umzusetzen, ohne den Standard zu beeinträchtigen. Die folgenden Tools ermöglichen es Entwickler*innen und Key-Usern, Erweiterungen direkt im System vorzunehmen:

- *UI Adoption Mode*: Ermöglicht unkomplizierte Anpassungen der Benutzeroberfläche.
- SAP-Fiori-App **Custom Fields and Logic**: Erlaubt die Definition und Integration eigener Felder in Anwendungen.
- SAP-Fiori-App **Custom Business Objects**: Ermöglicht die Modellierung neuer Geschäftsmodelle für komplexere Anforderungen.
- SAP-Fiori-App **Custom CDS Views**: Unterstützt die Erstellung individueller Datenmodelle.
- SAP-Fiori-App **Custom Analytical Queries**: Dient der Erstellung analytischer Auswertungen.

ABAP Cloud

Erweiterungen mit ABAP Cloud sind eine moderne Möglichkeit, SAP S/4HANA gezielt zu erweitern, ohne den Systemkern zu beeinträchtigen. Die Erweiterung erfolgt dabei innerhalb eines ABAP-Systems, das über freigegebene öffentliche Schnittstellen mit dem SAP-S/4HANA-System kommuniziert. Dieses Vorgehen ermöglicht es, individuelle Anforderungen umzusetzen, während gleichzeitig die Upgrade-Fähigkeit und Wartbarkeit des Systems erhalten bleiben. Voraussetzung für die Nutzung dieser Erweiterungsform ist eine dreistufige Systemlandschaft in SAP S/4HANA Public Cloud oder ein Release ab 2022. Die Zielgruppe sind ABAP-Entwickler*innen, die mit den spezifischen Anforderungen und Möglichkeiten von ABAP Cloud vertraut sind. Der Anwendungsbereich umfasst insbesondere die Erstellung und Erweiterung von Anwendungen, die eng mit dem SAP-S/4HANA-System verbunden sind und eine hohe Systemauslastung aufweisen. ABAP Cloud kommt der klassischem ABAP-Entwicklung von den drei Möglichkeiten für Clean Core am nächsten. Dabei ist zu beachten, dass es sich nicht um klassisches ABAP handelt, sondern um ABAP Cloud (siehe dazu Kapitel 3, »ABAP in der Cloud und ABAP RESTful Application Programming Model«) und daher gewissen Neuerungen unterliegt.

Abbildung 1.4 verdeutlicht noch einmal, dass es sich um eine neue Form der On-Stack-Erweiterungen handelt, die nicht mehr direkt im SAP-S/4HANA-Kern, sondern daneben entwickelt wird.

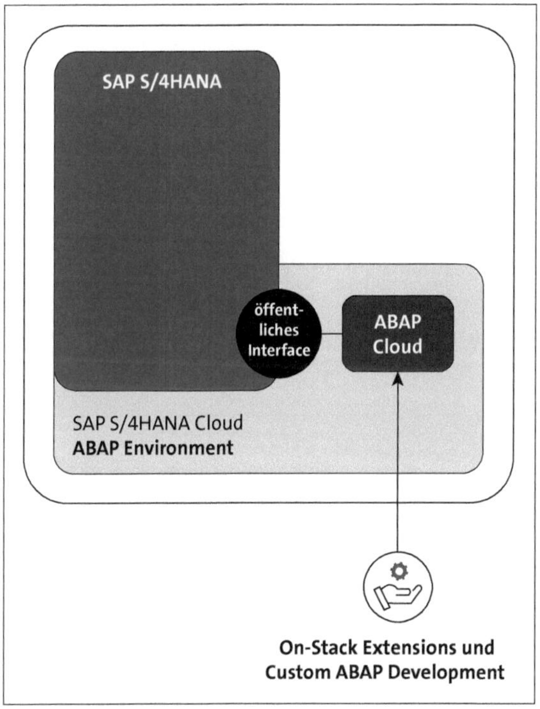

Abbildung 1.4 ABAP Cloud

Side-by-Side Extensions

Side-by-Side Extensions sind die dritte und umfangreichste Möglichkeit der Clean-Core-Strategie und ermöglichen die Entwicklung individueller Funktionen außerhalb des SAP-S/4HANA-Kerns. Anders als die ersten beiden Möglichkeiten lassen sich Side-by-Side Extensions nicht nur im SAP-S/4HANA-Umfeld einsetzen, sondern können auch andere Cloud-Produkte erweitern. Im Gegensatz zu On-Stack-Erweiterungen, bei denen kundenspezifische Logik direkt im ERP-System implementiert wird, erfolgt die Entwicklung bei Side-by-Side-Ansätzen auf der SAP BTP. Diese Trennung sorgt für eine klare Abgrenzung zwischen Standard und kundenspezifischer Logik und erhöht die Upgrade-Fähigkeit sowie die langfristige Wartbarkeit der Systemlandschaft. Die Kommunikation zwischen SAP S/4HANA und den Erweiterungen auf der SAP BTP erfolgt über Remote APIs. Zusätzliche Schnittstellen können über ABAP Cloud oder auch über Key-User Extensions bereitgestellt werden. Dies gewährleistet eine kontrollierte und sichere Interaktion mit dem SAP-S/4HANA-System und schafft eine flexible Grundlage für die Integration externer Anwendungen und Services. Innerhalb der SAP BTP stehen moderne Entwicklungsframeworks wie das SAP Cloud Application Programming Model (CAP) mit Node.js oder Java zur Verfügung, über das Sie in Kapitel 2 mehr erfahren. Anwendungen können in der Cloud Foundry Runtime oder anderen Laufzeitumgebungen betrieben und durch Komponenten wie SAP Build, SAP AI Services und weitere SAP-BTP-Services ergänzt werden. Entwickler*innen profitieren von einer cloud-basierten Umgebung, die sich nahtlos in bestehende DevOps-Prozesse integrieren lässt und eine schnelle Bereitstellung sowie Skalierung von Erweiterungen ermöglicht.

Abbildung 1.5 gibt Ihnen einen Überblick über die Side-by-Side-Entwicklung. Zusammenfassend ermöglichen Side-by-Side Extensions eine flexible, skalierbare und upgrade-sichere Entwicklung außerhalb des SAP-S/4HANA-Kerns. Sie sind ideal für komplexe Anforderungen, die moderne Cloud-Technologien und eine klare Trennung vom Standard erfordern.

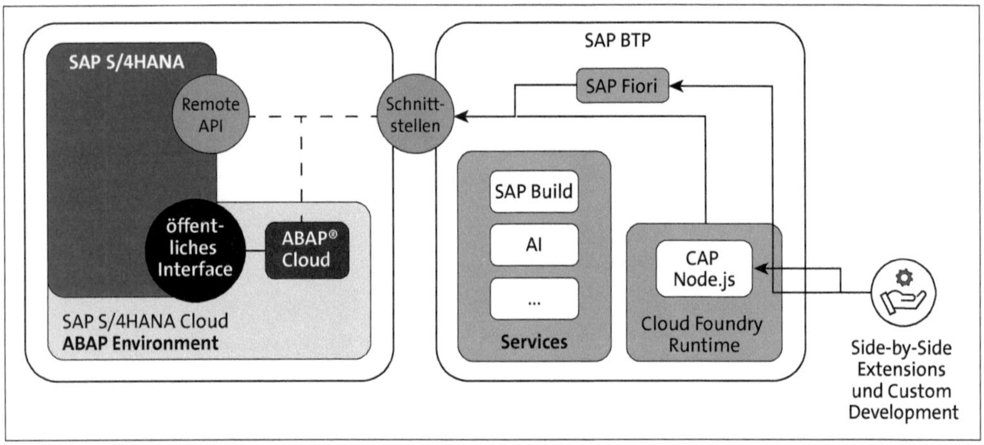

Abbildung 1.5 Side-by-Side Extensions

1.1.3 Das Three-Tier-Modell in der Praxis

Das *Three-Tier-Modell* beschreibt ein einheitliches Vorgehen zur Erweiterung von SAP-S/4HANA-Systemen unter Berücksichtigung von Clean Core. Es unterscheidet sich in der Lauffähigkeit der unterschiedlichen Systeme. Abbildung 1.6 gibt einen Überblick.

Das klassische ABAP entspricht Tier 3 – also der dritten Ebene –, da es Clean Core nicht unterstützt und auch nur als On-Premise-Version oder in der Private Cloud entwickelt werden kann. Auf den Ebenen 1 und 2 – Tier 1 und Tier 2 – kann auf jeglicher Plattform entwickelt werden, und es wird mit ABAP Cloud implementiert. Entwicklungen auf der SAP BTP sind automatisch durch ihre Side-by-Side-Entwicklung Tier 1 zugeordnet und gewährleisten somit vollständige Clean-Core-Konformität.

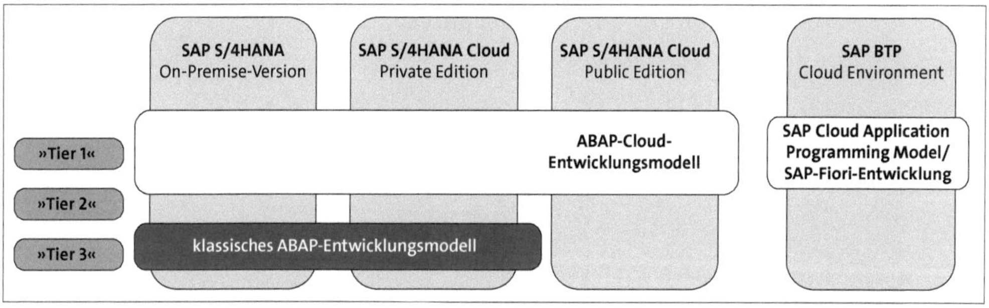

Abbildung 1.6 Three-Tier-Modell

Tier 1

In der ersten Ebene – Tier 1 – dürfen ausschließlich eigene Objekte und von SAP offiziell freigegebene Objekte verwendet werden. Sowohl ABAP Cloud als auch Side-by-Side-Entwicklungen erfüllen diese Bedingungen und repräsentieren die ideale Umsetzung von Clean Core in der Entwicklung. Diese Konformität resultiert in maximaler Wartbarkeit und garantiert reibungslose System-Updates und -Upgrades ohne Kompatibilitätsprobleme.

Tier 2

Die zweite Ebene – Tier 2 – folgt grundsätzlich denselben Prinzipien wie Tier 1, erlaubt jedoch in Ausnahmefällen den Zugriff auf nicht freigegebene SAP-Objekte. Dieser Zugriff muss jedoch über eine sogenannte *Wrapper-Klasse* erfolgen. Entwickelte Wrapper-Klassen dürfen ausschließlich von einer Funktion aufgerufen werden, die wiederum das nicht freigegebene Objekt referenziert. Der Einsatz von Wrapper-Klassen schafft eine Kapselung und reduziert eine direkte Abhängigkeit vom Kern.

Tier 3

Die dritte Ebene – Tier 3 – repräsentiert den klassischen ABAP-Entwicklungsansatz mit uneingeschränktem Zugriff auf sämtliche Systemobjekte – unabhängig von deren offiziellem Freigabestatus. Während dieser Ansatz zwar eine größtmögliche Flexibilität für die Entwickler*innen bietet, birgt er auch hohe Risiken hinsichtlich der Wartbarkeit sowie der Update- und Upgrade-Fähigkeit des Systems. Daher sollte diese Ebene nur in absoluten Ausnahmefällen noch eingesetzt werden.

Abbildung 1.7 zeigt den Zugriffsfluss von ABAP-Entwicklungen im Three-Tier-Modell.

Beispiele für die Nutzung des Three-Tier-Modells sind folgende:

- Tier 1
  - Hinzufügen von Custom Fields über Apps
  - Erweiterung oder Entwicklung einer SAP-Fiori-App unter Verwendung des ABAP RESTful Application Programming Models und von CAP
  - Erweiterung mit einem freigegebenen Business Add-in (BAdI)
- Tier 2
  - Erstellung von Wrapper-Klassen für nicht freigegebene Objekte
- Tier 3
  - Hinzufügen eines Custom Fields über Appends
  - Erweiterung oder Entwicklung einer SAP-Fiori-App mit UI5, Service Gateway oder Business Object Processing Framework
  - Erweiterung mit einem nicht freigegebenen BAdI
  - Entwicklung von Reports, Dynpros oder Web Dynpros
  - Modifikationen durch User Exits oder Änderung des Quellcodes

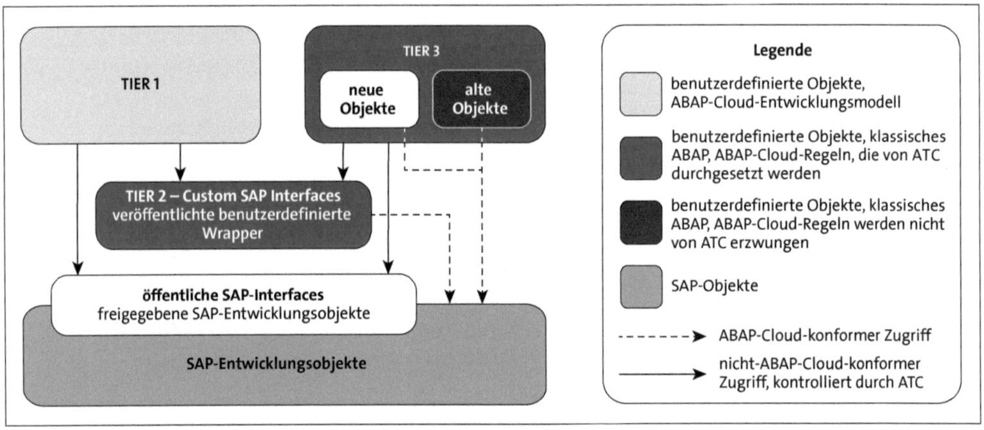

Abbildung 1.7 Beispiel von ABAP im Three-Tier-Modell

1.1.4 Clean Core Quality Gates

Zur Validierung einer erfolgreichen Clean-Core-Implementierung hat SAP sogenannte *Clean Core Quality Gates* entworfen. Diese Gates müssen erfüllt werden, um den Status Clean Core zu erreichen. Die Quality Gates werden über die SAP-Roadmap mit begleitenden Tasks in SAP Cloud Application Lifecylce Management (SAP Cloud ALM) eingespielt. Abbildung 1.8 visualisiert die strukturelle Gliederung der Clean Core Quality Gates, wobei SAP insgesamt mehr als 300 spezifische Qualitätskriterien definiert hat.

1. **Geschäftsprozesse**
   Wettbewerbsfähigkeit erhalten und Komplexität reduzieren
2. **Erweiterbarkeit**
   Erweiterungen vom Standard entkoppeln
3. **Daten**
   Daten auf aktuelle Standards prüfen
4. **Integration**
   Systemlandschaft zuverlässig und flexibel halten
5. **Betrieb**
   Betrieb effektiv und effizient gestalten

Abbildung 1.8 Dimensionen der Quality Gates

Zusammenarbeit mit Quality Gates

Clean Core und die Quality Gates sind nicht nur reine Entwicklungsthemen. Es empfiehlt sich, zu den vorhandenen Dimensionen weitere für die Bearbeitung der Gates hinzuzufügen, z. B. cross-funktionale Teams. Das erleichtert das Zusammenspiel zwischen Unternehmen, Entwickler*innen und Berater*innen, da es immer übergreifende Themen gibt, die für mehrere relevant sind.

Die Clean Core Quality Gates sind integraler Bestandteil aller sechs Phasen des SAP-Implementierungszyklus:

1. **Discover**: Verständnis für die SAP-Lösungen entwickeln und den Business Case definieren
2. **Prepare**: Projektteam zusammenstellen, initiale Planung und Systemzugänge vorbereiten
3. **Explore**: Fit-to-Standard-Workshops durchführen, um Geschäftsprozesse mit dem SAP-Standard abzugleichen
4. **Realize**: Konfiguration, Erweiterungen und Tests auf Basis der definierten Anforderungen durchführen
5. **Deploy**: Produktivsetzung vorbereiten, Schulungen durchführen und Go-live realisieren
6. **Run**: den laufenden Betrieb sicherstellen und kontinuierliche Verbesserungen umsetzen

Die phasenspezifischen Clean Core Quality Gates müssen jeweils entsprechend dem aktuellen Projektfortschritt erfüllt werden. Daher sind die Clean Core Quality Gates ein kontinuierlicher Begleiter während des gesamten Projekts und können nicht erst am Ende betrachtet werden.

1.1.5 Tools und Services

Es gibt verschiedene Tools und Services, die Sie bei der Erreichung von Clean Core unterstützen. Die drei wichtigsten sind folgende:

- ABAP Test Cockpit (ATC)
- SAP Cloud ALM
- Entwicklungsrichtlinien

Während die Entwicklungsrichtlinien individuell durch Namenskonventionen etc. abgebildet und definiert werden müssen, bietet SAP mit dem ABAP Test Cockpit und SAP Cloud ALM standardisierte Lösungen zur systematischen Unterstützung der Clean-Core-Implementierung.

ABAP Test Cockpit (ATC)

SAP stellt im ABAP Test Cockpit zwei spezialisierte Prüfvarianten bereit, die gezielt auf die Erreichung von Clean-Core-Konformität ausgerichtet sind:

- ABAP_CLOUD_READINESS
- ABAP_CLOUD_DEVLEOPMENT_DEFAULT

Zur Validierung der Cloud-Fähigkeit von ABAP-Entwicklungen wird die Prüfvariante »ABAP_CLOUD_READINESS« eingesetzt (siehe Abbildung 1.9).

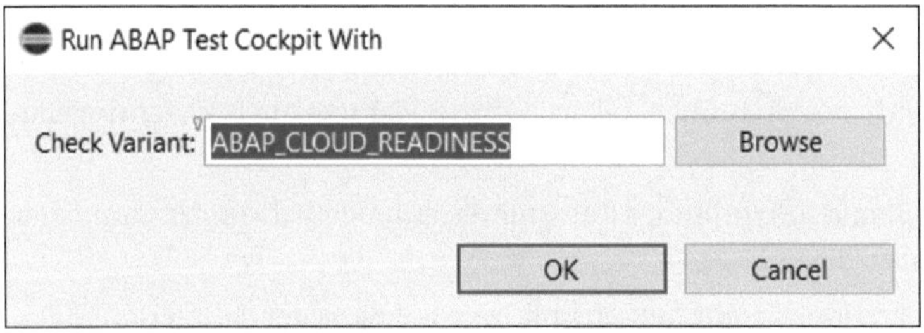

Abbildung 1.9 ABAP Test Cockpit

Die Prüfvariante ABAP_CLOUD_READINESS unterteilt sich in vier Unterbereiche (siehe Tabelle 1.1).

Bezeichnung	Name der Prüfung	Beschreibung
ABAP Language Version Check	SLIN_VERS	Prüfung, ob die Befehle in der Sprachversion ABAP Cloud genutzt werden dürfen
ABAP Language Version of Objects	SYCM_CHECK_ABAP_ LANGU_VERSION	Prüfung, ob die Sprachversion des Objekts gleich der Softwarekomponente ist
Allowed Object Types in Cloud Development	SYCM_CLOUD_ALLOWED_ OBJCT_TYPES	Prüfung, ob der Objekttyp für die ABAP Cloud unterstützt wird
Usage of Released APIs	SYCM_CLOUD_RELEASED_ OBJECTS	Prüfung, ob die genutzten Objekte im Status RELEASED sind

Tabelle 1.1 Prüfvariante ABAP_CLOUD_READINESS

Um die Qualität und Richtigkeit des Quellcodes zu prüfen, wird die Prüfvariante »ABAP_CLOUD_DEVELOPMENT_DEFAULT« verwendet. Diese Prüfvariante führt die Unit-Tests für die Objekte aus und bestimmt die Qualität des Codings.

SAP Cloud ALM

SAP Cloud ALM ist ein cloud-basierter Service, der von SAP auf der SAP BTP bereitgestellt wird. Es unterstützt den gesamten Application-Lifecycle-Management-Prozess für Cloud- und hybride SAP-Landschaften. SAP Cloud ALM wurde für folgende Funktionen entwickelt:

- Implementierung
- Betrieb
- Service Management
- Task- und Projektmanagement

Die Auslieferung der Clean Core Quality Gates erfolgt über SAP-Roadmaps. Clean Core Quality Gates sind ein Thema für das Gesamtprojekt, nicht nur für die Entwicklung. Quality Gates umfassen phasenspezifische Checklisten, die zu den jeweiligen Projektmeilensteinen bearbeitet werden müssen. Die Quality Gates sind über die Kachel **Task** und dort über die Auswahl des Task-Typs **Quality Gate** zugänglich (siehe Abbildung 1.10).

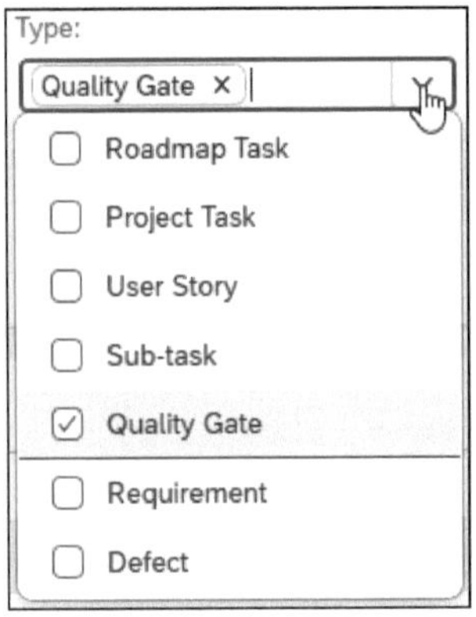

Abbildung 1.10 Task-Typen in SAP Cloud ALM

Die Bearbeitung der Clean Core Quality Gates erfolgt überwiegend durch die Beantwortung von Multiple-Choice-Fragen, die bei Bedarf durch ergänzende Kommentare präzisiert werden können. Jedes Clean Core Quality Gate besteht aus mehreren Elementen, die durch Setzen des Status **Accepted** abgeschlossen werden. Wenn alle einzelnen Elemente des Clean Core Quality Gates den Status **Accepted** oder **Conditionally Accepted** erreicht haben, kann das gesamte Quality Gate auf den Status **Accepted** gesetzt werden. Erst nachdem das gesamte Quality Gate auf **Accepted** gesetzt wurde, kann es über **Submit** an SAP gesendet werden.

1.2 Entwicklungsmöglichkeiten

Generell spricht man von drei Arten von Entwicklungen im SAP-Umfeld, die sich jeweils in ihrem Funktionsumfang unterscheiden:

- Key-User Extensions
- Cloud/On-Stack
- Side-by-Side

Während Key-User Extensions primär für kleinere Anpassungen gedacht sind, bieten Cloud/On-Stack- und Side-by-Side-Entwicklungen nahezu unbegrenzte Entwicklungsmöglichkeiten und sind in der SAP BTP umsetzbar. Tabelle 1.2 stellt diese Entwicklungsmöglichkeiten systematisch gegenüber und beleuchtet ihre spezifischen Charakteristika hinsichtlich Voraussetzungen, Zielgruppen, Anwendungsszenarien, Entwicklungsumgebungen und zeigt deren jeweilige Vor- und Nachteile.

	Key-User Extensions	Side-by-Side Extensions	Cloud/On-Stack
Voraussetzung	SAP-S/4HANA-System	SAP BTP und beliebige weitere Systeme (SAP ECC, SAP S/4HANA)	Drei-System-Landschaft von SAP S/4HANA Cloud oder ab Release 2022
Zielgruppe	Key-User und ABAP-Entwickler*innen	Entwickler*innen (JavaScript, Java etc.)	ABAP-Entwickler*innen
Anwendbarkeit	Erstellung einfacher Erweiterungen, etwa Hinzufügen von Feldern	Erstellung beliebig komplexer Anwendungen, die unabhängig von SAP S/4HANA skalieren und Personen ohne SAP-User bedienen können	Erstellung von Anwendungen/Erweiterungen, die stark mit SAP S/4HANA verbunden sind und das System direkt beeinflussen
Entwicklungsumgebung	unterschiedliche Apps	SAP Build und weitere Entwicklungsservices	Eclipse
Vorteile	▪ Erweiterungen können schnell umgesetzt werden. ▪ einfach von Key-Usern durchführbar ▪ Erweiterungen ohne umfassende Entwicklungskenntnisse möglich	▪ Anwendung, Datenbank skaliert (mehrere Instanzen können erzeugt werden, oder zusätzliche Ressourcen werden zugewiesen) ▪ Veröffentlichung als SaaS-Service möglich ▪ externe Nutzung außerhalb des Firmennetzes ▪ hohe Upgrade-Fähigkeit des Systems	▪ Erweiterung ohne zusätzliche Systeme ▪ hohe Upgrade-Fähigkeit des Systems
Nachteile	eingeschränkte Erweiterbarkeit	ggf. laufende Kosten durch die SAP BTP	Anwendung nicht skalierbar, nicht als SaaS möglich

Tabelle 1.2 Vergleich der Entwicklungsplattformen

[+]

Richtige Entwicklungsplattform

Optimale Entwicklungsergebnisse werden erzielt, wenn man sich nicht auf eine einzelne Entwicklungsplattform festlegt. Entscheidend sind die individuelle Betrachtung jedes Use Cases und die darauf basierende Auswahl der geeigneten Entwicklungsplattform.

Nach der detaillierten Betrachtung der Entwicklungsplattform gilt es, für jeden spezifischen Use Case die passende Plattform zu identifizieren. Abbildung 1.11 visualisiert einen Entscheidungsbaum, der diesen Auswahlprozess systematisch unterstützt. Der Entscheidungsbaum untergliedert sich in fünf zentrale Kategorien:

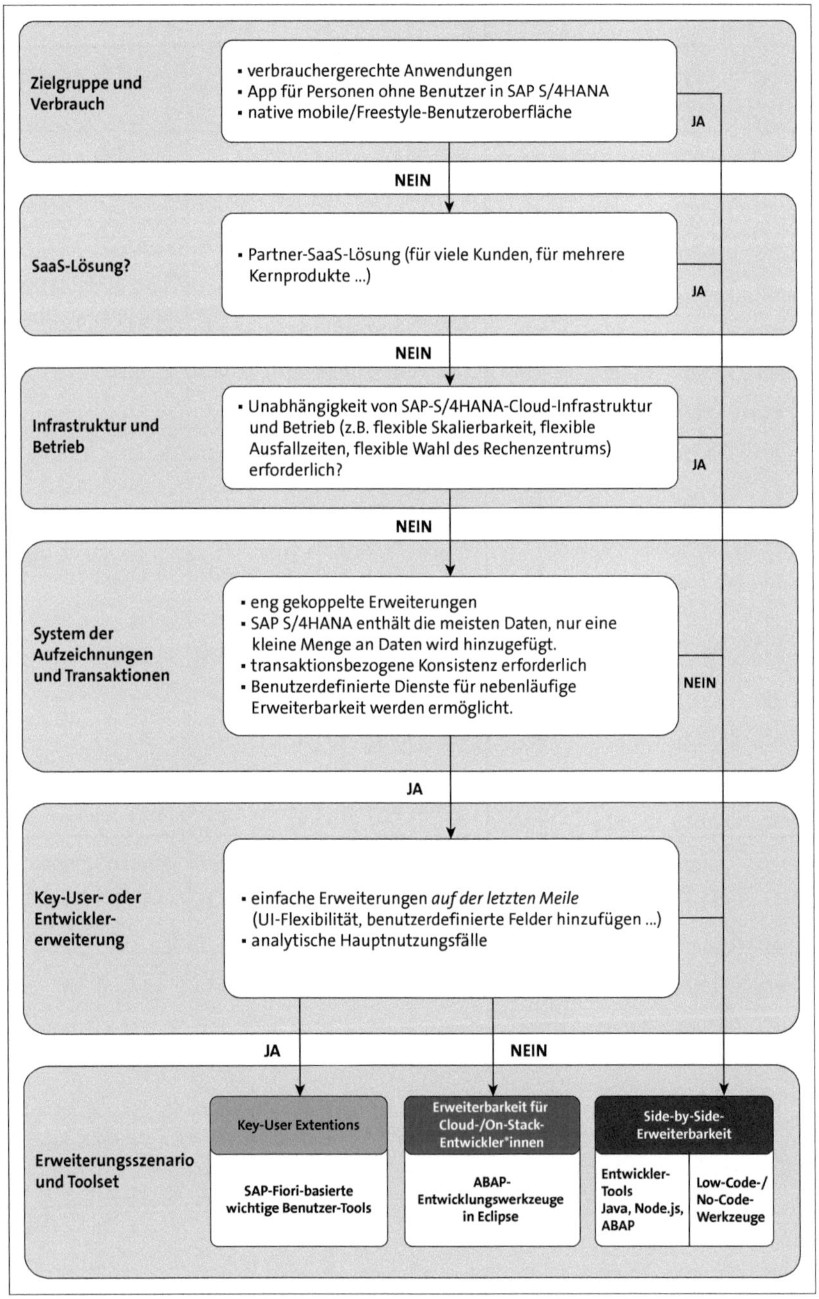

Abbildung 1.11 Entscheidungsbaum

1. Zielgruppe und Verbrauch
2. SaaS-Lösung
3. Infrastruktur und Betrieb
4. System der Aufzeichnung und Transaktionen
5. Key-User- oder Entwickler-Erweiterung

Jede Kategorie umfasst spezifische Entscheidungskriterien, die eine differenzierte Bewertung ermöglichen.

Folgendes Beispiel zeigt einen klassischen Use Case. Die Systemlandschaft umfasst mehrere SAP-S/4HANA-Systeme, da verschiedene Landesgesellschaften eigene Systeminstanzen benötigen. Es wird eine App benötigt, mit der SAP-Benutzer den Lagerbestand zu einem Artikel weltweit prüfen müssen.

Mit dem Use Case kann man nun den Entscheidungsbaum durchlaufen:

1. **Zielgruppe und Verbrauch: Wird die App als mobile App benötigt? Sollen Nicht-SAP-Anwender*innen Zugriff haben?**

   Nein, die Anwendung wird nicht als mobile App benötigt, und alle Anwender*innen haben eine SAP-Lizenz.

2. **SaaS-Lösung?: Soll die Anwendung als SaaS-Lösung entwickelt werden?**

   Nein, es soll keine Partner- oder SaaS-Lösung für andere Kunden entwickelt werden.

3. **Infrastruktur und Betrieb: Ist Unabhängigkeit von SAP S/4HANA Cloud notwendig?**

   Ja, es wird die Unabhängigkeit von der SAP-S/4HANA-Cloud-Infrastruktur benötigt, da mehrere Systeme abgefragt werden müssen.

Für unseren Beispielfall lautet das Ergebnis demnach: Side-by-Side-Entwicklung.

1.3 Fünf Säulen der SAP BTP

Die SAP Business Technology Platform basiert auf fünf strategischen Säulen, die das Leistungsspektrum der Plattform strukturieren:

- Anwendungsentwicklung
- Automatisierung
- Integration
- Daten und Analytics
- KI

In manchen Darstellungen werden inzwischen Application Development und Automation zu einer gemeinsamen Säule zusammengefasst. Abbildung 1.12 gibt Ihnen einen Überblick über die SAP Business Technology Platform. Ergänzend zu den fünf Säulen umfasst die SAP BTP noch die übergreifenden Bereiche *Discovery Center* und *Ökosystem und Marketplace*.

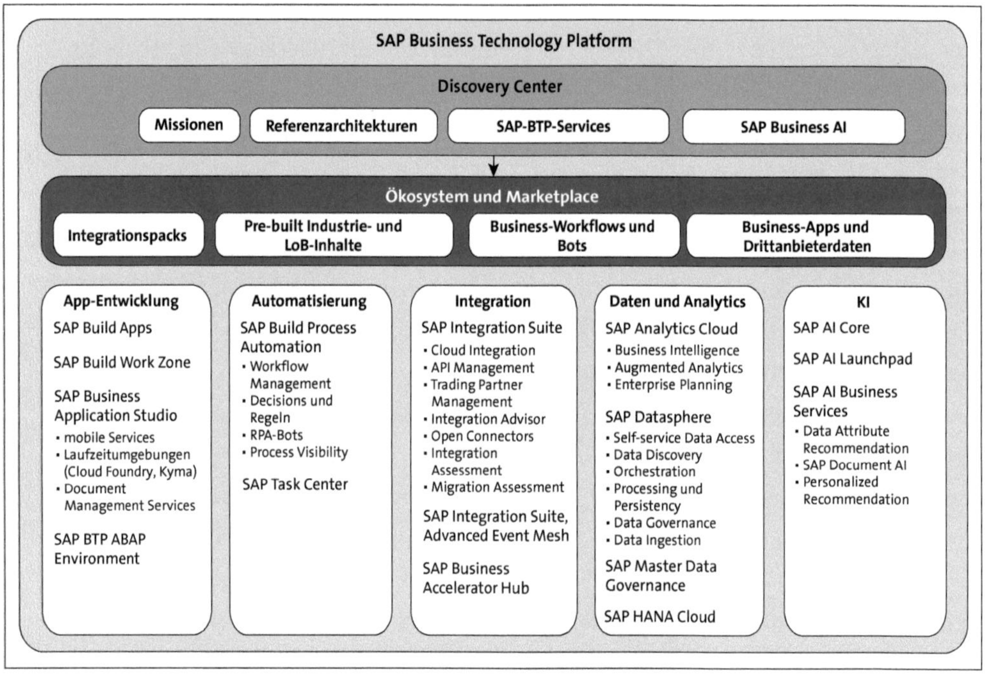

Abbildung 1.12 SAP Business Technology Platform

1.3.1 Integration

Die Integration moderner SAP-Systemlandschaften ist durch eine hohe Systemvielfalt gekennzeichnet: Cloud-Lösungen, On-Premise-Systeme, Drittanbieter und IoT-Geräte müssen nahtlos zusammenarbeiten. Hybride Architekturen erschweren dabei die Datenkonsistenz und Prozessharmonisierung. Unterschiedliche Schnittstellenstandards, Update-Zyklen und Protokolle erhöhen die Komplexität. Gleichzeitig steigen die Anforderungen an Sicherheit, Datenschutz und Compliance – insbesondere bei der Cloud-Anbindung. Fehlende Standardisierung führt häufig zu individuellem Customizing mit hohem Wartungsaufwand. Diese Herausforderungen erfordern einen strukturierten, sicheren und skalierbaren Integrationsansatz.

SAP Integration Suite

Die *SAP Integration Suite* ist eine cloud-basierte, KI-gestützte Integrationsplattform (Integration Platform as a Service, iPaaS), die Unternehmen dabei unterstützt, sowohl SAP- als auch Nicht-SAP-Systeme effizient zu vernetzen. Sie ermöglicht die nahtlose Integration von Cloud- und On-Premise-Lösungen sowie von Drittanbietersystemen innerhalb einer zentralen Plattform. Ziel ist es, Geschäftsprozesse durchgängig zu gestalten und manuelle Zwischenschritte und inkonsistente Datenformate zwischen verschiedenen Systemen zu vermeiden (sogenannte *Medienbrüche*), sodass der Datentransfer automatisiert, durchgängig und fehlerfrei abläuft. Dabei bietet die SAP Integration Suite mehr als 10.500 vorkonfigurierte Integrationsinhalte – darunter Konnektoren, Mapping-Vorlagen und branchenspezifische Best Practices – die eine schnelle und standardisierte Umsetzung von Integrationsszenarien ermöglichen.

Cloud Integration

Cloud Integration, früher bekannt als SAP Cloud Platform Integration (CPI), ist eine cloud-basierte Integrationsplattform, die es Unternehmen ermöglicht, verschiedene Anwendungen und Systeme zu verbinden und zu integrieren, sowohl als On-Premise-Lösung als auch in der Cloud. Sie erleichtert den nahtlosen Datenfluss und die Prozesskonnektivität zwischen verschiedenen Systemen. Sie ist eine Kernfunktion innerhalb der SAP Integration Suite, die wiederum Teil der SAP BTP ist. Cloud Integration ist eine Platform-as-a-Service-Lösung, die in der Cloud gehostet wird und Skalierbarkeit und Zugänglichkeit bietet. Sie unterstützt eine breite Palette von Integrationsszenarien, darunter:

- Verbindung von On-Premise- und Cloud-Anwendungen
- Integration von hybriden und Cloud-System-Landschaften
- intuitive Weboberfläche mit integrierten Vorlagen
- Unterstützung verschiedener Szenarien, wie z. B. Application to Application (A2A), Business to Business (B2B) und Business to Government (B2G) mit Schwerpunkt auf Nicht-SAP-Anwendungen
- Cloud-Technologie
- starker Sicherheitsfokus und hohe Verfügbarkeit der Infrastruktur
- Erweiterbarkeit der vorgefertigten Integrationsinhalte und deren Nutzung

API Management

Ein effektives API Management ist essenziell, um moderne Anwendungen und Integrationen erfolgreich umzusetzen. Dabei geht es nicht nur darum, APIs sicher bereitzustellen, sondern auch darum, sie effizient zu verwalten und bei Bedarf zu skalieren. Unternehmen können so Daten und Funktionen aus SAP- sowie Drittanwendungen strukturiert und kontrolliert nach außen freigeben. Die Nutzung dieser APIs lässt sich über Dashboards und Analysen transparent überwachen, was eine kontinuierliche Optimierung ermöglicht. Der Zugriff erfolgt dabei präzise gesteuert über Rollen,

Richtlinien und moderne Sicherheitsstandards wie OAuth2. APIs fungieren somit als digitale Bausteine für innovative Applikationen und offene Integrationsszenarien. Ein durchdachtes API Management unterstützt den gesamten Lebenszyklus dieser Schnittstellen – von der Entwicklung über die Veröffentlichung bis hin zur Überwachung und Weiterentwicklung. Die folgende Liste spiegelt die Kernfunktionen des API Managements wider.

1. API-Design und -Veröffentlichung
   - Erstellung und Pflege von APIs über ein zentrales Cockpit
   - Versionierung und Dokumentation
2. Zugriffskontrolle und Sicherheit
   - Policies, Token, Quotas und Zugriffsbeschränkungen
   - Unterstützung für OAuth, SAML, HTTPS etc.
3. Überwachung und Analyse
   - Echtzeit-Dashboards zur API-Nutzung
   - Fehlertracking, Aufrufzahlen, Antwortzeiten
4. Entwicklerportal
   - eigene APIs für interne oder externe Entwickler*innen zugänglich machen
   - Dokumentation, Testfunktion, Self-Service-Zugriff

Trading Partner Management

Trading Partner Management ist eine leistungsstarke Funktion innerhalb der SAP Integration Suite, die die Verwaltung und Steuerung von B2B-Beziehungen, Vereinbarungen und Interaktionen mit externen Handelspartnern vereinfacht. Mit Trading Partner Management können Unternehmen ihren B2B-Datenaustausch auf ihre spezifischen Anforderungen zuschneiden, indem sie für jeden Handelspartner Protokolle, Standards und APIs für den elektronischen Datenaustausch definieren und konfigurieren.

Integration Advisor

Integration Advisor ist eine Cloud-Anwendung, die Ihnen hilft, den Implementierungsablauf Ihres B2B/A2A- und B2G-Integrationsprozesses zu vereinfachen und zu optimieren. Sie nutzt einen crowd-basierten Ansatz für maschinelles Lernen, um Sie bei der einfachen Erstellung von Integrationsinhalten zu unterstützen. Der Integration Advisor unterstützt die KI-gestützte Erstellung von Nachrichtenformaten, Mappings und zugehörigen Laufzeitartefakten inklusive Dokumentation. Dabei greift er auf eine bereitgestellte Bibliothek mit gängigen EDI-Standardformaten zurück.

Open Connectors

Open Connectors ist ein zentraler Bestandteil der SAP Integration Suite und bietet standardisierte, sofort nutzbare Konnektoren für über 160 Anwendungen von Drittanbietern. Ziel ist es, die Integration externer Cloud-Services – wie Salesforce, Slack, Stripe oder Google Drive – mit SAP-Systemen deutlich zu vereinfachen. Dafür stellt Open Connectors ein einheitliches REST-API-Format bereit, das Unterschiede in Authentifizierung, Datenmodell und Schnittstellentechnologie abstrahiert. Unternehmen können so externe Services schneller und sicherer in ihre Geschäftsprozesse einbinden, ohne die spezifische Logik oder Komplexität jeder einzelnen Drittanbieter-API selbst implementieren zu müssen.

Integration Assessment

Integration Assessment implementiert die Integration Solution Advisory Methodology und unterstützt damit die Definition der Integrationslandschaft. Es hilft Ihnen bei der Definition von Integrationsmustern und bei der Sicherstellung einer konsistenten Nutzung der Integrationstechnologie. Integration Assessment bietet Ihnen einen geführten Ansatz zur Bewertung Ihrer Integrationsstrategie. Es hilft Ihnen, Empfehlungen zu den Integrationstechnologien zu erhalten, die für die Anforderungen Ihres Unternehmens geeignet sind.

SAP Integration Suite, Advanced Event Mesh

Advanced Event Mesh ist ein vollständig verwalteter Cloud-Service innerhalb der SAP Integration Suite, der es Unternehmen ermöglicht, eine skalierbare und ereignisgesteuerte Architektur (engl. Event-Driven Architecture, EDA) aufzubauen und zu betreiben. Der Service stellt eine zuverlässige, asynchrone Kommunikation zwischen Anwendungen, Diensten und Systemen sicher – sowohl in hybriden als auch in Multi-Cloud- und Edge-Umgebungen.

Durch die Verwendung standardisierter Messaging-Protokolle (z. B. AMQP, MQTT, REST, WebSocket) können sowohl SAP- als auch Drittanbietersysteme nahtlos integriert werden. Geschäftliche Ereignisse lassen sich in Echtzeit veröffentlichen, abonnieren, filtern und gezielt weiterleiten. Unternehmen profitieren dadurch von einer entkoppelten Systemarchitektur, die eine flexible Skalierung, reduzierte Abhängigkeiten und eine höhere Ausfallsicherheit ermöglicht.

Zusätzlich bietet Advanced Event Mesh umfassende Funktionen für die zentrale Überwachung, Steuerung und Analyse von Event-Flüssen, was eine transparente und nachvollziehbare Orchestrierung unternehmensweiter Prozesse erlaubt.

SAP Business Accelerator Hub

Der SAP Business Accelerator Hub (*https://api.sap.com*) ist die zentrale Plattform für Entwickler*innen, um auf standardisierte SAP APIs, Integrationspakete und Beispielanwendungen zuzugreifen. Er bietet eine umfassende Sammlung von REST-, OData- und SOAP-Schnittstellen für SAP S/4HANA, SAP SuccessFactors, SAP Ariba, SAP BTP sowie Drittanbietersysteme. Nutzer*innen können APIs direkt im Browser durchsuchen, dokumentierte Endpunkte testen und mit Sandbox-Daten simulieren – inklusive Codebeispielen und Authentifizierungsoptionen. Die Plattform unterstützt eine schnelle und effiziente Anbindung von SAP- und Nicht-SAP-Systemen und erleichtert so die Umsetzung moderner, API-basierter Integrationsszenarien.

Abbildung 1.13 veranschaulicht den Aufbau einer Systemlandschaft und zeigt, welche Integrationsszenarien auftreten und mit der SAP Integration Suite abgewickelt werden können.

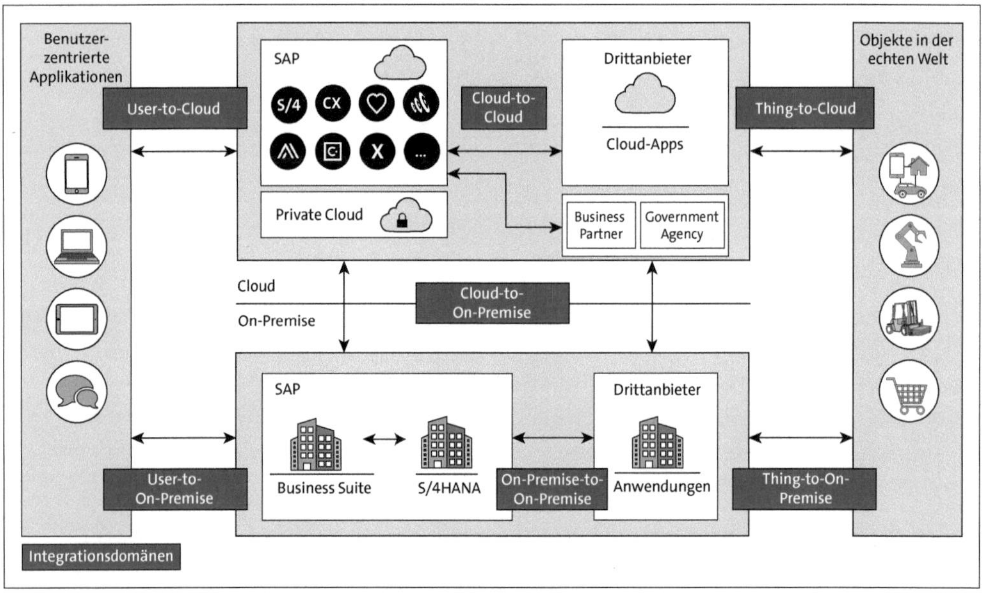

Abbildung 1.13 SAP Integration Suite

1.3.2 Daten und Analytics

Im Bereich Daten und Analytics umfasst die SAP BTP mehrere Kernkomponenten, die gemeinsam eine skalierbare und KI-fähige Datenarchitektur ermöglichen:

- SAP Analytics Cloud
- SAP Datasphere
- SAP Master Data Governance
- SAP HANA Cloud
- SAP Business Data Cloud

SAP Analytics Cloud

Die SAP Analytics Cloud ist die zentrale Lösung für Business Intelligence, Planung und vorausschauende Analysen. Sie basiert auf einer In-Memory-Architektur und bietet eine vollständig integrierte Umgebung für:

- **Self-Service BI**: Benutzer können interaktive Dashboards und Visualisierungen erstellen.
- **Enterprise Planning**: Integrierte Planungsfunktionen ermöglichen Szenarioanalysen, Forecasting und Budgetierung.
- **Augmented Analytics**: KI-gestützte Funktionen wie Smart Insights, Smart Discovery und Natural Language Querying (NLQ) beschleunigen die Erkenntnisgewinnung.

SAP Analytics Cloud ist vollständig in SAP Datasphere und SAP Business Data Cloud integriert und unterstützt sowohl SAP- als auch Nicht-SAP-Datenquellen.

SAP Datasphere

SAP Datasphere ist die strategische Weiterentwicklung von SAP Data Warehouse Cloud. Sie ermöglicht eine Datenvirtualisierung und Integration über verschiedene Quellsysteme hinweg ohne physische Datenreplikation. Zu den zentralen Funktionen gehören:

- **Semantische Modellierung**: Daten werden, basierend auf dem SAP One Domain Model, mit Geschäftskontext angereichert.
- **Datenföderation**: Zugriff auf verteilte Datenquellen in Echtzeit ohne Duplizierung
- **Data Catalog und Lineage**: Metadatenmanagement, Datenherkunft und Impact-Analysen
- **Spaces und Domains**: logische Trennung von Datenbereichen zur Umsetzung von Data-Mesh-Architekturen
- **Integration mit SAP HANA Cloud**: für performante In-Memory-Verarbeitung und persistente Speicherung

SAP Datasphere ist die technische Grundlage für die Umsetzung von Data-Mesh-Prinzipien in SAP-Umgebungen.

SAP Master Data Governance (SAP MDG)

SAP Master Dara Governance (SAP MDG) stellt sicher, dass Stammdaten unternehmensweit konsistent, qualitätsgesichert und regelkonform verwaltet werden. Die Lösung unterstützt:

- zentrale Datenpflegeprozesse mit Workflows, Validierungen und Dublettenprüfung
- domänenübergreifende Stammdatenmodelle (z. B. Business Partner, Material, Finanzobjekte)
- Integration mit SAP S/4HANA und SAP Datasphere zur Sicherstellung konsistenter Analysen und operativer Prozesse

SAP HANA Cloud

SAP HANA Cloud ist eine In-Memory-Datenbankplattform. Sie bietet:

- hybridfähige Datenverarbeitung (transaktional und analytisch, OLTP – Online Transactional Processing und OLAP – Online Analytical Processing)
- native Unterstützung für SQL, Graph, Spatial, JSON und Zeitreihen
- Data-Lake-Integration für die kosteneffiziente Speicherung großer Datenmengen
- Machine-Learning-Integration über SAP HANA Machine Learning und Python-/R-Schnittstellen

SAP HANA Cloud dient als performante Persistenzschicht für SAP Datasphere und ist vollständig in die SAP BTP eingebettet.

SAP Business Data Cloud

SAP Business Data Cloud ist die neueste Innovation im SAP-Portfolio und vereint die Funktionen von SAP Datasphere, SAP Analytics Cloud, SAP Business Warehouse und SAP Databricks in einer einheitlichen SaaS-Plattform. Ihre Schlüsselmerkmale sind:

- **Kurierte Datenprodukte**: Vorgefertigte, semantisch angereicherte Datensätze auf Basis des SAP One Domain Models. Diese Produkte sind versioniert, dokumentiert und über den Data Catalog auffindbar.
- **Intelligente Anwendungen**: KI-gestützte, domänenspezifische Analyse-Apps, die direkt auf die Datenprodukte zugreifen und in Echtzeit Insights liefern
- **Zero Copy Sharing**: Daten werden nicht repliziert, sondern über föderierte Zugriffe bereitgestellt – mit vollständiger Datenherkunft und Auditierbarkeit.
- **Wissensgraphen und semantische Modellierung**: Verknüpfung von Daten, Metadaten und Prozessen zur Unterstützung von KI und automatisierten Entscheidungen
- **Joule**: ein generativer KI-Assistent, der Aufgaben automatisiert, Insights generiert und die Interaktion mit Daten vereinfacht

1.3.3 Künstliche Intelligenz

Die Entwicklung begann mit klassischen Machine-Learning-Ansätzen zur Automatisierung von Rechnungsprozessen, bei denen das System lernte, Zahlungen automatisch den richtigen Rechnungen zuzuordnen. Diese frühen Anwendungen legten den Grundstein für datengetriebene Entscheidungen und kontinuierliches Lernen aus Benutzerinteraktionen. Mit dem technologischen Fortschritt verlagerte sich der Fokus zunehmend auf generative KI. Künstliche Intelligenz (KI) ist längst mehr als nur ein vorübergehender Trend, sie entwickelt sich zunehmend zu einem wichtigen Bestandteil im Alltag. Unternehmen setzen verstärkt auf KI-Technologien zur Prozessoptimierung und Effizienzsteigerung. Die SAP BTP stellt dafür leistungsstarke Werkzeuge zur Verfügung:

- SAP AI Core: Bildet das Fundament für die Entwicklung und den Betrieb von KI-Modellen.
- SAP AI Launchpad: Ermöglicht die zentrale Verwaltung eigenentwickelter und von Drittanbietern entwickelter Modelle.

Diese erlauben es Entwickler*innen, eigene KI-Modelle zu trainieren, zu verwalten und produktiv bereitzustellen. Ein weiteres Feld dieser Entwicklung ist SAP Business AI, eine neue Generation von KI-Diensten, die tief in SAP-Produkte wie SAP S/4HANA oder SAP SuccessFactors eingebettet ist. Im Mittelpunkt dieser Strategie steht Joule, der generative KI-Assistent von SAP. Joule basiert auf Large Language Models (LLMs), ist jedoch nicht nur ein Sprachmodell, sondern tief mit Geschäftslogik und Stammdaten verknüpft. Dadurch kann Joule nicht nur generische Antworten liefern, sondern kontextbezogene Einblicke und Empfehlungen geben. Entwickler nutzen Tools wie SAP Build Code oder das SAP Business Application Studio, um Anwendungen zu entwickeln und KI-Funktionen zu integrieren. Neben SAP-eigenen Modellen können auch externe KI-Dienste über APIs eingebunden werden. Joule selbst ist in drei Varianten verfügbar:

- Joule Business AI
- SAP Joule for Consultants
- SAP Joule for Developers

Darüber hinaus bietet SAP eine Reihe von vorkonfigurierten AI Services, die *SAP AI Services*, die sich in bestehende Geschäftsprozesse und Entwicklungen integrieren lassen, hier eine Auswahl der Services:

- SAP Document AI: automatisierte Informationen aus strukturierten und unstrukturierten Dokumenten extrahieren
- Data Attribute Recommendation: liefert intelligente Vorschläge für fehlende Attribute, z. B. bei der Stammdatenpflege
- Personalized Recommendation – erstellt Produktempfehlungen und verbessert die Benutzererfahrung der Kunden

Diese Services können von Unternehmen auch ohne umfassende Data-Science-Kenntnisse für Automatisierungen von Routineaufgaben oder zur Umsetzung eigener Lösungen genutzt werden. Mit *Joule* wird diese Integration noch einfacher. Joule versteht natürliche Sprache, liefert kontextbezogene Antworten und unterstützt Mitarbeitende direkt in ihren täglichen Anwendungen.

Abbildung 1.14 zeigt einmal den Überblick der SAP AI Services auf der SAP BTP.

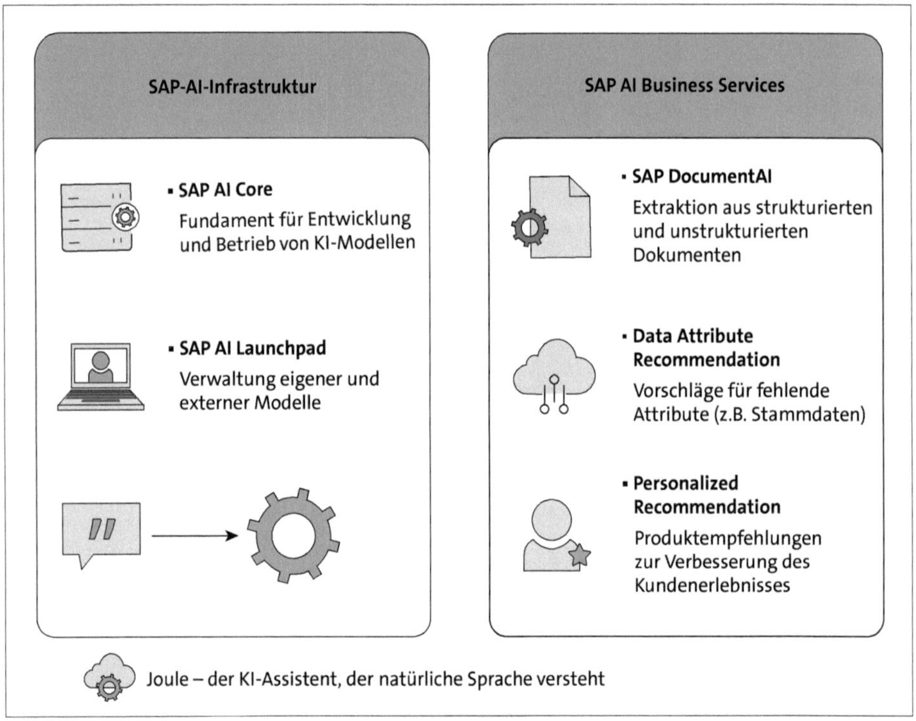

Abbildung 1.14 Künstliche Intelligenz auf der SAP BTP

Die Integration dieser KI-Services in die Entwicklung erfolgt über verschiedene Wege. Entwickler*innen können KI-Modelle direkt über das Launchpad in ihre Anwendungen einbinden, etwa über REST APIs. Das SAP Cloud Application Programming Model bietet eine moderne Architektur für die Entwicklung cloud-nativer Anwendungen mit KI. Auch ABAP in der Cloud kann KI-Funktionen nutzen. SAP Build ermöglicht es, KI-gestützte Anwendungen zu erstellen. Ein weiterer technologischer Meilenstein ist die Integration der Vector Engine in die SAP HANA Cloud. Diese ermöglicht semantische Suchen und Ähnlichkeitsanalysen, was essenziell für moderne LLM-Anwendungen ist, bei denen Informationen effizient verarbeitet werden müssen.

Ausführliche Informationen zum Thema KI finden Sie in Kapitel 6, »Künstliche Intelligenz auf der SAP BTP«.

1.3.4 Automatisierung

Die Kombination aus SAP Build Process Automation und SAP Signavio bietet Unternehmen eine integrierte Plattform, mit der sie ihre End-to-End-Geschäftsprozesse modellieren, automatisieren und optimieren können. Durch die enge Zusammenarbeit von Prozessdesign, -ausführung und -analyse entsteht ein durchgängiger Regelkreis. Dadurch werden die Prozessflüsse transparenter, und es werden schneller Automatisierungspotenziale erkannt. Der Fokus liegt auf der Implementierung, Fehlervermeidung und Qualitätssicherung durch den Einsatz von Low-Code-/No-Code-Technologien. So können Workflows, Logik und Automatisierungen mit direkter Anbindung an bestehende SAP- und Nicht-SAP-Systeme über Schnittstellen und Events umgesetzt werden.

SAP Build Process Automation bildet dabei die zentrale Ausführungs- und Orchestrierungsschicht. Dies umfasst die folgenden Funktionen:

- Workflow Management
- Anlegen von Entscheidungen (engl. Decisions) und Regeln (engl. Rules)
- Entwicklung von Robotic Process Automation Bots
- Process Visibility

Ergänzt wird die Automatisierung durch das SAP Task Center, das als zentrale Inbox für Interaktionen dient. Es leitet Aufgaben aus verschiedenen Backend-Systemen zusammen und stellt sie den Benutzer*innen gesammelt zur Verfügung.

Ausführliche Informationen zum Thema Automatisierung finden Sie in Kapitel 4, »SAP Build«.

1.3.5 Anwendungsentwicklung

Die SAP BTP bildet die Grundlage für die Entwicklung von Geschäftsanwendungen. Sie bietet eine große Auswahl an Technologien, Frameworks und Werkzeugen, mit denen sich Anwendungen entwickeln lassen. Folgende Entwicklungsmöglichkeiten werden bereitgestellt:

- SAP Build Apps: ein benutzerfreundliches Tool für die No-Code- und Low-Code-Entwicklung
- SAP Build Work Zone: Die Lösung ermöglicht die Gestaltung benutzerfreundlicher digitaler Arbeitsbereiche, in denen Anwendungen, Inhalte und Prozesse zentral zusammengeführt werden.
- SAP Business Application Studio: eine cloud-basierte Entwicklungsumgebung für professionelle Entwickler*innen
- SAP BTP ABAP Environment: eine cloud-native Umgebung für die Entwicklung mit ABAP

Zusätzlich werden noch weitere Services für den Betrieb und verschiedene Anwendungsfälle bereitgestellt:

- SAP Mobile Services: unterstützen die Entwicklung mobiler Anwendungen mit Funktionen wie Push-Benachrichtigungen, Offline-Fähigkeit und Geräteintegration
- *Cloud-Laufzeitumgebungen* wie Cloud Foundry und Kyma: Sie ermöglichen es, Applikationen und Microservices flexibel laufen zu lassen.
- SAP Document Management Service: ermöglicht die strukturierte Verwaltung, Speicherung und Integration von Dokumenten in der SAP BTP

Die SAP BTP unterstützt außerdem das SAP Cloud Application Programming Model (CAP), ABAP RESTful Application Programming Model und SAP Build in der Entwicklung.

Damit bietet die SAP BTP ein leistungsstarkes Fundament für die Entwicklung zukunftsfähiger Cloud-Anwendungen. Mit CAP können Anwendungen schnell modelliert werden – von der Datenbank bis zur Benutzeroberfläche. Das Framework ermöglicht die automatische API-Generierung und folgt dem MVC Pattern (Model View Controller) mit klarer Trennung von Daten, Services und Logik.

ABAP RESTful Application Programming Model bringt ABAP in die Cloud und ermöglicht die Entwicklung von Business-Logik auf Basis von Core Data Services und OData-Services.

SAP Build erweitert die Entwicklungsmöglichkeiten um ein No-Code-, Low-Code- und Pro-Code-Portfolio, um Prozesse zu automatisieren, Benutzeroberflächen zu gestalten und Anwendungen schnell bereitzustellen.

Ob Erweiterung von SAP S/4HANA, Side-by-Side-Apps oder Microservices, die SAP BTP bietet mit diesen Technologien die Plattform für Ihre SAP-spezifischen Entwicklungen. Zusätzlich werden Entwickler*innen mit KI-Technologie wie Joule bei ihrer Arbeit unterstützt.

SAP Cloud Application Programming Model

Das SAP Cloud Application Programming Model (CAP) ist ein modernes Framework zur Entwicklung von Applikationen und Services in der Cloud. Es wurde speziell für die SAP BTP entwickelt und unterstützt bei der Entwicklung von cloud-basierten Applikationen, die als Standalone-Applikationen oder als Side-by-Side Extensions genutzt werden können. Im Kern von CAP steht ein serviceorientierter Ansatz, bei dem definierte Schnittstellen den Zugriff auf Daten und Funktionen bereitstellen.

Das Ziel von CAP besteht darin, die Entwicklung effizienter und konsistenter zu gestalten. Dafür nutzt es Best Practices, vorkonfigurierte Werkzeuge und eine Architektur, die alle Schichten von der Datenbank bis zur Benutzeroberfläche abdeckt. Die Entwicklung ist sowohl lokal als auch in der Cloud möglich. Im Mittelpunkt steht dabei die deklarative Modellierung mit Core Data Services (CDS). Mit dieser gut lesbaren, domänenspezifischen Sprache lassen sich Datenmodelle und Services so beschreiben, wie sie in der jeweiligen Geschäftswelt wirklich verstanden werden. Der große Vorteil ist, dass aus diesen Modellen automatisch APIs, Benutzeroberflächen und Datenbankstrukturen generiert werden können. Das spart nicht nur Zeit, sondern reduziert auch typische Fehlerquellen. Die sogenannte *Serviceschicht* stellt diese Modelle dann über bewährte Protokolle wie OData oder REST zur Verfügung. Mit diesen Schnittstellen können gezielte Entwicklungen mit zusätzlicher Geschäftslogik versehen werden, wie z. B.:

- Validierungen
- Datenaufbereitung
- Berechtigungsprüfungen

Durch die saubere Trennung von Datenmodell, Servicebeschreibung und Logik bleibt der Code übersichtlich, leichter wartbar und gut wiederverwendbar. CAP lässt bei der Wahl der Entwicklungsumgebung viel Freiheit. Neben klassischen Tools wie Visual Studio Code ist vor allem das SAP Business Application Studio zu nennen. Diese cloud-basierte Entwicklungsumgebung ist speziell für die SAP BTP optimiert und unterstützt mit vielen Tools, wie z. B.:

- CDS Graphical Modeler zur Visualisierung von Datenmodellen
- Page Map zur Konfiguration der Benutzeroberfläche
- integriertes Debugging

Ein echter Pluspunkt von CAP ist zudem seine Offenheit. Es lässt sich nahtlos mit anderen SAP-Services und auch mit externen APIs kombinieren. Unterstützt werden verschiedene Datenbanksysteme wie SAP HANA, SQLite oder PostgreSQL. Ob synchrone oder asynchrone Services, beides ist möglich. Dadurch eignet sich CAP für eine breite Palette von Anwendungsszenarien: von Erweiterungen für SAP S/4HANA über Side-by-Side-Apps bis hin zu Microservices-Architekturen. CAP bringt Struktur in komplexe Anwendungen, unterstützt moderne Entwicklungsstandards und schafft damit eine zukunftsfähige Basis für die digitale Transformation im SAP-Kosmos. Abbildung 1.15 zeigt einen Überblick des SAP Cloud Application Programming Models, das in Kapitel 2 genauer betrachtet wird.

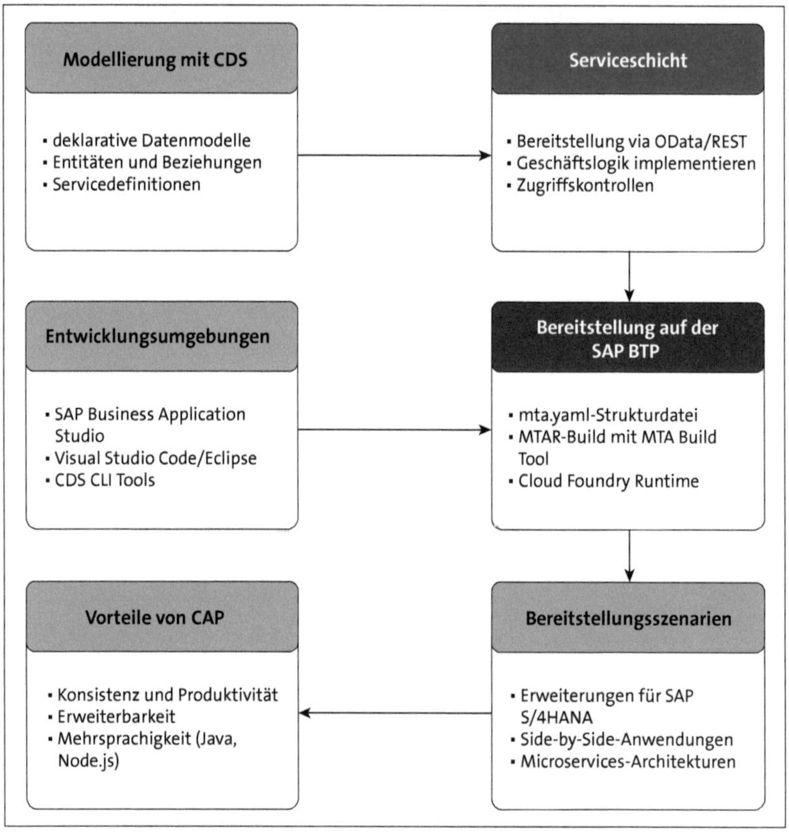

Abbildung 1.15 Überblick über das SAP Cloud Application Programming Model

ABAP in der Cloud

ABAP in der Cloud steht für die nächste Generation in der ABAP-Entwicklung. Die ursprünglich strukturierte und dann später objektorientierte Sprache ABAP, die traditionell eng mit On-Premise-Systemen und direkten Datenbankzugriffen verknüpft war, bringt in ihrer Cloud-Variante neue Anforderungen, Konzepte und Werkzeuge mit sich. Diese Sprachvariante wurde initial für das ABAP Environment auf der SAP Business Technology Platform (auch als *Steampunk* bezeichnet) konzipiert und erlaubt neue Möglichkeiten der Entwicklung in SAP S/4HANA. Der Zugriff auf Daten erfolgt ausschließlich über freigegebene APIs, was die Sicherheit und Wartbarkeit erhöht. Ein wesentliches Merkmal der Cloud-Entwicklung ist die Nutzung der Sprachvariante *ABAP for Cloud Development*. Diese Version ist auf Stabilität und Update-Fähigkeit ausgelegt. Viele klassische Sprachelemente wie MOVE oder OPEN DATASET sind nicht mehr erlaubt, da sie entweder veraltet oder sicherheitskritisch sind. Auch SQL muss in moderner Syntax geschrieben werden. Die Nutzung von Systemobjekten ist nur über freigegebene APIs möglich, deren Stabilität durch SAP garantiert wird. Die Freigabestatus (C0 bis C4) regeln, wie ein Objekt verwendet werden darf, als

API, für Konfigurationen oder in ABAP-Managed Procedures. Ein zentrales Entwicklungsmodell in der Cloud ist das ABAP RESTful Application Programming Model. Es basiert auf Core Data Services und dem Virtual Data Model (VDM), das in drei Schichten unterteilt ist.

- Basic Views (direkter Zugriff auf Tabellen)
- Composite Views (Kombination mehrerer Views mit Logik)
- Consumption Views (für konkrete Anwendungsfälle wie SAP-Fiori-Apps oder APIs)

Beziehungen zwischen Entitäten werden über Assoziationen und Kompositionen modelliert. Das ABAP RESTful Application Programming Model definiert nicht nur die Datenstruktur, sondern auch das Verhalten von Business Objects. Über sogenannte *Behavior Definitions* wird festgelegt, welche Operationen (`Create`, `Update`, `Delete`), Validierungen und Sperrmechanismen ein Objekt unterstützt. Die Implementierung erfolgt in ABAP-Klassen, die von speziellen Basisklassen erben. Die Runtime unterscheidet zwischen einer Interaktionsphase (z. B. Änderungen im Buffer) und einer Speicherphase (Persistierung auf der Datenbank). Ein weiteres zentrales Element ist die Entity Manipulation Language (EML). Sie ermöglicht den Zugriff auf Business Objects in ABAP, sowohl lesend als auch schreibend. Über die EML können mehrere Datensätze gleichzeitig verarbeitet, Fehler strukturiert behandelt und Aktionen wie COMMIT ENTITIES und ROLLBACK ENTITIES ausgeführt werden. Das ABAP RESTful Application Programming Model bietet darüber hinaus erweiterte Funktionen:

- Determinations (automatische Feldberechnungen)
- Validations (Konsistenzprüfungen)
- Actions (schreibende Sonderfunktionen)
- Functions (lesende Sonderfunktionen)

Diese werden in der Behavior Definition definiert und über EML aufgerufen. Ein weiteres wichtiges Konzept ist die *automatische Nummernvergabe* (Numbering). Diese kann entweder in der Interaktionsphase (early numbering) oder in der Speicherphase (late numbering) erfolgen, je nachdem, ob z. B. ein Nummernkreis verwendet wird. Ergänzt wird dies durch das *Draft-Konzept*, das es erlaubt, Entwurfsdaten temporär zu speichern. Dies ist besonders für SAP-Fiori-Apps relevant, da Anwender*innen ihre Eingaben zwischenspeichern können, bevor sie diese final speichern. Zur Wiederverwendung von Business Objects dienen Projektionen, die bestimmte Felder und Operationen gezielt freigeben. Über Service Definitions und Service Bindings werden diese Objekte dann als OData-Services veröffentlicht und entweder als UI Service (z. B. für SAP Fiori) oder als Web API verwendet. Die Entwicklung erfolgt typischerweise in Eclipse mit den ABAP Development Tools. Diese Umgebung ersetzt die klassische SE80 und bietet moderne Werkzeuge für CDS, ABAP RESTful Application Programming Model und Debugging. Für den schnellen Einstieg steht der *Business Object Generator* zur Verfügung, der auf Basis einer Datenbanktabelle automatisch ein vollständiges ABAP-RESTful-Modell samt Service erzeugt. Kapitel 3, »ABAP in der Cloud und ABAP RESTful Application Programming Model«, zeigt die Entwicklung einer Kontaktverwaltung mit zugehörigen Adressen. Dabei werden Datenbanktabellen modelliert, CDS Views erstellt, Behavior Definitions implementiert, Validierungen und Determinations ergänzt sowie eine SAP-Fiori-Oberfläche mit UI-Annotationen gestaltet. Die Anwendung wird über einen OData-Service veröffentlicht und ist sofort einsatzbereit. ABAP in der Cloud ist nicht nur eine technologische Weiterentwicklung, sondern auch die Zukunft von ABAP. Es bringt mehr Struktur, Sicherheit und Wartbarkeit und eröffnet neue Möglichkeiten für moderne, cloud-basierte Geschäftsanwendungen. Abbildung 1.16 gibt einen guten Überblick über das ABAP RESTful Application Programming Model, das in Kapitel 3 genauer betrachtet wird.

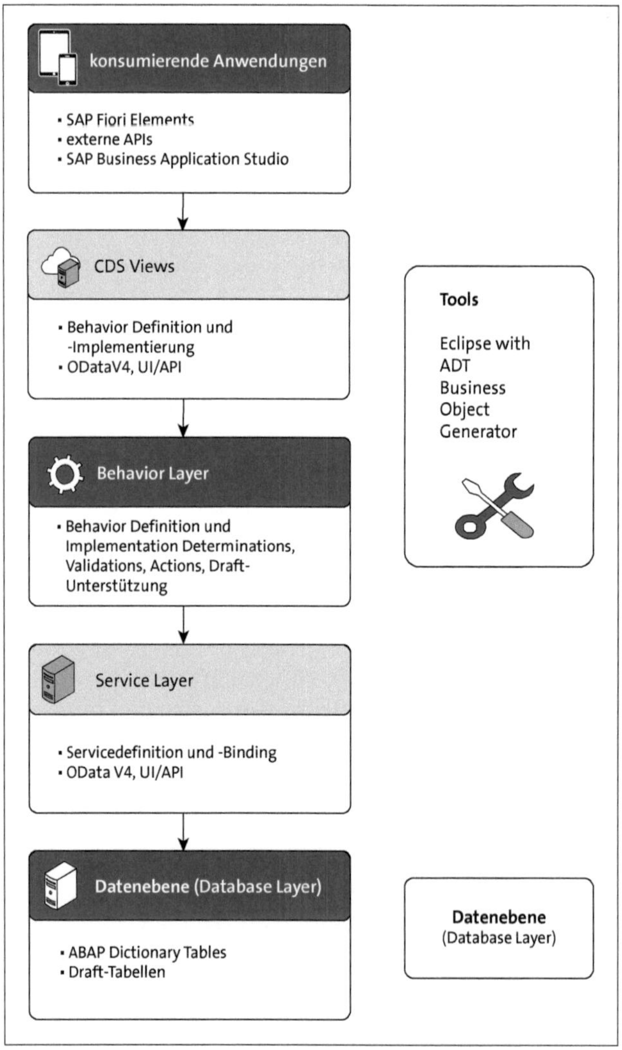

Abbildung 1.16 Überblick über das ABAP RESTful Application Programming Model

SAP Build

Die SAP Build Suite ist eine Sammlung von Services innerhalb der SAP BTP, die Unternehmen bei der Entwicklung, Automatisierung und Verwaltung von Anwendungen unterstützt. Sie kombiniert folgende Konzepte:

- No-Code
- Low-Code
- Pro-Code

SAP Build richtet sich sowohl an Citizen Developer als auch an professionelle Entwickler*innen. Die Suite besteht aus vier Komponenten:

- SAP Build Apps
- SAP Build Process Automation
- SAP Build Work Zone
- SAP Build Code

Diese Services ermöglichen es, Anwendungen schnell zu erstellen, Geschäftsprozesse zu automatisieren und eine zentrale Benutzeroberfläche für SAP- und Drittanwendungen bereitzustellen.

Die SAP-Build-Plattform bietet eine einfache Entwicklungsumgebung zur Unterstützung für Datenbindung, Logikflüsse und visuelle Komponenten sowie die Integration mit SAP- und Drittanbietersystemen. Es stehen verschiedene Variablentypen zur Verfügung. Der Theme Editor erlaubt die Anpassung des Designs, und eigene Komponenten können über den Marketplace hinzugefügt werden.

SAP Build Process Automation vereint Funktionen aus SAP Workflow Management und SAP Intelligent Robotic Process Automation. Sie bietet eine einfache Modellierung von Geschäftsprozessen über den Process Builder, die Erstellung von Formularen, Entscheidungen und Automatisierungen sowie die Integration von Bots und Business Rules. Bestehende Workflows können wiederverwendet und externe Systeme über Aktionen eingebunden werden. Die zentrale Verwaltung erfolgt über den Control Tower, während My Inbox und Monitoring für Transparenz im laufenden Betrieb sorgen.

SAP Build Work Zone ist als zentraler Einstiegspunkt in die SAP-Welt zu sehen. Sie ist in zwei Editionen verfügbar:

- Standard Edition (entspricht dem klassischen SAP Fiori Launchpad)
- Advanced Edition mit erweiterten Funktionen für:
  - soziale Netzwerke
  - Wissensdatenbanken
  - kollaborative Arbeitsbereiche

SAP Build Work Zone ermöglicht die Integration von SAP- und Drittanbieteranwendungen, bietet persönliche Arbeitsbereiche (My Workspace) und thematische Workspaces mit Widgets. Die zentrale Inbox erlaubt alle Workflows in einer App, und zusätzliche Tools wie Kalender, Empfehlungen und Lesezeichen stehen zur Verfügung. Die Integration mit Microsoft Teams erweitert SAP Build Work Zone zu einem modernen digitalen Arbeitsplatz.

SAP Build Code richtet sich an professionelle Entwickler*innen und bietet eine moderne Entwicklungsumgebung mit Unterstützung für Node.js und Java. Die Integration von Joule, einem KI-gestützten Entwicklungsassistenten, erlaubt die automatisierte Generierung von:

- Datenmodellen
- Services
- UI-Komponenten
- Tests

Projekte werden im sogenannten *Storyboard* strukturiert und können direkt auf der SAP BTP bereitgestellt werden. Joule unterstützt mit Befehlen eine schnelle und individuelle Entwicklung. Die Entwicklungsumgebung ermöglicht:

- Full-Stack-Entwicklung
- Frontend-Entwicklung
- Backend-Entwicklung
- mobile Entwicklung

Ein zentrales Element von SAP Build ist das Application Lifecycle Management. Es beinhaltet SAP Cloud Transport Management, das die zentrale Steuerung und Protokollierung von Transporten innerhalb der SAP BTP ermöglicht. Es unterstützt sowohl Pro-Code-Entwicklungen wie CAP und ABAP RESTful Application Programming Model als auch Entwicklungen mit SAP Build. Komponenten aus SAP-Build-Apps lassen sich transportieren, indem Projekte exportiert und einem Transportpaket im SAP Cloud Transport Management übergeben werden. SAP Build Process Automation verfügt über eine eigene Funktion namens Promoting Projects, die den Transport von Automatisierungen inklusive ihrer Komponenten erlaubt. Ein zentrales Deployment-Interface kann direkt mit SAP Cloud Transport Management verbunden werden, um Transport und Nachvollziehbarkeit sicherzustellen. Die Nutzung von SAP Build als No-Code- und Low-Code-Tool erfordert ein durchdachtes Governance-Modell. Standardisierte Freigabeprozesse und ein durchgängiges Lifecycle Management sind ebenso wichtig wie technische Werkzeuge zur Umsetzung, etwa SAP Cloud Transport Management. Die IT-Abteilung muss Richtlinien für Prüfungen und Freigaben erstellen, die vor dem produktiven Einsatz von Inhalten eingehalten werden müssen. Kontinuierliches Monitoring auf Performance und Einhaltung der Richtlinien ist ebenfalls essenziell.

Abbildung 1.17 gibt Ihnen einen Überblick über SAP Build, das in Kapitel 4 genauer betrachtet wird.

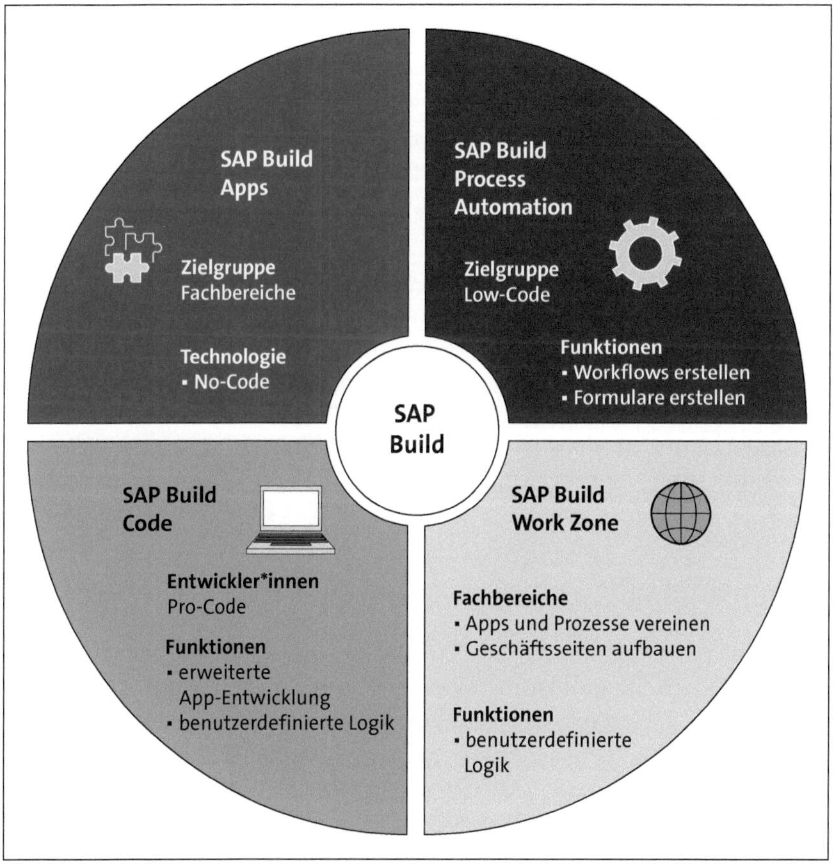

Abbildung 1.17 SAP Build

Ausführliche Informationen zum Thema Anwendungsentwicklung finden Sie in Kapitel 2, »SAP Cloud Application Programming Model«, Kapitel 3, »ABAP in der Cloud und ABAP RESTful Application Programming Model«, und Kapitel 4, »SAP Build«.

1.4 Event- und API-gesteuerte Kommunikation

Events und APIs sind die Grundlage der modernen Kommunikation innerhalb der Systemlandschaften. Ereignisse (engl. Events) werden als Auslöser für Informationsflüsse, die Zustandsänderungen oder Aktionen genutzt. Im SAP-System könnte dies

z. B. die Anlage oder Änderung eines Kundenauftrags sein. In einer ereignisgesteuerten Architektur werden solche Events von einem Sender erzeugt und an einen Empfänger übertragen. Die event-gesteuerte Architektur ist ein Software-Designmuster, das auf Ereignissen basiert. Die Übertragung dieser Events erfolgt in den meisten Fällen im Format JSON oder XML. Ein Event Broker Service ermöglicht die strukturierte Verwaltung und Verteilung von Ereignissen. Durch die Nutzung separater Message Clients mit individuellen Konfigurationen lassen sich Verantwortlichkeiten klar zuordnen und Abläufe besser nachvollziehen. Systeme können über verschiedene Programmiermodelle wie CAP oder ABAP RESTful Application Programming Model an die Event-Infrastruktur angebunden werden. SAP Event Mesh ist ein Event Broker Service auf der SAP BTP. SAP Event Mesh besteht aus verschiedenen Message Clients mit eigenen Konfigurationen und Anmeldedaten. Die Nutzung unterschiedlicher Message Clients bietet klare Verantwortlichkeiten und eine verbesserte Nachvollziehbarkeit. Events sind fester Bestandteil des ABAP RESTful Application Programming Models.

APIs spielen eine wichtige Rolle bei der Verbindung von Anwendungen und Diensten. Eine zentrale Plattform oder auch Middleware zur Verwaltung von Schnittstellen ermöglicht die Nutzung, Überwachung und Erweiterung von APIs.

1.5 Zusammenfassung

In diesem Kapitel haben Sie die zentralen Grundlagen und strategischen Konzepte der SAP Business Technology Platform kennengelernt. Im Mittelpunkt stand die Clean-Core-Strategie. Sie bildet das Fundament für die Entwicklung cloud-kompatibler Erweiterungen und stellt sicher, dass SAP-Systeme möglichst nah am Standard bleiben.

Wir haben Ihnen die fünf Dimensionen von Clean Core, Extensibility, Data, Integration, Processes und Operations vorgestellt und erläutert, welche Auswirkungen diese auf Entwicklungsprojekte haben und welche Prinzipien dabei zu beachten sind. Besonders wichtig ist die klare Trennung zwischen SAP-Standard und kundenspezifischer Logik.

Ein zentrales Lernziel war die Einordnung der drei Entwicklungsansätze:

- Key-User Extensions
- ABAP Cloud
- Side-by-Side Extensions

Diese Ansätze wurden im Three-Tier-Modell systematisch gegenübergestellt, sodass Sie beurteilen können, welche Entwicklungsform für die gewünschten Use Cases am besten geeignet ist. Als Nächstes haben wir Ihnen die Bedeutung der Clean Core Quality Gates erläutert, also ein strukturiertes Prüfkonzept, das Sie über alle Projektphasen hinweg begleitet und die Einhaltung von Standards sicherstellt.

Im zweiten Teil des Kapitels haben wir Ihnen die fünf Säulen der SAP BTP vorgestellt:

1. Integration
2. Daten und Analytics
3. künstliche Intelligenz
4. Automatisierung
5. Anwendungsentwicklung

Die SAP Integration Suite spielt eine zentrale Rolle bei der Vernetzung von SAP- und Drittanbietersystemen und bietet Tools wie Cloud Integration, API Management, Event Mesh und Open Connectors für diese Zwecke an. Ebenso wurden die Daten und Analytics Tools für die Datenarchitektur mit SAP Datasphere, SAP Analytics Cloud und SAP HANA Cloud vorgestellt. Diese bieten eine KI-fähige Datenverarbeitung an.

Ein besonderes Augenmerk lag auf den Möglichkeiten der künstlichen Intelligenz innerhalb der SAP BTP. Mit SAP AI Core, SAP AI Launchpad und dem generativen KI-Assistenten Joule haben Sie Werkzeuge kennengelernt, die die Entwicklung durch intelligente Automatisierung unterstützen.

Zum Abschluss wurde dann die Rolle von SAP Build als No-Code-, Low-Code- und Pro-Code-Plattform erläutert, mit der alle Arten von Anwendungen entwickelt werden können.

Im nächsten Kapitel lernen Sie nun das SAP Cloud Application Programming Model (CAP) von SAP kennen und erfahren, wie die Entwicklung von Anwendungen mit CAP funktioniert.

Kapitel 2
SAP Cloud Application Programming Model

In diesem Kapitel lernen Sie die Grundlagen des SAP Cloud Application Programming Models (CAP) kennen. Sie erfahren, was CAP ist, welche Funktionen es bietet und wann es idealerweise eingesetzt wird. Darüber hinaus erfahren Sie, wie Sie mit CAP eigene Anwendungen entwickeln und in der Cloud bereitstellen können.

Das *SAP Cloud Application Programming Model* (CAP) ist ein modernes Framework zur Erstellung von Unternehmensanwendungen und Services in der Cloud. Ein *Service* ist dabei ein Dienst, der den Zugriff auf Daten oder Funktionen über definierte Schnittstellen bereitstellt. CAP unterstützt Sprachen wie Java, JavaScript und TypeScript sowie *Core Data Services* (CDS). Zudem bietet CAP Bibliotheken für die Serviceimplementierung oder die Integration von Plattformdiensten an und stellt Werkzeuge wie das *CDS Command Line Interface* (CLI) bereit. All dies kombiniert CAP zu einem umfassenden Framework.

CAP gibt Entwickler*innen einen sogenannten *goldenen Pfad* an die Hand. Dieser basiert auf bewährten Best Practices und definiert einen klaren Weg zur Erstellung von Anwendungen und Services mittels des Frameworks. Diese vorgefertigten Lösungen unterstützen Entwickler*innen bei häufig wiederkehrenden Aufgaben in den Bereichen der Datenmodellierung, der Bereitstellung von Services oder der Gestaltung der *Benutzeroberfläche* (engl. User Interface, UI). Ein Beispiel dafür ist, dass CAP generische Implementierungen für die typischen CRUDQ-Operationen zum Erstellen, Lesen, Bearbeiten, Löschen und Abfragen von Datensätzen bereitstellt. All dies dient dem Ziel, die Entwicklung zu vereinfachen und zu beschleunigen.

Insgesamt soll von der technischen Komplexität abstrahiert und diese dem Framework überlassen werden. Somit können sich die Entwickler*innen auf die Umsetzung der fachlichen Anforderungen konzentrieren. Dies wird unter anderem dadurch erreicht, dass eine Vielzahl von Artefakten automatisch erstellt wird, Daten und Serviceschnittstellen deklarativ beschrieben werden können und eine nahtlose Integration mit vielen Plattformdiensten gerade auf der *SAP Business Technology Platform* (SAP BTP) möglich ist.

In diesem Kapitel werfen wir zunächst einen Blick auf die Grundlagen und darauf, wie CAP den Entwicklungsprozess beschleunigt (siehe Abschnitt 2.1.1). Anschließend lernen Sie die Kernkomponenten von CAP (siehe Abschnitt 2.1.2) und die verschiedenen Laufzeitumgebungen kennen (siehe Abschnitt 2.1.3). Außerdem erfahren Sie, welche zentrale Rolle das Domain-Driven Design bei CAP spielt (siehe Abschnitt 2.1.4). Danach werfen wir einen Blick auf den Funktionsumfang (siehe Abschnitt 2.1.5) und typische Einsatzszenarien (siehe Abschnitt 2.1.6) des Frameworks. Abschließend gehen wir auf die Core Data Services (siehe Abschnitt 2.1.7) ein, die das Herzstück der Datenmodellierung in CAP sind.

[»]

Download-Material

Die in diesem Kapitel gezeigten Programmierbeispiele und Code-Snippets stehen als vollständiges Projekt zum Download bereit. Der Link zum Download-Material ist auf der Website zum Buch unter *www.sap-press.de/6104* zu finden.

2.1 Grundlagen vom SAP Cloud Application Programming Model

Bevor Sie mit der Entwicklung von CAP beginnen, sollten Sie sich zunächst mit den Funktionen und Kernkonzepten des Frameworks vertraut machen.

2.1.1 Beschleunigter Entwicklungsprozess mit CAP

CAP folgt dem Softwareentwicklungsprinzip *Convention over Configuration*, um den Entwicklungsprozess zu vereinfachen. Das bedeutet, dass nur wenig manuelle Konfiguration notwendig ist, solange Sie sich im Standard des Frameworks bewegen. Ein Beispiel dafür ist die Standardordnerstruktur eines CAP-Projekts. Diese sieht wie in Listing 2.1 aus:

```
project/          # der Hauptordner des Projekts
├─ app/           # Inhalte für die Benutzeroberfläche
├─ srv/           # Inhalte für den Service
├─ db/            # Domänenmodell und datenbankrelevante Inhalte
├─ package.json   # Konfiguration für CDS und das CDS DK
└─ readme.md      # Platzhalter für das README
```

Listing 2.1 Standardordnerstruktur eines CAP-Projekts

Dateien im Ordner **db** werden immer im Sinne der Datenbank und des Domänenmodells interpretiert, während Dateien im Ordner **srv** von CAP immer mit der Definition und den Funktionen des Services genutzt werden.

Durch solche Standards ist ein schneller und fehlerfreier Entwicklungsstart ohne aufwendiges Setup möglich. Vorausgesetzt werden lediglich ein Editor oder eine entsprechende *integrierte Entwicklungsumgebung* (engl. Integrated Development Environment, IDE) Ihrer Wahl sowie die Installation des CAP Development Kits *@sap/cds-dk*. Anschließend kann im Terminal durch die beiden folgenden Befehle ein neues CAP-Projekt initialisiert und gestartet werden:

```
cds init
cds watch
```

Mehr ist nicht notwendig, um ein vollständig lauffähiges Projekt zu haben.

Um diese Geschwindigkeit auf die Entwicklung zu übertragen, unterstützt und fördert CAP die *lokale Entwicklung*. Im oberen Teil von Abbildung 2.1 ist dieser lokale Entwicklungszyklus dargestellt.

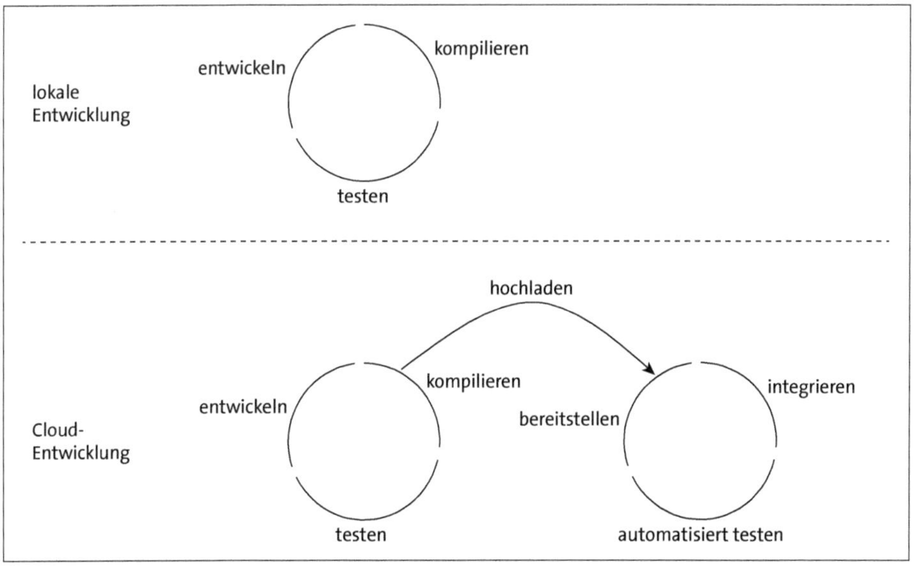

Abbildung 2.1 Geschwindigkeit durch lokale Entwicklung

Das Entwickeln, Kompilieren und Testen findet hier ausschließlich auf dem eigenen System statt. Um dies zu ermöglichen, werden vom Framework lokale Mock-Varianten zu den Plattformdiensten wie Datenbank, Authentifizierung oder Nachrichtenaustausch bereitgestellt. Somit müssen sich die Entwickler*innen nicht direkt mit der Komplexität der Cloud-Infrastruktur auseinandersetzen. Analog dazu vereinfacht CAP auch Integrationsszenarien, indem sich z. B. eine SAP-S/4HANA-Schnittstelle importieren und lokal als Mock ausführen lässt. Dadurch müssen sich Entwickler*innen weder mit der Komplexität der Cloud noch mit dem ständigen Bereitstellen der Applikation in der Cloud auseinandersetzen. Dies ermöglicht schnelle Iterationen in der

Entwicklung. Im unteren Teil der Abbildung 2.1 wird der Cloud-Entwicklungszyklus dargestellt: Hier wird nach dem Entwickeln, Kompilieren und Hochladen die Applikation in der Cloud bereitgestellt. Anschließend werden als nächste Schritte die Integration mit anderen Diensten und das automatisierte Testen durchgeführt. CAP unterstützt auch in dieser Phase einen effizienten Ablauf, sobald die Anwendung für die produktive Umgebung bereitgestellt werden soll.

Die sich immer schneller entwickelnde Cloud-Landschaft stellt auch in puncto Zukunftssicherheit Anforderungen an ein Framework. Dies adressiert CAP, indem es auf eine Mischung aus proprietären Technologien aus dem SAP-Ökosystem und bewährten und weitverbreiteten quelloffenen Technologien wie Java und Node.js setzt. Um die Abhängigkeit von bestimmten Technologien zu vermeiden, die gegebenenfalls in Zukunft veraltet sind, abstrahiert CAP in vielen Bereichen wie Authentifizierung und Autorisierung, Nachrichtenaustausch oder Netzwerkprotokollen. Darüber hinaus gewährleistet der modulare Aufbau insbesondere mit dem Plug-in-Konzept von CAP die einfache Integration neuer Funktionen. Das Plug-in-Konzept von CAP ermöglicht es, Funktionen modular zu entwickeln und bei Bedarf automatisch in den Kern des CAP Frameworks einzuhängen. Ein typisches Beispiel ist `@cap-js/change-tracking` zur Verfolgung aller Änderungsvorgänge, das sich einfach integrieren und nutzen lässt.

2.1.2 Kernkomponenten des SAP Cloud Application Programming Models

Im Kern basiert CAP auf den in Abbildung 2.2 dargestellten Kernkomponenten, die die Architektur des Frameworks definieren:

- **Core Data Services (CDS)**

  Mittels CDS werden Datenmodelle und Serviceschnittstellen auf eine deklarative Weise definiert. CDS stellen somit das Rückgrat des SAP Cloud Application Programming Models dar.

- **Service Software Development Kits (SDKs)**

  CAP stellt eine Vielzahl von Bibliotheken für Node.js und Java bereit, die in SDKs gebündelt sind. Mit dem SDK für Node.js profitieren Entwickler*innen vom ausgeprägten Node.js-Ökosystem, einschließlich zahlreicher Bibliotheken und Pakete, die in Kombination mit den Funktionen von CAP genutzt werden können. Das SDK basiert auf *Express*, einem Webanwendungs-Framework für Node.js. Das Java SDK für CAP bietet ähnliche Funktionen wie die Node.js-Version und basiert auf dem *Spring*-Framework.

  Insgesamt werden dieses SDKs hauptsächlich für die Bereitstellung und Konsumierung von synchronen sowie asynchronen Serviceschnittstellen genutzt. Darüber hinaus gibt es noch weitere Bibliotheken zur einfachen Integration von Authentifizierungsdiensten oder der Mehrmandantenfähigkeit.

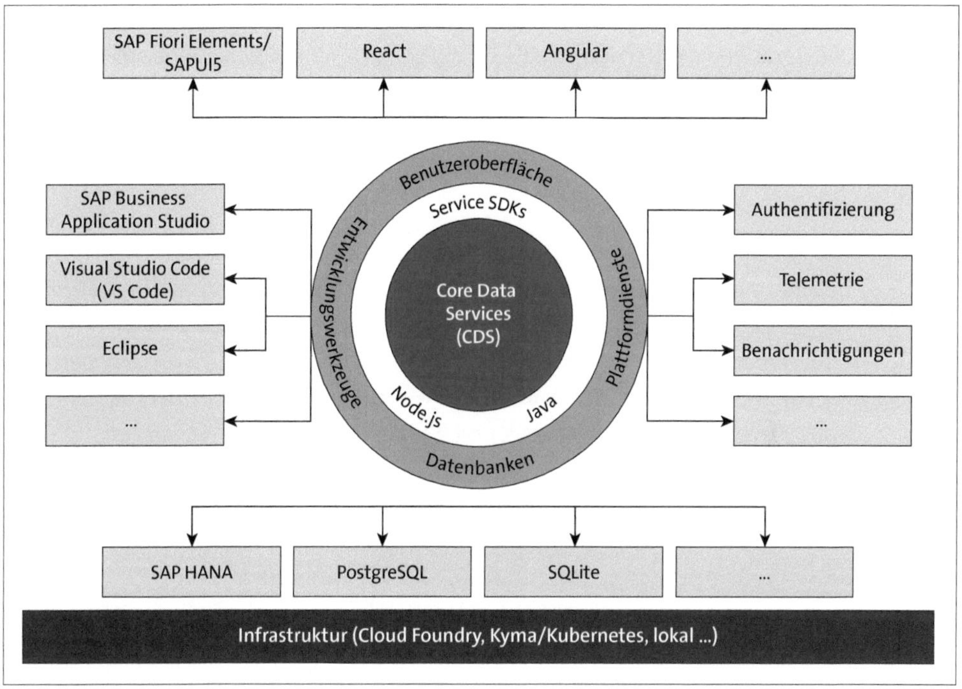

Abbildung 2.2 Kernkomponenten des SAP Cloud Application Programming Models

- **Infrastruktur**

  Das SAP Cloud Application Programming Model unterstützt die Plattformen Node.js und Java als Laufzeitumgebungen. Zur Bereitstellung der CAP-Anwendungen wird sowohl die *SAP BTP, Cloud Foundry Environment* als auch die *SAP BTP, Kyma Environment* unterstützt.

- **Entwicklungswerkzeuge**

  Das wichtigste Werkzeug für die Entwicklung mit CAP ist das CDS CLI. Über dieses werden viele Komfortfunktionen gesteuert, darunter das initiale Erstellen eines Projekts, das Hinzufügen von Plug-ins und Funktionen und vieles mehr. Als Entwicklungsumgebung kann die von SAP bereitgestellte cloud-basierte Entwicklungsumgebung *SAP Business Application Studio* genutzt werden. Das SAP Business Application Studio ist mit allen erforderlichen Tools für die CAP-Entwicklung vorkonfiguriert. Daneben ist aber auch die lokale Entwicklung in *Visual Studio Code* (VS Code) oder in Java-spezifischen IDEs möglich.

- **Datenbanken**

  Zur Speicherung der Daten der jeweiligen CAP-Anwendung kann aus verschiedenen Datenbanken ausgewählt werden. Die Standardoption ist dabei *SAP HANA Cloud*. Es werden jedoch auch andere Datenbanken wie SQLite insbesondere für die lokale Entwicklung oder das Datenbanksystem *PostgreSQL* unterstützt.

- **Benutzeroberflächen**

  Die Benutzeroberflächen für die CAP-Anwendung können mit einer Vielzahl von Technologien realisiert werden. *SAP Fiori Elements* und *SAPUI5* werden als SAP-Produkte standardmäßig unterstützt. Aber auch andere Frameworks wie React, Angular oder Vue.js können eingesetzt werden.

- **Plattformdienste**

  Die auf der SAP BTP verfügbaren Dienste können auf verschiedene Weise angebunden werden – zum einen über bereits vorhandene Out-of-the-box-Funktionen der Service SDKs, wie z. B. *SAP Cloud Identity Services* zur Authentifizierung, zum anderen über CAP-Plug-ins, wie etwa das Attachments-Plug-in für den *Object Store on SAP BTP*. Letztlich kann jeder Service auch selbst integriert werden, indem die vom Dienst bereitgestellten SDKs oder Schnittstellen genutzt werden.

2.1.3 Laufzeitumgebungen

Das SAP Cloud Application Programming Model unterstützt sowohl Node.js als auch Java als Laufzeitumgebungen. Für beide Umgebungen stellt SAP spezifische Service SDKs bereit, die jeweils auf die Besonderheiten der Plattformen zugeschnitten sind.

Node.js ist eine JavaScript-basierte Laufzeitumgebung, die durch ihre asynchrone Architektur besonders für moderne Cloud-Anwendungen geeignet ist. Durch die weite Verbreitung von Node.js ist ein großes Ökosystem an Bibliotheken und Paketen mit einer aktiven Community entstanden. CAP nutzt dieses Ökosystem und erweitert es um eigene Pakete. Technisch basiert das SDK für Node.js auf dem populären Webanwendungs-Framework Express. Es nutzt dabei die Middleware-Architektur von *Express.js*, um zusätzliche Funktionen wie Authentifizierung und Autorisierung hinzuzufügen.

Java ist seit Jahrzehnten ein bewährter Standard für Unternehmensanwendungen. CAP bietet daher auch Unterstützung für Java, um Entwickler*innen aus dem klassischen Unternehmensanwendungsumfeld einen vertrauten Einstieg zu ermöglichen. Java bietet eine Vielzahl von Frameworks, wobei sich das Java SDK von CAP auf das etablierte *Spring Framework* setzt. Ähnlich wie Express nutzt das CAP SDK von Java die Modularität und Erweiterbarkeit von Spring, um eigene Funktionen zu integrieren.

Obwohl beide Umgebungen von CAP vollständig unterstützt werden, gibt es einige Unterschiede zwischen den verfügbaren Funktionen. Zum Beispiel ist *GraphQL* als Protokoll nur für Node.js verfügbar, während Resilienzfunktionen für Java im SDK standardmäßig implementiert sind. Hinsichtlich der CAP-Plug-ins bietet Node.js durch seine aktivere Community ein umfangreicheres Angebot als Java.

Die Wahl zwischen Node.js und Java als Laufzeitumgebung hängt von mehreren Faktoren ab. Zu berücksichtigen sind insbesondere die Projektanforderungen, die Zusammensetzung und Expertise des Entwicklungsteams und die angestrebten Anwendungsfälle.

Da Node.js eine größere Verbreitung genießt und einen modernen Ansatz für Cloud-Anwendungen darstellt, konzentriert sich dieses Buch auf die Entwicklung mit Node.js und JavaScript. Die weiteren Abschnitte werden die Implementierung von CAP in dieser Umgebung detailliert behandeln.

2.1.4 Domain-Driven Design

Das SAP Cloud Application Model folgt dem Ansatz des *Domain-Driven Designs* (DDD). Beim DDD liegt der Schwerpunkt auf der Beschreibung der fachlichen Domäne und nicht auf der technischen Umsetzung. Im Kontext von CAP bedeutet dies, dass die Domäne mittels Core Data Services beschrieben wird. Die CDS-Modelle verfügen über eine klare und lesbare Syntax und dienen sowohl dem Austausch zwischen Entwickler*innen und Fachbereichen als auch der Dokumentation. Darüber hinaus bilden sie die Grundlage zur Generierung von Datenbankartefakten und Service-Schnittstellen-Definitionen. Auf diese Weise wird sichergestellt, dass mögliche Inkonsistenzen zwischen den fachlichen Anforderungen und der technischen Umsetzung reduziert werden.

Abbildung 2.3 gibt Ihnen einen Überblick über die Akteure innerhalb des DDD-Ansatzes von CAP. Im Folgenden werden Abbildung 2.3 und ihre Zusammenhänge im Detail erläutert.

Das *Domänenmodell* bildet die Grundlage des gesamten Ansatzes. Es modelliert die Geschäftslogik mittels eines *Entity-Relationship-Modells* (ER-Modell). Ein ER-Modell definiert Entitäten, Attribute und Beziehungen der Entitäten untereinander. Wie zuvor schon erläutert, wird das Domänenmodell in CAP in CDS modelliert und dient als Basis für die Persistenzebene.

Das *Persistenzmodell* beschreibt, wie die Datenbankartefakte und -zugriffe umgesetzt werden. Es bildet somit das Domänenmodell auf der zugrunde liegenden Datenbank ab. Bei der automatischen Generierung des Persistenzmodells unterstützt CAP verschiedene Datenbanken wie SAP HANA, PostgreSQL oder SQLite. Die Datenbank ist für die physische Speicherung und Bereitstellung der Daten gemäß dem Persistenzmodell verantwortlich. CAP verwendet ein abstraktes Datenzugriffsmodell, das verschiedene Datenbanksysteme unterstützt.

Das *Servicemodell* ist eine Sicht auf das Domänenmodell. Es definiert, welche Teile des Domänenmodells im Service verfügbar sind und wie diese dargestellt werden.

Dies erlaubt eine individuelle Sicht auf das Domänenmodell, die speziell auf die Anforderungen des Clients zugeschnitten ist. In CAP wird auch das Servicemodell mittels CDS modelliert und dient als Grundlage für die API.

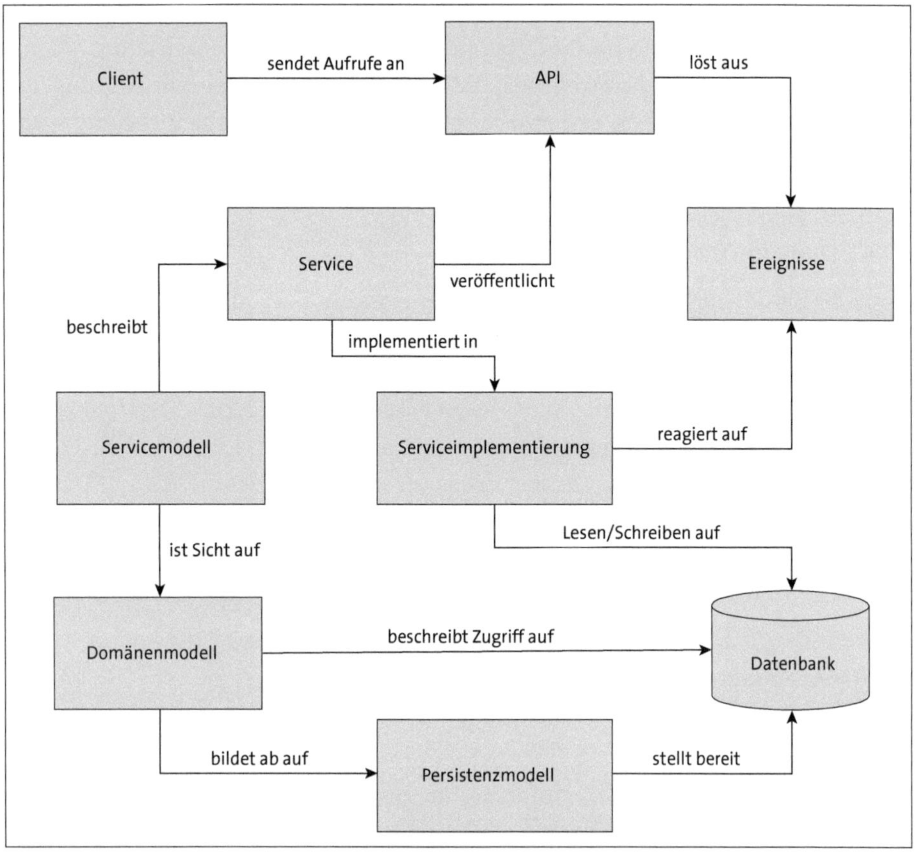

Abbildung 2.3 Domain-Driven Design in CAP

Der *Service* ist die zentrale Einheit, die die Applikationslogik beinhaltet und über seine API veröffentlicht. In CAP beschreibt er, welche Geschäftslogik und Daten nach außen bereitgestellt werden. Die Services sind dabei protokollunabhängig und reagieren auf Ereignisse. Sie nutzen andere Services ebenso unabhängig wie auch vom Framework bereitgestellte Services für Datenbanken und den Nachrichtenaustausch.

Die *API* ist die Schnittstelle zwischen dem Client und dem Service. CAP generiert die API automatisch aus dem Servicemodell. Standardmäßig verwendet CAP das *Open Data Protocol Version 4* (OData V4). OData V4 ist ein standardisiertes Protokoll, das mittels HTTP und der REST-Methodik die Erstellung und Nutzung von APIs ermöglicht. Die API definiert, welche Daten und Operationen dem Client zur Verfügung stehen. Jede Anfrage an die API löst Ereignisse aus.

Der *Client* kann eine Benutzeroberfläche wie z. B. eine SAP-Fiori-App, eine andere Anwendung oder ein externes System sein. Er sendet Anfragen mittels HTTP an die API, um Daten abzurufen oder Operationen auszuführen.

Ereignisse spielen im DDD und in CAP eine zentrale Rolle. Sie signalisieren Zustandsänderungen, auf die innerhalb der Applikation reagiert wird. Solche Ereignisse werden meistens durch API-Aufrufe ausgelöst, können aber auch intern entstehen. Beispiele dafür sind etwa »Nachbestellung bei niedrigem Lagerbestand« oder »Benachrichtigung nach erfolgreicher Bestellung«.

Abschließend enthält die *Serviceimplementierung* die eigentliche Geschäftslogik, die hinter den Operationen aus dem Servicemodell liegt. Hier werden Validierungen, komplexere dynamische Logiken oder auch spezielle Datenverarbeitungen implementiert. Die Serviceimplementierung reagiert auf Ereignisse, die z. B. durch die Anfrage eines Clients an die API ausgelöst werden. Dies wird durch die Registrierung entsprechender Event Handler erreicht. Bei der Verarbeitung der Ereignisse greift die Serviceimplementierung auf die Datenbank zu, um die benötigten Daten zu lesen oder zu schreiben.

2.1.5 Funktionsumfang

Das SAP Cloud Application Programming Model bietet zahlreiche Funktionen für die Entwicklung moderner Unternehmensanwendungen. Im Folgenden werden die wichtigsten Funktionsbereiche detailliert beschrieben.

Mit CAP können verschiedene Serviceschnittstellen bereitgestellt werden, darunter REST, OData und GraphQL. Diese Serviceschnittstellen unterstützen standardmäßig häufig benötigte Funktionen wie z. B. Query-Optionen oder Zugriffskontrollen. CAP ermöglicht nicht nur die Bereitstellung eigener Serviceschnittstellen, sondern auch die Konsumierung externer Services. So kann etwa ein OData-Service eines SAP-S/4HANA-Systems integriert werden, um dessen Daten oder Funktionen über die standardisierte Serviceschnittstelle in die Anwendung zu integrieren.

Neben der synchronen Kommunikation unterstützt CAP auch ereignisgesteuerte Architekturen und Messaging Patterns. Durch vorgefertigte Integrationen mit Diensten wie SAP Event Mesh oder Drittanbieter-Brokern wie Apache Kafka können Anwendungen mit deren Nachrichten interagieren. Die Unterstützung verschiedener Protokolle wie REST, OData und GraphQL gewährleistet große Flexibilität und Interoperabilität in der Cloud-Landschaft.

Eine wichtige Funktion von CAP ist die integrierte Unterstützung für SAP Fiori Elements. Dies ermöglicht eine schnelle Erstellung von Benutzeroberflächen und sorgt für eine konsistente Benutzererfahrung im SAP-Ökosystem.

Zudem abstrahiert CAP die Datenbankschicht, wodurch zwischen verschiedenen Datenbanken wie SAP HANA, PostgreSQL, SQLite und weiteren gewählt werden kann. Dies ermöglicht eine flexible Persistenzschicht, die sich individuell an die Anforderungen anpassen lässt.

Auch im Bereich Sicherheit bietet CAP integrierte Mechanismen für die Authentifizierung und Autorisierung wie *rollenbasierte Zugriffssteuerung* (engl. Role-based Access Control, RBAC). Durch die Möglichkeit der Integration mit Plattformdiensten, etwa *SAP Identity Authentication Service*, wird die Implementierung moderner Sicherheitsstandards vereinfacht.

Mit CAP können Anwendungen zudem einfach lokalisiert werden. Die Unterstützung für *Internationalisierung* (i18n) und die Verwaltung von lokalisierten Daten ermöglichen den Einsatz der Anwendungen weltweit. Dadurch kann die Anwendung ohne Änderungen am Quellcode an verschiedene Sprachen und regionale Formate wie etwa Zahlen-, Währungs- und Datumsformate angepasst werden.

Die Unterstützung für *temporäre Daten* ermöglicht Entwickler*innen, historische Datenverläufe zu speichern und zu analysieren. Dies ist besonders nützlich für Anwendungen, die Versionierungen benötigen. Moderne Datenschutzbestimmungen können durch die Integration von CAP mit SAP-BTP-Services wie SAP Personal Data Manager einfach gewährleistet werden.

Eine weitere wichtige Funktion betrifft die Bereitstellungen und Mandantenfähigkeit. CAP-Anwendungen können auf verschiedenen Plattformen bereitgestellt werden, sei es auf der SAP BTP in der Cloud-Foundry- oder Kyma-Umgebung, einer On-Premise-Umgebung oder bei anderen Cloud-Providern. Durch die Unterstützung für Mandantenfähigkeit ermöglicht CAP Entwickler*innen, *Software-as-a-Service*-Anwendungen (SaaS) zu erstellen. Diese können von mehreren Kunden lizenziert werden, basieren jedoch auf einer einzigen Codebasis. CAP bietet in diesem Zusammenhang integrierte Funktionen zur Isolation von Daten je Mandant und zur Verwaltung des Lebenszyklus. Gleichzeitig bietet CAP selbst Funktionen zur Anpassung und Erweiterung der SaaS-Anwendung an die Anforderungen der Kunden.

All diese Funktionen sind im Framework integriert und ermöglichen die Erstellung moderner, cloud-nativer Unternehmensanwendungen für Szenarien jeder Größenordnung und Komplexität.

2.1.6 Einsatzszenarien

Der Einsatz von CAP zur Anwendungsentwicklung ist für eine Vielzahl von Szenarien im Unternehmenskontext ausgelegt. Die Haupteinsatzmöglichkeiten sind folgende:

- **Externe Portale**: Anwendungen, die sich an eine klar definierte Zielgruppe richten, etwa externe Partner oder Kunden, die keine SAP-Nutzer*innen sind

- **Standalone Apps**: Anwendungen, die eigenständig und somit unabhängig von SAP-Systemen laufen sollen
- **Integration mit SAP-BTP-Services**: Anwendungen, die die Integration von SAP-BTP-Services ermöglichen, etwa zur *künstlichen Intelligenz* (KI), um innovative Lösungen zu schaffen
- **Side-by-Side-Erweiterungen**: Anwendungen, die bestehende SAP-Systeme um Funktionen erweitern, aber als separate Anwendungen parallel zu diesen laufen
- **Hub-Szenarien**: Anwendungen, die mit mehreren SAP-Systemen und/oder Cloud-Diensten integriert werden, um Daten und Prozesse über Systeme hinweg zu konsolidieren
- **Software-as-a-Service**: Anwendungen, die von Partnern bereitgestellt werden und für mehrere Mandanten konzipiert sind, die diese Anwendungen lizenzieren können

2.1.7 Core Data Services im SAP Cloud Application Programming Model

Unternehmensanwendungen sind datenzentriert, und CAP ist für die Entwicklung genau solcher Anwendungen konzipiert. Dementsprechend liegt auch der Fokus von CAP auf dem Datenmodell. Die Core Data Services bilden dabei das Rückgrat, da sie die deklarative und konsistente Modellierung von Daten und Services ermöglichen.

Generell sind CDS eine Modellierungssprache, die von SAP entwickelt wurde. Das Ziel von CDS ist es, das Datenmodell und seine Beziehungen klar und verständlich zu definieren und Daten abzufragen. CDS werden jedoch nicht nur in CAP eingesetzt, sondern finden sich auch in ABAP und SAP HANA wieder, jeweils mit einem spezifischen Dialekt und Fokus. In CAP und ABAP sind die CDS-Modelle unabhängig von der Datenbank und nicht SAP-HANA-spezifisch.

Ein wichtiges Merkmal von CDS ist, dass sie nicht auf die Datenmodellierung beschränkt sind. Mittels CDS können auch Servicemodelle definiert werden, die angeben, welche Daten und wie diese Daten durch Services bereitgestellt werden sollen.

De facto sind CDS eine Sammlung von *domänenspezifischen Sprachen* (engl. Domain-specific Language, DSL), also kleinen Sprachen, die einem einzigen, bestimmten Zweck dienen. Dazu gehören etwa die folgenden Sprachen:

- Conceptual Definition Language (CDL)
- Core Schema Notation (CSN)
- CDS Query Language (CQL)
- Core Query Notation (CQN)

Diese Sprachen werden im Folgenden erläutert.

Die *Conceptual Definition Language* (CDL) ist eine menschenlesbare Sprache, die zur Definition von CDS-Modellen verwendet wird. Die Dateien, die Modelldefinitionen durch CDL enthalten, werden mit der Endung **.cds** gespeichert.

Das Beispiel in Listing 2.2 in CDL-Notation definiert eine vereinfachte Domäne für das Störungsmanagement.

```
using {
   cuid,
   managed
} from '@sap/cds/common';

namespace sap.press.support;

entity Incidents : cuid, managed {
   title       : String;
   description : String;
   status      : Status;
   customer    : Association to Customers;
   comments    : Composition of many {
                     key ID      : UUID;
                         message : String;
                 }
}

entity Customers : cuid, managed {
   firstName : String;
   lastName  : String;
   eMail     : String;
}

type Status : String enum {
   NEW        = 'New';
   INPROGRESS = 'In progress';
   CLOSED     = 'Closed';
}
```

Listing 2.2 CDS-Modell für ein Störungsmanagement

Entitäten sind die Hauptbausteine eines CDS-Modells. Sie beschreiben die Objekte der Domäne wie in diesem Fall `Incidents` und `Customers`. Die Daten eines Objekts werden über Attribute und ihre zugehörigen Typen beschrieben. Im Beispiel ist das Attribut `title` vom Typ `String`.

Typen definieren in CDL wiederverwendbare Datenformate. Dabei kann unterschieden werden zwischen vordefinierten Typen wie `String` oder benutzerdefinierten Typen. Der Typ `Status` aus dem Beispiel in Listing 2.2 ist ein solcher benutzerdefinierter Typ. Die Entität `Incidents` verwendet diesen Typ für das Attribut `status`, sodass nur die Enumerationswerte gültig sind.

Die Beziehung zwischen Entitäten kann in CDL auf zwei Arten modelliert werden: über *Assoziationen* und *Kompositionen*. Die beiden Entitäten `Incidents` und `Customers` im Beispiel sind durch eine Assoziation lose miteinander verknüpft. Eine enge Verknüpfung stellt die Komposition dar. Dabei handelt es sich um eine *Teil-Ganzes-Beziehung*, bei der das untergeordnete Objekt nicht ohne das übergeordnete Objekt existieren kann. Ein Beispiel dafür sind die `Comments` der `Incidents`.

Ein weiterer Baustein in der Modellierung mittels CDL sind die sogenannten *Aspekte*. Aspekte definieren Felder, die in Entitäten wiederverwendet werden können. Zum Beispiel bewirkt der Aspekt `cuid`, dass ein Feld `ID` mit dem Typ `UUID` automatisch der Entität `Incidents` hinzugefügt wird. Derselbe Aspekt wird auch für die Entität `Customers` wiederverwendet.

Um einen solchen Aspekt anzuwenden, muss dieser zuerst importiert werden. Der Import von Definitionen erfolgt in CQL über die Direktive `using`. Wie in der ersten Zeile in Listing 2.2 gezeigt, werden die Aspekte `cuid` und `managed` aus dem Modell `@sap/cds/common` importiert und können anschließend verwendet werden.

Um Namenskollisionen bei der Wiederverwendung zu verhindern, existiert in CDL das bekannte Konzept der *Namensräume*. Allen Objekten innerhalb eines Namensraums wird automatische der Namensraum als Präfix vorangestellt. Im Beispiel wird der Namensraum `sap.press.support` definiert. Dies führt dazu, dass der vollständige Entitätsname von `Customers` somit `sap.press.support.Customers` lautet.

Diese CDL-Definitionen der CDS-Dateien werden anschließend in die Core Schema Notation (CSN) kompiliert, die für die Verarbeitung zur Laufzeit verwendet wird. Die *Core Schema Notation* (CSN) ist die maschinenlesbare Darstellung von CDS-Modellen. Die Syntax erinnert stark an die *JavaScript Object Notation* (JSON) und lässt eine kompakte Darstellung zu, womit sie ideal zur Verarbeitung durch Programme geeignet ist. Dies nutzt auch CAP zur Interpretation der CSN-Modelle zur Laufzeit. Darüber hinaus ist so auch eine einfache Weitergabe von Modellen für die Wiederverwendung gewährleistet.

Ein CSN-Modell wird basierend auf der vorliegenden CQL-Definition kompiliert. Dies geschieht automatisiert von CAP beim Bauen der Applikation, kann aber auch manuell über folgendes CLI-Kommando durchgeführt werden:

```
cds compile db/schema.cds
```

Einige Ausschnitte dieser Ausgabe werden in Listing 2.3 erläutert, um die Grundelemente von CSN zu verdeutlichen:

```
{
  "namespace": "sap.press.support",
  "definitions": {
    "sap.press.support.Incidents": {
      "kind": "entity",
      "includes": ["cuid","managed"],
      "elements": {
        "ID": { "key": true, "type": "cds.UUID" },
        "title": { "type": "cds.String" },
        "status": { "type": "sap.press.support.Status" },
        "customer": {
          "type": "cds.Association",
          "target": "sap.press.support.Customers",
          "keys": [{"ref": ["ID"]}]
        }
      }
    }
  }
}
```

Listing 2.3 CSN-Ausgabe nach Kompilierung

Im Abschnitt `definitions` eines CSN-Modells werden die Typdefinitionen aufgeführt. In diesem Beispiel wird die Entität `sap.press.support.Incidents` beschrieben. Der Typ der Definition wird durch das Attribut `kind` als `entity`, also Entität, angegeben. Das Attribut `includes` referenziert die verwendeten Aspekte, wie in diesem Fall `cuid` und `managed`.

Der Abschnitt `elements` definiert die einzelnen Attribute der Entität. Jedes Attribut hat einen Namen, einen Typ und gegebenenfalls zusätzliche Eigenschaften, die aus der CDL-Definition abgeleitet sind. Das Attribut `title` ist vom Standardtyp `cds.String`, während das Attribut `status` auf den benutzerdefinierten Typ `sap.press.support.Status` verweist. Assoziationen wie `customer` werden mit dem Typ `cds.Association` abgebildet. Sie enthalten in der Eigenschaft `target` die referenzierte Zielentität, während in der Eigenschaft `keys` die Attribute zur Verknüpfung der Entitäten gelistet sind.

In Abbildung 2.4 sehen Sie den Ablauf, wie aus einem menschenlesbaren CDS-Modell durch Parsing ein maschinenlesbares CSN-Modell entsteht. Die CSN-Modelle werden im weiteren Verlauf dazu genutzt, Modelle in unterschiedlichen Zielformaten zu generieren. Von CAP werden Formate wie *SQL Data Definition Language* (SQL DDL), OData und weitere unterstützt.

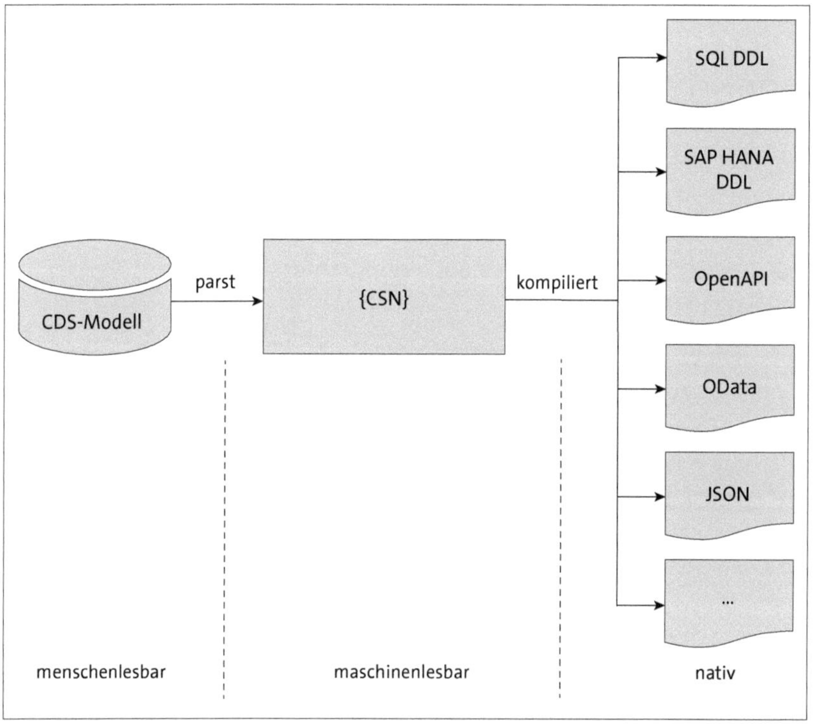

Abbildung 2.4 Transformation vom CDS-Modell zum Zielformat

Manuell können SQL DDL Statements über das folgende CLI-Kommando erstellt werden:

```
cds compile db/schema_simplified.cds --to sql
```

Die Ausgabe der generierten SQL DDL Statements aus einem beispielhaften CDS-Modell ist in Abbildung 2.5 zu sehen.

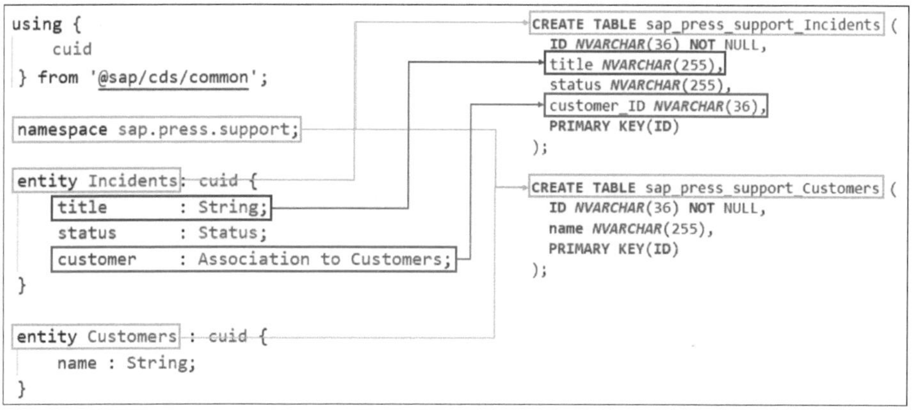

Abbildung 2.5 CDS-Modell kompiliert zu SQL DDL

Die Entitäten der Domäne wie `Incidents` und `Customers` werden zu Tabellen (`CREATE TABLE`). Dabei werden die Punkte in den vollqualifizierten Namen der Entitäten, denen der Namensraum vorangestellt wird, in eine Notation mit Unterstrichen transformiert. Die Entität `sap.press.support.Customers` erhält somit in SQL den Namen `sap_press_support_Customers`. Bei Attributen wie etwa `title` wird der CDS-Datentyp, z. B. `String`, auf den SQL-Datentyp, z. B. `NVARCHAR`, abgebildet. Assoziationen zu anderen Entitäten werden in SQL durch Fremdschlüssel dargestellt. Die Beziehung von `Incidents` zu `Customers` ist in SQL durch den Fremdschlüssel `customer_ID` in der Tabelle für `Incidents` realisiert.

Neben den bisher erläuterten Datendefinitionssprachen CDL und CSN existieren auch noch Sprachen zur Abfrage von Daten aus den definierten Modellen. Eine dieser Sprachen ist die *CDS Query Language* (CQL). CQL basiert auf SQL, ist aber um spezifische Anforderungen von CAP erweitert. CQL bietet eine menschenlesbare Notation, um Abfragen auf CDS-Modellen zu definieren, und ermöglicht es, folgende Aktionen über CQL auszuführen:

- Projektionen auf vorhandene Entitäten
- Filterung, Sortierung und Aggregationen
- Datenabfrage von verbundenen Entitäten

Eine Abfrage, um alle Incidents, die sich in Bearbeitung befinden, einschließlich des Titels, des Status und der Vor- und Nachnamen des zugehörigen Kunden zu ermitteln, sieht in CQL wie folgt aus:

```
SELECT title, status, customer.firstName, customer.lastName
FROM Incidents
WHERE status = 'INPROGRESS';
```

Ähnlich wie SQL steuert die Auflistung der Felder hinter dem Schlüsselwort `SELECT`, welche Informationen abgefragt werden. Die Besonderheit bei CQL ist hier die sogenannte *Path Expression* über `customer.firstName`, die den direkten Zugriff auf das Attribut der verbundenen Entität gewährt. Die `FROM`- und `WHERE`-Klauseln sind analog zu SQL aufgebaut.

Analog zu CDL und CSN wird CQL in die maschinenlesbare Darstellung *Core Query Notation* (CQN) geparst. Auch CQN dient als Zwischenschicht, die es CAP ermöglicht, von der darunterliegenden Technologie wie SAP HANA, PostgreSQL, OData etc. zu abstrahieren. Der jeweilige Adapter übersetzt CQN anschließend in die native Repräsentation. In Listing 2.4 ist die CQN-Darstellung der obigen CQL-Abfrage dargestellt.

```
{
   "SELECT": {
      "columns": [
         { "ref": ["title"] },
```

```
        { "ref": ["status"] },
        { "ref": ["customer", "firstName"] },
        { "ref": ["customer", "lastName"] }
      ],
      "from": { "ref": ["Incidents"] },
      "where": [
        { "ref": ["status"] },
        "=",
        { "val": "INPROGRESS" }
      ]
    }
}
```

Listing 2.4 CQN-Darstellung der CQL-Abfrage

Im Abschnitt `columns` der CQN-Repräsentation sind die Attribute gelistet, die in der Abfrage zurückgegeben werden sollen. Dabei wird die Path Expression der Attribute `customer.firstName` und `customer.lastName` in Form eines Arrays angegeben. Die Datenquelle der Abfrage, in diesem Fall die Entität `Incidents`, wird im Abschnitt `from` angegeben. Der Abschnitt `where` beschreibt die Filterbedingungen der Abfrage und formuliert einen logischen Ausdruck, bei dem das Attribut `status` mit dem Wert `"INPROGRESS"` verglichen wird.

2.2 Entwicklung mit dem SAP Cloud Application Programming Model

Nach der Erläuterung der Grundlagen des SAP Cloud Application Programming Models gehen wir in diesem Abschnitt auf die Entwicklung mithilfe des Frameworks ein. In den folgenden Abschnitten erfahren Sie, wie ein neues CAP-Projekt aufgesetzt wird (siehe Abschnitt 2.2.1, »Erstellung eines neuen Projekts«), wie Datenmodelle definiert und persistiert werden (siehe Abschnitt 2.2.2, »Datenbanken modellieren«), wie Services zur Bereitstellung von Geschäftslogik entwickelt werden (siehe Abschnitt 2.2.3, »Services entwickeln«), und schließlich, wie Benutzeroberflächen in CAP integriert werden können (siehe Abschnitt 2.2.4, »Benutzeroberflächen erstellen«).

2.2.1 Erstellung eines neuen Projekts

Der erste Schritt in der Entwicklung ist die Anlage eines neuen Projekts. Wie zuvor erläutert, sind für die Entwicklung mit CAP lediglich ein Editor oder eine entsprechende integrierte Entwicklungsumgebung Ihrer Wahl und die Installation des CAP

Development Kits @sap/cds-dk notwendig. Im Folgenden zeigen wir Ihnen dies am Beispiel des SAP Business Application Studios.

In Abbildung 2.6 sehen Sie den Einstiegspunkt zum SAP Business Application Studio im SAP-BTP-Subaccount über den Menüpunkt **Services • Service Marketplace**. Suchen Sie im Service Marketplace einfach nach dem SAP Business Application Studio, klicken Sie auf die das Drei-Punkte-Icon auf der Kachel, und wählen Sie dort die Option **Go to Application**, um in die Applikation zu springen.

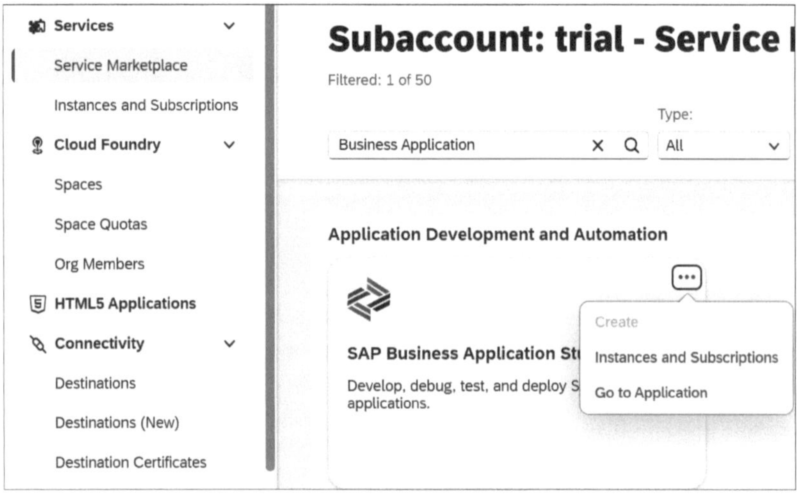

Abbildung 2.6 Zugang zum SAP Business Application Studio im Subaccount

Nun müssen Sie einen sogenannten *Dev Space* erstellen, um eine Anwendung im SAP Business Application Studio zu entwickeln. Klicken Sie dazu auf den Button **Create Dev Space** (siehe Abbildung 2.7). Der Dev Space ist eine Entwicklungsumgebung, die alle notwendigen Werkzeuge und Funktionen für die Anwendungsentwicklung im SAP Business Application Studio bereitstellt.

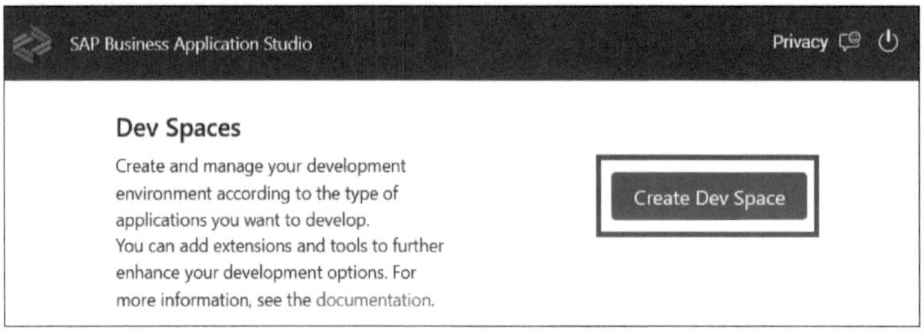

Abbildung 2.7 Dev Space erstellen

Im nächsten Schritt müssen Sie entscheiden, welche Art von Dev Space Sie anlegen möchten. Es gibt verschiedene Arten zur Auswahl: **SAP Fiori**, **Full-Stack Application**

Using Productivity Tools und **Full Stack Cloud Application** (siehe Abbildung 2.8). Für CAP-Projekte wird ein Dev Space vom Typ **Full Stack Cloud Application** erzeugt. Dieser ist speziell für die Entwicklung von CAP-Applikationen auf Basis von Node.js ausgelegt. Anschließend müssen Sie noch einen Projektnamen vergeben, und der Dev Space kann angelegt werden.

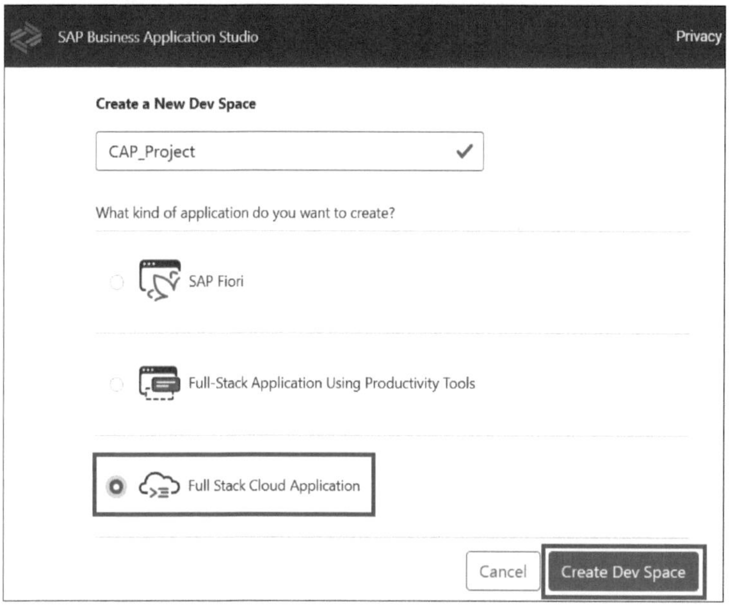

Abbildung 2.8 Setup des Dev Spaces für die CAP-Entwicklung

Die Erstellung des Dev Spaces nimmt einige Zeit in Anspruch. Sobald der Status zu **Running** wechselt (siehe Abbildung 2.9), können Sie auf den Namen des Dev Spaces klicken, um diesen zu öffnen.

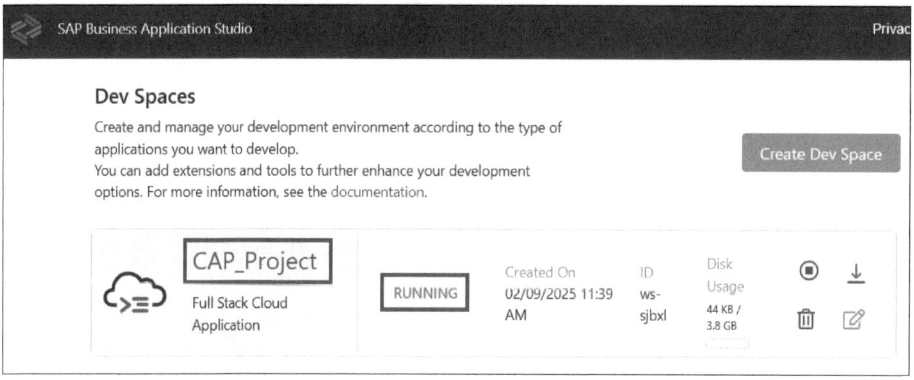

Abbildung 2.9 Dev Space öffnen

Nun müssen Sie ein neues Terminal erstellen. Klicken Sie dazu im SAP Business Application Studio auf das Icon ☰ (**Application Menu**). Es öffnet sich ein Kontextmenü, wählen Sie dort **Terminal • New Terminal** (siehe Abbildung 2.10).

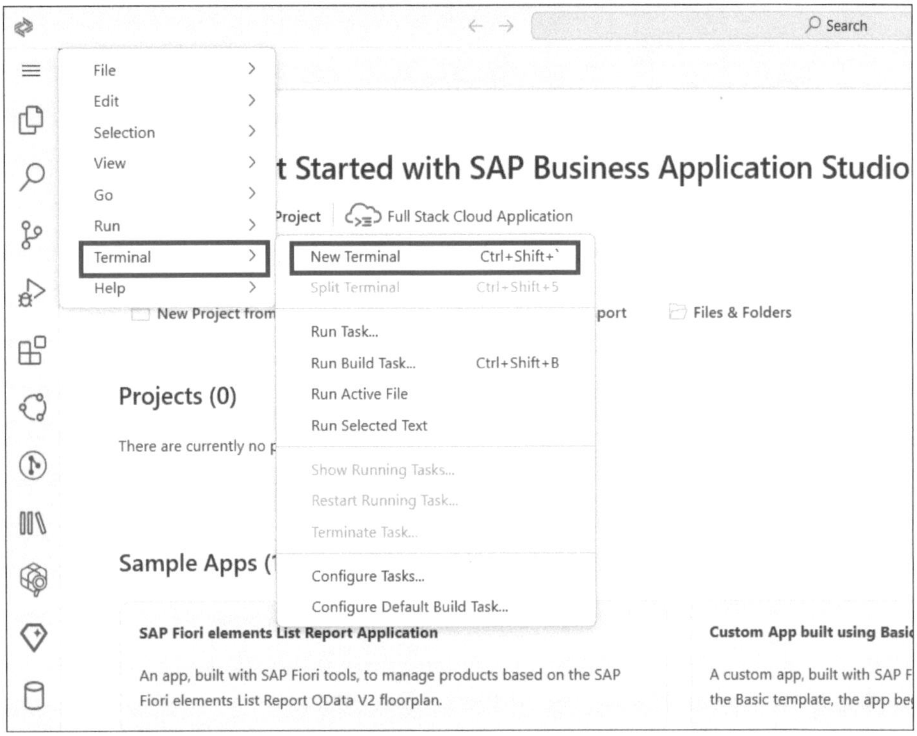

Abbildung 2.10 Neues Terminal erstellen

Dort wird nun zum gewünschten Projektverzeichnis navigiert wie in unserem Fall `projects` und ein neues Projekt erstellt. Geben Sie dazu die folgenden Kommandos ein:

```
cd projects/
cds init example_project
```

Die Terminalausgabe zeigt an, dass durch die Ausführung des Befehls `cds init` ein neues CAP-Projekt im Ordner **example_project** für Node.js erstellt wurde (siehe Abbildung 2.11). Durch einen Klick auf den neuen Eintrag im Bereich **Projects** wird das gerade angelegte Projekt in einem neuen Workspace geöffnet.

Das neue Projekt enthält gemäß der CAP-Konvention eine entsprechende Verzeichnisstruktur und alle notwendigen Dateien und Konfigurationen, um direkt mit der Entwicklung einer CAP-Anwendung starten zu können (siehe auch Abschnitt 2.1.1, »Beschleunigter Entwicklungsprozess mit CAP«).

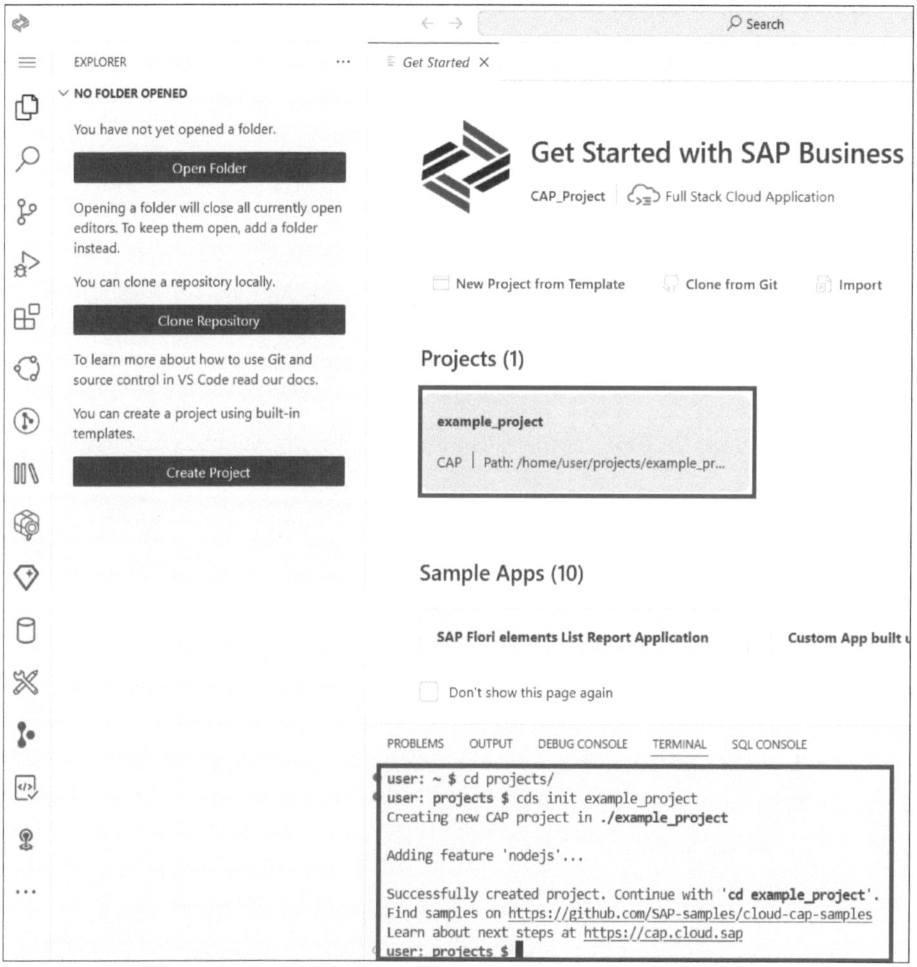

Abbildung 2.11 Initialisierung eines neuen CAP-Projekts

Dabei umfasst das generierte Projekt folgende Hauptbestandteile:

- **db/**

  Der Ordner **db** beinhaltet die CDS-Definitionen für das Datenbankschema der CAP-Anwendung. Diese Definitionen dienen als Grundlage für die Persistenzschicht und werden später in die tatsächlichen Datenbankobjekte (Tabellen, Views etc.) auf SAP HANA oder SQLite umgesetzt.

- **srv/**

  Im **srv**-Ordner sind alle Inhalte des Services der CAP-Anwendung enthalten. Dies umfasst sowohl die CDS-Definition des CAP-Services als auch die Implementierung der Geschäftslogik.

- **app/**

  Alle für die Benutzeroberfläche relevanten Inhalte finden sich im **app**-Ordner wieder. Dank der nativen Unterstützung durch CAP sind hier typischerweise Anwendungen mit SAP Fiori Elements oder individuell entwickelte SAPUI5-Apps zu finden.

- **package.json**

  Die Datei **package.json** ist die zentrale Konfigurationsdatei für Node.js-Projekte (siehe auch Abbildung 2.12). Sie verwaltet die Abhängigkeiten der Anwendung zur Entwicklungs- und Laufzeit mit ihren entsprechenden Versionsanforderungen. Standardmäßig sind die folgenden beiden Abhängigkeiten gelistet:

  - **@sap/cds**

    Das Kernpaket für CAP, das die APIs und Laufzeitkomponenten bereitstellt.

  - **Express.js**

    Ein Webframework für Node.js, auf dem die CAP-Implementierung basiert.

  Zudem sind Skripte etwa für den Start der Anwendung, den Build-Prozess oder die Bereitstellung der Anwendung in der Cloud dort definiert. Darüber hinaus enthält die Datei die projektspezifischen Einstellungen wie etwa die Metadaten des Projekts oder später die Auswahl der Datenbank.

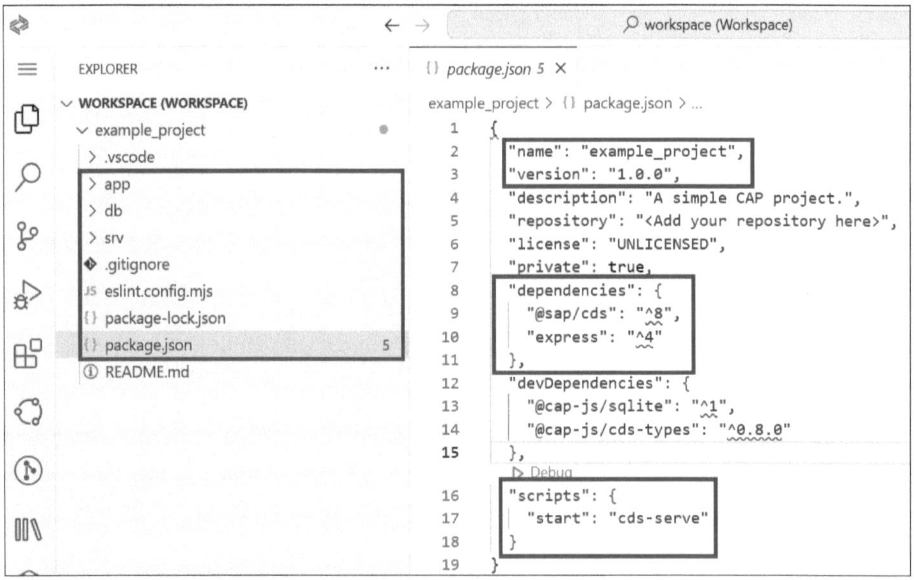

Abbildung 2.12 Inhalte der Datei »package.json«

Um die definierten Abhängigkeiten zu installieren, wird der Befehl `npm install` im Terminal ausgeführt. Anschließend kann das CAP-Projekt mittels `cds watch` gestartet werden (siehe Abbildung 2.13).

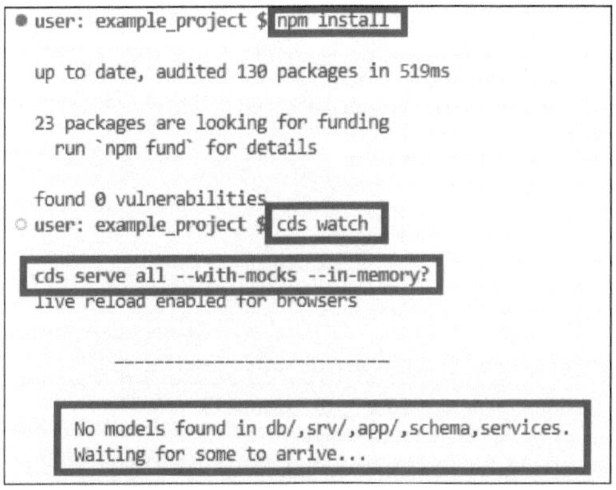

Abbildung 2.13 Abhängigkeiten installieren und Anwendung starten

Durch das Ausführen des Befehls `cds watch` wird ein HTTP-Server im sogenannten *Watch-Modus* gestartet. Dabei wird das CAP-Projekt lokal kompiliert und bereitgestellt, sodass die Anwendung direkt aus dem SAP Business Application Studio heraus getestet werden kann. Das Besondere an diesem Modus ist, dass der Server kontinuierlich die Projektdateien überwacht und, sobald eine Änderung erkannt wird, automatisch neu startet, um die neueste Version bereitzustellen. Dies ist ideal für die Entwicklungsphase, da Codeänderungen sofort getestet werden können, ohne den Server manuell neu starten zu müssen. Darüber hinaus werden die CAP-Protokolle im Terminal ausgegeben, was hilfreich ist, um den Anwendungsfluss nachzuvollziehen und auftretende Fehler zu beseitigen. Wie in der Ausgabe in Abbildung 2.13 zu sehen ist, ist der Befehl `cds watch` nur eine Kurzform für:

```
cds serve all --with-mocks --in-memory? --watch
```

Dieser Befehl setzt sich aus folgenden Bestandteilen zusammen:

- `cds serve all`

  Startet den CAP Server und stellt alle verfügbaren Modelle und Services aus dem Projekt bereit.

- `--with-mocks`

  Aktiviert die sogenannten *Mock-Services*, die die Backend-Daten simulieren, wenn keine Verbindung zu den externen Datenquellen vorhanden ist.

- `--in-memory?`

  Fügt der Anwendung eine flüchtige In-Memory-Datenbank hinzu, falls keine persistente Datenbank in der Datei **package.json** konfiguriert ist.

- `--watch`

  Stellt sicher, dass der CAP Server automatisch neu startet, wenn Änderungen im Code oder an den Modellen erkannt werden.

In der Serverausgabe ist zu erkennen, dass im neu erstellten Projekt noch nichts bereitgestellt werden kann. Der Grund dafür ist, dass noch keine CDS-Modelle, Servicedefinitionen oder Applikationen vorhanden sind. Im folgenden Abschnitt lernen Sie also zunächst, wie Sie ein Domänenmodell erstellen.

2.2.2 Datenbanken modellieren

Nach der Erstellung des neuen Projekts können Sie nun mit der Modellierung des Domänenmodells mithilfe der CDL beginnen. Als Anwendungsfall wählen wir in diesem Abschnitt eine Applikation zur Bearbeitung von Supportfällen (Incident Management). Dabei erfassen und bearbeiten Mitglieder des Supportteams Supportanfragen (Incidents) im Namen registrierter Kunden. Die Modellierung erfolgt im Ordner **db**, in dem Sie eine neue CDS-Datei anlegen, die typischerweise den Namen **schema.cds** trägt.

Den Anfang macht die Deklaration des Namensraums (`namespace`). Der Namensraum dient ähnlich wie in Java und anderen Sprachen zur klaren Trennung der Modelle und verhindert Namenskollisionen. Als bewährte Praxis hat sich die *Reverse Domain Name Notation* etabliert, bei der der eigene Domänenname umgekehrt verwendet wird. In unserem Beispiel wird aus example.com somit com.example. Die Nutzung der Domäne schafft weltweit eindeutige Namensräume. Für unser Projekt legen wir ihn wie folgt fest:

```
namespace com.example.incident;
```

Anschließend definieren Sie die Entitäten, die den eigentlichen Tabellen in der Datenbank entsprechen. Die Einführung der genutzten Elemente können Sie in Abschnitt 2.1.7, »Core Data Services im SAP Cloud Application Programming Model«, nochmals nachlesen.

In Listing 2.5 werden die drei Entitäten `Customers`, `Incidents` und `Agents` definiert. Diese beschreiben mit ihren benannten Elementen semantisch die Daten für die Kunden, Supportfälle und die Supportmitarbeitenden. Die Elemente sind wiederum mittels der verschiedenen eingebauten Datentypen des CAP Frameworks wie String, Integer, Boolean, Date etc. typisiert. In der Entität `Customer` sind z. B. `firstName` und `lastName` als String, also als Zeichenkette, deklariert.

```
entity Customers : cuid, managed {
   firstName  : String;
   lastName   : String;
   ...
}
```

```
entity Incidents : cuid, managed {
   title       : String;
   description : String;
   ...
}

entity Agents : cuid, managed {
   firstName : String;
   lastName  : String;
   ...
}
```

Listing 2.5 Domänenentitäten des CDS-Modells

Gemäß der Namenskonvention von CAP stehen Entitäten in der Pluralform und beginnen mit einem Großbuchstaben – `Customers`, während Elemente mit einem Kleinbuchstaben beginnen und in der Singularform stehen – `firstName`. Zudem ist bei der Modellierung zu beachten, dass jede Entität mindestens ein Schlüsselelement als Primärschlüssel der Datenbanktabelle benötigt. In Listing 2.5 wird dies über die Nutzung des Aspekts `cuid` adressiert. Der Aspekt `cuid` ist definiert, wie in Listing 2.6 zu sehen.

```
aspect cuid {
   key ID : UUID;
}
```

Listing 2.6 Definition des Aspekts »cuid«

Wie in Listing 2.6 dargestellt, wird `Customers` automatisch ein technischer Primärschüssel `ID` vom Typ `UUID` hinzugefügt. Der Typ `UUID` repräsentiert einen *Universally Unique Identifier* (UUID). Ein UUID stellt in CAP eine 36-stellige Zeichenfolge dar, die automatisch beim Einfügen eines Datensatzes erzeugt wird und dazu dient, einen Datensatz eindeutig zu identifizieren, wie z. B. einen Kunden oder einen Supportfall.

[«]

Einfache Schlüssel verwenden

Verwenden Sie möglichst einfache, technische Schlüssel anstelle komplexer Elementkombinationen. Dies verbessert die Abfrage-Performance und macht das Modell robuster.

Darüber hinaus nutzen wir den Aspekt `managed` zur automatischen Verwaltung von Metadaten (siehe Listing 2.7).

```
aspect managed {
   createdAt  : Timestamp @cds.on.insert : $now;
   createdBy  : User      @cds.on.insert : $user;
   modifiedAt : Timestamp @cds.on.insert : $now  @cds.on.update : $now;
   modifiedBy : User      @cds.on.insert : $user @cds.on.update : $user;
}
```

Listing 2.7 Definition des Aspekts »managed«

Die hier verwendeten sogenannten *Pseudovariablen* werden zur Laufzeit automatisch vom CAP Framework aufgelöst. Im Einzelnen gibt es folgende Pseudovariablen zur direkten Nutzung:

- `$now` wird durch die aktuelle Serverzeit in UTC (Coordinated Universal Time) ersetzt.
- `$user` wird durch die Benutzer-ID des aktuell angemeldeten Benutzers ersetzt. Diese ID wird durch die Authentifizierungs-Middleware bereitgestellt.
- `$user.<attr>` wird durch ein bestimmtes Attribut des angemeldeten Benutzers ersetzt, wie z. B. bei `$user.email` dessen E-Mail-Adresse.
- `$uuid` wird durch eine automatisch generierte UUID ersetzt.

Durch die Nutzung von `managed`, wie in Listing 2.7 dargestellt, werden die vier Felder den Entitäten hinzugefügt. Die Elemente `createdAt` und `createdBy` werden automatisch mit dem aktuellen Zeitpunkt (`$now`) und dem aktuellen Benutzer (`$user`) bei der Erstellung eines neuen Datensatzes (`@cds.on.insert`) befüllt. Analog dazu sind die Felder `modifiedAt` und `modifiedBy` mit `@cds.on.update` annotiert, wodurch zusätzlich die Werte auch bei Aktualisierung des Datensatzes gesetzt werden. Um die beiden Aspekte im CDS-Modell verwenden zu können, müssen sie zunächst importiert werden. Dies erfolgt mithilfe der `using`-Anweisung (siehe Listing 2.8).

```
using {
   cuid,
   managed,
} from '@sap/cds/common';
```

Listing 2.8 Import der Aspekte »cuid« und »managed«

Ohne diesen Import wäre eine Verwendung nicht möglich, da der Namensraum außerhalb der eigenen Modelldefinitionsdatei liegt. Wie in Listing 2.8 zu sehen ist, werden beide Aspekte aus dem Paket @sap/cds/common genutzt, das Teil des CAP Frameworks ist und somit direkt zur Verfügung steht. Das Paket an sich enthält eine Sammlung häufig genutzter Definitionen. Dazu zählen neben den beiden Aspekten noch allgemeine Datentypen wie `Country` oder `Currency`.

Das Datenmodell des Beispiels wird nun nochmals erweitert, wie Sie in Listing 2.9 sehen.

```
type EMailAddress     : String(254) @assert.format: '^[^\s@]+@[^\s@]+\.[^\
s@]+$';
type PhoneNumber      : String(15) @assert.format: '^\+?[1-9]\d{1,14}$';
type CreditCardNumber : String(19) @assert.format: '^(?:\d[ -]*?){13,19}$';
type Status           : Association to IncidentStatus default #reported;
type Urgency          : Association to Urgencies default #medium;
type Severity         : Association to Severities default #medium;

entity Customers : cuid, managed {
   firstName  : String;
   lastName   : String;
   email      : EMailAddress;
   phone      : PhoneNumber;
   creditCard : CreditCardNumber;
   address    : {
      streetAddress : String;
      postCode      : String;
      city          : String;
   };
   …
}

entity Incidents : cuid, managed {
   title       : String;
   description : String;
   status      : Status;
   urgency     : Urgency;
   severity    : Severity;
   …
}

entity Agents : cuid, managed {
   firstName : String;
   lastName  : String;
   email     : EMailAddress;
   …
}

entity IncidentStatus : CodeList {
   key code : String enum {
```

```
            reported    = 'R'; // Incident wurde gemeldet
            assigned    = 'A'; // Incident wurde zugewiesen
            in_progress = 'P'; // Incident wird bearbeitet
            on_hold     = 'O'; // Incident auf Wartestellung
            resolved    = 'S'; // Incident wurde gelöst
            closed      = 'C'; // Incident wurde abgeschlossen
        };
}

entity Urgencies : CodeList {
    key code : String enum {
            critical = 'C'; // dringend
            high     = 'H'; // hoch
            medium   = 'M'; // mittel
            low      = 'L'; // niedrig
        };
}

entity Severities : CodeList {
    key code : Integer enum {
            critical = 5; // sehr hoher Schweregrad
            high     = 4; // hoher Schweregrad
            medium   = 3; // mittlerer Schweregrad
            low      = 2; // niedriger Schweregrad
            trivial  = 1 // sehr niedriger Schweregrad
        };
}
```

Listing 2.9 Benutzerdefinierte Datentypen

Zusätzlich zu den Standarddatentypen definieren wir eigene Datentypen für unser Datenmodell. Dazu gehören unter anderem die eigenen Datentypen für E-Mail-Adressen (`EMailAddress`), Telefonnummern (`PhoneNumber`) oder Kreditkartennummern (`CreditCardNumber`). Die Definition erfolgt mittels des Schlüsselwortes `type`. Damit können Sie benutzerdefinierte Typen basierend auf vorhandenen primitiven Datentypen wie `String` erstellen. Der Typ `EMailAddress` ist in Listing 2.9 als String mit zulässiger Länge von 254 Zeichen definiert. Ergänzt wird der Typ um die Annotation `@assert.format`, die reguläre Ausdrücke zur Validierung der Eingabewerte festlegt. Dadurch muss eine E-Mail-Adresse z. B. ein gültiges E-Mail-Format gemäß der definierten Regel aufweisen. Diese Validierungen werden automatisch vor dem Schreiben von Daten in die Datenbank durchgeführt. Der Datentyp `EMailAddress` lässt sich anschließend wie ein primitiver Datentyp in der Entität `Customers` für das Element `email` verwenden.

Eine weitere Möglichkeit der Typdefinition ist die Referenz auf weitere Entitäten. Dies findet z. B. beim Typ Status Verwendung. Die referenzierte Entität IncidentStatus stellt dabei verschiedene Statuswerte als Enumeration bereit. Die Statuswerte werden direkt in der Definition des Schlüsselfeldes der Entität als Aufzählung angegeben. Alternativ können bei einer solchen Enumeration vom Typ String keine expliziten Werte angegeben werden. Falls keine expliziten Werte definiert werden, verwendet CAP automatisch den Symbolnamen. Sollen die Werte zusätzlich sprachabhängig angezeigt werden, eignet sich die Nutzung des Aspekts CodeList aus dem Standardpaket @sap/cds/common. Der Aspekt ist wie folgt definiert (siehe Listing 2.10):

```
aspect CodeList {
   name  : localized String(255);
   descr : localized String(1000);
}
```

Listing 2.10 Definition des Aspekts »CodeList« (vereinfacht)

Die beiden Felder name und descr sind als String mit maximaler Länge und dem Schlüsselwort localized deklariert. Ist ein Feld mit localized gekennzeichnet, erzeugt CAP automatisch eine zusätzliche Tabelle mit der Endung **_texts**. Diese enthält die Übersetzungen pro Sprache und wird zur Laufzeit je nach Sprache des Benutzers automatisch verwendet. Durch die Verwendung des Aspekts in der Entität IncidentStatus wird diese automatisch um die beiden Felder erweitert. Dadurch lassen sich die Werte wie z. B. ›R‹ für reported mit einem sprechenden Namen versehen und sprachabhängig pflegen. Um den Aspekt nutzen zu können, muss dieser wie zuvor auch cuid und managed explizit mit der Anweisung using importiert werden (siehe Listing 2.11).

```
using {
   cuid,
   managed,
   sap.common.CodeList
} from '@sap/cds/common';
```

Listing 2.11 Import des Aspekts »CodeList«

Der Typ IncidentStatus wird, ähnlich wie die benutzerdefinierten Typen auf Basis primitiver Datentypen, zur Typisierung des Feldes status in der Entität Incidents verwendet. Zudem ist der Standardwert #reported für den Typ fest angegeben. In diesem Fall ist #reported ein Verweis auf den Eintrag reported = 'R' der Enumeration. Beim Erstellen eines Incidents wird also automatisch 'R' als Status gespeichert, wenn nichts anderes angegeben wird. Die letzte Art einer Typdefinition ist im Beispiel am Attribut address der Entität Customers dargestellt. Dabei handelt es sich um einen sogenannten *strukturierten Typ*, also ein Element, das aus mehreren untergeordneten Elementen besteht. Solche Strukturen eignen sich gut, um logische Gruppen von Elementen zusammenzufassen, wie im Beispiel eine Adresse inklusive Straße, Hausnummer und Postleitzahl.

Nachdem bisher die Entitäten und ihre Elemente im Detail definiert wurden, werden nun die Beziehungen unter diesen ergänzt (siehe Listing 2.12).

```
entity Customers : cuid, managed {
   ...
   incidents  : Association to many Incidents
                  on incidents.customer = $self;
}

entity Incidents : cuid, managed {
   customer    : Association to Customers;
   assignments : Association to many IncidentAssignments
                  on assignments.incident = $self;
   ...
   comments    : Composition of many Indicents.Comments
                  on comments.parent = $self;
}

entity Indicents.Comments : cuid {
   key parent : Association to Incidents;
       timestamp  : Timestamp;
       author     : User;
       message    : String;
}

entity Agents : cuid, managed {
   ...
   assignments : Association to many IncidentAssignments
                  on assignments.agent = $self;
}
entity IncidentAssignments : cuid, managed {
   incident : Association to Incidents;
   agent    : Association to Agents;
   role     : AgentRole;
}
type AgentRole : Association to AgentRoles;

entity AgentRoles : CodeList {
   key code : String enum {
```

```
            serviceDesk;
            technicalSupport;
            incidentManager;
            communicationLead;
        }
}
```

Listing 2.12 Assoziationen und Kompositionen

In Listing 2.12 sind die beiden Hauptarten der Modellierung von Beziehungen in CDL zu sehen: Assoziationen (`Association`) und Kompositionen (`Composition`). Eine Assoziation definiert die Beziehung zwischen zwei Entitäten, die unabhängig voneinander existieren können. Im Gegensatz dazu drückt eine Komposition eine Teil-Ganzes-Beziehung aus. Die Teilentitäten existieren nur innerhalb des Ganzen. Beim Löschen des Ganzen werden die Teilentitäten automatisch mitgelöscht, ein Vorgang, der als *kaskadierendes Löschen* bezeichnet wird. Sowohl Assoziationen als auch Kompositionen unterteilen sich nochmals in Bezug auf ihre Kardinalität. Mit *Kardinalität* ist die Anzahl der verknüpften Entitäten gemeint. Um den Zustand darzustellen, dass jeder Supportfall genau einem Kunden zugeordnet ist, verwenden wir, wie in Listing 2.13 zu sehen, eine sogenannte *Managed Association*.

```
customer : Association to Customers;
```

Listing 2.13 Managed-to-one-Assoziation

Diese Beziehung wird als »to-one« interpretiert und erfasst somit nur einen Fremdschlüssel zur Entität `Customers`. Die Beziehung ist »managed«, was bedeutet, dass CAP automatisch das Attribut `customer_ID` als Fremdschlüssel der Entität `Incidents` hinzufügt. Dabei ermitteln CDS automatisch das erforderliche Fremdschlüssel-Element aus dem Primärschlüssel der Zielentität. CAP stellt zusätzlich sicher, dass implizit entsprechende Join-Bedingungen gesetzt werden.

Im Gegensatz dazu muss bei einer *Unmanaged Association* sowohl die Join-Bedingung selbst angegeben als auch das Element für den Fremdschlüssel selbst deklariert werden, wie in Listing 2.14 dargestellt. Semantisch sind die Assoziationen äquivalent.

```
customer : Association to Customers on customer.ID = customer_ID
entity Incidents {
  ...
  customer_ID : String;
}
```

Listing 2.14 Unmanaged Association

Anders als bei der Zuordnung eines Supportfalls zu einem Kunden kann ein Kunde auch mehrere Supportfälle eröffnet haben. Bei einer solchen in Listing 2.15 definierten Beziehung spricht man von einer *To-many-Assoziation*.

```
incidents : Association to many Incidents
            on incidents.customer = $self;
```

Listing 2.15 Unmanaged-to-many-Assoziation

Es werden also mehrere Instanzen der Entität `Incidents` mit der Entität `Customers` verknüpft. Dabei gibt das Schlüsselwort `on` in der Definition die für eine Unmanaged Association typische Join-Bedingung an. In diesem Fall bedeutet dies, dass das Attribut `customer` in `Incidents` auf die aktuelle `Customers`-Instanz zeigen muss.

[»]

Hinweis

In CAP bedeutet eine To-one- und To-many-Assoziation immer eine Kardinalität von 0:1 bzw. 0:n. Wenn Sie eine 1:1- bzw. 1:n-Kardinalität erreichen möchten, haben Sie folgende Möglichkeiten:

- Eine 1:1-Kardinalität kann durch die Anwendung des Constraints `not null` auf das Fremdschlüsselattribut erreicht werden:
  `customer_ID : String not null;`
- Für eine Kardinalität von 1:n existiert in CAP leider keine direkte Definitionsmöglichkeit. In diesem Fall muss eine entsprechende Validierung über die Geschäftslogik im Service erfolgen.

Zusätzlich zu den bereits erläuterten Arten To-one-Assoziation und To-many-Assoziation existiert als mögliche Modellierungsoption noch die *Many-to-many-Assoziation* (siehe Listing 2.16). In unserem Fallbeispiel ist eine solche Assoziation für die Beziehung von Supportfällen und Supportmitarbeitenden gegeben. Einem Supportmitarbeitenden können mehrere Supportfälle mit entsprechender Rolle zugeordnet werden, und andersherum werden einem Supportfall mehrere Supportmitarbeitende mit ihren spezifischen Rollen im Fall selbst zugeordnet.

```
entity Incidents {
   ...
   Assignments : Association to many IncidentAssignments
                 on assignments.incident = $self;
}
entity IncidentAssignments : cuid, managed {
   incident : Association to Incidents;
   agent    : Association to Agents;
}
```

```
entity Agents : cuid, managed {
   ...
   assignments : Association to many IncidentAssignments
                 on assignments.agent = $self;
}
```

Listing 2.16 Unmanaged-many-to-many-Assoziation

In Listing 2.16 ist dargestellt, wie diese Beziehung mittels CDL modelliert wird. Da CDL keine direkte Notation für Many-to-many-Assoziationen anbietet, muss der bewährte Ansatz genutzt werden, eine logische Many-to-many-Assoziation in zwei To-many-Assoziationen aufzulösen und eine Verbindungstabelle zu schaffen. Im Beispiel wird dazu die Entität `IncidentAssignments` als Verbindungselement eingeführt, über das die beiden Hauptentitäten miteinander verknüpft werden. In dieser Entität existieren die beiden To-one-Assoziationen `incident` als Verweis auf eine Instanz von `Incidents` und `agent` als Verweis auf eine Instanz von `Agents`. Sie stellt damit die konkrete Verbindung zwischen genau einem Supportfall und genau einem Supportmitarbeitenden her. Die Entität `Incidents` definiert die erste To-many-Assoziation `assignments` mit entsprechender Join-Bedingung der Link-Entität `IncidentAssignments`. Die zweite To-many-Assoziation `assignments` ist in der Entität `Agents` definiert und komplettiert die Many-to-many-Modellierung.

Wie in Listing 2.12 dargestellt ist, ermöglicht dieser Ansatz, die Link-Entität um weitere Attribute zu erweitern, wie hier die Rolle des Supportmitarbeitenden (`role`) im Kontext des Supportfalls, ohne Einfluss auf die Hauptentitäten zu nehmen.

Eine besondere Form der Assoziation ist die *Komposition*, die eine Teil-Ganzes-Beziehung modelliert. In unserem Anwendungsfall wird diese Art der Modellierung, wie in Listing 2.17 beschrieben, für die Kommentare eines Supportfalls genutzt. Die Kommentare sind somit untrennbar Teil eines Supportfalls und haben keinen eigenen Lebenszyklus. Wird eine Instanz der Entität `Incidents` gelöscht, werden alle dazugehörigen `comments` automatisch mitgelöscht.

```
entity Incidents : cuid, managed {
   ...
   comments : Composition of many Indicents.Comments
              on comments.parent = $self;
}

entity Indicents.Comments : cuid {
   key parent : Association to Incidents;
       timestamp : timestamp;
```

```
        author    : String();
        message   : String;
}
```

Listing 2.17 Unmanaged-of-many-Komposition

Eine solche *Unmanaged-of-many-Komposition* verhält sich ähnlich zu einer Unmanaged-to-many-Assoziation. In diesem Fall wird auch die Join-Bedingung für das Referenzieren auf die Entität `Incidents.Comments` selbst angegeben und das Element für den Fremdschlüssel in der Entität deklariert.

Analog dazu kann eine Komposition auch als Managed-of-many-Komposition definiert werden, wie in Listing 2.18 dargestellt.

```
comments : Composition of many {
              key ID        : UUID;
                  timestamp : type of managed : createdAt;
                  author    : type of managed : createdBy;
                  message   : String;
};
```

Listing 2.18 Managed-of-many-Komposition

Auffällig an dieser Definition ist, dass keine Referenz auf eine bestehende Entität genutzt wird. Stattdessen erfolgt die Deklaration inline. Dies spart die Definition einer separaten Entität inklusive Fremdschlüssel und der Join-Bedingung. Da die Definition anonym erfolgt, wird der Name der Entität automatisch einem bestimmen Muster folgend generiert. Der Name dieser erzeugten Entität setzt sich aus dem Namen der übergeordneten Entität und dem Namen des Kompositionselements zusammen wie in unserem Beispiel `Incidents.Comments`.

Alternativ ist es auch möglich, eine Many-to-many-Beziehung als Komposition zu modellieren.

```
entity Incidents {
   ...
   Assignemnts : Composition of many {
                    key ID : UUID;
                        agent : Association to Agents;
                        role  : AgentRole;
                 }
}
```

Listing 2.19 Unmanaged-many-to-many-Komposition

Listing 2.19 zeigt, dass dabei ähnlich wie bei einer Of-many-Komposition die Deklaration inline erfolgt. Vom CAP Framework wird automatisch die Link-Entität inklusive Fremdschlüssel erzeugt. Zudem ist durch die Modellierung als Komposition auch ein kaskadierendes Löschen der Instanz der Link-Entität bei Löschung von `Incidents` gewährleistet.

Abschließend möchten wir die bisher erläuterten Möglichkeiten zur Modellierung von Beziehungen in CDS-Modellen noch einmal zusammenfassen (siehe Tabelle 2.1):

Beziehung	Notation	Bedeutung
Managed-to-one-Assoziation	`Association to Entity`	Verweist auf genau eine Zielentität; Lebenszyklus wird unabhängig verwaltet; Join-Bedingung wird implizit erzeugt über Fremdschlüssel; syntaktischer Zucker.
Unmanaged-to-one-Assoziation	`Association to Entity on association.property = $self.property`	Verweist auf genau eine Zielentität; lebenszyklus-unabhängig; Join-Bedingung muss explizit angegeben werden.
Unmanaged-to-many-Assoziation	`Association to many Entity on association.property = $self.property`	Verweist auf mehrere Zielentitäten; lebenszyklus-unabhängig; Join-Bedingung muss explizit angegeben werden.
Unmanaged-many-to-many-Assoziation	modelliert durch Link-Entität mit zwei `Association to Entity`	Verbindet zwei Entitäten über eine separate Zwischentabelle (Link-Entität); typische Auflösung einer logischen Many-to-many-Beziehung; lebenszyklus-unabhängig; Join-Bedingung muss explizit angegeben werden.
Managed-/Unmanged-of-one-Komposition	`Composition of Entity`/ `Composition of Entity on association.property = $self.property`	Verwendung wird nicht empfohlen: limitierter Draft Support, zusätzliche manuelle Pflege notwendig; Inhalte könnten stattdessen direkt in der Root-Entität gepflegt werden.
Unmanaged-of-many-Komposition	`Composition of many Entity on association.property = $self.property`	Verweist auf mehrere eingebettete Zielentitäten; Lebenszyklus ist abhängig (wird mit Hauptentität gelöscht).

Tabelle 2.1 Beziehungsmodellierung in CDS-Modellen

Beziehung	Notation	Bedeutung
Managed-of-many-Komposition	`Composition of many { ... }`	Verweist auf mehrere eingebettete Zielentitäten; Lebenszyklus ist abhängig (wird mit Hauptentität gelöscht); Erzeugung neuer Entität gemäß Definition. Join-Bedingung wird implizit erzeugt über Fremdschlüssel; syntaktischer Zucker.
Unmanaged-many-to-many-Komposition	`Composition of many { key association: Association to Entity; ... }`	Verbindet zwei Entitäten über eine eingebettete Zwischentabelle (Link-Entität); Lebenszyklus ist abhängig (wird mit Hauptentität gelöscht); Join-Bedingung muss explizit angegeben werden.

Tabelle 2.1 Beziehungsmodellierung in CDS-Modellen (Forts.)

Nachdem wir nun bereits die Definition von Namensräumen, Entitäten, Aspekten, Datentypen und Beziehungen erläutert haben, befassen wir uns als Nächstes mit zwei weiteren Konzepten, die in der Praxis häufig zum Einsatz kommen:

- virtuelle Elemente
- kalkulierte Elemente

Die sogenannten *virtuellen Elemente* existieren nur auf der Serviceebene und werden nicht in der Datenbank gespeichert. Eine Einschränkung durch die fehlende Persistierung ist, dass keine Filterung oder Sortierung auf diesen Elementen möglich ist. Deklariert werden sie, wie in Listing 2.20 gezeigt, mit dem Schlüsselwort `virtual`. Standardmäßig sind virtuelle Felder nicht beschreibbar, dies kann jedoch durch die Annotation `@Core.Computed: false` geändert werden.

```
entity Incidents {
   ...
   virtual priority : String;
}
```

Listing 2.20 Virtuelle Elemente

Wie der Name schon sagt, werden bei *kalkulierten Elementen* die Werte aus anderen Feldern berechnet. Zudem unterscheidet man, ob sie *on-read*, also beim Auslesen der Daten, oder *on-write*, also beim Schreiben der Daten, definiert werden. Ist ein Element zur Kalkulation beim Lesen spezifiziert, wird der Ausdruck zur Laufzeit berechnet. Es erfolgt somit keine Speicherung des berechneten Werts in der Datenbank. Dies hat den Nachteil, dass das Attribut nicht filter- und sortierbar ist. Dies ist in Listing 2.21 dargestellt, wo das neue kalkulierte Feld `name` als Zusammensetzung der bestehenden Felder `firstName` und `lastName` definiert ist.

```
entity Customers {
   firstName : String;
   lastName  : String;
   name      : String = firstName || ' ' || lastName;
   ...
}
```

Listing 2.21 Kalkuliertes Element on-read

Im Gegensatz dazu wird bei Nutzung von on-write in Listing 2.22 der Ausdruck beim Schreiben auf die Datenbank ausgewertet. Der berechnete Wert wird anschließend in der Datenbank persistiert. Dadurch verbessert sich die Performance, allerdings auf Kosten eines höheren Speicherverbrauchs. Durch die Speicherung in der Datenbank ist das Attribut vollständig filter- und sortierbar.

```
entity Customers {
   firstName  : String;
   lastName   : String;
   name       : String = (
      firstName || ' ' || lastName
   ) stored;
   ...
}
```

Listing 2.22 Kalkuliertes Element on-write

[!]

Datenbankkompatibilität

Die genutzten Ausdrücke bei der Definition von berechneten Elementen werden unverändert an die Datenbank übergeben. Daher muss selbst sichergestellt werden, dass sie von der verwendeten Datenbank unterstützt werden. Ein Beispiel:

- Datenbank: SQLite
  `Date($now)`
- Datenbank: SAP HANA
  `TO_DATE($now)`

Wenn wir nun alle bisher besprochenen Konzepte zusammenführen, ergibt sich ein vollständiges CDS-Modell (siehe Listing 2.23).

```
using {
   cuid,
   managed,
   sap.common.CodeList
} from '@sap/cds/common';

namespace com.example.incident;

type Status           : Association to IncidentStatus default #reported;
type Urgency          : Association to Urgencies default #medium;
type Severity         : Association to Severities default #medium;
type AgentRole        : Association to AgentRoles;
type EMailAddress     : String(254) @assert.format: '^[^\s@]+@[^\s@]+\.[^\
s@]+$';
type PhoneNumber      : String(15) @assert.format: '^\+?[1-9]\d{1,14}$';
type CreditCardNumber : String(19) @assert.format: '^(?:\d[ -]*?){13,19}$';

entity Customers : cuid, managed {
   firstName  : String;
   lastName   : String;
   name       : String = (
      firstName || ' ' || lastName
   ) stored;
   email      : EMailAddress;
   phone      : PhoneNumber;
   creditCard : CreditCardNumber;
   address    : {
      streetAddress : String;
      postCode      : String;
      city          : String;
   };
   incidents  : Association to many Incidents
                  on incidents.customer = $self;
}

entity Incidents : cuid, managed {
   customer    : Association to Customers;
   assignemnts : Composition of many {
                   key ID    : UUID;
                       agent : Association to Agents;
                       role  : AgentRole;
                 }
   title       : String;
```

```
   description : String;
   urgency     : Urgency;
   severity    : Severity;
   status      : Status;
   comments    : Composition of many {
                    key ID        : UUID;
                        timestamp : type of managed : createdAt;
                        author    : type of managed : createdBy;
                        message   : String;
                 };
}

entity Agents : cuid, managed {
   firstName : String;
   lastName  : String;
   email     : EMailAddress;
}

entity IncidentStatus : CodeList {
   key code : String enum {
          reported    = 'R'; // Incident wurde gemeldet
          assigned    = 'A'; // Incident wurde zugewiesen
          in_progress = 'P'; // Incident wird bearbeitet
          on_hold     = 'O'; // Incident auf Wartestellung
          resolved    = 'S'; // Incident wurde gelöst
          closed      = 'C'; // Incident wurde abgeschlossen
       };
}

entity Urgencies : CodeList {
   key code : String enum {
          critical = 'C'; // dringend
          high     = 'H'; // hoch
          medium   = 'M'; // mittel
          low      = 'L'; // niedrig
       };
}

entity Severities : CodeList {
   key code : Integer enum {
          critical = 5; // sehr hoher Schweregrad
          high     = 4; // hoher Schweregrad
          medium   = 3; // mittlerer Schweregrad
```

```
            low      = 2; // niedriger Schweregrad
            trivial  = 1 // sehr niedriger Schweregrad
        };
}

entity AgentRoles : CodeList {
    key code : String enum {
            serviceDesk;
            technicalSupport;
            incidentManager;
            communicationLead;
        }
}
```

Listing 2.23 Komplettes Domänenmodell

Damit das CAP Framework das in Listing 2.23 beschriebene Modell zur Laufzeit nutzen kann, wird es automatisch in DDL Statements für die definierte Datenbank übersetzt und bereitgestellt. Erzeugt werden können diese auch manuell mit folgendem Kommando:

```
cds compile db/schema.cds --to sql
```

Dabei wird das CDS-Modell als Eingabe genutzt, und die entsprechenden SQL Statements werden generiert. Wie eingangs in Abschnitt 2.1.7, »Core Data Services im SAP Cloud Application Programming Model«, erläutert, werden die Entitäten zu Datenbanktabellen übersetzt.

[»]

Weitere Ausgabeoptionen

Zusätzlich bietet `cds compile` noch weitere Ausgabeoptionen:

`cds compile db/schema.cds`	Ausgabe im CSN-Format
`cds compile db/schema.cds --to yml`	Ausgabe im YAML-Format
`cds compile db/schema.cds --to json`	Ausgabe im JSON-Format

Besonders hervorzuheben ist die Option, das Modell automatisch als Diagramm anzeigen zu lassen. Dies hilft, einen visualisierten Überblick über das Datenmodell und später auch die Architektur der gesamten Applikation inklusive Services und deren Zusammenspiel zu behalten.

```
cds compile db/schema.cds --to mermaid
```

Dieser Befehl liefert als Ausgabe ein Klassendiagramm für das weitverbreitete Diagramm-Tool *Mermaid*. Alternativ können Sie sich durch die Installation der Extension **Markdown Preview Mermaid Support** im SAP Business Application Studio das CDS-Modell in der Vorschau als Mermaid-Klassendiagramm anzeigen lassen.

Um das erstellte Domänenmodell abschließend zu testen, wird das CAP-Projekt durch Eingabe des Befehls `cds watch` in der Konsole gestartet. Dabei ergibt sich die Ausgabe, die Sie in Abbildung 2.14 sehen.

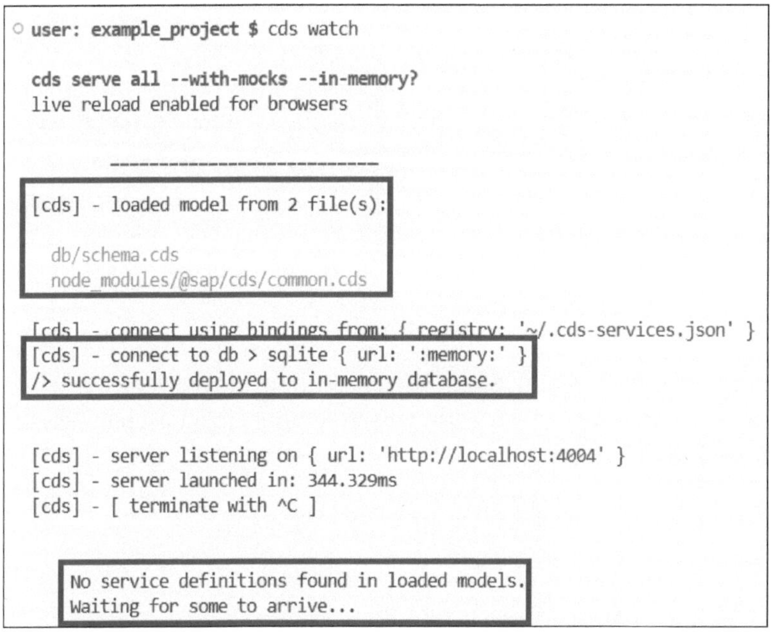

Abbildung 2.14 Starten des CAP-Projekts mit Domänenmodell

Beim Ausführen des Befehls `cds watch` wird zunächst der CAP Server gestartet, und zwei CDS-Modell-Dateien werden geladen:

- das zuvor modellierte Domänenmodell **schema.cds**
- das darin referenzierte Modell **common.cds**

Aus der Konsolenausgabe geht hervor, dass SQLite im Speicher als Datenbank genutzt wird und das Datenmodell erfolgreich in diese In-Memory-Datenbank geladen wurde. Der CAP Server ist nun aktiv, läuft auf *http://localhost:4004* und wartet auf Anfragen. Abschließend wird in der Ausgabe darauf hingewiesen, dass im Projekt noch keine Servicedefinitionen gefunden werden konnten. Aus diesem Grund kann noch kein OData-Service bereitgestellt werden. Diesem wichtigen Thema widmen wir uns im folgenden Abschnitt.

2.2.3 Services entwickeln

Im Anschluss an die Modellierung der Datenbankebene können Sie basierend darauf mit der Erstellung der Servicedefinition beginnen. Das CAP Framework stellt ohne eigene Implementierungen einen vollwertigen OData-V4-Service bereit, der alle CRUDQ-Operationen für die veröffentlichten Entitäten zur Verfügung stellt. Die OData-Anfragen werden automatisch in passende Datenbankabfragen umgewandelt und die Ergebnisse wieder als OData-Antwort zurückgeliefert. Zusätzlich zum OData-V4-Protokoll unterstützt CAP auch REST, OData V2 und GraphQL.

[»]

OData-V2-Unterstützung in CAP

Um in CAP einen Service als OData V2 anstelle von OData V4 zu veröffentlichen, existiert das NPM-Paket @cap-js-community/odata-v2-adapter. Dieses sorgt dafür, dass OData-V2-Aufrufe in OData-V4-Aufrufe des CDS-Services umgewandelt werden.

Auch die Bereitstellung eines Services mittels GraphQL ist möglich. Die notwendige Funktion dafür wird durch die Nutzung des Pakets @cap-js/graphql bereitgestellt, das automatisch ein GraphQL-Schema aus dem Anwendungsmodell erzeugt und einen Endpunkt für Abfragen per GraphQL bereitstellt.

Die Servicedefinitionen werden gemäß der CAP-Konvention im Verzeichnis **srv** eines Projekts erstellt. Der Name der CDS-Datei ist dabei frei wählbar. In unserem Beispiel wird der Name **service.cds** verwendet.

```
using {com.example.incident as db} from '../db/schema';

/**
 * Service used by the agents to process the incidents.
 */
@(path: '/agent')
service AgentService {
   entity Incidents as projection on db.Incidents;
   entity Customers as projection on db.Customers;
   entity Agents    as projection on db.Agents;
}

/**
 * Service used by the administrators with complete access.
 */
@(path: '/admin')
service AdminService {
   entity Customers as projection on db.Customers;
```

```
    entity Incidents as projection on db.Incidents;
    entity Agents    as projection on db.Agents;
}
```

Listing 2.24 Einfache Servicedefinition

In Listing 2.24 ist eine simple Definition eines Services dargestellt, die zwei Schnittstellen definiert, die die Entitäten des Datenbankmodells 1:1 veröffentlichen. Initial werden per `using`-Direktive die benötigten Elemente, in diesem Fall das Domänenmodell, das sich in der Datei **../db/schema** befindet, eingebunden. Dabei erhalten die importierten Entitäten durch das Statement `as db` den Alias `db`. Anschließend wird der Service `AgentService` deklariert. Dieser Service stellt die Schnittstelle für den Supportmitarbeitenden bereit, um die Störungsmeldungen und Kunden zu bearbeiten. Zusätzlich ist der Service mit der Annotation `@path` versehen. Durch diese Annotation wird der Pfad auf `/agent` gesetzt. Dies liegt an der länglichen Ableitung des Endpunkts im Standard. Dabei wird aus dem Servicenamen, in diesem Fall `AgentService`, das Wort »Service« entfernt und der Name in *kebab-case* umgewandelt. Beim kebab-case werden alle Wörter kleingeschrieben und durch Bindestriche getrennt. Zudem wird das Präfix **/odata/v4/** hinzugefügt. Daraus resultiert im Standard der längliche Pfad **/odata/v4/agent**, der somit verkürzt wird.

Innerhalb des Services werden, wie Sie in Abbildung 2.15 sehen, alle Entitäten des Domänenmodells, also `Incidents`, `Customers` und `Agents`, als Projektionen auf die gleichnamigen Entitäten des Datenmodells deklariert. Analog dazu wird die weitere Schnittstelle `AdminService` mit dem Endpunkt **/admin** definiert, die die gleichen Entitäten auch als 1:1-Projektionen veröffentlicht. Diese Schnittstelle dient Administrator*innen dazu, die Supportmeldungen, Supportmitarbeitende und Kunden zu verwalten.

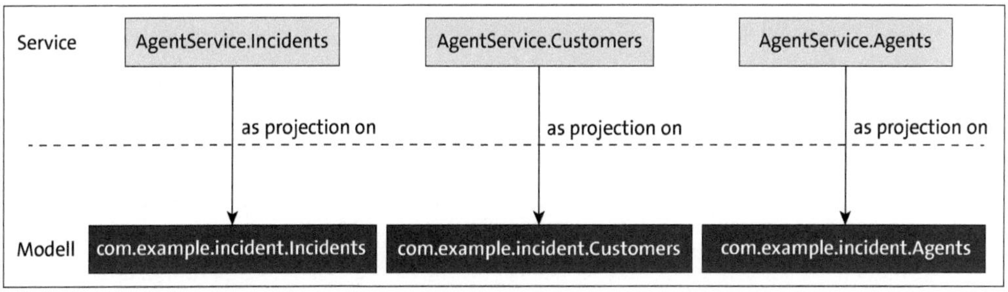

Abbildung 2.15 Projektionen der Domänenentitäten

Mit dieser minimalen Servicedefinition kann das CAP-Projekt mittels `cds watch` gestartet werden. Das CAP Framework generiert automatisch die notwendigen Datenbank-Statements. Um die SQL-Darstellung der Servicedefinition einzusehen, können

Sie das Kommando `cds compile srv/service.cds --to sql` im Terminal ausführen. Dabei fällt auf, dass die Repräsentation der Serviceentitäten auf der Datenbankseite als Views und nicht als Tabellen erstellt werden, da die Serviceentitäten lediglich entsprechende Sichten bzw. Projektionen auf die Datenmodellentitäten darstellen.

Nach dem Hinzufügen der Servicedefinition zum Projekt erkennt das Framework automatisch die neue Datei **/srv/service.cds** (siehe Abbildung 2.16). Außerdem werden die beiden Schnittstellendefinitionen für den Agent- und den Admin-Service unter den jeweiligen Pfaden **/agents** und **/admin** bereitgestellt. Darüber hinaus ist die Fehlermeldung aus Abbildung 2.14 nicht mehr existent, da eine entsprechende Servicedefinition nun hinzugefügt wurde.

```
user: example_project $ cds w

cds serve all --with-mocks --in-memory?
live reload enabled for browsers

        ___________________________

[cds] - loaded model from 3 file(s):

  srv/service.cds
  db/schema.cds
  node_modules/@sap/cds/common.cds

[cds] - serving AgentService {
  impl: 'node_modules/@sap/cds/libx/_runtime/common/Service.js',
  path: '/agent'
}
[cds] - serving AdminService {
  impl: 'node_modules/@sap/cds/libx/_runtime/common/Service.js',
  path: '/admin'
}

[cds] - server listening on { url: 'http://localhost:4004' }
[cds] - server launched in: 474.593ms
[cds] - [ terminate with ^C ]
```

Abbildung 2.16 Starten des CAP-Projekts mit Servicedefinition

Durch einen Klick auf die URL *http://localhost:4004* öffnen Sie die in Abbildung 2.18 gezeigte Übersichtsseite des laufenden CAP Servers.

[»]

Pop-up-Fenster beim Einsatz von SAP Business Application Studio

Bei Nutzung des SAP Business Application Studios wird beim Starten des CAP Servers automatisch ein Pop-up angezeigt. Durch den Klick auf **Open in New Tab** kann alternativ die Übersichtsseite des Services geöffnet werden (siehe Abbildung 2.17).

Abbildung 2.17 Pop-up zum Öffnen des CAP Servers

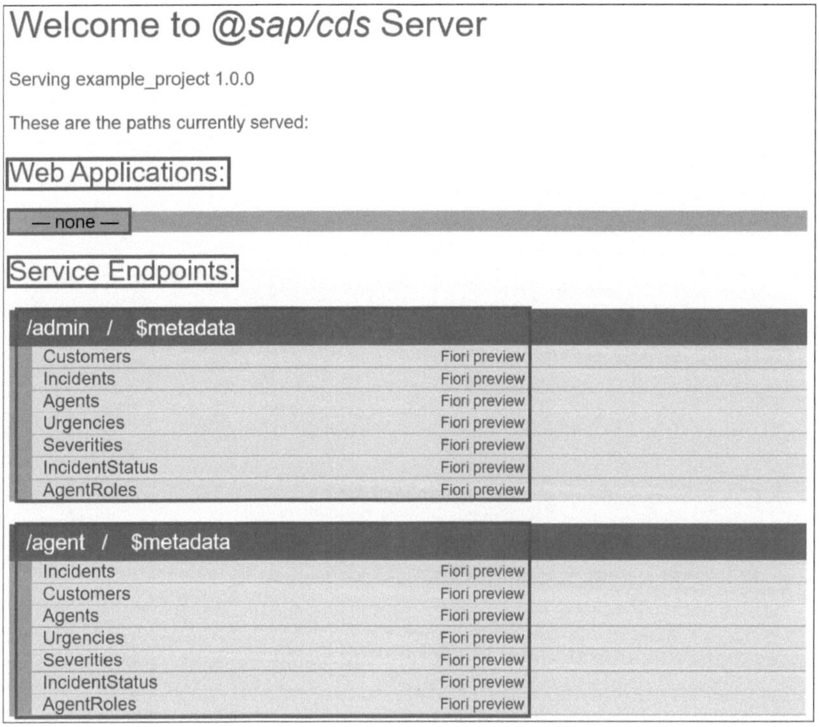

Abbildung 2.18 Übersichtsseite des CAP Servers

Die Übersichtsseite dient als Einstiegspunkt für die verfügbaren Services und Anwendungen des Projekts. Sie ist ein nützliches Werkzeug während der Entwicklung, um schnell zu prüfen, welche Services aktiv sind und wie deren Struktur aussieht. Wie Sie in Abbildung 2.18 sehen, ist der Abschnitt **Web Applications** noch leer, da bisher keine Applikationen in unserem CAP-Projekt erstellt wurden. Darunter sind die registrierten Serviceendpunkte `/agent` und `/admin` im Abschnitt **Service Endpoints** aufgelistet. Zu jedem Service werden die explizit veröffentlichten Entitäten wie `Incidents`, `Customers` und `Agents` sowie die automatisch veröffentlichten Entitäten `Urgencies`, `Severities`, `IncidentStatus` und `AgentRoles` aufgelistet. Das liegt daran, dass diese Entitäten mit dem Aspekt `CodeList` versehen sind und zusätzlich in Assoziationen innerhalb des Datenmodells referenziert werden. Solche Entitäten veröffentlicht das CAP Framework automatisch im Service.

Automatische Veröffentlichung von Entitäten

Entitäten wie `IncidentStatus`, die mit dem Aspekt `CodeList` versehen sind, werden automatisch im Service veröffentlicht, sobald sie über eine Assoziation referenziert werden. Dies geschieht durch die Annotation `@cds.autoexpose`, die Teil des Aspekts `CodeList` ist (siehe auch Listing 2.25).

```
aspect CodeList @(
   cds.autoexpose,
   cds.persistence.skip : 'if-unused'
) {
   name  : localized String(255)  @title : '{i18n>Name}';
   descr : localized String(1000) @title : '{i18n>Description}';
}
```

Listing 2.25 Annotation »@cds.autoexpose« im Aspekt »CodeList«

Das CAP Framework erweitert automatisch den Service wie am Beispiel von `IncidentStatus` in Listing 2.26:

```
extend service AgentService with { // auto-exposed entities:
   @readonly
   entity IncidentStatus as projection on IncidentStatus;
}
```

Listing 2.26 Implizite Erweiterung durch »@cds.autoexpose«

Der Link `$metadata` führt zur Metadatenbeschreibung des jeweiligen OData-Services. Die Metadaten sind ein maschinenlesbares XML-Dokument, das die Struktur des Services im Detail beschreibt und auflistet, einschließlich aller Entitäten, Eigenschaften, Typen und Beziehungen. Im konkreten Anwendungsfall wird die Entität `Customers` wie in Listing 2.27 in den Metadaten dargestellt.

```
<EntityType Name="Customers">
   <Key>
      <PropertyRef Name="ID"/>
   </Key>
   <Property Name="ID" Type="Edm.Guid" Nullable="false"/>
   ...
   <Property Name="firstName" Type="Edm.String"/>
   <Property Name="lastName" Type="Edm.String"/>
   ...
   <NavigationProperty Name="incidents" Type=
"Collection(AgentService.Incidents)" Partner="customer"/>
</EntityType>
```

Listing 2.27 Vereinfachte Darstellung der Entität »Customers« in den Metadaten

Dabei wird die Eigenschaft `ID` als Primärschlüssel (`<Key>`) festgelegt. Weitere Eigenschaften des Kunden wie `firstName` und `lastName` werden mittels `<Property>` definiert. Zusätzlich werden auch die Beziehungen (`<NavigationProperty>`) der Entitäten untereinander aufgezeigt.

Diese Informationen sind essenziell für die Generierung einer SAP-Fiori-Elements-Applikation, da diese die Metadaten ausliest, um daraus automatisch die Benutzeroberfläche zu generieren. Darüber hinaus werden die Metadaten zur Integration des Services in andere Anwendungen genutzt, da sie alle relevanten Aspekte beschreiben. Durch einen Klick auf den Link **Fiori preview** (siehe Abbildung 2.18) auf der Übersichtsseite gelangen Sie zu einer automatisch generierten, einfachen SAP-Fiori-Anwendung, wie sie in Abbildung 2.19 zu sehen ist.

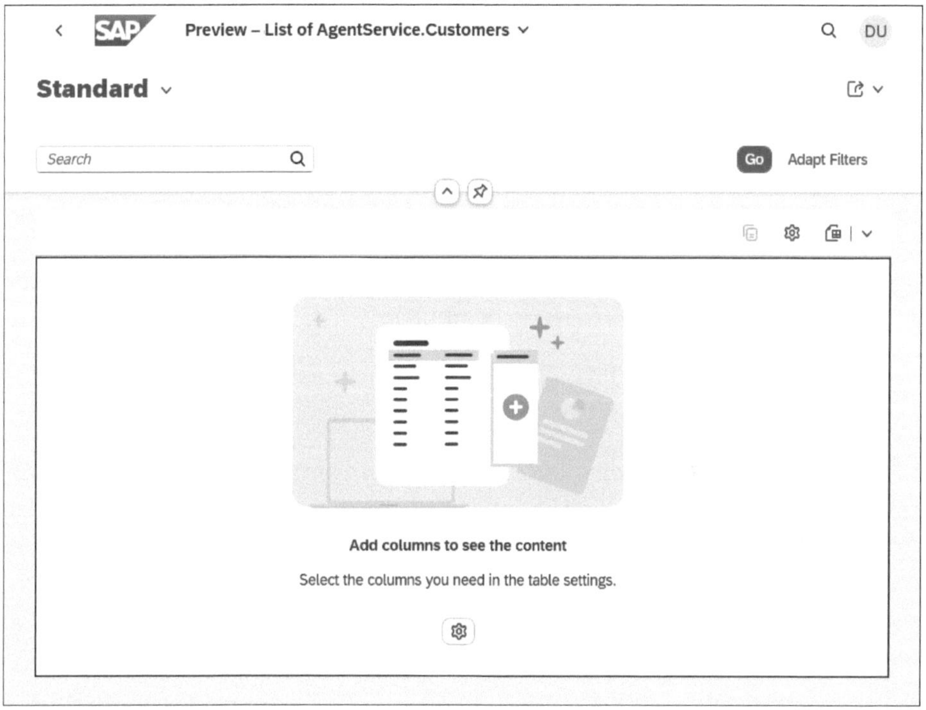

Abbildung 2.19 Vorschau einer SAP-Fiori-App des CAP-Services

Bei der Vorschau handelt es sich um einen SAP Fiori Elements List Report, der es ermöglicht, schnell und einfach eine Applikation zu Test- oder Demonstrationszwecken bereitzustellen. Dabei werden die Annotationen des CAP-Services interpretiert, um die Benutzeroberfläche darzustellen. Da im Projekt bisher noch keine spezifischen Annotationen definiert wurden, werden z. B. initial keine Spalten in der Tabelle angezeigt und müssen manuell selektiert werden. Diese Vorschau ist nicht für den Produktivbetrieb gedacht – dazu sollte eine eigenständige SAP-Fiori-Elements- bzw. SAPUI5-Applikation erstellt werden. Wie eine solche Applikation erstellt wird und wie mittels Annotationen die Benutzeroberfläche gestaltet werden kann, erläutern wir in Abschnitt 2.2.4, »Benutzeroberflächen erstellen«.

Wenn Sie auf der Übersichtsseite nun auf die Entität `Incidents` klicken, wird eine entsprechende Anfrage an den OData-V4-Service gesendet und weiterverarbeitet. Als Antwort erscheint, wie in Listing 2.28 gezeigt, eine Eigenschaft `value` mit einem leeren Array. Dies gibt an, dass derzeit keine Datensätze in der Entität `Incidents` vorhanden sind. Dementsprechend ist auch die zugrunde liegende Tabelle in der Datenbank leer.

```
{
   @odata.context: "$metadata#Incidents",
   value: [ ]
}
```

Listing 2.28 Leere Antwort bei Abfrage der Entität »Incidents«

Diese Antwort zeigt, dass der OData-Service korrekt funktioniert, jedoch aktuell noch keine Daten vorhanden sind. Um schnell und einfach lokale Testdaten für die Entitäten zu generieren, bietet das CAP Framework eine Lösung an. Über das folgende Kommando lassen sich im ersten Schritt automatisch die notwendigen CSV-Dateien für alle Entitäten erstellen:

```
cds add data -o test/data -n 10
```

Die generierten Dateien werden gemäß den CAP-Konventionen benannt und im Verzeichnis für lokale Testdaten **test/data** abgelegt. Sie enthalten eine Kopfzeile mit den Attributnamen der jeweiligen Entität und zehn generierte Testdatensätze. Bei der Generierung der Testdaten werden auch die Referenzen zwischen den Entitäten konsistent berücksichtigt. So wird z. B. sichergestellt, dass ein Supportfall nur auf existierende Mitarbeitende verweist, wenn er einem Mitarbeitenden zugewiesen ist.

[»]

Verzeichnis für Testdaten

Die lokalen Testdaten sollten immer im Verzeichnis **test/data** abgelegt werden, da Dateien im Verzeichnis **db/data** in die Zieldatenbank eingespielt werden. Dies könnte beim späteren Deployment des Services dazu führen, dass produktive Daten überschrieben werden. Ein nachträgliches Ignorieren einzelner CSV-Dateien ist zudem mit einigem Aufwand verbunden. Daher sollte strikt darauf geachtet werden, dass lokale Testdaten nur im Verzeichnis **test/data** und Konfigurationsdaten in **db/data** verortet sind.

Die generierten Testdaten für die Entität `Incidents` werden in Listing 2.29 gezeigt. Die automatisch generierten Testdaten werden syntaktisch korrekt erstellt. Es sind Daten zu allen Spalten vorhanden und die Datentypen entsprechend der Definition des Datenmodells. Was jedoch auffällt, ist, dass semantisch gesehen rein künstliche

Inhalte erzeugt wurden. Der Wert `description-25741483` für die Beschreibung des Supportfalls ist z. B. nicht realistisch. Dementsprechend eignen sich diese Daten zwar für technische Tests, aber für realitätsnahe Testszenarien oder Produktdemonstrationen empfiehlt sich eine gezielte Generierung semantisch sinnvoller Daten.

```
ID,customer_ID,title,description,urgency_code,severity_code,status_
code,createdAt,createdBy,modifiedAt,modifiedBy
25741483-8bfa-4990-b46e-574466428297,
11152612-5895-4dcf-a98c-5c39cd7534c3,
title-25741483,
description-25741483,
L,
7292381,
S,
2014-06-11T00:00:00.000Z,
createdBy.fbq97@example.com,
2002-08-01T00:00:00.000Z,
modifiedBy.fbq97@example.org
```

Listing 2.29 Generierte Testdaten der Entität »Incidents«

[«]

Automatische Testdatenerstellung per KI

Für die automatische Erstellung von semantisch sinnvollen Testdaten eignen sich generative KI-Modelle wie ChatGPT. Dazu muss nur ein passender Prompt mit Erläuterung des Anwendungsfalls und der Definition der CSV-Datei mitgegeben werden. Auch SAP Build Code bietet Unterstützung zur Generierung kontextbezogener Testdaten (siehe dazu auch Abschnitt 4.6, »SAP Build Code«), die wiederverwendet werden können.

Für die Entitäten, bei denen Festwerte hinterlegt werden sollen, erfolgt die Datenerstellung manuell. Im Anwendungsfall ist dies bei den Entitäten `IncidentStatus`, `Severities`, `Urgencies` und `AgentRoles` der Fall. Da diese Entitäten mit dem Aspekt `CodeList` annotiert sind (siehe Listing 2.9), werden sowohl die Werte selbst als auch deren Übersetzungen in separaten CSV-Dateien gepflegt. Dies ist in Listing 2.30 einmal für den Status der Supportmeldungen exemplarisch dargestellt. Hier ist zu sehen, dass in der Datei **com.example.incident-IncidentStatus.csv** die Festwerte inklusive der Benennung und Beschreibung in der Standardsprache, in diesem Fall Englisch, definiert sind. Die Übersetzungen in weiteren Sprachen, die der Service unterstützt, werden in der Datei **com.example.incident-IncidentStatus.texts.csv** hinterlegt.

test/data/com.example.incident-IncidentStatus.csv

```
code,name,descr
R,Reported,Incident has been reported
A,Assigned,Incident has been assigned
P,In Progress,Incident is in progress
O,On Hold,Incident is on hold
S,Resolved,Incident has been resolved
C,Closed,Incident is closed
```

com.example.incident-IncidentStatus.texts.csv

```
code,locale,name,descr
de,R,Gemeldet,Incident wurde gemeldet
de,A,Zugewiesen,Incident wurde einem Agenten zugewiesen
de,P,In Bearbeitung,Incident wird gerade bearbeitet
de,O,Wartend,Incident wurde auf Wartestellung gesetzt
de,S,Gelöst,Incident wurde gelöst
de,C,Abgeschlossen,Incident wurde abgeschlossen
```

Listing 2.30 Lokale Testdaten der Entität »IncidentStatus«

[»]

Erweiterung für CSV-Dateien

Für die Arbeit mit CSV-Dateien empfiehlt es sich – insbesondere, wenn die Dateien viele Spalten enthalten –, im SAP Business Application Studio die Erweiterung `RainbowCSV` zu installieren. Diese hebt die einzelnen Spalten in CSV-Dateien farblich hervor, was die Lesbarkeit deutlich erhöht und die Orientierung beim Bearbeiten erleichtert.

Neben den automatisch generierten Testdaten und den manuell konfigurierten Festwerten sind für die allgemeinen Datentypen `Country`, `Currency` und `Language` aus dem Paket `@sap/cds/common` vordefinierte Werte verfügbar.

Diese werden durch das Paket `@sap/cds-common-content` bereitgestellt, das bereits übersetzte Namen und Beschreibungen in den wichtigsten von SAP unterstützten Sprachen hinterlegt. Dadurch ist keine manuelle Pflege notwendig. Das Paket kann über den folgenden Befehl installiert werden:

```
npm add @sap/cds-common-content -save
```

Über den folgenden Befehl kann das Paket anschließend in das CDS-Modell eingebunden werden:

```
using from '@sap/cds-common-content';
```

Dadurch werden die Daten automatisch vom CAP Framework importiert.

Nach dem Einpflegen der Daten werden diese automatisch vom CAP Framework erkannt und in der In-Memory-Datenbank bereitgestellt. Dies ist durch die Meldung `/> successfully deployed to in-memory database.` erkennbar (siehe Abbildung 2.20).

```
[cds] - connect to db > sqlite { url: ':memory:' }
  > init from test/data/com.example.incident-Urgencies.texts.csv
  > init from test/data/com.example.incident-Urgencies.csv
  > init from test/data/com.example.incident-Severities.texts.csv
  > init from test/data/com.example.incident-Severities.csv
  > init from test/data/com.example.incident-Incidents.csv
  > init from test/data/com.example.incident-Incidents.comments.csv
  > init from test/data/com.example.incident-Incidents.assignments.csv
  > init from test/data/com.example.incident-IncidentStatus.texts.csv
  > init from test/data/com.example.incident-IncidentStatus.csv
  > init from test/data/com.example.incident-Customers.csv
  > init from test/data/com.example.incident-Agents.csv
  > init from test/data/com.example.incident-AgentRoles.texts.csv
  > init from test/data/com.example.incident-AgentRoles.csv
  > init from db/data/com.example.incident-IncidentStatus.texts.csv
  > init from db/data/com.example.incident-IncidentStatus.csv
/> successfully deployed to in-memory database.
```

Abbildung 2.20 Lokale Testdaten erkannt und bereitgestellt

Wenn Sie nun die Entität `Incidents` auf der Übersichtsseite erneut abfragen, lautet die Antwort des CAP-Services, wie in Listing 2.31 aufgeführt. Da nun Inhalte in der Datenbank enthalten sind, werden diese vom Service zurückgegeben.

```
{
   @odata.context: "$metadata#Incidents",
   value: [
      {
         ID: "0d2275f3-5ed5-4ed8-9066-25d3b097338a",
         createdAt: "2024-11-02T22:25:35.000Z",
         createdBy: "portal",
         modifiedAt: "2024-08-14T19:31:26.000Z",
         modifiedBy: "support",
         customer_ID: "b7997258-a8b3-400b-9182-2edb9baf503a",
         title: "Netzwerkverbindung instabil",
         description: "Mehrere Anwender*innen berichten von häufigen
Unterbrechungen der LAN-Verbindung. Die Verbindungsabbrüche treten
unregelmäßig auf und betreffen verschiedene Etagen.",
         urgency_code: "L",
         severity_code: 5,
         status_code: "C",
         ...
```

```
        }
    ]
}
```

Listing 2.31 Antwort bei Abfrage der Entität »Incidents«

Nun muss noch mal ein Augenmerk auf die bisherige vereinfachte Servicedefinition gelegt werden. Diese sieht die zwei Services `AgentService` und `AdminService` vor. Beide verwenden 1:1-Projektionen auf die zugrunde liegenden Entitäten `Incidents`, `Customers` und `Agents` (siehe Listing 2.24). Diese Struktur stellt zwar einen funktionierenden CAP-Service dar, ist jedoch ein sogenanntes *Anti-Pattern*. Dabei handelt es sich um ein Muster, das eine scheinbar sinnvolle Lösung für ein Problem ist, das sich jedoch langfristig als ineffektiv oder unpassend herausstellt. Die 1:1-Projektion des gesamten Datenmodells in den beiden Services ist genau ein solches Szenario. Ein solches Servicedesign ist zu breit gestaltet und exponiert zu viele Daten, was ein potenzielles Sicherheitsrisiko darstellt. Zudem sind die Services nicht auf ihren konkreten Anwendungsfall zugeschnitten und überladen, was sowohl die Verwendung als auch die Wartung erschwert. Best Practice ist stattdessen, für die Entwicklung mit CAP einen Service pro Anwendungsfall, einen sogenannten *spezialisierten Service* (engl. Single Purposed Service), zu erstellen, der auf den Anwendungsfall ausgerichtet ist. Anstatt das vollständige Datenmodell unverändert weiterzugeben, werden nur die Daten in einer Form bereitgestellt, wie sie für den jeweiligen Anwendungsfall benötigt werden.

In Listing 2.32 sehen Sie, wie eine solche Servicedefinition für die Services zur Verwaltung von Supportmeldungen aussehen kann.

```
using {com.example.incident as db} from '../db/schema';

/**
 * Service used by the agents to process the incidents.
 */
@(path: '/agent')
service AgentService {
   @cds.redirection.target
   entity Incidents        as
      projection on db.Incidents {
         *,
         customer.name as customerName
      }

   entity Customers        as
      projection on db.Customers
```

```
      excluding {
         creditCard
      };

entity AgentInformation as
      projection on db.Agents {
         ID                            as agentId,
         firstName || ' ' || lastName as agentFullName : String,
         email                         as agentEmail
      };

   entity LatestIncidents  as
      select from db.Incidents as latestIncident
      where
         not exists(
            select from db.Incidents as olderIncident {
               olderIncident.customer.ID,
               olderIncident.createdAt
            }
            where
                  olderIncident.customer.ID = latestIncident.customer.ID
               and olderIncident.createdAt   > latestIncident.createdAt
         );

   extend projection Customers with {
      latestIncident : Association to LatestIncidents
                          on latestIncident.customer.ID = $self.ID
      }

/**
 * Service used by the administrators with complete access.
 */
@(path: '/admin')
service AdminService {
    entity Customers as projection on db.Customers;
    entity Incidents as projection on db.Incidents;
    entity Agents    as projection on db.Agents;
}
```

Listing 2.32 Servicedefinition, zugeschnitten auf den Anwendungsfall

In dieser überarbeiteten Version bleibt der `AdminService` unverändert, da Administrator*innen Zugriff auf alle Informationen benötigen. In einem solchen Fall ist die 1:1-Projektion des gesamten Datenmodells legitim. Der `AgentService` wurde jedoch grundlegend überarbeitet.

Die Personas für den `AgentService` sind, wie der Name schon vermittelt, die Supportmitarbeitenden. Die Anforderung an den Service ist also die effektive Bearbeitung der Supportfälle. Zusätzlich zur Namensgebung des Services an sich wird auch durch die Path-Annotation **/agent** der Kontext widergespiegelt. Um die Anforderungen zu erfüllen, kommen im Folgenden verschiedene Techniken des CAP Frameworks zum Einsatz:

- die vereinfachte Darstellung von Daten durch Denormalisierung und zugeschnittene Projektionen
- das Ausblenden sensitiver Informationen
- die Nutzung von CQL zur Definition komplexer Sichten und dynamischer Berechnungen
- die rollenbasierte Modellierung des Services inklusive spezifischer Projektionserweiterungen

Als Erstes wird im Service die Entität `Incidents` als Projektion auf die Entität vom darunterliegenden Domänenmodell definiert, die nun jedoch keine 1:1-Projektion mehr ist, sondern mit dem Kundennamen angereichert wurde. Der sogenannte *intelligenten Stern-Selektor* (engl. Smart * Selector) übernimmt alle Felder der Entität in die Projektion. Dies ist eine komfortable Schreibweise, um sich den Aufwand zu sparen, alle Attribute abzutippen, und erhöht gleichzeitig die Lesbarkeit. Darüber hinaus wird der Kundenname flach als Feld `customerName` mittels des *Pfadausdrucks* (engl. Path Expression) `customer.name` aus der Kundenstruktur herausprojiziert. Diese Schreibweise erlaubt den Zugriff auf verschachtelte Attribute innerhalb von Entitäten oder Beziehungen. Somit steht die Information direkt in der Entität zur Verfügung und muss nicht zusätzlich aus der verschachtelten Kundenstruktur ausgelesen werden. Dies ist ein Beispiel für eine *denormalisierte Sicht* (engl. Denormalized View), die insbesondere die Nutzung des Services in Benutzeroberflächen erleichtert und zusätzliche Aufrufe reduziert. Die Daten sind dabei technisch normalisiert, also auf mehrere Tabellen mit Beziehungen untereinander verteilt, wie in diesem Fall `Incidents` und `Customers`, werden im Service jedoch bewusst vereinfacht und flach zurückgegeben.

Anschließend wird die Kundenentität so angepasst, dass sensible Daten geschützt sind: Dazu wird `Customers` zunächst als 1:1-Projektion definiert. Mithilfe des Schlüsselworts `excluding` sorgen wir nun dafür, dass das sensible Feld `creditCard` für die Kreditkarteninformationen den Supportmitarbeitenden nicht bereitgestellt wird, indem alle Eigenschaften einer Entität aufgelistet werden, die nicht im Service veröffentlicht werden sollen.

Um Zugriff auf die Profildaten des aktuell angemeldeten Supportmitarbeitenden zu gewährleisten, ist die Entität `AgentInformation` modelliert worden. Dabei wird keine 1:1-Projektion verwendet, sondern es werden nur die notwendigen Informationen und nicht die technischen Felder wie etwa das letzte Änderungsdatum über die Projektion veröffentlicht. Dabei wird weder mit dem Stern-Selektor noch mit Ausschluss von Attributen gearbeitet. Stattdessen werden gezielt die Felder selektiert, die veröffentlicht werden sollen. In diesem Fall werden sie zudem noch umbenannt wie `ID` in `agentId`. Darüber hinaus wird der Name der Supportmitarbeitenden aus den Attributen `firstName` und `lastName` konkateniert, durch ein Leerzeichen getrennt und als `agentFullName` zurückgegeben.

Die letzte Änderung ermöglicht die Ermittlung der jeweils aktuellen Supportmeldung eines Kunden durch die Entität `LatestIncidents`. Modelliert ist dies mit der `select from`-Variante des CAP Frameworks. Dies ist notwendig, da mit dieser Variante im Gegensatz zu `projection on` der volle Funktionsumfang von CQL genutzt werden kann. Die äußere Abfrage selektiert zunächst alle Supportmeldungen und betrachtet dabei jeden Eintrag als potenziell aktuelle Meldung eines Kunden. Für jede dieser Meldungen wird anschließend mit einer Unterabfrage geprüft, ob es eine weitere Meldung desselben Kunden gibt, die zu einem späteren Zeitpunkt erstellt wurde. In diesem Fall wird die ursprüngliche Meldung ausgeschlossen. Diese komplexe Bedingung wird mittels `not exists` modelliert und stellt diese Anforderung sicher. Auf diese Weise enthält die finale Entität `LatestIncidents` genau die aktuelle Meldung pro Kunde. Mit der Syntax `extend projection`-Syntax wird die Serviceentität `Customers` gezielt um diese neue Information erweitert. Dies geschieht über die neue Assoziation `lastIncident`, die jeweils auf die aktuelle Meldung des Kunden zeigt. Die Verknüpfung ist über die Bedingung realisiert, sodass die `customer.ID` von `LatestIncidents` mit der `$self.ID`, also der ID des jeweiligen Kunden, übereinstimmt. Insgesamt wird durch die Modellierung mittels CDS die Logik intelligent auf der Datenbankebene abgearbeitet und erspart damit eine komplexe Verarbeitung auf Serviceebene. Da mehrere Projektionen auf dieselbe Datenbankentität `Incidents` definiert wurden, kennzeichnet die Annotation `@cds.redirection.target` die Hauptprojektion für das System.

Nach der Überarbeitung der Servicedefinition hat sich auch der Inhalt der Übersichtsseite für den Service geändert (siehe Abbildung 2.21).

In Abbildung 2.21 ist zu sehen, dass die beiden neuen Entitäten `LatestIncidents` und `AgentInformation` im Service verfügbar sind. Um die neu definierten Funktionen zu testen, wird als Erstes der Endpunkt `Customers` abgefragt (siehe Listing 2.33).

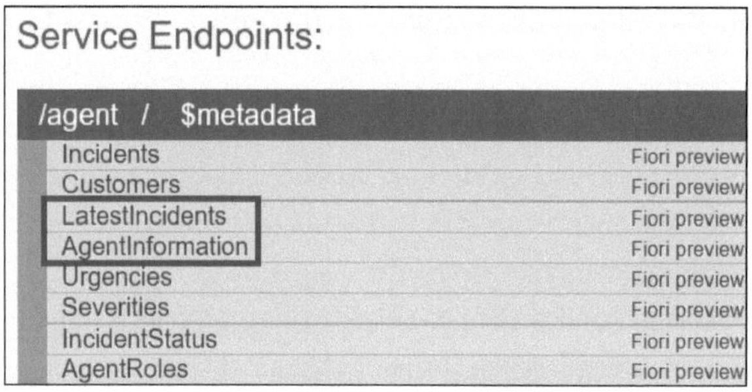

Abbildung 2.21 Neue Entitäten im AgentService

```
{
   @odata.context: "$metadata#Customers",
   value: [
      {
         ID: "33e2dda1-ac16-4195-8737-84ca46d43b8d",
         createdAt: "2024-10-06T19:08:22.000Z",
         createdBy: "system",
         modifiedAt: "2024-08-11T04:31:25.000Z",
         modifiedBy: "admin",
         firstName: "Gisbert",
         lastName: "Tintzmann",
         name: "GisbertTintzmann",
         email: "gisbert.tintzmann@support.de",
         phone: "0542351161",
         address_streetAddress: "Bartholomäus-Spieß-Platz 1",
         address_postCode: "16475",
         address_city: "Kelheim"
      },
   ...
   ]
}
```

Listing 2.33 Antwort bei Abfrage der Entität »Customers«

Das Resultat der Anfrage, das in Listing 2.33 dargestellt ist, zeigt auf, dass alle Felder der Entität `Customers` im Service zurückgegeben werden, bis auf das in der Definition ausgeschlossene Feld `creditCard`. Wird nun für diesen Kunden über die Navigation `latestIncident` der aktuelle Supportfall abgerufen, fällt die Antwort wie in Listing 2.34 aus.

```
{
   @odata.context: "../$metadata#LatestIncidents/$entity",
   ID: "af0b9b11-7202-4ac0-919c-977e30768e7b",
   createdAt: "2025-04-10T06:53:06.000Z",
   createdBy: "portal",
   modifiedAt: "2024-10-31T23:47:53.000Z",
   modifiedBy: "support",
   customer_ID: "33e2dda1-ac16-4195-8737-84ca46d43b8d",
   title: "E-Mail-Versand schlägt fehl",
   description: "Der Versand von E-Mails über das interne System ist gestört.
Gesendete Nachrichten bleiben im Postausgang hängen. Eingehende E-Mails
scheinen davon nicht betroffen zu sein.",
   urgency_code: "L",
   severity_code: 5,
   status_code: "C",
   customerName: "GisbertTintzmann"
}
```

Listing 2.34 Antwort bei Abfrage der Beziehung »latestIncident«

Diese liefert bezogen auf den aktuellen Kunden genau ein Objekt der Entität `LatestIncidents` zurück.

Anschließend wird die zweite neue Entität `AgentInformation` abgefragt. Diese gibt die aktuellen Informationen der Supportmitarbeitenden zurück. Als Antwort liefert der Service das Ergebnis aus Listing 2.35.

```
{
   @odata.context: "$metadata#AgentInformation",
   value: [
      {
         agentId: "2352889a-60ac-49c1-96bf-2cb9fd7f8e88",
         agentFullName: "Mara Albers",
         agentEmail: "mara.albers@example.com"
      },
      {
         agentId: "4216430c-e687-4ff7-9249-7843f86d2f43",
         agentFullName: "Sigfried Beckmann",
         agentEmail: "sigfried.beckmann@firma.de"
      },
   ...
   ]
}
```

Listing 2.35 Antwort bei Abfrage der Entität »AgentInformation«

Die Antwort enthält Informationen über alle Agenten. Dies ist offensichtlich kein akzeptables Verhalten, weil dabei sämtliche Daten der Agenten zugänglich sind. In einem produktiven Szenario sollten Anwender*innen nur Zugriff auf ihre eigenen Daten erhalten. Um dies zu gewährleisten, können mit CAP entsprechende Einschränkungen definiert werden, die dafür sorgen, dass eine angemessene Zugriffskontrolle zur Laufzeit umgesetzt wird. Eine mögliche Methode ist der Einsatz der Annotation `@restrict`. Mit dieser Annotation lassen sich auf Entitätenebene feingranulare Berechtigungsregeln definieren. Dabei beinhaltet `@restict` immer ein Array von Regeln, wobei eine Regel immer folgender Syntax folgt:

```
{ grant:<events>, to:<roles>, where:<filter-condition> }
```

Dabei beschreiben die Eigenschaften jeweils Folgendes:

- `grant`

  Bestimmt, welche Art von Zugriff geregelt werden soll. Mögliche Werte sind CDS-Ereignisse wie `READ`, `CREATE`, `UPDATE`, `DELETE` und weitere.
- `to`

  Legt fest, welche Benutzerrollen Zugriff erhalten sollen. Dieses Statement ist optional; wenn nicht spezifiziert, gilt die Regel für alle Benutzer.
- `where`

  Erlaubt eine feingranulare weitere Einschränkung. Die Bedingung wird pro Datensatz geprüft.

Um die Beschränkung auf den aktuell angemeldeten Benutzer umzusetzen, lautet die Definition, wie in Listing 2.36 zu sehen ist.

```
@restrict: [{
   grant: 'READ',
   where: '$user.guid = agentId
}]
entity AgentInformation as projection on db.Agents {
   ...
}
```

Listing 2.36 Einschränkung bei Zugriff auf Entität »AgentInformation«

Dadurch dürfen nur Supportmitarbeitende diese Entität abfragen, wenn ihre eigene GUID mit der ID des Datensatzes übereinstimmt. Die Pseudovariable `$user`, die automatisch mit der Benutzer-ID des aktuell authentifizierten Benutzers gefüllt ist, wird dabei zur Einschränkung auf den aktuellen Benutzer verwendet, ohne zusätzliche Logik implementieren zu müssen (siehe Listing 2.7, anschließende Erläuterung zu Pseudovariablen).

Bei einer erneuten Abfrage der Entität über den Service lautet die Antwort, wie in Listing 2.37 gezeigt.

```
{
  @odata.context: "$metadata#AgentInformation",
  value: [ ]
}
```

Listing 2.37 Leere Antwort bei Abfrage der Entität »AgentInformation«

Die Antwort ist ein leeres Ergebnis. Dies liegt daran, dass aktuell keine Authentifizierung vorliegt. Die `$user`-Variable ist leer, und somit liefert die Bedingung `$user.guid = agentId` kein Ergebnis.

Für lokales Testen mit Benutzerkontext wird die sogenannte *Mock Authentication* aktiviert. Dabei werden die Testbenutzer basierend auf der Konfiguration in der Datei **package.json** simuliert. Im Abschnitt `cds` wird eine Autorisierungskonfiguration mit einem Benutzer definiert, der die ID eines existierenden Supportmitarbeitenden im Attribut `guid` enthält. Eine solche Konfiguration sehen Sie in Listing 2.38.

```
"cds": {
  "requires": {
    "auth": {
      "kind": "mocked",
      "users": {
        "agent1": {
          "password": "secret",
          "attr": {
            "guid": "61fc8a7f-cf8e-49c1-9b9d-a0e1d64adc13"
          }
        }
      }
    }
  }
}
```

Listing 2.38 Konfiguration eines Testbenutzers

Zusätzlich muss die Autorisierung noch zur Entwicklungszeit manuell für die Services aktiviert werden. Mit der Annotation `@requires` wird festgelegt, dass der aufrufende Benutzer über eine Rolle aus den angegebenen Benutzerrollen verfügen muss, um auf den Service zugreifen zu dürfen. Dies können entweder selbst definierte Rollen sein, oder es kann aus den bereitgestellten *Pseudorollen* ausgewählt werden. Diese Pseudorollen beziehen sich nicht auf konkrete Benutzerrollen, sondern auf das

Authentifizierungsniveau einer Anfrage. CAP unterstützt derzeit folgende vordefinierten Pseudorollen:

- **authenticated-user**
  ein Benutzer mit einem gültigen Authentifizierungsmerkmal wie ein Logon-Token
- **system-user**
  ein technischer Benutzer für System-zu-System-Kommunikation
- **internal-user**
  ein technischer Benutzer für die interne Kommunikation innerhalb der Applikation
- **any**
  ein anonymer öffentlicher Benutzer

[»]

Metadaten-Zugänglichkeit

Falls der Zugriff auf einen Service mit `@requires` eingeschränkt wird, sind auch die Metadaten-Endpunkte `/$metadata` und `/` standardmäßig geschützt. Für öffentlich zugängliche Metadaten kann dieses Verhalten durch eine eigene Middleware übersteuert werden.

Dazu muss, falls nicht schon vorhanden, eine Datei **server.js** im Hauptverzeichnis des CAP-Projekts erstellt und der Quellcode in Listing 2.39 hinterlegt werden.

```
const cds = require('@sap/cds');

cds.on('bootstrap', app => {
  // Metadaten-Endpunkte ohne Authentifizierung freigeben
  app.use((req, res, next) => {
    if (req.path.endsWith('/') || req.path.endsWith('/$metadata')) {
      // Zugriff ohne Authentifizierung mittels privilegiertem Benutzer
      req.user = cds.User.privileged;
    }
    next(); // Fortfahren mit der normalen Verarbeitung
  });
});

module.exports = cds.server;
```

Listing 2.39 Metadaten-Endpunkte ohne Authentifizierung

Wie im Quellcode dokumentiert, wird für die beiden Metadaten-Endpunkte der privilegierte Benutzer gesetzt und somit der Zugriff gewährleistet.

Wie in Listing 2.38 dargestellt ist, wird zur Aktivierung der Authentifizierung zur Entwicklungszeit die Pseudorolle `authenticated-user` für den `AgentService` definiert.

```
/**
 * Service used by the agents to process the incidents.
 */
@(path: '/agent')
@requires: 'authenticated-user'
service AgentService {
   ...
}
```

Listing 2.40 Autorisierung auf Serviceebene

Dies führt dazu, dass in der Konsole beim Starten des CAP-Projekts ein zusätzlicher Abschnitt erscheint. Abbildung 2.22 zeigt, dass das CAP Framework die Konfiguration für die Authentifizierungsstrategie erkennt und automatisch ausführt.

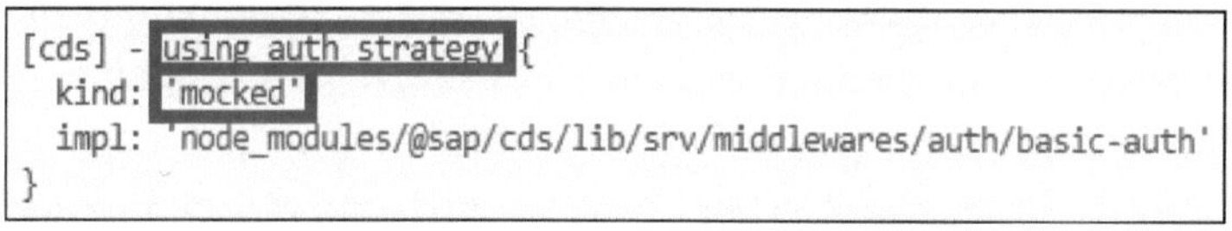

Abbildung 2.22 Definierte Authentifizierungsstrategie erkannt

Außerdem wird nun bei Abfrage einer Entität wie etwa `AgentInformation` durch die aktivierte Mock-Authentifizierung ein Anmelde-Pop-up angezeigt, in dem wiederum Benutzername und Passwort abgefragt werden. Werden nun die Zugangsdaten für den selbst definierten Testbenutzer `agent1` eingegeben, ist die folgende Antwort aus Listing 2.41 zu sehen.

```
{
  @odata.context: "$metadata#AgentInformation",
  value: [
    {
      agentId: "61fc8a7f-cf8e-49c1-9b9d-a0e1d64adc13",
      agentFullName: "Felicitas Dowerg",
      agentEmail: "felicitas.dowerg@support.de"
    }
  ]
}
```

Listing 2.41 Antwort bei Abfrage der Entität »AgentInformation« nach Authentifizierung

Diese enthält nur noch die Information über den aktuell angemeldeten Supportmitarbeitenden. Der Endpunkt wurde erfolgreich mittels der Annotationen eingeschränkt.

In einem produktiven Szenario wird die Autorisierung vom CAP Framework automatisch erzwungen. Dabei spezifiziert CAP für alle Services ohne `@restrict`- oder `@requires`-Annotation implizit die Voraussetzung für die Pseudorolle `authenticated user`.

Aktuell sind die Annotationen zur Definition der Zugriffsrechte noch in der Datei **services.cds** verortet. Eine Best Practice bei der Gestaltung von Softwareapplikationen an sich und somit auch von CAP-Anwendungen ist die *Trennung von Zuständigkeiten* (Separation of Concerns). Dies bedeutet, dass unterschiedliche funktionale Aspekte einer Anwendung auch strukturell voneinander getrennt werden. Auf diese Weise bleibt der Quellcode übersichtlicher und leichter wartbar bzw. erweiterbar. Es ist somit grundsätzlich möglich, die Annotationen in der Datei **service.cds** zu belassen, jedoch sollten diese Details nicht mit den fachlichen Strukturen des Domänenmodells wie Entitäten und Services vermischt werden. Da an diesem Punkt nun die ersten Autorisierungsregeln implementiert werden, ist es sinnvoll, diese in eine separate CDS-Datei auszulagern. Dementsprechend werden die bisherigen Zugriffseinschränkungen, wie in Listing 2.42 gezeigt, in die neue Datei **services-auth.cds** übertragen. Wie auch die Servicedefinition selbst wird diese Datei im Verzeichnis **srv/** abgelegt.

```
using {
   AgentService,
   AdminService
} from './services';

annotate AgentService with @(requires: 'agent');
annotate AgentService.Customers with @readonly;

annotate AgentService.AgentInformation with @restrict: [{
   grant: 'READ',
   where: '$user.guid = agentId'
}];

annotate AdminService with @requires: 'admin';
```

Listing 2.42 Autorisierungsregeln in separater CDS-Datei

Bei dieser Umstrukturierung haben wir noch weitere Verfeinerungen an den Restriktionen vorgenommen. Anstatt nur noch auf einen authentifizierten Benutzer einzuschränken, verlangt der `AgentService` nun die zugewiesene Rolle `agent` und der

AdminService analog die Rolle admin. Darüber hinaus wird die Entität Customers des AgentService als schreibgeschützt deklariert, um Änderungen an den Kundendaten nur über den AdminService zuzulassen.

[«]

Kurzformen von @restrict

Die Annotationen @requires und @readonly sind nur vereinfachte Kurzformen für die allgemeingültige Annotation @restrict. Sie bieten den Entwickler*innen den Komfort einer kürzeren Schreibweise und verbessern die Lesbarkeit. Die Übersetzung der Annotation gestaltet sich wie folgt:

```
@(requires: 'agent') → @(restrict: [{ grant: '*', to: 'admin' }]
@readonly            → @(restrict: [{ grant: 'READ' }]
```

Um weiterhin mit Testbenutzern arbeiten zu können, müssen diese entsprechend erweitert werden. Dem Benutzer agent1 wird über die Eigenschaft role die nun notwendige Rolle agent hinzugefügt. Zusätzlich wird noch ein komplett neuer Testbenutzer admin1 konfiguriert, wie in Listing 2.43 dargestellt.

```
...
"users": {
   "agent1": {
   "password": "secret",
   "roles": [ "agent" ],
   "attr": {
      "guid": "61fc8a7f-cf8e-49c1-9b9d-a0e1d64adc13"
   }
},
   "agent2": {
      "password": "secret",
      "roles": [ "admin" ],
      "attr": {
         "guid": "f1f13d43-849b-407a-84f3-5a8e3c098aff"
      }
   }
}
...
```

Listing 2.43 Erweiterte Konfiguration der Testbenutzer

Nachdem Sie nun mit den Themen Authentifizierung und Autorisierung im CAP-Projekt vertraut sind, liegt der Fokus im Folgenden auf der *Eingabevalidierung*. Während die Autorisierung sicherstellt, wer etwas tun darf, stellt die Eingabevalidierung sicher, welche Eingaben zulässig sind. Dadurch wird die Anwendung davor geschützt, mit ungültigen Daten weiterzuarbeiten. Dies erhöht zum einen die Datenqualität und ist zum anderen auch sehr hilfreich für die Stabilität und Sicherheit der Applikation. Analog zu den Autorisierungen werden auch die Annotationen in einer separaten CDS-Datei gepflegt. Der Inhalt der Datei **service-validation.cds** ist in Listing 2.44 zu sehen. Dort werden die Pflichtfelder einer Entität über die Annotation `@mandatory` definiert. Durch diese Annotation wird geprüft, ob der Eingabewert für ein solches Attribut nicht `null` und keine leere Zeichenkette ist. Sollte also bei der Erstellung oder Änderung der Wert für die Eigenschaft `title` eines Incidents leer bleiben, liefert CAP automatisch den HTTP-Rückgabecode 400 (Bad Request) für eine fehlerhafte Anfrage zurück.

Zusätzlich zur serverseitigen Eingabevalidierung in CAP wird die Annotation `@FieldControl` in den Metadaten hinzugefügt, sodass z. B. eine SAP-Fiori-Elements-Anwendung diese direkt im Frontend interpretieren kann und keine zusätzliche Anfrage an das CAP-Backend gestellt werden muss. Darüber hinaus wird über `@assert.target` sichergestellt, dass der Zielwert für eine Assoziation in der Zielentität auch existiert. Für das Attribut `customer` wird somit gewährleistet, dass ein Kunde angegeben werden muss und dieser Kunde auch existiert oder, in anderen Worten, dass für den angegebenen Fremdschlüssel auch ein Eintrag mit diesem Primarschlüssel in der Entität `Customers` vorhanden ist.

Die Annotation `@assert.range` dient der Validierung von Wertebereichen. Sie prüft zur Laufzeit, ob der Eingabewert innerhalb des gültigen Bereichs liegt. Der gültige Bereich wird entweder durch eine Enumeration oder einen expliziten Min- bzw. Max-Bereich festgelegt. Im konkreten Fall bedeutet dies für das Feld `urgency`, dass der angegebene Wert im durch den Typ `Urgency` festgelegten Wertbereich (C,H,M,L) vorkommt (siehe dazu noch mal die Definition im Domänenmodell aus Listing 2.9). Andernfalls wird wiederum ein Validierungsfehler ausgelöst.

```
annotate db.Incidents with {
   customer @mandatory  @assert.target;
   title    @mandatory;
   urgency  @mandatory;
   severity @mandatory;
   status   @mandatory;
}

annotate db.Incidents.assignments with {
   agent @mandatory  @assert.target;
   role  @mandatory;
}
```

```
annotate db.Customers with {
   firstName @mandatory;
   lastName  @mandatory;
   email     @mandatory;
}

annotate db.Agents with {
   firstName @mandatory;
   lastName  @mandatory;
   email     @mandatory;
}

annotate db.Urgencies with {
   code @assert.range: true;
}

annotate db.Severities with {
   code @assert.range: true;
}

annotate db.Status with {
   code @assert.range: true;
}

annotate db.AgentRoles with {
   code @assert.range: true;
}
```

Listing 2.44 Eingabevalidierungen per Annotationen

Mittels der bereitgestellten Annotationen können somit viele verschiedene Validierungen einfach realisiert werden. Ist dies nicht ausreichend, können Sie eigene Validierungen bzw. generell eigene Geschäftslogik implementieren. Hervorzuheben ist jedoch, dass bis zu diesem Punkt keine einzige Zeile Quellcode geschrieben werden musste, sondern alle Funktionen über die Modellierung der Domäne mittels CDS und Annotationen realisiert wurden. Für eine eigene Serviceimplementierung genügt es, gemäß der Konvention eine JS-Datei mit dem gleichen Namen wie die CDS-Datei, die die Servicedefinition enthält, im selben Verzeichnis anzulegen. Dadurch wird diese Datei automatisch vom Framework als Implementierung für den Service erkannt.

Annotation »@impl«

Alternativ kann von der Konvention mittels der Annotation `@impl` abgewichen werden. Dabei kann der Pfad einer expliziten JS-Datei, die die Serviceimplementierung enthält, referenziert werden. Die Annotation wird dabei, wie im Folgenden dargestellt, auf Serviceebene verwendet:

```
@impl: 'srv/impl/agent-service.js'
service AgentService { … }
```

In unserem Anwendungsfall müsste demnach eine Datei **services.js** angelegt werden. Da durch die Weiterentwicklung zum jetzigen Zeitpunkt zwei Services innerhalb der Datei **service.cds** definiert sind und die Implementierung nur für den jeweiligen Service gelten soll, folgen wir auch hier dem Konzept der Trennung von Zuständigkeiten. In diesem Zuge wird die Datei **services.cds** aufgeteilt in eine Datei **agent-service.cds** und eine Datei **admin-service.cds** mit den jeweiligen Servicedefinitionen. Zusätzlich werden die entsprechenden Autorisierungsdefinitionen umgelagert in die Dateien **agent-service-auth.cds** und **admin-service-auth.cds**. Die gerade zuvor definierten Validierungen bleiben, da sie allgemeingültig sind, unberührt. Anschließend können wir mithilfe einer Komfortfunktion von CAP die Serviceimplementierungen über den folgenden Befehl automatisiert anlegen lassen:

```
cds add handler
```

Dies erzeugt die Konsolenausgabe aus Abbildung 2.23, die angibt, dass für jede Servicedefinition gemäß der Konvention eine Serviceimplementierung angelegt wurde.

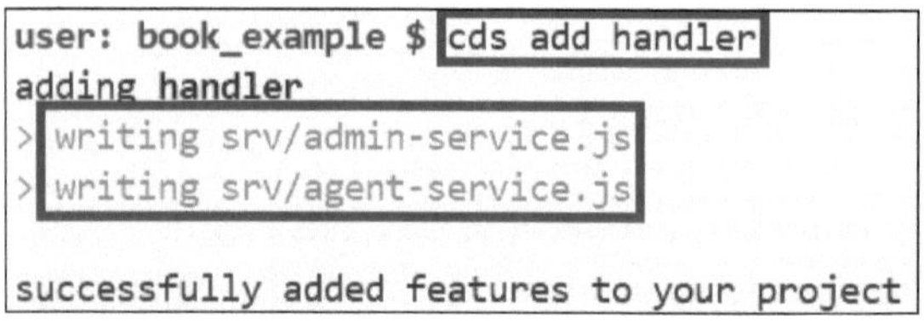

Abbildung 2.23 Automatische Erstellung der Serviceimplementierung

In unserem Beispiel gibt es nach der Aufsplittung der Servicedefinitionen also die neuen Dateien **admin-service.js** und **agent-service.js** im Ordner **srv**.

Dabei werden Vorlagen für die *Methoden zur Verarbeitung der Ereignisse* (Event Handler) der Entitäten aus dem Service generiert. Über diese sogenannten Event Handler kann auf bestimmte Ereignisse auf Entitäten wie die Standardoperationen (`CREATE`, `READ`, `UPDATE`, `DELETE`) reagiert werden. CAP unterscheidet dabei drei Phasen, in denen Event Handler registriert und ausgeführt werden können:

- **before-Handler**

  Diese laufen vor der eigentlichen Verarbeitung des Ereignisses und eignen sich daher besonders für Validierungen oder die Vorbelegung von Daten. Ein Beispiel wäre die Prüfung des Lagerbestands.

- **on-Handler**

  Diese können die Standardverarbeitung des Ereignisses vollständig ersetzen oder abschließend an die Standardverarbeitung weiterdelegieren. Ein Beispiel wäre der Aufruf eines externen Services.

- **after-Handler**

  Diese werden nach erfolgreicher Verarbeitung des Ereignisses aufgerufen. Sie enthalten nur noch das Ergebnis der Verarbeitung und können dieses anreichern oder verändern. Ein Beispiel wäre die Rabattierung des Preises bei Überbeständen.

Durch dieses Ereignismodell mit drei getrennten Phasen kann flexibel und gezielt individuelle Geschäftslogik eingebracht werden. In der Praxis werden zumeist die `before-` und `after-Handler` implementiert, da die von CAP bereitgestellte Standardverarbeitung zur Verbuchung der Entitäten oftmals ausreicht.

[«]

Handler-Verhalten

Die `before-` und `after-Handler` werden parallel ausgeführt. Löst einer von ihnen einen Fehler aus, wird die gesamte Anfrage abgebrochen.

`on-Handler` werden sequenziell nach ihrer Positionierung im Quellcode aufgerufen. Der oberste Handler wird zuerst aufgerufen und entscheidet über die Weiterpropagierung der Ergebnisse in der Kette durch Aufruf der Funktion `next()`.

Durch die parallele Ausführung der `.after-Handler` ist bei der Manipulation von Daten in diesen besondere Vorsicht geboten. Zwischen den Handlern sollten keine Abhängigkeiten bestehen, da es sonst zu inkonsistentem Verhalten kommen kann.

In Listing 2.45 ist die generierte Serviceimplementierung für den `AgentService` inklusive der Vorlagen für die Event Handler zu sehen. Initial wird das Modul `@sap/cds` importiert, das den Zugriff auf alle CAP-Node.js-APIs bereitstellt. Anschließend wird die Klasse `AgentService` als Unterklasse von `cds.ApplicationService` abgeleitet. `cds.ApplicationService` ist die Standardbasisklasse für Serviceimplementierungen in CAP. Sie stellt die generischen Standardimplementierungen für die CRUDQ-Operationen bereit und ermöglicht das Registrieren der Event Handler. In der Methode `init()` werden nun alle Entitäten aus dem Servicenamensraum `AgentService` importiert und die Event Handler für die Ereignisse in den entsprechenden Phasen definiert. Die Methoden `.before`, `.on` und `.after` referenzieren auf die vorher erwähnten Ereignisphasen. Dabei folgen sie dem generischen Schema `function srv.on/before/after (<Ereignis>,<Entität>,<Methode>)`, wobei sowohl ein Array an Ereignissen als auch Entitäten referenziert oder `'*'` als Wildcard definiert werden kann. Abschließend stellt die Rückgabe des Aufrufs der `init()`-Methode des Standards sicher, dass die Standardfunktionen des CAP Frameworks korrekt für den Service initialisiert werden.

```
const cds = require('@sap/cds')

module.exports = class AgentService extends cds.ApplicationService {
   init() {
      const { Incidents, Customers, LatestIncidents } =
 cds.entities('AgentService')

      this.before (['CREATE', 'UPDATE'], Incidents, async (req) => {
         console.log('Before CREATE/UPDATE Incidents', req.data)
      })
      this.after ('READ', Incidents, async (incidents, req) => {
         console.log('After READ Incidents', incidents)
      })
      this.before (['CREATE', 'UPDATE'], Customers, async (req) => {
         console.log('Before CREATE/UPDATE Customers', req.data)
      })
      this.after ('READ', Customers, async (customers, req) => {
         console.log('After READ Customers', customers)
      })
      this.before (['CREATE', 'UPDATE'], LatestIncidents, async (req) => {
         console.log('Before CREATE/UPDATE LatestIncidents', req.data)
      })
      this.after ('READ', LatestIncidents, async (latestIncidents, req) => {
         console.log('After READ LatestIncidents', latestIncidents)
      })

      return super.init()
   }
}
```

Listing 2.45 Serviceimplementierung des AgentServices

Für die Implementierung eigener Funktionen innerhalb eines Event Handlers sind die Informationen über die aktuelle Anfrage, die im `cds.Request`-Objekt abgebildet sind, eine der Hauptinformationsquellen. Folgende Informationen sind im Objekt `req` verfügbar:

- **event**
  der Name des Ereignisses, z. B. CREATE
- **method**
  die HTTP-Methode der Anfrage, z. B. POST
- **target**
  die Zielentität aus der Anfrage, z. B. Incidents
- **data**
  die Nutzlast der Anfrage, z. B. die Felder zur Erstellung eines neuen Datensatzes der Entität Incidents
- **query**
  die Abfrage im CQN-Format, z. B. bei einer READ-Anfrage
- **user**
  der aktuelle Benutzer, der die Anfrage stellt, oder anonymous, falls nicht authentifiziert
- **tenant**
  die Mandanten-ID bei Mehrmandanten-Anwendungen, von der die Anfrage gestellt wurde

Mithilfe der vorgestellten Konzepte können Sie nun auch komplexere Geschäftslogiken implementieren, die nicht durch Annotationen abgebildet werden können. In unserem Beispiel soll es nur den einem Supportfall zugewiesenen Supportmitarbeitenden möglich sein, diesen zu aktualisieren – mit Ausnahme der Administrator*innen. Dementsprechend muss nun im AgentService eine Logik implementiert werden. Dazu werden initial die nicht benötigten Vorlagen für die Event Handler entfernt, und außerdem wird der Quellcode aus Listing 2.46 hinzugefügt.

```
// Nur ein zugewiesener Agent darf den Incident bearbeiten
this.before('UPDATE', Incidents, async (req) => {
  // Ermittlung von Agent und Incident aus der Anfrage
  const currentUser = req.user.attr?.guid
  const incidentId = req.data.ID

  // Ermittlung der Agentenzuweisungen für den Incident
  const assignedAgents = await SELECT.from(Incidents)
    .columns('assignments.agent_ID')
    .where({ ID: incidentId })

  const agentIds = assignedAgents?.map(a => a. assignments_agent_ID) || []
  // Prüfung des aktuellen Agenten in den zugewiesenen Agents enthalten
```

```
  if (!agentIds.includes(currentUser)) {
    req.reject(403, 'Sie sind kein zuständiger Mitarbeitender.')
  }
});
```

Listing 2.46 Implementierung von Restriktionslogik mittels Event Handler

Um die angeforderte Validierung zu realisieren, registrieren Sie einen Event Handler mit `.before('UPDATE', Incidents, …)`. Dies bedeutet, dass vor jeder Aktualisierung eines Incidents diese Logik geprüft wird. Anschließend wird die technische Benutzer-ID (`guid`) des aktuellen Supportmitarbeitenden, der den Supportfall bearbeiten möchte, abgefragt. Diese ist durch die vorangegangene Authentifizierung des Benutzers in `req.user` verfügbar. Zudem wird die ID des Incidents aus den Daten der Anfrage mittels `req.data` ermittelt. Über `SELECT.from(Incidents)…` werden alle Supportmitarbeitenden aus der Datenbank selektiert, die dem jeweiligen Incident zugewiesen sind. Dabei wird gezielt nur die ID der Supportmitarbeitenden ausgewählt. Aus den abgefragten Daten wird eine Liste erstellt und anschließend überprüft, ob die technische Benutzer-ID des aktuellen Benutzers in dieser Liste enthalten ist. Falls dies nicht der Fall ist, wird die Anfrage mit `req.reject(...)` abgelehnt, der Benutzer bekommt eine entsprechende Fehlermeldung, und die weitere Bearbeitung wird gestoppt.

Zusätzlich zur Implementierung von eigener Logik in einem Event Handler der Entitäten der Domäne ermöglicht CAP die Definition benutzerspezifischer Funktionen. Dabei adaptiert CAP die Konzepte von Funktionen und Aktionen aus der OData-Spezifikation:

- *Funktionen* sind nur lesend und ohne Seiteneffekte. Sie werden typischerweise für Berechnungen von Informationen genutzt – etwa das Zählen aller offenen Supportfälle je Mitarbeitendem.
- *Aktionen* hingegen verändern Daten und können auch Seiteneffekte auslösen. Ein typisches Beispiel ist die Eskalation eines Supportfalls.

In unserem Anwendungsfall werden beide Konzepte integriert. Zuerst wird in der Servicedefinition, wie in Listing 2.47 zu sehen ist, die Aktion `escalateIncident` angelegt. Diese Aktion wird im `AgentService` innerhalb des `actions`-Blocks der Entität `Incidents` deklariert, was sie zu einer *gebundenen Aktion* (engl. Bound Action) macht. Das bedeutet, dass die Aktion auf eine konkrete Instanz der Entität angewandt wird. Beim Aufruf muss daher nicht mehr die eindeutige Referenz mitgegeben werden. Dabei wird ihr der Parameter `comment` vom Typ `String` übergeben, und der Aufruf gibt als Antwort eine Instanz von `Incidents` zurück.

```
service AgentService {
  entity Incidents as
    projection on db.Incidents {
```

```
            *,
            customer.name as customerName
        }
        actions {
            // bound actions/functions
            action escalateIncident(comment : String)  returns Incidents;
    }
    ...
}
```

Listing 2.47 Definition der gebundenen Aktion »escalateIncident«

Im Gegensatz dazu enthält der `AdminService`, wie in Listing 2.48 dargestellt, eine Deklaration für die Funktion `getAgentWorkload`, die direkt auf der Serviceebene und somit außerhalb einer Entität deklariert wird. Dementsprechend handelt es sich um eine sogenannte *ungebundene Funktion* (engl. Unbound Function). Als Übergabeparameter in die Funktion ist die eindeutige ID des Supportmitarbeitenden `agentId` und als Rückgabewert der Typ `Integer` für die Anzahl der Supportfälle definiert.

```
service AdminService {
  function getAgentWorkload(agentId : UUID) returns Integer;
  ...
}
```

Listing 2.48 Definition der ungebundenen Funktion »getAgentWorkload«

Die Implementierung der benutzerdefinierten Funktionen und Aktionen erfolgt in einem `on`-Handler. Listing 2.49 zeigt dabei den Quellcode der Aktion `escalateIncident`. Hier wird zunächst die Konstante `URGENCY` mit den beiden Unterwerten für die möglichen Dringlichkeitsstufen `CRITICAL` und `HIGH` modelliert. Aus dem `req`-Objekt, das die übergebene Anfrage darstellt, werden anschließend der Kommentartext und die ID des betroffenen Incidents extrahiert. Es folgt die Ermittlung der aktuellen Dringlichkeit `urgency.code` des betreffenden Incidents mittels eines `SELECT`-Statements. Danach wird geprüft, ob die höchste Dringlichkeitsstufe bereits erreicht ist. Falls ja, wird der Vorgang abgebrochen, und es wird eine Fehlermeldung zurückgegeben. Ist hingegen eine Erhöhung der Dringlichkeit möglich, wird die nächste Eskalationsstufe ermittelt und per `UPDATE`-Statement gesetzt. Als Seiteneffekt wird zudem zur Dokumentation ein Kommentar zum betroffenen Incident mit dem übergebenen Kommentartext per `INSERT`-Statement hinterlegt. Abschließend wird mit einem erneuten `SELECT`-Statement per ID der aktualisierte Datensatz ermittelt und zurückgegeben.

```
this.on('escalateIncident', async (req) => {
   const URGENCY = {
      CRITICAL: 'C',
      HIGH: 'H'
   }
   // Ermittlung von Incident und Kommentar aus der Anfrage
   const { comment } = req.data
   const incidentId = req.params?.[0];

   // Selektion der aktuellen Dringlichkeit
   const { urgency_code: currentUrgency } =
 await SELECT.from(Incidents, incidentId).columns('urgency.code')

   // Rückmeldung, dass höchste Dringlichkeit erreicht ist
   if (currentUrgency === URGENCY.CRITICAL) {
      return req.error(400, 'Incident hat bereits die höchste Dringlichkeit.');
   }

   // Bestimmung neuer Dringlichkeitsstufe
   const nextUrgency = currentUrgency === URGENCY.HIGH ?
 URGENCY.CRITICAL : URGENCY.HIGH;

   // Erhöhung der Dringlichkeit
   await UPDATE(Incidents, incidentId)
      .set({ urgency: { code: nextUrgency } })

   // Hinzufügen des Kommentars
   await INSERT.into('Incidents.comments').entries({
      up__ID: incidentId,
      author: req.user.id,
      message: `Dringlichkeit erhöht: ${comment}`
   })

   // Wiedergabe des aktualisierten Datensatzes
   return SELECT.from(Incidents, incidentId);
})
```

Listing 2.49 Implementierung der gebundenen Aktion »escalateIncident«

Analog zur vorangegangenen Aktion wird auch die Funktion `getAgentWorkload` in einem `on-Handler` implementiert. Wie in Listing 2.50 zu sehen ist, wird auch hier initial eine Konstante definiert, nämlich STATUS, die die Codes für abgeschlossene und geschlossene Supportfälle abbildet. Darüber hinaus wird die ID des Supportmitarbeitenden agentId aus dem req-Objekt extrahiert. Diese Information muss dem Aufruf zwingend von außen mitgegeben werden, da sie den Kontext für diese ungebunde Aktion angibt. Danach folgt eine komplexere Datenbankabfrage mittels eines SELECT-Statements. Dabei wird gezielt nur eine einzelne Aggregation mit der count-Funktion auf das Attribut ID ausgeführt. Damit wird die Anzahl der Incidents gezählt, die bestimmte Kriterien erfüllen. Diese Kriterien sind in der where-Klausel definiert. Berücksichtigt werden nur solche Incidents, die eine Zuweisung zu dem übergebenen Supportmitarbeitenden haben und deren Status nicht »geschlossen« oder »abgeschlossen« ist. Dementsprechend ist das Ergebnis der Abfrage die Anzahl aller aktiven Fälle eines Mitarbeitenden, die noch bearbeitet werden müssen. Dies ist ein numerischer Wert, der im Attribut count der Antwort zugänglich ist und zurückgegeben wird. Falls kein numerisches Ergebnis vorliegt, wird dieser Wert auf 0 gesetzt, um eine konsistente Antwort zu gewährleisten.

```
this.on('getAgentWorkload', async (req) => {
   const STATUS = {
      RESOLVED: 'S',
      CLOSED: 'C'
   }
   // Ermittlung des Agents aus der Anfrage
   const { agentId } = req.data;
   // Zählung der Incidents des Agenten, die nicht erledigt sind
   const result = await SELECT.one.from(Incidents)
      .columns([{ func: 'count', as: 'count', args: [{ ref: ['ID'] }] }])
      .where({
         'assignments.agent_ID': agentId,
         'status_code': { 'not in': [STATUS.RESOLVED, STATUS.CLOSED] }
      });
   return result.count || 0;
})
```

Listing 2.50 Implementierung der ungebundenen Funktion »getAgentWorkload«

Um die Implementierungen der eigenen Geschäftslogik und der benutzerdefinierten Funktion/Aktion nun testen zu können, nutzen wir ein weiteres praktisches Werkzeug des CAP Frameworks. Durch die Ausführung des folgenden Befehls in der Konsole ergibt sich die in Abbildung 2.24 gezeigte Ausgabe:

```
cds add http
```

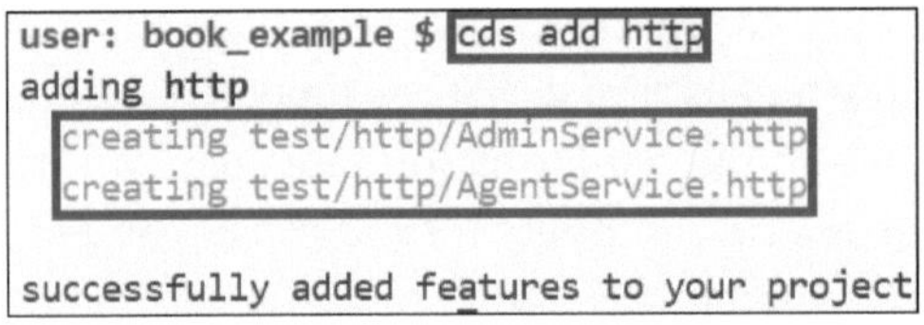

Abbildung 2.24 Automatische Erstellung der HTTP-Testdateien

Wie Sie in Abbildung 2.24 sehen, wurde automatisch für beide Services eine HTTP-Datei im Ordner **test/http** angelegt. Diese Dateien enthalten die Beispielanfragen gegen die OData-V4-Services, die in der Anwendung implementiert sind. Dadurch erhalten Sie eine gute Übersicht über die vorhandenen Entitäten und können deren CRUDQ-Endpunkte direkt testen, ohne die HTTP-Anfragen manuell schreiben zu müssen. Im SAP Business Application Studio ist die REST-Client-Erweiterung vorinstalliert, wodurch sich die Anfragen direkt aus der Datei heraus ausführen lassen. Am Anfang jeder generierten Datei wird die Nutzung von Variablen demonstriert, über die z. B. Server, Benutzername und Passwort deklariert werden. Das erhöht die Wartbarkeit, da die Variablen in den nachfolgenden Anfragen wiederverwendet werden. Zudem zeigen die generierten Anfragen exemplarisch, wie man die verschiedenen HTTP-Methoden zum Lesen, Anlegen, Aktualisieren und Löschen von Entitäten verwendet. Darauf aufbauend werden zum Test der Logik für die Bearbeitung eines Supportfalls zwei neue einfache Änderungsanfragen mit passenden Testdaten erstellt.

In Listing 2.51 sehen Sie, wie automatisch die Zugangsdaten vom Testbenutzer aus der **package.json** vorausgefüllt wurden. Darüber hinaus wurde eine neue Anfrage vorbereitet, mit der der Titel eines Supportfalls geändert werden kann – einmal für einen dem Testbenutzer zugewiesenen und einmal für einen nicht zugewiesenen Incident.

```
@server=http://localhost:4004
@username=agent1
@password=secret

### Testaktualisierung eigener Supportfall
# @name Incidents_PATCH
PATCH {{server}}/agent/Incidents/0d2275f3-5ed5-4ed8-9066-25d3b097338a
Content-Type: application/json
Authorization: Basic {{username}}:{{password}}

{
  "title": "Neuer Titel"
}
```

```
### Testaktualisierung fremder Supportfall
# @name Incidents_PATCH
PATCH {{server}}/agent/Incidents/27bf4545-ebc2-483b-9afb-fdffac4b0518
Content-Type: application/json
Authorization: Basic {{username}}:{{password}}

{
  "title": "Neuer Titel"
}
```

Listing 2.51 HTTP-Anfragen zum Test der Bearbeitung eines Supportfalls

Wie in Abbildung 2.25 zu sehen ist, führt die Ausführung der ersten Testanfrage zu einer erfolgreichen Antwort. In der Antwort auf der rechten Seite ist zu erkennen, dass eine Antwort mit Statuscode 200 (OK) zurückgeliefert wird. CAP weicht dabei vom allgemeinen REST-Prinzip ab, nach dem bei einer erfolgreichen PATCH-Anfrage lediglich der Statuscode 204 (No Content) zurückgegeben wird, ohne die aktualisierten Daten zu senden. In CAP wird hingegen automatisch ein Lesevorgang ausgeführt, sodass die Antwort direkt den aktualisierten Supportfall enthält und der Anfragende keine zusätzliche GET-Anfrage stellen muss.

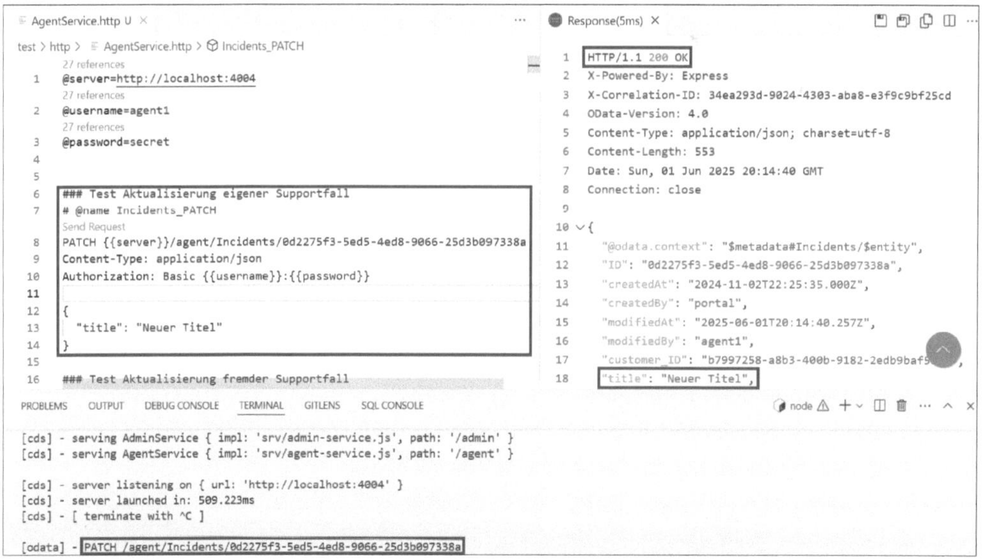

Abbildung 2.25 Testanfrage zur Aktualisierung eines eigenen Supportfalls

Die Ausführung der zweiten Anfrage führt korrekterweise zu einem Fehler. Abbildung 2.26 zeigt, dass hier gemäß der Implementierung die Anfrage mit dem Statuscode 403 (Forbidden) abgelehnt wird. Zudem wird die definierte Fehlermeldung in der Antwort zurückgegeben.

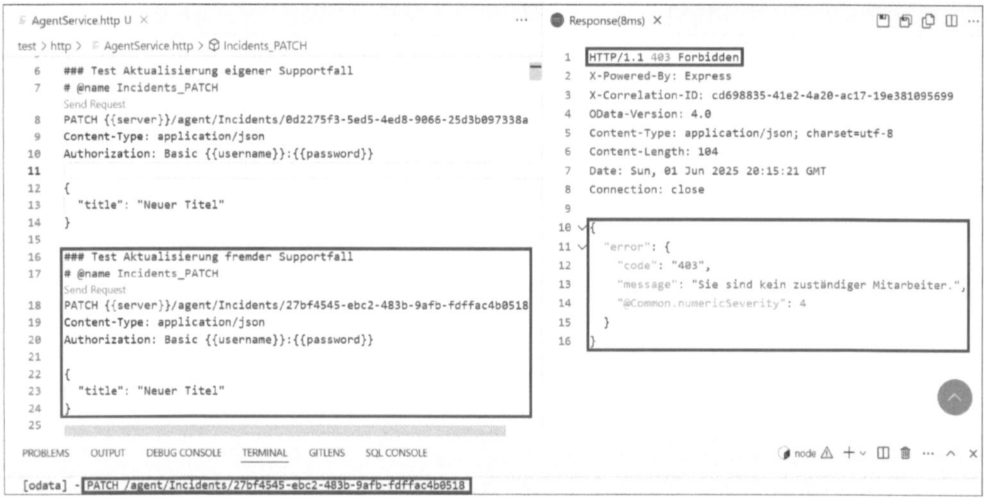

Abbildung 2.26 Testanfrage zur Aktualisierung eines fremden Supportfalls

Ein wichtiger Hinweis ist, dass Anfragen für benutzerdefinierte Logik, wie Funktionen oder Aktionen, nicht automatisch generiert werden können. Dementsprechend müssen die Anfragen zum Test dieser Funktionen manuell im Anwendungsfall ergänzt werden.

Listing 2.52 stellt die Anfrage für die Aktion `escalateIncident` dar. Beim Aufruf der gebundenen Aktion muss zwingend der Kontext durch den eindeutigen Pfad zu einer konkreten Supportmeldung angegeben werden. Anschließend wird die Aktion über ihre Bezeichnung, bestehend aus dem Servicenamen und dem Aktionsnamen, eindeutig angesprochen. Da der Aufruf einer Aktion per HTTP-Methode `POST` erfolgt, wird der Übergabeparameter `comment`, also der Kommentar zur Eskalation, in der Nutzlast mitgesendet.

```
### Test zur Eskalation eines Supportfalls
POST {{server}}/agent/Incidents/0d2275f3-5ed5-4ed8-9066-25d3b097338a/
AgentService.escalateIncident
Content-Type: application/json
Authorization: Basic {{username}}:{{password}}

{"comment": "Test"}
```

Listing 2.52 Testanfrage zur Eskalation eines Supportfalls

Auch für den Test der Funktion `getAgentWorkload` wird eine eigene Anfrage definiert. Listing 2.53 zeigt, dass die Funktion direkt über den Service aufrufbar ist, da es sich um eine ungebundene Funktion handelt. Im Gegensatz zu einer Aktion erfolgt der

Aufruf einer Funktion aufgrund ihres lesenden Charakters über die HTTP-Methode GET. Der erforderliche Parameter agentId wird dabei direkt in der URL mitgegeben.

```
### Test zur Ermittlung der Arbeitslast eines Mitarbeitenden
GET {{server}}/admin/getAgentWorkload(agentId='61fc8a7f-cf8e-49c1-9b9d-
a0e1d64adc13')
Content-Type: application/json
Authorization: Basic {{username}}:{{password}}
```

Listing 2.53 Testanfrage zur Ermittlung der Arbeitslast eines Mitarbeitenden

In Tabelle 2.2 sind abschließend die Unterschiede zwischen Funktionen und Aktionen sowie den gebundenen bzw. ungebundenen Modi zusammengefasst. Es wird erläutert, für welche Szenarien welches Konzept am besten geeignet ist. Zudem wird aufgelistet, wie sich die jeweilige generische Definition darstellt. Schließlich wird darauf eingegangen, welche HTTP-Methode und welche Syntax für einen Aufruf der Funktion genutzt werden muss.

	Anwendung	Änderung von Daten/ Seiteneffekte	HTTP-Methode	Deklaration	Aufruf
Funktion (ungebunden)	Berechnung	nein, nur lesend	GET	`service Serv { function func (x:Type) returns Type; }`	`GET .../serv/func(x=1)`
Funktion (gebunden)	Berechnung, bezogen auf Objekt	nein, nur lesend	GET	`service Serv { entity Foo { ... } actions { function func (x:Type) returns Type; } }`	`GET .../serv/Foo(1)/Serv.func(x=1)`
Aktion (ungebunden)	Prozesslogik	ja und mögliche Seiteneffekte	POST	`service Serv { action act (x:Type) returns Type; }`	`POST .../serv/act {"x": 1}`

Tabelle 2.2 Zusammenfassung der Funktionen und Aktionen in CAP

	Anwendung	Änderung von Daten/ Seiteneffekte	HTTP-Methode	Deklaration	Aufruf
Aktion (gebunden)	Prozesslogik, bezogen auf Objekt	ja und mögliche Seiteneffekte	POST	`service Serv { entity Foo { … } actions { action act (x:Type) returns Type; } }`	`POST …/serv/ Foo(1)/ Serv.act {"x": 1}`

Tabelle 2.2 Zusammenfassung der Funktionen und Aktionen in CAP (Forts.)

2.2.4 Benutzeroberflächen erstellen

Nachdem Sie im letzten Abschnitt die Backend-Logik in Form von Services, benutzerdefinierten Event Handlern sowie Aktionen und Funktionen umgesetzt und erfolgreich über HTTP-Skripte getestet haben, folgt nun der nächste logische Schritt: die Entwicklung der Benutzeroberfläche basierend auf den Schnittstellen. Ziel ist es, eine benutzerfreundliche Oberfläche für die Endanwender*innen zu gestalten.

Wie in Abschnitt 2.1.2, »Kernkomponenten des SAP Cloud Application Programming Models«, erwähnt, ist die Implementierung der Benutzeroberfläche für einen CAP-Service nicht auf eine bestimmte Technologie beschränkt. Das CAP Framework bietet jedoch eine standardmäßige Unterstützung für die Entwicklung mit SAP Fiori Elements. Dafür stellt CAP spezielle UI-spezifische Annotationen bereit, mit denen der CAP-Service angereichert werden kann. Diese UI-Annotationen und die Informationen in den Metadaten über die Entitäten nutzt SAP Fiori Elements, um daraus automatisch eine Benutzeroberfläche zu generieren. Dabei werden die SAP Fiori Design Guidelines ohne weiteres Zutun eingehalten.

Gemäß dem Konzept *Convention over Configuration* werden alle UI-Applikationen einer CAP-Anwendung im Ordner **app** erstellt. Um die UI-Entwicklung zu beschleunigen, existieren die *SAP Fiori Tools*. Dies ist eine Sammlung von sogenannten *Produktivitätswerkzeugen* für die Gestaltung von SAP Fiori Elements. Ein zentrales Werkzeug aus dieser Sammlung ist der *SAP Fiori Application Generator*. Dieser dient zur einfachen Erstellung neuer Anwendungen. Die generierte Applikation folgt aktuellen Best Practices von SAP und lässt sich direkt im Projekt verwenden und erweitern. Im SAP Business Application Studio sind die SAP Fiori Tools vorinstalliert, und der Generator kann direkt genutzt werden. Um diesen zu öffnen, drücken Sie die Taste [F1] und geben, wie in Abbildung 2.27 dargestellt, in das Suchfeld »Fiori: Open Application Generator« ein.

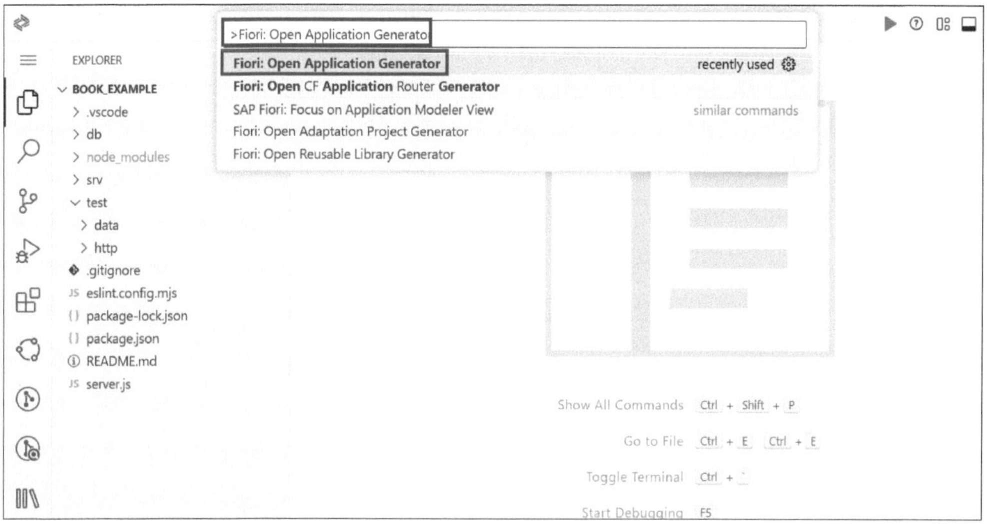

Abbildung 2.27 SAP Fiori Application Generator öffnen

Nach einem Klick auf den entsprechenden Treffer in den Suchresultaten gelangen Sie zum ersten Schritt des Dialogs. Hier können Sie aus verschiedenen Vorlagen für eine SAP-Fiori-Applikation wählen. Für die Applikation unseres Anwendungsfalls sollen die Supportfälle in einer Liste dargestellt werden, und dementsprechend wählen Sie die Vorlage **List Report Page** aus (siehe Abbildung 2.28).

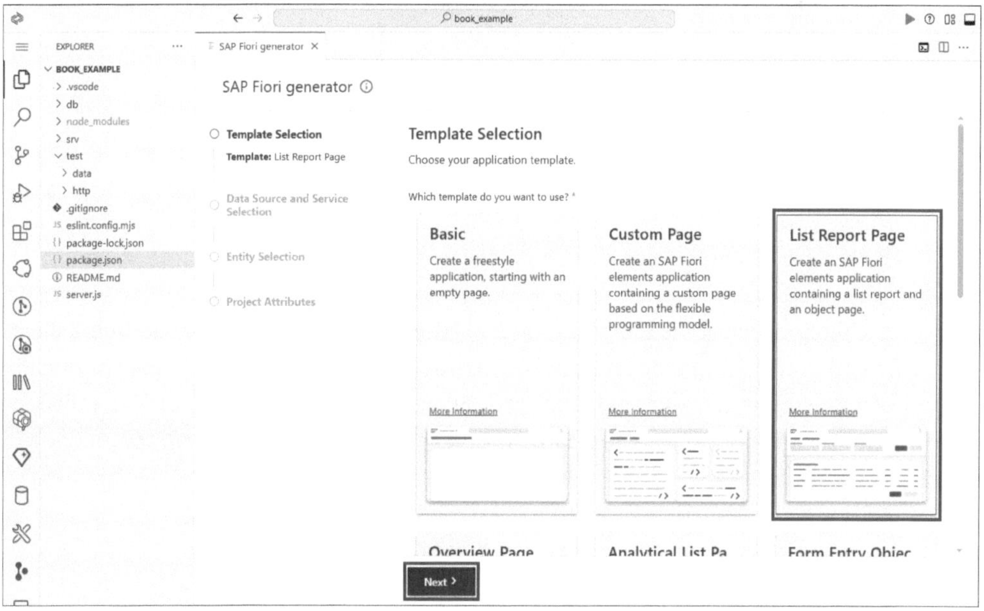

Abbildung 2.28 Auswahl der Vorlage

Abbildung 2.29 zeigt den folgenden Dialogschritt, in dem Sie die Datenquelle, in diesem Fall das lokale CAP-Projekt, und den als Grundlage dienenden OData-Service festlegen. Da die SAP-Fiori-Applikation zur Bearbeitung der Supportmeldungen durch die Mitarbeitenden dienen soll, wird der AgentService zur Bereitstellung des Kontextes ausgewählt.

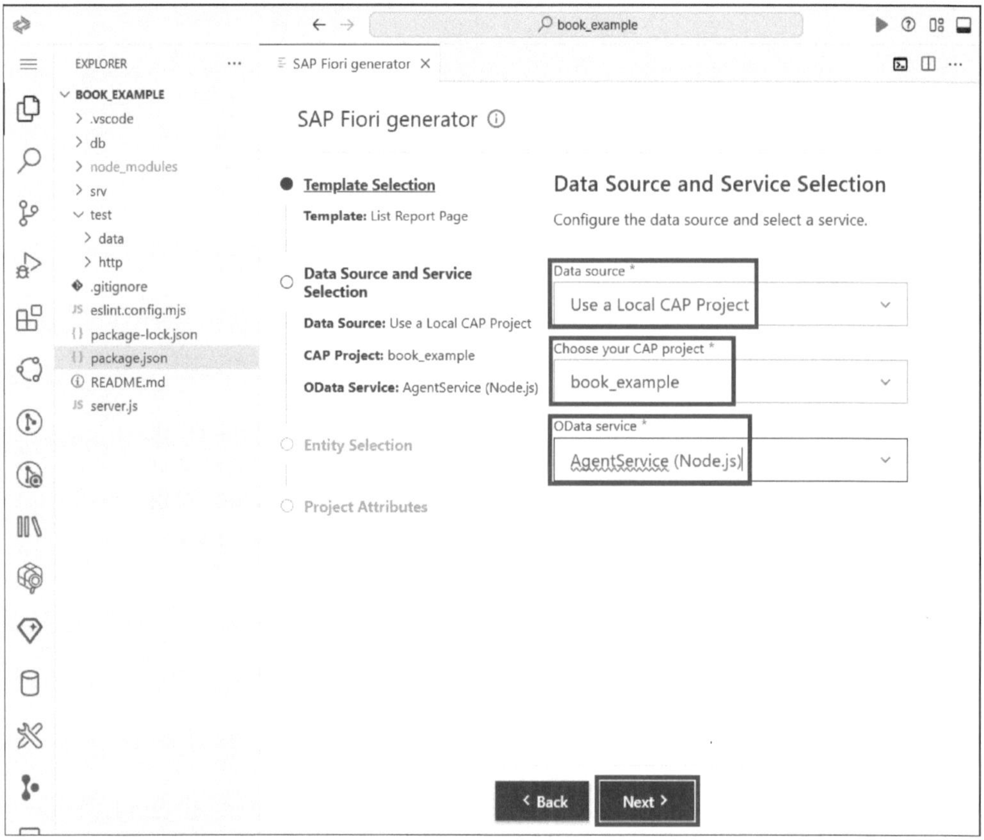

Abbildung 2.29 Datenquelle und OData-Service festlegen

Anschließend wird, wie in Abbildung 2.30 gezeigt, die zentrale Entität definiert, die in der generierten Applikation als Tabelle dargestellt wird. Darüber hinaus können Sie noch Einstellungen zur Navigation, zur automatischen Vordefinition der Tabellenspalten sowie zur Detailseite und zum Tabellentyp vornehmen.

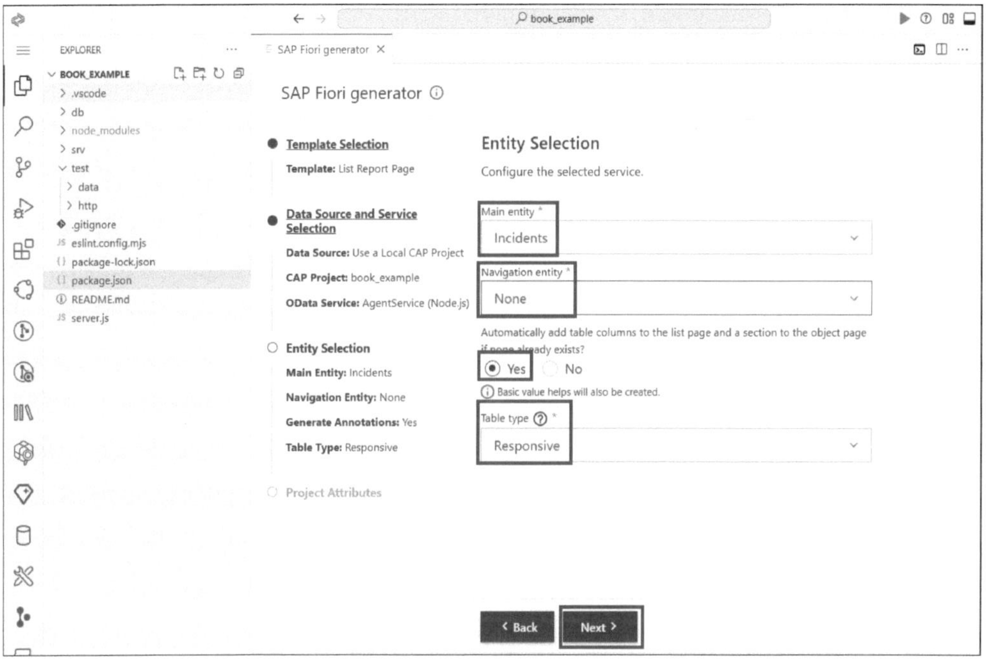

Abbildung 2.30 Hauptentität auswählen und Navigation einrichten

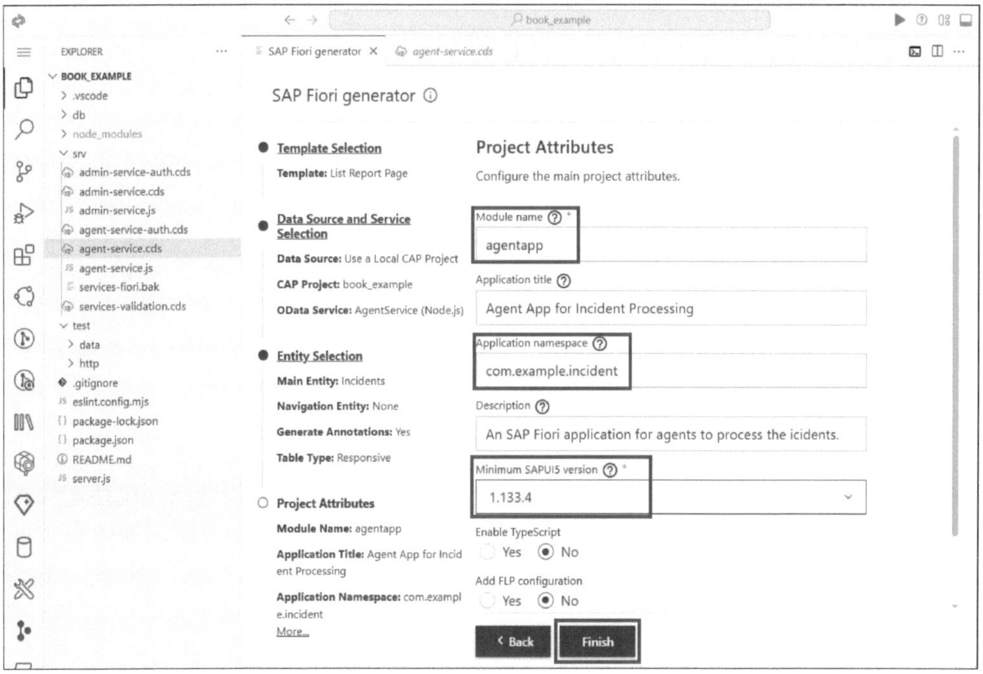

Abbildung 2.31 Projekteigenschaften definieren

Im letzten Schritt, den Sie in Abbildung 2.31 sehen, werden weitere Projekteigenschaften konfiguriert. Besonders wichtig sind hier die Wahl des Namens für das SAP-Fiori-Projekt inklusive des Namensraums sowie die relevante minimale SAPUI5-Version. Für den produktiven Betrieb sollte die neueste *Long-Term-Support*-Version (LTS) von SAPUI5 verwendet werden, um einerseits von einer möglichst aktuellen Version zu profitieren und andererseits eine weiterhin ausgelieferte und gewartete Version sicherzustellen. Mit dem Abschluss des Erstellungsdialogs ist im Projektverzeichnis **app** ein neuer Ordner **agentapp** mit der generierten SAP-Fiori-App verfügbar. Darüber hinaus wurde in der Datei **package.json** das folgende Skript hinzugefügt, um die Applikation zu starten:

```
"watch-agentapp": "cds watch --open agentapp/webapp/index.html?sap-ui-xx-viewCache=false"
```

Das Skript startet, wie bereits erwähnt, den lokalen CAP Server per `cds watch`, ist aber so parametrisiert, dass es automatisch die neue SAP-Fiori-App im Browser öffnet. Durch den zusätzlichen URL-Parameter `sap-ui-xx-viewCache` wird der View-Cache deaktiviert. Dadurch werden Änderungen in der Applikation direkt sichtbar, da die Komponenten bei jedem Laden der Seite neu abgerufen werden. Das ist besonders während der Entwicklung hilfreich, um Caching-Probleme zu vermeiden. Durch den Aufruf von `npm run watch-agentapp` wird der aktuelle Stand in einem neuen Browserfenster dargestellt.

Nach notwendiger Authentifizierung mit dem Testbenutzer `agent1` und einem Klick auf **Go** ist die Ansicht aus Abbildung 2.32 sichtbar. Dort ist zu erkennen, dass ohne weitere manuelle Implementierung bereits viele Standardfunktionen von SAP Fiori Elements bereitgestellt werden. Die Daten aus der zugrunde liegenden Entität werden in einer Tabelle dargestellt, wobei die Spalten dabei den Feldern aus dem OData-Service entsprechen. In der Symbolleiste über der Tabelle sind bereits verschiedene Funktionen integriert. Dazu gehören das Kopieren von Einträgen, das Anpassen der Spalteneinstellungen sowie der Export der angezeigten Daten nach Excel. Die Navigation zur Detailansicht eines Tabelleneintrags ist ebenfalls bereits vorkonfiguriert. Ein Klick auf einen Eintrag führt direkt zu den Detailinformationen des jeweiligen Datensatzes.

Was hingegen noch fehlt, ist die Möglichkeit, neue Supportmeldungen zu erstellen. Ebenso ist bisher keine Filterleiste eingebunden, sondern lediglich das Suchfeld, und die angezeigten Tabellenspalten sind nicht optimal angepasst. Außerdem werden teilweise noch technische Namen anstelle von übersetzten Texten angezeigt. Auch die Informationen auf der Detailseite sind sehr rudimentär. Diese Punkte werden im weiteren Verlauf über eine manuelle Konfiguration oder neue Annotationen ergänzt.

Abbildung 2.32 Initiale SAP-Fiori-App nach Generierung

Um die Erstellung eines neuen Supportfalls auf der SAP-Fiori-Benutzeroberfläche zu ermöglichen, muss der sogenannte *Draft-Modus* per Annotation hinzugefügt werden. Beim Draft-Modus werden die geänderten Daten vorübergehend als Entwurf gespeichert. Das bedeutet, dass Anwender*innen ihre Eingaben nicht sofort fertigstellen müssen, sondern Arbeit zwischenspeichern und später an derselben Stelle weitermachen können. SAP Fiori Elements und CAP unterstützen dies nativ und stellen alle dafür nötigen Funktionen bereit. Damit SAP Fiori die Oberfläche z. B. für den Draft-Modus korrekt generieren kann, werden Annotationen benötigt. Diese können in einem CAP-Projekt grundsätzlich an beliebigen Stellen im CDS-Datenmodell definiert werden. Um jedoch eine saubere Struktur und eine klare Trennung von Verantwortlichkeiten zu gewährleisten, empfiehlt es sich, diese in separaten CDS-Dateien zu verwalten. Annotationen können entweder für den gesamten Service in der Datei **services-fiori.cds** im Verzeichnis **srv** hinterlegt oder bei direktem Bezug zu einer Applikation in der automatisch generierten Datei **annotations.cds** im jeweiligen App-Ordner abgelegt werden.

Da die Aktivierung des Draft-Modus generell gelten soll, wird folgender Inhalt in der Datei **services-fiori.cds** erfasst.

```
using {com.example.incident as db} from '../db/schema';
annotate db.Incidents with @odata.draft.enabled;
```

Durch die Annotation der Datenbankentität `Incidents` erfolgt die Erstellung einer neuen Instanz über dieses Konzept. Im Hintergrund kümmert sich CAP dabei automatisch um die Verwaltung zusätzlicher Draft-Tabellen und die Umsetzung der Statusübergänge vom Entwurf bis zur endgültigen Speicherung. Darüber hinaus werden die entsprechenden OData-Operationen für Entwurf, Aktivierung und Löschung bereitgestellt. SAP Fiori Elements interpretiert dies und zeigt einen Button zum Anlegen neuer Einträge an. Zudem können nun Entwürfe bei der Anlage und Änderung von Datensätzen zwischengespeichert, verworfen oder endgültig gespeichert werden. Als Nächstes möchten wir der App eine Filterleiste hinzufügen, um die angezeigten Daten in der Tabelle gezielt einschränken zu können. Da es sich hier um appspezifische Annotationen handelt, werden diese in der Datei **annotations.cds** im Verzeichnis **app/agentapp** definiert (siehe Listing 2.54).

```
annotate service.Incidents with @(
   UI.SelectionFields          : [
      status_code,
      customer_ID,
   ]
);
annotate service.Incidents with {
   customer     @(
      Common.ValueList: {
         $Type          : 'Common.ValueListType',
         CollectionPath: 'Customers',
         Parameters     : [
            {
               $Type              : 'Common.ValueListParameterInOut',
               LocalDataProperty: customer_ID,
               ValueListProperty: 'ID',
            },
            {
               $Type        : 'Common.ValueListParameterDisplayOnly',
               ValueListProperty: 'name',
            },
         ],
      },
      Common.Label     : '{i18n>Customer}',
      Common.Text      : {
         $value                  : customerName,
         ![@UI.TextArrangement]: #TextOnly
      },
   );
   status       @(
      Common.Text                          : {
         $value                  : status.name,
         ![@UI.TextArrangement]: #TextOnly
      },
      Common.Label                         : '{i18n>Status}',
```

```
    Common.ValueListWithFixedValues: true,
  );
};
```

Listing 2.54 Definition von Filterleiste und Wertehilfen

Am Anfang von Listing 2.54 wird über die Annotation `@UI.SelectionFields` definiert, welche Felder in der Filterleiste erscheinen sollen. Dies sind der Status sowie der Kunde der Supportmeldung. Außerdem wird für das Feld des Kunden eine *Wertehilfe* (engl. Value Help) eingebunden. Dies wird über die Annotation `@Common.ValueList` realisiert. Dabei wird festgelegt, dass die Werte für die Auswahl aus der Entität `Customers` stammen. Die Verknüpfung erfolgt über das Feld `customer_ID`, das mit der `ID` des Kunden aus der Wertehilfe abgeglichen wird. Zusätzlich wird der Kundenname zur Anzeige genutzt, damit die Anwender*innen nicht nur die technische ID, sondern auch den Namen des Kunden sehen.

Für das Feld `Status` wird über die Annotation `@Common.ValueListWithFixedValues: true` erreicht, dass keine umfangreiche Wertehilfe ausgegeben wird, sondern nur eine Drop-down-Liste mit allen möglichen Statuswerten. Das ist möglich, weil die Datenbankentität `IncidentStatus` mit dem Aspekt `CodeList` definiert ist. Dieser wiederum ist standardmäßig mit `@cds.odata.valuelist` annotiert. Durch diese Annotation erkennt SAP Fiori Elements die Entität automatisch als Wertehilfe, ohne dass etwas zusätzlich definiert werden muss. Durch die Kombination beider Annotationen kann somit sehr einfach eine statische Auswahlliste in der Benutzeroberfläche dargestellt werden. Zudem wird auch hier den Anwender*innen nicht die technische ID, sondern die sprechende Bezeichnung des Status angezeigt. Das Resultat der Annotationen sehen Sie in Abbildung 2.33.

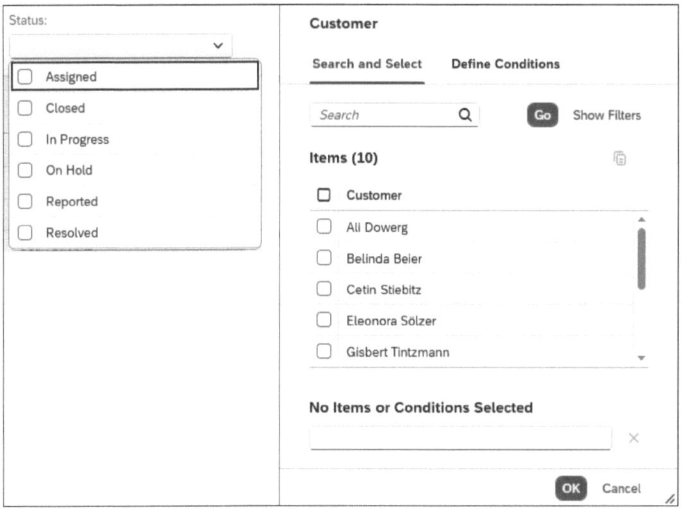

Abbildung 2.33 Auswahlliste und Wertehilfe per Annotation

Ein weiterer Punkt, der in der App aufgefallen ist, sind die teilweise fehlenden Übersetzungen. Für die neu hinzugefügten Eigenschaften der Entitäten sind noch keine Übersetzungen hinterlegt. Dementsprechend werden als Ersatz die technischen Feldnamen angezeigt. Dies wird nun adressiert, in dem die vom CAP Framework gebotene Annotation `@title` verwendet wird, wie in Listing 2.55 gezeigt. Da es sich um generelle Definitionen für die Datenbankentitäten handelt, werden diese in der Datei **services-fiori.cds** im Verzeichnis **srv** hinterlegt. Dabei wird der Text nicht direkt im Code eingetragen, sondern verweist auf Übersetzungen aus der i18n-Datei. Diese liegt im **_i18n**-Verzeichnis und ist für die Internationalisierung verantwortlich (siehe Abschnitt 2.1.5, »Funktionsumfang«). In SAP Fiori Elements sorgt dies dafür, dass die Übersetzungen als Spaltenüberschriften in der Tabelle oder als Beschriftung des Feldes in einem Formular angezeigt werden.

```
annotate db.Incidents with {
   title       @title: '{i18n>Customer}';
   description @title: '{i18n>Description}';
   urgency     @title: '{i18n>Urgency}';
   severity    @title: '{i18n>Severity}';
   status      @title: '{i18n>Status}';
}

annotate db.Customers with {
   name @title: '{i18n>Customer}';
};
```

Listing 2.55 Übersetzungen per Annotation

Die Definition der Tabellenspalten erfolgt über die Annotation `@UI.LineItem`, die die Felder festlegt, die in der Tabelle angezeigt werden. Dies sind Teile der Supportmeldung, der Status, der Name des Kunden sowie der Schweregrad und die Dringlichkeit. Für den Schweregrad wird zusätzlich die Eigenschaft `Criticality` angegeben. Diese sorgt dafür, dass, basierend auf dem Wert des Eintrags (z. B. hoch, mittel, niedrig), automatisch semantisch farbige Statusindikatoren zur Hervorhebung dargestellt werden.

Außerdem wird über das `@UI.DataFieldForAction` ein Button mit dem Text »Eskalieren« zur Symbolleiste der Tabelle hinzugefügt. Damit können Anwender*innen direkt die zuvor definierte Aktion `escalateIncident` aus dem `AgentService` auslösen. Zusätzlich zur Tabellenansicht wird über die `@UI.HeaderInfo`-Annotation festgelegt, wie die Darstellung der Überschrift in der Leiste oberhalb der Tabelle lautet. Dort wird automatisch die Pluralform des Objekts angezeigt, und es wird die Anzahl der gefundenen Datensätze ergänzt. In diesem Fall würde dies z. B. »Incidents (10)« bedeuten. Abschließend wird über die Annotation `@Core.OperationAvailable` dynamisch gesteuert, ob der Button zur Eskalation in der App überhaupt aktiv ist. Die soll nur der Fall sein, wenn die Dringlichkeit (`urgency_code`) nicht kritisch ist (C). Andernfalls wird die Aktion deaktiviert. Mit der Annotation `@Common.SideEffects.TargetProperties` wird ergänzend angegeben, welche Felder sich durch die Aktion ändern können. Dies sorgt dafür, dass SAP Fiori Elements nach Ausführung der Aktion automatisch die angegebenen Felder aktualisiert, ohne die gesamte Seite neu zu laden.

```
annotate service.Incidents with @(
   UI.LineItem                       : [
      {
         $Type: 'UI.DataField',
         Value: title,
      },
      {
         $Type: 'UI.DataField',
         Value: status_code,
      },
      {
         $Type: 'UI.DataField',
         Value: customerName,
      },
      {
         $Type       : 'UI.DataField',
         Value       : severity_code,
         Criticality: severity_code,
      },
      {
         $Type: 'UI.DataField',
         Value: urgency_code,
      },
      {
         $Type : 'UI.DataFieldForAction',
         Action: 'AgentService.escalateIncident',
         Label : '{i18n>Escalate}',
      },
   ],  …
   UI.HeaderInfo                     : {
      TypeName      : '{i18n>Incident}',
      TypeNamePlural: '{i18n>Incidents}',
      Title         : {
         $Type: 'UI.DataField',
         Value: title,
      },
```

```
    },);
annotate AgentService.Incidents with actions {
    escalateIncident @(
        Core.OperationAvailable              : {$edmJson: {$Ne: [
            {$Path: 'in/urgency_code'},
            'C'
        ]}},
        Common.SideEffects.TargetProperties: ['in/urgency_code'],
    );
...
}
```

Listing 2.56 Modifikation der Tabellenansicht per Annotationen

Alle bisher verwendeten Annotationen verbessern die Darstellung der Hauptseite der SAP-Fiori-App, wie in Abbildung 2.34 zu sehen ist. Die Supportmitarbeitenden sehen dadurch auf einen Blick die vorhandenen Supportmeldungen inklusive der wichtigsten Informationen. Die Einträge können gefiltert werden, und auch die Eskalation eines Vorfalls ist direkt möglich. Zusätzlich kann ein neuer Supportfall angelegt werden.

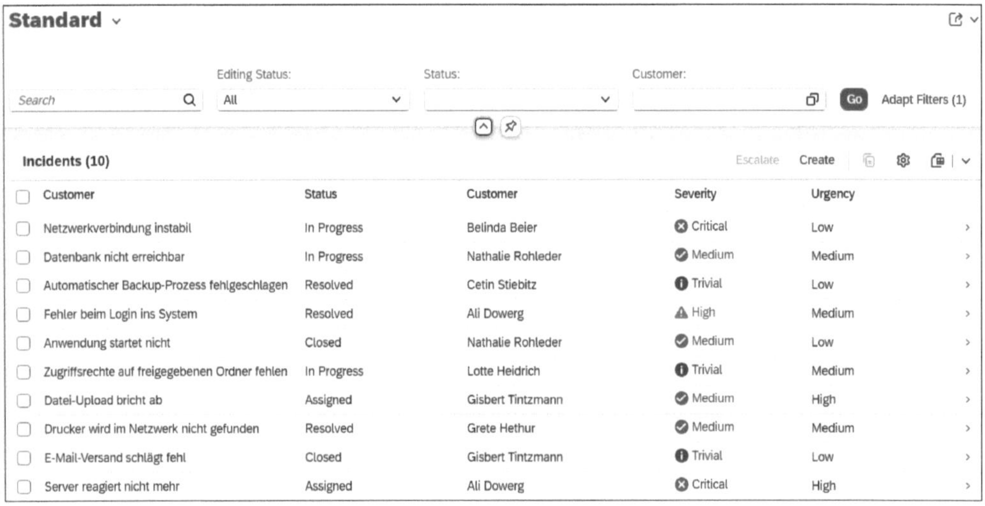

Abbildung 2.34 Verbesserte Darstellung der Hauptseite

Jetzt gibt es nur noch einen abschließenden Aspekt unserer App, der noch verbessert werden muss. Bei der Neuanlage wird auf die Detailseite, die sogenannte *Object Page*, der App navigiert, die aktuell noch sehr rudimentär gestaltet ist. Dementsprechend ist hier noch eine Verbesserung notwendig, um die Eingabe der Daten benutzerfreundlich zu ermöglichen. Wie in Listing 2.57 dargestellt ist, wird im ersten Schritt eine sogenannte `@UI.FieldGroup`-Annotation definiert. Diese Annotation dient dazu, zusammengehörende Felder in einem Block auf der Detailseite zu gruppieren. Im konkreten Fall sind dies die Beschreibung der Kunden, die Dringlichkeit, die Priorität und der Status des Supportfalls. Anschließend wird die referenzierte Gruppe als Abschnitt auf der Seite über die Annotation `@UI.Facets` eingebunden. Über den i18n-Text wird dabei der anzuzeigende Titel des Abschnitts festgelegt. Zudem wird als weiterer Abschnitt eine Tabelle der zugehörigen Kommentare referenziert. Diese Referenz zeigt auf die `@UI.LineItem`-Annotation, die als Spalten der Tabelle den Zeitstempel, den Autor und den Text des Kommentars definiert. Auch die Aktion zur Eskalation der Supportmeldung wird mittels der Annotation `@UI.Identification` auf der Detailseite im Kopfbereich angezeigt. Das Attribut `Criticality` sorgt außerdem dafür, dass sie optisch hervorgehoben wird. Sowohl die Beschreibung der Meldung als auch der eigentliche Kommentartext werden durch die Annotation `@UI.MultiLineText: true` nicht als einzeiliges, sondern als mehrzeiliges Textfeld dargestellt. Die Felder für Dringlichkeit und den Schweregrad werden analog zum Statuswert als Auswahlliste definiert, aus der die Anwender*innen bei der Anlage den passenden Wert selektieren können. Abschließend wird für die Anzeige des Kundennamens anstelle der technischen ID des Kunden dieses Attribut entsprechend annotiert.

```
annotate service.Incidents with @(
   UI.FieldGroup #GeneralInformationGroup: {
      $Type: 'UI.FieldGroupType',
      Data : [
         {
            $Type: 'UI.DataField',
            Value: description,
         },
         {
            $Type: 'UI.DataField',
            Value: customer_ID,
         },
         {
            $Type: 'UI.DataField',
            Value: urgency_code,
         },
         {
            $Type: 'UI.DataField',
            Value: severity_code,
         },
         {
            $Type: 'UI.DataField',
            Value: status_code,
```

```
            },
        ],
    },
    UI.Facets                    : [
        {
            $Type : 'UI.ReferenceFacet',
            ID    : 'GeneralInformationFacet',
            Label : '{i18n>GeneralInformation}',
            Target: '@UI.FieldGroup#GeneralInformationGroup',
        },
        {
            $Type : 'UI.ReferenceFacet',
            Label : '{i18n>Comments}',
            ID    : 'i18nComments',
            Target: 'comments/@UI.LineItem#i18nComments',
        },
    ],
    UI.Identification            : [{
        $Type      : 'UI.DataFieldForAction',
        Action     : 'AgentService.escalateIncident',
        Label      : '{i18n>Escalate}',
        Criticality: #Negative,
    }, ],
...
);
annotate service.Incidents with {
    description @UI.MultiLineText: true;
...
severity    @(
        Common.Text                     : {
            $value                  : severity.name,
            ![@UI.TextArrangement]: #TextOnly
        },
        Common.ValueListWithFixedValues: true,
    );
    urgency     @(
        Common.Text                     : {
            $value                  : urgency.name,
            ![@UI.TextArrangement]: #TextOnly
        },
        Common.ValueListWithFixedValues: true,
```

```
  );
};

annotate service.Incidents.comments with @(UI.LineItem #i18nComments: [
  {
    $Type: 'UI.DataField',
    Value: timestamp,
  },
  {
    $Type: 'UI.DataField',
    Value: author,
  },
  {
    $Type: 'UI.DataField',
    Value: message,
  },
]);

annotate service.Incidents.comments with {
  message @UI.MultiLineText: true
};

annotate service.Customers with {
  ID @(
    Common.Label: '{i18n>Customer}',
    Common.Text : {
      $value                 : name,
      ![@UI.TextArrangement]: #TextOnly,
    },
  )
};
...
```

Listing 2.57 Gestaltung der Detailseite per Annotationen

Mit diesen Annotationen wird die Detailseite der SAP-Fiori-App deutlich verbessert (siehe Abbildung 2.35). Die Felder sind übersichtlich gruppiert, es sind Auswahllisten für die Festwerte verfügbar und mehrzeilige Felder vorhanden, was insgesamt die Eingaben der Anwender*innen vereinfacht. Zudem ist die Eskalationsaktion direkt zugänglich. Außerdem wird eine Funktion zur Anzeige und Erfassung von Kommentaren bereitgestellt.

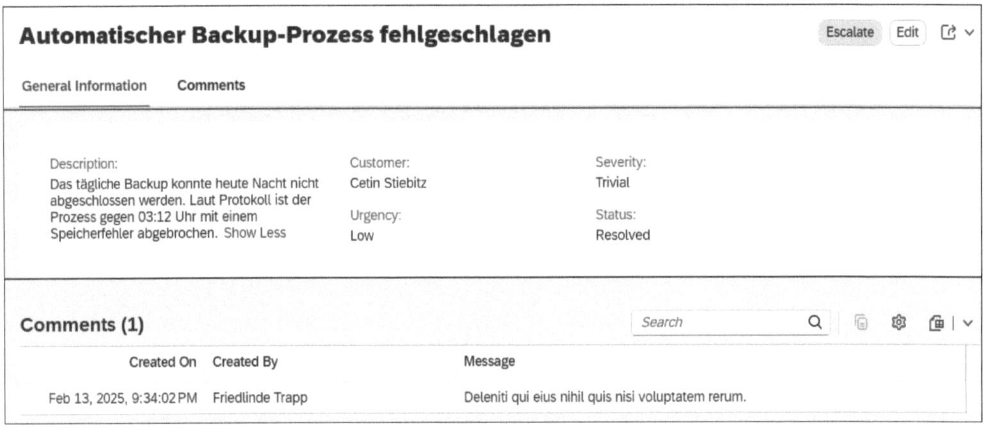

Abbildung 2.35 Verbesserte Darstellung der Detailseite

Im Verlauf der bisherigen Abschnitte ist eine vollständige Full-Stack-Anwendung mit CAP und SAP Fiori Elements entstanden. Die Anwendung deckt dabei alle wesentlichen Schichten ab:

- die Datenmodellierung mit CDS
- den OData-Service zur Bereitstellung der Daten und Aktionen
- die Benutzeroberfläche mit SAP Fiori Elements für die Interaktion mit den Anwender*innen

Die Anwendung wird bislang jedoch nur lokal ausgeführt. Im nächsten Abschnitt folgt der nächste Schritt mit der Bereitstellung der Anwendung in der SAP BTP.

2.3 Deployment-Strategien

Nachdem Sie die Entwicklung Ihrer CAP-Anwendung abgeschlossen haben, steht nun die Bereitstellung in der Cloud im Fokus. Dabei gehen wir zunächst auf die verschiedenen Laufzeitumgebungen auf der SAP BTP ein, darunter die Cloud Foundry Runtime als zentrales Ziel sowie die Kyma Runtime. Ergänzend stellen wir Ihnen hilfreiche Komfortfunktionen zur Vorbereitung auf das Deployment, den Einsatz des MBT-Plug-ins und den Aufbau von MTAR-Dateien für die Bereitstellung in der Cloud vor.

Die Cloud Foundry Runtime ist die am häufigsten genutzte Laufzeitumgebung auf der SAP BTP. Um eine entwickelte CAP-Anwendung in dieser Umgebung bereitzustellen, sind einige vorbereitende Schritte notwendig. Während der Entwicklungsphase wird häufig SQLite als Datenbank genutzt, da sie einfach lokal lauffähig ist und keine zusätzliche Infrastruktur benötigt. Für den produktiven Betrieb ist jedoch die Verwendung einer SAP-HANA-Cloud-Datenbank der Standard in der SAP BTP. Alternativ kann auch PostgreSQL zum Einsatz kommen. Mit dem folgenden Befehl wird das Projekt für die Nutzung der SAP-HANA-Datenbank vorbereitet:

```
cds add hana
```

Als weiterer Baustein für den produktiven Betrieb muss die Absicherung der Anwendung integriert werden. Dies erfolgt über den Authentifizierungsservice der SAP BTP – den SAP Authorization and Trust Management Service (inoffiziell XSUAA). Er ermöglicht die Benutzeranmeldung und prüft, ob die notwendigen Berechtigungen zur Verwendung der Anwendung vorhanden sind. Auch dafür stellt das CAP Framework einen weiteren Befehl zur komfortablen Einrichtung bereit:

```
cds add xsuaa --for production
```

Dadurch wird unter anderem die Datei **xs-security.json** wie in Listing 2.58 generiert, die die notwendigen Berechtigungen, Rollen und Benutzerattribute der Anwendung definiert. Zuerst werden die *Scopes*, die die Berechtigungen darstellen, definiert. Konkret sind im Anwendungsfall die beiden Scopes `$XSAPPNAME.admin` für Administrator*innen und `$XSAPPNAME.agent` für die Mitarbeitenden definiert. `$XSAPPNAME` ist dabei ein Platzhalter und wird beim Deployment automatisch durch den tatsächlichen Namen der Anwendung ersetzt, um die Eindeutigkeit der Scopes auf der SAP BTP zu garantieren. Anschließend werden die Attribute, wie in diesem Fall `guid`, bestimmt. Diese Attribute können in Berechtigungsprüfungen (siehe Listing 2.42) genutzt werden. Als Nächstes folgen die *Role Templates*, die die Rollen darstellen, die später in der SAP BTP den Benutzern zugewiesen werden können:

- Die Rolle `admin` ist mit dem Scope `$XSAPPNAME.admin` verknüpft und somit für Administrator*innen vorgesehen.
- Die Rolle `agent` ist mit dem Scope `$XSAPPNAME.agent` verknüpft, ist also für Mitarbeitende vorgesehen.
- Die Rolle `userattributes` ist mit keinem Scope, sondern mit dem Attribut `guid` verknüpft. Es ist eine technische Rolle, die den Zugriff auf das Benutzerattribut ermöglicht.

```
{
  "scopes": [
    {
      "name": "$XSAPPNAME.admin",
      "description": "admin"
    },
    {
      "name": "$XSAPPNAME.agent",
      "description": "agent"
    }
```

```
  ],
  "attributes": [
    {
      "name": "guid",
      "description": "guid",
      "valueType": "s",
      "valueRequired": false
    }
  ],
  "role-templates": [
    {
      "name": "admin",
      "description": "generated",
      "scope-references": [
        "$XSAPPNAME.admin"
      ],
      "attribute-references": []
    },
    {
      "name": "agent",
      "description": "generated",
      "scope-references": [
        "$XSAPPNAME.agent"
      ],
      "attribute-references": []
    },
    {
      "name": "userattributes",
      "description": "generated",
      "default-role-name": "Attributes of a User",
      "scope-references": [],
      "attribute-references": [
        "guid"
      ]
    }
  ]
}
```

Listing 2.58 Sicherheitskonfiguration der CAP-Applikation

Eine weitere wichtige Komponente ist der sogenannte *App Router*. Dieser wird über das folgende Kommando zum Projekt hinzugefügt:

```
cds add approuter
```

Der App Router dient als zentraler Knotenpunkt der CAP-Anwendung. Er leitet Anfragen an die CAP-Services weiter und stellt sicher, dass Anwender*innen nicht direkt auf die Services zugreifen können. Er übernimmt zudem den Ablauf des Authentifizierungsprozesses mittels OAuth2 in Zusammenarbeit mit dem XSUAA-Service. Bei einem Deployment in Kombination mit SAP Build Work Zone muss kein separater App Router hinzugefügt werden, sondern der integrierte Managed App Router wird genutzt. Für ein solches Szenario kann wieder die Integration über den folgenden Befehl vorbereitet werden:

```
cds add workzone
```

Ohne SAP Build Work Zone können die SAP-Fiori-Anwendungen im HTML5 Repository auf der SAP BTP bereitgestellt werden. Die Konfiguration kann über den folgenden Befehl hinzugefügt werden:

```
cds add html5-repo
```

Abschließend werden die Einstellungen für das Deployment in der Datei **mta.yaml** definiert. Sie beschreibt, welche Module die Anwendung umfasst, welche Dienste benötigt werden und wie alles miteinander verbunden ist. Wie in Listing 2.59 dargestellt ist, werden zunächst die grundlegenden Informationen wie die Version des Schemas, der Projektname und die Version hinterlegt. Anschließend werden die Befehle, die während des Builds ausgeführt werden sollen, festgelegt: `npm ci` für die saubere Installation der Abhängigkeiten und `npx cds build --production` für den Build des CAP-Projekts für die Produktion.

Als Nächstes werden die einzelnen Bestandteile der Anwendung im Abschnitt `modules` aufgelistet. Zum einen gibt es `example_project-srv`, das den Node.js-basierten CAP-Service beschreibt. Es stellt über `srv-api` die URL zum OData-Service bereit, die von anderen Modulen wie dem App Router genutzt werden kann. Zudem benötigt es als Abhängigkeiten die Datenbank (`example_project-db`) und den Authentifizierungsservice (`example_project-auth`). Darüber hinaus repräsentiert das Modul `example_project` den App Router. Dieser verbindet sich über eine Destination mit dem CAP-Service durch die Nutzung von `srv-api`. Gebraucht wird wie zuvor der Authentifizierungsservice (`example_project-auth`). Auch der App Router stellt die eigene URL und das Protokoll über `app-api` bereit. Zusätzlich ist das Modul `example_projectagentapp` definiert, das eine HTML5-Anwendung beschreibt. Um diese Anwendung zur Verfügung zu stellen, wird das Modul `example_project-app-deployer` genutzt, das für die Bereitstellung der HTML5-Anwendung in das HTML5-Anwendungsrepository sorgt. Dafür wird die ZIP-Datei der gebauten Anwendung referenziert und an das Zielverzeichnis übergeben. Das letzte Modul ist `example_project-db-deployer`, es deployt die Datenbankinhalte des CAP-Projekts in die benötigte Datenbankressource `example_project-db`.

Zum Schluss werden die bereits zuvor referenzierten Ressourcen definiert, die externe Services darstellen. Dies sind `example_project-db` für die SAP-HANA-Datenbank, `example_project-auth` für den XSUAA-Dienst zur Authentifizierung und `example_project-html5-repo-host` sowie `example_project-html5-runtime` als Speicherort und Laufzeit für die HTML5-Anwendung.

```
_schema-version: 3.3.0
ID: example_project
version: 1.0.0
description: "A simple CAP project."
parameters:
  enable-parallel-deployments: true
  deploy_mode: html5-repo
build-parameters:
  before-all:
    - builder: custom
      commands:
        - npm ci
        - npx cds build --production
modules:
  - name: example_project-srv
    type: nodejs
    path: gen/srv
    parameters:
      instances: 1
      buildpack: nodejs_buildpack
    build-parameters:
      builder: npm-ci
    provides:
      - name: srv-api # required by consumers of CAP services (e.g. approuter)
        properties:
          srv-url: ${default-url}
    requires:
      - name: example_project-auth
      - name: example_project-db
  - name: example_project
    type: approuter.nodejs
    path: app/router
    parameters:
      keep-existing-routes: true
      disk-quota: 256M
      memory: 256M
    requires:
```

```
    - name: srv-api
      group: destinations
      properties:
        name: srv-api # must be used in xs-app.json as well
        url: ~{srv-url}
        forwardAuthToken: true
    - name: example_project-auth
    - name: example_project-html5-runtime
  provides:
    - name: app-api
      properties:
        app-protocol: ${protocol}
        app-uri: ${default-uri}
- name: example_project-db-deployer
  type: hdb
  path: gen/db
  parameters:
    buildpack: nodejs_buildpack
  requires:
    - name: example_project-db
- name: example_project-app-deployer
  type: com.sap.application.content
  path: gen
  requires:
    - name: example_project-html5-repo-host
      parameters:
        content-target: true
  build-parameters:
    build-result: app/
    requires:
      - name: example_projectagentapp
        artifacts:
          - agentapp.zip
        target-path: app/
- name: example_projectagentapp
  type: html5
  path: app/agentapp
  build-parameters:
    build-result: dist
    builder: custom
    commands:
      - npm ci
      - npm run build
```

```
      supported-platforms:
        []
resources:
  - name: example_project-auth
    type: org.cloudfoundry.managed-service
    parameters:
      service: xsuaa
      service-plan: application
      path: ./xs-security.json
      config:
        xsappname: example_project-${org}-${space}
        tenant-mode: dedicated
  - name: example_project-db
    type: com.sap.xs.hdi-container
    parameters:
      service: hana
      service-plan: hdi-shared
  - name: example_project-html5-repo-host
    type: org.cloudfoundry.managed-service
    parameters:
      service: html5-apps-repo
      service-plan: app-host
  - name: example_project-html5-runtime
    type: org.cloudfoundry.managed-service
    parameters:
      service: html5-apps-repo
      service-plan: app-runtime
```

Listing 2.59 Zentrale Konfiguration für das Deployment

Dieser Bauplan wird anschließend zur Erstellung eines *Multi-Target Application Archive* (MTAR) verwendet. Dieses Paket enthält alle in der Datei **mta.yaml** definierten Komponenten der Anwendung. Dadurch kann die gesamte CAP-Applikation in einem Schritt auf die SAP BTP deployt werden. Der Vorteil besteht darin, dass alle Komponenten automatisch gemeinsam bereitgestellt und korrekt verknüpft werden können, was den Deployment-Prozess vereinfacht und beschleunigt. Zur Erstellung des MTAR wird das von SAP bereitgestellte *Cloud MTA Build Tool* (MBT) genutzt. Dieser Build-Prozess der CAP-Anwendung sowie das Hochladen der MTAR-Datei in die SAP BTP Cloud Foundry Runtime können mit dem Befehl `cds up` gemeinsam gestartet werden. Der Befehl `cds up` kümmert sich dabei automatisch um die Installation aller Abhängigkeiten der App, erzeugt das finale MTAR per MBT und stößt im Anschluss direkt das Deployment an. Nach erfolgreichem Deployment ist in der Konsole die Ausgabe aus Abbildung 2.36 zu sehen, die direkt die Anwendungs-URL mitteilt.

```
Application "example_project-srv" started and available at "ccf21954trial-dev-example-project-srv.cfapps.us10-001.hana.ondemand.com"
Skipping deletion of services, because the command line option "--delete-services" is not specified.
Process finished.
Use "cf dmol -i 390707a6-4a26-11f0-913f-eeee0a9febab" to download the logs of the process.
user: book_example $
```

Abbildung 2.36 Ausgabe bei erfolgreichem Deployment

Anschließend können Sie mit dem Befehl `cf apps` überprüfen, ob alle Komponenten korrekt bereitgestellt wurden.

Wie in Abbildung 2.37 dargestellt, sind in unserem Beispiel die drei in der Datei **mta.yaml** definierten Module auf der SAP BTP erfolgreich bereitgestellt worden. Der App Router als zentraler Einstiegspunkt für die CAP-Applikation ist gestartet und über die angezeigte URL erreichbar. Das `db-deployer`-Modul, das für die Bereitstellung der Datenbankstruktur zuständig ist, ist nach dem erfolgreichem Deployment folgerichtig automatisch gestoppt worden. Zuletzt ist auch der CAP-Service aktiv und erreichbar über die zugehörige URL.

```
user: book_example $ cf apps
Getting apps in org ccf21954trial / space dev as                    ...

name                          requested state   processes   routes
example_project               started           web:1/1     ccf21954trial-dev-example-project.cfapps.us10-001.hana.ondemand.com
example_project-db-deployer   stopped           web:0/1
example_project-srv           started           web:1/1     ccf21954trial-dev-example-project-srv.cfapps.us10-001.hana.ondemand.com
```

Abbildung 2.37 Abfrage der bereitgestellten Anwendungskomponenten

Abbildung 2.38 fasst das gesamte Prinzip nochmals zusammen. Auf der linken Seite befindet sich das erzeugte CAP-MTAR, das über den Deployment-Befehl in die SAP BTP übertragen wird. Innerhalb der SAP BTP wird die Anwendung dann in der Cloud Foundry Runtime ausgeführt. Die CAP-Anwendung besteht dabei aus den zuvor definierten Modulen wie dem App Router, dem Backend-Service und der Datenbank. Durch dieses Vorgehen ist sichergestellt, dass die Anwendung sauber strukturiert, abgesichert und in einer professionellen Multi-Modul-Architektur auf der SAP BTP betrieben wird.

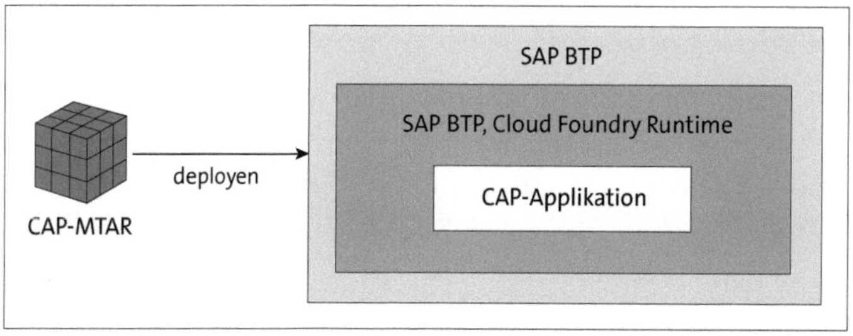

Abbildung 2.38 Übersicht über den Deployment-Prozess in SAP BPT, Cloud Foundry

Neben dem hier ausführlich beschriebenen Deployment auf die SAP BTP, Cloud Foundry Runtime, gibt es eine weitere Möglichkeit, die besonders für komplexere

CAP-Microservice-Architekturen interessant ist. So bietet die SAP BTP mit der Kyma-Runtime eine auf Kubernetes basierende Alternative, die sich für containerisierte Microservices eignet. Auch diesen Weg unterstützt CAP standardmäßig. Weitere Themen wie Multi-Tenancy, CI/CD-Pipelines oder Microservices lassen sich für das Deployment realisieren. Diese weiterführenden Möglichkeiten sind spannend für größere CAP-Applikationen, würden jedoch den Rahmen dieses Buches sprengen und werden deshalb hier nicht weiter behandelt.

[»]

Schlankes Deployment

Es ist sinnvoll, den Ordner **node_modules** in der Datei **mta.yaml** gezielt vom Deployment auszuschließen. Dadurch bleibt das erstellte MTAR-Archiv deutlich kleiner. Die benötigten Abhängigkeiten werden beim Deployment automatisch in der Cloud-Foundry-Umgebung auf der SAP BTP installiert, sodass der **node_modules**-Ordner nicht mitgeliefert werden muss. Die ist über den folgenden Konfigurationsparameter einstellbar.

```
ignore: ["node_modules/"]
```

2.4 Entwicklungstools und -umgebungen für CAP-Projekte

Wie bereits eingangs in Abschnitt 2.1.2, »Kernkomponenten des SAP Cloud Application Programming Models«, erwähnt, stehen für die Entwicklung von CAP-Anwendungen verschiedene Entwicklungsumgebungen und Werkzeuge zur Verfügung. Eine Möglichkeit für die lokale Entwicklung ist die Nutzung von Visual Studio Code oder bei Java-Projekten der Entwicklungsumgebungen IntelliJ oder Eclipse. Diese bieten eine gute und leicht anpassbare Umgebung, erfordern aber zusätzliche Konfigurationen, um alle SAP- und CAP-spezifischen Erweiterungen und Werkzeuge korrekt aufzusetzen. Dies ist der Vorteil des vorab konfigurierten SAP Business Application Studios. Diese cloud-basierte IDE ist speziell für SAP-Entwicklungsprojekte optimiert und direkt in die SAP BTP eingebunden.

Mit dem Aufsetzen eines neuen Dev Spaces für die CAP-Entwicklung haben wir uns bereits in Abschnitt 2.1.2, »Kernkomponenten des SAP Cloud Application Programming Models«, beschäftigt. An dieser Stelle soll nun auf weitere hilfreiche Werkzeuge in der Entwicklungsphase eingegangen werden. Eines davon ist die sogenannte *Page Map*, die in Abbildung 2.39 dargestellt ist. Zugänglich ist diese über den Punkt **SAP Fiori** in der Aktivitätsleiste im SAP Business Application Studio. Mit der Page Map können SAP-Fiori-Oberflächen grafisch gestaltet werden, ohne dass Sie detailliertes

Wissen über Annotationen für die Benutzeroberfläche mitbringen müssen. Die einzelnen Seiten und die Navigation untereinander lassen sich hier per Drag and Drop einrichten, was die Entwicklung deutlich erleichtert und beschleunigt. Darüber hinaus können die Funktionen der einzelnen Seiten direkt in der Page Map konfiguriert werden. Alle verfügbaren Einstellungsmöglichkeiten wie etwa das initiale Ladeverhalten der Inhalte einer Tabelle sind aufgeführt und direkt veränderbar. Somit haben Entwickler*innen eine einfache Konfigurationsmöglichkeit und zudem einen Überblick über alle verfügbaren Optionen.

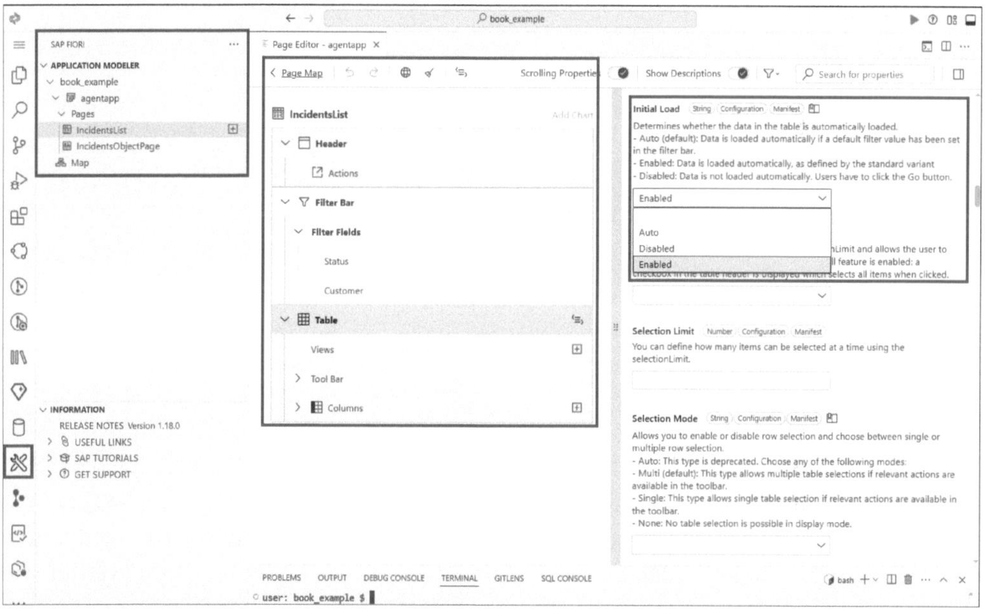

Abbildung 2.39 Page Map zur UI-Konfiguration

Für die Modellierung und speziell die Dokumentation der Datenmodelle innerhalb eines CAP-Projekts bietet das SAP Business Application Studio den *CDS Graphical Modeler*. Mit diesem Werkzeug lassen sich die CDS-Modelle als ER-Diagramme visuell anzeigen und bearbeiten. Gerade für größere Projekte ist dies ein wertvolles Hilfsmittel, um den Überblick über die Entitäten und deren Beziehungen zu behalten. Dieses live generierte Diagramm kann zudem exportiert und als Dokumentation verwendet werden. Der Zugriff erfolgt über einen Rechtsklick auf die entsprechende CDS-Datei und die Auswahl **Öffnen mit** im Kontextmenü. Daraufhin erscheint die Auswahlliste, wie in Abbildung 2.40 dargestellt. Wenn Sie hier **CDS Graphical Modeler Active** auswählen, öffnet sich das CDS-Modell als ER-Diagramm.

Abbildung 2.40 Darstellung von CDS-Modellen als ER-Diagramme

Ein weiterer Vorteil des SAP Business Application Studios ist die eingebaute Debugging-Unterstützung. Für CAP-Projekte wird automatisch eine Debug-Konfiguration `cds serve` bereitgestellt. Diese ist in der Debug-Ansicht zugänglich, die Sie über den Menüpunkt **Run and Debug** in der Aktivitätsleiste im SAP Business Application Studio erreichen. Nach Auswahl der Konfiguration können Sie die CAP-Anwendung über einen Klick auf **Start Debugging** im Debug-Modus starten. Wie Abbildung 2.41 zeigt, sind anschließend die allgemein bekannten Funktionen wie etwa das Setzen von Breakpoints zur Unterbrechung der Programmausführung an dieser Stelle, verfügbar. Über eine Beobachtungsliste lassen sich Variablen oder Ausdrücke überwachen, um deren sich verändernde Werte während der Laufzeit zu analysieren. Zusätzlich steht eine Auflistung von Variablen zur Verfügung, in der alle Variablen des aktuellen Ausführungskontextes angezeigt werden. Zudem bietet die Debug-Funktion im SAP Business Application Studio den Zugriff auf eine interaktive Debug-Konsole. In dieser können Befehle bezogen auf den aktuellen Kontext direkt ausgeführt werden, und es lassen sich darüber Werte von Variablen überprüfen und manipulieren.

[»]

Remote-Debugging

Zur Fehleranalyse von bereitgestellten CAP-Applikationen ist Remote Debugging äußerst hilfreich. Der Blogpost unter der folgenden URL von SAP zeigt Schritt für Schritt, wie Remote Debugging für Node.js-basierte CAP-Anwendungen auf der SAP BTP eingerichtet wird: *http://s-prs.de/v1081900*

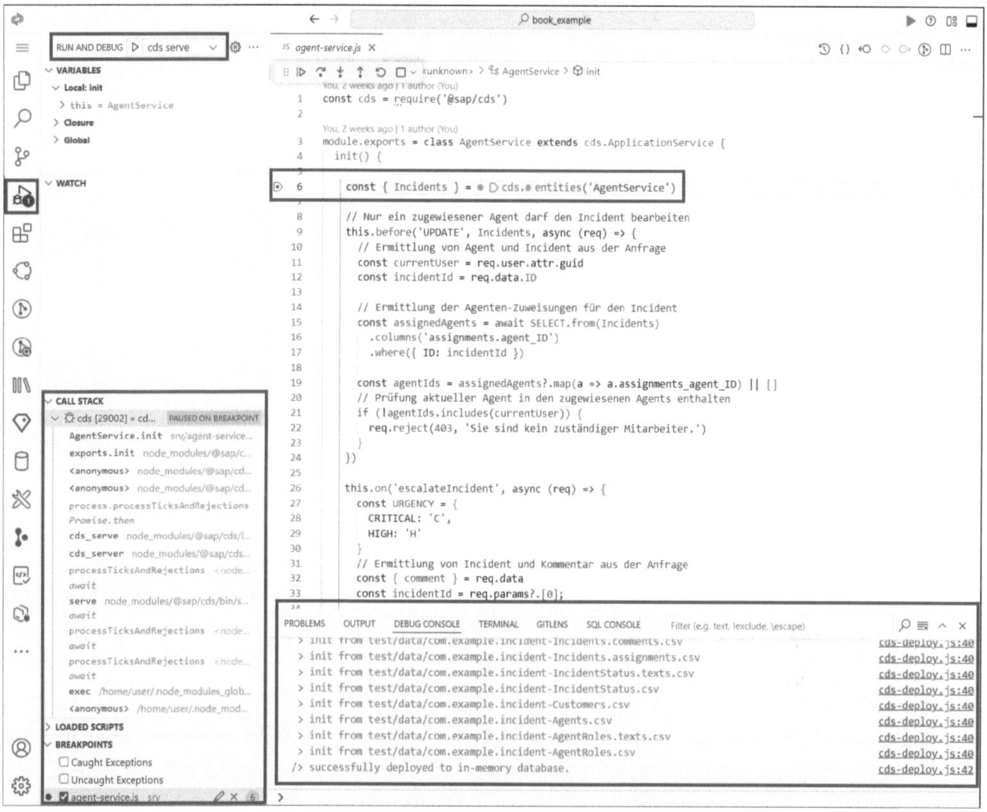

Abbildung 2.41 Debugging des CAP-Projekts im SAP Business Application Studio

Auch die Integration in die Cloud Foundry Runtime ist im SAP Business Application Studio komfortabel umgesetzt. Mit der einfachen Eingabe von »CF« im Kommando-Menü, das Sie über die Taste F1 erreichen, lassen sich Cloud-Foundry-Befehle direkt ausführen. Ein häufig genutzter Befehl ist etwa das Einloggen über *Single Sign-on* (SSO). Dies ermöglicht, die einmalige Authentifizierung nahtlos weiterzuverwenden, ohne sich erneut anmelden zu müssen. Diese Funktion ist direkt über einen Klick auf **Cloud Foundry** in der Aktivitätsleiste erreichbar. Anschließend wird der Anmeldebildschirm aus Abbildung 2.42 angezeigt. Dort wird der Endpunkt für die Cloud-Foundry-Umgebung angegeben und die Authentifizierungsmethode, wie hier **SSO Passcode**, ausgewählt. Über den Link **Open a new browser page to generate your SSO passcode** wird eine Browser-Seite geöffnet, auf der der SSO-Passcode generiert wird. Den generierten Passcode können Sie anschließend im Feld **Enter your SSO Passcode** eintragen, um die Anmeldung per Klick auf **Sign in** abzuschließen.

Abbildung 2.42 Log-in in der Cloud Foundry mittels SSO

Zusammengefasst bietet das SAP Business Application Studio ein gutes Gesamtpaket für die Entwicklung von CAP-Anwendungen, das nahtlos in die SAP BTP integriert ist. Wenn Sie lokal arbeiten möchten, können Sie selbstverständlich auch auf Visual Studio Code oder andere IDEs zurückgreifen, Sie müssen hier jedoch auf einige Komfortfunktionen verzichten oder diese manuell aufsetzen.

2.5 Zusammenfassung

SAP Cloud Application Programming Model ist ein modernes und effizientes Programmiermodell für die Entwicklung von Cloud-Anwendungen auf der SAP BTP. In diesem Kapitel haben Sie erfahren, wie CAP den Entwicklungsprozess beschleunigt, indem es wiederverwendbare Bausteine, vorgegebene Konventionen und eine enge Integration mit SAP-Services bereitstellt. Die Kernkomponenten von CAP mit den Core Data Services, CAP-Services und Benutzeroberflächen bilden dabei die Basis für die Entwicklung. Die Möglichkeiten zur Integration von SAP Fiori sowie anderen Frontend-Technologien verdeutlichen die Flexibilität und Offenheit von CAP.

Ein Hauptaugenmerk haben wir auf das Domain-Driven Design gelegt, dass mit CAP konsequent unterstützt wird. Durch die Trennung von Datenmodell, Servicelogik und Benutzeroberfläche wird die Umsetzung fachlicher Domänen klar strukturiert. Darüber hinaus kann sich durch die Unterstützung vom CAP Framework stärker auf die Modellierung der fachlichen Domäne konzentriert werden, da viele technische Aspekte bereits vom Framework abgedeckt werden. Zudem haben wir verschiedene Einsatzszenarien erläutert: Von Side-by-Side-Erweiterungen bis hin zu eigenständigen Cloud-Applikationen zeigen sich die vielfältigen Anwendungsmöglichkeiten von CAP. Darüber hinaus wurde der typische Entwicklungsprozess einmal im Detail an einem Anwendungsfall beispielhaft erläutert. Dieser beginnt mit der Erstellung eines neuen Projekts, führt über die Modellierung der Datenbank und die Entwicklung von Services bis hin zur Gestaltung der Benutzeroberflächen.

Außerdem haben wir die Deployment-Strategie auf der SAP BTP, Cloud Foundry Runtime, betrachtet. Dabei standen die Struktur der Datei **mta.yaml** und der Einsatz des MBT im Mittelpunkt. Der Build- und Deployment-Prozess mit `cds up` sowie das Hochladen der erstellten MTAR-Dateien wurden Schritt für Schritt erläutert.

Im abschließenden Abschnitt zu den Entwicklungstools und -umgebungen haben wir beschrieben, dass neben lokalen Entwicklungsumgebungen wie Visual Studio Code oder Eclipse das SAP Business Application Studio als cloud-basierte, vorkonfigurierte IDE eine zentrale Rolle spielt. Zusätzliche Werkzeuge wie die Page Map zur Konfiguration der Benutzeroberfläche, der CDS Graphical Modeler zur Visualisierung eines CDS-Modells und das integrierte Debugging im SAP Business Application Studio unterstützen Entwickler*innen bei ihren täglichen Aufgaben. Auch die komfortable Cloud-Foundry-Integration und weitere hilfreiche CLI-Werkzeuge haben wir Ihnen vorgestellt.

Im nächsten Kapitel lernen Sie nun das ABAP RESTful Application Programming Model, ein weiteres Framework von SAP, kennen und erfahren außerdem, wie die Entwicklung von Anwendungen mit ABAP Cloud funktioniert.

Kapitel 3
ABAP in der Cloud und ABAP RESTful Application Programming Model

In diesem Kapitel erhalten Sie einen detaillierten Überblick über die Veränderungen, die sich durch die Nutzung der SAP BTP oder SAP S/4HANA Cloud Public Edition für die Entwicklung in ABAP ergeben. Zudem werden Ihnen die grundsätzlichen Funktionen und der Aufbau des ABAP RESTful Application Programming Models erläutert.

ABAP ist als Programmiersprache fester Bestandteil von unterschiedlichsten SAP-Produkten – etwa von ECC oder SAP S/4HANA. Darüber hinaus ist ABAP auch als ein Environment in der SAP BTP verfügbar, um eigene Anwendungen oder Erweiterungen zu erstellen. Dabei hat sich ABAP seit seiner Einführung stetig weiterentwickelt, was den Funktionsumfang, die Entwicklungsmodelle und Best Practices betrifft. Mit ABAP können OData-Services erstellt werden, die als moderne Schnittstellen bereitgestellt werden und unter anderem für die Entwicklung von SAP-Fiori-Anwendungen genutzt werden. Dabei bietet SAP das ABAP RESTful Application Programming Model für die Erstellung von Odata-Services an. In diesem Kapitel erhalten Sie einen Überblick über die verschiedenen cloud-basierten ABAP Environments und die daraus resultierenden Änderungen für die ABAP-Entwicklung (siehe Abschnitt 3.1, »Cloud-basierte ABAP-Entwicklung«). Dabei werden sowohl die Einschränkungen für die Entwicklung in diesen Environments als auch die Unterschiede zwischen den Environments erläutert. Im ABAP Environment wird das klassische Programmiermodell mit Reports und Dynpros nicht mehr unterstützt. Deshalb ist es nötig, das Programmiermodell ABAP RESTful Application Programming Model zu nutzen. In Abschnitt 3.2, »Core Data Services im ABAP RESTful Application Programming Model«, stellen wir Ihnen die grundlegenden Prinzipien und Komponenten dieses Modells vor. Zudem wird erläutert, aus welchen Komponenten ein Core Data Service (CDS) in ABAP besteht, wie diese erstellt werden und welche Rolle sie bei der Nutzung des ABAP RESTful Application Programming Models spielen. Auf der Grundlage der beschriebenen Konzepte wird erläutert, wie mit dem ABAP RESTful Application Programming Model eine Anwendung in Form einer App zur Kontaktverwaltung erstellt werden kann – beginnend bei der Datenmodellierung bis hin zur Benutzeroberfläche (siehe Abschnitt 3.3, »Anwendungen entwickeln«). Im darauffolgenden Abschnitt 3.4,

»Anwendungen deployen«, erfahren Sie, wie Entwicklungen im ABAP Environment deployt werden. Zum Abschluss stellen wir Ihnen in Abschnitt 3.5, »Entwicklungstools und -umgebungen«, eine Auswahl an Entwicklungstools, etwa Eclipse, vor.

3.1 Cloud-basierte ABAP-Entwicklung

SAP bietet zwei Umgebungen an, um in die cloud-basierte ABAP-Entwicklung einzusteigen: *SAP BTP ABAP Environment* und *SAP S/4HANA Cloud ABAP Environment*. Im Rahmen dieses Abschnitts geben wir Ihnen einen Einblick in die ABAP-Cloud-Umgebungen und erläutern, welche Bedeutung diese für die Entwicklung von ABAP haben. Im Bereich der cloud-basierten ABAP-Entwicklung gibt es viele unterschiedliche Begriffe und Synonyme, die im weiteren Verlauf näher betrachtet werden. In Tabelle 3.1 sind diese Begriffe und Synonyme für das bessere Verständnis aufgelistet.

Name	Synonym	Beschreibung
ABAP Environment	Steampunk	Bezeichnet die Laufzeitumgebung für ABAP in der SAP BTP.
SAP S/4HANA Cloud ABAP Environment	Embedded Steampunk	das ABAP Environment für ein SAP-S/4HANA-Public-Cloud-System
ABAP Cloud	–	Entwicklungsmodell, das das Ziel hat, cloud-fähige Anwendungen auch für On-Premise-Lösungen zu erstellen
ABAP for Cloud Development	–	ABAP-Sprachversion für die Cloud-Entwicklung

Tabelle 3.1 Wichtige Begriffe und Synonyme für die cloud-basierte ABAP-Entwicklung

3.1.1 ABAP Environment

SAP BTP ABAP Environment, inoffiziell auch unter dem Namen *Steampunk* bekannt, ist ein Service auf der SAP BTP, der ABAP-Entwicklung auf der SAP BTP ermöglicht. Mithilfe des ABAP Environments können Anwendungen erstellt werden, die lose mit SAP S/4HANA oder anderen Systemen gekoppelt sind. Weil es sich dabei um einen Service auf der SAP BTP handelt, können keine ERP-Daten direkt abgerufen werden. Daten und Funktionen sind nur über freigegebene APIs von anderen Systemen abrufbar. In das ABAP Environment selbst können auch eigene Entwicklungsobjekte wie Datenbanktabellen oder Klassen für Eigenentwicklungen aufgebaut werden.

In Abbildung 3.1 sehen Sie eine schematische Darstellung des ABAP Environments in der SAP BTP.

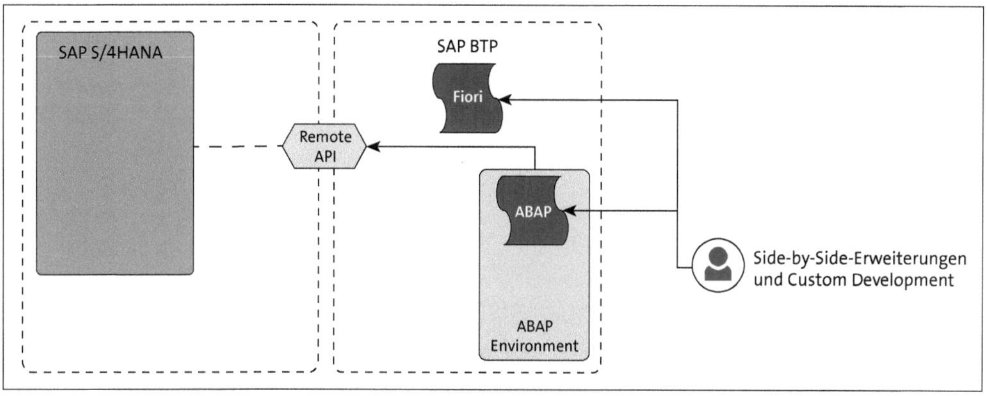

Abbildung 3.1 ABAP Environment in der SAP BTP

Die in das ABAP Environment eingesetzte Sprachversion *ABAP for Cloud Development* wurde speziell für die Cloud-Entwicklung optimiert. Diese Spezialisierung ist notwendig, da die SAP BTP und das ABAP Environment automatischen Update-Prozessen unterliegen. Diese Sprachversion gewährleistet, dass erstellte Erweiterungen robust sind und nach den Updates ohne Einschränkung weiterfunktionieren.

Einschränkungen

Diese Cloud-Variante von ABAP unterliegt einigen Einschränkungen hinsichtlich verfügbarer Sprachelemente und Objekte. Bei den Sprachelementen können einige Befehle aus unterschiedlichen Gründen nicht mehr genutzt werden. Einerseits gibt es Befehle, die als obsolet gekennzeichnet sind, wie z. B. `MOVE`, und deswegen nicht mehr verwendet werden können. Andererseits gibt es Befehle, die die Cloud-Sicherheit gefährden können, wie der Zugriff auf Dateisysteme etwa über `OPEN DATASET` oder die Ausführung von Betriebssystembefehlen, und daher aus Sicherheitsgründen nicht mehr zulässig sind. Eine vollständige Liste aller nutzbaren und nicht mehr erlaubten Befehle können Sie durch Abfrage der Datenbanktabelle `sych_version` auslesen lassen. In der Datenbanktabelle können Sie dann einen Filter mit dem Wert 5 (ABAP für Cloud Platform) auf das Feld **Version** setzen, um sich alle erlaubten und verbotenen Befehle anzeigen zu lassen.

Eine weitere Einschränkung bezieht sich auf SQL. Im Bereich Open SQL ist ausschließlich die moderne SQL-Syntax ab ABAP-Version 7.4 zulässig. Das bedeutet, dass Faktoren wie die Kennzeichnung von Host-Variablen, die Trennung von selektierten Feldern und der Aufbau von SQL-Befehlen eingehalten werden müssen. In Listing 3.1 finden Sie ein Beispiel für einen SQL-Aufruf mit einer nicht mehr erlaubten Syntax und darunter denselben Aufruf im Vergleich mit erlaubter Syntax.

```
DATA: lt_data TYPE STANDARD TABLE OF z_show_case.

* Funktioniert nicht mehr in ABAP for Cloud Development
SELECT id name  FROM z_show_case INTO CORRESPONDING FIELDS OF TABLE lt_data.
* cloud-fähige Version
SELECT id, name FROM z_show_case INTO CORRESPONDING FIELDS OF TABLE @lt_data
```

Listing 3.1 Einschränkung von Selects im ABAP Environment

Im Gegensatz zur Sprachversion *ABAP-Standard*, die in On-Premise- und SAP-S/4HANA-Private-Cloud-Systemen genutzt wird, kann nicht jedes Objekt aus dem System in der Sprachversion ABAP for Cloud Development genutzt werden. Es dürfen ausschließlich sogenannte *released APIs* verwendet werden, um maximale Stabilität und Robustheit des Quellcodes zu gewährleisten. Für diese freigegebenen APIs garantiert SAP die Abwärtskompatibilität auch nach System-Updates. Die Verwendung nicht freigegebener Objekte würde ein erhebliches Risiko darstellen, da deren Funktion und Struktur nach Updates nicht garantiert werden könnten.

Betrachten wir das anhand eines Beispiels: Bei direktem Zugriff auf die Datenbanktabelle BNKA (Bankenstammdaten) in einer kundenspezifischen Z-Klasse könnte ein Update des Systems die Tabellenstruktur verändern, indem Felder entfernt oder in andere Tabellen migriert werden. Dies würde unweigerlich zu Laufzeitfehlern führen. Der korrekte Ansatz wäre die Verwendung der freigegebenen API – in diesem Fall des Core Data Service Views I_Bank_2. Bei einem Update würde SAP diesen CDS View entsprechend anpassen, sodass die Anwendung ohne Modifikationen weiterhin funktioniert. Bei Datenbanktabellen lässt sich zudem sagen, dass diese nie für die Cloud-Entwicklung freigegeben, sondern nur über einen CDS View zur Verfügung gestellt werden.

Die Freigabestatus eines Objekts lassen sich in fünf unterschiedliche Bereiche unterteilen:

- C0: Erweiterung
- C1: Interne Nutzung
- C2: Remote API
- C3: Manage Configuration Content
- C4: Use in ABAP-Managed Database Procedures

Der Freigabestatus *C0: Erweiterung* ermöglicht gezielte Erweiterungen am bestehendem Code. Ein Beispiel für Erweiterungen nach C0 sind Erweiterungen von CDS über Extension Views. Bei *C1: Interne Nutzung* handelt es sich um die Freigabe für Objekte, die in eigenen Entwicklungselementen wie Klassen, Datenbanktabellen oder CDS genutzt werden können. Grundsätzlich müssen Objekte, die in derselben Softwarekomponente entwickelt wurden, nicht nach C1 freigegeben werden, um von den Objekten genutzt werden zu können. Die Freigabe wird erst relevant, wenn der Zugriff aus einer anderen Softwarekomponente erfolgen soll. Für die Freigabestatus C0 und C1 muss zusätzlich der Bereich festgelegt werden, für den die Freigabe greifen soll. Dabei wird zwischen *Use in Cloud Development* und *Use in Key-User Apps* unterschieden. Use in Cloud Development erlaubt die Nutzung des Objekts über Eclipse für die Entwicklung, während Use in Key-User Apps die Entwicklung über Key-User Apps wie etwa **Custom Field** oder **Custom Logic** erlaubt.

Für alle Objekte, die als API nach außen zur Verfügung gestellt werden, wird der Freigabestatus *C2: Remote API* gesetzt. Zu diesen Objekten gehören zumeist Core-Data-Service-Entitäten (CDS-Entitäten) und Service Bindings. CDS Views, die als API zur Verfügung gestellt werden, sind durch das Präfix »A_« gekennzeichnet, z. B. `A_Bank` oder `A_Product`.

Die Freigabe nach *C3: Manage Configuration Content* gestattet die Erweiterung von Persistenzobjekten, etwa Datenbanktabellen oder -views, um eigene Nicht-Schlüsselfelder bzw. deren Entfernung. Standardfelder können jedoch weder modifiziert noch entfernt werden.

Hingegen ist es durch die Freigabe nach *C4: Use in ABAP-Managed Database Procedures* möglich, ABAP-Code in Form von Klassen oder BAdIs für Erweiterungen und Anwendungen zu nutzen, die direkt auf SAP HANA mit SQLScript ausgeführt werden. Diese Freigabe ähnelt C1, bezieht sich jedoch auf die Codeausführung auf der SAP HANA.

Eine Kurzauflistung der unterschiedlichen Freigabetypen finden Sie in Tabelle 3.2.

Freigabetyp	Bedeutung
C0: Erweiterung	ABAP-Objekte können über Erweiterungspunkte erweitert werden.
C1: Interne Nutzung	Objekte können in kundeneigenen Entwicklungen genutzt werden.
C2: Remote API	Objekte können nach außen veröffentlicht werden.
C3: Manage Configuration Content	Persistenzobjekte wie Datenbanktabellen oder -views können um eigene Felder erweitert werden.
C4: Use in ABAP-Managed Database Procedures	Objekte können für ABAP-Managed Database Procedures genutzt, aber nicht geändert werden.

Tabelle 3.2 Freigabestatus von Objekten

Den Status eines ABAP-Objekts können Sie über Eclipse prüfen, indem Sie das Objekt und die Ansicht **Properties** öffnen (siehe Abbildung 3.2). In diesem Fenster kann der

Status des Objekts für die unterschiedlichen Freigaben abgelesen werden. Am Beispiel I_BANK_2 wird ersichtlich, dass dieser CDS nicht erweitert werden kann (kein C0-Contract), jedoch über einen C1 Contract sowohl für die Cloud-Entwicklung als auch für Key-User Apps verfügt, was die Nutzung sowohl in Eclipse als auch in der App **Custom Logic** ermöglicht.

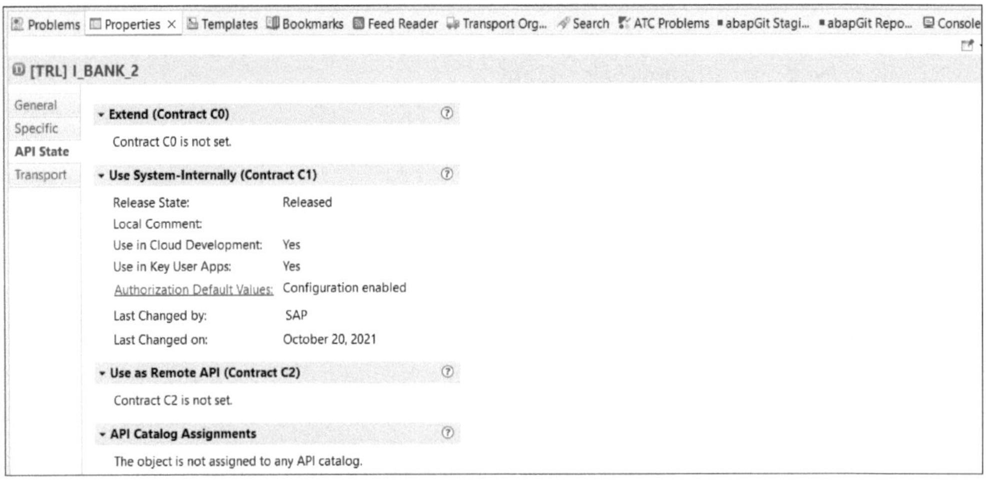

Abbildung 3.2 Freigabestatus von »I_BANK_2«

Freigegebene Objekte lassen sich in Eclipse nach unterschiedlichen Freigabestatus unter dem Knoten **Released Objects** anzeigen (siehe Abbildung 3.3). Unter diesem Knoten werden standardmäßig alle Objekte mit ihren jeweiligen Freigabestatus angezeigt. Zu diesem Knoten lassen sich auch personalisierte Knoten anlegen, indem Sie mit der rechten Maustaste auf das Projekt klicken und im erscheinenden Menü die Optionen **New • ABAP Repository Tree** wählen.

Abbildung 3.3 Liste an freigegebenen Objekten

Neben der Suche nach neuen freigegebenen Objekten ist auch die Suche nach Ersetzungsobjekten möglich. Bei dieser Art der Suche wird nach Objekten gesucht, die früher in der ABAP-Entwicklung unter SAP ECC oder SAP S/4HANA verwendet wurden. Da viele dieser Objekte nicht freigegeben sind, werden Ersetzungsobjekte benötigt, um diese Funktion zu erfüllen. Manche nicht freigegebenen Objekte enthalten im API-Status einen Verweis auf das entsprechende Ersatzobjekt. So zeigt z. B. der API-

Status der Datenbanktabelle BNKA, dass der Zugriff auf diese Datenbanktabelle durch den CDS I_Bank_2 ersetzt wurde. In Abbildung 3.4 sehen Sie die Anzeige in Eclipse.

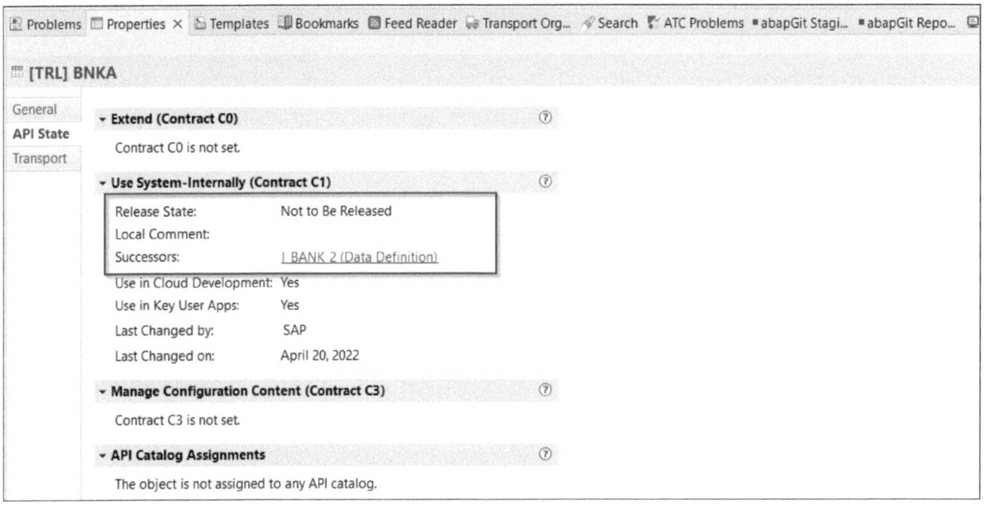

Abbildung 3.4 Ersetzungsobjekte finden

Neben der Einschränkung nutzbarer Objekte werden auch nicht mehr alle Objekttypen vollständig unterstützt. Zu den vollständig unterstützten Objekttypen gehören eigene Klassen und Funktionsgruppen, die angelegt, geändert oder gelöscht werden können. Programme sind zwar noch im System vorhanden, können jedoch nur lesend verwendet werden; neue Programme können nicht angelegt werden. Zu den nicht unterstützten Objekttypen gehören Dynpro- und Web-Dynpro-Anwendungen, da es sich um veraltete Technologien handelt, die aufgrund des fehlenden GUIs nicht mehr benutzt werden können. Dies bedeutet für die Entwicklung, dass klassische Reportentwicklung nicht mehr durchgeführt werden kann. Als Oberflächentechnologie werden somit nur noch SAPUI5- bzw. SAP-Fiori-Anwendungen unterstützt. Eine beispielhafte Auflistung der Entwicklungsobjekte finden Sie in Tabelle 3.3.

Entwicklungsobjekt	Objektname	Zugriff
Klassen	CLAS	Anlage/Ändern/Löschen
Funktionsgruppen	FUGR	Anlage/Ändern/Löschen
Programme	PROG	lesend
Dynpro	–	nicht unterstützt
Web Dynpro	–	nicht unterstützt

Tabelle 3.3 Entwicklungsobjekt und Zugriffe

Aufruf von externen Systemen im ABAP Environment

Da das ABAP Environment nicht über die Daten für Business-Anwendungen verfügt, werden diese typischerweise aus externen Systemen bezogen. Dafür existieren verschiedene Zugriffsmethoden, wobei zu beachten ist, dass jeder externe Systemaufruf Latenzen verursacht. Daher sollten Anfragen gebündelt und auf das Nötigste reduziert werden, um Performanceprobleme zu vermeiden und eine optimale Benutzererfahrung zu gewährleisten.

Für den Zugriff auf externe APIs stellt SAP verschiedene Klassen zur Verfügung. Zentral für deren Nutzung ist die Verwendung von *Destinationen* in der SAP BTP. Für HTTP-Destinationen wird die Klasse `cl_http_destination_provider` eingesetzt, die anhand des Namens der Destination die erforderlichen Informationen aus der Destination ermittelt. Basierend auf der Destination kann dann ein HTTP-Client über die Klasse `cl_web_http_client_manager` erzeugt werden. Über die Klasse können die Anfragedaten gesetzt werden, z. B. Header-Daten oder der relative Pfad der Ziel-URL, und die Anfrage kann abgesendet werden. In Listing 3.2 sehen Sie beispielhaft, wie Geschäftspartnerdaten über eine Standard-API von SAP abgerufen werden.

```
try.
data(lo_destination) = cl_http_destination_provider=>create_by_cloud_
destination(
i_name = 'DEMO_DESTINATION'
i_authn_mode = if_a4c_cp_service=>service_specific
).
DATA(lo_web_http_client) = cl_web_http_client_manager=>create_by_http_
destination(
EXPORTING
i_destination = lo_destination ).
data(lo_request) = lo_web_http_client->get_http_request().
lo_request->set_uri_path( i_uri_path = '/sap/opu/odata/sap/API_BUSINESS_
PARTNER/A_BusinessPartner?$format=json' ).
DATA(lo_response) = lo_web_http_client->execute(
EXPORTING
i_method = if_web_http_client=>get
).
rf_response_text = lo_response->get_text().
catch cx_root INTO DATA(lo_error).

"handle exception
Data(lf_response_text) = lo_error->get_text().
endtry.
```

Listing 3.2 Zugriff auf Geschäftspartnerdaten eines SAP-S/4HANA-Systems

Neben dem Aufruf über HTTP steht auch die Möglichkeit über Remote Function Call (RFC) zur Verfügung. Bei RFC wird ein Funktionsbaustein auf einem ABAP-basierten System aufgerufen. Auch dafür wird eine Destination benötigt, die über die Klasse `cl_rfc_destination_provider` angesprochen wird. Darauf aufbauend können Funktionsbausteine über den Namen der Destination aufgerufen werden. RFC Calls bieten gegenüber anderen externen Aufrufmethoden einige Nachteile. Sie funktionieren ausschließlich mit ABAP-Systemen, und die benötigten Typen für die Funktionsbausteine müssen angelegt oder importiert werden. Wie Sie in Listing 3.3 sehen, ist der Typ `rfcs` für den Exporting-Parameter `rfcsi_export` zwar vorhanden, aber nicht freigegeben und deswegen nicht nutzbar. Folglich musste ein eigener Typ angelegt werden – ein Aspekt, den Sie bei der Entscheidung für RFC-Aufrufe berücksichtigen sollten.

```
DATA msg TYPE c LENGTH 255.
try.
data(lo_destination) = cl_rfc_destination_provider=>create_by_cloud_
destination(
i_name = 'DEMO_DESTINATION'
).
DATA(lf_name) = lo_destination->get_destination_name( ).
CALL FUNCTION 'RFC_SYSTEM_INFO' DESTINATION lf_name
IMPORTING
rfcsi_export = rf_result
EXCEPTIONS
system_failure = 1 MESSAGE msg
communication_failure = 2 MESSAGE msg
OTHERS = 3.
catch cx_root.
"handle exception
endtry.
```

Listing 3.3 Zugriff über RFC auf ein SAP-S/4HANA-System

3.1.2 ABAP Cloud auf SAP S/4HANA

Im Jahr 2022 wurde die Möglichkeit geschaffen, ABAP-Entwicklung mit einem dreistufigen SAP-S/4HANA-Public-Cloud-System direkt über Eclipse durchzuführen. Diese Entwicklung findet in einer speziellen ABAP-Umgebung statt, die inoffiziell auch als *Embedded Steampunk* bekannt ist (siehe Abbildung 3.5). Grundsätzlich gelten für dieses ABAP Environment dieselben Einschränkungen wie auch für das SAP BTP ABAP Environment. Der Unterschied zwischen Steampunk und Embedded Steampunk liegt in der Art der Interaktion mit SAP S/4HANA. Embedded Steampunk verfügt über die Möglichkeit, über öffentliche Schnittstellen mit dem System zu interagieren, um z. B. Daten zu lesen und zu schreiben. Bei Steampunk ist das nicht möglich, und Aufrufe gegen das System werden über Remote APIs realisiert.

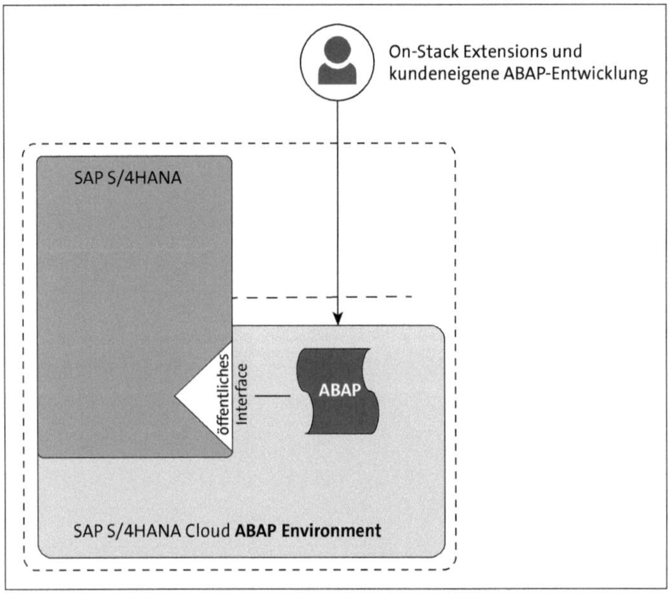

Abbildung 3.5 SAP S/4HANA Cloud ABAP Environment

Diese unterschiedlichen Interaktionsmöglichkeiten führen zu differenzierten Anwendungsfällen. Mit dem ABAP Environment auf der SAP BTP können lose gekoppelte Anwendungen erzeugt werden. Das bedeutet, dass das ABAP Environment andere Systeme aufruft oder aufgerufen wird und nicht in die interne Verarbeitung des Systems eingreift. Bei Embedded Steampunk lassen sich Prozessabläufe gezielt durch vordefinierte Erweiterungen anpassen. Somit können Erweiterungen erstellt werden, die eng mit dem SAP-S/4HANA-System verbunden sind und dieses direkt beeinflussen.

Allerdings können Erweiterungen nicht mehr auf dieselbe Art durchgeführt werden wie in den On-Premise-Lösungen von SAP S/4HANA. Beim Anlegen von Kundenaufträgen und der Befüllung eines Z-Feldes auf Kopfebene hätten Entwickler*innen im On-Premise-System das Programm `MV45AZZ` modifiziert und an der vorgesehenen Stelle eine Erweiterung implementiert. Da in der Cloud aber keine Modifikation möglich ist, gibt es diese Möglichkeit nicht mehr. Stattdessen muss jetzt ein nach C1 freigegebenes BAdI gefunden werden, das diese Funktion übernimmt. In unserem Beispiel wäre das das BAdI `SD_SLS_MODIFY_HEAD`. Dabei ist zu beachten, dass auch die anderen Formen der Erweiterung, wie etwa über Transaktion CMOD, nicht mehr möglich sind und nur noch Erweiterungen über freigegebene BAdIs realisiert werden können.

Neben dieser Einschränkung gibt es weitere, wie etwa die Tatsache, dass die Entwicklung nur noch über Eclipse durchgeführt werden kann. Der Einsatz von Business Application Programming Interfaces (BAPIs) ist darüber hinaus nicht mehr möglich und wurde durch das ABAP RESTful Application Programming Model vollständig ersetzt. Eine Auflistung der Änderungen und Alternativen können Sie Tabelle 3.4 entnehmen.

Nicht mehr nutzbar	Alternative Möglichkeiten
direkte Datenbankzugriffe	Nutzung von CDS
Nutzung von BAPIs	Nutzung von ABAP-RESTful-Application-Programming-Model-Aufrufen
Entwicklung mit dem klassischen Programmiermodell und Nutzung von Dynpro	Entwicklung von SAP-Fiori- Anwendungen
BOPF und BOR	Nutzung des ABAP RESTful Application Programming Models
Systemzugriff über das GUI (SE80)	Systemzugriff über Eclipse
Erweiterung über Modifikation, User Exits, CMOD, nicht freigegebene BAdIs, implizite oder explizite Erweiterungen	Erweiterung mit freigegebenen BAdIs

Tabelle 3.4 Nicht mehr nutzbare und alternativ nutzbare Möglichkeiten im SAP S/4HANA Cloud ABAP Environment

3.2 Core Data Services im ABAP RESTful Application Programming Model

In diesem Abschnitt vermitteln wir Ihnen das grundlegende Wissen zum Thema Core Data Services (CDS) in ABAP – von der Entstehungsgeschichte bis zu den Anwendungsfeldern. Darüber hinaus werden Entstehung und Nutzung des ABAP RESTful Application Programming Models ausführlich erläutert.

3.2.1 Core Data Services in ABAP und das virtuelle Datenmodell

SAP S/4HANA wurde 2015 als Nachfolger der SAP Business Suite veröffentlicht und basiert auf unterschiedlichen Designprinzipien, darunter Simplifizierung und die Datenbank SAP HANA. Durch die Simplifizierung wurden in SAP S/4HANA Redundanzen von Frameworks und Datenmodellen beseitigt. Daraus leitet sich das *Principle of One* ab, das das Ziel verfolgt, nur ein Framework, ein Datenmodell und eine Technologie zu verwenden. Dieses Prinzip ermöglicht eine schnellere Implementierung von Innovationen, da der Fokus auf einer einzigen Technologie, einem Datenmodell und einem Framework liegt, was gleichzeitig zu einer verbesserten Wartbarkeit führt.

Das Principle of One wirkt sich auch auf das Datenbankmanagementsystem aus – für SAP S/4HANA wird lediglich die SAP-HANA-Datenbank unterstützt. Dadurch können Anwendungen speziell für SAP HANA optimiert werden. Zudem darf gemäß dem Principle of One für jedes Business Object nur ein Datenmodell vorhanden sein. Dies bedeutet auch, dass Datenbanktabellen beseitigt wurden, die redundante Informationen, etwa Indizes oder Aggregate, enthielten. Als Ersatz für diese Tabellen und zur Durchführung von Echtzeitanalysen wurden Core Data Services (CDS) entwickelt. Durch die CDS-Technologie können CDS auf die meisten Funktionen des SQL-92-Standards zugreifen und somit arithmetische oder Datumsfunktionen ausführen.

Als technische Grundlage für das ABAP RESTful Application Programming Model dienen CDS und das virtuelle Datenmodell (engl. Virtual Data Model, VDM). Das VDM ist eine Architektur, die aus drei Stufen besteht:

- Basic View
- Composite View
- Consumption View

Diese Struktur ermöglicht die Entwicklung von CDS Views, die auf spezielle Geschäftsfälle zugeschnitten sind, aber auch einfach wiederverwendet werden können. Zudem sollen durch CDS und das VDM semantische Informationen über die Daten übertragen werden.

Auf der untersten Ebene befindet sich der *Basic View*. Dieser greift als einziger View direkt auf die Datenbanktabellen zu. Der Basic View kapselt die Daten und stellt diese anderen Objekten zur Verfügung. Zudem werden sprechende Aliasse für die Felder erzeugt, da die meisten SAP-Tabellenfelder aus Abkürzungen bestehen. So erhält z. B. das Feld `MATNR` (für Materialnummer) den Alias `Product`, was das Verständnis der Felder erleichtert. Zudem sollen auch alle CDS sprechende Namen erhalten. Ein Basic View darf aus mehreren Datenbanktabellen bestehen, sofern dies fachlich sinnvoll ist. Bei den repräsentierten Daten handelt es sich ausschließlich um Felder der Tabellen mit allen Kerndaten und ohne kalkulierte Felder.

Auf der zweiten Ebene befindet sich der *Composite View*, der aus unterschiedlichen Basic Views oder anderen Composite Views besteht, die miteinander verbunden werden. Hier können Filter und Aggregation sowie Berechnungen verwendet werden, entweder für die Wiederverwendbarkeit oder für anwendungsspezifische Daten.

Diese beiden Ebenen des VMDs werden als *Interface-Schicht* bezeichnet. Diese CDS werden deswegen durch das Präfix `I_` im Namen gekennzeichnet, etwa `I_Product` oder `I_SalesOrder`. Zur Unterscheidung der beiden View-Typen wird die Annotation

@VDM.Viewtype genutzt. Basic Views erhalten den Wert @VDM.Viewtype: #BASIC, Composite Views den Wert @VDM.Viewtype: #COMPOSITE.

Aufbauend auf den Composite Views folgt der *Consumption View*. Diese CDS Views sind für spezielle Anwendungsfälle gedacht und enthalten Informationen für bestimmte Use Cases, wie etwa für die Entwicklung einer SAP-Fiori- oder Analytics-Anwendung. In diesem CDS View kommen auch anwendungsspezifische Annotationen wie @UI für die Erzeugung von SAP-Fiori-Elements-Anwendungen oder @AccesControl für die Steuerung von Berechtigungen zum Einsatz. Das VDM entwickelt sich somit von den allgemeinen Basic und Composite Views hin zu spezifischen Consumption Views für konkrete Anwendungsfälle. Dies ermöglicht z. B. die Erstellung unterschiedlicher Benutzeroberflächen auf Basis derselben Daten aus der Interface-Ebene. Consumption Views werden mit dem Präfix C_ gekennzeichnet, etwa C_SalesOrderManage.

Neben den Consumption Views gibt es auf derselben Ebene auch API Views, die ebenfalls auf Composite oder Basic Views basieren und das Ziel verfolgen, Daten als wohldefinierte APIs für externe Systeme bereitzustellen. Diese von SAP erzeugten und freigegeben APIs können unter anderem über den SAP Business Accelerator Hub gefunden werden und werden durch das Präfix A_ gekennzeichnet.

In Abbildung 3.6 sehen Sie den Aufbau des virtuellen Datenmodells noch einmal schematisch dargestellt.

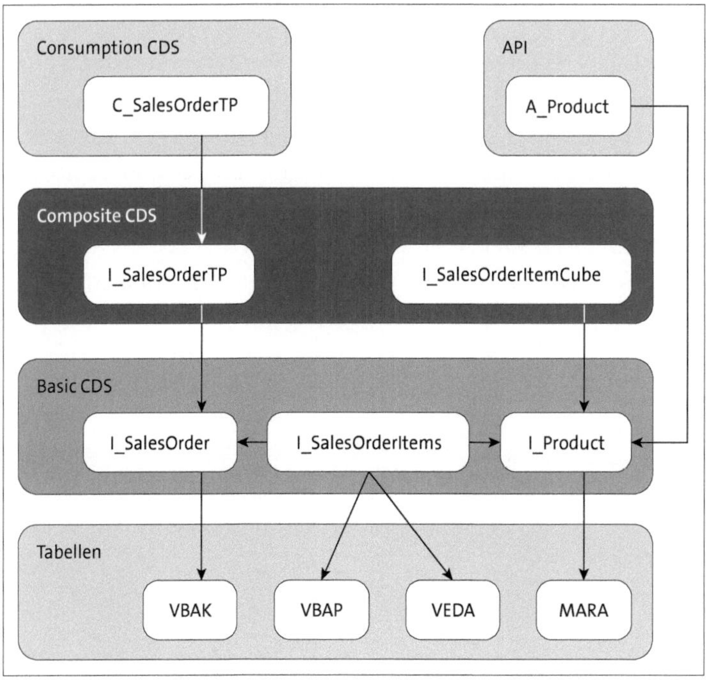

Abbildung 3.6 Virtual Data Model

CDS Views können Beziehungen zu anderen CDS Views haben, die über *Assoziationen* ausgedrückt werden. Eine Assoziation funktioniert ähnlich wie ein optionaler Join-Operator, der Elementmenge A und Elementmenge B vereinigt. Diese Verbindung wird über eine Gleichsetzung von Feldern aus beiden Datenmengen erzeugt. Im Gegensatz zu Joins werden Assoziationen nur ausgelöst, wenn die Felder zur Laufzeit aus der Assoziationsmenge genutzt werden. Zum Beispiel kann es eine Assoziation zwischen einem CDS View mit Kopfdaten und einem CDS View mit Positionsdaten geben. Wenn die Anwender*innen nur die Kopfdaten benötigen, werden die Positionsdaten ignoriert, ohne die Ausgabemenge zu ändern. Mithilfe von Assoziationen können Datenmodelle modelliert und Abhängigkeiten zwischen CDS Views ausgedrückt werden. Assoziationen können für das VMD verwendet werden, da viele Assoziationen auf der Interface-Ebene erstellt werden können, die dann vom darüberliegenden CDS für seine Use Cases genutzt werden können. Werden Felder aus einer Assoziationsmenge direkt in einem CDS verwendet, wird die Assoziation immer ausgeführt. Dies sollte allerdings vermieden werden, da es die Komplexität steigert und eine Normalisierung der CDS Views dadurch nicht mehr gewährleistet ist.

Assoziationen können mit Kardinalitäten versehen werden, die den Entwickler*innen helfen, einzuschätzen, mit wie vielen Zeilen ein Eintrag aus dem anderen CDS View verbunden ist. Diese Kardinalitätsangaben sind informativ; liefern die Daten mehr oder weniger Datensätze, als angegeben, verursacht dies keinen Fehler. Bei einer 1:1-Kardinalität ohne Vollschlüsselzugriff wird jedoch eine Warnung angezeigt.

Assoziation können auch zu Datenbanktabellen erstellt werden, was jedoch nicht empfohlen wird und bei Einhaltung der VDM-Struktur nicht notwendig ist. Assoziationen müssen in die Projektionsliste aufgenommen werden, um genutzt zu werden. Für die Namenskonvention wird empfohlen, für Assoziationen das Präfix _ zu verwenden. In Listing 3.4 sehen Sie ein Beispiel für einen CDS View, der Kundenauftragsitems enthält. Die Kundenauftragsitems werden dann über eine Assoziation mit dem Standard-CDS `I_Product` verbunden, und die Assoziation wird in die Projektionsliste eingebunden.

```
define view ZI_SalesOrderItem
  as select from zsalesorderitem
  association [0..1] to I_Product as _Product on $projection.Product =
_Product.Product
{
  key salesorder          as SalesOrder,

  key salesorderitem      as SalesOrderItem,
```

```
    product              as Product,
    _Product,
}
```

Listing 3.4 Kundenauftragsitems im CDS View

Eine besondere Form der Assoziationen sind *Kompositionen*, die eine Eltern-Kind-Beziehung zwischen Entitäten eines CDS Views abbilden. Dies bedeutet, dass eine Kindentität nicht ohne die Elternentität vorhanden sein kann. Die Prinzipien von Kompositionen in ABAP entsprechen grundsätzlich den Prinzipien von Kompositionen in CAP. Das Konstrukt verfügt über genau eine Wurzelentität, die die Basis für die Kompositionen bildet und durch das Schlüsselwort `define root` in der Definition des CDS Views gekennzeichnet wird.

Die Komposition muss sowohl in der Eltern- als auch in der Kindentität eingefügt werden. In der Elternentität wird ähnlich wie bei der Assoziation eine Verbindung zur Kindentität oberhalb der Projektionsliste hergestellt. Der Unterschied dabei ist, dass anstelle des Schlüsselworts `association` das Schlüsselwort `composition` genutzt wird und keine `ON`-Bedingung angegeben wird. Auf der Ebene der Kindentität wird die Verbindung dann über eine besondere Art der Assoziation über das Schlüsselwort `association to parent` kenntlich gemacht. Grundsätzlich ist diese Assoziation gleich aufgebaut wie eine gewöhnliche Assoziation, allerdings gelten dafür besondere Regeln. Eine Assoziation zu einer Elternentität ist immer genau einem Element in der Entität zugeordnet und kann nicht mehre Elternelemente haben. Ein klassisches Beispiel ist der SD-Kundenauftrag, bei dem eine Kundenauftragsposition immer genau zu einem Kundenauftragskopf gehört. Die `association to parent` kann innerhalb eines CDS Views nur einmal vorhanden sein, da eine Entität nicht mehrere übergeordnete Elemente besitzen darf.

In Listing 3.5 sehen Sie eine vereinfachte Komposition zwischen einem Kundenauftrag und einer Kundenauftragsposition, die aus einer Z-Tabelle gelesen wird. Dabei ist zu beachten, dass es sich um zwei CDS-Entitäten handelt, die in unterschiedlichen Dateien gespeichert sind und nur zur Veranschaulichung so dargestellt werden.

```
define root view ZI_SalesOrder as select from zsalesorder // root
  composition [0.*] of ZI_SalesOrderItem as _Item
      // has composition
{
  key salesorder           as SalesOrder,
      _Item                                       // child View
}
```

```
define view ZI_SalesOrderItem as select from zsalesorderitem
  association to parent ZI_SalesOrder
  as _SalesOrder on $projection.SalesOrder = _SalesOrder.SalesOrder
{
  key salesorder          as SalesOrder,
  key salesorderitem      as SalesOrderItem,
      @ObjectModel.foreignKey.association: '_Product'
      product             as Product,
      _SalesOrder                                    // root view
}
```

Listing 3.5 Beispiel für Kompositionen

Kompositionen können nicht nur auf Wurzelentitäten angewandt werden, auch Kindentitäten können eigene untergeordnete Entitäten besitzen. Betrachten wir z. B. eine vereinfachte Version des SAP-Standard-SD-Kundenauftrags: Dieser hat eine Komposition zu Text-, Positions- und Partnerentitäten. Die Kundenauftragspositionsentität hat dann wieder eigene Kindentitäten, etwa Kundenauftragspositionstexte, Fakturierungsplan für Kundenauftragsposition, Kundenauftragspositionspartner, die ihrerseits weitere Kompositionen haben können (siehe Abbildung 3.7). Dadurch entsteht eine hierarchische Struktur zwischen den Entitäten.

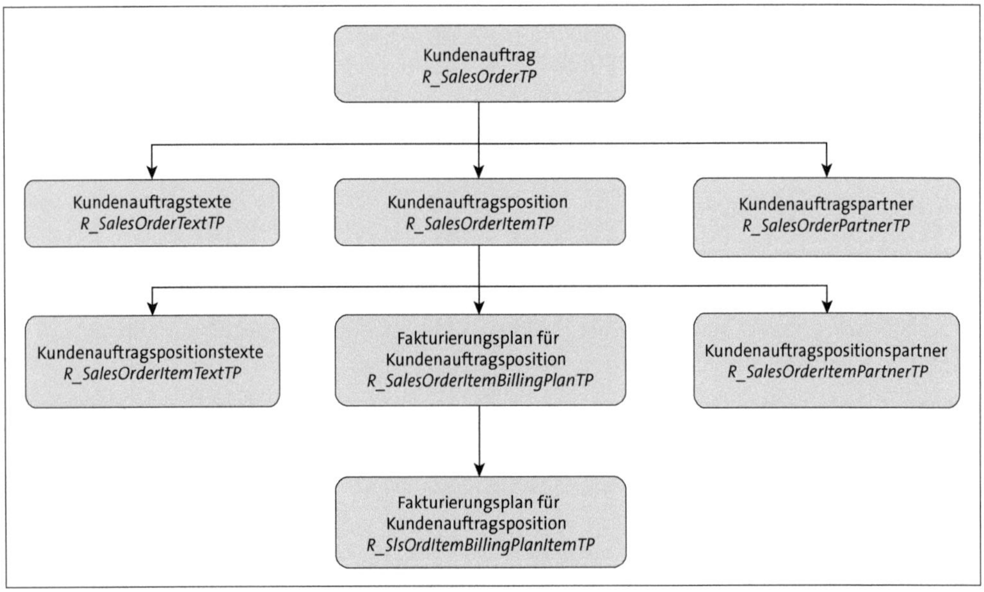

Abbildung 3.7 Kompositionen zum Kundenauftrag

Die Modellierung und Nutzung von CDS Views bilden die Grundlage des ABAP RESTful Application Programming Models und werden in den folgenden Abschnitten vertieft.

3.2.2 Evolution von Entwicklungsmodellen in ABAP

Bis zum SAP-NetWeaver-Release 7.5 gab es kein einheitliches Programmiermodell. Deshalb wurde für die Erstellung von Anwendungen eine Vielzahl unterschiedlicher Technologien und Techniken verwendet. Für die Oberflächenerstellung kamen z. B. Technologien wie Dynpro, Business Service Pages (BSP),Web Dynpro für ABAP, Floorplan Manager und SAPUI5 zum Einsatz, die je nach Anforderung genutzt wurden. Welche Technologie genutzt wurde, hing dann zentral von den Fähigkeiten, Erfahrungen und Präferenzen der Entwickler*innen ab. Dies führte zu unterschiedlichen Problemen, etwa bei der Wartung, da die Entwickler*innen alle ein breites Wissen über unterschiedliche Techniken benötigten. Mit der Veröffentlichung von SAP NetWeaver 7.5 wurde das erste Programmiermodell namens *ABAP-Programmiermodell für SAP Fiori* im SAP-Umfeld zur Verfügung gestellt. Es sollte für eine Standardisierung der Entwicklungsverfahren für Anwendungen im SAP-S/4HANA-Umfeld sorgen. Das Programmiermodell wurde entwickelt, um mithilfe von CDS und dem Business Object Processing Framework (BOPF) und OData webbasierte Anwendungen, wie SAPUI5-Anwendungen für SAP HANA, zu erstellen. Mithilfe dieses Programmiermodells wurden die CRUD-Operationen (`Create`, `Read`, `Update`, `Delete`) automatisch erzeugt, die den SAP-Fiori-Anwendungen zur Verfügung stehen. Durch die Nutzung von Annotationen innerhalb der Core Data Services konnten dann SAP-Fiori-Anwendungen generiert werden.

Das ABAP-Programmiermodell für SAP Fiori wurde dann durch das *ABAP RESTful Application Programming Model* abgelöst. Es ist gleichzeitig eine Weiterentwicklung und Vereinfachung des SAP-Fiori-Programmiermodells. Somit ist BOPF in diesem Programmiermodell überflüssig. Darüber hinaus wurden die Funktionen zur Erstellung von Business Objects in ABAP und CDS integriert. Das ABAP RESTful Application Programming Model nutzt sogenannte *Verhaltensdefinitionen* (engl. *Behavior Definitions*). Mit diesen wird festgelegt, welche Eigenschaften und Funktionen, z. B. Anlegen und Ändern, ein Business Object hat. Zu der Verhaltensdefinition kommt die Verhaltensimplementierung (engl. *Behavior Implementation*), in der per ABAP codiert wird, wie die Implementierung, etwa die Anlage eines Business Objects, funktioniert. In Abbildung 3.8 sind die unterschiedlichen Entwicklungsmodelle und ihre Komponenten dargestellt.

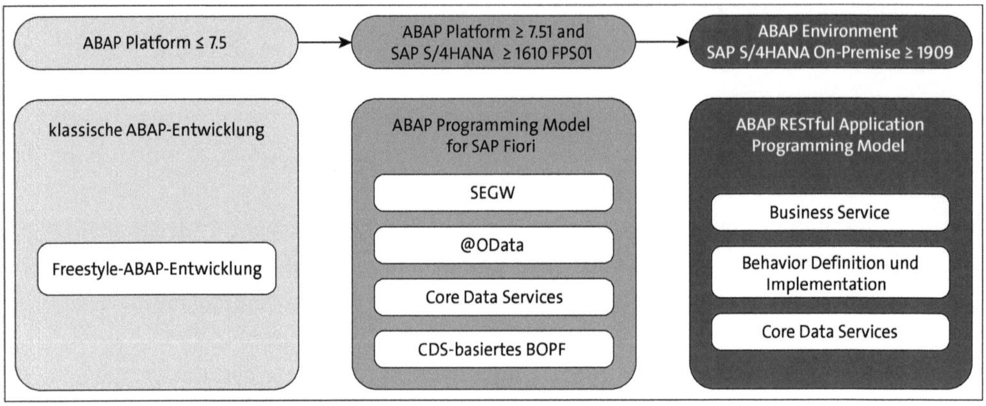

Abbildung 3.8 Entwicklung der Programmiermodelle

3.2.3 ABAP RESTful Application Programming Model

Das ABAP RESTful Application Programming Model besteht aus unterschiedlichsten Komponenten. Auf der untersten Ebene stehen die Daten, die sich zumeist in der Form von Datenbanktabellen im ABAP Dictionary befinden. Über Queries in Form von CDS werden diese Daten dem ABAP RESTful Application Programming Model zur Verfügung gestellt. Neben der Bereitstellung von Daten aus Datenbanktabellen ist es über CDS auch möglich, externe APIs oder komplexe Logik bereitzustellen. Dazu wird eine besondere Form von CDS benutzt: die sogenannten *Custom Entitys*. In diesen wird eine ABAP-Klasse hinterlegt, die für die Datenbeschaffung verantwortlich ist. Ein Beispiel dafür wird in Abschnitt 3.3.1, »Datenbanken modellieren«, näher betrachtet. Über die Core Data Services erhält das ABAP RESTful Application Programming Model sowohl die erforderlichen Daten als auch das zugrunde liegende Datenmodell, einschließlich der Beziehungen durch *Assoziationen* und *Kompositionen* sowie Informationen zu den einzelnen Feldern. Dieses CDS-Modell wird dann über Behavior Definitions und Behavior Implementations um CRUD-Operationen und transaktionale Verarbeitungen, wie auch Validierungen und Aktionen, erweitert. Diese Elemente bilden zusammen das *Business Object*.

Auf der nächsten Ebene wird über die *Servicedefinition* und das *Service Binding* definiert, wie Daten als API veröffentlicht werden. Mithilfe der Servicedefinition wird festgelegt, welche Entitäten eines Business Objects nach außen veröffentlicht werden sollen. Das Service Binding nutzt die Servicedefinition und legt fest, über welches Protokoll der Service veröffentlicht wird und für welchen Anwendungszweck er genutzt werden kann. Zudem wird beim Service Binding die Verwendung des Services definiert. Dabei wird zwischen UI Services und Web APIs unterschieden. Bei UI Services werden alle UI-relevanten Informationen über die Metadaten zur Verfügung gestellt, um daraus Oberflächen zu erstellen. Bei der Web API hingegen werden die

Frontend-Informationen nicht über Metadaten übermittelt. Diese Schicht wird als *Business Service* bezeichnet. Auf der obersten Ebene befindet sich der Konsument des Services. Dabei kann es sich z. B. um eine SAP-Fiori-App oder eine Anwendung handeln, die APIs konsumiert. Der Vorteil von SAP-Fiori-Elements-Apps ist, dass Informationen über den Aufbau der App über die Metadaten mitgegeben werden.

Der Aufbau des Modells ist in Abbildung 3.9 dargestellt.

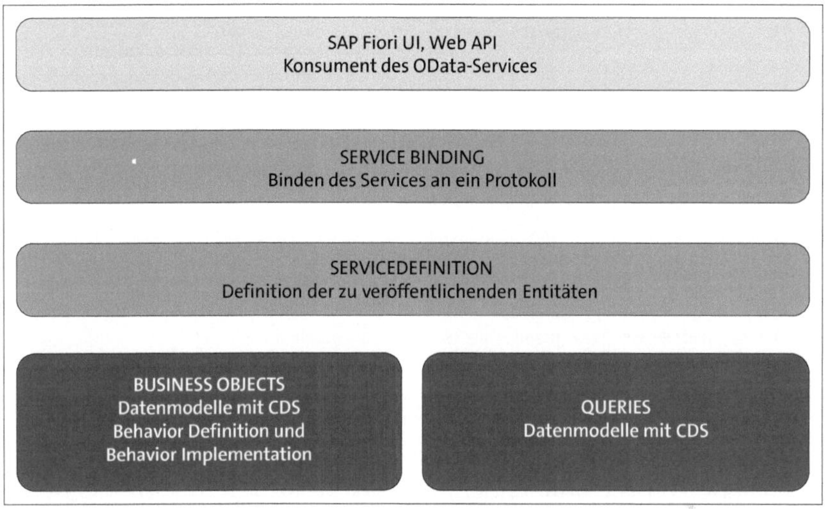

Abbildung 3.9 Schichten des ABAP RESTful Application Programming Models

Business Object

Das Business Object im ABAP RESTful Application Programming Model (siehe Abbildung 3.10) setzt sich aus drei zentralen Bestandteilen zusammen. Die strukturelle Ebene beschreibt zum einen, aus welchen CDS-Entitäten das Objekt besteht. Dafür werden die Konzepte *Assoziation* und *Komposition* genutzt, um festzulegen, welche abhängigen Entitäten zuerst angelegt oder gelöscht werden müssen. Zum Beispiel kann eine Kundenauftragsposition nicht ohne Kundenauftrag existieren. Wenn der Kundenauftrag gelöscht wird, werden auch alle Positionen des Kundenauftrags gelöscht. Der zweite Bereich betrifft das Verhalten (*Behavior*) des Business Objects. Das Verhalten legt fest, welche Funktion ein Objekt ausführen kann, etwa Anlegen oder Ändern, sowie dessen Eigenschaften, wie z. B. Berechtigungsprüfung oder Sperrfunktion. Das letzte Element ist die *Business Object Runtime*. Jedes Objekt verfügt über eine Interaktions- und eine Speicherphase. Während der Interaktionsphase werden Daten im Buffer abgelegt, es findet jedoch keine Änderung der Daten in der Datenbank statt. Der Buffer stellt dabei eine temporäre Speicherung im Arbeitsspeicher dar. Sobald die Interaktionsphase abgeschlossen ist, beginnt die Speicherphase, in der die Daten in der Datenbank persistiert werden.

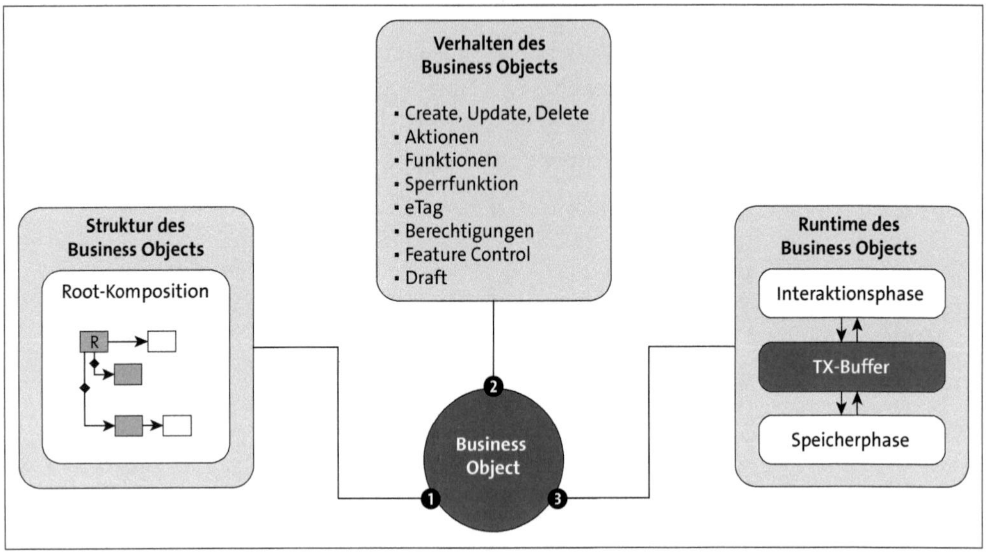

Abbildung 3.10 Aufbau eines Business Objects

Behavior

Behavior (dt. Verhalten) setzt sich immer aus zwei Komponenten zusammen: der *Behavior Definition* (Verhaltensdefinition) und der *Behavior Implementation* (Verhaltensimplementierung). Die Erstellung der Behavior Definition erfolgt immer in Bezug zur Root-Entität, da diese das Business Object in seiner Gesamtheit darstellt. Die Behavior Definition besteht dabei aus den folgenden drei Bereichen:

1. Header-Information, die für die gesamte Behavior Definition gelten
2. Entitäts-Behavior-Definition-Header und -Charakteristika
3. Entitäts-Body für Operation und Charakteristika, die sich nur auf eine Entität beziehen

Der Header-Bereich bestimmt die Eigenschaften für das gesamte Business Object. Dazu zählen die Implementierungsart, die Klasse für die Behavior Implementation sowie die Festlegung, ob das Objekt das Draft-Konzept unterstützt. In den beiden anderen Bereichen werden die Charakteristika und Operations des Business Objects spezifiziert. Die *Charakteristika* legen das Verhalten des Objekts fest. Darunter fallen z. B. die Berechtigungsprüfung, Sperrmechanismen oder die Zuordnung, in welche Datenbanktabelle die Daten geschrieben werden. Die *Operations* umfassen hingegen alle Arten von Aktionen, die ein Business Object ausführen kann, zu diesen gehören `READ`, `READ by Association`, `UPDATE`, `CREATE`, `DELETE` sowie `Action`.

Die *Behavior Definition* differenziert zwischen zwei Bereichen: dem übergeordneten Bereich, der von `behavior for` bis zu den geschweiften Klammern geht und Charakteristika definiert, die für die Entität übergreifend relevant sind, sowie dem Bereich innerhalb der geschweiften Klammer, der entitätsspezifische Charakteristika definiert. Ein Beispiel verdeutlicht diese Unterscheidung: Das Charakteristikum `persistent table` definiert, in welche Datenbanktabelle die Daten bei Anlage, Änderung oder Löschung geschrieben werden. Da dieses Charakteristikum übergreifend für alle Entitäten gilt, wird es im Bereich vor der geschweiften Klammer definiert. Im Gegensatz dazu wird das Charakteristikum `field (readonly)`, das ein spezifisches Feld als schreibgeschützt kennzeichnet, innerhalb der geschweiften Klammern positioniert, da es sich ausschließlich auf eine bestimmte Entität bezieht. In Listing 3.6 sehen Sie dies noch einmal beispielhaft dargestellt.

```
// Header-Information für die gesamte Behavior Definition
managed implementation in class ZBP_R_PRODUCT_INFO unique;
strict ( 2 );
//Entitäts-Behavior-Definition
define behavior for ZR_PRODUCT_INFO alias ProductInfo
// Charakteristika
persistent table ZPRODUCT_INFO
etag master LocalLastChangedAt
lock master
authorization master( global )
{
// Charakteristika für einzelne Entitäten
field ( readonly ) LocalLastChangedAt ;
//Operations
  create;
  update;
  delete;
}
```

Listing 3.6 Behavior Definition

Die Implementierungsklasse wird im Header-Bereich der Behavior Definition durch den Ausdruck `implementation in class` festgelegt. Diese Klasse stellt somit die Behavior Implementation zur Verfügung. Die Implementierungsklasse setzt sich aus zwei Bereichen zusammen:

- *Global Class*
- *Local Types*

Die Global Class enthält standardmäßig keine Implementierung und dient als Hülle für den eigentlichen Programmcode, der sich in den Local Types befindet. In Listing 3.17 ist die globale Klasse zu sehen, die durch die Deklaration `for behavior of root_entitätsname` als Behavior Implementation definiert wird.

```
class ZBP_R_PRODUCT_INFO definition
  public
  abstract
  final
  for behavior of ZR_PRODUCT_INFO.

public section.
protected section.
private section.
ENDCLASS.

CLASS ZBP_R_PRODUCT_INFO IMPLEMENTATION.
ENDCLASS.
```

Listing 3.7 Behavior Implementation Global Class

In den Local Types werden die lokalen Klassen für die verschiedenen Entitäten zur Verfügung gestellt. Zudem werden hier Klassen für jede Entität definiert und implementiert, die von der Basisklasse CL_ABAP_BEHAVIOR_HANDLER erben. Diese Klassen steuern das Verhalten für Methoden, wie Anlage, Änderung, Berechtigungsprüfung und Sperrmechanismen. Diese zu implementierenden Methoden leiten sich aus der Behavior Definition ab. Abhängig von der gewählten Implementierungsart muss zusätzlich eine Klasse für die Speicherphase definiert werden, die von der Klasse CL_ABAP_BEHAVIOR_SAVER erbt. In dieser Klasse werden dann die nötigen Methoden implementiert, um das Speichern der Daten zu ermöglichen. Mögliche Methoden dafür werden in den folgenden Abschnitten noch näher betrachtet. Listing 3.8 zeigt eine mögliche Implementierung der lokalen Handler-Klasse zur Behavior Definition von ZR_PRODUCT_INFO. In der Klasse befindet sich ausschließlich eine Methode für die Berechtigungsprüfung, da laut Behavior Definition durch Angabe von authorization master (global) diese Methode zwingend implementiert werden muss. Weitere Implementierungen sind für die Behavior Definition nicht erforderlich, da diese durch die Spezifikation des managed-Ansatzes automatisch bereitgestellt werden.

```
CLASS LHC_ZR_PRODUCT_INFO DEFINITION INHERITING FROM CL_ABAP_BEHAVIOR_HANDLER.
  PRIVATE SECTION.
    METHODS:
      GET_GLOBAL_AUTHORIZATIONS FOR GLOBAL AUTHORIZATION
        IMPORTING
           REQUEST requested_authorizations FOR ProductInfo
        RESULT result.
ENDCLASS.

CLASS LHC_ZR_PRODUCT_INFO IMPLEMENTATION.
```

```
  METHOD GET_GLOBAL_AUTHORIZATIONS.
  ENDMETHOD.
ENDCLASS.
```

Listing 3.8 Behavior Implementation Local Types

Runtime

Das ABAP RESTful Application Programming Model verfügt über eine eigene Runtime, die sich in zwei Phasen unterteilt:

- Die *Interaktionsphase*, in der Operationen auf das Business Object ausgeführt werden, wie Änderungen, Sperren oder Lesen von Daten. Diese Änderung wird allerdings nicht sofort verbucht, sondern in einen Buffer geschrieben. Dieser Buffer stellt somit den Zustand eines Business Objects zur Laufzeit dar und ermöglicht eine transaktionale Verarbeitung.
- Die *Speicherphase*, in der die Daten aus dem Buffer persistiert werden

Innerhalb der Phasen werden unterschiedliche Methoden durchlaufen, um die Speicherung sicherzustellen. Zu diesen gehören:

- FINALIZE
- CHECK_BEFORE_SAVE
- ADJUST_NUMBERS
- SAVE
- CLEANUP
- CLEANUP_FINALIZE

FINALIZE ist der erste Schritt in der Speicherphase und wird dafür genutzt, um vor dem Speichern die Daten des Buffers anzureichern. Dabei können z. B. abhängige Daten bestimmt oder Prüfungen durchgeführt werden. Im Schritt *CHECK_BEFORE_SAVE* erfolgen die finalen Prüfungen des transaktionalen Buffers auf Richtigkeit und Konsistenz. Wenn dieser Schritt positiv bewertet wird, ist der Point of no Return erreicht, und es muss für alle Business Objects garantiert sein, dass die Daten persistiert werden können. Im nächsten Schritt wird *ADJUST_NUMBERS* durchlaufen. Diese Methode hat die Funktion, dem Datensatz eine Nummernvergabe zur Verfügung zu stellen. Dabei können beliebige Logiken implementiert werden, um die Bestimmung zu ermöglichen, z. B. die Nutzung von Nummernkreisobjekten. Beim Schritt *SAVE* werden die Daten des Buffers in die Datenbank persistiert. Beim Speichervorgang werden alle Business Objects und die damit verbunden Abhängigkeiten verbucht. Ein Fehlerfall ist in diesem Schritt nicht vorgesehen, da potenzielle Fehler bereits im *CHECK_BEFORE_SAVE* ausgeschlossen wurden. Nachdem die Speicherung erfolgreich abgeschlossen oder ein Rollback ausgelöst wurde, wird der Schritt *CLEANUP* erreicht, in dem die Daten aus dem Buffer entfernt werden, da sie nun persistiert in der Datenbank vorliegen. Sollte der Buffer nicht oder unvollständig geleert werden, kann dies zu Fehlern und Dateninkonsistenz führen, etwa durch doppeltes Schreiben, Ändern oder Löschen von Daten. Der Schritt *CLEANUP_FINALIZE* wird dann ausgeführt, wenn es zu einem Fehler im Schritt *CHECK_BEFORE_SAVE* oder *FINALIZE* kommt. Der Sinn dieses Schritts ist es, wenn nötig, die Änderung aus dem Schritt *FINALIZE* rückgängig zu machen. In der praktischen Anwendung wird dieser Schritt selten benötigt, da die Änderungen der vorangegangenen Schritte in den meisten Fällen keine negativen Auswirkungen auf den Buffer haben.

Korrekte Implementierungsmöglichkeiten für die Speicher- und Interaktionsphasen werden in den folgenden Abschnitten näher betrachtet. In Abbildung 3.11 sind die einzelnen Schritte der Phasen dargestellt.

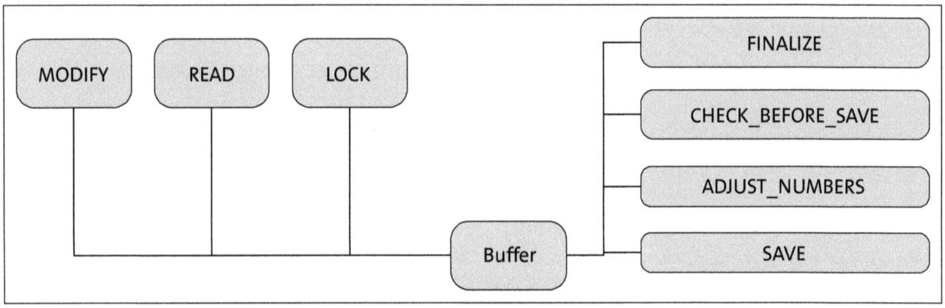

Abbildung 3.11 Phasen und Methoden der Runtime des ABAP RESTful Application Programming Models

Implementierungsart

Bei der Implementierung der Phasen in der ABAP RESTful Application Programming Model Runtime stehen zwei unterschiedliche Ansätze zur Verfügung:

- Unmanaged
- Managed

Bei der *Unmanaged-Implementierung* müssen alle Methoden der Interaktionsphase fürs Schreiben und Lesen aus dem Buffer sowie die Methoden der Speicherphase explizit erstellt werden. Diese Art der Implementierung ist seit SAP S/4HANA in der On-Premise-Version ≥ 1909, SAP BTP oder SAP S/4HANA Cloud verfügbar und primär für den Brownfield-Ansatz gedacht. Diese Implementierungsart wird eingesetzt, wenn bereits bestehender Code vorhanden ist, etwa aus Altsystemen oder für die Nutzung von für Funktionsbausteine entwickeltem Code. Häufig findet diese Art der Implementierung bei Standard-Business-Objects in SAP-Anwendungen statt, da sie auf etablierten Konzepten basieren. In Abbildung 3.12 ist zu sehen, für welche Bereiche dieser Implementierungsansatz genutzt wird.

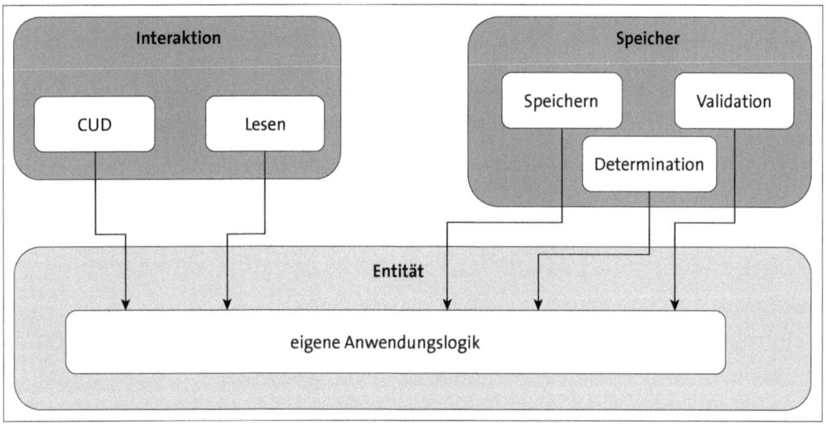

Abbildung 3.12 Unmanaged-Implementierung

Der alternative Ansatz ist die *Managed-Implementierung*, bei der die CRUD-Operationen zum Schreiben in den Buffer und das Schreiben auf die Datenbanktabelle oder Sperrfunktion automatisch zur Verfügung gestellt werden. Dieser Ansatz ist für die Greenfield-Entwicklung gedacht und für folgende Systeme verfügbar: SAP S/4HANA in der On-Premise-Version ≥ 2020, SAP BTP oder SAP S/4HANA Public Cloud.

Im Managed-Ansatz können die Entwickler*innen das Business Object um eigene Business-Logiken erweitern, wie z. B. für Implementierung von Determinierungen und Validierungen. Der Managed-Ansatz ist gut geeignet bei Neuentwicklungen ohne vorhandenen Programmcode. Damit er genutzt werden kann, müssen in der Behavior Definition Charakteristika wie `persistent table` angegeben werden, damit der Prozess automatisch speichern kann. Abbildung 3.13 zeigt, in welchen Bereichen eine Implementierung möglich ist und welche Funktionen automatisch bereitgestellt werden.

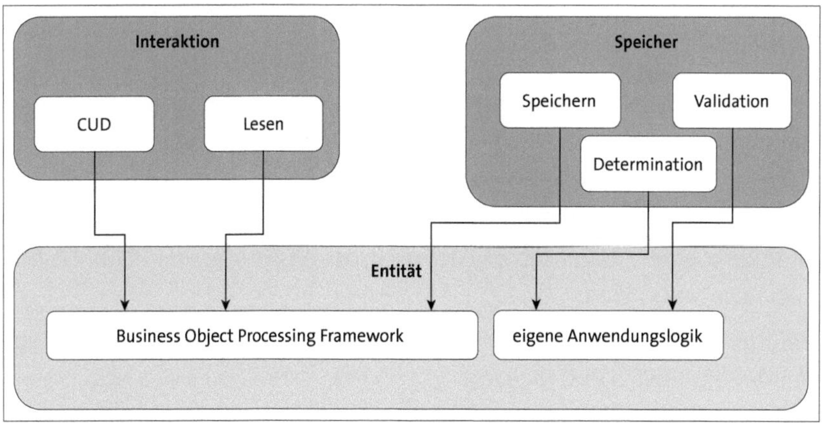

Abbildung 3.13 Managed-Implementierung

Zusätzlich kann innerhalb des Managed-Ansatzes auch die Speichersteuerung durch zwei Erweiterungsmöglichkeiten angepasst werden:

- *Additional Save*
- *Managed with unmanaged Save*

Additional Save ermöglicht den Entwickler*innen, zusätzliche Logik nach dem Speichern zu implementieren. Damit können z. B. Logs oder Änderungsdokumente geschrieben werden. Wird *Managed with unmanaged save* genutzt, wird das automatische Schreiben auf die Datenbanktabellen übersteuert, sodass stattdessen eine eigene Logik erstellt werden muss. Dieser Ansatz kann z. B. genutzt werden, wenn die Daten aus einem CDS in unterschiedliche Datenbanktabellen geschrieben werden sollen.

In beiden Fällen muss eine neue Methode in der lokalen Behavior-Klasse implementiert werden. Die Festlegung der Implementierungsart erfolgt im Header-Bereich der Behavior Definition und wird wie folgt spezifiziert: `[unmanaged]/managed implementation in class ZBP_R_PRODUCT_INFO unique;`. In Tabelle 3.5 werden die Unterschiede zwischen den beiden Implementierungsansätzen verdeutlicht.

Unmanaged	Managed
Ab SAP S/4HANA in der On-Premise-Version $\geq$ 1909, SAP BTP, SAP S/4HANA Public Cloud	Ab SAP S/4HANA in der On-Premise-Version $\geq$ 2020, SAP BTP, SAP S/4HANA Public Cloud
Brownfield: Geeignet für die Wiederverwendung von bestehender Logik für das Business Object	Greenfield: Neuerstellung des Business Objects
Die Implementierung der CRUD-Operationen liegt bei den Entwickler*innen.	CRUD-Operationen und Schreiben auf die Datenbank werden automatisch zur Verfügung gestellt. Es ist möglich, die Implementierung mit `managed with unmanaged save` um eigene Speicherlogik zu erweitern.

Tabelle 3.5 Vergleich von Unmanaged- und Managed-Implementierung

Entity Manipulation Language

Die Entity Manipulation Language (EML) ist ein Bestandteil der ABAP-Sprache und ermöglicht den Zugriff auf Business Objects innerhalb des Systems. Alle EML-Operation können für mehrere Datensätze gleichzeitig ausgeführt werden. EML lässt in sich zwei Bereiche unterteilen:

- **Leseoperation** (`READ`), die es ermöglicht, Daten sowohl von der Datenbank als auch aus dem transaktionalen Buffer zu lesen
- **Verändernde Methoden** (`Modifiy`), wie etwa Anlegen, Ändern oder Löschen eines Business Objects

Betrachten wir anhand von Listing 3.9 exemplarisch die Nutzung von EML zum Lesen von Daten. Am Beginn eines EML-Statements wird die auszuführende Methode angegeben. Für das Lesen von Daten wird `READ` verwendet, während `MODIFY` zum Ändern der Daten dient. Darauf folgt die Angabe des Business Objects, von dem die Methode ausgeführt werden soll, mittels `ENTITIES OF`, gefolgt vom Root View, der das Business Object repräsentiert. Im Beispiel in Listing 3.9 handelt es sich um den CDS View `zr_product_info`.

Der Befehl `IN LOCAL MODE` kann genutzt werden, um innerhalb einer Behavior Implementation die Berechtigungsprüfung des Business Objects zu überspringen. Dies ermöglicht die gezielte Ausführung von Aktionen, die für den Benutzer ohne diese Umgehung nicht möglich wären, und garantiert die erwartungsgemäße Ausführung aller Aktionen. Bei Aufruf außerhalb einer Behavior Implementation führt dieser Befehl jedoch zu einem Laufzeitfehler.

Bei Leseoperationen wird über `FIELDS(..)` angegeben, welche Felder gelesen werden sollen, in unserem Beispiel sind dies `Product` und `ProductType`. Alternativ kann auch `ALL FIELDS` genutzt werden, um alle Felder aus der Entität zu lesen. Die Feldspezifikation beeinflusst nicht den Rückgabetyp, sondern limitiert lediglich die selektierten Felder.

Für die Interaktion per EML können unterschiedliche Parameter genutzt werden. Zu den Parametern gehören:

- `WITH`: Beim lesenden Zugriff werden Filter mit allen Schlüsselfeldern der Entität verwendet, um die Ausgabemenge einzuschränken.
- `RESULT`: Dieser Parameter gibt die Selektionsmenge zurück.
- `FAILED`: Dabei handelt es sich um eine tiefe Struktur, die angibt, bei welchen Datensätzen ein Fehler aufgetreten ist.
- `REPORTED`: Gibt als eine tiefe Struktur für jede Entität alle Nachrichten zurück.

Zum einen muss ein Filter zum Lesen der Daten mitgegeben werden, der alle Schlüsselfelder der Entität umfasst und vollständig übergeben wird. Die Übergabe des Filters erfolgt im EML über `WITH`. Der Datentyp des Filters wird durch `TYPE TABLE FOR READ IMPORT`, gefolgt von der Entität, aus der gelesen werden soll, definiert. Damit ergibt sich für unser Beispiel die Typendefinition `lt_read_filter TYPE TABLE FOR READ IMPORT zr_product_info`. Die Variable wird für das Beispiel auf das Material mit der Materialnummer »TG11« gefiltert. Neben diesem Filter werden auch drei Rückgabewerte in Form von `RESULT`, `FAILED` und `REPORTED` angeboten. Der Wert von `RESULT` gibt die selektierten Daten aus den Entitäten zurück. Die Typdefinition wird dabei als `TYPE TABLE FOR READ RESULT`, gefolgt vom Entitätsnamen, definiert. Die so erzeugte Tabelle besteht aus allen Feldern der Entität und zusätzlichen Referenzen auf die Schlüsselfelder und Datenfelder. Die Struktur von `FAILED` wiederum gibt an, bei welchen Datensätzen ein

Fehler aufgetreten ist, und besteht immer aus allen Entitäten des Business Objects. Die Struktur wird über TYPE RESPONSE FOR FAILED definiert und verfügt über interne Tabellen mit den Entitätsnamen. Diese Tabellen setzen sich wiederum aus allen Schlüsselfeldern der Entität und weiteren technischen Informationen zusammen, etwa %fail und jeweils einem Feld für die unterschiedlichen Operationen im ABAP RESTful Application Programming Model. In der FAILED-Struktur werden die Schlüsselfelder angegeben, um zu identifizieren, bei welchem Eintrag während der Ausführung des EML-Befehls ein Fehler aufgetreten ist. Mithilfe von %fail wird innerhalb der Struktur angegeben, welche Art von Fehler vorliegt. Es handelt sich bei %fail um den Typ abap_behv=>t_failinfo, eine Struktur mit dem Feld Cause. Die Werte, die Cause annehmen kann, orientieren sich an den HTTP-Fehlercodes. Dabei ist der genutzte Typ ein Enumerator, der z. B. folgende Werte annehmen kann: not_found mit dem Zahlenwert 404 oder der Leerwert für unspecific. Eine vollständige Auflistung der Werte sehen Sie in Tabelle 3.6.

Enumerator	Zahlenwert
unspecific	
unauthorized	401
not_found	404
Conflict	409
Locked	423
Dependency	424
Disabled	4221
Readonly	4222

Tabelle 3.6 Werte von »Cause« bei »%fail«

Da mithilfe von EML mehrere Operationen auf einmal ausgeführt werden können, wird in der Fehlerstruktur mittels %create, %update, %delete oder %assoc präzisiert, bei welcher Operation der Fehler aufgetreten ist. Die Struktur Reported vom Typ RESPONSE FOR REPORTED, gefolgt von dem Namen des Business Objects, übermittelt sämtliche Nachrichten, die während der Prozessausführung aufgetreten sind. Diese Meldungen können vom Typ Information, Warnung oder Fehler sein und werden nach den Entitäten geclustert, zu denen die Meldung gehört. Der grundlegende Aufbau entspricht dem der FAILED-Struktur mit tiefen Tabellen. Zudem gibt es eine weitere Tabelle mit Namen %other für Nachrichten, die keinen direkten Bezug zu einer Entität haben. Die Tabellenstruktur von Reported umfasst folgende Elemente:

- Schlüsselfelder
- Felder, auf die sich die Nachricht bezieht
- Operationen, bei denen die Nachricht aufgetreten ist
- eine Klasse mit der Nachricht

Die Schlüsselfelder haben wie bei der FAILED-Struktur die Aufgabe, die Datensätze zu identifizieren. Zudem werden Operationsfelder (%create, %update, %delete) angegeben, um die Nachrichten in dem Veränderungsprozess zuzuordnen. Im Unterschied zur FAILED-Struktur enthält REPORTED ein Feld mit dem Namen %element, das alle Felder der Entität umfasst und durch den Wert 01 zeigt, auf welches Feld sich eine Nachricht bezieht. Zum Beispiel wird bei Eingabe einer falschen Kundennummer das Feld Kundennummer auf 01 gesetzt. Die Nachricht selbst wird als Objekt des Interfaces if_abap_behv_message im Feld %msg zur Verfügung gestellt. Der Zugriff auf den Text der Klasse erfolgt über das Interface IF_MESSAGE mithilfe der Methoden get_longtext (zur Rückgabe des Langtextes) und get_text (zur Rückgabe des Kurztextes). Die Definitionen und Strukturen von FAILED und REPORTED sind bei allen MODIFY-Methoden identisch und werden während der Interaktionsphase für alle Operationen einheitlich verwendet.

```
   DATA:
      lt_read_filter       TYPE TABLE FOR READ IMPORT  zr_product_info,
      lt_failed            TYPE RESPONSE FOR FAILED zr_product_info,
      lt_reported          TYPE RESPONSE FOR REPORTED zr_product_info,
      lt_read_product_data TYPE TABLE FOR READ RESULT zr_product_info.
      lt_read_filter = VALUE #( ( product =
 'TG11' ) ). "Wertefilter für die zu lesende Entität

READ "Ausführen der Leseoperation
         ENTITIES OF zr_product_info
" Angabe des BOs, in dem gelesen werden soll
*     IN LOCAL MODE
" Lokaler Modus zum Überspringen der Benutzerrollenprüfung
      ENTITY ProductInfo
" Angabe der Entität, die gelesen werden soll
*      ALL " Alle Felder werden gelesen
      FIELDS ( Product ProductType    ) " Felder, die gelesen werden sollen
      WITH lt_read_filter "Wertefilter für die zu lesende Entität
      RESULT lt_read_product_data "Ergebnis der Leseoperation
      FAILED lt_failed "Fehlerinformation
      REPORTED lt_reported."Meldungen
```

Listing 3.9 EML-Beispiel für das Lesen von Daten

Die MODIFY-Methode UPDATE ermöglicht die Änderung mehrerer Einträge verschiedener Entitäten eines Business Objects. Anhand des Beispiels in Listing 3.10 betrachten wir nun die einzelnen Elemente des Update-Statements näher. Jede MODIFY-Methode im EML wird in ABAP durch MODIFY eingeleitet, gefolgt vom Business Object und der Entität, auf die die Änderung angewandt werden soll. Da sich MODIFY-Befehle in mehrere Methoden unterteilen, ist es nötig, in der nächsten Zeile anzugeben, ob es sich um ein UPDATE, DELETE oder CREATE handelt. Im nächsten Schritt werden, ähnlich wie beim lesenden Zugriff, die zu ändernden Felder mit FIELDS(..) WITH für alle Einträge der Übergabetabelle festgelegt. Es ist allerdings auch möglich, pro Zeile zu definieren, welche Felder geändert werden sollen. Für die Übergabestruktur wird immer eine Tabelle vom Typ TYPE TABLE FOR UPDATE, gefolgt vom Entitätsnamen, übergeben. Der Aufbau der Tabelle ähnelt dabei der Struktur der zu ändernden Entitäten. Die Tabelle setzt sich aus den folgenden Elementen zusammen: Schlüsselfelder, Datenfelder und eine Kontrollstruktur zur Angabe der Felder, auf die die MODIFY-Methode angewandt wird.

Die Schlüsselfelder können in dieser Struktur über %key angesprochen werden. Ein Update ist ausschließlich über die vollständige Angabe aller Schlüsselfelder möglich, da diese für die Where-Bedingung genutzt werden. Ein Update über Nicht-Schlüsselfelder ist nicht möglich. Sollen z. B. alle Produkte vom Produkttyp A geändert werden, müssen zunächst alle betreffenden Datensätze ermittelt werden. Um etwa den Wert des Feldes ProductType über die EML zu ändern, wird in der Struktur der Wert auf den Zielwert gesetzt. Dabei ist es nicht nötig, den ursprünglichen Wert zu kennen. Somit würde diese Struktur für das Beispiel der Änderung des Produkttyps auf den Wert B wie folgt aussehen: ProductType = 'B'.

Um pro Zeile dynamisch zu definieren, welche Felder aktualisiert werden sollen, wird die Struktur %control genutzt. Diese Struktur enthält alle Felder der Entität. Um ein Feld aktiv zu setzen, wird dessen Wert auf 01 gesetzt. Zum Setzen des Wertes sollten Sie die Konstante cl_abap_behv=>flag_changed nutzen. Durch das so beschriebene EML-Statement wird die Änderung in den Buffer geschrieben.

```
Data lt_update_product_data TYPE TABLE FOR UPDATE zr_product_info.
   lt_update_product_data = VALUE #( (
   %key-Product = if_product_number
    ProductType = if_product_type
 %control-ProductType = cl_abap_behv=>flag_changed
     ) ).
   MODIFY
   ENTITIES OF zr_product_info  "Angabe des Business Objects
   ENTITY ProductInfo "Entität, die upgedatet werden soll
   UPDATE
*    FIELDS ( ProductType ) "Felder, die geändert werden sollen
```

```
*    WITH
    FROM
     lt_update_product_data "Produktdaten
    FAILED data(lt_failed) "Fehlerinformation
    REPORTED data(lt_reported) "Meldungen.
```

Listing 3.10 EML-Beispiel für ein Update des Produkts

Zur Verbuchung des Buffers stehen in der EML eigene Verbuchungsbefehle zur Verfügung. Betrachten wir mögliche Aufrufe am Beispiel von Listing 3.11. Durch die Ausführung der Verbuchung wird die Speicherphase gestartet. Der Befehl COMMIT ENTITIES verbucht den Buffer und ermöglicht über SY-SUBRC die Abfrage, ob ein Fehler passiert ist. In Tabelle 3.7 ist zu sehen, welche Bedeutung welcher Wert von SY-SUBRC hat.

SY-SUBRC	Bedeutung
0	Die Verarbeitung der Daten war erfolgreich.
4	Die Verarbeitung war nicht erfolgreich, weil in der Methode finalize oder check_before_save die Rückgabestruktur FAILED befüllt wurde. Dies bedeutet allerdings, dass die Verbuchung keinen Effekt auf den Buffer hatte und er weitergenutzt werden kann.
8	Die Verarbeitung war nicht erfolgreich, weil in der SAVE-Methode ein Fehler aufgetreten ist. Dies kann zu einer Inkonsistenz des Buffers führen, und der Buffer muss deswegen durch ein ROLLBACK ENTITIES geleert werden. Weitere schreibende Zugriffe auf den Buffer können ab diesem Zeitpunkt zu Laufzeitfehlern führen.

Tabelle 3.7 Bedeutung von »SY-SUBRC« bei »COMMIT ENTITIES«

Diese Art der Prüfung wird immer dann verwendet, wenn lediglich geprüft werden soll, ob die Verbuchung funktioniert hat. Im Gegensatz dazu können die genauen Meldungen der Typen »Fehler«, »Warnung« oder auch »Information« über eine Erweiterung dieses Befehls erfolgen. Dazu wird der EML-Befehl COMMIT ENTITIES BEGIN RESPONSE OF, gefolgt von der Root-Entität, von der die Meldungen ausgewertet werden sollen, angegeben. Mit FAILED und RESPONSE können Sie dann Informationen darüber abrufen, ob ein Fehler vorhanden ist und welche Nachrichten beim Speicherprozess erschienen sind. Grundsätzlich weisen die beiden Strukturen einen ähnlichen Aufbau auf wie die Varianten in der Interaktionsphase, allerdings bestehen kleinere Unterschiede, die sich auch in den jeweiligen Typen widerspiegeln. Die Failed-Struktur ist dabei vom Typ for failed late und die Reported-Struktur vom Typ response for reported late. Bei der Ausführung beider Varianten ist es möglich, eine Simulation der Verbuchung durchzuführen, indem der Zusatz IN SIMULATION MODE genutzt wird.

Dadurch werden alle Prüfungen und Finalisierungen der Daten durchgeführt, aber keine Daten geschrieben. Diese Methode kann verwendet werden, um zu prüfen, ob die Daten verbucht werden können. Zusätzlich besteht die Möglichkeit, Warnungen in der Anwendung anzuzeigen und abzufragen, ob die Verbuchung trotz der Meldung vorgenommen werden soll. Neben dem `COMMIT ENTITIES` zum Verbuchen des Buffers gibt es auch die Möglichkeit, den Buffer über den Aufruf `ROLLBACK ENTITIES` zu leeren. Dadurch wird die Methode `Cleanup` aufgerufen, um den Buffer zu löschen, und zudem werden die Sperren auf das Objekt aufgelöst.

```
COMMIT ENTITIES
*      IN SIMULATION MODE  "Aufruf im Simulationsmodus
.
    if sy-subrc <> 0.
    ENDIF.
COMMIT ENTITIES BEGIN
*      IN SIMULATION MODE  "Aufruf im Simulationsmodus
    RESPONSE OF zr_product_info
      FAILED DATA(lt_failed_commit)
      REPORTED DATA(lt_reported_commit).
      COMMIT ENTITIES END.
```

Listing 3.11 »COMMIT ENTITIES« in EML

Betrachten wir nun die Methode `DELETE` zum Löschen eines Materials mit der EML, wie in Listing 3.12 zu sehen. Die Methode `DELETE` unterscheidet sich strukturell nur geringfügig vom Update. Anstelle von `UPDATE` wird `DELETE` als auszuführende Methode übergeben. Als Parameter wird dabei eine Tabelle vom Typ `TYPE TABLE FOR DELETE` verwendet, die nur die Schlüsselfelder der zu löschenden Entität enthält. Wie beim Update ist ein Löschen nicht über Nichtschlüsselfelder möglich. Zu beachten ist, dass beim Löschen einer Entität alle abhängigen Kompositionen automatisch mitgelöscht werden – so werden z. B. beim Löschen eines Materials alle zugehörigen Texte in jeder Sprache ebenfalls entfernt.

```
DATA: lt_delete_product_data TYPE TABLE FOR DELETE zr_product_info.
lt_delete_product_data = VALUE #( ( %key-Product = 'TG11' ) ).
      MODIFY ENTITIES OF zr_product_info
    ENTITY ProductInfo "Entität, die angelegt werden soll
    DELETE
    FROM lt_delete_product_data "Produktdaten
    FAILED DATA(lt_failed) "Fehlerinformation
    REPORTED DATA(lt_reported). "Meldungen
```

Listing 3.12 EML-Beispiel für das Löschen von Produkten

Zuletzt betrachten wir die Nutzung der CREATE-Methode am Beispiel des Aufrufs zur Anlage von Produktdaten mit Texten (siehe Listing 3.13). Für die Methode CREATE werden Tabellen des Typs TYPE TABLE FOR CREATE übergeben, die aus den folgenden Elementen bestehen:

- Datenfelder
- Kontrollstruktur
- Content-ID, die von außen festgelegt wird

Die Datenfelder und die Kontrollstruktur entsprechen dem zuvor gezeigten Aufbau und der Funktion der UPDATE-Struktur. Zudem wird dabei eine Content-ID, die durch das Feld %cid repräsentiert wird, mitgegeben. Die Tabelle wird dann über den Befehl CREATE FROM übergeben. Die Content-ID dient als selbst gewählter Schlüssel für die Identifizierung von Datensätzen. Mithilfe der Content-ID können dann auch Beziehungen zu anderen Kindentitäten aufgebaut werden. Dies ist im Anlagekontext häufig relevant, da Business Objects meistens nur sinnvoll angelegt werden können, wenn die Kindentitäten mit angelegt werden. In der Praxis ergibt etwa ein Kundenauftrag nur Sinn, wenn er aus einem Auftragskopf und einer dazugehörigen Position besteht. Dabei ist zu beachten, dass Kindentitäten nur über die Komposition der Elternentität angelegt werden können. Diese Logik findet sich in der EML durch den Befehl CREATE BY wieder. Dabei wird die Typdefinition nicht direkt auf die anzulegende Entität referenziert, sondern auf die Komposition. Dies würde z. B. beim Materialtext in Form von TYPE TABLE FOR CREATE zr_product_info_Text genutzt werden. Diese Tabellenstruktur besteht dann aus der %cid_ref, den Schlüsselelementen der Elternentität und der Zieltabelle in Form von %target. Die %cid_ref wird genutzt, um eine Zuordnung von Kind- und Elternelementen zu ermöglichen, die im selben Schritt angelegt werden sollen. Im Beispiel aus Listing 3.13 bedeutet dies, dass ein Produkt mit der %cid = 'CID_001' und die dazugehörigen Texte mit %cid_ref = 'CID_001' als Eltern-Kind-Beziehung zusammen angelegt werden sollen. Sollte das Elternelement schon in der Datenbank vorhanden sein, wird die Verbindung nicht über die %cid_ref hergestellt, sondern über die Schlüsselfelder des Elternelements. Das Element %target enthält dann wieder eine Tabelle mit den Feldern der anzulegenden Kindentität mit einer eigenen Content-ID. Dadurch ist es z. B. möglich, ein Produkt mit Texten in unterschiedlichen Sprachen gleichzeitig anzulegen.

```
DATA:lt_create_product_data TYPE TABLE FOR CREATE zr_product_info,
   lt_create_product_text TYPE TABLE FOR CREATE zr_product_info\_Text
.
 lt_create_product_data = VALUE #( (
                                        %cid = 'CID_001'
                                        ProductType = if_product_type
      ) ).
```

```
    lt_create_product_text =VALUE #( ( %cid_ref = 'CID_001'
%target = VALUE #( ( %cid = 'CID_TEXT_001'
Language = sy-langu
Text = if_product_desc ) ) ) ).

MODIFY ENTITIES OF zr_product_info "Anlegen einer neuen Entität
    ENTITY ProductInfo "Entität, die angelegt werden soll
    CREATE FROM lt_create_product_data "Produktdaten
    CREATE BY \_Text  "Verknüpfung zur Textentität.
    FROM lt_create_product_text "Text
    MAPPED lt_mapped "Ergebnis der Anlageoperation
    FAILED lt_failed "Fehlerinformation
    REPORTED lt_reported "Meldungen.
```

Listing 3.13 EML-Beispiel für die Anlage von Produkten mit Texten

Determination

Determinierungen (engl. Determinations) können im Managed-Ansatz genutzt werden, um Felder eines Business Objects zu bestimmen, sobald eine Operation diese auslöst. Mögliche Auslösezeitpunkte sind das Modifizieren oder Speichern. Damit könnten Felder vorbelegt oder Abhängigkeiten zwischen Feldern realisiert werden. Die Definition der Determination erfolgt in der Behavior Definition für die einzelnen Entitäten. Die Determination wird durch das Schlüsselwort `determination`, gefolgt von einem selbst vergebenen Namen, eingeleitet. Bei der Determination muss angegeben werden, ob die Ausführung in der Aktionsphase oder in der Speicherphase durchlaufen werden soll. Dazu wird entweder `on modify` für die Interaktionsphase oder `on save` für die Speicherphase angegeben. Hinter der Angabe der Phase folgt eine geschweifte Klammer, in der das Feld oder die Felder genannt werden, die die Determination auslösen. Dafür wird das Schlüsselwort `field`, gefolgt vom Feldnamen, verwendet. Sollte mehr als ein Feld genutzt werden, muss zwischen den Feldnamen ein Komma gesetzt werden. Innerhalb der geschweiften Klammer kann außerdem angegeben werden, bei welcher Interaktion die Determination beim Ändern (`update`), Anlegen (`create`) oder Löschen (`delete`) ausgelöst wird. Dazu wird `create;update;delete;` in die geschweifte Klammer eingetragen. Erfolgt keine Angabe, wird die Determination für alle Interaktionen ausgelöst.

Daraus folgt der folgende Aufbau der Determination:

`determination NameDetermiantion on [modify,save] { [create;update;delete;] field FieldName, FieldName2, …;}"`

In Listing 3.14 sehen Sie den Ausschnitt einer Behavior Definition mit einer Determination mit dem Namen `setDefaultBaseUnit`. Diese Determination wird in der Interaktionsphase ausgelöst, wenn das Feld `Product` befüllt ist.

```
define behavior for ZR_PRODUCT_INFO alias ProductInfo
...
{
  ....
determination setDefaultBaseUnit on modify { create; field Product;}
}
```

Listing 3.14 Determination in der Behavior Definition

Die Implementierung der Determination findet dann in der lokalen Behavior-Implementation-Klasse statt, die von der Klasse `cl_abap_behavior_handler` erbt. In dieser muss dann eine Methode erstellt werden, die wie folgt definiert wird:

```
Method DeterminationName FOR DETERMINE [ON MODIFY|ON Save] IMPORTING keys FOR
Entitäts~DeterminationName
```

Die Methode wird durch `FOR DETERMINE [ON MODIFY|ON Save]` als Implementierung für eine Determination gekennzeichnet. Die Zuordnung, für welche Determination die Methode implementiert wird, erfolgt durch die Importparameter. Dabei werden für dem Importparameter mit `FOR` die Entität und der Determinationsname genutzt. Der Name der Methode ist frei wählbar, allerdings ist es Best Practice, die Methode wie die Determination zu benennen. Darauf aufbauend kann dann eine individuelle Implementierung der Methode erfolgen.

Betrachten wir dazu das Beispiel der Determination `setDefaultBaseUnit`. Diese Methode soll bei der Anlage, wenn keine Basismengeneinheit mitgegeben wurde, den Wert auf »Stück« setzen. In Listing 3.15 sehen Sie eine mögliche Implementierung dieser Anforderung. Zu Beginn müssen die Daten aus dem transaktionalen Buffer gelesen werden, da der Importparameter `keys` eine interne Tabelle ausschließlich mit den Schlüsselfeldern der Entität ist. Über die EML werden die Daten dann ausgelesen und durchiteriert, wobei leere Basismengeneinheiten auf `ST` (»Stück«) gesetzt werden. Neben den sichtbaren Parametern verfügt die Methode auch über eine `Failed`-Struktur und eine `Reported`-Struktur zur Weitergabe von Nachrichten und Fehlern. Um die Änderung der Basismengeneinheit bekannt zu machen, muss der Buffer angepasst werden, indem die Daten über die EML mit der `UPDATE`-Methode überschrieben werden. Für beide EML-Aufrufe wird der Zusatz `IN LOCAL MODE` verwendet, da sie in der Behavior Implementation genutzt werden dürfen und so sichergestellt wird, dass die Basismengeneinheit gelesen und geändert wird, auch wenn die Anwender*innen nicht die Berechtigung hätten, das Feld zu sehen oder zu ändern.

```
CLASS lhc_zr_product_info DEFINITION INHERITING FROM cl_abap_behavior_handler.
  PRIVATE SECTION.
      METHODS: setDefaultBaseUnit FOR DETERMINE ON MODIFY
        IMPORTING keys FOR ProductInfo~setDefaultBaseUnit.
```

```
ENDCLASS.
CLASS lhc_zr_product_info IMPLEMENTATION.
METHOD setDefaultBaseUnit.
    READ ENTITIES OF zr_product_info IN LOCAL MODE
    ENTITY ProductInfo
    FIELDS ( BaseUnit   )
    WITH CORRESPONDING #( keys )
    RESULT DATA(lt_result).

    LOOP AT lt_result ASSIGNING FIELD-SYMBOL(<ls_result>)
    WHERE BaseUnit IS INITIAL.
      <ls_result>-BaseUnit = 'ST'.
    ENDLOOP.

    MODIFY ENTITIES OF zr_product_info IN LOCAL MODE
    ENTITY ProductInfo
    UPDATE
    FIELDS ( BaseUnit   )
    WITH CORRESPONDING #( lt_result ).

  ENDMETHOD.
ENDCLASS
```

Listing 3.15 Determination »setDefaultBaseUnit«

Validation

Validierungen (engl. Validations) können beim Managed- oder beim Unmanaged-Ansatz mit Draft-Szenarien genutzt werden, um die Konsistenz des Business Objects zu prüfen. Die Validierungen werden nach den Determinierungen ausgeführt, wodurch berechnete Felder bereits gefüllt sind. Eine Validierung wird in der Behavior Definition ähnlich wie eine Determination definiert. Die wesentlichen Unterschiede bestehen darin, dass Validierungen durch das Schlüsselwort `validation` eingeleitet werden und die Angabe des auslösenden Feldes optional ist.

Betrachten wir dies nun genauer anhand eines Beispiels: Das Ziel der Validierung ist es, beim Ändern oder Anlegen nur solche Werte für den Produkttyp zuzulassen, die den vordefinierten Werten entsprechen. Dazu wird in der Behavior Definition eine Validation erstellt, die wie folgt aussieht:

```
validation checkProductType on save { create; update; field ProductType; }
```

Die Validierung `checkProductType` spezifiziert dabei, dass in der Speicherphase für das Feld `ProductType` bei `Create`- oder `Update`-Operationen eine Prüfung durchgeführt werden soll. Die Implementierung erfolgt in der Methode der vererbten Klasse von cl_abap_behavior_handler. Der Aufbau des Methodenkopfes ist dabei ähnlich wie bei der Determinierung – mit dem Unterschied, dass die Methode FOR VALIDATE anstelle von FOR DETERMINE enthält. In der Methode können dann über failed und reported Nachrichten und Fehler aus der Validierung zurückgegeben werden. In Listing 3.16 sehen Sie eine mögliche Implementierung. In der Methode checkProductType wird zunächst mittels EML das Feld ProductType aus dem Buffer gelesen. Anschließend werden die möglichen Produkttypen aus der Prüftabelle zproduct_type selektiert und durch einen Inner Join auf die eingegebenen Produkttypen eingegrenzt. Die Daten aus der Entität werden durchlaufen, und es wird geprüft, ob der angegebene Produkttyp in der Datenbanktabelle zproduct_type existiert und somit gültig ist. Sollte ein ungültiger Produkttyp angegeben werden, wird ein Eintrag in die Failed-Struktur für die Entität productinfo erstellt. Dabei wird das Feld %tky (Transactional Key) befüllt, das das Feld %key und eventuelle Draft-Informationen enthält und zur eindeutigen Identifizierung des fehlerhaften Datensatzes dient. Auf diese Weise wird dem Aufrufer mitgeteilt, welcher der Datensätze den Fehler enthält. Parallel wird ein Eintrag in die Reported-Struktur geschrieben, um die Fehlermeldung zu übermitteln. Um die Datensätze den Nachrichten zuzuordnen, wird %tky gesetzt. Um zu definieren, welches Feld die Nachricht betrifft, wird %element-ProductType mit dem Wert if_abap_behv=>mk-on (Wert 01) belegt.

Für das Feld %msg vom Typ des Interfaces if_abap_behv_message bietet die ABAP-RESTful-Application-Programming-Model-Klasse zwei Methoden:

- new_message
- new_message_with_text

Bei der Methode new_message wird eine Nachrichtenklasse mit der Nachrichtennummer und den Variablen übergeben, die in der Nachricht verwendet werden sollen. Bei der Methode new_message_with_text wird hingegen ein Text als String übergeben, um die Nachricht zu erstellen. Die Methode new_message wird empfohlen, da sie Vorteile wie einfache Übersetzbarkeit und keine Begrenzung der Länge von 50 Zeichen hat. Für beide Methoden muss zudem der Übergabeparameter severity gesetzt werden, der angibt, ob es sich um eine Fehler-, Informations- oder Warnmeldung handelt. Der Wert soll mit den Werten aus der Konstanten von if_abap_behv_message=>severity gesetzt werden. Im vorliegenden Beispiel wird die Methode new_message_with_text genutzt, um die Fehlermeldung Product Type &1 does not exist zu generieren.

```
CLASS lhc_zr_product_info DEFINITION INHERITING FROM cl_abap_behavior_handler.
  PRIVATE SECTION.
    METHODS:
      checkProductType FOR VALIDATE ON SAVE
        IMPORTING keys FOR ProductInfo~checkProductType.
ENDCLASS.
```

```
CLASS lhc_zr_product_info IMPLEMENTATION.
  METHOD checkProductType.
    READ ENTITIES OF zr_product_info IN LOCAL MODE
  ENTITY ProductInfo
  FIELDS ( ProductType   )
  WITH CORRESPONDING #( keys )
  RESULT DATA(lt_result).

    SELECT FROM zproduct_type
    INNER JOIN @lt_result AS ProductData
    ON zproduct_type~product_type = ProductData~ProductType
    FIELDS ( ProductType)
    INTO TABLE @DATA(lt_Product_type).

   LOOP AT lt_result ASSIGNING FIELD-SYMBOL(<ls_result>)
    WHERE ProductType is NOT INITIAL.
    IF NOT line_exists( lt_Product_type[ product_type = <ls_result>-
ProductType ] ).
        APPEND VALUE #( %tky        = <ls_result>-%tky
%msg      = new_message_with_text(
text      = |Product Type { <ls_result>-ProductType } does not exist|
severity = if_abap_behv_message=>severity-error )
%element-ProductType = if_abap_behv=>mk-on
                      ) TO reported-productinfo.
APPEND VALUE #(%tky = <ls_result>-%tky ) TO failed-productinfo.
      ENDIF.
    ENDLOOP.
  ENDMETHOD.
ENDCLASS.
```

Listing 3.16 Validation für den Produkttyp

Actions und Functions

Bei *Actions* und *Functions* handelt es sich um eigens definierte Interaktionen, die über die Standardoperationen `Update`, `Create` oder `Delete` hinausgehen. *Functions* sind Interaktionen, die einen lesenden Zugriff mit selbst definierter Datenbestimmung ermöglichen, etwa zur Abfrage von Produktpreisen.

Betrachten wir die Definition und Implementierung einer Function anhand eines Beispiels: eine Funktion, die alle Produkte mit demselben Produkttypen zurückgibt. In Listing 3.17 sehen Sie die Behavior Definition für diese Anforderung. Jede Function startet immer mit dem Schlüsselwort `function`, gefolgt vom Funktionsnamen. Optional können dann Parameter mitgegeben werden, die für die Funktion genutzt werden. Diese Parameter sind immer abstrakte CDS, die die nötigen Importfelder enthalten. Werden wie im Beispiel keine Parameter mitgegeben, können immer nur die Schlüsselfelder der Entität übergeben werden. Anschließend folgt die Angabe der Rückgabemenge mit dem Schlüsselwort `result` und der minimalen und maximalen Anzahl zurückzugebender Entitäten in der Form `[Min..Max]`. Zum Beispiel bedeutet die Notation `[0..*]`, dass als Antwort keine bis beliebig viele Einträge erwartet werden können. Danach wird der Typ der Antwort definiert, wobei entweder ein abstrakter CDS oder eine Entität des Business Objects angegeben wird. Außerdem kann `$self` verwendet werden, wodurch die Antwort dieselbe Entität ist. Somit gibt die Funktion mehrere Einträge der eigenen Entität zurück.

```
define behavior for ZR_PRODUCT_INFO alias ProductInfo
...
{
  ....
function getProductWithSameType result [0..*] $self;
}
```

Listing 3.17 Behavior Definition der Function »setProductStatusToRelase«

Die Implementierung der Logik für die Funktion erfolgt dann in der vererbten Klasse vom Typ `cl_abap_behavior_handler`. In Listing 3.18 ist die Implementierung für unser Beispiel zu sehen. Die Methoden für die Funktion werden durch `FOR FUNCTION` angegeben, und der Rückgabewert wird durch den Befehl `RESULT` gekennzeichnet. In unserem Beispiel werden die Produktdaten in der Methode über die EML gelesen. Anschließend werden Daten über eine Selektion aus dem CDS `zr_product` gelesen, die den Produkttyp des eigenen Materials haben, aber nicht dieselbe Materialnummer. Der Rückgabewert wird durch die Variable `result` dargestellt und hat den Typ `type table for function result zr_product_info\productinfo~getproductwithsametype`. Dieser Typ besteht aus den unterschiedlichen Schlüsselfeldern und der Struktur `%param`. Die Schlüsselfelder dienen zur Identifikation des Datensatzes. Bei `%param` handelt es sich um die definierten Rückgabewerte aus der Behavior Definition. Somit hat `%param` den Typ `type structure for read result zr_product_info\productinfo`. Da diese Struktur nahezu der des CDS entspricht, wird der Wert über `CORRESPONDING #(.. )` übergeben.

```
CLASS lhc_zr_product_info DEFINITION INHERITING FROM cl_abap_behavior_handler.
METHODS getProductWithSameType FOR READ
        IMPORTING keys FOR FUNCTION ProductInfo~getProductWithSameType RESULT
result.
ENDCLASS.
CLASS lhc_zr_product_info IMPLEMENTATION.
  METHOD getProductWithSameType.
```

```
DATA: lt_product_type TYPE STANDARD TABLE OF zr_product_info.
READ ENTITIES OF zr_product_info IN LOCAL MODE
ENTITY ProductInfo
ALL FIELDS WITH CORRESPONDING #( keys )
RESULT DATA(lt_result).

  SELECT FROM zr_product_info AS ProductInfo
  INNER JOIN @lt_result AS ProductData
  ON ProductInfo~ProductType = ProductData~ProductType
  AND ProductInfo~Product <> ProductData~Product
  FIELDS ProductInfo~*
  INTO TABLE @lt_product_type.

  result = VALUE #( FOR <ls_Product_type> IN lt_product_type
  ( %tky = CORRESPONDING #(  <ls_Product_type> )
   %param = CORRESPONDING #( <ls_Product_type> )  ) ).
ENDMETHOD.
ENDCLASS.
```

Listing 3.18 Behavior Implementation der Function »getProductWithSameType«

Actions führen schreibende Operationen aus und werden ähnlich wie Functions definiert, jedoch mit dem Schlüsselwort `action`. Dazu wird die Action mit dem Namen in der Behavior Definition ergänzt.

```
define behavior for ZR_PRODUCT_INFO alias ProductInfo
...
{
  ....
action setProductStatusToRelase
}
```

Listing 3.19 Behavior Definition der Action »setProductStatusToRelase«

Eine mögliche Implementierung ist in Listing 3.20 zu finden. Dabei wird der Produktstatus ausgelesen und geprüft, ob er den Wert `V` (veraltet) hat. Falls nicht, wird der Status auf `R` (freigegeben) gesetzt. Bei einem veralteten Produkt wird eine Fehlermeldung generiert.

```
  METHOD setProductStatusToRelase.
    READ ENTITIES OF zr_product_info IN LOCAL MODE
ENTITY ProductInfo
FIELDS ( ProductStatus   )
```

```
WITH CORRESPONDING #( keys )
RESULT DATA(lt_result).
    LOOP AT lt_result ASSIGNING FIELD-SYMBOL(<ls_result>).
      IF <ls_result>-ProductStatus <> 'V'.
        <ls_result>-ProductStatus = 'R'.
      ELSE.
        APPEND VALUE #( %tky         = <ls_result>-%tky
                        %msg         = new_message_with_text(
text     = |Product Status { <ls_result>-ProductStatus } can not be changed|
severity = if_abap_behv_message=>severity-error )
          %element-ProductStatus = if_abap_behv=>mk-on
                        ) TO reported-productinfo.
APPEND VALUE #( %tky = <ls_result>-%tky ) TO failed-productinfo.
      ENDIF.
    ENDLOOP.
    MODIFY ENTITIES OF zr_product_info IN LOCAL MODE
 ENTITY ProductInfo
 UPDATE
 FIELDS ( ProductStatus   )
 WITH CORRESPONDING #( lt_result ).
  ENDMETHOD.
```

Listing 3.20 Behavior Implementation der Action »setProductStatusToRelase«

Actions und Functions lassen sich in unterschiedliche Kategorien einteilen. In Tabelle 3.8 ist aufgelistet, welche Kategorien von Actions und Functions es gibt und was ihre Aufgabe ist.

Typ von Action/Functions	Behavior Definition	Beschreibung
Standard	▪ action ActionName ▪ function functionName	Methode, die von außen über eine oder mehrere Instanzen eines Objekts aufgerufen wird
Internal	▪ internal action ActionName ▪ internal function functionName	Methoden, die nicht außerhalb der Behavior Implementations aufgerufen werden können. Dienen der Kapselung der Geschäftslogik und sind mit privaten Methoden vergleichbar.

Tabelle 3.8 Kategorien von Actions und Functions

Typ von Action/Functions	Behavior Definition	Beschreibung
Static	`static action ActionName` `static function functionName`	Methoden, die ohne eine Instanz des Business Objects ausgeführt werden können. Es ist kein Objekt erforderlich, um die Funktion zu nutzen. Ein Beispiel ist das Aktualisieren von Daten aller Objekte eines bestimmten Typs.
Factory Action	`factory action ActionName [1]`	Spezielle Form von Static Actions, die der Erstellung von Instanzen einer Entität dienen. Ermöglichen es, Daten mit vordefinierten Werten und beliebig komplexer Logik flexibel anzulegen. Der Rückgabewert dieser Actions besteht daher stets aus einer oder mehreren Instanzen der aufrufenden Entität.

Tabelle 3.8 Kategorien von Actions und Functions (Forts.)

Actions und Functions können zudem über die EML ausgeführt werden. Den Aufruf über die EML sehen Sie am Beispiel von Listing 3.21. Hier wird die Function `getProductWithSameType` genutzt. Bei Functions beginnt der Aufruf über die EML mit `READ`, da es sich um einen lesenden Zugriff auf die Daten handelt. Bei Actions wird `MODIFY` verwendet, da es sich um einen schreibenden Zugriff handelt. Der EML-Aufruf folgt dem Standardmuster, ergänzt um die Anweisung `EXECUTE` nach dem Entitätsnamen sowie der auszuführenden Action oder Function – wie im Beispiel `getProductWithSameType`. Im Anschluss werden über `RESULT` die Daten übermittelt, die im Beispiel vom Typ `type table for function result zr_product_info\productinfo~getproductwithsametype` sind. Bei Actions müssen die Daten zusätzlich über `COMMIT ENTITIES` verbucht werden, da es sich um eine Datenmodifikation handelt.

```
READ "Ausführen der Leseoperation
ENTITIES OF zr_product_info
ENTITY ProductInfo
EXECUTE getProductWithSameType " Angabe der Methode, die ausgeführt werden soll
FROM VALUE #( ( Product = 'TG11' ) ) "Parameter der Methode
RESULT DATA(lt_result) "Ergebnis der Ausführung der Methode
```

```
FAILED DATA(lt_failed) "Fehlerinformation
REPORTED DATA(lt_reported) "Meldungen.
```

Listing 3.21 Ausführen von »getProductWithSameType« mit der EML

Numbering

Über das *Numbering* (dt. Nummerierung) können automatisiert Nummernvergaben von Schlüsselfeldern mit beliebigen Logiken erfolgen. Typische Anwendungsfälle für eine Nummernvergabe mit eigener Logik sind:

- Nutzung von Nummernkreisen
- Vergabe von Positionsnummern
- automatische Erstellung von GUIDs

Die Nummerierung ist ausschließlich für Schlüsselfelder nutzbar. Für die Bestimmung von Nicht-Schlüsselfeldern muss eine Determination verwendet werden. Bei der Nummernvergabe wird zentral zwischen zwei Möglichkeiten unterschieden:

- *Early Numbering* (frühe Nummerierung): Die Nummernvergabe findet in der Interaktionsphase beim Schreiben des Datensatzes im Buffer statt. Dieser Ansatz wird häufig verwendet, wenn kein Nummernkreisobjekt eingesetzt wird, z. B. bei der fortlaufenden Vergabe von Positionsnummern in Kundenaufträgen. Hier werden die Positionsnummern nach einer festgelegten Logik aufsteigend zugewiesen.
- *Late Numbering* (späte Nummerierung): Die Nummernvergabe erfolgt erst beim Speichern. Diese Methode wird typischerweise genutzt, wenn ein Nummernkreis verwendet wird, damit keine Nummer bei nicht erfolgter Anlage verbraucht wird.

In der Behavior Definition wird vor der geschweiften Klammer definiert, ob und welche Art von Nummernvergabe verwendet wird. Dazu wird die Schlüsselwortkombination `late numbering` oder `early numbering` verwendet. Für das Beispiel in Listing 3.22 haben wir uns für die Nutzung von Late Numbering entschieden, da ein Nummernkreisobjekt genutzt werden soll.

```
define behavior for ZR_PRODUCT_INFO alias ProductInfo
late numbering
{ … }
```

Listing 3.22 Late Numbering für »ZR_PRODUCT_INFO«

Der Implementierungsort der Methode hängt von der gewählten Phase ab, in der die Nummernvergabe ausgeführt werden soll. Beim Early Numbering muss die Methode in der Klasse implementiert werden, die von der Klasse `cl_abap_behavior_handler` erbt. Die Implementierung des Late Numbering erfolgt hingegen in der von cl_abap_behavior_saver abgeleiteten Klasse. Zum besseren Verständnis wird im weiteren Verlauf ein Beispiel für die Implementierung von Late Numbering mit Nummernkreisen betrachtet (siehe Listing 3.23).

Für das Late Numbering muss immer die Methode adjust_numbers definiert und implementiert werden. Diese Methode verfügt über den Changing-Parameter mapped, der eine Struktur mit allen angelegten Entitäten enthält, und wird verwendet, um die Schlüsselwerte festzulegen. Zudem verfügt die Methode über dem Parameter reported für die Weitergabe von Nachrichten. Dabei ist zu beachten, dass keine Failed-Struktur vorhanden ist, da der Zeitpunkt, zu dem geplante Fehler auftreten, überschritten ist. Im Beispiel wird über das Element productinfo der mapped-Struktur iteriert und die Methode cl_numberrange_runtime=>number_get ausgeführt. Bei der Methode number_get handelt es sich um die cloud-fähige Entsprechung des Funktionsbausteins NUMBER_GET_NEXT. Sie hat die Aufgabe, aus einem Nummernkreis die nächste Nummer zu ziehen. Das Nummernkreisobjekt wird über object, das Intervall über nr_range_nr und das Präfix über subobject übergeben. Im nächsten Schritt wird die Nummer auf die Zielvariable Product gesetzt, und über SHIFT werden führende Nullen entfernt. Im Anschluss müssen die abhängigen Entitäten noch den neuen Schlüsselwert erhalten. Im Beispiel wird deswegen über die Produkttexte iteriert und mit der Einschränkung auf die %pid des Produkts und die neue Produktnummer gesetzt. %pid steht für Primary-ID und hat die Aufgabe, alle Instanzen eines Business Objects eindeutig zu identifizieren. Auf diese Weise haben alle Texte, die zu diesem Produkt gehören, dieselbe %pid.

```
CLASS lsc_zr_product_info DEFINITION INHERITING FROM cl_abap_behavior_saver.
  PROTECTED SECTION.
    METHODS adjust_numbers REDEFINITION.
ENDCLASS.
CLASS lsc_zr_product_info IMPLEMENTATION.
METHOD adjust_numbers.
LOOP AT mapped-productinfo ASSIGNING FIELD-SYMBOL(<ls_productinfo>).
      TRY.
          cl_numberrange_runtime=>number_get(
            EXPORTING
              nr_range_nr        = '01'
              object             = 'Z_PRODUCT'
              subobject          = 'TG'
            IMPORTING
              number             = DATA(lf_number)
          ).
        CATCH cx_root INTO DATA(lo_error).
      ENDTRY.
```

```
      <ls_productinfo>-%key-Product =  lf_number.
      SHIFT <ls_productinfo>-%key-Product LEFT DELETING LEADING '0'.
 LOOP AT mapped-proucttext ASSIGNING FIELD-SYMBOL(<ls_prouctext>)
      WHERE %pid = <ls_productinfo>-%pid.
   <ls_prouctext>-%key-Product = <ls_productinfo>-%key-Product.
      ENDLOOP
    ENDLOOP.
    ENDMETHOD.
    ENDCLASS.
```

Listing 3.23 Methode »adjust_numbers« für die Produktnummer

Bei der späten Nummerierung ist es notwendig, die neu erzeugte Nummer über den Befehl CONVERT KEY OF abzufragen, um so den neuen Schlüsselwert zu erhalten. Eine exemplarische Anwendung dieses Befehls ist in Listing 3.24 dargestellt. Dazu wird COMMIT ENTITIES BEGIN RESPONSE OF zr_product_info ausgeführt, nachdem die Daten im Buffer geschrieben wurden. Im Commit-Bereich wird dann über die Mapping-Tabelle (LT_MAPPED) iteriert und der Befehl CONVERT KEY OF aufgerufen. Das ABAP-RESTful-Application-Programming-Model-Objekt, z. B. zr_product_info, wird mit der Primary ID (%pid) übergeben, damit der zugehörige Schlüsselwert aus dem Buffer geladen werden kann. Das Ergebnis wird dann in die Struktur ls_mapped_late geschrieben. Diese Struktur ist vom Typ TYPE STRUCTURE FOR KEY OF und enthält alle Schlüsselfelder der Entität. Die so ermittelten Schlüssel können dann für die weitere Verarbeitung genutzt werden.

```
Data   ls_mapped_late TYPE STRUCTURE FOR KEY OF zr_product_info.
MODIFY ENTITIES OF zr_product_info "Anlegen einer neuen Entität
    ENTITY ProductInfo "Entität, die angelegt werden soll
    CREATE FROM VALUE #( ( %cid = 'CID_001'
                           ProductType = if_product_type
      ) ) "Product Daten
    MAPPED data(lt_mapped)"Mapping.

COMMIT ENTITIES BEGIN  RESPONSE OF zr_product_info
   FAILED DATA(lt_failed_commit)
   REPORTED DATA(lt_reported_commit).
    LOOP AT lt_mapped-productinfo ASSIGNING FIELD-SYMBOL(<ls_mapped>).
      CONVERT KEY OF zr_product_info
      FROM <ls_mapped>-%pid TO ls_mapped_late.

    ENDLOOP.
    COMMIT ENTITIES END.
```

Listing 3.24 Auslesen des Schlüssels beim Late Numbering

Neben dieser individuellen Implementierung der Nummernvergabe besteht auch die Möglichkeit, Felder mit einer automatisch erzeugten GUID zu befüllen, wie bereits bei CAP in Abschnitt 2.2.2, »Datenbanken modellieren«, gezeigt wurde. Dazu muss das Feld allerdings vom Typ `ABP_BEHV_PID` oder einem mit diesem Typ kompatiblen Typ sein. Um dies zu ermöglichen, wird in der Behavior Definition im Bereich der Entität der Befehl `field(numbering : managed)`, gefolgt vom Feldnamen, hinzugefügt. Diese Art der Nummernvergabe eignet sich gut, wenn die Nummer nicht von Menschen eingegeben oder als Suchkriterium genutzt werden soll.

Draft

Das *Draft-Konzept* ermöglicht die temporäre Sicherung von Entwurfsversionen, bevor diese endgültig persistiert werden. Es verbessert die Benutzerfreundlichkeit erheblich, da Anwender*innen nicht mehr gezwungen sind, ihre Eingaben sofort zu speichern. Diese Funktion ist insbesondere für SAP-Fiori-Anwendungen von großer Bedeutung, da bei Unterbrechungen der Internetverbindung ohne Draft-Unterstützung sämtliche Änderungen verloren gehen würden. In Abschnitt 2.2.4, »Benutzeroberflächen erstellen«, haben wir Ihnen dieses Konzept bereits im Kontext des SAP Cloud Application Programming Models erläutert. Konzeptionell sind die Draft-Implementierungen im ABAP RESTful Application Programming Model und im CAP identisch, unterscheiden sich jedoch in der technischen Umsetzung. Die Aktivierung der Draft-Unterstützung erfolgt auf der Header-Ebene der Behavior Definition durch das Setzen von `with draft`. Zudem muss eine Draft-Tabelle für jede Entität angegeben werden, auf die Daten geschrieben werden können. Die Draft-Tabelle stellt dabei eine Abbildung des CDS Views mit zusätzlichen, für den Draft-Modus erforderlichen Feldern bereit. Für die Nutzung von Drafts werden verschiedene *Draft Actions* genutzt. Zu diesen gehören die folgenden Actions:

- *Resume*: Ermöglicht es Benutzer*innen, einen Entwurf wieder aufzunehmen und weiterzubearbeiten. Dabei kümmert sich die Action um die nötigen Sperren.
- *Discard*: Löscht die Entwurfsinstanz und löst alle Sperren auf.
- *Activate*: Überschreibt die aktive Version mit den Entwurfsdatensätzen und persistiert die Daten.
- *Edit*: Ermöglicht es Benutzer*innen, einen Entwurf zu bearbeiten.
- *Prepare*: Definiert, welche Determination und Validation auf die Entwurfsdatensätze angewandt werden.

In Listing 3.25 sehen Sie, wie sich die Draft-Funktion auf den Aufbau einer Behavior Definition auswirkt. Für die Draft-Funktion wird eine `draft table` hinzugefügt, die die Entwurfsversion der neuen Daten speichert. Diese Tabelle kann mit Quick Fix von Eclipse erzeugt und aktualisiert werden, wenn sich Felder ändern sollten. Die ETags etag master und total etag werden hinzugefügt, um die Konsistenz und Integrität zu überwachen. Für unser Beispiel ist der etag master der Zeitstempel der letzten Änderung der Hauptentität, während der total etag den Zeitstempel der letzten Änderung aller Entitäten innerhalb des Business Objects darstellt. Dies verhindert parallele Änderungen während des Entwurfsprozesses. Diese Prüfung wird durchgeführt, indem der Zeitstempel in der Datenbank mit dem der Entwurfsinstanz verglichen wird. Sollte der Wert in der Datenbank neuer sein, wird das Speichern verhindert. Zudem ist zu sehen, wie die Validierung für checkProductType für die Action Prepare aktiviert und somit innerhalb des Entwurfsprozesses geprüft wird.

```
managed implementation in class ZBP_R_PRODUCT_INFO unique;
strict ( 2 );
with draft;
define behavior for ZR_PRODUCT_INFO alias ProductInfo
persistent table zproduct_info
draft table zproduct_info_d
etag master LocalLastChangedAt
lock master
total etag LastChangedAt
authorization master ( global )

{
  ...

  create;
  update;
  delete;
  draft action Activate optimized;
  draft action Discard;
  draft action Edit;
  draft action Resume;
  draft determine action Prepare
  {
    validation checkProductType;
  }
  association _Text { create; with draft; }
validation checkProductType on save { create; update; field ProductType; }

}
```

Listing 3.25 Draft in der Behavior Definition für »ZR_PRODUCT_INFO«

Bei den Kindentitäten sind weniger Veränderungen erforderlich als bei den Elternentitäten, da die Draft-Aktion von den Eltern ausgeführt wird. Bei den Kindentitäten ist es lediglich notwendig, die Charakteristika für `draft table` zu ergänzen, wie in Listing 3.26 zu sehen ist.

```
define behavior for Z_I_Product_Text alias ProuctText
persistent table zproduct_text
draft table zproduct_text_d
authorization dependent
lock dependent
{
  update;
  delete;
  association _Product;

}
```

Listing 3.26 Draft in Behavior Definitions für »Z_I_Product_Text«

Projection

Die Projektion (engl. Projection) eines Business Objects ermöglicht dessen Wiederverwendbarkeit. So ist es möglich, verschiedene Ausprägungen eines Business Objects mit unterschiedlichen Oberflächen und Funktionen zu erstellen. Felder können über die Projektion eines CDS reduziert oder mit neuen Annotationen versehen werden. Außerdem wird hier ein Provider Contract angegeben, der definiert, für welchen Anwendungsfall die Projektion genutzt werden soll. Zu diesen Anwendungsfällen gehören:

- `TRANSACTIONAL_QUERY`: Gibt an, dass die Anwendung für transaktionale Verarbeitung genutzt wird, etwa als API oder für eine SAP-Fiori-App.
- `TRANSACTIONAL_INTERFACE`: Gibt an, dass es sich um eine stabile öffentliche Schnittstellenschicht nach einer C1-Freigabe handelt, die für weitere Anwendungen genutzt werden kann.
- `ANALYTICAL_QUERY`: Gibt an, dass es sich um einen analytischen CDS handelt, der z. B. als analytische Query genutzt wird.

Listing 3.28 zeigt ein Beispiel für die Projektion eines Business Objects. Jede Projektion nutzt anstelle eines `select from` ein `projection on`, um die Daten zur Verfügung zu stellen. Bei einer Projektion werden die Felder reduziert und wird die Komposition angepasst. Für die Komposition wird dabei ein CDS View mit einer Projektion des ursprünglichen Kind-CDS-Views verwendet, sodass nur die Daten dieses CDS genutzt werden können. Für die Änderung der Komposition wird redirected to composition child genutzt.

```
define root view entity ZC_PRODUCT_INFO
  provider contract transactional_query
  as projection on ZR_PRODUCT_INFO
{
  key Product,
  ....
  _Text: redirected to composition child Z_C_Product_text
}
```

Listing 3.27 Projektion des CDS »ZR_PRODUCT_INFO«

Auf der Ebene der Projektion der Kindentität wird dann über redirected to parent auf die Projektion der Elternentität referenziert, um die Beziehung auch in die andere Richtung anzupassen. Dabei ist zu beachten, dass eine Referenzierung auf einen anderen CDS, der keine Projektion des ursprünglichen Root Views oder der Kindentität ist, nicht möglich ist. Ein Beispiel für eine Projektion einer Kindentität zeigt Listing 3.28 für den Text-CDS-View des Produkts.

```
define view entity Z_C_Product_text as projection on Z_I_Product_Text
{
    key Product,
    key Language,
    ....
    _Proudct: redirected to parent ZC_PRODUCT_INFO
}
```

Listing 3.28 Projektion des CDS »Z_C_Product_text«

Neben der Projektion eines CDS wird im ABAP RESTful Application Programming Model auch eine Projektion für die Behavior Definition benötigt. Das liegt daran, dass die Basis-Behavior-Definition die maximalen Ausprägungen an Operationen zur Verfügung stellt. Auf der Projektionsebene sollen die Operationen fallbezogen angepasst werden. Ein Beispiel wäre: Es wird eine App erstellt, in der Mitarbeitende neue Kundendaten erfassen, aber keine bestehenden Daten ändern oder löschen dürfen. Die Basis-Behavior-Definition erlaubt es jedoch, Daten zu löschen und zu ändern. Durch die Nutzung der Projektionsebene lässt sich explizit angeben, welche Operationen erlaubt sind. Dazu wird das Schüsselwort use, gefolgt vom Operationsnamen, verwendet. In Listing 3.29 sehen Sie, wie die gewünschten Operationen aktiviert wurden. Dabei ist zu beachten, dass Validation und Determination nicht deaktiviert werden können, weil dies die Konsistenz der Daten gefährden könnte.

```
projection;
strict ( 2 );
use draft;
define behavior for ZC_PRODUCT_INFO alias Product
use etag
{
  use create;
  use update;
  use delete;

  use action setProductStatusToRelease;

  use action Activate;
  use action Discard;
  use action Edit;
  use action Resume;
  use action Prepare;
  use association _Text { create; with draft; }
}

define behavior for Z_C_Product_text alias ProductText
{
  use update;
  use delete;
  use association  _Product;
}
```

Listing 3.29 Projektion der Behavior Definition

Business Service

Um das Business Object nach außen als Web API oder UI Service verfügbar zu machen, wird der *Business Service* genutzt. Er setzt sich aus der Servicedefinition und dem Service Binding zusammen. Der Business Service ermöglicht es, festzulegen, welche Entitäten nach außen veröffentlicht werden und welches Protokoll (OData V2, V4 oder A2X) dazu verwendet werden soll. Zudem verfügt der Business Service über einen Lebenszyklus, der es ermöglicht, diesen zu versionieren und auf obsolet zu stellen, wenn er ersetzt wurde. Darüber hinaus werden Tools angeboten, etwa A2X-Dokument oder die SAP-Fiori-Elements-Vorschau, um die API zu visualisieren. In Abbildung 3.14 sehen Sie alle Funktion des Business Services.

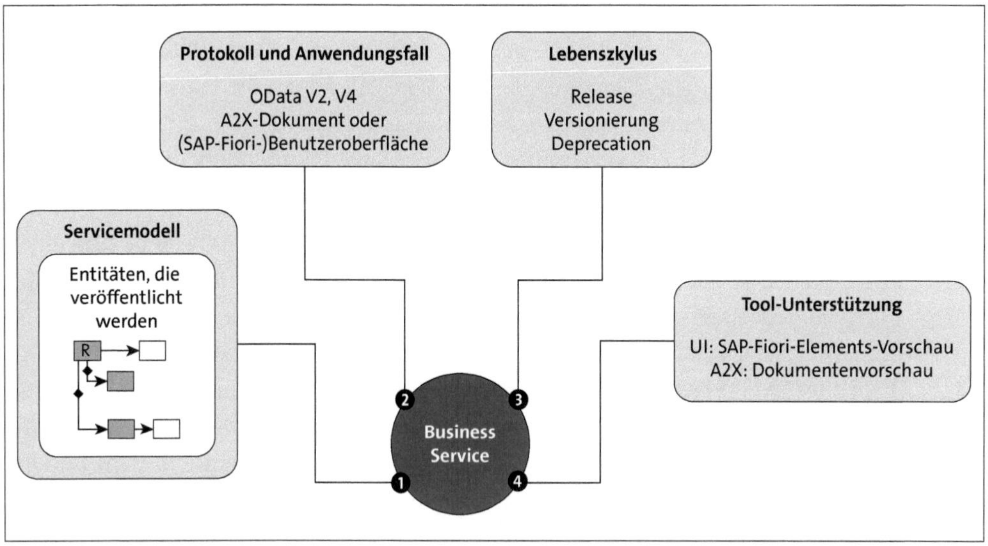

Abbildung 3.14 Aufbau eines Business Services

Servicedefinition

Die *Servicedefinition* definiert, welche Entitäten eines Business Objects veröffentlicht werden sollen. Es ist möglich, viele unterschiedliche Entitäten in einer Servicedefinition zu nutzen. Dabei können Aliasse über das Schlüsselwort as vergeben werden. Für die Entitäten sollten Aliasse vergeben werden, da diese die Lesbarkeit verbessern und dadurch auch der Anwendungszweck verdeutlicht werden kann, wie aus Listing 3.30 hervorgeht. Dies ist besonders im Kontext von APIs wichtig, da nicht davon ausgegangen werden darf, dass die aufrufende Seite mit den SAP-Terminologien vertraut ist.

```
@EndUserText.label: 'Demo Product Service V2'
define service ZUI_PRoduct_04
  provider contracts odata_v4_ui {
  expose ZC_PRODUCT_INFO  as Product;
  expose Z_C_Product_text as ProductText;
}
```

Listing 3.30 Servicedefinition für Produktdaten

Service Binding

Das Service Binding definiert, welches Protokoll für den Service genutzt wird und was der Verwendungszweck ist. Über das Service Binding werden eine oder mehrere Servicedefinition(en) eingebunden und können so als Web API oder UI Service nach außen veröffentlicht werden. Bei UI Services werden die UI-Annotationen über die Metadaten nach außen übergeben. Bei der Web API fehlen die UI-Annotationen in den Metadaten. In beiden Fällen wird dadurch ein OData-Service zur Verfügung gestellt und kann von außen konsumiert werden. Es wird empfohlen, für jeweils unterschiedliche Zwecke einer Servicedefinition separate Service Bindings anzulegen.

In Abbildung 3.15 sehen Sie den Aufbau eines Service Bindings. Es besteht zum einen immer aus einer oder mehreren Servicedefinitionen – in unserem Beispiel aus der `ZUI_Product_04`. Beim Service Binding handelt es sich um einen UI Service mit dem Protokoll OData V4. Dies kann anhand der Namenskonvention mit dem Präfix ZUI für UI oder ZAPI für API abgelesen werden. Das Suffix gibt die Version und das Protokoll an – z. B. »O2« für OData V2 oder »O4« für OData V4. Darüber hinaus gibt es die Buttons **Publish** bzw. **Unpublish**, mit denen der Service veröffentlicht wird und die URL von außen aufgerufen werden kann. Im Feld **Service URL** sehen Sie außerdem die URL des Services.

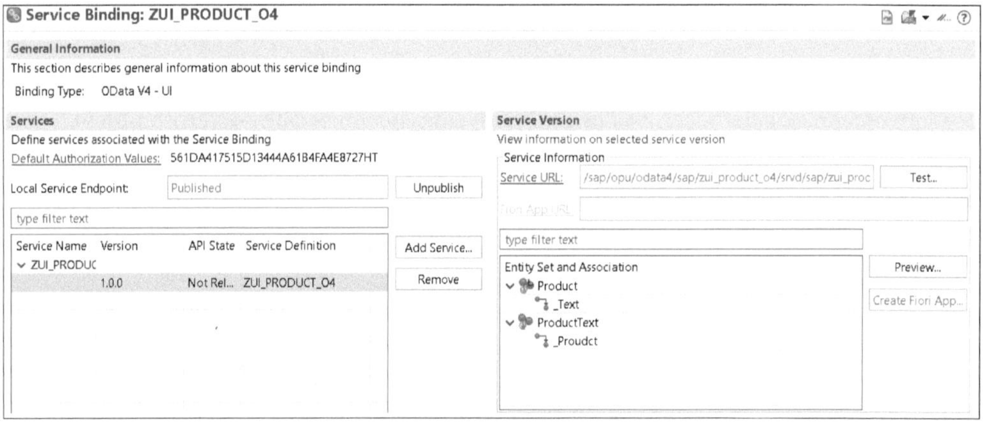

Abbildung 3.15 Service Binding für den Produktservice

Über den Button **Preview** können Sie sich dann eine SAP-Fiori-Elements-Vorschau der App anzeigen lassen (siehe Abbildung 3.16). Dabei handelt es sich nicht um die eigentliche App, die dann über das SAP Business Application Studio erzeugt werden kann, sondern nur um eine mögliche Vorschau. Die App kann dann im SAP Business Application Studio weiterbearbeitet werden.

Abbildung 3.16 Vorschau des Services

3.3 Anwendungen entwickeln

Im Rahmen dieses Abschnitts erfahren Sie anhand eines praktischen Beispiels, wie eine Entwicklung im ABAP Environment ablaufen kann – von der Datenmodellierung bis hin zur Erstellung eigener Oberflächen.

3.3.1 Datenbanken modellieren

Die grundlegende Anforderung an die zu entwickelnde Anwendung besteht darin, dass Anwender*innen die Möglichkeit erhalten sollen, Kontakte mit unterschiedlichen Adressdaten zu pflegen. Die Datenmodellierung ist der erste Schritt bei der Entwicklung einer ABAP-RESTful-Application-Programming-Model-Anwendung. Basierend auf dieser Anforderung werden zwei Datenbanktabellen benötigt, um Daten für Kontakte und Adressen zu speichern. Die Beziehung zwischen den Kontakten und den Adressen ist dabei 1 zu N. Im ersten Schritt wird nun eine Datenbanktabelle für die Kontakte mit dem Namen `zcontact` angelegt. Dazu klicken Sie in Eclipse mit der rechten Maustaste auf das Projekt und wählen dort **New • Other • Database Table** aus. In der Tabelle (siehe Listing 3.33) werden als Schlüsselfelder `client` und `contact_Id` angegeben. Das `client` ist nötig, da die Tabelle mandantenabhängig sein soll, und contact_Id das eigentliche Schlüsselfeld der Tabelle ist. Dabei haben wir uns für den Datentyp sysuuid_x16 entschieden, wodurch eine GUID entsteht, die für die automatische Nummernvergabe verwendet wird. Neben den Schlüsselfeldern werden Datenfelder, wie etwa Vorname, Nachname, E-Mail-Adresse oder Telefonnummer, ergänzt. Zudem fügen Sie Änderungs- und Anlagefelder hinzu, die Änderungen am Datensatz aufzeichnen und für die Nutzung der Draft-Funktion relevant sind.

```
@EndUserText.label : 'Kontakt'
@AbapCatalog.enhancement.category : #NOT_EXTENSIBLE
@AbapCatalog.tableCategory : #TRANSPARENT
@AbapCatalog.deliveryClass : #A
@AbapCatalog.dataMaintenance : #RESTRICTED
define table zcontact {
  key client              : abap.clnt not null;
  key contact_id          : sysuuid_x16 not null;
  title                   : ad_title;
  first_name              : ad_namefir;
  name_last               : ad_namelas;
  phone                   : ad_telnrlg;
  mail                    : /dmo/email_address;
  concat_language         : spras;
  note                    : abap.char(400);
  local_created_by        : abp_creation_user;
  local_created_at        : abp_creation_tstmpl;
  local_last_changed_by : abp_locinst_lastchange_user;
  local_last_changed_at : abp_locinst_lastchange_tstmpl;
  last_changed_at         : abp_lastchange_tstmpl;
}
```

Listing 3.31 Kontaktdatentabelle

Für das Datenmodell wird die zweite Tabelle zcontact_address benötigt, die die Adressdaten zu einem Kontakt enthält. Die Anlage der Tabelle kann auf dieselbe Weise durchgeführt werden wie bei den bisherigen Tabellen. Die Tabelle (siehe Listing 3.32) enthält dieselben Schlüsselfelder wie die Tabelle zuvor und zusätzlich noch das Schlüsselfeld address_id, das ebenfalls vom Datentyp sysuuid_x16 ist. Außerdem werden typische Adressfelder wie Land, Stadt, Postleitzahl, Straße und Hausnummer in der Tabelle gespeichert. Darüber hinaus wird im Feld default_address die Standardadresse des Kontakts hinterlegt.

```
@EndUserText.label : 'Adresse zum Kontakt'
@AbapCatalog.enhancement.category : #NOT_EXTENSIBLE
@AbapCatalog.tableCategory : #TRANSPARENT
@AbapCatalog.deliveryClass : #A
```

```
@AbapCatalog.dataMaintenance : #RESTRICTED
define table zcontact_address {
  key client      : abap.clnt not null;
  key contact_id : sysuuid_x16 not null;
  key address_id  : sysuuid_x16 not null;
  default_address : abap_boolean;
  country         : land1;
  city            : /dmo/city;
  postal_code     : /dmo/postal_code;
  street          : /dmo/street;
  house_number    : text10;
}
```

Listing 3.32 Datenbanktabelle für die Adresse zum Kontakt

Nachdem die Datenbanktabelle angelegt wurde, ist die Grundlage für die Speicherung der Daten geschaffen. Im nächsten Schritt werden zu beiden Tabellen neue CDS angelegt. Wählen Sie dazu die gewünschte Datenbanktabelle aus, und klicken Sie mit der rechten Maustaste darauf. Wählen Sie nun im Auswahlbildschirm die Option **New Data Definition** aus (siehe Abbildung 3.17).

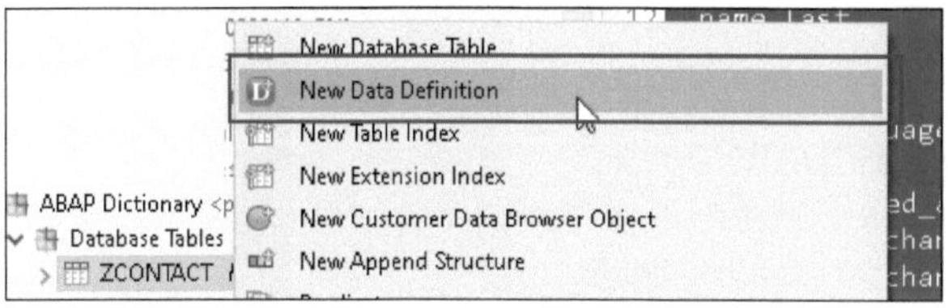

Abbildung 3.17 Datendefinition anlegen

Für die Tabelle zcontact wählen Sie das CDS Template **Define Root View Entity** aus, da der Kontakt unser Business Object darstellt. Dabei sollten Sie darauf achten, nicht das Template **Define Root View** auszuwählen, da dieses obsolet ist. Der Name des Root Views ist dabei ZDEMO_R_Contact. Nun werden die Schritte für die Datenbanktabelle zcontact_address wiederholt – mit der Ausnahme, dass das Template **Define View Entity with To-Parent Association** verwendet wird. Der Name dieses CDS soll dabei ZDEMO_R_ContactAddress lauten. Um diese beiden CDS miteinander zu verbinden, muss nun eine Komposition erstellt werden. Dazu wird in der Kindentität ZDEMO_R_ContactAddress folgende Assoziation erstellt und in die Projektionsliste aufgenommen: association to parent ZDEMO_R_Contact as _Contact on _Contact.ContactId = $projection.ContactId. Das Ergebnis sehen Sie in Listing 3.34.

In der Elternentität wird die Komposition composition [0..*] of ZDEMO_ContactAddress as _ContactAddress hinzugefügt und die Komposition in die Projektionsliste übernommen. Im CDS ZDEMO_R_Contact wird die Annotation vom Typ @Semantics ergänzt, damit die Anlage- und Änderungsfelder automatisch befüllt werden können. Das Ergebnis dieser Anpassung sehen Sie in Listing 3.33. Da beide Objekte voneinander abhängig sind, müssen sie eventuell zusammen aktiviert werden.

```
@AccessControl.authorizationCheck: #NOT_REQUIRED
@EndUserText.label: 'Kontakt'
@Metadata.ignorePropagatedAnnotations: true
define root view entity ZDEMO_R_Contact as select from zcontact
composition [0..*] of ZDEMO_R_ContactAddress as _ContactAddress
{
    key contact_id as ContactId,
    title as Title,
    first_name as FirstName,
    name_last as NameLast,
    phone as Phone,
    mail as Mail,
    concat_language as ConcatLanguage,
    note as Note,
  @Semantics.user.createdBy: true
    local_created_by as LocalCreatedBy,
   @Semantics.systemDateTime.createdAt: true
    local_created_at as LocalCreatedAt,
    @Semantics.user.localInstanceLastChangedBy: true
    local_last_changed_by as LocalLastChangedBy,
    @Semantics.systemDateTime.localInstanceLastChangedAt: true
    local_last_changed_at as LocalLastChangedAt,
    @Semantics.systemDateTime.lastChangedAt: true
    last_changed_at as LastChangedAt,
    _ContactAddress
}
```

Listing 3.33 CDS »Kontakt«

```
@AccessControl.authorizationCheck: #NOT_REQUIRED
@EndUserText.label: 'Adresse zum Kontakt'
@Metadata.ignorePropagatedAnnotations: true
define  view entity ZDEMO_R_ContactAddress as select from zcontact_address
association to parent ZDEMO_R_Contact  as _Contact
on _Contact.ContactId = $projection.ContactId
{
    key contact_id as ContactId,
    key address_id as AddressId,
    default_address as DefaultAddress,
    country as Country,
```

```
    city as City,
    postal_code as PostalCode,
    street as Street,
    house_number as HouseNumber,
    ContactAddress,
    _Contact
}
```

Listing 3.34 CDS für die Adresse zum Kontakt

Durch die vorangegangenen Schritte sind nun das Datenmodell für die Entwicklung einer ABAP-RESTful-Application-Programming-Model-Anwendung sowie die zugehörigen CDS Views verfügbar.

3.3.2 Services entwickeln

Im nächsten Schritt wird dann eine Behavior Definition zum Root CDS View `ZDEMO_R_Contact` angelegt. Dazu klicken Sie mit der rechten Maustaste auf den CDS View und wählen die Option **New Behavior Definition** aus, wie in Abbildung 3.18 zu sehen ist. Es wird dann der Managed-Ansatz ausgewählt, da kein alter Programmcode vorhanden ist und somit der Greenfield-Ansatz verfolgt wird.

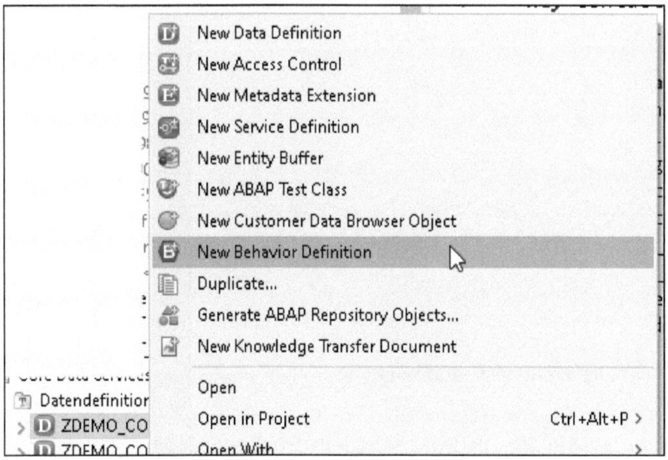

Abbildung 3.18 Neue Behavior Definition anlegen

Im nächsten Schritt müssen Sie ein Mapping erstellen, da die Feldnamen der CDS Views nicht den Feldern der Datenbanktabelle entsprechen, da Unterstriche (»_«) automatisch durch eine Camelcase-Schreibweise ersetzt wurden – z. B. `first_name` zu `FirstName`. Um das Mapping zu erstellen, nutzen Sie das Schlüsselwort `mapping for`, gefolgt von der Bezeichnung der Datenbanktabelle, auf die die Daten gemappt werden sollen. Beim Mapping wird der Feldname des CDS Views auf den Namen der Datenbanktabelle zugewiesen. In Listing 3.35 ist das Mapping für den CDS View ZDEMO_R_Contact und in Listing 3.36 das entsprechende Mapping für den CDS View ZDEMO_R_ContactAddress zu sehen.

```
mapping for zcontact {
ContactId = contact_id;
FirstName = first_name;
NameLast = name_last;
LocalCreatedBy = local_created_by;
LastChangedAt = last_changed_at;
LocalCreatedAt = local_created_at;
LocalLastChangedAt = local_last_changed_at;
LocalLastChangedBy = local_last_changed_by;
Mail= mail;
Note = note;
Phone = phone;
Title = title;
ConcatLanguage = concat_language;
}
```

Listing 3.35 Mapping zur Tabelle »zcontact«

```
mapping for zcontact_address {
ContactId = contact_id;
AddressId = address_id;
City = city;
Country = country;
DefaultAddress = default_address;
HouseNumber = house_number;
PostalCode = postal_code;
Street =  street;
}
```

Listing 3.36 Mapping zur Tabelle »zcontact_address«

Im nächsten Schritt aktivieren Sie die automatische Nummernvergabe für ContactId und AddressId. Dazu wird im Bereich des CDS ZDEMO_R_Contact der folgende Code ergänzt: field (readonly, numbering : managed) ContactId;. Für den CDS View ZDEMO_R_ContactAddress wird entsprechend field (numbering : managed) AddressId; ergänzt. Nun ist die Behavior Definition lauffähig. Da wir eine SAP-Fiori-App mit OData V4 erstellen wollen und die Datenmodifikation nur mit Draft-Unterstützung möglich ist, müssen Sie noch die Draft-Funktion aktivieren.

Um diese Draft-Funktion in der Behavior Definition zu aktivieren, werden spezifische Anpassungen in der Behavior Definition vorgenommen. Im Header-Bereich fügen wir die Eigenschaft `with draft;` hinzu. Anschließend wird über `draft table zcontact_d` die Draft-Tabelle hinzugefügt. Zur Erstellung der Draft-Tabelle kann die Quick-Fix-Funktion über die Tastenkombination `Strg` + `1` genutzt werden. Für die Implementierung der Sperrfunktion werden *ETags* benötigt. Dazu werden `etag master LocalLastChangedAt` und `total etag LastChangedAt` hinzugefügt, um Konsistenz und Datenintegrität sicherzustellen. Damit alle Funktionen für die weiteren Arbeitsschritte verfügbar sind, werden alle Draft Actions hinzugefügt, die in Listing 3.37 zu sehen sind.

```
draft action Activate optimized;
draft action Discard;
draft action Edit;
draft action Resume;
draft determine action Prepare;
```

Listing 3.37 Draft Actions

Für die Assoziation `ContactAddress` wird das `Create` mit dem dazugehörigen Draft und der Draft-Tabelle über `association _ContactAddress { create; with draft; }` aktiviert. Nachdem alle Anpassungen vorgenommen wurden, ergibt sich die Behavior Definition aus Listing 3.38.

```
managed implementation in class zbp_demo_contact unique;
strict ( 2 );
with draft;
define behavior for ZDEMO_R_Contact //alias <alias_name>
persistent table zcontact
draft table zcontact_d
etag master LocalLastChangedAt
lock master
total etag LastChangedAt
authorization master ( global )
{
  create ( authorization : global );
  update;
  delete;
  draft action Activate optimized;
  draft action Discard;
  draft action Edit;
  draft action Resume;
```

```
  draft determine action Prepare;
  field ( readonly,numbering : managed ) ContactId;
  association _ContactAddress { create; with draft; }
  mapping for zcontact {
  ContactId = contact_id;
  FirstName = first_name;
  NameLast = name_last;
  LastChangedAt = last_changed_at;
  LocalCreatedAt = local_created_at;
  LocalLastChangedAt = local_last_changed_at;
  LocalLastChangedBy = local_last_changed_by;
  Mail= mail;
  Note = note;
  Phone = phone;
  Title = title;
  ConcatLanguage = concat_language;
  }
}
define behavior for ZDEMO_R_ContactAddress //alias <alias_name>
persistent table zcontact_address
lock dependent by _Contact
draft table  zcontactaddressD
authorization dependent by _Contact
{
  update;
  delete;
  field ( readonly ) ContactId,AddressId;
  field ( numbering : managed ) AddressId;
  association _Contact ;
  mapping for zcontact_address {
  ContactId = contact_id;
  AddressId = address_id;
  City = city;
  Country = country;
  DefaultAddress = default_address;
  HouseNumber = house_number;
  PostalCode = postal_code;
  Street =  street;
  }
}
```

Listing 3.38 Behavior Definition für Kontakte

Da nun die Behavior Definition fertig ist, beginnen wir im nächsten Schritt mit der Implementierung. Die Implementierungsklasse kann durch den Quick Fix erzeugt werden. Positionieren Sie dazu den Cursor auf dem Klassennamen, und verwenden Sie die Tastenkombination [Strg] + [1], um die Klasse zu erstellen (siehe Abbildung 3.19). Die so erzeugte Klasse enthält zunächst keine Logik, da durch den Managed-Ansatz alle Standard-CRUD- und Draft-Operationen ohne zusätzliche Implementierung bereitgestellt werden.

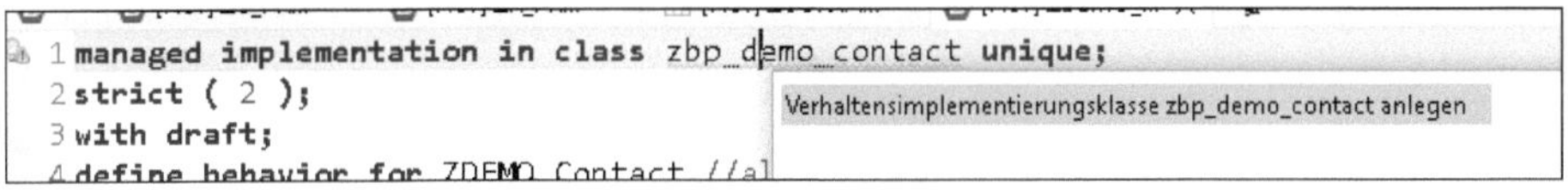

Abbildung 3.19 Implementierungsklasse erstellen

Im nächsten Schritt werden Projektionen für beide CDS Views angelegt. Führen Sie einen Rechtsklick auf den entsprechenden CDS aus, wählen Sie **New Data Definition** und als Template die Option **Projektion**. Für die Kontakte wird der Name `ZDEMO_C_CONTACT` und bei den Adressen der Name `ZDEMO_C_CONTACTADDRESS` verwendet. Bei den Kontakten wird der *Provider Contract* ergänzt. Da es sich um eine Anwendung handelt, die Daten transaktional verbuchen soll, wird der Provider Contract `provider contract transactional_query` eingetragen. Zudem muss noch die Verbindung zum neuen Kind-CDS `ZDEMO_C_CONTACTADDRESS` hergestellt werden, um Daten und Annotation daraus zu beziehen. Dazu wird bei der Komposition folgender Code ergänzt: `ContactAddress`**: redirected to composition child** `ZDEMO_C_CONTACTADDRESS`. Den so erzeugten CDS sehen Sie in Listing 3.39.

```
@AccessControl.authorizationCheck: #NOT_REQUIRED
@EndUserText.label: 'Kontakt-App'
@Metadata.ignorePropagatedAnnotations: true
define root view  entity ZDEMO_C_CONTACT
provider contract transactional_query
 as projection on ZDEMO_R_CONTACT
{
    key ContactId,
    Title,
    FirstName,
    NameLast,
    Phone,
    Mail,
    ConcatLanguage,
    Note,
    LocalCreatedBy,
    LocalCreatedAt,
```

```
    LocalLastChangedBy,
    LocalLastChangedAt,
    LastChangedAt,
_ContactAddress: redirected to composition child ZDEMO_C_CONTACTADDRESS
}
```

Listing 3.39 Projektion für Kontakte

Der CDS View für Adressen erfordert eine Anpassung zur korrekten Referenzierung der übergeordneten Entität. Das Coding `Contact: redirected to parent ZDEMO_C_CONTACT` wird entsprechend ergänzt. Das vollständige Ergebnis ist in Listing 3.40 zu sehen.

```
@AccessControl.authorizationCheck: #NOT_REQUIRED
@EndUserText.label: 'Kontaktadress-App'
@Metadata.ignorePropagatedAnnotations: true
define view entity ZDEMO_C_CONTACTADDRESS as projection on ZDEMO_R_
CONTACTADDRESS
{
    key ContactId,
    key AddressId,
    DefaultAddress,
    Country,
    City,
    PostalCode,
    Street,
    HouseNumber,
    /* Associations */
    _Contact: redirected to parent ZDEMO_C_CONTACT
}
```

Listing 3.40 Projektion für Kontaktadresse

Um den Funktionsumfang dieser Projektion zu definieren, muss eine Behavior Definition ergänzt werden. Diese wird durch einen Rechtsklick auf den Root View `ZDEMO_C_CONTACT` und die Auswahl von **New Behavior Definition** erstellt. Es sind keine Änderungen an der Behavior Definition notwendig, sie muss lediglich aktiviert werden. Dabei soll das Ergebnis aus Listing 3.41 ausgegeben werden.

```
projection;
strict ( 2 );
use draft;
```

```
define behavior for ZDEMO_C_CONTACT //alias <alias_name>
{
  use create;
  use update;
  use delete;

  use action Activate;
  use action Discard;
  use action Edit;
  use action Resume;
  use action Prepare;

  use association _ContactAddress { create; with draft; }
}
define behavior for ZDEMO_C_CONTACTADDRESS //alias <alias_name>
{
  use update;
  use delete;
  use association _Contact;
}
```

Listing 3.41 Projektion für »define behavior« des Kontakts

Um die Entitäten nach außen veröffentlichen zu können, muss nun eine Servicedefinition angelegt werden. Führen Sie dazu einen Rechtsklick auf den Root View ZDEMO_C_CONTACT aus, und wählen Sie **New Service Definition**. Die Bezeichnung sollte ZUI_DEMO_Contact lauten, und die Entität ZDEMO_C_CONTACTADDRESS muss ergänzt werden. Zur Verbesserung der Verständlichkeit sollten aussagekräftige Aliasse vergeben werden. Das Ergebnis ist in Listing 3.42 zu sehen.

```
@EndUserText.label: 'Kontaktservice'
define service ZUI_DEMO_Contact {
  expose ZDEMO_C_CONTACT        as Contact;
  expose ZDEMO_C_CONTACTADDRESS as ContactAddress;
}
```

Listing 3.42 Servicedefinition für Kontakt-App

Nun muss das Service Binding erstellt werden, damit Daten als OData-Service zur Verfügung stehen und die Vorschau der Benutzeroberfläche angezeigt werden kann. Dazu wird ein Service Binding vom Typ UI OData V4 mit dem Namen ZDEMO_UI_CONTACT_04 angelegt. Es sollte nun wie in Abbildung 3.20 aussehen. Klicken Sie auf den Button **Publish**, um den Service zu veröffentlichen.

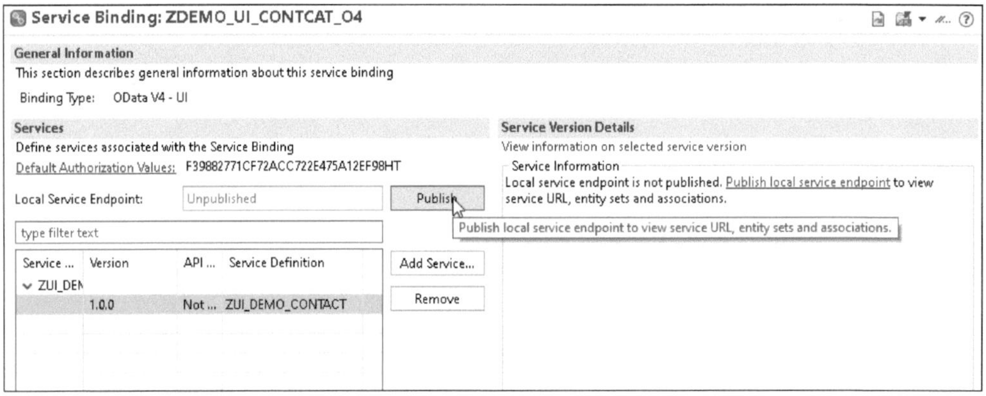

Abbildung 3.20 Service Binding der Kontakt-App

Nach der erfolgreichen Veröffentlichung können Sie sich nun die Oberfläche anzeigen lassen, indem Sie die Entität **Contact** anklicken. In Abbildung 3.21 sehen Sie nun die Vorschau der Oberfläche. Da noch nicht definiert ist, wie die Anwendung aussehen soll, werden eine leere Liste und eine Detailseite angezeigt.

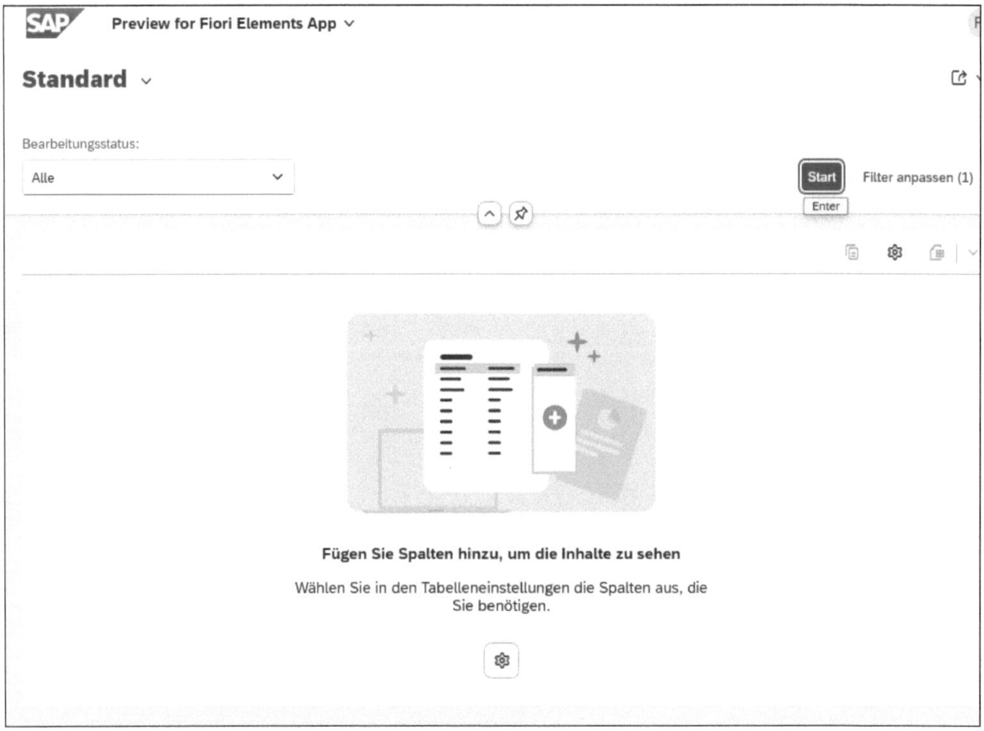

Abbildung 3.21 Vorschau der Kontakt-App

3.3.3 Benutzeroberflächen entwickeln

Die Benutzeroberfläche wurde basierend auf den vorangegangenen Schritten erstellt und wird durch Annotationen weiter konfiguriert und verfeinert. Die Annotationen sind von entscheidender Bedeutung, da in der aktuellen Version der Anwendung lediglich eine leere Seite dargestellt wird. Die wichtigsten UI-Annotationen für das Beispiel sind:

- `@UI.selectionField`: Bestimmt die sichtbaren Filter und deren Reihenfolge in der Filterleiste.
- `@UI.lineItem`: Legt fest, welche Felder in der Tabellenansicht einer SAP-Fiori-Oberfläche angezeigt werden.
- `@UI.facet`: Strukturiert die Detailansicht in thematische Abschnitte mit eigenen Überschriften und Positionen.
- `@UI.identification`: Bestimmt, welche Daten in der Detailansicht präsentiert werden.

Entsprechend bewährten Praktiken und zur Gewährleistung einer klaren Trennung zwischen Daten und Präsentationslogik wird eine *Metadatenerweiterung* für jeden CDS angelegt. Die Metadatenerweiterung `ZDEMO_C_CONTACT_EXT` wird für `ZDEMO_C_CONTACT` erstellt, während `ZDEMO_C_CONTACTADDRESS_EXT` für `ZDEMO_C_CONTACTADDRESS` konzipiert wird. Eine vollständige Übersicht aller Änderungen an der Metadatenerweiterung finden Sie in Listing 3.47 und Listing 3.48. Die Annotation `@Metadata.layer` legt fest, in welcher Reihenfolge die Metadatenerweiterungen ausgeführt werden sollen. Dabei hat `#CORE` die niedrigste und `#CUSTOMER` die höchste Priorität. Zudem muss bei den CDS Views `@Metadata.allowExtensions: true` eingestellt werden, um Erweiterungen über eine Metadatenerweiterung zu ermöglichen.

Im nächsten Schritt wird für beide Erweiterungen die tabellarische Darstellung über `@UI.lineItem: [ {position: 10} ]` definiert. Der Eintrag wird für alle Felder vorgenommen und in Zehnerschritten hochgezählt, damit später einfacher zusätzliche Felder eingefügt werden können. Dies wird ebenso für die Filter mit der Annotation `@UI.selectionField: [ { position: 10 } ]` und für die Detailseitenfelder mit der Annotation `@UI.identification: [ { position: 10 } ]` wiederholt. In der Erweiterung von `ZDEMO_C_CONTACT_EXT` werden jetzt die Bereiche über `@UI.facet` ergänzt; dazu kann Listing 3.43 als Referenz dienen. Nach der erfolgreichen Implementierung sollte eine Oberfläche mit vielfältigen Eingabemöglichkeiten in der Vorschau für die Anwendung entstehen.

```
@Metadata.layer: #CORE
annotate entity ZDEMO_C_CONTACT with
{
  @UI.facet: [ {
```

```
      label: 'Allgemeine Informationen',
      purpose: #STANDARD,
      position: 10 ,
      type: #IDENTIFICATION_REFERENCE
    },
   {
      label: 'Adressen',
      position: 20 ,
      purpose: #STANDARD,
      type: #LINEITEM_REFERENCE,
      targetElement: '_ContactAddress'
    }
     ]
  @UI.identification: [ { position: 10 } ]
  @UI.lineItem: [ {position: 10 } ]
  @UI.selectionField: [ { position: 10 } ]
  ContactId;
...
}
```

Listing 3.43 Metadatenerweiterung (Auszug)

Zu diesem Zeitpunkt könnten Benutzer*innen bereits Funktionen wie das Anzeigen, Ändern, Löschen und Anlegen von Kontakten vornehmen. Es werden jedoch noch keine Prüfungen oder Abhängigkeiten berücksichtigt. Dazu müssen Sie weitere Logiken implementieren, einschließlich einer Validierung zur Überprüfung von E-Mails beim Anlegen oder Ändern von Kontakten. Für diese Funktion wird in der Behavior Definition folgendes Coding in den Bereichen der Kontakte ergänzt: `validation checkMail on save { create; update; field Mail; }`. Zudem wird die Validierung so eingestellt, dass sie bei der Draft Action `Prepare` ausgelöst wird. Dazu wird das folgende Coding ergänzt: `draft determine action Prepare { validation checkMail; }`. Nun kann über Quick Fix die Implementierung gestartet werden. Die in Listing 3.44 dargestellte Methode liest zunächst alle E-Mail-Adressen aus und überprüft diese gegen das Pattern `*@*.*'`. Bei Nichtübereinstimmung wird eine entsprechende Fehlermeldung generiert.

```
METHOD checkMail.
READ ENTITIES OF zdemo_r_contact IN LOCAL MODE
  ENTITY ZDEMO_r_Contact
  FIELDS ( Mail )
  WITH CORRESPONDING #( keys )
  RESULT DATA(lt_contact).
  LOOP AT lt_contact INTO DATA(ls_contact).
```

```
    IF not ls_contact-Mail CP '*@*.*'.
      APPEND VALUE #( %tky = ls_contact-%tky ) TO failed-zdemo_r_contact.
      APPEND VALUE #( %tky = ls_contact-%tky
                      %msg = new_message_with_text(
                               severity = if_abap_behv_message=>severity-
error
                               text     = 'Invalid mail address'
                             )  ) TO reported-zdemo_r_contact.
    ENDIF.
    endloop.
  ENDMETHOD.
```

Listing 3.44 Validation »checkMail«

Eine weitere Erweiterung ist eine Determination, die das Feld `DefaultAddress` bei der erstmaligen Anlage einer Adresse automatisch setzt. Dabei wird im Bereich der Behavior Definition von `ZDEMO_C_CONTACTADDRESS` folgender Programmcode ergänzt: `determination initializeDefaultAddress on modify { create; field AddressId; }`. Nun wird über Quick Fix eine leere Implementierung hinzugefügt. Die in Listing 3.45 dargestellte Methode liest alle Adressen eines Kontakts aus und überprüft, ob die `DefaultAddress` gesetzt ist. Falls keine Standardadresse existiert, wird das Feld `DefaultAddress` bei der neuen Adresse gesetzt und in den Buffer geschrieben.

```
METHOD initializeDefaultAddress.
    READ ENTITIES OF zdemo_r_contact IN LOCAL MODE
    ENTITY  ZDEMO_r_Contact
    BY \_ContactAddress
    FIELDS (  DefaultAddress )
    WITH CORRESPONDING #( keys )
    RESULT DATA(lt_ContactAddress).
    IF lt_ContactAddress IS NOT INITIAL.
      IF NOT line_exists( lt_ContactAddress[ DefaultAddress = abap_true ] ).
        lt_ContactAddress[ 1 ]-%data-DefaultAddress = abap_true.
        MODIFY ENTITIES OF zdemo_r_contact IN LOCAL MODE
        ENTITY ZDEMO_r_ContactAddress
        UPDATE FIELDS ( DefaultAddress )
        WITH VALUE #( FOR ls_ContactAddress IN lt_ContactAddress (
                    %tky    = ls_ContactAddress-%tky
                    %data-DefaultAddress = ls_ContactAddress-DefaultAddress
                  ) )
        REPORTED DATA(reported_update).
        reported-zdemo_r_contactaddress = CORRESPONDING #( reported_update-
zdemo_r_contactaddress ).
```

```
      ENDIF.
    ENDIF.
  ENDMETHOD.
```

Listing 3.45 Determination »initializeDefaultAddress«

Als weitere Funktionserweiterung wird eine Aktion implementiert, die es ermöglicht, die Standardadresse innerhalb der Adressdaten zu modifizieren. Der Code `action setDefaultAddress;` wird in der Behavior Definition ergänzt. Zuerst wird überprüft, ob mehr als eine Adresse vorliegt, da nur eine Standardadresse ausgewählt werden kann. Dann werden alle Adressen eines Kontakts über die EML ausgelesen. Die aktuelle Standardadresse wird entfernt, und die neue Standardadresse wird gesetzt. Abschließend werden die Adressen über die EML aktualisiert. Den Ablauf diese Programmcodes sehen Sie in Listing 3.46.

```
  METHOD setDefaultAddress.
    IF lines( keys ) = 1.
READ ENTITIES OF zdemo_r_contact IN LOCAL MODE
  ENTITY  ZDEMO_r_Contact
  BY \_ContactAddress
  FIELDS (  DefaultAddress )
  WITH CORRESPONDING #( keys )
  RESULT DATA(lt_result).
ASSIGN lt_result[ DefaultAddress = abap_true ] TO FIELD-SYMBOL(<ls_reuslt>).
IF sy-subrc = 0.
<ls_reuslt>-DefaultAddress = abap_false.
ENDIF.
ASSIGN lt_result[  %tky = keys[ 1 ]-%tky ]  TO <ls_reuslt>.
      IF sy-subrc = 0.
        <ls_reuslt>-DefaultAddress = abap_true.


      ENDIF.
     MODIFY ENTITIES OF zdemo_r_contact IN LOCAL MODE
     ENTITY ZDEMO_r_ContactAddress
     UPDATE FIELDS ( DefaultAddress )
     WITH VALUE #( FOR ls_ContactAddress IN lt_result ( %tky   = ls_
ContactAddress-%tky

%data-DefaultAddress = ls_ContactAddress-DefaultAddress
                                                  ) )
     REPORTED DATA(ls_reported_update)
     FAILED DATA(ls_faild).
      failed = CORRESPONDING #( ls_faild ).
```

```
      reported = CORRESPONDING #( ls_reported_update ).
    ENDIF.
  ENDMETHOD
```

Listing 3.46 Implementierung von »setDefaultAddress«

Um die Aktion als Button verfügbar zu machen, muss diese in der Projektion der Behavior Definition über `use setDefaultAddress;` aktiviert werden. Darüber hinaus muss in der Metadatenerweiterung der Adressdaten angegeben werden, wo der Button dargestellt werden soll und welche Beschriftung er erhalten soll. Dazu kann der folgende Code `{ dataAction: 'setDefaultAddress' , type: #FOR_ACTION , label: 'Als Standardadresse festlegen'}` entweder in der Annotation `@UI.lineItem` aufgenommen werden, um in der Toolbar der Tabelle angezeigt zu werden, oder in `@UI.identification`, um auf der Detailseite dargestellt zu werden. Eine mögliche Einbindung sowie die vollständige Oberfläche sehen Sie in Listing 3.48.

```
@Metadata.layer: #CORE
annotate entity ZDEMO_C_CONTACT with
{
  @UI.facet: [ {
      label: 'Allgemeine Informationen',
      purpose: #STANDARD,
      position: 10 ,
      type: #IDENTIFICATION_REFERENCE
    },
    {
      label: 'Adressen',
      position: 20,
      purpose: #STANDARD,
      type: #LINEITEM_REFERENCE,
      targetElement: '_ContactAddress'
    }
     ]
  @UI.identification: [ { position: 20 } ]
  @UI.lineItem: [ { position: 20 } ]
  @UI.selectionField: [ { position: 20 } ]
  Title;
  @UI.identification: [ { position: 30 } ]
  @UI.lineItem: [ { position: 30 } ]
  @UI.selectionField: [ { position: 30 } ]
  FirstName;
  @UI.identification: [ { position: 40 } ]
  @UI.lineItem: [ { position: 40 } ]
```

```
  @UI.selectionField: [ { position: 40 } ]
  NameLast;
  @UI.identification: [ { position: 50 } ]
  @UI.lineItem: [ { position: 50 } ]
  @UI.selectionField: [ { position: 50 } ]
  Phone;
  @UI.identification: [ { position: 60 } ]
  @UI.lineItem: [ { position: 60 } ]
  @UI.selectionField: [ {position: 60 } ]
  Mail;
  @UI.identification: [ {position: 70 } ]
  @UI.lineItem: [ { position: 70 } ]
  @UI.selectionField: [ { position: 70 } ]
  @Consumption.valueHelpDefinition: [{ entity: { name: 'I_Language' ,
element: 'Language' }  }]
  ConcatLanguage;
  @UI.identification: [ {position: 80} ]
  @UI.lineItem: [ {position: 80} ]
  @UI.selectionField: [ { position: 80} ]
  Note;
}
```

Listing 3.47 Metadatenerweiterung »ZDEMO_C_CONTACT_EXT«

```
@Metadata.layer: #CORE
annotate entity ZDEMO_C_CONTACTADDRESS with
{ @UI.facet: [ {
      label: 'Adresse',
      purpose: #STANDARD,
      position: 10 ,
      type: #IDENTIFICATION_REFERENCE
    } ]
  @UI.lineItem: [ { position: 20 } ]
  AddressId;
  @UI.identification: [ { position: 10 } ]
  @UI.lineItem: [ { position: 30} ]
  DefaultAddress;
  @UI.lineItem: [ { position: 40 } ,
  { dataAction: 'setDefaultAddress' , type: #FOR_
ACTION , label: 'Als Standardadresse festlegen'}
   ]
  @UI.identification: [ { position: 20 } ]
  @Consumption.valueHelpDefinition: [{ entity: { name:
```

```
'I_CountryVH' , element: 'Country' }  }]
  Country;
  @UI.lineItem: [ { position: 50 } ]
  @UI.identification: [ { position: 30 } ]
  City;
  @UI.lineItem: [ { position: 60 } ]
  @UI.identification: [ { position: 40 } ]
  PostalCode;
  @UI.lineItem: [ { position: 70 } ]
  @UI.identification: [ { position: 50} ]
  Street;
  @UI.lineItem: [ { position: 80} ]
  @UI.identification: [ { position: 60} ]
HouseNumber; }
```

Listing 3.48 Metadatenerweiterung »ZDEMO_C_CONTACTADDRESS_EXT«

3.4 Anwendungen deployen

Das Deployment von Anwendungen in das ABAP Environment unterscheidet sich erheblich vom Deployment von Node.js- oder Java-Anwendungen, da die Entwicklung direkt im System erfolgt. Das bedeutet, dass kein separates Deployment von ABAP-Anwendungen erforderlich ist und jede Änderung am Quellcode sofort im Entwicklungssystem verfügbar ist. Daher ist für den Austausch des Quellcodes zwischen den Entwickler*innen auch kein Git-Repository notwendig, da alle am selben Quellcode arbeiten. Für den systemübergreifenden Transport werden ABAP-Transporte verwendet. Eine detailliertere Betrachtung dieses Themas finden Sie in Abschnitt 7.3.2, »Transportmanagement mit ABAP in der Cloud«.

3.5 Entwicklungstools und -umgebungen

Für die Nutzung und Entwicklung mit ABAP stehen unterschiedliche Entwicklungstools und Umgebungen zur Verfügung, die in diesem Abschnitt näher betrachtet werden. Dabei fokussieren wir uns auf die IDE Eclipse und den Business Object Generator.

3.5.1 Eclipse

Bei Eclipse handelt es sich um eine open-source-integrierte Entwicklungsumgebung (engl. Integrated Development Environment, IDE), die vor allem für die Java-Entwicklung genutzt wird. Allerdings kann Eclipse mit Plug-ins für unterschiedliche Programmiersprachen erweitert werden. Ein Beispiel ist das Plug-in für die *ABAP Development Tools*, mit dem sich ABAP in Eclipse entwickeln und debuggen lässt. Neben diesem Plug-in können weitere Plug-ins verwendet werden, um unterschiedliche Anforderungen und Bedürfnisse bei der Entwicklung abzudecken. Ein weiteres Plug-in ist das *abapGit*-Plug-in, das es ermöglicht, das Programm in einem Git-Repository zu speichern und an beliebige Systeme zu verteilen. Eclipse ist die von SAP empfohlene IDE und ersetzt die SE80. So sind viele Funktionen ausschließlich in Eclipse verfügbar, darunter die gesamte Arbeit mit CDS und dem ABAP RESTful Application Programming Model.

3.5.2 Business Object Generator

Der *Business Object Generator* ist ein nahtlos in Eclipse integriertes Entwicklungswerkzeug, das basierend auf einer Datenbanktabelle automatisch ein Business Object und einen Service erzeugen kann. Es bietet eine Vielzahl verschiedener Generatoren an, wie in Abbildung 3.22 dargestellt ist. Zu den Generatoren gehören:

- *OData-UI-Service*: Dieser Generator erstellt einen vollständigen ABAP-RESTful-Application-Programming-Model-Service mit Basis-Root-View, Projection View, Behavior Definition, Metadatenerweiterung, Draft-Tabellen, Servicedefinition und Service Bindings. Die Annotationen werden so erzeugt, dass eine Tabelle und eine Detailseite angezeigt werden.
- *OData-Web-API-Service*: Dieser Generator erstellt die gleichen Objekte wie der Odata-UI-Service, jedoch mit dem Unterschied, dass das Service Binding vom Typ Web API ist.
- *Business Configuration Maintenance Object*: Dieser Generator ist für Customizing-Tabellen vorgesehen und erzeugt einen ABAP-RESTful-Application-Programming-Model-Service, der in der App **Custom Business Configurations** genutzt werden kann. Für diesen Service muss keine neue Oberfläche über das SAP Business Application Studio erstellt werden. Zudem werden automatisch Funktionen zur Verwaltung von Transportaufträgen für die Daten bereitgestellt.

Damit die Anlage mit Generatoren funktioniert, müssen Felder vorhanden sein, die die Anlage oder Änderungen aufzeichnen. Der Generator sucht dabei nach bestimmten Datentypen. Deswegen empfiehlt es sich, die in Listing 3.49 aufgeführten Felder in die Datenbanktabelle zu integrieren:

```
local_created_by       : abp_creation_user;
local_created_at       : abp_creation_tstmpl;
```

```
local_last_changed_by : abp_locinst_lastchange_user;
local_last_changed_at : abp_locinst_lastchange_tstmpl;
last_changed_at       : abp_lastchange_tstmpl;
```

Listing 3.49 Benötigte Felder für den Business Object Generator

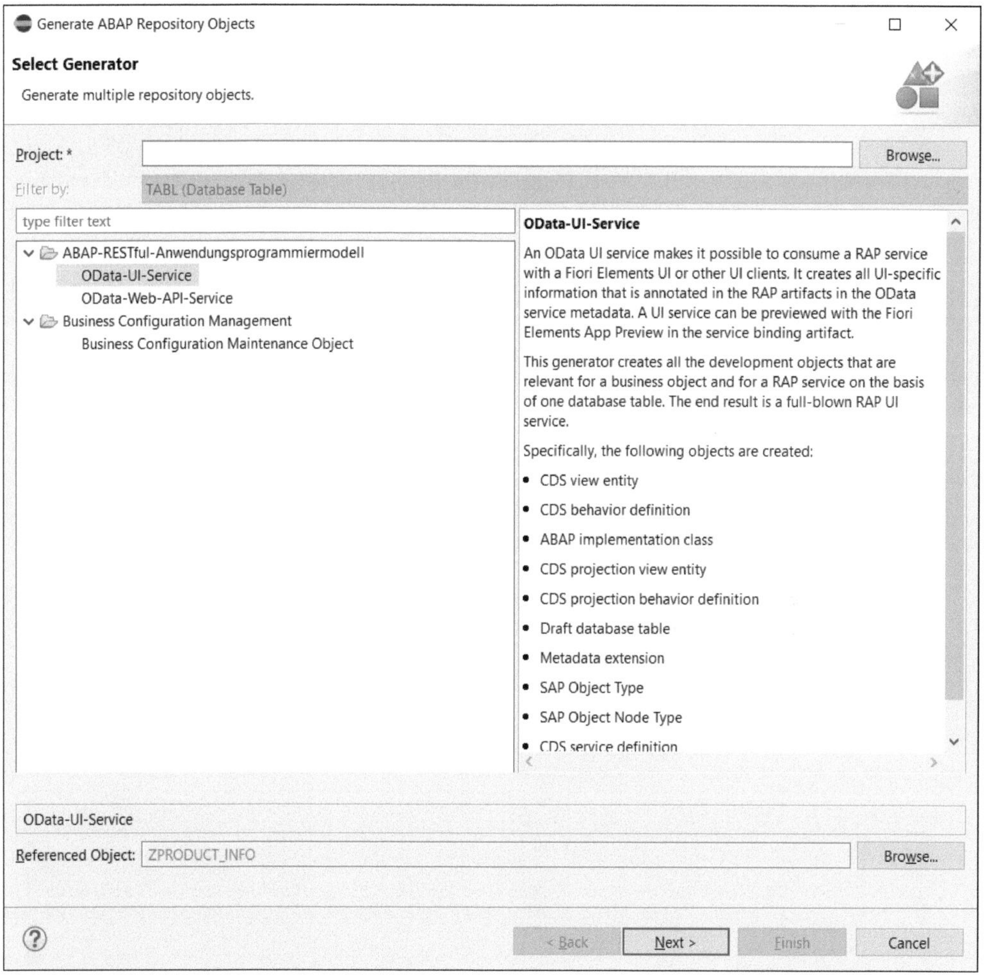

Abbildung 3.22 Business Object Generator

Alle erstellten Objekte sind vollständig editierbar und anpassbar. Für viele Anwendungen ist dies notwendig, da die Funktion nur auf eine Datenbanktabelle angewandt werden kann. Der Business Object Generator stellt eine solide Grundlage für weitere Entwicklungen dar.

3.6 Zusammenfassung

In diesem Kapitel haben wir gezeigt, dass sich das ABAP Environment in der SAP BTP im Sprachumfang und Anwendungszweck von einem On-Premise-ABAP-System unterscheidet und welche Vorteile es bietet. Dazu gehören eine bessere Wartbarkeit sowie die stets verfügbare neueste Version von ABAP mit allen Funktionen. Der Schwerpunkt bei der Entwicklung lag auf dem ABAP RESTful Application Programming Model, weil es sich dabei um das einzige freigegebene Modell für die Entwicklung handelt. Sie haben gelernt, aus welchen Komponenten das ABAP RESTful Application Programming Model besteht und wie Sie eigene Entwicklungen damit umsetzen können. An einem praktischen Beispiel haben wir alle Schritte der Entwicklung eines ABAP-RESTful-Application-Programming-Model-Services erläutert. Dabei haben wir besonders die Datenmodellierung von Datenbanktabellen, die Core Data Services sowie die Serviceentwicklung mit Behavior Definition und Implementation hervorgehoben. Außerdem haben wir Ihnen gezeigt, wie Sie auf Basis von CDS-Annotationen einfach eine SAP-Fiori-Elements-App erstellen können.

Kapitel 4
SAP Build

In diesem Kapitel stellen wir Ihnen die SAP-Build-Lösungen vor. Sie erfahren, welche Tools SAP Build beinhaltet und wie Sie diese mit No-, Low- und Pro-Code verwenden können. Sie lernen die Einsatzmöglichkeiten und Grenzen kennen und erfahren, wie Sie die Lösungen zur Erweiterung von SAP-Software einsetzen.

Die Erstellung von Software entwickelt sicher immer weiter, Themen wie No- und Low-Code sind in aller Munde. Doch was genau versteht man unter No- und Low-Code, und wie kann man diese Konzepte anwenden? SAP hat mit den SAP-Build-Lösungen eine Antwort darauf geliefert. *SAP Build* besteht aktuell aus vier Services in der SAP Business Technology Platform (SAP BTP).

- SAP Build Apps
- SAP Build Process Automation
- SAP Build Work Zone, Standard oder Advanced Edition
- SAP Build Code

Die vier Services von SAP Build unterstützen bei der Realisierung von verschiedenen Anwendungsfällen. SAP Build Apps vereinfacht die Erstellung von mobilen Anwendungen und Webanwendungen. SAP Build Process Automation hilft bei der Umsetzung von Geschäftsprozessen, wiederkehrenden Aufgaben und Workflows durch Automatisierung mit Bots und KI. SAP Build Work Zone ist die zentrale Plattform von SAP für die Zusammenarbeit und das Zusammenführen von Informationen und Apps. Mit der Standard Edition und der Advanced Edition bietet sie unterschiedliche Funktionen, um den spezifischen Anforderungen von Unternehmen gerecht zu werden. SAP Build Code repräsentiert die nächste Generation von Entwicklungstools für Cloud-Entwickler*innen. Durch die zusätzlichen Funktionen und KI-Unterstützung für die Erstellung von Apps wird die Entwicklung erheblich vereinfacht.

Ein wichtiger Aspekt von SAP Build ist die nahtlose Integration mit anderen SAP- und Drittanbieterlösungen. Dies ermöglicht es Unternehmen, vorhandene Systeme und Datenquellen zu nutzen und in neue Anwendungen zu integrieren. Durch das Deployment auf die SAP BTP und deren Cloud-Foundry-Umgebung bietet SAP Build ideale Flexibilität und Skalierbarkeit für Kunden jeder Größe und Branche.

Doch wann sollte welche Möglichkeit der Entwicklung genutzt werden? No-, Low- und Pro-Code haben jeweils ihre Vor- und Nachteile. Die Kombination der verschiedenen Technologien und die Integration von Drittanbieterlösungen werden in diesem Kapitel ausführlich behandelt. Von der Erstellung von Apps bis zur Automatisierung von Prozessen ist mit der SAP Build Suite alles möglich.

4.1 No-, Low- und Pro-Code im Vergleich

No-Code-Plattformen vereinfachen die Erstellung von Anwendungen durch die Nutzung von Drag-and-Drop-Tools. Auch Nutzer*innen ohne Programmierkenntnisse können in den visuellen Entwicklungsumgebungen Apps erstellen. Low-Code-Plattformen bieten vergleichbare Vorteile wie No-Code-Plattformen, ermöglichen den Nutzer*innen aber zusätzlich, die Anwendungen durch benutzerdefinierten Code zu erweitern. Wenn man von Pro-Code spricht, meint man die »klassische« Entwicklung. Diese bietet maximale Flexibilität und Kontrolle über die Entwicklung, erfordert aber auch umfangreiche Programmierkenntnisse.

Die Entwicklung von Software lässt sich dementsprechend in die drei genannten Bereiche unterteilen:

- No-Code
- Low-Code
- Pro-Code

Low-Code ist eine Methode zum Entwerfen und Entwickeln von Anwendungen mit intuitiven grafischen Tools und eingebetteten Funktionen, die den Bedarf an traditionellem Pro-Code reduzieren. *No-Code* geht noch einen Schritt weiter, indem es technisch weniger versierten Fachanwender*innen ermöglicht, Anwendungen zu entwickeln, ohne auch nur eine einzige Zeile Code schreiben zu müssen. *Pro-Code* ist die traditionelle Methode zur Entwicklung von Anwendungen, die zwei gängigsten Pro-Code-Entwicklungsmöglichkeiten werden in Kapitel 2, »SAP Cloud Application Programming Model«, und in Kapitel 3, »ABAP in der Cloud und ABAP RESTful Application Programming Model«, ausführlich beschrieben.

No- und Low-Code werden vereinfacht auch mit LCNC abgekürzt und oft zusammengefasst. LCNC bietet folgende Vorteile:

- geringerer Entwicklungsaufwand
- erhöhte Flexibilität und höhere Produktivität
- erhöhte Automatisierung und Integration
- Vielzahl vorgefertigter Integrationen und vorkonfigurierter APIs, Komponenten, Vorlagen und Services

- SAP BTP als vertrauenswürdige Plattform
- sichere Integration mit On-Premise-Landschaft durch den Cloud Connector
- nahtlose Integration mit anderen Services auf der SAP BTP

LCNC hat aber auch gewisse Nachteile:

- Einarbeitung in neue Tools erforderlich
- häufige Änderungen des Funktionsumfangs
- Inkompatibilität zwischen LCNC- und Pro-Code-Benutzeroberflächen
- komplizierte Anforderungen lassen sich schwieriger abbilden
- kleine Auswahl an vorgefertigten Komponenten
- Kosten können den Nutzen der Applikationen übersteigen
- geringes Maß an Flexibilität

Abbildung 4.1 zeigt eine 2x2-Matrix, die verschiedene Entwicklungsansätze basierend auf den Kriterien *Entwicklungskompetenzen* und *Bedarf an Anpassung/Flexibilität* kategorisiert.

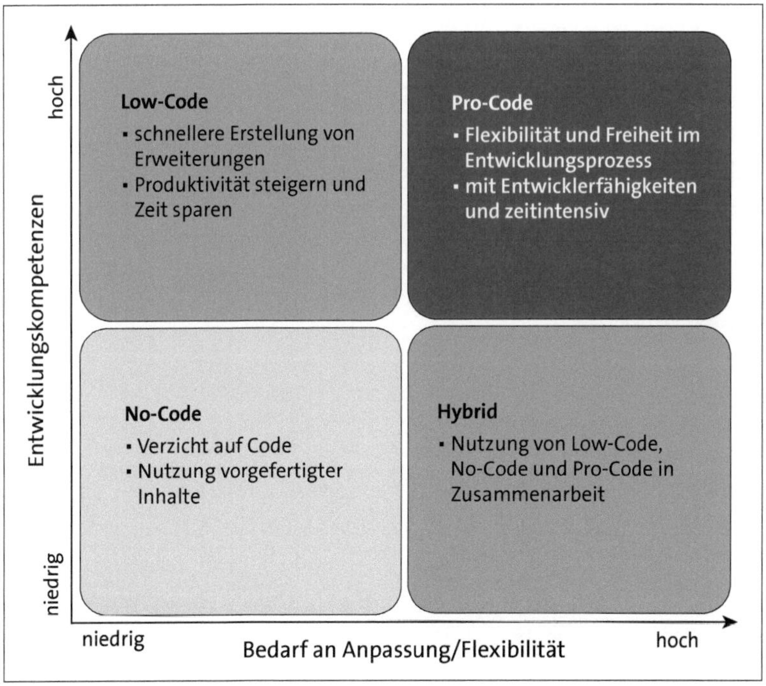

Abbildung 4.1 Entscheidungsmatrix der Entwicklungsmethoden

Wie Sie in Abbildung 4.1 sehen, unterscheiden sich die vier Kategorien der Entwicklungsansätze hinsichtlich ihrer Anforderungen an Entwicklungskompetenzen und des Bedarfs an Anpassung und Flexibilität. Low-Code ermöglicht eine schnellere Erstellung von Erweiterungen und steigert die Produktivität, während es gleichzeitig Zeit spart. Pro-Code bietet hingegen maximale Flexibilität und Freiheit im Entwicklungsprozess, erfordert jedoch gute Entwicklungskenntnisse und ist zeitintensiv. No-Code verzichtet vollständig auf Code und nutzt stattdessen vorgefertigte Inhalte. Der hybride Ansatz kombiniert Low-Code, No-Code und Pro-Code in Zusammenarbeit, um die Vorteile der einzelnen Ansätze optimal zu nutzen. Diese Matrix hilft dabei, die verschiedenen Ansätze und ihre jeweiligen Vorteile und Anforderungen zu verstehen.

[+]

Hybrider Entwicklungsansatz als gängige Praxis

In der modernen Softwareentwicklung hat sich der hybride Ansatz als bevorzugte Methode etabliert. Bei der Erstellung einer neuen Applikation werden z. B. Datenzugriffe über Schnittstellen oder über CDS-Modellierung bezogen, die Oberfläche wird durch Annotation erstellt, und die eigentliche Anwendungslogik wird mit Pro-Code entwickelt.

Eine allgemeine Antwort, welche Technologie verwendet werden soll, gibt es nicht. Die Entscheidung hängt von verschiedenen Faktoren ab. Zeit und Budget spielen immer eine wichtige Rolle, aber auch das Know-how und die geplante Lebenszeit der Applikation sind entscheidend. Die Komplexität der Anwendung sowie die Integration unterschiedlicher Systeme oder Datenquellen sind ebenfalls wichtige Punkte. Diese Faktoren müssen gegeneinander abgewogen werden. Auch wenn bei der Entwicklung durch den Einsatz neuer Technologien Budget gespart werden kann, sollte man im Hinterkopf behalten, dass die Wartung oder laufende Kosten dadurch teilweise erhöht werden können.

4.2 SAP-Build-Produktportfolio

Das SAP-Build-Produktportfolio ist ursprünglich eine No-Code- und Low-Code-Suite mit unterschiedlichen Services auf der SAP BTP (siehe Abbildung 4.2). Sie unterstützt Unternehmen bei der Entwicklung von Anwendungen und der Automatisierung von Geschäftsprozessen. Durch Zukäufe von Unternehmen und die Weiterentwicklung vorhandene SAP-Lösungen wurde die Suite ständig erweitert, verbessert und für Anwender*innen vereinfacht.

Ursprünglich umfasste SAP Build die Services SAP Build Apps, SAP Build Process Automation und SAP Build Work Zone, Advanced Edition. SAP Build Code wurde Ende 2023 als ergänzendes Tool angekündigt.

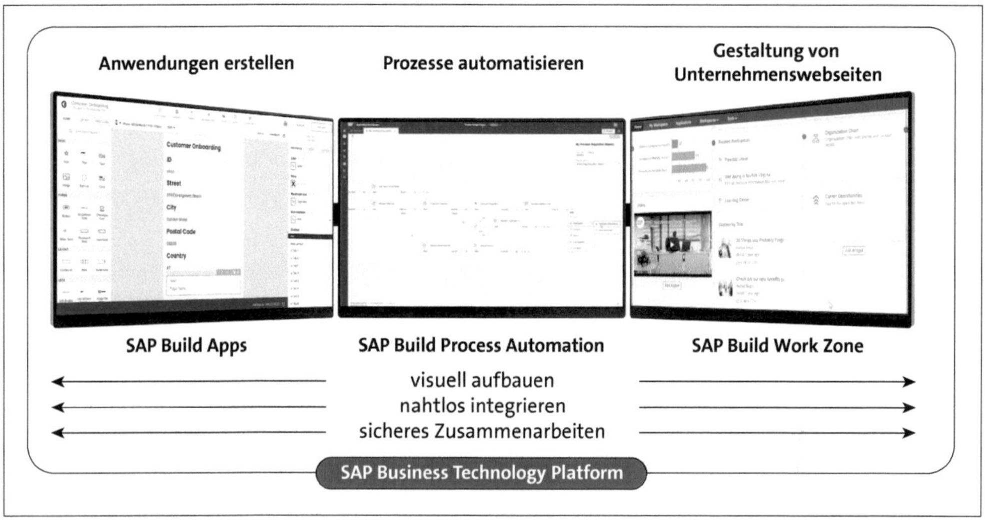

Abbildung 4.2 SAP Build im Überblick

SAP Build Apps ist die No-Code-Entwicklungsplattform von SAP. Sie ermöglicht es Nutzer*innen, Anwendungen für das Web und mobile Endgeräte zu erstellen, ohne dabei Code schreiben zu müssen. Durch die Nutzung von Drag-and-Drop-Funktionen können auch unerfahrene Nutzer*innen Anwendungen erstellen. SAP Build Apps eignet sich für einfache und nicht zu komplexe Anwendungen. In Abbildung 4.3 ist SAP Build Apps mit seinen unterschiedlichen Arbeitsbereichen dargestellt.

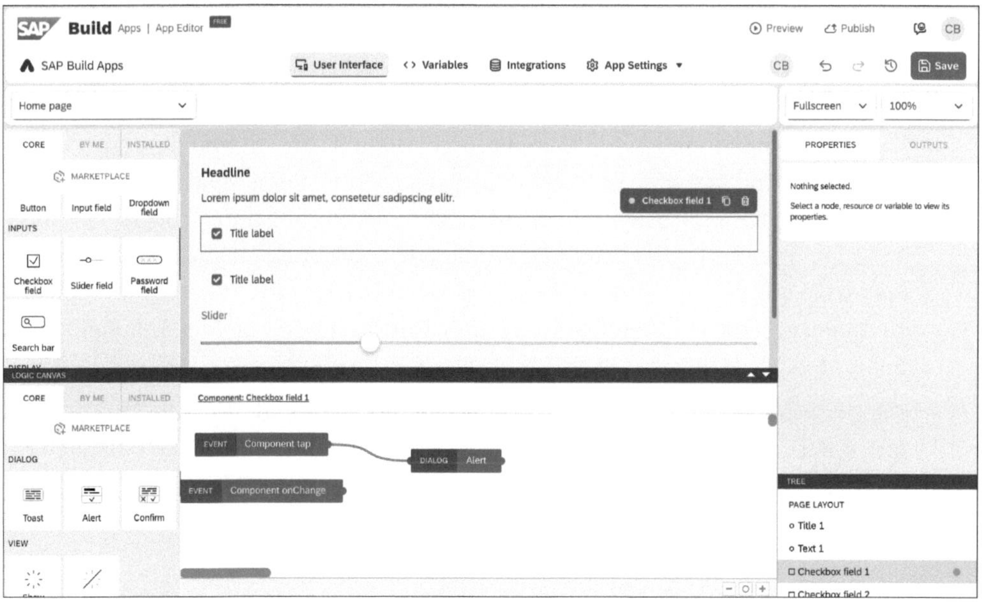

Abbildung 4.3 SAP Build Apps

SAP Build Process Automation ist die Zusammenführung von Workflow und Robotic Process Automation (RPA), es ermöglicht die Entwicklung von Geschäftsprozessen und deren Automatisierung. Der Service bietet eine Vielzahl von vorgefertigten Integrationen, APIs, Komponenten und Vorlagen, die Sie bei der Implementierung und Optimierung von Geschäftsprozessen unterstützen. Abbildung 4.4 zeigt SAP Build Process Automation und einen einfachen Workflow und die Aktionsmöglichkeiten im rechten Bildausschnitt.

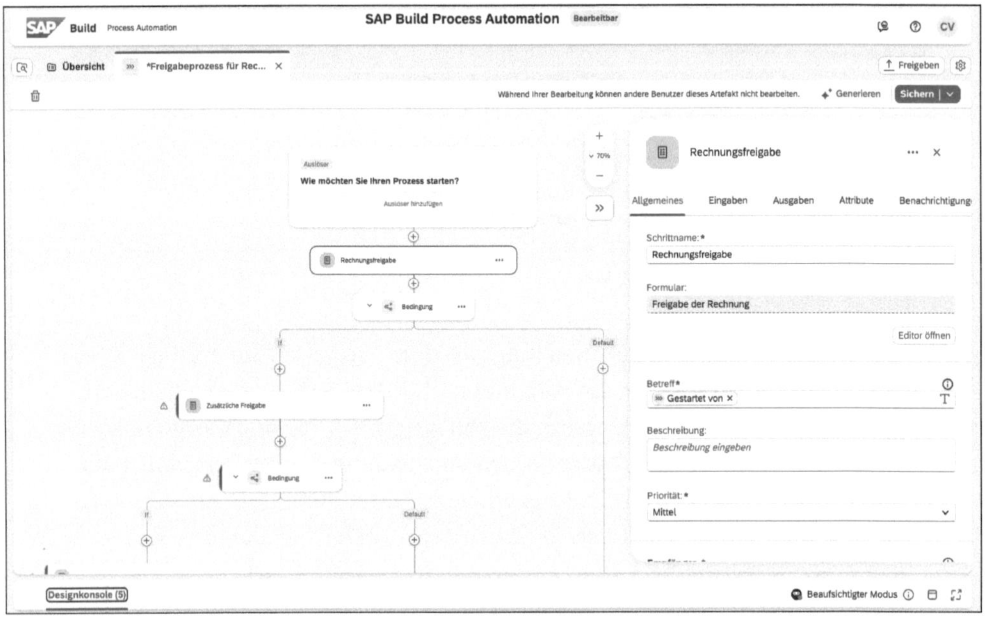

Abbildung 4.4 SAP Build Process Automation

SAP Build Work Zone ist die Weiterentwicklung und Zusammenführung von SAP Launchpad und SAP Jam. Es bietet Endanwender*innen eine zentrale Plattform für den Einstieg ins SAP-System. Durch die Zusammenführung unterschiedlicher Applikationen und Workflows von SAP-Lösungen wie z. B. SAP S/4HANA Cloud und SAP SuccessFactors ist sie das ideale Werkzeug, um Geschäftsprozesse zu optimieren und zu modernisieren. Abbildung 4.5 zeigt den Einstiegsbildschirm der SAP Build Work Zone, Advanced Edition, und die Unterteilung in drei Bereiche.

Die Gegenüberstellung in Abbildung 4.6 zeigt die Low- und No-Code-Tools im Vergleich mit den Pro-Code-Tools. Wie Sie sehen, ist mit SAP Build Code nun auch ein Pro-Code-Tool in SAP Build integriert.

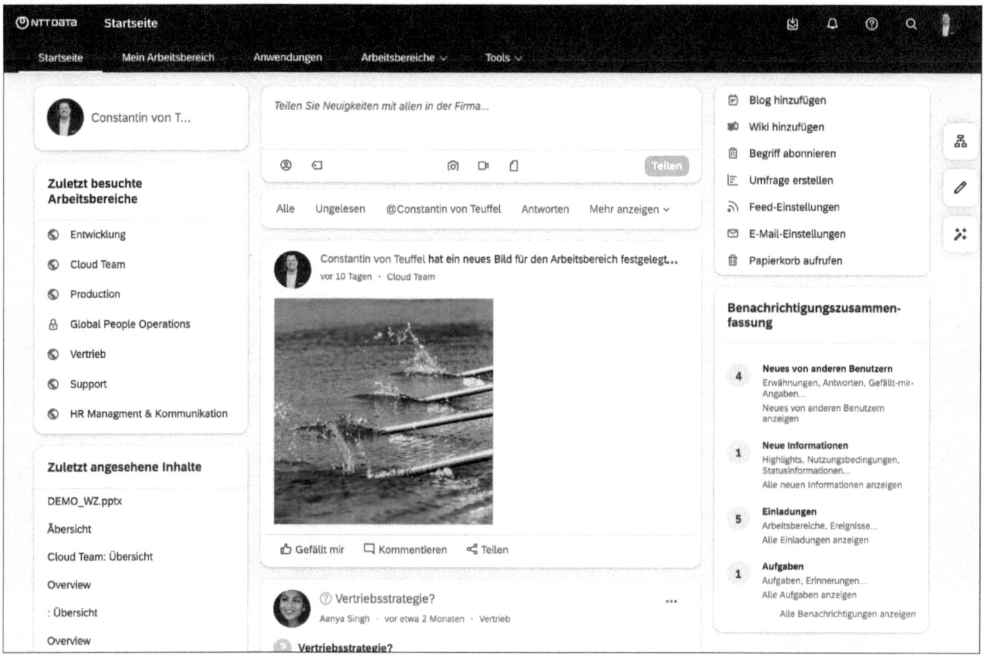

Abbildung 4.5 SAP Build Work Zone

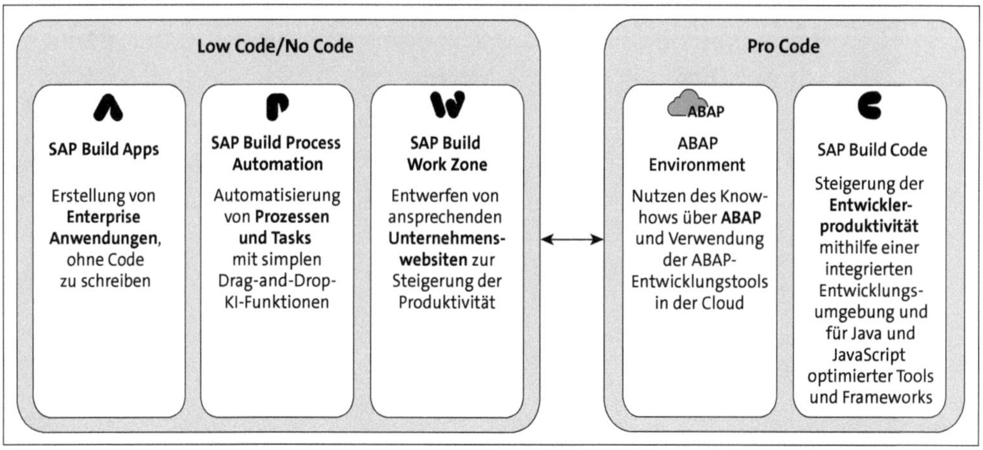

Abbildung 4.6 LCNC vs. Pro-Code

SAP Build Code richtet sich an Pro-Code-Entwickler*innen und bietet eine Vielzahl an Tools und Funktionen zur Erstellung komplexer Anwendungen. Es beinhaltet den Funktionsumfang des SAP Business Application Studios und die Integration von Joule, des KI-Assistenten, der Sie bei der Entwicklung und Dokumentation unterstützt. Abbildung 4.7 zeigt das Storyboard in SAP Build Code, dieses spiegelt auch den Startscreen bei einem neuem Projekt wider.

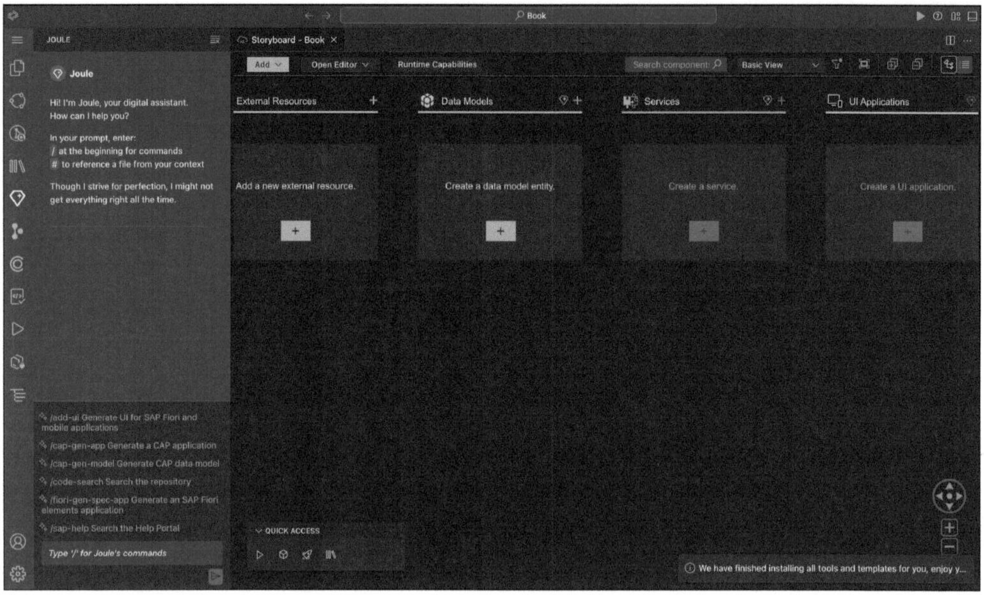

Abbildung 4.7 SAP Build Code

SAP Build bietet zahlreiche Tools und Vorteile für die Entwicklung:

- **Geringere Entwicklungsaufwände**
  Die Nutzung von No-Code- und Low-Code-Tools ermöglicht die schnelle Entwicklung von Anwendungen mit wenig Aufwand.
- **Agile Entwicklung**
  Agile Entwicklungsmethoden sind mit den SAP-Build-Lösungen leicht einsetzbar und ermöglichen so die Anpassung der sich stetig ändernden Anforderungen.
- **Erhöhte Flexibilität**
  Durch die Kombinationsmöglichkeiten von No-Code, Low-Code und Pro-Code können Entwickler*innen mit erhöhter Flexibilität agieren.
- **Höhere Produktivität**
  Die Automatisierung von Prozessen erhöht die Produktivität von Unternehmen erheblich. Vorgefertigte Komponenten können schnell erstellt werden.
- **Einheitliche Governance**
  SAP Build bietet ein einheitliches Vorgehen bei der Erstellung von Anwendungen und vereinfacht so die Einhaltung von Unternehmensrichtlinien und -standards.

Nun möchten wir auf die einzelnen Lösungen von SAP Build noch etwas genauer eingehen.

4.3 SAP Build Apps

AppGyver war ursprünglich eine unabhängige Plattform für die visuelle Entwicklung von Web- und Mobilanwendungen. Diese Plattform wurde 2021 von SAP übernommen und in SAP Build Apps integriert und weiterentwickelt.

SAP Build Apps ist eine No-Code-Entwicklungsplattform, die sich dank ihrer intuitiven Benutzeroberfläche an eine breite Zielgruppe richtet.

Sie können Anwendungen durch Drag and Drop erstellen, was den Entwicklungsprozess erheblich erleichtert und die Notwendigkeit für umfassende Programmierkenntnisse im Vergleich zur klassischen SAP-Fiori-Entwicklung mit SAPUI5 oder SAP Fiori Elements erheblich reduziert. Die Plattform ermöglicht zudem die Integration mit anderen SAP-Lösungen und -Diensten, um bestehende Daten und Prozesse nutzen zu können. Auch die Integration von Nicht-SAP-Lösungen wird unterstützt.

Darüber hinaus bietet SAP Build Apps cloud-basierte Backend-Funktionen, die es ermöglichen, komplexe Geschäftslogiken ohne einen eigenen Server zu implementieren. Sie können Formeln nutzen, um Algorithmen und Logiken innerhalb ihrer Anwendungen zu erstellen. Die Zusammenarbeit in Projekten wird ebenfalls unterstützt.

In diesem Abschnitt lernen Sie, wie Sie mit SAP Build Apps Anwendungen entwickeln. Nach einem Überblick über das Entwicklungskonzept und die Entwicklungsumgebung beginnen wir mit der Gestaltung der Oberfläche. Wir zeigen Ihnen, wie Sie Daten anzeigen können, und erklären, wie Sie die Logik für Benutzerinteraktionen und Anwendungsereignisse entwickeln.

4.3.1 Mit SAP Build Apps entwickeln

Das Entwickeln mit SAP Build Apps wird durch den *WYSIWYG-Editor* (What You See Is What You Get) vereinfacht. Trotzdem benötigen Sie für die Entwicklung ein Grundverständnis für den Aufbau einer Webanwendung. Die Anwendungen bestehen grundsätzlich aus drei Hauptteilen:

- **Benutzeroberfläche** (engl. User Interface, UI): was die Endanwender*innen auf dem Bildschirm sehen und womit sie interagieren
- **Daten**: die Informationen, die von Backend-Systemen abgerufen werden
- **Logik**: die Definition und der Ablauf von Aktionen und Ereignissen, die im Hintergrund ausgeführt werden

Das Zusammenspiel dieser Hauptteile folgt bekannten Konzepten aus der Webentwicklung, etwa der Datenbindung, um die Oberfläche mit den Daten zu verknüpfen. Auch der Umgang mit den Daten erfolgt über HTTP-Methoden zum Lesen, Schreiben, Aktualisieren oder Löschen von Datensätzen.

Es gibt jedoch Unterschiede in der Entwicklung im Vergleich zum Pro-Code-Einsatz mit dem SAP Business Application Studio:

- Die Zusammenarbeit im Projekt wird von der Entwicklungsumgebung geregelt. Die Verwendung eines Git-Repositorys für die Teamarbeit und Versionierung wird nicht unterstützt. Dies ist vor allem für die Citizen Developer von Vorteil, da sie sich nicht mit Git-Befehlen auskennen müssen.
- Die Oberfläche nutzt eigene Komponentenbibliotheken basierend auf React Native. Die Oberfläche entspricht nicht den SAP Fiori Design Guidelines. Als Entwickler*innen sind Sie für das Look and Feel der Anwendung verantwortlich.
- Es gibt keinen Debugger-Modus zur Fehlerdiagnose. Stattdessen verwendet man die Entwickler-Tools des Browsers.

Bevor Sie mit der Entwicklung beginnen, ist es wichtig, klare Ziele und Anforderungen für Ihre Anwendung zu definieren. Nutzen Sie Design Thinking, um die Bedürfnisse und Herausforderungen der Nutzer*innen zu verstehen. Analysieren Sie die gewonnenen Erkenntnisse, um die Probleme zu identifizieren, die gelöst werden sollen. Anschließend folgt eine Brainstorming-Phase, um kreative Lösungen und Ideen zu sammeln. Danach können Sie in die Prototyping-Phase übergehen und die besten Ideen in Prototypen umsetzen. Lassen Sie Ihre Prototypen von den Endanwender*innen testen und validieren. Danach können Sie mit der eigentlichen Entwicklung beginnen.

Die Wahl der am besten geeigneten *Frontend-Technologie* hängt von Ihren Programmierkenntnissen und der Komplexität der Anforderungen ab (siehe Tabelle 4.1).

Technologie	Verwendung (Best Practices)	Zielgruppe/Skills
SAP Build Apps	■ schnelle App-Prototypen ■ Mobile-first-Apps ■ Erweiterung von SAP-Standardprozessen ohne tiefen Codeeingriff	Business User, keine Entwickler*innen
SAP Fiori Elements	■ SAP Fiori UX ■ Apps mit CRUD-Operationen auf Basis von OData-Services ■ wenig Custom UI	Entwickler*innen mit Kenntnissen über Annotationen
SAPUI5	■ komplexe, individuelle UI-Anforderung ■ Erweiterung von SAP-Standard-Fiori-Apps ■ volle Kontrolle über das Frontend	Entwickler*innen mit JavaScript- und XML-Kenntnissen
SAP Mobile Services	■ native mobile Apps mit Offlinefunktionen ■ Integration mit Gerätesensoren	mobile Entwickler*innen

Tabelle 4.1 Frontend-Technologien und ihre Verwendung

Zunächst benötigen Sie Zugriff auf einen SAP-BTP-Subaccount, in dem SAP Build Apps registriert ist. Ihrem Benutzer muss außerdem die Rolle BuildApps_Administrator oder BuildApps_Developer zugewiesen sein.

Zugriff auf SAP Build Apps

Wenn SAP Build Apps über den Booster abonniert wurde, wird auch ein Custom Identity Provider angelegt. Bitte überprüfen Sie ggf. mit einem Subaccount-Administrator, welchem Benutzer die Berechtigungen zugewiesen wurden.

Sie erreichen die Entwicklungsumgebung, indem Sie im SAP BTP Cockpit unter den Menüpunkt **Instances and Subscriptions** auf den Registrierungslink für SAP Build Apps klicken. Die Projekte werden auf der Startseite (der Lobby) angelegt. Die Anlage erfolgt über einen Wizard. Wählen Sie die passenden Optionen für Ihr Entwicklungsvorhaben. Grundsätzlich sind folgende Schritte notwendig:

1. Klicken Sie auf **Anlegen**. Je nach Berechtigung können einige Kacheln ausgegraut sein. Wichtig ist, dass die Kachel **Anwendung** aktiviert ist (siehe Abbildung 4.8).

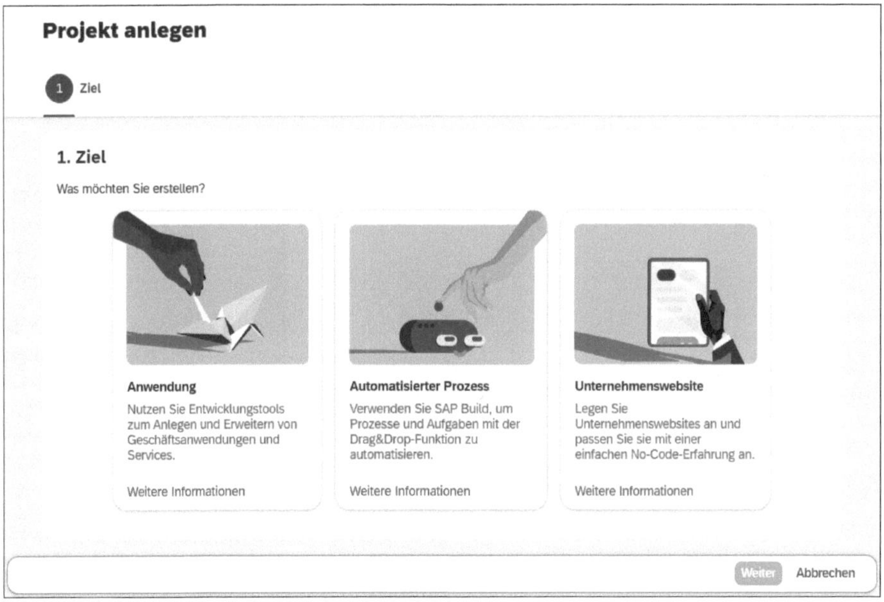

Abbildung 4.8 Auswahl des Entwicklungstyps

2. Wählen Sie die Kachel **Anwendung** aus, und klicken Sie auf **Weiter**. Sie werden direkt zum nächsten Fenster weitergeleitet.
3. Wählen Sie die Kachel **Frontend** aus, und klicken Sie auf **Weiter**.

4. Wählen Sie im nächsten Schritt die Kachel **Webanwendung und mobile Anwendung** in Abbildung 4.9 für die Entwicklung einer Webanwendung (siehe Abschnitt 4.3.2, »Web- und mobile Anwendungen«).

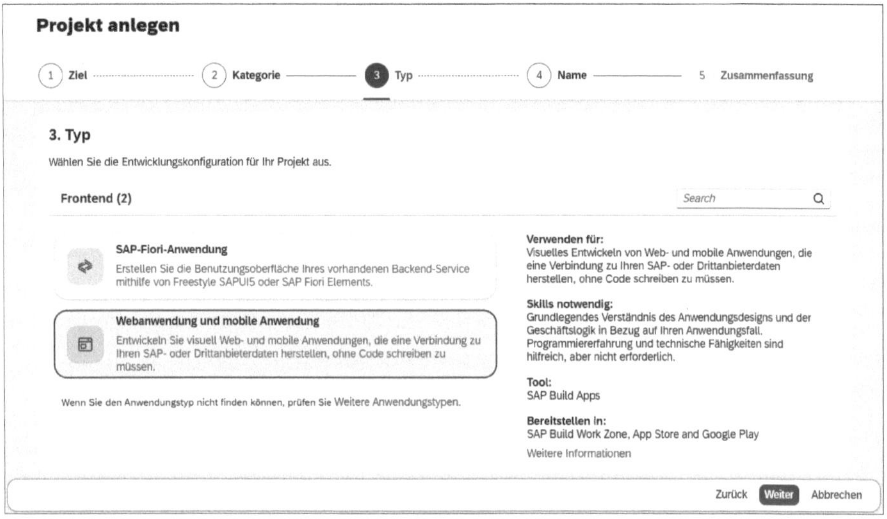

Abbildung 4.9 SAP-Build-Apps-Anwendung anlegen

5. Geben Sie einen Namen und eine Beschreibung ein, und klicken Sie auf **Überprüfen**.
6. Es erscheint eine Zusammenfassung. Prüfen Sie Ihre Angaben, und klicken Sie anschließend auf den Button **Anlegen**.

Ihr neu angelegtes Projekt wird in einem neuen Browser-Tab geöffnet. Sie sehen die Benutzeroberfläche und können direkt mit der Entwicklung beginnen. In den folgenden Abschnitten zeigen wir Ihnen die verschiedenen Elemente von SAP Build Apps und erläutern, wie Sie diese für Ihre Anwendungen nutzen können.

4.3.2 Web- und mobile Anwendungen

Mit SAP Build Apps können Sie verschiedene visuelle Komponente nutzen, um die Benutzeroberfläche Ihrer Anwendungen zu gestalten. Es gibt die Standardkomponenten und auch eine stetig wachsende Bibliothek mit zusätzlichen Komponenten. Wie die meisten Entwicklungsumgebungen bietet SAP Build Apps *Variablen* an. Diese spielen eine zentrale Rolle bei der Datenverwaltung innerhalb Ihrer Anwendung. Durch die verschiedenen Typen können Sie die Sichtbarkeit einer Variablen definieren, z. B. global für die gesamte Anwendung, seitenbezogen oder komponentenbezogen.

Die Programmierumgebung von SAP Build Apps erlaubt es Ihnen auch, *Logikflüsse* zu erstellen, indem Sie Module miteinander verbinden. Dadurch können Sie Prozesse initiieren, Daten abrufen und zwischen Seiten navigieren. Die *Verbindung zu Datenquellen* ist nahtlos, da die Integration mit SAP- und Drittanbieterlösungen gewährleistet ist. APIs und visuell gestaltbare Datenmodelle sorgen dafür, dass Ihre Anwendungen stets mit den benötigten Daten versorgt werden.

Schauen wir uns die Entwicklungsumgebung von SAP Build Apps einmal genauer an: Die Umgebung ist in verschiedene Bereiche unterteilt, die sich je nach Ansicht ändern. In Abbildung 4.10 sehen Sie das Hauptmenü von SAP Build Apps.

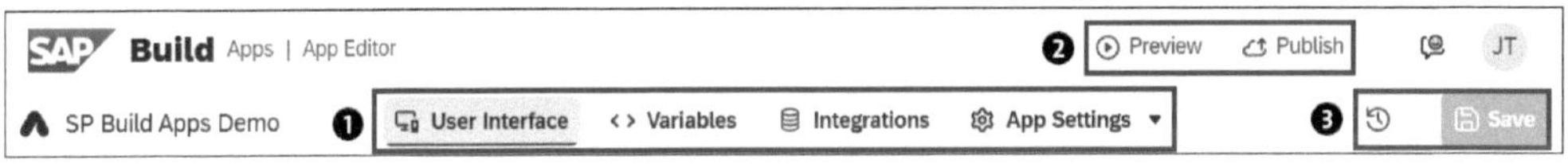

Abbildung 4.10 Hauptmenü von SAP Build Apps

❶ Ansicht: Hier können Sie zwischen der UI-Editor-, der Variablen- und der Datenintegrationsansicht wechseln. Die Navigation zwischen den Seiten, die Authentifizierung und das Theme der Anwendung werden ebenfalls hier konfiguriert.

❷ Testen und Veröffentlichen: Hier haben Sie die Möglichkeit, Ihre Anwendung im Browser sowie auf Ihren mobilen Geräten zu testen. Am Ende der Entwicklung wird die Anwendung über den Button **Publish** in die gewünschte Umgebung veröffentlicht.

❸ Speichern: Hier können Sie Ihre Änderungen speichern und verwerfen und die Änderungshistorie aufrufen.

Visuelle Komponenten

Die Oberfläche umfasst, was die Endanwender*innen in der App sehen und tun können. Bei den visuellen Komponenten handelt es sich um vorgefertigte Codeteile, die als Bausteine mit vordefinierten Funktionen verwendet werden können. Komponenten können in verschiedenen Arten von Elementen vorkommen, wie etwa Schaltflächen, Eingabefeldern, Textbereichen oder Bildern. Es gibt keine festen Grenzen, wie groß oder klein Komponenten sein können. Die kleinsten Komponenten können z. B. ein einzelnes Icon oder eine Trennlinie sein. Die größten Komponenten können eine Karte zur Geolokalisierung oder ein Videoplayer sein.

In Abbildung 4.11 sehen Sie die eigentliche Entwicklungsumgebung von SAP Build Apps, in der Ihnen verschiedene Funktionen zur Verfügung stehen:

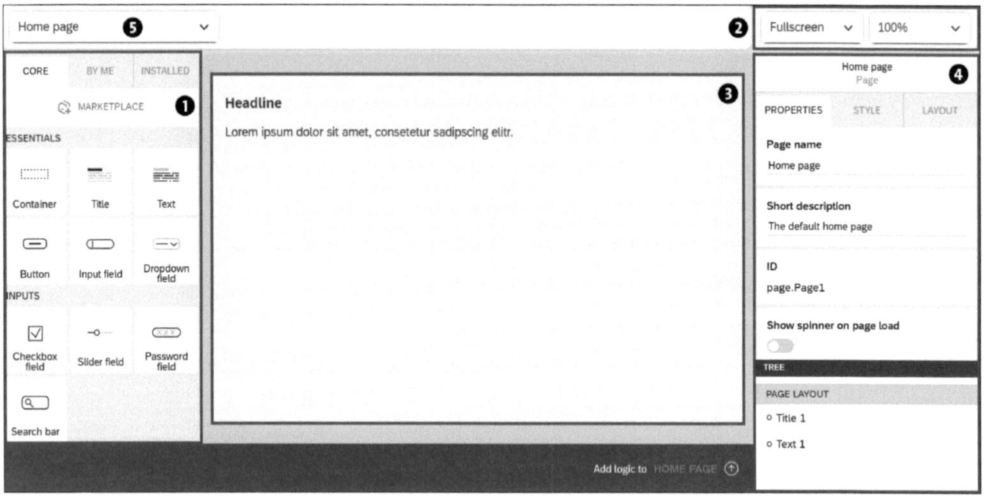

Abbildung 4.11 UI-Ansicht

❶ Komponenten sind auf der linken Seite in Gruppen aufgelistet. Von hier können sie per Drag and Drop Ihrer App hinzugefügt werden. Hier haben Sie ebenfalls Zugriff auf den *Marketplace*, um weitere Komponenten hinzuzufügen.

❷ Auflösung: Hier können Sie die Ansicht der Komponenten für unterschiedliche Geräte wechseln.

❸ Editor: Hier werden die Komponenten Ihrer App hinzugefügt.

❹ Eigenschaft, Design und Baumansicht (**TREE**) befinden sich auf der rechten Seite. Hier bestimmen Sie, welchen Inhalt die Komponenten anzeigen werden und nach welchen Kriterien. Die Positionierung und das Layout der Komponente werden ebenfalls hier definiert. Das Eigenschaftsfenster (**PROPERTIES**) ändert sich je nach Auswahl der Komponente. Die Baumansicht befindet sich ganz unten und zeigt die Komponente in einer Baumstruktur (engl. Layout Tree). Gerade bei verschachtelten Komponenten ist diese Ansicht hilfreich, um die Komponenten schnell zu finden und neue hinzuzufügen. Sie können die Komponente in den Editor ziehen oder direkt in die Baumstruktur einfügen.

❺ Seiten: Über das Drop-down-Menü können Sie die Seite wechseln, die Sie bearbeiten möchten, oder eine neue Seite anlegen.

Die Hauptkategorien der UI-Elemente sind:

- **Anzeigeelemente**, die Informationen in Text- oder Medienform anzeigen und keine direkte Interaktion bieten
- **Listenkomponenten**, um bestimmte Informationen mit Listen oder Tabellen anzuzeigen

- **Layoutkomponenten**, um die Komponenten zu strukturieren. So können Sie z. B. Komponenten in einer Reihe gestalten oder in einem Container gruppieren. Diese Gruppierung vereinfacht z. B. das Ausblenden von mehreren Komponenten. Anstatt einzelne Komponenten auszublenden, reicht das Ausblenden des Containers.

Nicht alle Eigenschaften funktionieren auf die gleiche Weise. Es gibt folgende Eigenschaftskategorien:

- **Anzeigeeigenschaft** wie der Inhalt von Text (*Content*), Platzhalter von Eingabefeldern (*Placeholder*), die URL-Quelle eines Bildes (*Image URL*). Sie sind schreibgeschützt in dem Sinne, dass die Komponente selbst keine Möglichkeit bietet, die Eigenschaft zu ändern, wenn die App ausgeführt wird. Als Ausnahme können Logik und Datenbindung eine Anzeigeeigenschaft während der App-Laufzeit noch ändern. Zum Beispiel kann sich ein Textfeld für eine Produktbeschreibung nach der Auswahl eines Produkts in einer Listenkomponente ändern.
- **Eingabeeigenschaften** können von den Entwickler*innen direkt geändert werden. Dazu gehören der Inhalt bzw. Wert eines Eingabefeldes (*Value*), der sich durch Eintippen ändert, das Bestätigen einer Checkbox oder eines Toggle-Buttons, der den booleschen Wert (true/false) ändert, oder auch das Bewegen eines Schiebereglers (*Slide*), der den numerischen Wert ändert.
- **Konfigurationseigenschaften** teilen der Komponente mit, wie sie funktionieren soll – z. B. die Deaktiviert-Eigenschaft, um die Interaktion zu sperren, die Zeilenanzahl eines Textfeldes, der Maximalwert eines Schiebereglers oder die Sichtbarkeit eines Elements.

Beachten Sie, dass einige Eigenschaften, wie etwa die Sichtbarkeit der Komponente, im erweiterten Bereich **Advanced properties** versteckt sein können. Jede Eigenschaft hat einen Titel und ein Infosymbol. Wenn Sie mit der Maus über das Infosymbol fahren, werden zusätzliche Informationen zur Funktionsweise dieser Eigenschaft angezeigt.

Um die Eigenschaft einer Komponente zu konfigurieren (siehe Abbildung 4.12), müssen Sie eine Komponente in Ihrem Editor auswählen und über das Icon [ABC] den Bindungseditor aufrufen und einen geeigneten Bindungstyp auswählen (siehe Abbildung 4.13).

Es gibt vier Kategorien für Werttypen:

- **Static value**: Der statische Wert wird über das Eigenschaftsfenster festgelegt und ändert sich während der Laufzeit nicht, sofern er nicht explizit mit der Logik überschrieben wird.
- **Data and Variables**: Daten und Variablen für eine dynamische Bindung an eine Variable

- **Formula**: Formel für die dynamische Bindung an eine Formel, wodurch Sie komplexe Bindungen erstellen können, wie z. B. das Konkatenieren von Werten in einem Text oder das Berechnen eines Datumswerts.
- **Component properties**: Komponenteneigenschaft für die Bindung an eine andere Komponenteneigenschaft, z. B. die Sichtbarkeit einer Komponente abhängig von Wert einer Checkbox

Standardmäßig ist der Werttyp immer ein statischer Wert.

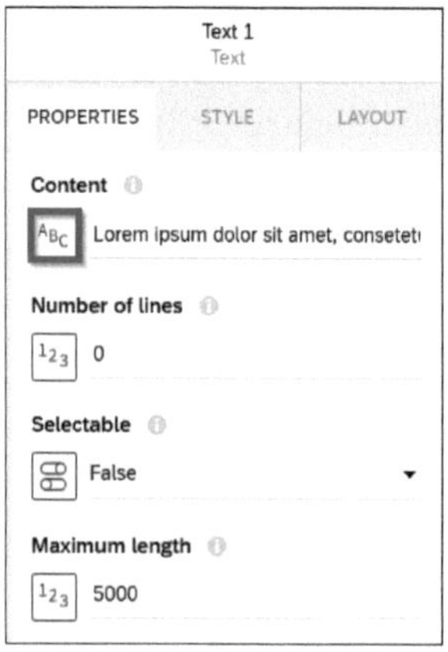

Abbildung 4.12 UI-Eigenschaft konfigurieren

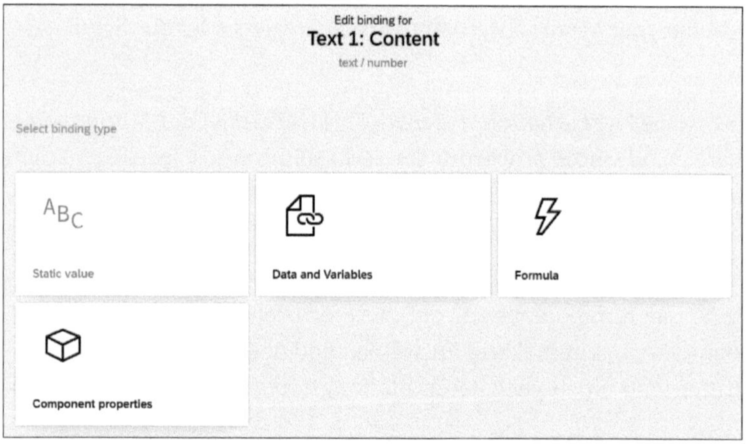

Abbildung 4.13 UI-Eigenschaft Bindungsmöglichkeiten

Die Standardkomponenten decken die meisten Anwendungsfälle ab. Sie können jedoch über den Marketplace zusätzliche Komponenten installieren und verwenden. Um eine neue Komponente zu installieren oder Informationen darüber anzeigen zu lassen, muss die Komponente einfach ausgewählt werden. Nachdem Sie auf den Button **MARKETPLACE** geklickt haben, wird ein Dialogfenster mit verschiedenen Informationen wie Beschreibung, Erstellungs- und Aktualisierungsdaten, Name der betreuenden Person und Beispielanzeige angezeigt. Nach der Installation werden die Komponenten auf der Registerkarte **INSTALLED** zur Verfügung gestellt.

Es besteht auch die Möglichkeit, eigene Komponenten zu erstellen. Mit dem Komponentenvorlagen-Editor können Sie Komponenten umfassend an die Anforderungen Ihrer Anwendung anpassen. Sie können sie ändern und vorhandene Komponenten zusammenfügen, um neue zu erstellen. Sie könnten z. B. eine Bildkomponente und eine Listenkomponente kombinieren, um eine neue Bildlistenkomponente zu erstellen, die später wiederverwendet werden kann. Sie erstellen Ihre eigene Komponente auf Basis einer vorhandenen Komponente. Dafür müssen Sie die Komponente zunächst in den Editor ziehen. Wenn die Komponente mit der Maus ausgewählt ist, erscheint auf der rechten Seite unten der Bereich **ADVANCED PROPERTIES**. Klappen Sie diesen Bereich aus, und klicken Sie auf die Option **CONVERT TO NEW COMPONENT** (siehe Abbildung 4.14). Durch die Bestätigung gelangen Sie in den Komponentenvorlagen-Editor.

Abbildung 4.14 Zugriff auf den Komponentenvorlagen-Editor

Eigene Komponente erstellen

Nach der Bestätigung erscheint ein Pop-up-Fenster als Warnung, dass alle Bindung verloren gehen. Daher sollten Sie mit einer frisch gezogenen Komponente starten. Ein Container als Rahmen für Ihre Komponente ist dafür geeignet.

Sie können nun nach Ihren Bedürfnissen die Basiskomponente mit zusätzlichen Komponenten per Drag and Drop erweitern.

Der Komponentenvorlagen-Editor besteht aus zwei Ansichten, zwischen denen Sie mit dem Schieberegler wechseln können (siehe ❶ in Abbildung 4.15):

- der **View-Ansicht** für die visuelle Gestaltung Ihrer eigenen Komponente
- der **Properties-Ansicht**, um Ihre eigenen Eigenschaften, Ereignisse sowie Name und Beschreibung zu definieren

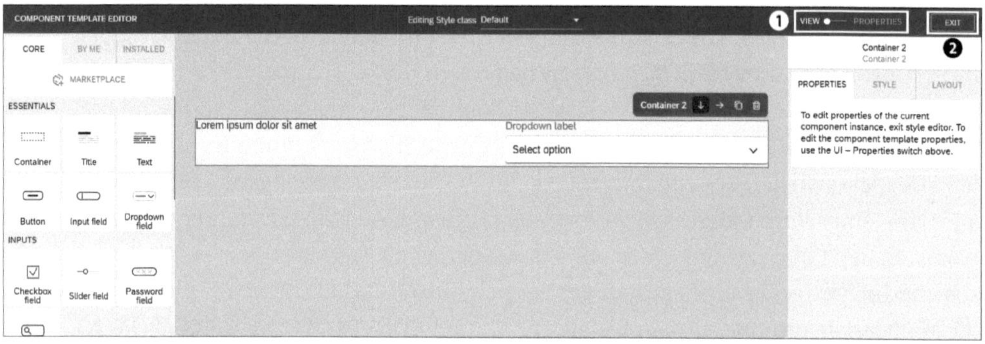

Abbildung 4.15 Komponentenvorlagen-Editor (View-Ansicht)

Über den **EXIT**-Button ❷ kehren Sie in den App-Editor zurück.

Mit SAP Build Apps können Sie die Oberfläche optisch an die Bedürfnisse von Anwender*innen und Unternehmen anpassen. *Themes* spielen dabei eine wichtige Rolle und bestimmen das Design und die Handhabung Ihrer App. Viele Style-Eigenschaften sind direkt im Menü verfügbar, um das Erscheinungsbild der Anwendung zu verändern. Um am Design zu arbeiten und das Aussehen Ihrer App zu ändern, können Sie den Theme-Editor verwenden. Sie erreichen den Theme-Editor im Hauptmenü über den Button **App Settings • Theme** (siehe Abbildung 4.10). Dort finden Sie verschiedene Farbpaletten und können eine bereits vorhandene auswählen oder eine neue erstellen, die z. B. dem Corporate Design Ihres Unternehmens entspricht (siehe Abbildung 4.16).

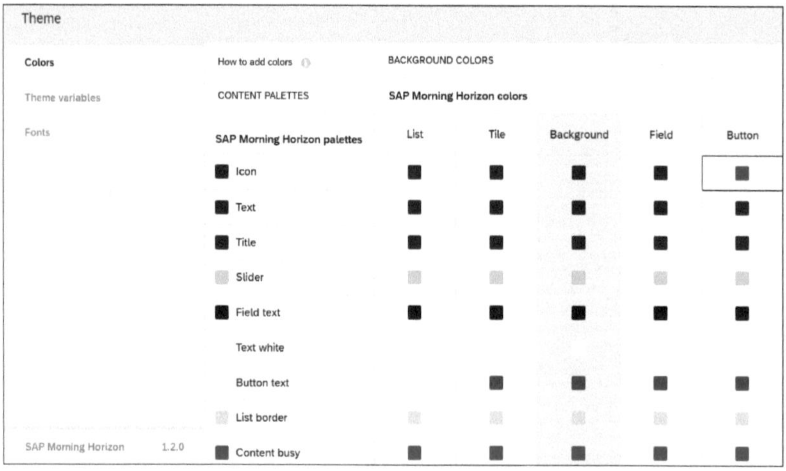

Abbildung 4.16 Farbpalette des Themes anpassen

Über die Theme-Variablen (engl. Theme Variables) können Sie neben den Farben auch das Design festlegen, das sich dann an alle Elemente der App anpasst. So können Sie z. B. mit den vorgegebenen Optionen die Konfiguration für Textgröße, Rahmen, Schatten, Abstand und Schriftart festlegen oder neue Theme-Variablen erstellen. Die Bindung-Option ermöglicht es, alle Variablen zu dynamisieren. Die Option erreichen Sie über das Icon $^{1}2_{3}$ in der jeweiligen Spalte (siehe Abbildung 4.17).

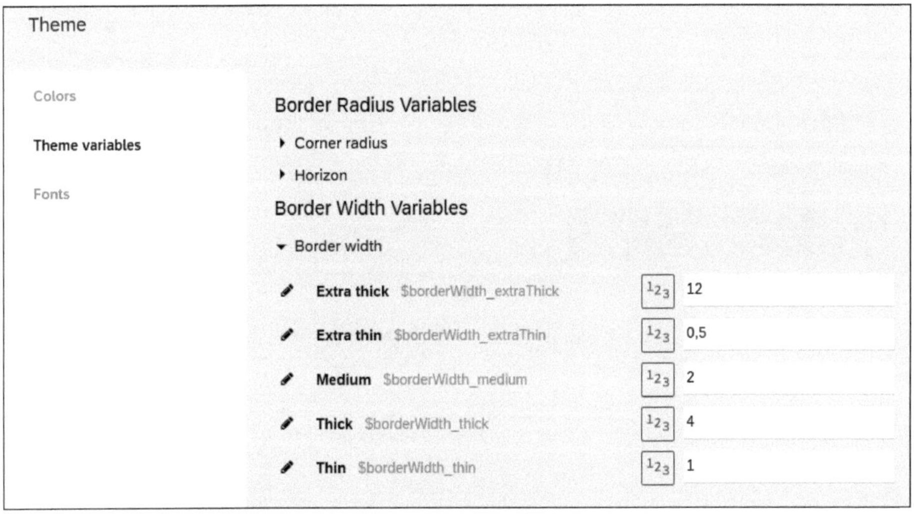

Abbildung 4.17 Theme-Variable mit Bindungsoption

Wenn Sie Standard-Themes verwenden möchten, stehen Ihnen aktuell zwei Theme-Gruppen zur Verfügung, um das Design der Apps anzupassen: Universal Theme und SAP Fiori Theme. Zur Auswahl des Themes navigieren Sie über **App Settings • Theme**. Durch einen Klick auf das aktuell ausgewählte Theme (z. B. *SAP Morning Horizon* unten links) öffnet sich das Menü **Change theme**, in dem ein Drop-down-Menü mit den verfügbaren Themes angezeigt wird. Darüber können Sie das Theme für Ihre Anwendung festlegen.

Je nach Art der Komponente gibt es unterschiedliche Style-Einstellungen. Standardmäßig sind diese bereits fertig definiert und können direkt ausgewählt werden. Für einen Button stehen etwa die Optionen **Primary Button**, **Secondary Button**, **Tertiary Button** und **Danger Button** zur Auswahl. Damit haben Sie also für viele Anwendungsfälle schon einen passenden Style.

Sie können Style-Klassen auch bearbeiten und eigene erstellen (siehe Abbildung 4.18). Somit haben Sie die Möglichkeit, weitere Style-Einstellungen vorzunehmen, um z. B. die Komponente an den Ecken abzurunden, einen Schatten hinzuzufügen oder die Schriftart anzupassen. Sie können im Drop-down-Menü Ihrer ausgewählten Style-Klasse die Option **Edit** auswählen. In Abbildung 4.19 sehen Sie ein Beispiel für das Bearbeiten der Klasse eines Primary-Buttons. Anschließend können Sie die Klasse unter einem neuen Namen speichern und somit Ihre eigene Klasse für die Komponente erstellen und wiederverwenden. Die Seiten können auch auf der Registerkarte **STYLE** verändert werden. So können Sie den Hintergrund (mit Farbe oder Bild), das Padding oder das Deaktivieren des Scrollens anpassen.

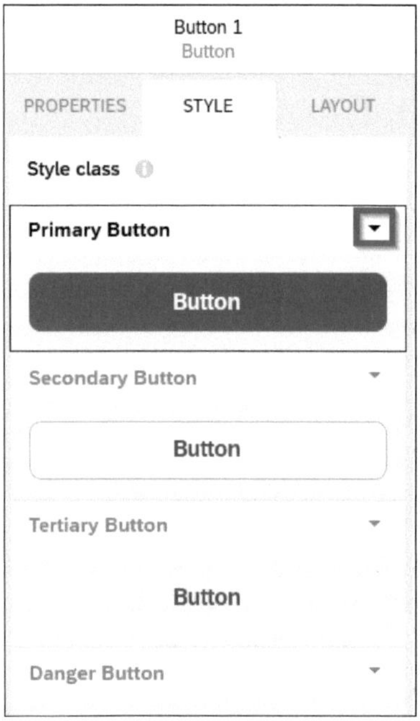

Abbildung 4.18 Vordefinierte Style-Klassen für einen Button

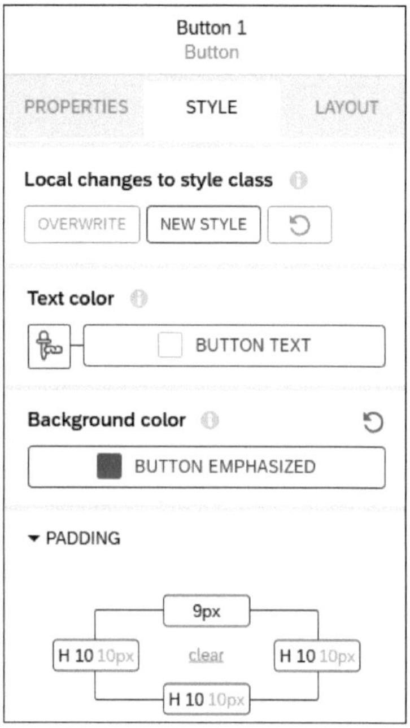

Abbildung 4.19 Button Style bearbeiten

Über die Registerkarte **LAYOUT** können Sie die Anordnung der Komponenten und das Layout der ausgewählten Seite bzw. Komponente konfigurieren. Das Seitenlayout ändern Sie, indem Sie auf der Seite im Editor in eine leere Fläche klicken. Nun können Sie die Ausrichtung aller Komponenten auf dieser Seite gleichzeitig ändern, die dann links, zentriert oder rechts ausgerichtet werden. Weitere wichtige Kategorien auf der Registerkarte **LAYOUT** sind die Einstellung der Komponenten in Bezug auf Breite und Höhe sowie die Position. Sie können dort auch Ihren Inhalt mit dem sogenannten Z-Index manipulieren, der eine bessere Benutzererfahrung ermöglicht. Der *Z-Index* ist eine Eigenschaft, mit der Sie die Reihenfolge der Elemente auf Ihrer Seite steuern können. Dies funktioniert, indem jedem Element ein numerischer Wert (der Z-Index) zugewiesen wird und dann anhand dieser Zahl bestimmt wird, welches Element vor oder hinter einem anderen Element angezeigt wird. Je höher der Z-Index, desto näher wird ein Element angezeigt. Standardmäßig ist der Wert **auto** (siehe Abbildung 4.20).

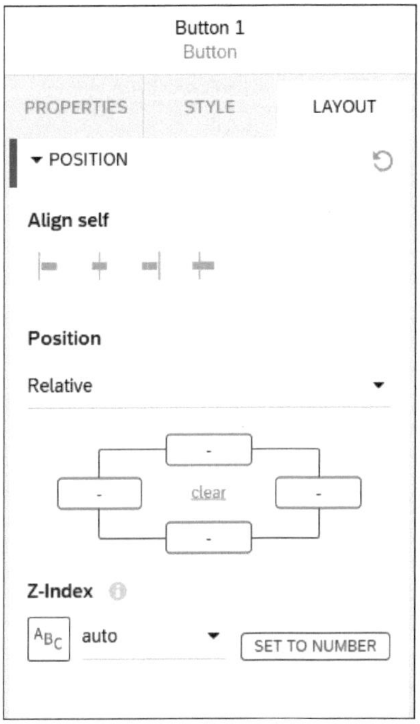

Abbildung 4.20 Button-Layout mit Z-Index

Wenn eine Komponente ausgewählt ist, werden auf der Registerkarte **LAYOUT** zusätzliche Optionen angezeigt. Diese Optionen werden durch das Konzept des Abstands zwischen Komponenten beeinflusst. Anstatt Ränder zu verwenden, wird das Konzept des Komponentenabstands genutzt. Der Komponentenabstand bestimmt den Abstand zwischen Komponenten und fungiert im Wesentlichen als Lücke zwischen ihnen. Dieser Ansatz verbessert den intuitiven Arbeitsablauf für den Komponentenabstand erheblich und behält gleichzeitig die Möglichkeit, jeden Aspekt nach Bedarf anzupassen. Darüber hinaus verhält sich der Komponentenabstand konsistent, unabhängig davon, ob das Layout vertikal oder horizontal ist. Dieser einheitliche Ansatz gewährleistet eine nahtlose Erfahrung bei der Verwaltung des Komponentenabstands.

Variablen

Variablen bieten in Ihrer App einen Platz zum Speichern temporärer Daten, bis Sie diese anzeigen, lesen oder an einen anderen Ort senden müssen, z. B. an ein Backend-System. SAP Build Apps enthält verschiedene Variablentypen für unterschiedliche Verwendungszwecke (siehe Tabelle 4.2).

Typ	Verwendung
App-Variable (engl. App Variable)	Wird verwendet, um die Informationen zu speichern, die in der gesamten App zugänglich sein müssen.
Seitenvariable (engl. Page Variable)	Wird verwendet, um die Informationen zu speichern, die nur für die aktuelle Seite zugänglich sein müssen.
Seitenparameter (engl. Page Parameter)	Wird verwendet, um die Informationen zu speichern, die zum Öffnen der aktuellen Seite erforderlich sind. Wenn Sie z. B. eine Produktdetailseite haben, auf der Informationen zum aktuellen Produkt angezeigt werden, benötigt die Seite eine ID für das Produkt, um dessen Daten anzuzeigen.
Datenvariable (engl. Data Variable)	Wird verwendet, um die von einer externen Datenressource abgerufenen Informationen zu speichern. Eine Datenvariable kann so konfiguriert werden, dass entweder ein einzelner Datensatz oder eine Liste von Datensätzen gespeichert wird.
Übersetzungsvariable (engl. Translation Variable)	Wird verwendet, um Texte je nach Sprache der App zu übersetzen. Die Variable kann an einen Text gebunden werden, und je nach Anmeldesprache ändert sich der Text dynamisch.

Tabelle 4.2 SAP Build Apps – Variablentypen

Sie könnten alle Ihre Daten in App-Variablen speichern, die App-Variablen werden jedoch alle zusammen angezeigt. Wenn Sie also eine große Anzahl an App-Variablen anlegen, kann es schwierig werden, den Überblick über Ihre lange Liste von App-Variablen zu behalten.

Für die Verwaltung Ihrer Daten wechseln Sie in die Variablenansicht im Hauptmenü (siehe Abbildung 4.21). Hier können Sie die verschiedenen Variablentypen anlegen.

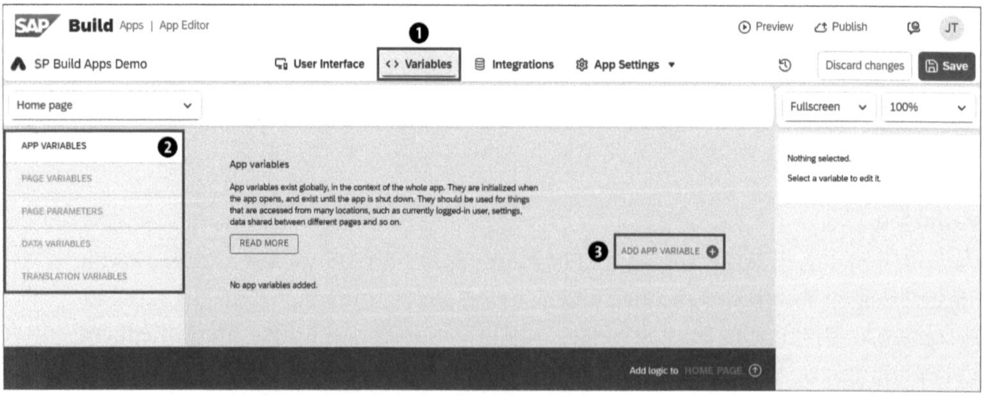

Abbildung 4.21 Variable anlegen

❶ Wechseln Sie mit einem Klick auf **Variables** im Hauptmenü in die Variablenansicht.

❷ Wählen Sie in der Liste auf der linken Seite den Variablentyp aus.

❸ Klicken Sie auf **ADD APP VARIABLE**, um eine neue Variable anzulegen.

Der gewählte Datentyp bei der Variablenanlage bestimmt, welche Werte zulässig sind. SAP Build Apps verhindert nicht das Speichern eines Wertes, der nicht dem Datentyp entspricht, warnt Sie jedoch, wenn der Werttyp nicht passt. Wenn Sie eine neue Variable definieren, können Sie den Typ der Variablen auf der rechten Seite definieren. Sie können dabei einen initialen Wert bestimmen. Hier finden Sie einen Überblick über die unterstützen Datentypen, unterteilt in vier Gruppen:

- einfache Typen wie Text (String), Number und Boolean
- Texttypen mit spezifischem Format wie E-Mail-Adresse, URL, Date Text (2025-01-30), Farbcode, UUID oder lokaler Dateisystempfad
- Referenztypen wie Icon, dies ist eine JSON-Darstellung eines Icons mit Informationen über die SAP-Icon-Bibliothek (z. B. fiori oder fioriBusiness) und den Icon-Namen ({"set":"fiori","name":"add-folder"})
- komplexe Typen wie Objekt als Reihe von Eigenschaften, die selbst einen Datentyp haben, Liste von Objekten oder beliebig für untypisierte Typen

Wenn Sie den Wert einer Variablen festlegen, bietet Ihnen der Eigenschaftseditor eine für diesen Typ konzipierte Schnittstelle. Für eine Variable vom Typ Farbe (**Color code**) wird Ihnen z. B. eine Benutzeroberfläche zum Auswählen von Farben angezeigt (siehe Abbildung 4.22).

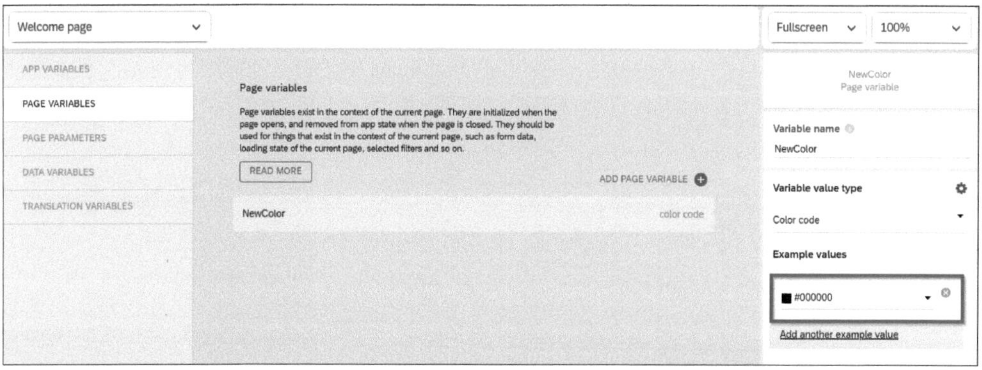

Abbildung 4.22 Variable vom Werttyp Farbe (»Color code«) definieren

Datenvariablen ähneln anderen Variablen, werden jedoch zum Speichern von Daten aus externen Datenquellen wie SAP-Systemen oder APIs von Drittanbietern verwendet und ermöglichen die Interaktion von UI-Komponenten mit Daten. Auf diese

Weise können Sie SAP-Erweiterungen erstellen, die mit Kernsystemen interagieren und diese erweitern.

Da die Datenvariablen zum Abrufen und Aktualisieren von Datensätzen verwendet werden, verfügen sie über einige Funktionen:

- Wenn Sie eine Datenvariable definieren, müssen Sie sie als Sammlung von Datensätzen (*Collection of data records*) aus dem Backend, als einzelnen Datensatz (*Single data record*) oder als leeren Datensatz (*New data record*) definieren, der ausgefüllt und dem Backend-System hinzugefügt wird.
- Wenn die Datenvariable Daten aus einem OData-Service darstellt, können Sie OData-Filter definieren, die beim Abrufen von Daten verwendet werden, um sie in die Variable einzufügen.
- Datenvariablen haben ihre eigene Logikoberfläche (*Logic Canvas*). Im Allgemeinen dient diese dazu, zu definieren, wie die Daten abgerufen werden (siehe Abbildung 4.25). App- und Seitenvariablen sowie die Anwendung selbst teilen sich eine einzige Logikoberfläche. Sie finden sie im unteren Bereich der Startseite und können sie jederzeit ein- und ausblenden.

Eine öffentliche API zu Ihrem Projekt können Sie z. B. über den Marketplace hinzufügen, indem Sie **MARKETPLACE • DATA** auswählen. Es erscheint eine Liste verfügbarer APIs wie z. B. **RestCountries**, **ExchangeRates** oder **GoogleMapsGeocoding** (siehe Abbildung 4.23). Klicken Sie auf die gewünschte API, um deren Details anzuzeigen. Über den Button **Install** können Sie die API in Ihr Projekt integrieren. Die API steht anschließend als Integration zur Verfügung und kann als Datenvariable verwendet werden.

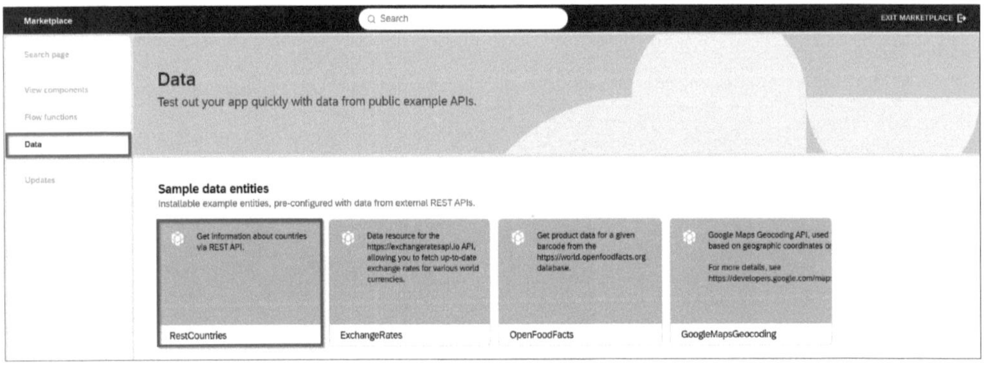

Abbildung 4.23 Öffentliche API installieren

Sie können nun eine Datenvariable anlegen, die die Daten gemäß dem Schema der Datenressource als Sammlung abruft (siehe Abbildung 4.24). Wechseln Sie zurück zur Ansicht **Variables**, und wählen Sie dort den Eintrag **DATA VARIABLES** aus. Wenn Sie nun auf den Button **ADD DATA VARIABLE** klicken, können Sie die Option **RestCountries** auswählen. Die Datenvariable ist nur für die ausgewählte Seite verfügbar.

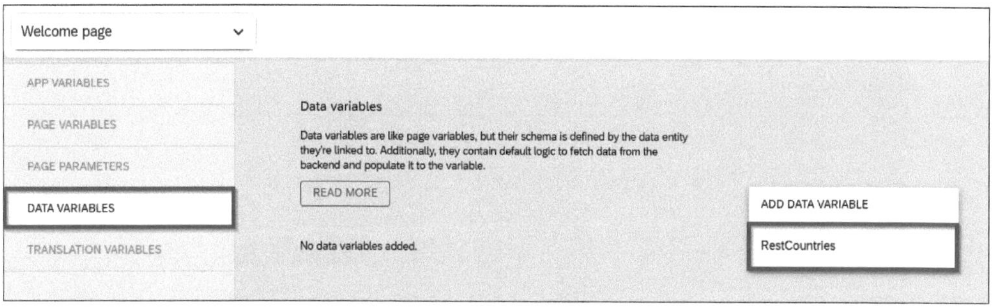

Abbildung 4.24 Datenvariable für die Option »RestCountries« anlegen

> **Datenvariable anlegen**
>
> Eine Datenvariable ist seitenspezifisch. Achten Sie bei der Anlage darauf, auf welcher Seite Sie sich befinden.

Sie können nun die Logik der Datenvariable durch einen Klick auf **Add logic to <Seite>** (z. B. **Add logic to HOME PAGE**) einblenden. Standardmäßig werden die Daten nach dem Laden der Seite abgerufen und in der Variablen gespeichert (siehe Abbildung 4.25).

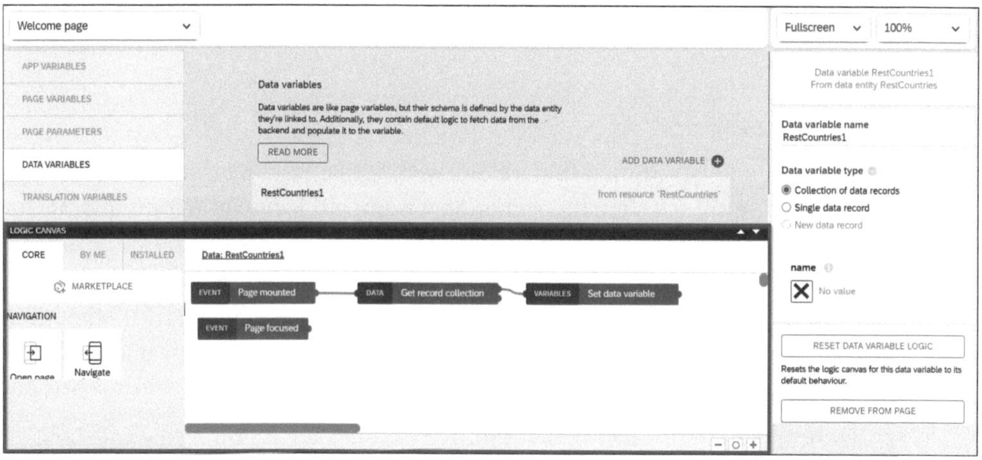

Abbildung 4.25 Logikoberfläche für Datenvariable

Sie können nun die Daten an eine UI-Komponente anbinden, z. B. eine Liste von Ländern ausgeben. Nutzen Sie dafür die Option **Repeat with** im Eigenschaftseditor, die Ihnen ermöglicht, eine Vorlage zu erstellen, wie die Daten ausgegeben werden. Wählen Sie die Datenvariable aus. Als Content können Sie das Feld auswählen, das angezeigt wird. Dafür wählen Sie als Bindungsoption **Data item in repeat** aus. Über die Option **Select repeat** können Sie durch Auswahl von **current** die Felder der Datenressource auflisten und das Feld auswählen, das angezeigt werden soll (siehe Abbildung 4.26).

Abbildung 4.26 Datenvariable anbinden

[»]

> **Anzeige von Datenvariablen**
>
> Die komplette Anzeige der Daten aus dem Backend erfolgt nur in der Vorschau.

Anwendungslogik

Flows, Logik und Algorithmen sind weitere wichtige Funktionen von SAP Build Apps. Die Logik bestimmt das Verhalten einer App, wenn ein Benutzer mit ihr interagiert, und Algorithmen führen die mathematischen Berechnungen aus, die sie antreiben. Funktionen kommen in fast allen Anwendungen vor und sind besonders nützlich zum Lösen von Aufgaben und Problemen. Wenn ein Ereignis eintritt, leitet eine Funktion einen Vorgang ein, bei dem eine oder mehrere Eingaben verarbeitet und eine Ausgabe zurückgegeben wird.

Es gibt zwei Funktionstypen in SAP Build Apps, die Sie zusammen als vollständige App-Logik nutzen können.

- **Flow-Funktionen** (engl. Flow Functions) befinden sich auf der Registerkarte **Logic**. Mit ihnen lassen sich Aktionen ausführen, die sich optisch in einer Abfolge platzieren und kombinieren lassen. Flow-Funktionen können z. B. Daten speichern und abrufen oder Hardwarekomponenten aktivieren. Eingabe- und Ausgabeknoten können Sie zur Anbindung logischer Flow-Funktionen nutzen.

- **Formel-Funktionen**, die die Aufgabe haben, Daten zu verarbeiten, sodass Sie z. B. Texte filtern, Werte mit Operatoren und mathematischen Formeln bearbeiten oder Informationen aus dem Gerät abrufen und diese dann ausgeben können. Dafür bietet SAP Build Apps eine Bibliothek mit aktuell mehr als 500 fertigen Formeln.

Das Anklicken eines Buttons oder einer anderen Komponente ist ein Beispiel für ein Ereignis, das die Ausführung verschiedener Funktionen auslösen kann. Es gibt jedoch Ereignisse, die nicht von den Anwender*innen ausgelöst werden. In Tabelle 4.3 sehen Sie die verschiedenen Ereignisse.

Ereignis	Beschreibung
App geladen (**App loaded**)	Dieses Ereignis ist verfügbar, wenn die App vollständig geladen ist. Sie können z. B. eine Willkommensnachricht ausgeben.
Seite bereitgestellt (**Page mounted**)	Dieses Ereignis ist verfügbar, wenn die App mit dem Laden und Rendern fertig ist. Sie können dieses Ereignis nutzen, um eine Logik auszulösen, die dynamisch Inhalte rendert und Komponenten initialisiert.
Seiten fokussiert (**Page focused**)	Das Ereignis tritt ein, wenn eine Seite fokussiert ist, z. B. wenn sie mithilfe der Navigationskomponenten geöffnet wird oder zu dieser Seite als aktiver Seite zurücknavigiert wird.
Component onFocus, Component onChange	onFocus tritt ein, wenn z. B. eine bestimmte Komponente ausgewählt oder aktiviert wird, die eine Aktion oder Eingabe erwartet, etwa bei der Auswahl eines Eingabefeldes. Das on-Change-Ereignis wird z. B. ausgelöst, wenn sich der Wert im Eingabefeld ändert oder eine Checkbox ausgewählt wird.
Component onBlur	Im Gegensatz zum Fokus wird hier beim Loslassen eine Aktion ausgelöst, z. B. beim aktiven Wechsel auf eine andere Komponente.
Page blurred	Im Gegensatz zum Fokus wird hier beim Loslassen eine Aktion ausgelöst, etwa beim aktiven Wechsel auf eine andere Seite.
Component tap	Dieses Ereignis wird durch die Auswahl einer Komponente ausgelöst und ist für alle Komponenten verfügbar.
Page nav bar item clicked	Dieses Ereignis wird durch die Auswahl der Navigationskopfleiste mit verschiedenen Schaltflächen und Symbolen zur Navigation ausgelöst.

Tabelle 4.3 Ereignisse in SAP Build Apps (Events)

Ausgehend von einem Ereignis, können mehrere Logikflüsse kombiniert werden, um bei Bedarf beliebige Funktionen und Aktionen auszuführen. Diese werden im Logic Canvas erstellt und sind über die untere Leiste des UI Editors zugänglich. Durch Anklicken der unteren Leiste wird der Logic Editor (auch Logic Canvas genannt) sichtbar, und durch Ziehen der Leiste kann dieser Bereich erweitert werden.

Ebenso wie bei den Komponenten gibt es auch im Logic Canvas eine Bibliothek, in der die gängigsten Anwendungsfälle auf der Registerkarte **CORE** aufgerufen werden können. Zudem gibt es auch hier die Möglichkeit, über einen Marketplace weitere Flow-Funktionen zu installieren. Diese installierten Funktionen stehen später im Bereich **Logic Canvas** auf der Registerkarte **INSTALLED** zur Verfügung und können stetig erweitert werden. Mit den Standard-Flow-Funktionen und den weiteren Funktionen aus dem Marketplace stehen den Anwender*innen also verschiedene Werkzeuge zur Verfügung, um die Logik der App zu optimieren.

Logikflüsse können sehr einfach gestaltet sein und aus nur einer Flow-Funktion bestehen. Dies ist besonders dann ausreichend, wenn lediglich zwischen Seiten in der App navigiert oder zu einer URL weitergeleitet werden soll. Ein notwendiges Kriterium ist dabei immer, mindestens ein Ereignis zu definieren. Zum Beispiel lässt sich die Logik **Open page** per Drag and Drop aus der Kategorie **NAVIGATION** ziehen und als Ereignis mit einem Button verbinden, sodass der Button nun zur gewünschten Seite navigiert und damit die Aktion auslöst.

In der Regel verwendet die Logik-App mehrere Logikbausteine und verkettet diese. Dabei können einzelne Logikelemente oder ganze Stränge kopiert werden. Enthält ein Logikfluss mehrere Ereignisse, wird die App dynamischer, und es können je nach Projekt einfache bis komplexe Logiken ausgeführt werden. Dies ist meist dann notwendig, wenn Variablen und Daten abgefragt oder bearbeitet werden sollen, wie etwa bei der Abfrage oder Aktualisierung einer Datenmenge. Ein wesentlicher Vorteil besteht darin, dass Ausgaben durch Verkettung weitergegeben und wiederverwendet werden können. Auf diese Weise lässt sich jede Art von Verhalten in einer App anpassen.

Flow-Funktionen erhalten immer eine Eingabe. Das Ergebnis kann bei manchen Logikelementen jedoch mehrere Ausgaben haben. Dies ist insbesondere dann der Fall, wenn die Anwender*innen mit einer Interaktion konfrontiert werden und Eingaben machen oder eine Option wählen müssen. Aber auch andere alternative Ausgaben können zum Abbruch einer Interaktion oder einem etwaigen Fehler geführt haben. Dadurch können je nach Ausgabe mit mehreren Verzweigungen unterschiedliche Logikflüsse weitergeführt und kann mehr Komplexität zur Adressierung der unterschiedlichen Ereignisse integriert werden. Trotz möglicher Komplexität liegt der Vorteil in der übersichtlichen visuellen Gestaltung der Logikflüsse, die jederzeit schnell umstrukturiert oder deren Verbindungen gelöscht werden können.

Als Cross-Development-Plattform ermöglicht SAP Build Apps, dass die Anwendungen sowohl im Web als auch auf unterschiedlichen Geräten veröffentlicht werden. Gerade bei mobilen Geräten wie einem Smartphone empfiehlt es sich, zusätzliche Funktionen des Geräts zu nutzen. So kann z. B. die Kamera verwendet werden, um Fotos oder Videos aufzunehmen oder einen QR-Code zu scannen. Das Ergebnis kann dann als Ausgabe weiterverarbeitet werden.

Ein weiterer wichtiger Bereich von SAP Build Apps im Kontext der Anwendungslogik ist der *Formeleditor*. Mit diesem können Sie auf einfache Weise einen komplexen Algorithmen erstellen. Auch wenn für SAP Build Apps keine Programmierung im herkömmlichen Sinne erforderlich ist, ist das Wissen über Operatoren unabdingbar und hilft bei der Gestaltung dynamischer Apps. Der Zugriff auf den Formeleditor (Formula) erfolgt analog zur Bindung von UI-Eigenschaften (siehe Abbildung 4.12).

Der Formeleditor unterstützt verschiedene Operatortypen:

- **Arithmetische Operatoren** für numerische Datentypen wie Addition (+), Subtraktion (-), Multiplikation (*) und Division (/). Aber auch Modul (%) und Potenzierung (^) sind vorhanden. Der Additionsoperator wird auch zusätzlich verwendet, um Zeichenfolgen (String) zu konkatenieren.
- **Logische Operatoren** wie und (&&) oder (||) und nicht (!), um zwei Werte oder Ausdrücke zu vergleichen. Das Ergebnis ist ein boolescher Wert.
- **Vergleichsoperatoren** wie die Prüfung auf Gleichheit bzw. Ungleichheit der Werte (== bzw. !=) oder auf Gleichheit bzw. Ungleichheit der Werte mit Typprüfung (=== bzw. !==). Auch Vergleiche, ob ein Wert kleiner (<), kleiner-gleich (<=), größer (>) oder größer-gleich (>=) als ein anderer Wert ist, sind möglich.
- **Bedingungsoperatoren** ermöglichen es, zwei verschiedene Pfade anzugeben, je nachdem, ob eine Bedingung wahr oder falsch ist (`<Bedingung> ? <wahrer Wert> : <falscher Wert>`), z. B. x != 0 ? y/x : null – wenn x ungleich 0 ist, dann wird y durch x dividiert, und wenn nicht, wird ein Nullwert ausgegeben.

Über den Formeleditor können Sie auf alle in der Anwendung vorhandenen Variablen zugreifen. Beachten Sie jedoch, dass diese nur gelesen werden können – neue Variablen können nicht gesetzt oder erstellt werden. Verwenden Sie dazu die Flow-Funktionen zum Setzen und Erstellen neuer Variablen, wie z. B. **Set app variable**, und weisen Sie den Wert dann über eine Formel zu.

SAP Build Apps bietet einen Katalog an vorgefertigten Funktionen, die Sie im Formeleditor nutzen können. Diese Funktionen sind im Formeleditor in Kategorien gruppiert. Die Kategorien finden Sie auf der linken Seite unter **Functions**. Nach der Auswahl einer Kategorie werden die Funktionen in der Mitte eingeblendet, und Beispiele erscheinen auf der rechten Seite (siehe Abbildung 4.27).

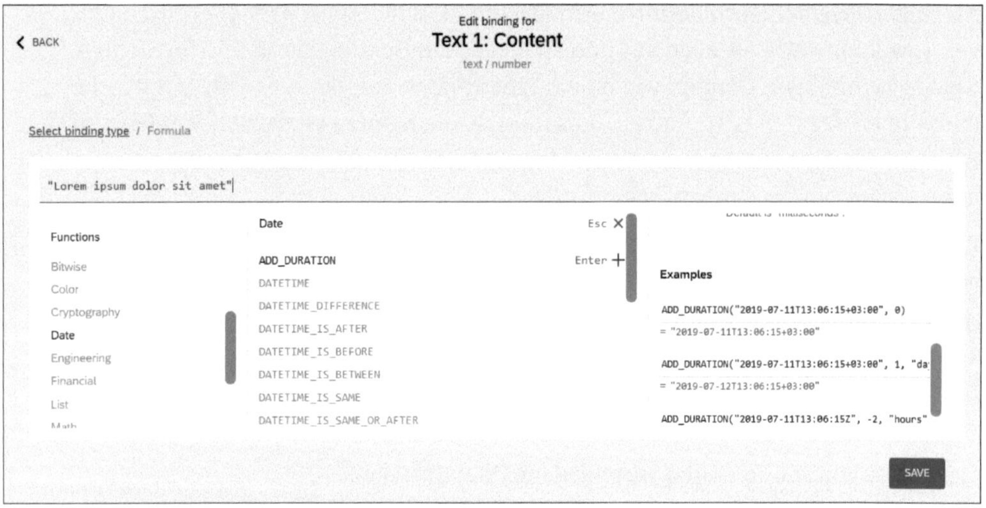

Abbildung 4.27 Formelfunktionen in SAP Build Apps

Die häufig verwendeten Kategorien von Funktionen sind:

- **Text**: Diese Funktionen ermöglichen es, Texte in der App zu bearbeiten, zu ersetzen, zu formatieren und auch zu analysieren oder zu suchen. Somit sind einfache Textmanipulationen möglich. Zum Beispiel können Sie die Funktion `UPPERCASE()` verwenden, um einen Text in Großbuchstaben umzuwandeln.
- **Date**: Mit diesen Funktionen lassen sich Datums- und Zeitangaben manipulieren. Sie können Datumsangaben in verschiedenen Formaten ausgeben, mehrere Zeitwerte in Beziehung setzen, um z. B. die Dauer zwischen ihnen zu berechnen, ein Datum in die lokale Zeitzone des Benutzers umrechnen oder bestimmte Zeitintervalle an ein Datum zu addieren oder subtrahieren.
- **List**: Diese Kategorie bietet Funktionen zum Sortieren und Filtern von Listen. Darüber hinaus können Sie auch Listen bearbeiten, indem Sie diese z. B. aufteilen oder einzelne Elemente löschen. Besonders hilfreich sind diese Funktionen zur Suche und Analyse, um die Position oder Anzahl der Elemente in der Liste zu bestimmen.
- **Math**: Diese mathematischen Funktionen ergänzen die Standardoperatoren. Sie können damit z. B. Zahlen in einem Array summieren, Werte auf eine ganze Zahl auf- (`round()`) und abrunden (`floor()`) oder per Zufall eine Ganzzahl zurückgeben, die sich zwischen zwei ausgewählten Ganzzahlen befindet.
- **Utility**: Diese Hilfsfunktionen bieten vielfältige Unterstützung. Sie können damit z. B. Base64-Binärdaten oder JSON-Objekte codieren und decodieren. Auch Validierungsfunktionen gehören dazu, etwa um das Format einer E-Mail-Adresse zu prüfen (`IS_EMAIL()`), was ein boolesches Ergebnis zurückgibt.

Verbindung mit Datenquellen

Ein wichtiger Bestandteil einer App sind Daten. Diese lassen sich in zwei Kategorien unterteilen: einerseits temporäre Daten, die nur während der Laufzeit der App gespeichert werden, wie z. B. Benutzereingaben oder Statusdaten der App, und andererseits persistente Daten, wie etwa Geschäftsdaten, die in Datenbanken gespeichert werden, um sie mit anderen Anwender*innen zu teilen. Eine Datenressource definiert alle Details, die zum Herstellen einer Verbindung mit den Daten erforderlich sind. In der Regel handelt es sich um REST oder OData APIs, die eine URL und einige Parameter benötigen, um zu bestimmen, welche Daten zurückgegeben werden sollen.

Es gibt verschiedene Arten von Datenressourcen, aus denen Sie Daten abrufen können. Sie können diese Datenressourcen im Hauptmenü unter dem Menüpunkt **Integrations** hinzufügen (siehe Abbildung 4.28).

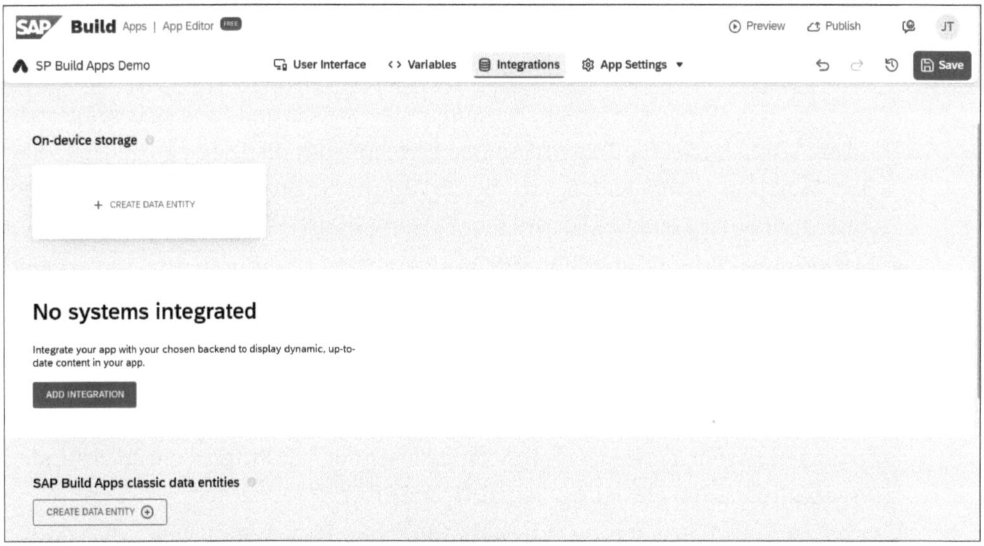

Abbildung 4.28 SAP Build Apps – Datenressourcen

Die verschiedenen Datenressourcen umfassen:

- **OData-Integration**: Ermöglicht die Verbindung mit OData APIs, die speziell für die Bereitstellung von Geschäftsdaten konzipiert sind. Ein Großteil der SAP-Geschäftsdaten wird über OData APIs verfügbar gemacht. Diese Option finden Sie im Bereich **SAP Build Apps classic data entities**. Nach einem Klick auf den Button **CREATE DATA ENTITY** erscheint ein Pop-up-Fenster mit einer Liste an Datenressourcenoptionen.

- **Universal REST API Integration**: Dient zur Verbindung mit REST APIs. Es gibt viele REST-Dienste zum Abrufen von Wetterdaten, Länderinformationen, Sportstatistiken und sogar einigen SAP APIs. Diese Option finden Sie ebenfalls unter **SAP Build Apps classic data entities**.
- **On-Device Storage**: Diese Datenressource erstellt einen Datenspeicher auf dem Gerät, das der Benutzer verwendet, im Unterschied zu REST- und OData-Datenressourcen. Diese Art von Datenressource eignet sich für Benutzereinstellungen, die nicht für andere Benutzer freigegeben werden sollen.
- **Marketplace Search**: Diese Datenressourcen können unterschiedlichen Typs sein. Es handelt sich um Datenressourcen, die im Marketplace definiert und gespeichert sind und von dort aus installiert werden können (siehe Abbildung 4.23). Diese Option finden Sie ebenfalls unter **SAP Build Apps classic data entities**.
- **Visual Cloud Functions Integration**: Ermöglicht die Erstellung eines eigenen Datenspeichers, anstatt eine Verbindung zu einem vorhandenen herzustellen. Sie können mehreren Apps den Zugriff darauf ermöglichen und die Daten mit vielen Benutzern teilen. Sie erzeugen Visual Cloud Functions, indem Sie ein SAP-Build-Apps-Backend-Projekt erstellen. Nachdem Sie ein Backend-Projekt bereitgestellt haben, können Sie eine Datenressource erstellen, um die Daten abzurufen, oder Flow-Funktionen verwenden, um die Serverfunktionen auszuführen. Sie finden diese Option nach einem Klick auf den Button **ADD INTEGRATION**.
- **SAP Systems**: Ermöglicht die Verbindung mit OData APIs in Ihren SAP-Backend-Systemen, die über eine Destination in SAP BTP angebunden sind. Sie finden diese Option nach einem Klick auf den Button **ADD INTEGRATION**.
- **SAP Build Library**: Dient zur Verbindung mit anderen SAP-Build-Produkten wie SAP Build Process Automation. Dies ermöglicht es Ihren Apps, Teil von Geschäftsprozessen zu sein, entweder als Prozessauslöser oder als Prozessschritt. Sie finden diese Option, wenn Sie den Button **ADD INTEGRATION** anklicken.
- **SAP BTP Destination REST API Integration**: Funktioniert ähnlich wie die Universal REST API Integration, mit dem Unterschied, dass die URL und die Authentifizierung durch eine Destination im SAP BTP Cockpit definiert werden. Diese Option finden Sie ebenfalls unter **SAP Build Apps classic data entities**.

[»]

Destination für SAP Build Apps

Um eine Destination in SAP Build Apps als Datenquelle zu nutzen, wird der zusätzliche Parameter `BuildApps.Enabled` mit dem Wert true benötigt. Zudem muss die URL der Destination auf den Serviceendpunkt verweisen, damit in SAP Build Apps die Entitäten aufgelistet werden können.

Wenn Sie z. B. Bestellanforderungen aus einem SAP-System über einen OData-Service abrufen möchten, können Sie dies im Hauptmenü auf der Registerkarte **Integrations** tun. Dort haben Sie die Möglichkeit, den Service entweder über die OData-Integration oder über eine SAP-BTP-Destination, was empfehlenswert ist, einzubinden.

Die Verwendung einer Destination bietet mehrere Vorteile: Sie übernimmt die zentrale Verwaltung der Authentifizierung und stellt eine wiederverwendbare Schnittstelle bereit, die auch von anderen Anwendungen und Services innerhalb der SAP BTP genutzt werden kann. Dadurch wird die Integration nicht nur sicherer, sondern auch skalierbarer und deutlich wartungsfreundlicher.

Ziel dieses Szenarios ist es, eine bestehende OData-Schnittstelle über eine konfigurierte Destination in der SAP BTP anzubinden. Anschließend nutzen wir SAP Build Apps, um diese Daten visuell aufzubereiten und interaktiv zugänglich zu machen. Dabei gehen wir Schritt für Schritt vor: von der Einrichtung der Destination über die Datenbindung bis hin zur Darstellung der Bestellanforderungen in einer benutzerfreundlichen Oberfläche.

Legen Sie, wie in Abschnitt 4.3.1, »Mit SAP Build Apps entwickeln«, beschrieben, ein neues Projekt an (siehe auch Abbildung 4.9). Erstellen Sie eine Destination auf der SAP BTP für den OData-Service der Bestellanforderungen (siehe Abbildung 4.29). Sie können die Destination entweder mit einem verfügbaren SAP-S/4HANA-System in Ihrer Umgebung einrichten oder die öffentliche Sandbox des SAP API Business Hubs (*https://api.sap.com*) verwenden. Um eine Destination auf der SAP BTP anzulegen, öffnen Sie zunächst den gewünschten Subaccount in SAP BTP Cockpit und navigieren zum Bereich **Connectivity • Destinations**. Dort können Sie über **Create** eine Verbindung konfigurieren, indem Sie Angaben wie Name, URL, Authentifizierungstyp und ggf. Zugangsdaten hinterlegen. Nach dem Speichern lässt sich die Verbindung über **Check Connection** prüfen, um sicherzustellen, dass die Destination korrekt eingerichtet ist.

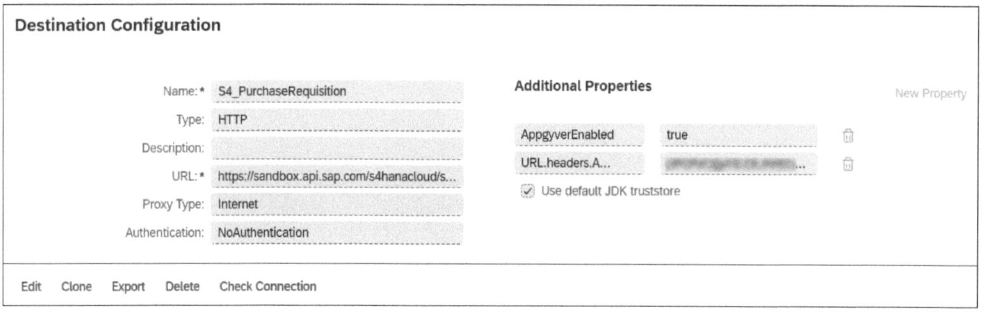

Abbildung 4.29 SAP-BTP-Destination für eine Bestellanforderung

Navigieren Sie im Menü **Integrations** zum Button **ADD INTEGRATION**, und wählen Sie dort unter **SAP Systems** die Option **BTP Destinations** aus. Die verfügbaren Destinationen werden aufgelistet (siehe Abbildung 4.30). Wählen Sie die zuvor angelegte Destination aus, z. B. **S4_PurchaseRequisition** (siehe Abbildung 4.29).

Abbildung 4.30 Bestellanforderung einer Destination in SAP Build Apps

Die Entitäten des Services werden angezeigt, und über den Button **Browse Real Data** können Sie die Echtdaten aus dem System abrufen. Anschließend können Sie die Datenquelle über **INSTALL INTEGRATION** in Ihrem Projekt verfügbar machen (siehe Abbildung 4.31).

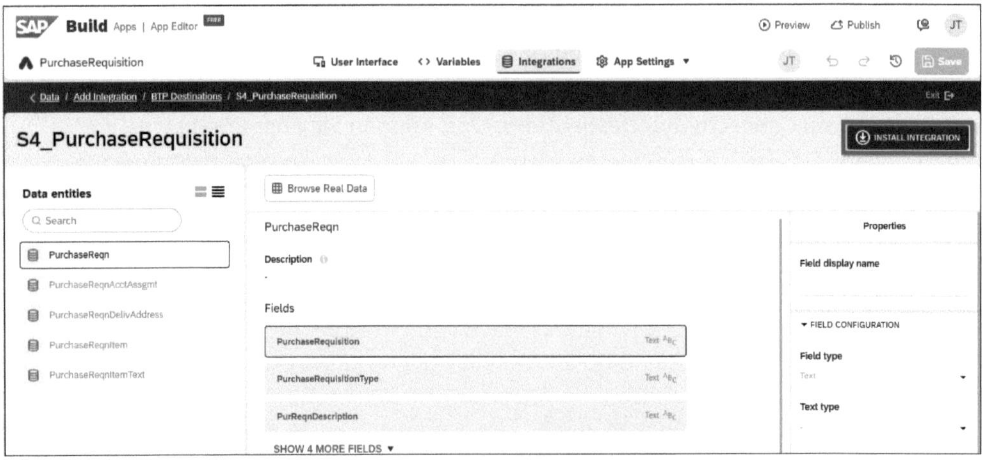

Abbildung 4.31 Integration für die Bestellanforderung installieren

Nach der Installation der Integration wird auf derselben Seite der Button **Enable Data Entity** eingeblendet. Sie können die benötigten Entitäten aktivieren, indem Sie auf der linken Seite eine Entität durch Klick auswählen und anschließend auf den Button **Enable Data Entity** klicken. Dies ermöglicht die Anlage von Datenvariablen. Aktivieren Sie z. B. die Entitäten **PurchaseReqn** und **PurchaseReqnItem**. Legen Sie auf Ihre Startseite eine Datenvariable. Nach dem Klick auf **ADD DATA VARIABLE** werden die aktivierten Entitäten zur Auswahl angezeigt. Wählen Sie bei der Anlage der Datenvariable z. B. die Entität **PurchaseReqn** und den Typ **Collection of data records** aus (siehe Abbildung 4.24), um die Bestellanforderungen aus dem System abzurufen. Fügen Sie auf der gewünschten Seite eine UI-Komponente vom Typ **Basic list** aus dem Marketplace hinzu (siehe Abbildung 4.32). Gestalten Sie das Layout anschließend ganz nach Ihren Vorstellungen.

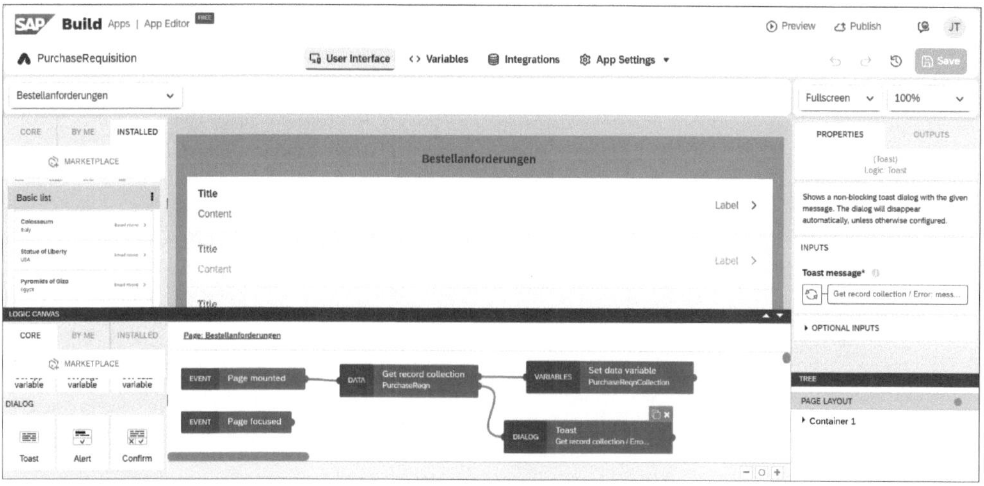

Abbildung 4.32 »Basic list« für die Bestellanforderungen

Erstellen Sie nun eine Logik über die Logic Canvas, um die Daten nach der Bereitstellung der Seite zu lesen (mit **Get record collection**) und dann die gelesenen Daten in Ihre Datenvariable zu setzen (mit **Set data variable**). Sie können einen Dialog einbauen, um mögliche Fehlermeldungen aus der Anfrage benutzerfreundlich anzuzeigen. Nutzen Sie als Eingabe für die Fehlernachricht die Fehlerausgabe der Anfrage über den Bindungstyp **Output value of another node** (siehe Abbildung 4.32).

Legen Sie im nächsten Schritt eine neue Seite an, um die Details der Bestellanforderung anzuzeigen (siehe Abbildung 4.33).

Auf der neuen Seite fügen Sie UI-Komponenten wie z. B. Texte ein, um die Kopfinformationen anzuzeigen. Ergänzen Sie auch eine Liste oder Tabelle Ihrer Wahl, um die Positionen der Bestellanforderung anzuzeigen (siehe Abbildung 4.34).

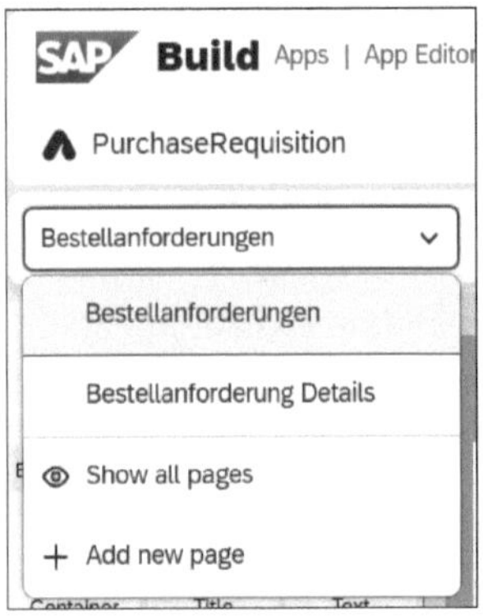

Abbildung 4.33 Neue Seite anlegen

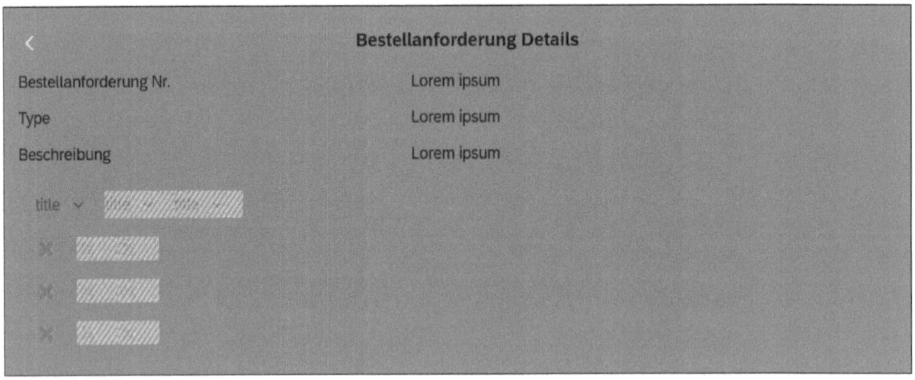

Abbildung 4.34 Bestellanforderung – Detailseite

Legen Sie einen Seitenparameter vom Typ **Text** (z. B. **PurReqId**) an, um den Schlüssel der Bestellanforderung bei der Navigation zu übergeben. Wechseln Sie anschließend zu Ihrer Startseite zurück. Öffnen Sie den Logic Canvas der Liste. Für die Liste ist das Event **Component tap** voreingestellt. Ändern Sie das Event in **Output value 'Most recently tapped item' changed** (siehe Abbildung 4.35), um auf die Auswahl bzw. das Anklicken einer Zeile zu reagieren. Dies löst die Navigation zur Detailseite aus.

Fügen Sie Ihrer Logik die Navigationskomponente **Open page** hinzu, und verbinden Sie diese mit dem Event.

Klicken Sie auf die Komponente **Open page**, um deren Eigenschaften zu bearbeiten. Hier können Sie über die Eigenschaft **Page** die Seite **Bestellanforderung Details** auswählen und den Parameter übergeben. Nutzen Sie die Bindungsoption **Formula** (Formel), um den Wert des Parameters zu bestimmen. Der Schlüssel der Bestellanforderung (`self.tappedItem.id`) befindet sich unter der Variablen **Selected component properties** (siehe Abbildung 4.36).

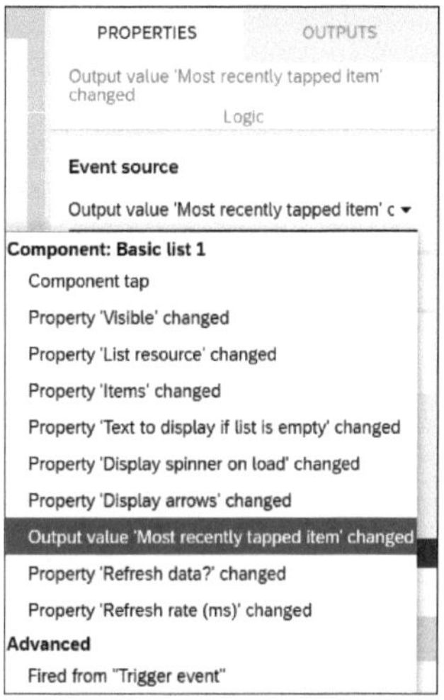

Abbildung 4.35 Events für eine Basic list

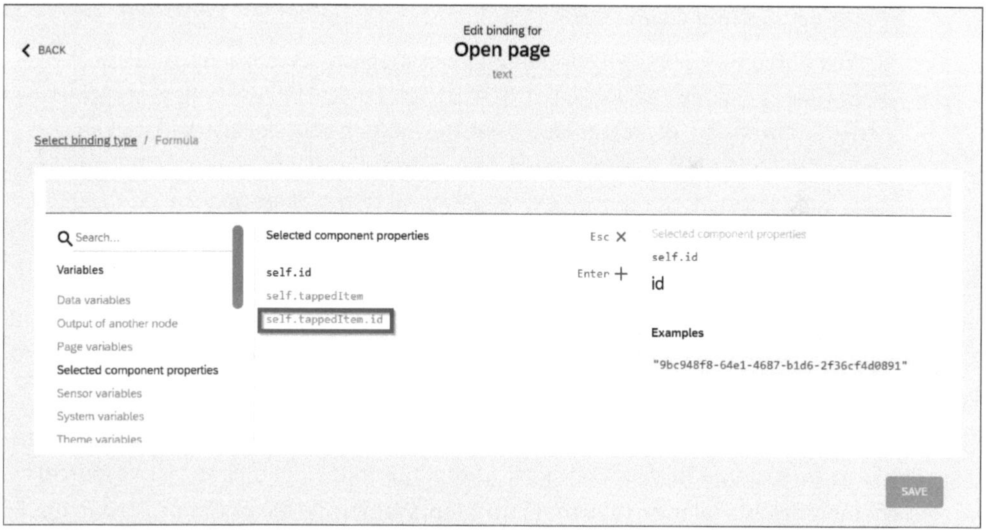

Abbildung 4.36 Navigationsparameter setzen

Wechseln Sie wieder zur Detailseite, und legen Sie zwei Datenvariablen an:

- **PurchaseReqn** vom Typ **Single data record** für die Kopfinformationen. Binden Sie den Seitenparameter als Wert für den Schlüssel **PurchaseRequisition**.
- **PurchaseReqnItem** vom Typ **Collection of data record** für die Positionen. Fügen Sie eine Filterbedingung hinzu, um die Positionen der ausgewählten Bestellanforderung anzuzeigen. Nutzen Sie dafür die Bindungsoption **Object with properties**, und wählen Sie die Eigenschaft **PurchaseRequisition**, den Operator **equal**, und binden Sie den Wert an den Seitenparameter an (siehe Abbildung 4.37).

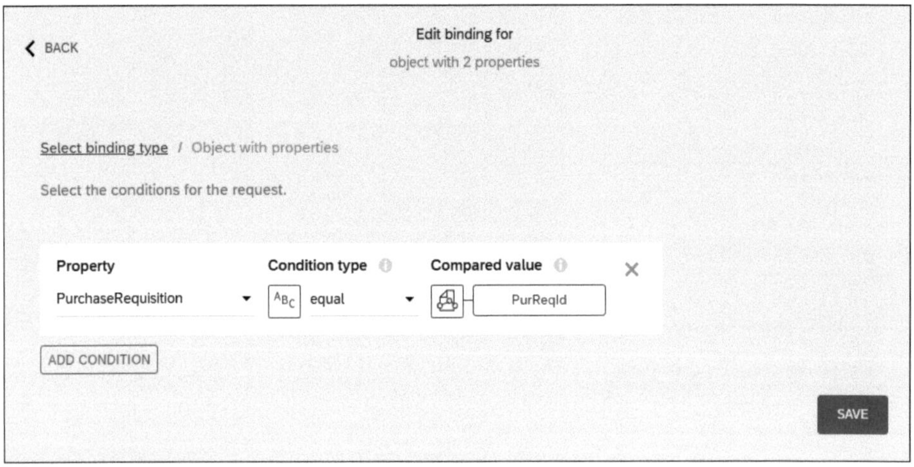

Abbildung 4.37 Filterbedingung für die Positionen

[»]

Bindung von Tabelle und Liste

Bei der Abfrage einer Bestellanforderung ist es möglich, sowohl den Kopf als auch die Positionen, etwa über ein Expand, z. B. `_PurchaseRequisitionItem`, als geschachtelte Struktur abzurufen. Allerdings ist die direkte Bindung solcher Expand-Daten an eine Liste oder Tabelle in SAP Build Apps derzeit nicht zulässig. Aus diesem Grund müssen Kopf- und Positionsdaten über zwei separate Datenvariablen angebunden werden, was bedeutet, dass zwei Anfragen an das Backend erforderlich sind.

Binden Sie die Kopfinformationen an die passenden Felder der Datenvariablen an. Achten Sie darauf, dass der Typ der UI-Komponente kompatibel mit dem Feld ist. Alternativ können Sie den Wert über eine Formel formatieren.

Binden Sie die Liste oder Tabelle über die Eigenschaft **List Resource** an die Datenvariable an. Nach dem Klick auf **Configure** (direkt unter der Eigenschaft **List Resource**) erscheint eine Liste aller verfügbaren Entitäten. Wählen Sie die passende Entität aus. Es öffnet sich die Konfigurationsseite **Field Configuration**, auf der linken Seite sehen Sie die Felder der Entität, auf der rechten Seite die Platzhalter für die Zeile der Liste (auch *Template* genannt) oder die Spalten der Tabelle. Per Drag and Drop können Sie die Informationen der Entitäten an der gewünschten Stelle binden. Wählen Sie nun die Informationen aus den Positionen aus, die Sie anzeigen wollen.

Nun können Sie Ihre Anwendung testen (siehe Abbildung 4.38 und Abbildung 4.39). Eine detaillierte Anleitung zum Testen und Veröffentlichen der Anwendung finden Sie in Abschnitt 4.3.3, »Testen, Erstellen und Bereitstellen der Anwendung«.

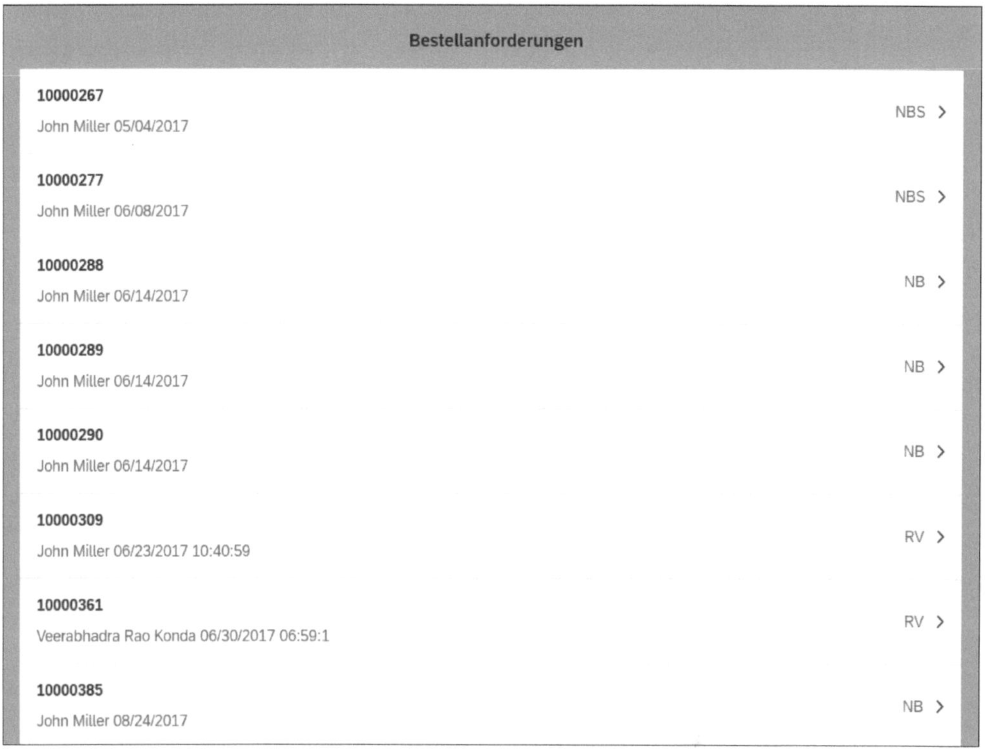

Abbildung 4.38 Vorschau der Startseite der Bestellanforderungs-App im Browser

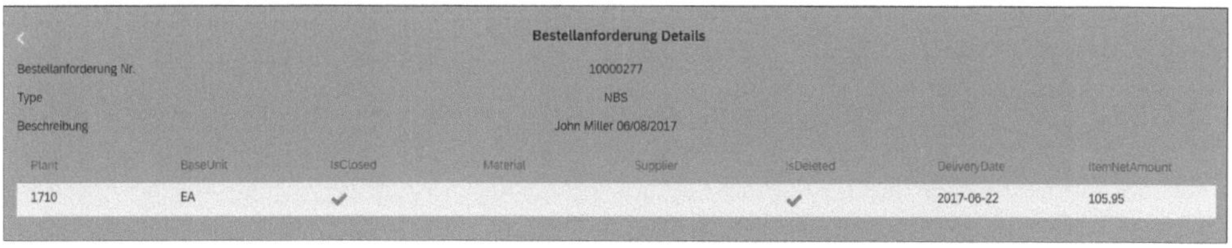

Abbildung 4.39 Vorschau der Detailseite der Bestellanforderungs-App im Browser

4.3.3 Testen, Erstellen und Bereitstellen der Anwendung

Bevor Sie die App veröffentlichen, sollten Sie während der Entwicklung jede implementierte Funktion gründlich testen. SAP Build Apps stellt dafür eine integrierte Vorschau-Funktion namens *Preview* (siehe Abbildung 4.10) zur Verfügung, mit der Sie die Anwendung direkt im Browser oder auf einem mobilen Gerät testen können. Folgen Sie den Anweisungen zum Testen auf mobilen Geräten. Dazu ist die Installation einer nativen mobilen App erforderlich. Für das Testen im Browser wählen Sie die Option **Open Web Preview** aus. Überprüfen Sie, ob alle Datenquellen korrekt angebunden sind, die Logik wie erwartet funktioniert und keine Fehler auftreten. Testen Sie die App mit verschiedenen Bildschirmgrößen, insbesondere wenn sie auf Mobilgeräten und Desktops laufen soll. Sie können eine Testgruppe einladen, um von den Anwender*innen echtes Feedback zu erhalten.

Wenn die Entwicklung der App abgeschlossen ist und Sie alle Anforderungen implementiert und getestet haben, das Design steht, und die Nutzer*innen zufrieden sind, können Sie mit der Veröffentlichung der Anwendung starten. Dies geschieht über den Button **Publish** (siehe Abbildung 4.10). Diese Funktion bietet zwei Möglichkeiten:

1. **Create a Release Version**: Eine Version der Anwendung wird erstellt. Diese können Sie nicht mehr bearbeiten. Für Patches und Bugfixing müssen Sie die bearbeitbare Version verwenden und unter einer neuen Version speichern.
2. **Build and Deploy**: Die Anwendung wird kompiliert und als lauffähiges Produkt für die gewünschte Plattform erstellt.

Der Build-Prozess in SAP Build Apps beginnt mit dem Schritt **Create Configuration**. Hier legen Sie die grundlegenden Einstellungen für Ihre App fest, darunter den App-Namen, die Version, das Icon, den Splash Screen sowie plattformspezifische Optionen (z. B. Android oder iOS).

Wählen Sie hier die gewünschte Zielplattform (siehe Abbildung 4.40) aus, und starten Sie den Build mit einem Klick auf den Button **Create**. SAP Build Apps verarbeitet dann automatisch alle Komponenten Ihrer App inklusive Benutzeroberfläche, Logik, Datenbindungen und Ressourcen und erstellt ein lauffähiges App-Paket.

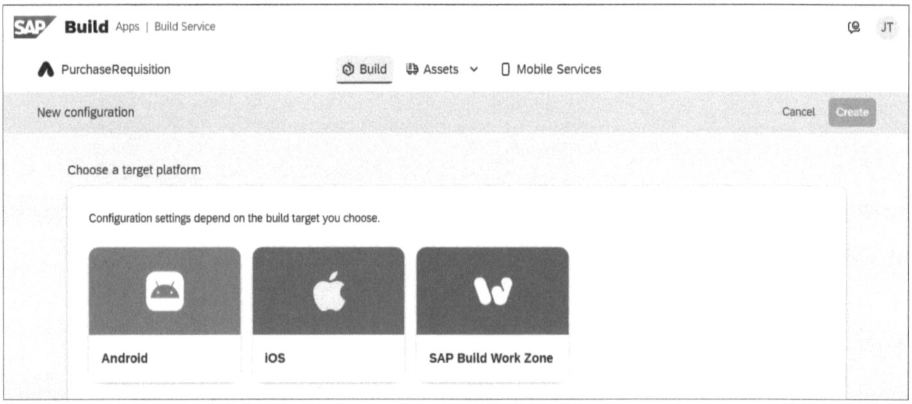

Abbildung 4.40 Deployment-Plattform auswählen

Deployment-Plattform

Im weiteren Verlauf dieses Beispiels werden wir die Deployment-Option über SAP Build Work Zone betrachten, da sich dieses Buch auf die Entwicklung innerhalb der SAP BTP konzentriert.

Nach der Auswahl der Option **SAP Build Work Zone** müssen Sie Ihrer Konfiguration einen Namen geben. Anschließend können Sie den Build-Prozess über das Menü Ihrer Konfiguration starten. Dabei vergeben Sie eine Versionsnummer für den Build. Optional haben Sie die Möglichkeit, eine Notiz hinzuzufügen.

Nach dem Klick auf den Button **Build** startet der Build-Prozess. Der Fortschritt kann in der Build History verfolgt werden. Dieser Vorgang kann einige Minuten in Anspruch nehmen. Der Build ist abgeschlossen, wenn Ihre Konfiguration den Status *Delivered* hat. Wenn Sie auf die Konfiguration klicken, haben Sie die Möglichkeit, das App-Paket als MTAR-Datei herunterzuladen oder es direkt auf der SAP BTP zu deployen.

Für das Deployment müssen Sie sich in dem Subaccount anmelden, in dem die App veröffentlicht werden soll. Dazu benötigen Sie den Cloud-Foundry-API-Endpunkt, den Sie auf der Übersichtsseite des Subaccounts im SAP BTP Cockpit finden. Nachdem der API-Endpunkt ausgewählt wurde, können Sie sich über einen Klick auf **Login with BTP** (siehe Abbildung 4.41) im entsprechenden Subaccount anmelden. Es öffnet sich ein Pop-up-Fenster, in dem Sie zunächst Ihren Benutzer aus einem bestimmten Identity Provider auswählen müssen (z. B. einen S-User aus dem SAP ID Service).

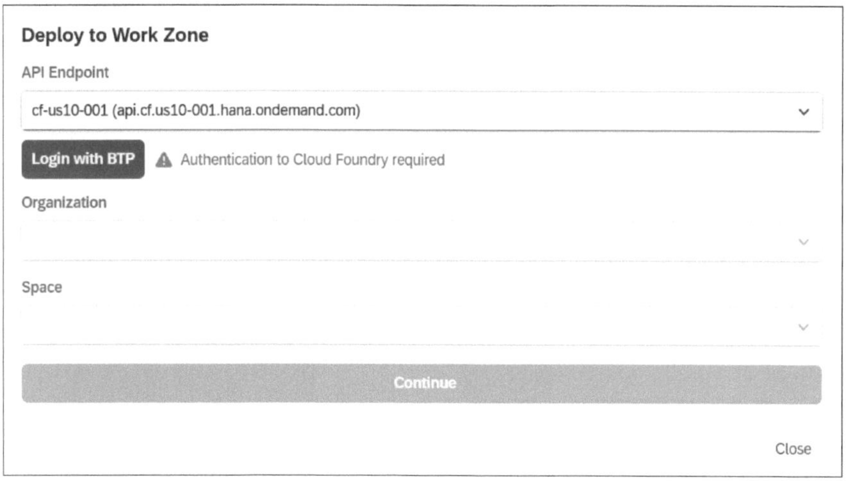

Abbildung 4.41 SAP-BTP-Log-in für Deployment

Anschließend müssen Sie über den Button **Authorize** das Deployment autorisieren. Nach erfolgreicher Anmeldung wählen Sie die gewünschte Cloud Foundry Organization sowie den Space, in dem die App bereitgestellt werden soll.

Nach dem Klick auf **Continue** wird die App deployt. Anschließend erhalten Sie eine URL zur Standalone-Anwendung sowie die Deployment Logs. Die App ist nun im HTML5 Application Repository auf der SAP BTP verfügbar und kann in SAP Build Work Zone eingebunden werden (siehe Abschnitt 4.5, »SAP Build Work Zone«).

Sie haben nun gesehen, wie eine Webanwendung für die SAP BTP erstellt werden kann und wie Sie UI- und Logikkomponenten nutzen und deren Eigenschaften entsprechend für sich anpassen können. Außerdem haben Sie gelernt, wie sich Geschäftsdaten integrieren und anzeigen lassen. Je nach Anforderungen kann die Anwendung komplexer werden, doch das Vorgehen mit den Komponenten bleibt gleich, sodass Sie in der Lage sein sollten, diese mit geringem Aufwand zu implementieren.

4.4 SAP Build Process Automation

SAP Build Process Automation ist eine Lösung, die aus der Zusammenführung der vormals eigenständigen SAP-Produkte *SAP Workflow Management* und *SAP Intelligent Robotic Process Automation* (SAP Intelligent RPA) entstanden ist. Sie bietet eine innovative Citizen-Developer-Erfahrung, die in keinem der beiden Vorgängerprodukte vorhanden war.

Falls Sie oder Ihr Unternehmen bereits SAP Workflow Management oder SAP Intelligent RPA einsetzen, können Sie nahtlos zur gemeinsamen Lösung übergehen. SAP Build Process Automation gewährleistet vollständige Kompatibilität mit allen zuvor erstellten Workflow- und Automatisierungsartefakten. *Business Process Management Software* (BPM, dt. Geschäftsprozessmanagement) unterstützt Sie dabei, Struktur in die Vielzahl Ihrer Geschäftsprozesse zu bringen. Sie verhindert potenzielles Chaos und ermöglicht eine klare Definition sowie effiziente Verwaltung Ihrer Prozesse. Das Geschäftsprozessmanagement stellt einen systematischen Ansatz zur Gestaltung, Ausführung und kontinuierlichen Verbesserung von Geschäftsprozessen dar.

Geschäftsprozesse durchlaufen folgende Phasen (siehe Abbildung 4.42):

- **Design**: Zunächst werden bestehende Prozesse identifiziert und analysiert. Auf dieser Basis werden neue oder verbesserte Prozessversionen entworfen, die effizienter und zielgerichteter sind.
- **Modellierung**: Anschließend wird simuliert, wie sich der Prozess unter verschiedenen Bedingungen und Szenarien verhält, um mögliche Schwachstellen frühzeitig zu erkennen.
- **Implementierung**: Der modellierte Prozess wird in die Praxis umgesetzt und mit unterstützenden IT-Systemen und Anwendungen abgestimmt, um einen reibungslosen Ablauf zu gewährleisten.
- **Monitoring**: Durch kontinuierliche Überwachung werden Leistungskennzahlen erfasst, um zu prüfen, ob die Prozessziele erreicht werden und wo es Verbesserungspotenzial gibt.

- **Optimierung**: Auf Basis der gesammelten Daten und des Feedbacks werden gezielte Anpassungen vorgenommen, um den Prozess effizienter und effektiver zu gestalten.
- **Reengineering**: Wenn grundlegende Veränderungen notwendig sind, wird der Prozess vollständig überarbeitet, um ihn an neue Anforderungen oder Rahmenbedingungen anzupassen.

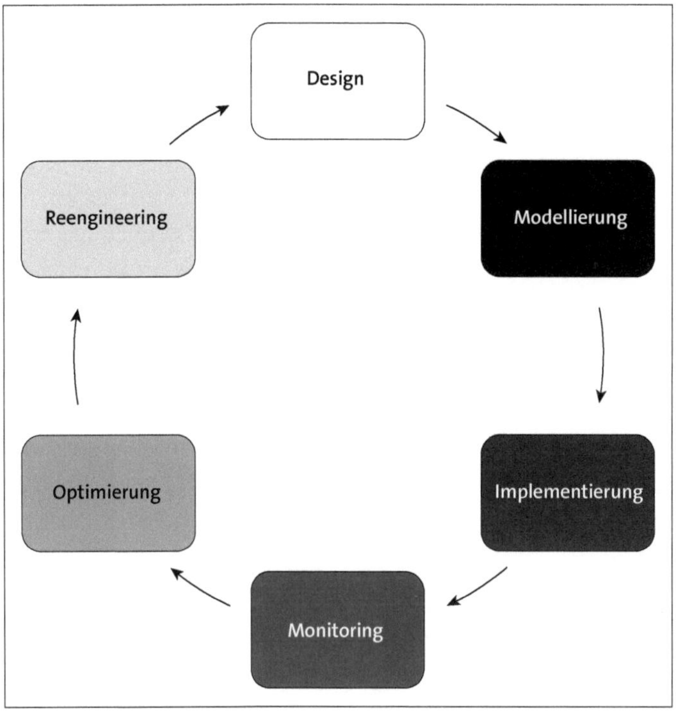

Abbildung 4.42 BPM-Lebenszyklus

Im Rahmen des Business Process Managements (BPM) sind verschiedene Rollen mit jeweils spezifischen Aufgaben und Verantwortlichkeiten beteiligt:

- **Prozessinhaber**: Er trägt die Gesamtverantwortung für einen Geschäftsprozess aus betriebswirtschaftlicher Sicht. Seine Aufgabe ist es, den Prozess zu überwachen und bei Störungen oder Ineffizienzen notwendige Anpassungen zu initiieren.
- **Prozessinitiator**: Diese Person oder Instanz startet den Prozess durch eine bestimmte Aktion – bewusst, etwa durch das Ausfüllen eines Formulars, oder unbewusst, z. B. durch das Eintreten eines bestimmten Ereignisses im System.
- **Entscheidungsträger**: Er trifft richtungsweisende Entscheidungen innerhalb des Prozesses. Genehmigungen oder Ablehnungen durch ihn beeinflussen maßgeblich den weiteren Verlauf und das Ergebnis des Prozesses.

- **Prozessbeteiligte**: Sie führen konkrete Aufgaben innerhalb des Prozesses aus. Diese Aufgaben können sowohl manuell als auch digital erfolgen, etwa durch die Bearbeitung eines Arbeitsschritts oder die Eingabe von Daten in ein System.
- **Prüfer für Prozessinstanzen und Prozessmetriken**: Diese Rolle überwacht entweder einzelne Prozessdurchläufe oder analysiert übergreifende Kennzahlen. Ziel ist es, die Qualität und Effizienz des Prozesses zu bewerten und Verbesserungspotenziale zu identifizieren.

In diesem Abschnitt lernen Sie, wie Sie mit SAP Build Process Automation Geschäftsprozesse effizient modellieren, veröffentlichen und verwalten können. Der Fokus liegt dabei auf der Definition von Prozessen mithilfe unterschiedlicher Artefakte wie Formulare, Entscheidungen und Automatisierungen. Sie erfahren, wie Prozesse bereitgestellt und von Endanwender*innen genutzt werden können. Darüber hinaus lernen Sie, wie Sie die Ausführung Ihrer Prozesse überwachen, analysieren und administrieren, um eine kontinuierliche Verbesserung und reibungslose Abläufe sicherzustellen.

4.4.1 Komponenten

SAP Build Process Automation besteht aus mehreren zentralen Komponenten, die gemeinsam eine flexible und skalierbare Lösung für Unternehmen bieten. Im Zentrum steht das *Cloud Studio*, ein visuelles Werkzeug, das verschiedene Builder umfasst (siehe Abbildung 4.43):

- **Process Builder** zur Modellierung von Geschäftsprozessen
- **Forms Builder** zur Erstellung von Formularen
- **Automation Builder** für RPA-Prozesse
- **Decision Builder** für Business Rules (dt. Geschäftsregeln)
- **Visibility Scenario Builder** zur Darstellung von Leistungskennzahlen des Prozesses, etwa die Durchlaufzeiten, die Status einzelner Prozessschritte oder der Gesamtstatus laufender Prozesse

Diese Werkzeuge unterstützen Sie beim Entwurf (Design Time) von Artefakten.

Die in SAP Build Process Automation erstellten Inhalte werden im *Repository* gespeichert. Dieses bietet eine versionierte Ablage für Prozesse, Formulare, Automatisierungen, Sichtbarkeitsszenarien sowie SDKs und Geschäftsregeln.

Der *Service* sorgt für die Ausführung dieser Inhalte zur Laufzeit. Er umfasst Laufzeitumgebungen für Workflows, RPA-Bots, Regeln und Sichtbarkeitsszenarien (siehe Abbildung 4.43). Der Zugriff erfolgt über APIs, Dashboards, die App **My Inbox** oder Prozessformulare.

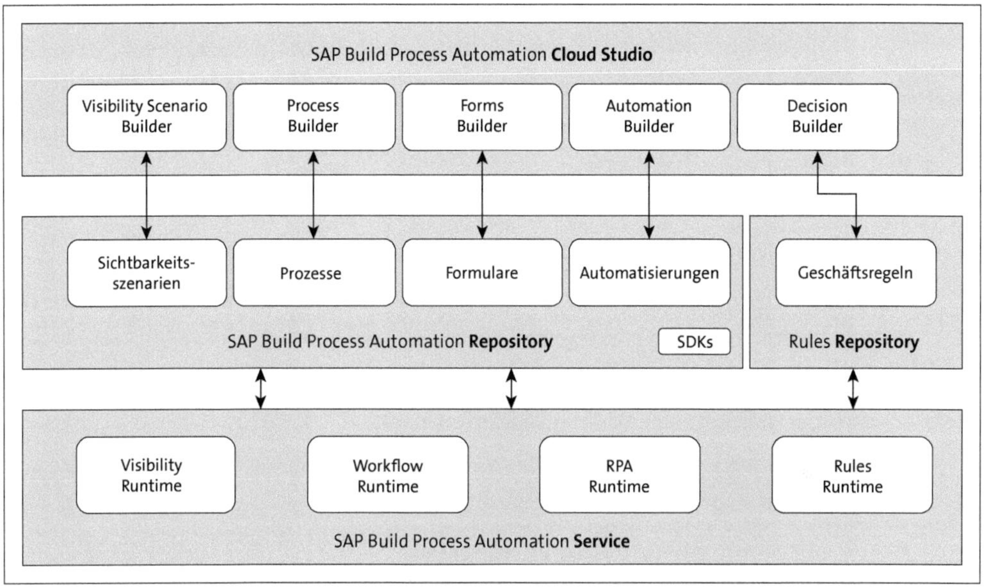

Abbildung 4.43 Komponentenarchitektur von SAP Build Process Automation

Zur Unterstützung der Prozessoptimierung bietet SAP Build Process Automation mit den *Sichtbarkeitsszenarien* (engl. Visibility Scenarios) Überwachungs- und Analytikdienste, die Echtzeiteinblicke in den Status und die Leistung der Prozesse ermöglichen. Ergänzt wird dies durch umfassende Sicherheits- und Compliance-Funktionen, wie etwa das Identitäts- und Zugriffsmanagement sowie Datenschutz durch Verschlüsselung.

Ein weiteres zentrales Element ist der *Store*, in dem vorgefertigte Prozesse, Aktionen und Automatisierungen zur Verfügung stehen. Diese sind nach Geschäftsbereichen, Produkten und Branchen kategorisiert und können als Vorlagen oder direkt einsatzbereit genutzt werden (siehe Abschnitt 4.4.2, »Entwicklungsansätze«).

Für die lokale Ausführung von Automatisierungen steht ein *Agent* zur Verfügung. Dieser On-Premise-Client verbindet sich mit dem Tenant (SAP-BTP-Subaccount), führt Automatisierungen aus, liest Informationen von Bildschirmen und greift auf lokale Ressourcen zu. Er unterstützt auch Offlinefähigkeiten und ist skalierbar.

Die *Umgebungen* innerhalb von SAP Build Process Automation ermöglichen eine saubere Trennung von Entwicklungs-, Test- und Produktionsbereichen. Jede Umgebung kann individuell konfiguriert und mit spezifischen Zugriffsrechten versehen werden, was die Skalierbarkeit und Sicherheit erhöht.

Zusätzlich bietet die Plattform verschiedene weitere Tools: Die *Lobby* dient als zentrale Startseite für alle Anwendungen, während *Konnektoren* und SDKs die Integration und Wiederverwendung von Aktionen und Business Events (Ereignisse wie z. B.

das Anlegen einer Bestellanforderung in SAP S/4HANA) ermöglichen. Das *Monitoring* erlaubt die Überwachung von Prozessen und Automatisierungen, inklusive Fehlerprotokollen und Aufgabenmanagement. Der *Control Tower* ist schließlich die administrative Oberfläche zur Verwaltung von Tenants, Umgebungen, Backend-Verbindungen, Authentifizierungen und API-Schlüsseln.

4.4.2 Entwicklungsansätze

Wenn Sie Prozesse in SAP Build Process Automation erstellen möchten, können Sie zwischen verschiedenen Ansätzen wählen:

- **Vorgefertigte Inhalte importieren**: Importieren Sie vorgefertigte Prozesse und Automatisierungen aus dem integrierten Store.
- **Individuelle Entwicklung**: Erstellen Sie benutzerdefinierte Prozesse und Automatisierungen von Grund auf mit dem Process Builder.
- **SAP Workflow Management integrieren**: Verwenden Sie Workflows aus SAP Workflow Management wieder – ideal für eine Migration oder wenn die Funktionen von SAP Build Process Automation nicht alle Ihre Anforderungen erfüllen.
- **RPA-Projekte weiterverwenden**: Nutzen Sie Automatisierungsprojekte aus SAP Intelligent RPA wieder, bestehende Projekte aus dem SAP Intelligent RPA Cloud Studio sind vollständig mit SAP Build Process Automation kompatibel.
- **Hybridmodus einsetzen**: Kombinieren Sie vorgefertigte Prozess- und Workflow-Inhalte.

Vorgefertigte Prozesse importieren

Mit der Option, vorgefertigte Prozesse zu importieren, können Sie auf eine Vielzahl vorgefertigter, direkt einsetzbarer Pakete zurückgreifen, die über den integrierten Store bereitgestellt werden. Die Pakete erstrecken sich über Geschäftsbereiche, Branchen und gemeinsame Funktionen. Der Paketinhalt reicht von Geschäftsprozessen über Automatisierungsvorlagen und Formularvorlagen bis hin zu Prozesssichtbarkeitsprojekten sowie Aktionen. Darüber hinaus gibt es Komplettpakete, die alle verschiedenen Artefakte enthalten. Diese Pakete sind größtenteils sofort einsatzbereit (*ready to use*) und erfordern nur minimalen Konfigurationsaufwand. Es stehen ebenfalls zahlreiche Pakete zur Verfügung, die Sie als Vorlage (*Templates*) für ein neues Projekt verwenden können. Der Inhalt wird kontinuierlich erweitert.

[»]

Vorbereitung für die erfolgreiche Nutzung von Projekten aus dem Store

Die meisten Projekte aus dem Store enthalten eine Dokumentation, die beschreibt, wie das Projekt konfiguriert und verwendet wird. Einige Projekte haben Abhängigkeiten zu anderen Services und Destinationen, die zuvor eingerichtet werden müssen.

Lesen Sie sich die Dokumentation vor der Nutzung sorgfältig durch, und prüfen Sie, ob alle erforderlichen Abhängigkeiten in Ihrer Umgebung verfügbar sind. Andernfalls kann es zu Fehlern beim Hinzufügen des Projekts aus dem Store kommen.

Um Prozesse aus dem Store zu nutzen, gibt es zwei Möglichkeiten (siehe Abbildung 4.44):

❶ Klicken Sie auf **Aus Vorlage anlegen**, um ein neues bearbeitbares Projekt anzulegen. Hier können Sie das Projekt umbenennen und neu beschreiben.

❷ Klicken Sie auf **Hinzufügen**, um ein neues Projekt, das Sie direkt veröffentlichen können, anzulegen.

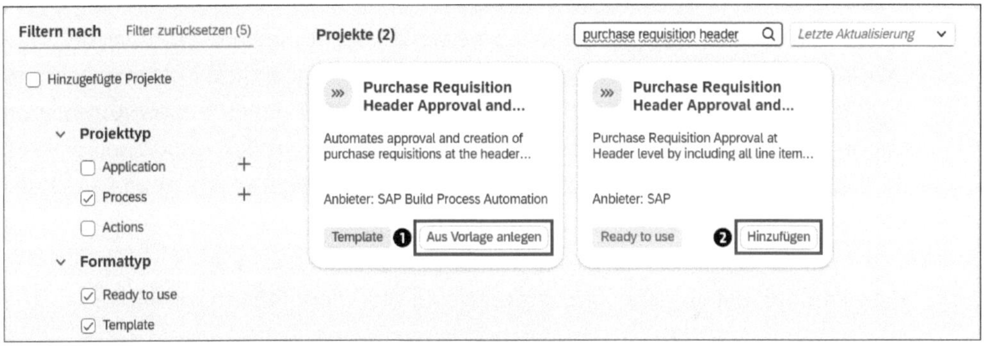

Abbildung 4.44 Verwendung von vorgefertigten Prozessen aus dem Store

Benutzerdefinierte Prozesse

Wenn Ihnen die vorgefertigten Prozesse nicht reichen, ist der Process Builder Ihr zentrales Werkzeug zur Erstellung eigener Prozess- und Automatisierungsartefakte. Seine Funktionen ermöglichen Ihnen die Implementierung nahezu aller Geschäftsszenarien ohne Programmierung. Der Process Builder unterstützt die Erstellung und Nutzung folgender Inhalte:

- Formulare und Genehmigungsformulare
- Automatisierungen (Bots)
- Entscheidungen (Geschäftsregeln)
- Aktionen (auch *Skills* genannt)
- Kontrollen
- Workflows, die im SAP Business Application Studio entwickelt wurden

Wiederverwendung von Workflows aus SAP Workflow Management

Wenn Sie vor der Umstellung auf SAP Build Process Automation SAP Workflow Management genutzt haben, verfügen Sie möglicherweise über bestehende Workflow-

Investitionen, die Sie wiederverwenden möchten. Wie bereits erwähnt, ermöglicht SAP Build Process Automation auch die Integration dieser Workflows in Ihre Prozesse. Darüber hinaus können Sie weiterhin neue Workflows im SAP Business Application Studio erstellen und diese in der Workflow-Laufzeit von SAP Build Process Automation bereitstellen. Dies kann nützlich sein, wenn Sie komplexe Prozesse implementieren, für die der No-Code Process Builder von SAP Build Process Automation nicht alle erforderlichen Funktionen bietet, oder wenn Sie Ihre Workflows bisher im SAP Business Application Studio erstellt haben und noch nicht vollständig auf den Process Builder migrieren möchten.

Wiederverwendung von Automatisierungsprojekten aus SAP Intelligent RPA

Wenn Sie vor der Umstellung auf SAP Build Process Automation bereits SAP Intelligent RPA genutzt haben, verfügen Sie möglicherweise über bestehende Automatisierungsinvestitionen, die Sie wiederverwenden möchten. Sie können Ihre Automatisierungsprojekte aus SAP Intelligent RPA exportieren und in SAP Build Process Automation importieren. Da SAP Build Process Automation dieselben Artefakte und Tools wie SAP Intelligent RPA Cloud Studio bietet, können Sie Ihre Projektartefakte nun in SAP Build Process Automation verwalten und anpassen.

Hybridmodus, der vorgefertigte, Prozess- und Workflow-Inhalte kombiniert

Da SAP Build Process Automation viel Flexibilität bietet, können Sie die Artefakte der zuvor genannten Ansätze auch kombinieren, wenn Sie individuelle Anforderungen haben oder z. B. Ihren bestehenden Workflow aus SAP Workflow Management um zusätzliche Schritte in einem SAP-Build-Process-Automation-Prozess erweitern möchten. Sie könnten etwa einen Prozess erstellen, der zunächst einen im SAP Business Application Studio entwickelten Workflow aufruft und anschließend eine Automatisierung ausführt, die Sie entweder aus dem Store oder aus einem von Kolleg*innen entwickelten Paket importiert haben.

4.4.3 Mit SAP Build Process Automation entwickeln

Nachdem Sie SAP Build Process Automation abonniert haben, können Sie Projekte in der Lobby erstellen und verwalten. Die Lobby enthält alle Projekte, die Sie erstellt, aus externen Quellen oder dem Store importiert haben oder die mit Ihnen geteilt wurden.

Mit einem Abonnement für SAP Build Process Automation können Sie drei Projekttypen erstellen und verwalten:

- **Geschäftsprozessprojekt**: Erstellen, implementieren, automatisieren und führen Sie digitale Geschäftsprozesse durch die Konfiguration von Prozessartefakten aus.

Beispiele für Geschäftsprozessprojekte sind Investitionsanträge, Rechnungs- und Auftragsgenehmigungen.

- **Automatisierung**: Eine Automatisierung dient zum Erstellen und Ausführen von Bots.
- **Aktionsprojekt**: Integrieren Sie externe Kompetenzen und Fähigkeiten in Ihre Geschäftsprozessprojekte, indem Sie eine offene API-Spezifikationsdatei im JSON-Format hochladen. Aktionsprojekte ermöglichen die Kommunikation externer Systeme und Lösungen mit SAP Build Process Automation.

In diesem Abschnitt lernen Sie, wie Sie ein Geschäftsprozessprojekt und interaktive Formulare erstellen, mit denen Sie Informationen während eines laufenden Prozesses erfassen und teilen können. Formulare können als Startauslöser für einen Prozess dienen und als zusätzliche Schritte im selben Prozess eingefügt werden.

Control Tower

In SAP Build Process Automation ist der *Control Tower* das zentrale Verwaltungs- und Konfigurationszentrum für Administrator*innen. Er bietet eine umfassende Übersicht über den *Tenant* und ermöglicht die zentrale Steuerung aller relevanten Komponenten und Einstellungen (siehe Abbildung 4.45).

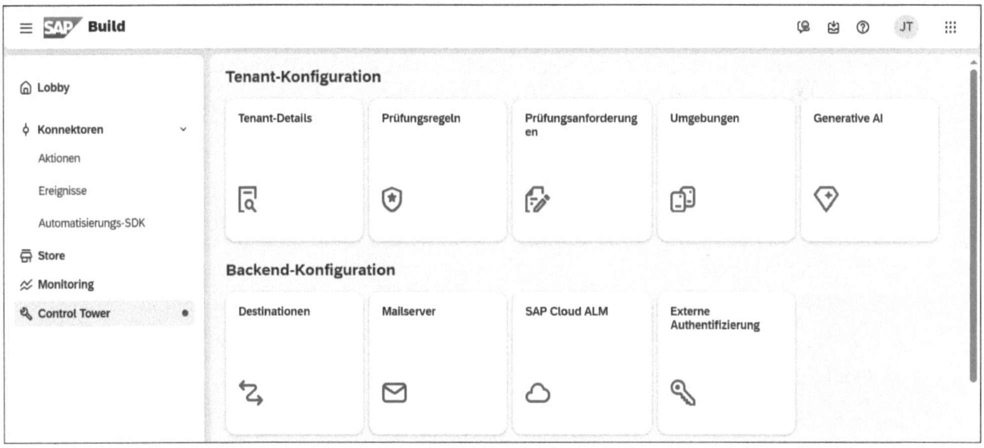

Abbildung 4.45 SAP Build Process Automation Control Tower

Ein wichtiger Bestandteil der Backend-Konfiguration ist die Verwaltung von Destinationen, die für die Kommunikation mit SAP-Systemen oder Drittanwendungen erforderlich sind. Diese werden zunächst im SAP BTP Cockpit eingerichtet, wo die Zielsysteme mit den entsprechenden Verbindungsparametern (z. B. URL, Authentifizierung, Proxy-Einstellungen) definiert werden. Anschließend werden sie im Control Tower hinzugefügt, um die Destinationen innerhalb von SAP Build Process Automation für Projekte verfügbar zu machen. So wird sichergestellt, dass Bots und Workflows sicher und zuverlässig auf externe Systeme zugreifen können. Auch die Konfiguration und der Test eines *Mailservers* (SMTP – Simple Mail Transfer Protocol) sind möglich, um E-Mail-Benachrichtigungen aus automatisierten Prozessen heraus zu versenden.

Ein weiteres zentrales Feature des Control Towers ist die Integration mit *SAP Cloud ALM*, wodurch die durchgängige Überwachung und Verwaltung von Automatisierungsprojekten im Kontext des gesamten Application Lifecycle Managements möglich werden. Für Unternehmen, die externe Identitätsanbieter nutzen, unterstützt der Control Tower auch die Einbindung externer Authentifizierungsdienste wie Google oder Microsoft 365, um Single Sign-on (SSO) und sichere Benutzerverwaltung zu gewährleisten.

Zudem lassen sich im Control Tower **Agents** verwalten, die für die Ausführung von Automatisierungen zuständig sind. Administratoren können hier Agenten registrieren, überwachen und bestimmten Umgebungen zuweisen. Schließlich bietet der Control Tower auch die Möglichkeit, API-Schlüssel zu generieren, um sichere Schnittstellenzugriffe für externe Systeme oder Entwickler*innen zu ermöglichen.

Projekt erstellen

Die Projekterstellung folgt einem vergleichbaren Ablauf wie bei SAP Build Apps. Sie können die Entwicklungsumgebung über das SAP BTP Cockpit unter dem Menüpunkt **Instances and Subscriptions** durch einen Klick auf den Registrierungspunkt **SAP Build Process Automation** starten. Sie landen ebenfalls auf der Startseite (*Lobby*), wo Sie über einen geführten Wizard den Projekttyp auswählen können. Führen Sie folgende Schritte für die Erstellung aus:

1. Klicken Sie auf **Anlegen**. Dann wählen Sie die Kachel **Automatisierter Prozess** aus (siehe Abbildung 4.8).
2. Wählen Sie im nächsten Schritt die Kachel **Prozess** für die Entwicklung von Geschäftsprozessen oder **Automatisierung** für die Entwicklung von Bots, die auch in Prozesse eingebunden werden können (siehe Abbildung 4.46).
3. Geben Sie Ihrem Projekt einen passenden Namen und eine Beschreibung.
4. Überprüfen Sie Ihre Eingaben im Schritt **Zusammenfassung**, und klicken Sie anschließend auf **Anlegen**.

In SAP Build Process Automation werden alle Projektartefakte zentral in einer Übersicht aufgelistet. Diese Übersicht bietet eine strukturierte Darstellung aller Bestandteile eines Projekts, wie Prozesse, Formulare, Entscheidungen, Automatisierungen und Datenobjekte. Innerhalb dieser Übersicht können neue Artefakte erstellt werden, z. B. Prozesse oder Formulare, oder bestehende Artefakte aus anderen Projekten oder Vorlagen importiert werden (siehe Abbildung 4.47).

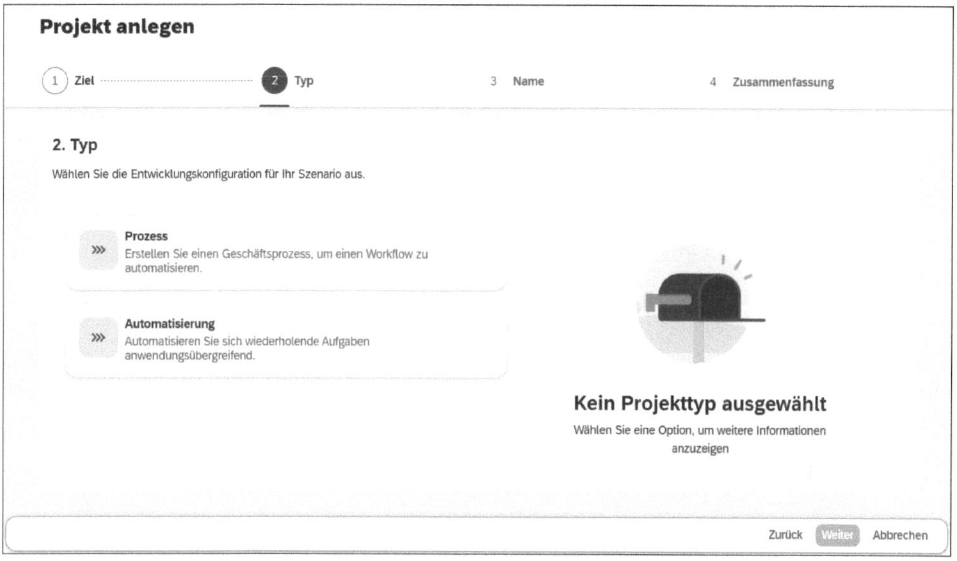

Abbildung 4.46 SAP Build Process Automation – Projekttypen

Abbildung 4.47 Projektartefakte verwalten

Aktion erstellen und entwickeln

Aktionen sind modulare, wiederwendbare Funktionen, die bestimmte Aufgaben ausführen wie z. B. das Abrufen von Daten aus einem System oder das Schreiben in eine Datenbank. Sie werden nicht als vollständige Prozesse oder Automatisierungen angelegt, sondern als eigenständige Komponenten, die in Prozesse oder Automatisierungen eingebettet werden können.

In SAP Build Process Automation gibt es mehrere Möglichkeiten, ein Aktionsprojekt anzulegen, je nachdem, welchen Typ von Aktion Sie erstellen möchten und wie Sie sie später verwenden wollen. Folgende Möglichkeiten stehen Ihnen zur Auswahl:

1. **Import vorgefertigter Aktionen über den Store:** Sie können bereits vorgefertigte Aktionen aus dem Store importieren und in Ihren Projekten verwenden (siehe Abbildung 4.44).
2. **Aktion direkt in einem Prozess- oder Automatisierungsprojekt anlegen:** Wenn Sie einen Prozess oder eine Automatisierung modellieren und eine Aktion benötigen, können Sie direkt im Editor eine neue Aktion erstellen. Wählen Sie im Schritt **Aktion erstellen** die Option **Neue Aktion erstellen**. Sie werden in den Aktionseditor weitergeleitet.
3. **Über den Aktionseditor:** Diesen finden Sie über die Startseite unter dem Menüpunkt **Konnektoren**. Hier können Sie Aktionen über eine API-Definition anlegen.

In diesem Abschnitt lernen Sie, wie Aktionen über den Editor in SAP Build Process Automation angelegt werden. Der Vorteil dieser Vorgehensweise liegt darin, dass Aktionen als wiederverwendbare Bausteine direkt in Prozess- oder Automatisierungsprojekte eingebunden werden können, ohne den Fokus während der eigentlichen Modellierung zu verlieren. Es ist empfehlenswert, die Integrationen bereits vor Beginn eines Prozess- oder Automatisierungsprojekts vorzubereiten. So können Sie sich z. B. folgende Fragen stellen:

- Welche Daten sollen verarbeitet werden?
- Aus welchen Systemen (z. B. SAP S/4HANA, SAP SuccessFactors, externe APIs) stammen die Daten?
- Welche Funktionen lassen sich vorab als Aktionen kapseln?
- Welche Informationen benötigen die Aktionen, und welche geben sie zurück?

Durch die frühzeitige Erstellung solcher Aktionen wird die spätere Entwicklung effizienter und strukturierter.

Gehen Sie wie folgt vor, um eine Aktion anzulegen:

1. Navigieren Sie zur Startseite von SAP Build. Wählen Sie im linken Menü den Punkt **Konnektoren**, und klicken Sie dann auf **Aktionen**.
2. Klicken Sie auf **Anlegen**.
3. Wählen Sie im angezeigten Fenster **API-Quelle auswählen** die folgenden Optionen aus (siehe Abbildung 4.48):

   Im Abschnitt **Live-API** stehen die folgenden Optionen zur Verfügung:

   – Wählen Sie **SAP Cloud Application Programming Model**, wenn Sie APIs aus dem SAP Cloud Application Programming Model (CAP) nutzen möchten.

- Wählen Sie **ABAP-RESTful-Anwendungsprogrammiermodell**, wenn Sie APIs aus dem ABAP RESTful Application Programming Model (RAP) nutzen möchten.
- Wählen Sie **OData-Destinationen**, wenn Sie OData APIs nutzen möchten.
- Wählen Sie **Unified Customer Landscape**, wenn Sie APIs aus den verschiedenen SAP-Anwendungen nutzen möchten.
- Wenn Sie **Integration Suite** wählen, können Sie auf die SAP Integration Suite zugreifen. Die SAP Integration Suite ist ein Service auf der SAP BTP und ermöglicht Ihnen, Cloud- und On-Premise-Systeme zu integrieren, APIs zu verwalten und bereitzustellen, Datenflüsse zu orchestrieren sowie Events und Nachrichten zwischen Systemen auszutauschen. Wenn Sie dies tun möchten, wählen Sie eine bestimmte Funktion (*Capabilities*), und klicken Sie auf den Button **Weiter**.
- Wählen Sie **BAPIs, RFCs**, wenn Sie BAPIs (Business Application Programming Interfaces) bzw. spezifische Methoden für Business Objects nutzen wollen.

Abbildung 4.48 API-Quellen auswählen

Im Abschnitt **API-Spezifikationen** sind folgende Optionen verfügbar:

- Wenn Sie **Business Accelerator Hub** auswählen, wählen Sie eine Spezifikation aus der Liste der verfügbaren Standard-APIs und klicken auf **Weiter**. Wählen Sie anschließend die passende Produktgruppe (z. B. SAP S/4HANA Cloud Public Edition) und danach die benötigte API aus.
- Wenn Sie die Option **API-Spezifikation hochladen** auswählen, ziehen Sie Ihre Importdatei per Drag and Drop in das Importfeld. Alternativ können Sie auch auf **Dateien durchsuchen** klicken, um Ihre Importdatei zu suchen, zu öffnen und anschließend auf **Weiter** zu klicken. Die Spezifikationsdateien können etwa die Formate EDMX, XML oder JSON (wie z. B. der Endpunkt `/$metadata` eines OData-Services oder OpenAPI-Spezifikationen mit den Versionen 2.x.x und 3.x.x in JSON) haben.

   - Wenn Sie **Komplett neu erstellen** auswählen, können Sie ein neues Aktionsprojekt erstellen. Hier können Sie die Endpunkte, Operationen und Ausgaben definieren.
4. Nachdem Sie eine Quelle ausgewählt haben, geben Sie im Dialogfeld **Aktionsprojekt erstellen** den Projektnamen und eine Kurzbeschreibung ein.
5. Klicken Sie auf **Anlegen**. Der Aktionseditor öffnet sich unmittelbar nach dem Erstellen in einem neuen Tab.

Destinationen für Aktionen

Um SAP-BTP-Destinationen in SAP Build Process Automation nutzen zu können, muss der zusätzliche Parameter `sap.processautomation.enabled` auf `true` gesetzt und die Destination im Control Tower hinzugefügt werden. Für die Nutzung als Aktion fügen Sie den zusätzlichen Parameter `sap.applicationdevelopment.actions.enabled` mit dem Wert `true` hinzu.

Für den Zugriff auf Live-APIs ist außerdem der Parameter `sap.build.usage` erforderlich. Der Wert dieses Parameters richtet sich nach dem Verwendungszweck der Destination, z. B. `CAP` für CAP-Services, `RAP` für RAP-Services oder `odata_gen` für OData-Destinationen (z. B. für die Destination zu den Bestellanforderungen in Abbildung 4.29).

Im Folgenden betrachten wir die Anlage von *Live-APIs* am Beispiel der OData-Destination für die Bestellanforderungen:

1. Im Aktionseditor müssen Sie zunächst die Endpunkte auswählen, die Sie in Ihrem Aktionsprojekt benötigen. Sie können bis zu 20 Aktionen hinzufügen (siehe Abbildung 4.49).

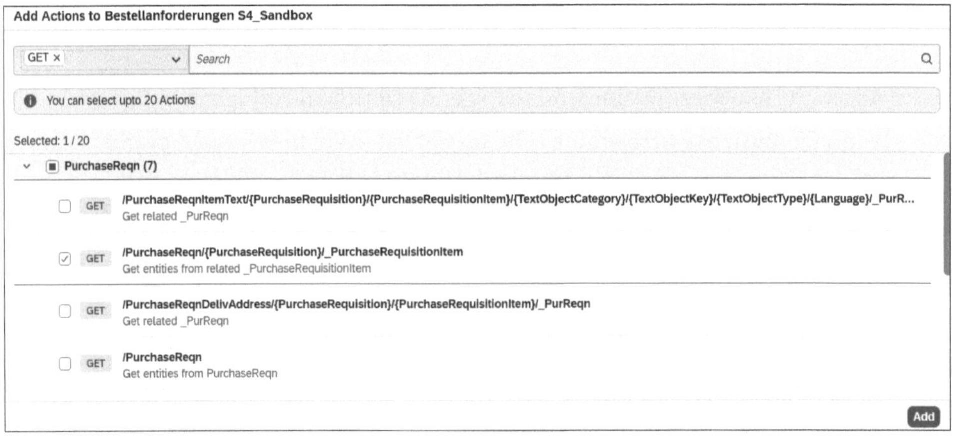

Abbildung 4.49 Aktionen in SAP Build Process Automation auswählen

2. Passen Sie die Aktionen individuell an Ihr Projekt an, z. B. durch das Vorbelegen oder Hinzufügen von Eingabeparametern oder das Entfernen nicht benötigter Ausgabefelder.
3. Wechseln Sie zur Registerkarte **Test**, um Ihre Aktion zu überprüfen. Wählen Sie eine geeignete Destination (z. B. für die Bestellanforderung), und geben Sie alle erforderlichen Eingabewerte in die Pflichtfelder ein. Klicken Sie anschließend auf **Test**. Die Ergebnisse werden in der Ansicht **Test Preview** angezeigt (siehe Abbildung 4.50). Für Anfragen wie z. B. Daten anlegen oder aktualisieren, die ein CSRF-Token benötigen, können Sie den Token-Endpunkt Ihrer API über die **Project Settings** (Projekteinstellungen) [⚙] eingeben.

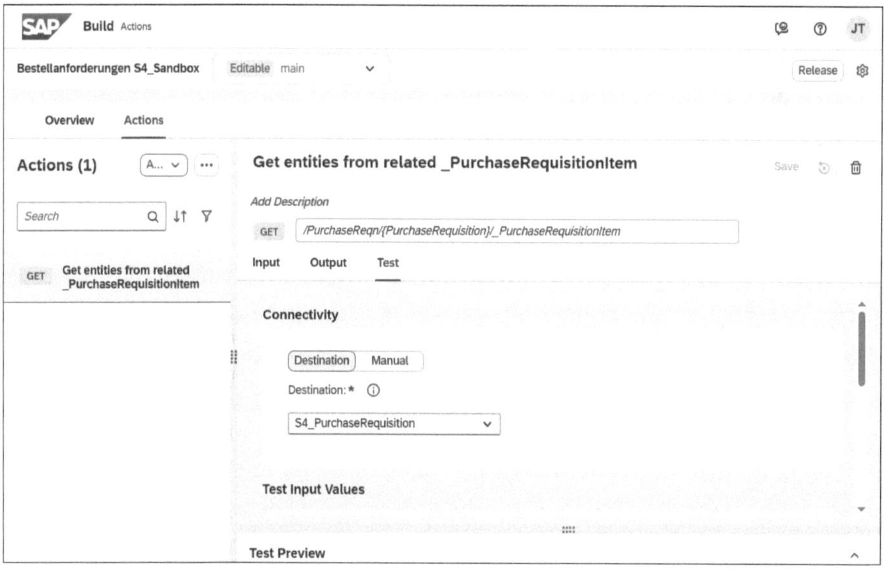

Abbildung 4.50 Aktion testen

4. Geben Sie über den Button **Release** Ihr Projekt frei.
5. Veröffentlichen Sie anschließend Ihr Aktionsprojekt über den Button **Publish**. Die Aktionen sind jetzt in Ihrer Bibliothek verfügbar und können in Prozessen und Automatisierungen verwendet werden.

Automatisierung erstellen und entwickeln

Automatisierungsprojekte ermöglichen die effiziente Digitalisierung und Optimierung wiederkehrender Geschäftsprozesse. Dabei kommen verschiedene Anwendungsarten zum Einsatz, von klassischen Workflow-Automatisierungen über Genehmigungsprozesse bis hin zu RPA. Bei RPA übernehmen Software-Bots Aufgaben wie Dateneingabe, Systemnavigation oder das Auslesen von Informationen. Auch komplexe End-to-End-Prozesse lassen sich modellieren und mit SAP- sowie Drittanwendungen integrieren.

Ein wesentlicher Vorteil dieser Automatisierungslösungen ist die deutliche Steigerung der Prozesseffizienz. Manuelle, fehleranfällige Aufgaben werden reduziert, wodurch nicht nur Zeit gespart, sondern auch die Qualität der Ergebnisse verbessert wird. Die enge Integration in die SAP BTP ermöglicht zudem eine nahtlose Anbindung an bestehende SAP-Systeme wie SAP S/4HANA, SAP SuccessFactors oder SAP Ariba.

Trotz der vielen Vorteile gibt es auch Einschränkungen. Insbesondere bei komplexen oder dynamischen Prozessen kann zusätzlicher Entwicklungsaufwand entstehen, vor allem wenn viele Ausnahmen oder unstrukturierte Daten involviert sind. RPA-Prozesse sind zudem abhängig von stabilen Benutzeroberflächen. Änderungen an UI-Elementen können zu Fehlern führen. Auch bei sehr großen Datenmengen oder Echtzeitanforderungen kann es zu Performanceengpässen kommen. Darüber hinaus sind die Lizenzmodelle und mögliche Zusatzkosten zu berücksichtigen. Sogenannte *Unattended Bots*, die Prozesse vollständig ohne Benutzereingriff ausführen, sind in der Regel mit höheren Lizenzkosten verbunden als *Attended Bots*, die im Zusammenspiel mit einem Benutzer arbeiten. Die Wahl zwischen beiden Varianten sollte daher sorgfältig auf Basis des Anwendungsfalls und des erwarteten Nutzens getroffen werden.

Für die erfolgreiche Umsetzung eines Automatisierungsprojekts müssen bestimmte Voraussetzungen erfüllt sein. Zunächst ist ein Zugang zur SAP BTP notwendig, da SAP Build Process Automation dort betrieben wird. Für lokale Automatisierungen muss ein Agent auf dem Zielsystem installiert sein, um etwa mit Desktop-Anwendungen oder lokalen Dateien zu interagieren. Zudem benötigen Benutzer entsprechende Rollen und Berechtigungen, und die technischen Schnittstellen zu den Zielsystemen – etwa über APIs oder RFC-Verbindungen – müssen eingerichtet sein.

[»]

Agent in einer virtuellen Maschine

Der SAP Build Process Automation Agent kann auch in einer virtuellen Maschine (VM) innerhalb des eigenen Netzwerks installiert werden. Dies ist besonders relevant für Szenarien mit Unattended Bots, also vollständig automatisierten Prozessen ohne Benutzereingriff. Die Ausführung in einer VM ermöglicht eine bessere Kontrolle über Sicherheitsrichtlinien, Netzwerkzugriffe und Systemressourcen. Für Attended Bots (mit Benutzerinteraktion) ist hingegen ein direkter Zugriff auf den Arbeitsplatzrechner erforderlich.

Agent

Der Agent von SAP Build Process Automation ist eine Schlüsselkomponente für die lokale Ausführung von Automatisierungsprojekten. Er wird direkt auf den Arbeitsplatzrechnern der Anwender*innen installiert und ermöglicht es, Prozesse dort auszuführen, wo sie benötigt werden, z. B. beim Interagieren mit Desktop-Anwendungen (siehe Abbildung 4.51) oder beim Zugriff auf lokale Dateien.

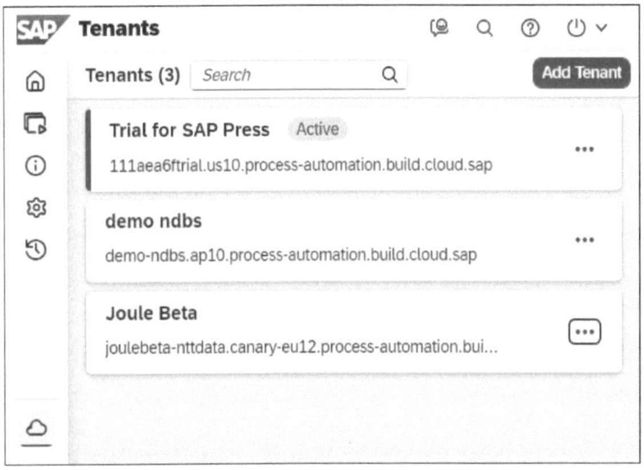

Abbildung 4.51 Agent auf lokalem Rechner

Ein großer Vorteil des Agenten ist sein Zugriff auf lokale Ressourcen wie Dateien, Ordner, Drucker oder Netzwerke. Dadurch können Automatisierungen Informationen nutzen, die ausschließlich auf dem lokalen System verfügbar sind. Zudem ist der Agent offlinefähig, sodass Prozesse auch ohne ständige Internetverbindung ausgeführt werden können. Dies ist ideal für Umgebungen mit eingeschränkter Konnektivität. Darüber hinaus lässt dich der Funktionsumfang des Agenten durch die Nutzung von *Software Development Kits* (SDKs) aus dem Store erweitern. Diese SDKs bieten vorgefertigte Aktivitäten und Integrationen, die in Automatisierungsprojekte eingebunden werden können, etwa für den Zugriff auf spezifische Anwendungen, Datenquellen oder Services. So können Sie Ihre Automatisierungen noch gezielter an individuelle Anforderungen anpassen und Entwicklungsaufwände reduzieren.

Auch in puncto Datenschutz und Sicherheit bietet der Agent Vorteile: Sensible Daten können lokal verarbeitet werden, ohne über das Netzwerk übertragen zu werden. Darüber hinaus unterstützt der Agent die Skalierbarkeit von Automatisierungsprojekten, da mehrere Prozesse gleichzeitig auf verschiedenen Rechnern ausgeführt werden können, ohne die zentrale Infrastruktur zu belasten.

Die Installation des Agenten kann auf zwei Wegen erfolgen: entweder über den Bereich **Cloud** in den SAP Development Tools (*https://tools.hana.ondemand.com/#cloud*) oder direkt über den Control Tower in SAP Build Process Automation (siehe Abbildung 4.52). In beiden Fällen wird ein Installationspaket bereitgestellt, das auf dem Zielsystem, einem lokalen Rechner oder einer virtuellen Maschine, ausgeführt wird.

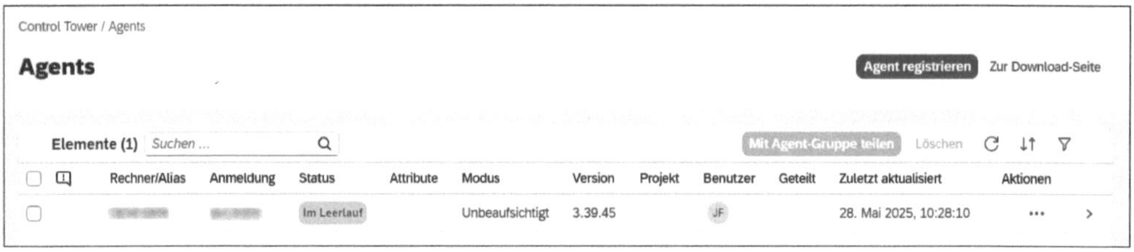

Abbildung 4.52 Agent herunterladen und registrieren

Nach der Installation muss der Agent mit dem entsprechenden Tenant verbunden und registriert werden. Dies geschieht über einen Registrierungsschlüssel, der im Control Tower generiert wird. Der Agent wird anschließend einer Umgebung (z. B. Entwicklung, Test oder Produktion) zugewiesen und steht dann für die Ausführung von Automatisierungsprojekten bereit.

[»]

Benutzer für den Download

Für die Registrierung und den Download des Agenten ist ein Benutzer im Repository-Based Shipment Channel (RSBC) erforderlich. Dieser Benutzer muss über einen gültigen S-User verfügen und mit der entsprechenden Organisation im SAP Support Portal verknüpft sein. Das können Sie über die Kachel **Agent-Update** erledigen.

Automatisierung entwickeln

Sie haben den Agenten erfolgreich installiert, registriert und mit Ihrem SAP Build Process Automation Tenant verbunden. Nun möchten Sie eine Automatisierung entwickeln, z. B. zur Berechnung des Gesamtwerts einer Bestellanforderung. Da SAP Build Process Automation eine Vielzahl an Komponenten bietet, die je nach Anwendungsfall eingesetzt werden können, konzentrieren wir uns in diesem Abschnitt auf das grundlegende Konzept anhand der Bestellanforderung. So erhalten Sie einen praxisnahen Einstieg in die Erstellung von Automatisierungen.

Folgen Sie den unten aufgeführten Schritten, um den Bot zu implementieren. Dabei lernen Sie den Aufbau des Automatisierungseditors und die verschiedenen Komponententypen kennen, die Ihnen zur Verfügung stehen.

Legen Sie ein Automatisierungsprojekt an, indem Sie im Anlegeprozess die Kachel **Automatisierung** wählen (siehe Abbildung 4.46). Nach der Anlage werden Sie aufgefordert, eine Automatisierung (Bot) zu erstellen (siehe Abbildung 4.53). Dabei können Sie festlegen, ob die Automatisierung nur von anderen Automatisierungen aufgerufen werden kann oder direkt ausgelöst werden darf, z. B. durch ein Ereignis oder manuell durch einen Benutzer. Vergeben Sie außerdem einen Namen und eine Beschreibung. Klicken Sie anschließend auf **Anlegen**.

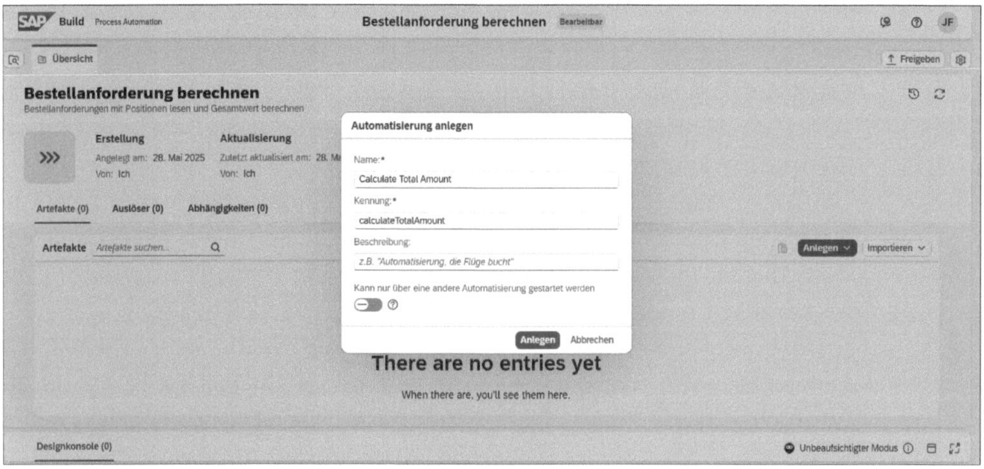

Abbildung 4.53 Automatisierung anlegen

Nachdem Sie die Automatisierung angelegt haben, öffnet sich der Automatisierungseditor zur weiteren Bearbeitung (siehe Abbildung 4.54).

Abbildung 4.54 Automatisierungseditor

Der Editor besteht aus verschiedenen Bereichen:

❶ **Hauptmenü**: Hier können Sie Ihre Automatisierung testen und debuggen, Änderungen rückgängig machen sowie Komponenten kopieren, duplizieren, gruppieren oder löschen.

❷ **Automatisierungsdetails**: Dieser Bereich ist wiederum in drei Registerkarten unterteilt:

- **Tools**: Auf dieser Registerkarte finden Sie Werkzeuge, die Sie per Drag and Drop Ihrer Automatisierung hinzufügen können. Aufgrund der hohen Anzahl an Werkzeugen können Sie das Suchfeld nutzen, um die Ergebnisliste einzugrenzen. Die Werkzeuge sind in Kategorien gruppiert: **Automatisierungen**, **Activitys**, **Daten** und **Controls**. Unter **Automatisierungen** finden Sie Automatisierungen, die Sie bereits in Ihrem Projekt angelegt oder im Store veröffentlicht haben. Unter **Activitys** sind die Aktivitäten zu finden, die in den SDK-Paketen (standardmäßig Core SDK und Excel SDK) enthalten sind. Auf der Startseite von SAP Build können Sie unter **Konnektoren • Automatisierungs-SDK** weitere Pakete hinzufügen oder in den Projekteigenschaften zusätzliche SDKs als Abhängigkeiten definieren. Die Werkzeuge im Bereich **Daten** dienen zur Anlage von Variablen mit einem bestimmten Datentyp, zum Setzen von Werten oder zur Manipulation von Daten, z. B. durch das Hinzufügen oder Entfernen einer Position in einer Liste. Abschließend finden Sie im Bereich **Controls** Steuerelemente, um Bedingungen, Schleifen und Skripte hinzufügen. Weitere Kategorien können eingeblendet werden, z. B. **Aktionsgruppen**, nachdem eine Aktion als Abhängigkeit hinzugefügt wurde.
- **Eing./Ausg.**: Auf dieser Registerkarte können Sie Eingabeparameter verwalten, die für die Automatisierung erforderlich sind, sowie Ausgabeparameter, die am Ende der Automatisierung bereitgestellt werden.
- **Info**: Hier können Sie die allgemeinen Angaben zu Ihrer Automatisierung sowie verschiedene Einstellungen vornehmen, z. B. die maximale Laufzeit der Automatisierung oder die zugeordneten Aktivitäten.

❸ **Editor**: In diesem Bereich können Sie per Drag and Drop Werkzeuge hinzufügen, um Ihre Automatisierung zu gestalten.

❹ **Freigeben und Verwaltung von Projekteigenschaften**: Hier finden Sie den Button **Freigeben** und das Zahnrad-Icon, um Projekteigenschaften zu verwalten, wie z. B. die Definition von Umgebungsvariablen, das Hinzufügen oder Entfernen von Abhängigkeiten oder die Festlegung der Agentenversion.

[»]

Agentenversion im Projekt

Ein Projekt mit Automatisierung kann nur auf einem Agenten mit der ausgewählten oder einer höheren Version des Agenten ausgeführt werden.

❺ **Modus und Status des Agenten (Mode)**: Hier sehen Sie den Modus und Status des Agenten. Es gibt verschiedene Modi:

- Unbeaufsichtigter Modus (unattended mode): Der Agent arbeitet vollständig autonom, ohne Benutzerinteraktion.
- Beaufsichtigter Modus (attended mode): Der Agent führt Automatisierungen aus, während die Anwender*innen aktiv am Gerät arbeiten.
- Designmodus (design mode): Der Agent führt Testautomatisierungen während der Entwicklung aus.

In den verschiedenen Modi kann der Agent die folgenden Status haben:

- Verbindung getrennt: Der Agent ist nicht verbunden.
- Wird vorbereitet: Der Agent stellt eine Verbindung her (transienter Status).
- Im Leerlauf: Der Agent ist verbunden, aber es wurde kein Projekt geladen.
- Wird gestartet: Der Agent ist verbunden und lädt ein Projekt (transienter Status).
- Bereit: Der Agent ist verbunden, und ein Projekt wurde geladen. Der Agent ist bereit, ein Projekt auszuführen.
- Angehalten: Der Agent ist verbunden, und ein Projekt wurde geladen, aber der Agent kann das Projekt nicht ausführen.
- Wird ausgeführt: Der Agent ist verbunden und führt ein Projekt aus.
- Ausgelastet: Der Agent ist verbunden, kann jedoch aufgrund eines Wartungsvorgangs nichts tun.

❻ **Designkonsole**: Die Designkonsole dient zur Anzeige von Aktivitätsausgaben beim Testen, zur Fehlerdiagnose während der Entwicklung sowie zur Überwachung von Variablen beim Debuggen.

Um unsere angelegte Automatisierung zur Bestellanforderung anzulegen, fügen Sie Ihrer Automatisierung eine Aktivität hinzu, z. B. eine Aktion zum Lesen von Bestellanforderungspositionen. Wählen Sie dazu in den Projekteigenschaften [⚙] die Option **Abhängigkeiten**, und klicken Sie auf **Hinzufügen**. Es öffnet sich ein Drop-down-Menü. Wählen Sie dort die Option **Aktionsprojekt-Abhängigkeit hinzufügen**. Daraufhin erscheint eine Liste mit verfügbaren Aktionen aus allen Aktionsprojekten in Ihrer Bibliothek. Fügen Sie die passende Aktion hinzu, indem Sie auf **Hinzufügen** klicken. Die Aktion steht nun als Werkzeug zur Verfügung. Sie können sie per Drag and Drop in Ihren Editor ziehen (siehe Abbildung 4.55).

Die Ausführung der Automatisierung benötigt zwei Variablen: eine für die Bestellanforderungsnummer, die gelesen wird, und eine für die Destination bzw. das Zielsystem, aus dem sie gelesen wird. Legen Sie dazu einen Eingabeparameter für die Bestellanforderungsnummer an. Gehen Sie dafür in die **Automatisierungsdetails** unter **Eing./Ausg.**, und klicken Sie auf den Button **Neuen Eingabeparameter hinzufügen**. Es erscheinen drei Felder für Name, Beschreibung und Datentyp. Geben Sie einen entsprechenden Namen ein, und wählen Sie einen passenden Datentyp aus, in diesem Fall `String`. Bei der Destination handelt es sich um eine Umgebungsvariable.

Sie können eine neue Umgebungsvariable über die Projekteigenschaften anlegen und als Typ `Destination` auswählen. Beim Deployment wird diese automatisch über eine SAP-BTP-Destination gesetzt.

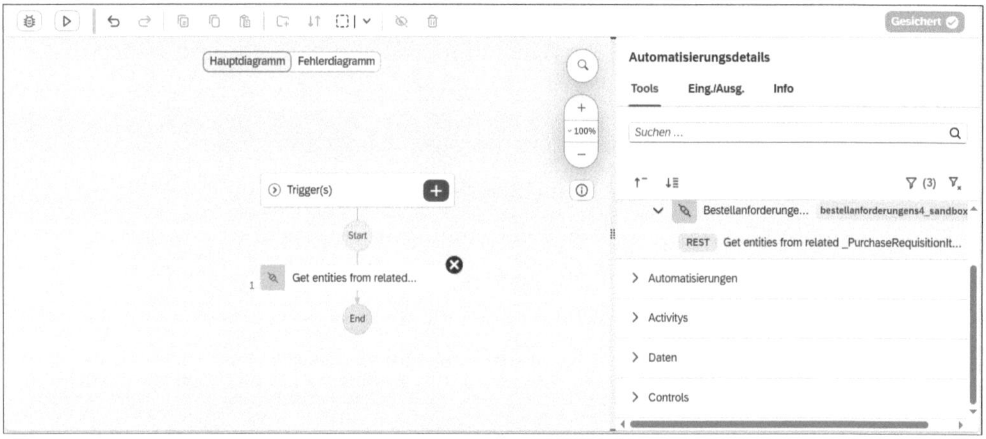

Abbildung 4.55 Aktion in Automatisierung hinzufügen

Fügen Sie eine numerische Variable für den Gesamtwert der Bestellanforderung hinzu, und setzen Sie den Initialwert auf 0.

Fügen Sie eine For-Each-Schleife hinzu. Dabei müssen Sie eine Schleifenliste festlegen. Verwenden Sie dazu den Ausgabeparameter Ihrer Aktion. Die einzelnen Positionen befinden sich in der Eigenschaft **value**. Die Struktur der Ausgabe können Sie im entsprechenden Aktionsprojekt einsehen. Zulässig sind nur Variablen, die vom Typ **Liste** sind. Das For-Each-Steuerelement verfügt über zwei eigene Parameter: **currentMember** für das aktuell verarbeitete Element der Liste und **index** für die Position des Elements innerhalb der Liste. Dies ist vergleichbar mit einer klassischen For-Schleife, wie man sie z. B. in JavaScript verwendet: `for(var index = 0; index < result.value.length; index++) { currentMember = result.value[index]; …}`.

Fügen Sie innerhalb der For-Each-Schleife das Werkzeug **Set Variable Value** hinzu. Damit erhöhen Sie den Wert der Variablen für den Gesamtwert um den Wert der aktuellen Position. Wählen Sie im Parameter **Variable** die Gesamtwertvariable aus Schritt 6. Im Parameter **Value** geben Sie den Ausdruck an, der den bisherigen Gesamtwert mit **ItemNetAmount** des aktuellen Listenelements summiert (siehe Abbildung 4.56).

[+]

Variablen verwenden

In SAP Build Process Automation wird in Ausdrücken oder beim Setzen von Variablen häufig eine Nummer vor dem Variablennamen angezeigt, z. B. **2 total**. Diese Nummer entspricht der Schrittnummer in Ihrer Automatisierung. Das ist besonders hilfreich, wenn Ihre Automatisierung viele Schritte umfasst, da Sie so schnell erkennen können, aus welchem Schritt eine bestimmte Variable stammt. Achten Sie darauf, die richtige Referenz zu verwenden, um Fehler zu vermeiden.

Abbildung 4.56 Gesamtwert mit Ausdruck berechnen

Legen Sie einen Ausgabeparameter an, um den Gesamtwert als Ergebnis der Verarbeitung, also der Aufgabe des Bots, bereitzustellen. Sie müssen diese Variable am Ende Ihrer Automatisierung im Schritt **End** setzen. Ihre Automatisierung zur Berechnung des Gesamtwerts einer Bestellanforderung sollte wie in Abbildung 4.57 aussehen.

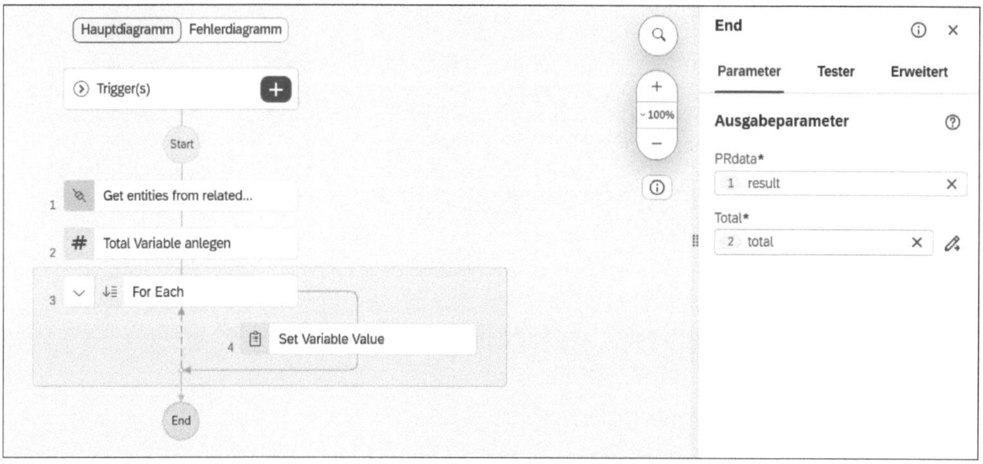

Abbildung 4.57 Automatisierung zur Berechnung des Gesamtwerts einer Bestellanforderung

Wechseln Sie in das Fehlerdiagramm, und fügen Sie das Werkzeug **Log Message** hinzu, um die Fehlermeldungen des Aktionsschritts zu protokollieren (siehe Abbildung 4.58).

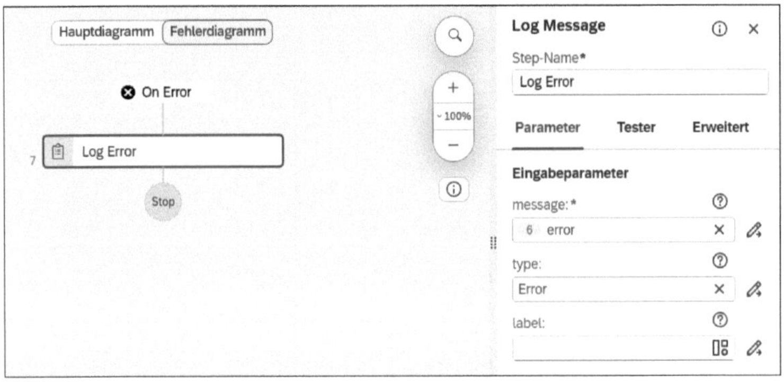

Abbildung 4.58 Automatisierungsfehler protokollieren

Testen Sie Ihre Automatisierung, indem Sie auf den Play-Button ▷ im Hauptmenü klicken. Es öffnet sich ein Pop-up-Fenster, in dem Sie eine Bestellanforderungsnummer sowie die Destination eingeben können. Sie können bei jedem Schritt einen Breakpoint setzen, um die Ausführung an einer bestimmten Stelle anzuhalten, z. B. um den Zustand von Variablen oder die Ausgaben zu prüfen. Dies ist besonders hilfreich, wenn die Ausführung fehlerhaft ist oder nicht die gewünschten Ergebnisse liefert. Wenn Sie einen Schritt in der Zeitleiste auswählen, sehen Sie auf der Registerkarte **Tester** die Ein- und Ausgabeparameter (siehe Abbildung 4.59).

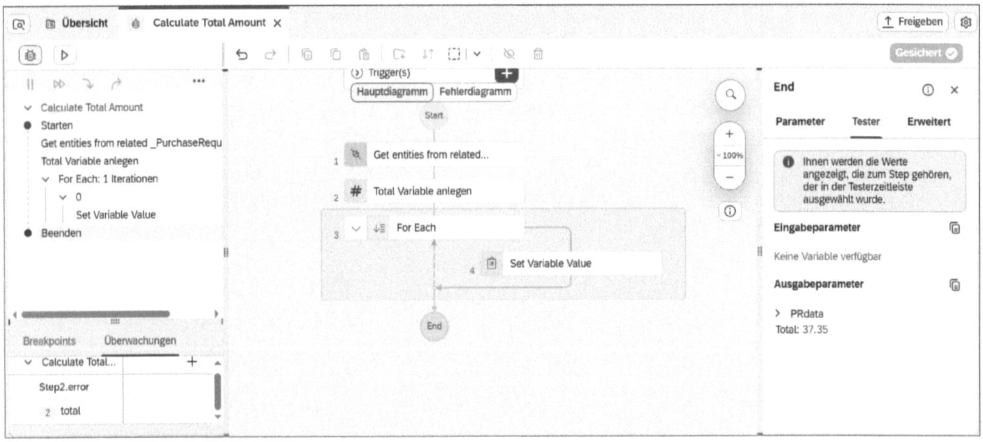

Abbildung 4.59 Automatisierung testen

Damit haben Sie die Implementierung Ihrer Automatisierung abgeschlossen. Die Freigabe und das Deployment erfolgen analog zu einem Prozessprojekt und werden gemeinsam im weiteren Verlauf dieses Abschnitts behandelt.

Sie haben nun am Beispiel eines einfachen Szenarios, das Daten liest und verarbeitet, um etwa den Gesamtwert einer Bestellanforderung zu berechnen, gesehen, wie sich eine Automatisierung in SAP Build Process Automation Schritt für Schritt umsetzen lässt. Sie können komplexe Automatisierungen realisieren, die z. B. E-Mails mit Anhängen aus einer Mailbox lesen, Informationen aus diesen Anhängen mithilfe künstlicher Intelligenz extrahieren und die gewonnenen Daten anschließend in ein Zielsystem übertragen oder dort anlegen.

Ein weiteres leistungsstarkes Feature ist die Möglichkeit, Benutzerinteraktionen mit Anwendungen aufzuzeichnen. Diese Aufzeichnungen können in sogenannte *Bots* umgewandelt werden, die wiederkehrende Aufgaben automatisiert für den Benutzer ausführen, wie etwa das Ausfüllen von Formularen, das Navigieren durch Benutzeroberflächen oder das Extrahieren von Daten aus Anwendungen, die keine direkte Schnittstelle bieten.

Geschäftsprozess erstellen und entwickeln

Ein Prozess (engl. Workflow) in SAP Build Process Automation ist ein strukturierter Ablauf, der durch einen Auslöser (engl. *Trigger*) gestartet wird. Nach dem Start durchläuft der Prozess eine definierte Reihenfolge von Schritten, die sowohl automatisierte Aufgaben als auch Benutzerinteraktionen enthalten können. Letztere ermöglichen es, Entscheidungen zu treffen, Informationen zu ergänzen oder den Prozess gezielt in eine bestimmte Richtung zu lenken. Die Steuerung des Prozessflusses erfolgt dabei nicht nur durch Benutzeraktionen, sondern auch durch Bedingungen, Verzweigungen und Geschäftsregeln. Diese können auf Basis von Daten oder Logik alternative Pfade aktivieren. Zusätzlich lassen sich Benachrichtigungen integrieren, um Beteiligte über bestimmte Ereignisse oder Entscheidungen zu informieren. Jeder Prozess endet schließlich in einem oder mehreren Endpunkten, die den Abschluss des Ablaufs markieren. Dies kann durch eine Datenübergabe, eine Systemaktion oder eine finale Entscheidung erfolgen. Dank dieser flexiblen Struktur lassen sich sowohl einfache als auch komplexe Geschäftsprozesse modellieren, automatisieren und kontinuierlich verbessern.

Prozesse und Automatisierungen triggern

Sie können in SAP Process Automation drei verschiedene Trigger-Typen definieren:

- **Ereignis-Trigger**: Mit einem Ereignis-Trigger in SAP Build Process Automation können Sie verschiedene Aktionen basierend auf Ereignissen in Ihren Geschäftsprozessen automatisieren und auslösen. Der Ereignis-Trigger erfasst Backend-Ereignisse eines externen Quellsystems und reagiert darauf, indem er Artefakte wie Prozesse und Automatisierungen auslöst.
- **Formular-Trigger**: Die Verwendung eines Formulars als Prozess-Trigger ermöglicht Ihnen den direkten Start über einen Link zum veröffentlichten Formular. Al-

ternativ können Sie den Startauslöser mit den angegebenen Parametern in eine Kachel in SAP Build Work Zone einbetten.

- **API-Trigger**: Mit einem API-Aufruf als Prozessauslöser können Sie Ihren Geschäftsprozess per API-Aufruf starten. Dazu müssen Sie die benötigten Eingabeparameter definieren und diese z. B. als Eingabefelder wiederverwenden. Nutzen Sie diesen Typ, um z. B. Prozesse aus einer SAP-Build-Apps- oder SAPUI5-Anwendung zu starten. Um einen Prozess über die API zu starten, wird ein *HTTP POST* an den entsprechenden Endpunkt gesendet. Dabei sind zwei wichtige Parameter erforderlich:
  - **definitionId**: Die eindeutige ID des Prozesses, der gestartet werden soll. Diese ID wird beim Veröffentlichen des Prozesses generiert und ist in der SAP-Build-Lobby zu finden.
  - **context**: Ein JSON-Objekt, das die Eingabedaten für den Prozess enthält. Diese Daten werden an die Startvariablen des Prozesses übergeben.

[zB]

Workflow Payload

Im folgenden Listing 4.1 sehen Sie ein Beispiel für eine Payload mit der Eingabe der `definitionId`, die Ihrer eindeutigen Workflow-ID entspricht, sowie dem Kontext, der die Prozesseingabeparameter enthält. In diesem Fall handelt es sich um die Bestellanforderungsnummer im Feld `purchaseRequisitionId`.

```
{
  "definitionId": "my.process.definition.id",
  "context": {
    "purchaseRequisitionId": "10000290"
  }
}
```

Listing 4.1 Workflow Payload

Um Ihren Prozess in SBPA zu starten, klicken Sie auf **Auslöser hinzufügen**. Ein typisches Beispiel für einen Auslöser ist ein Formular (siehe Unterabschnitt »Formular verwenden«), in das Anwender*innen Eingabeparameter wie z. B. eine Bestellanforderungsnummer eingeben können. Diese Eingaben dienen als Startpunkt für den Workflow.

Prozessvariablen verwenden

In SAP Build Process Automation spielen *Prozessvariablen* eine zentrale Rolle bei der Steuerung und Datenverarbeitung innerhalb eines Prozesses. Sie ermöglichen es, Informationen zwischen den einzelnen Schritten zu übergeben, Entscheidungen zu treffen und Ergebnisse zu speichern. Es gibt drei Haupttypen von Prozessvariablen:

- **Eingabevariablen**: Sie werden zu Beginn eines Prozesses übergeben, z. B. durch ein Formular, einen API-Aufruf oder einen Trigger. Besonders bei der Integration von Aktionen oder Business-Projekten werden deren Datentypen automatisch als Eingabevariablen verfügbar gemacht. Die Felder eines Formulars, das als Startauslöser dient, stehen auch direkt als Prozesseingabevariablen zur Verfügung.
- **Ausgabevariablen**: Sie speichern die Ergebnisse eines Prozesses oder einzelner Schritte und können am Ende des Prozesses zurückgegeben oder an andere Systeme übergeben werden.
- **Benutzerdefinierte Variablen**: Diese Variablen werden manuell erstellt und stehen prozessweit zur Verfügung. Sie eignen sich ideal, um Daten zwischen Schritten zu speichern, Zwischenstände zu erfassen oder Informationen global verfügbar zu machen. Sie bieten maximale Flexibilität und sind in nahezu jedem Anwendungsszenario einsetzbar – von einfachen Statuswerten bis hin zu komplexen Datenobjekten.

Gehen Sie wie folgt vor, um Prozessvariablen zu pflegen:

1. Klicken Sie auf das Icon [>>] (**Prozessbereich öffnen**), wie in Abbildung 4.60 gezeigt, um den Seitenbereich zu öffnen und zu schließen.

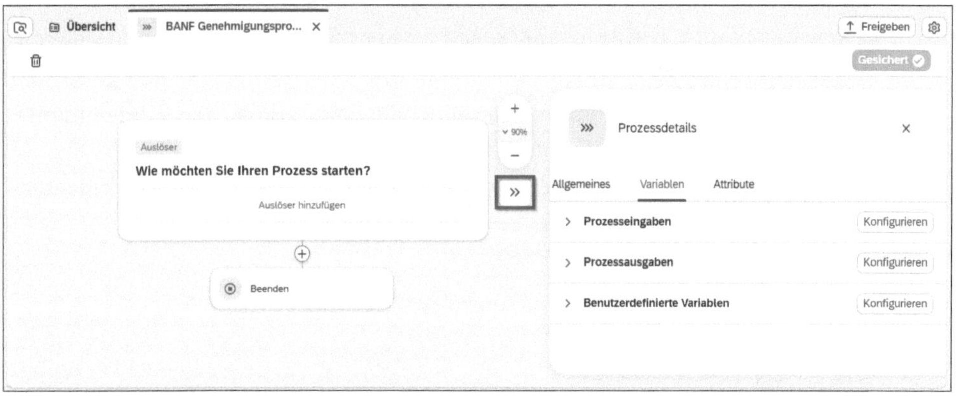

Abbildung 4.60 Prozessvariablen pflegen

2. Wählen Sie im Seitenbereich **Prozessdetails** und dann die Registerkarte **Variablen** aus.
3. Klicken Sie auf den Button **Konfigurieren** neben dem Variablentyp, den Sie pflegen wollen, z. B. **Prozesseingaben**.
4. Wählen Sie **Eingabe hinzufügen**, und geben Sie folgende Informationen ein:
   - Name, z. B. »PurReqId« für die Bestellanforderungsnummer
   - Typ aus den verfügbaren Datentypen wie Basisdatentypen (z. B. String, Number, Boolean), projektinternen Datentypen oder aus abhängigen Projekten

- Aktivieren Sie die Checkbox **Liste**, wenn es sich um eine Datenmenge handelt.
- Aktivieren Sie die Checkbox **Erforderlich**, wenn die Eingabe verpflichtend sein soll.
- Bei benutzerdefinierten Variablen können Sie einen Initialwert hinterlegen.

5. Klicken Sie auf **Apply**, um Ihre Konfiguration zu speichern.

Workflow-Entwicklungsablauf

Die Implementierung eines Prozesses in SAP Build Process Automation kann in mehreren Schritten erfolgen, abhängig von den spezifischen Anforderungen des Prozesses. Die wichtigsten und am häufigsten verwendeten Artefakte werden dabei separat behandelt. Führen Sie die folgenden Schritte aus, um den Prozess erfolgreich zu implementieren:

1. Legen Sie ein Prozessprojekt an, wie zu Beginn dieses Kapitels beschrieben (siehe Abbildung 4.46).
2. Legen Sie fest, wie der Prozess gestartet wird (siehe Unterabschnitt »Prozesse und Automatisierungen triggern« in diesem Abschnitt).
3. Definieren Sie die Prozessvariablen (siehe Unterabschnitt »Prozessvariablen verwenden« in diesem Abschnitt).
4. Klicken Sie auf **+ Schritt hinzufügen**. Das Smart-Menü öffnet sich und zeigt mögliche Schritte als Kacheln an (siehe Abbildung 4.61). Wählen Sie den gewünschten Schritt (z. B. **Formular**, **Automatisierung**) oder das gewünschte Steuerelement (z. B. Bedingung, Verzweigung unter **Controls und Ereignisse**). Entscheiden Sie, ob Sie ein neues Artefakt erstellen oder ein bestehendes wiederverwenden möchten.

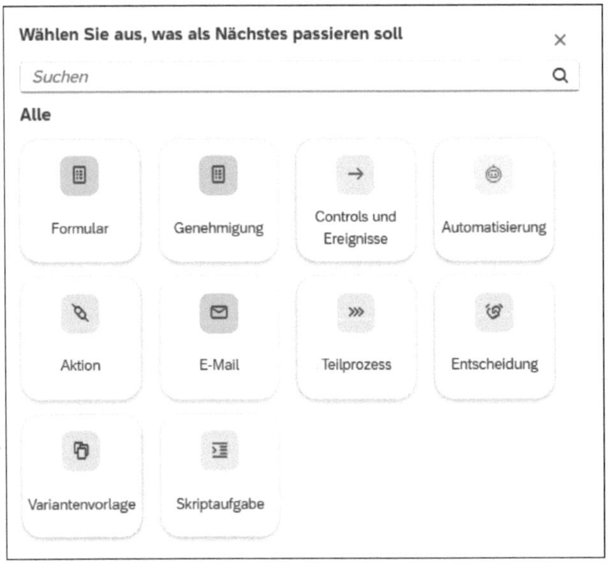

Abbildung 4.61 Prozessartefakt hinzufügen

5. Ändern Sie die Reihenfolge der Schritte bei Bedarf per Drag and Drop. Die Schritte werden automatisch miteinander verbunden.
6. Achten Sie auf rote Symbole, die auf Fehler in Artefakten hinweisen. Die Designkonsole zeigt Details zu den Fehlern an, die Sie korrigieren sollten.
7. Speichern Sie den Prozess. Sobald alle Fehler behoben sind, können Sie das Projekt freigeben und anschließend bereitstellen, um es produktiv zu nutzen.

Datentypen verwenden

Standardmäßig stehen drei grundlegende *Datentypen* zur Verfügung:

- Zeichenfolge (engl. String)
- Zahl (engl. Number)
- Boolesch (engl. Boolean)

Für komplexere Datenstrukturen ist jedoch der Einsatz benutzerdefinierter Datentypen erforderlich. Diese Datentypen ermöglichen es, Eingabe- und Ausgabeparameter für Schritte, Aktivitäten, Prozesse, Auslöser oder Benachrichtigungen präzise zu definieren und zu strukturieren. Dadurch werden die Verarbeitung und Validierung von Daten deutlich vereinfacht. Sie haben die Möglichkeit, eigene Datentypen manuell zu erstellen. Alternativ können Sie auch auf bestehende Typen zurückgreifen, die in SDK-Paketen oder anderen im Store verfügbaren Paketen enthalten sind und wiederverwendet werden können.

Folgen Sie den unten stehenden Punkten, um eigene Datentypen in Ihrem Projekt zu erstellen und zu verwalten:

1. Öffnen Sie Ihr Projekt, und klicken Sie auf den Button **Projektinhalt öffnen**, dann klicken Sie auf **Neues Artefakt anlegen**. Es erscheinen zwei Optionen: **Anlegen** und **Importieren** (siehe Abbildung 4.47). Wählen Sie **Anlegen** und anschließend aus der Liste der Artefakte den Eintrag **Datentyp** aus. Alternativ können Sie auch in der **Übersicht** zur Registerkarte **Artefakte** wechseln. Dort klicken Sie auf **Anlegen** und wählen anschließend den gewünschten Artefakttyp aus.
2. Geben Sie einen Namen, einen Identifikator (wird automatisch vorgeschlagen, kann aber angepasst werden) und optional eine Beschreibung ein. Klicken Sie auf **Anlegen**, um den Datentyp zu erstellen.
3. Wählen Sie den Button **Neues Feld**, um ein neues Datenfeld hinzuzufügen. Auf der rechten Seite können Sie im Bereich **Felddetails** den Namen des Feldes und den Datentyp eingeben. Um untergeordnete Elemente zu einem Feld hinzuzufügen, wählen Sie den Button **Neu.unt.El** (Neues untergeordnetes Element) am Ende der Zeile. Das ursprüngliche Feld wird dadurch automatisch zum Typ *Object*. Wenn ein Feld mehrere Werte enthalten soll, aktivieren Sie die Option **Liste** in den Feldeigenschaften (siehe Abbildung 4.62). Bei einer großen Anzahl an Feldern können

Sie den Datentyp auch über einen Excel-Import definieren. Vergewissern Sie sich bei der Excel-Import-Funktion, dass die Feldbezeichnungen in der Kopfzeile (Header) stehen und einige Beispielwerte enthalten sind, um den Datentyp korrekt zu erkennen (es werden nur Standardtypen unterstützt).

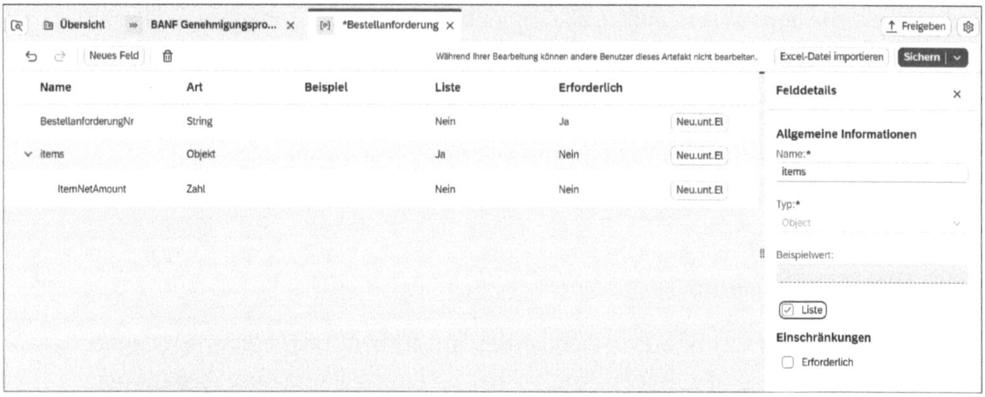

Abbildung 4.62 Datentyp definieren

4. Vergessen Sie nicht, Ihre Änderungen mit einem Klick auf **Sichern** zu speichern, um den Datentyp im Projekt verfügbar zu machen.

Formular verwenden

Sie haben wahrscheinlich die Erfahrung gemacht, dass viele Aufgaben in der Arbeitswelt, wie z. B. Prüfungen und Genehmigungen, den Mitarbeitenden immer noch auf Papier oder per E-Mail zugewiesen werden. *Formulare* sind eine beliebte Methode, um diese Aktivitäten zu optimieren. Sobald Sie ein Formular erstellt haben, können Sie damit einen Prozess auslösen oder einen Genehmigungsschritt hinzufügen.

Nachdem Sie Ihr Trigger-Formular definiert haben, können Sie Genehmigungsformulare per Drag and Drop im Formular-Editor in Ihren Geschäftsprozess einfügen. Genehmigungsformulare dienen der Erfassung und Weitergabe von Informationen. So vereinfachen und beschleunigen Sie die Genehmigungsprozesse Ihrer Geschäftsanwender*innen. Genehmigungsformulare bieten automatisch die Möglichkeit, die Anfrage mit der entsprechenden Benachrichtigung zu genehmigen oder abzulehnen.

Neben den standardmäßigen Formularen können in SAP Build Process Automation auch SAPUI5-Anwendungen oder SAP-Build-Apps-Anwendungen (nur als Auslöser) eingebunden werden, um Benutzerinteraktionen innerhalb eines Prozesses zu gestalten. Diese Apps bieten deutlich mehr Flexibilität und Gestaltungsmöglichkeiten, etwa bei komplexen Eingabemasken, dynamischen Layouts oder der Integration externer Datenquellen. Die SAPUI5-Anwendungen werden im Rahmen des Prozessprojekts über die Import-Funktion von Formularen integriert. Die Kommunikation zwischen Prozess und App erfolgt über definierte Eingabe- und Ausgabeparameter, sodass Daten nahtlos übergeben und verarbeitet werden können. In diesem Buch gehen wir nicht näher auf die Entwicklung und Integration von SAPUI5-Apps ein. Es ist jedoch gut, zu wissen, dass diese Option besteht, wenn Standardformulare an ihre Grenzen stoßen.

Folgen Sie den unten stehenden Schritten, um ein Formular in Ihrem Prozess zu erstellen und zu konfigurieren:

1. Öffnen Sie den Prozesseditor, und klicken Sie auf **+ Schritt hinzufügen**. Wählen Sie anschließend **Formular • Leeres Formular**.
2. Geben Sie einen Namen, einen Identifikator (interne Referenz) und optional eine Beschreibung ein. Klicken Sie auf **Anlegen**. Das Formular wird dem Editorbereich hinzugefügt.
3. Doppelklicken Sie auf das Formularelement im Editorbereich, um es zu öffnen, oder wählen Sie **Schrittmenü • Editor öffnen**.
4. Ziehen Sie per Drag and Drop Layout- und Eingabefelder von der rechten Seite in das Formular. Um eine Tabelle hinzuzufügen, ziehen Sie das Element **Table** hinein und fügen über **Tabellenspalte hinzufügen** Spalten hinzu.
5. Wählen Sie einen vorhandenen Button (z. B. **Senden**) aus, um ihn anzupassen (siehe Abbildung 4.63):
   - Typ (vordefiniert oder benutzerdefiniert)
   - Bezeichnertext
   - Stil (z. B. positiv ist grün)
   - Identifikator

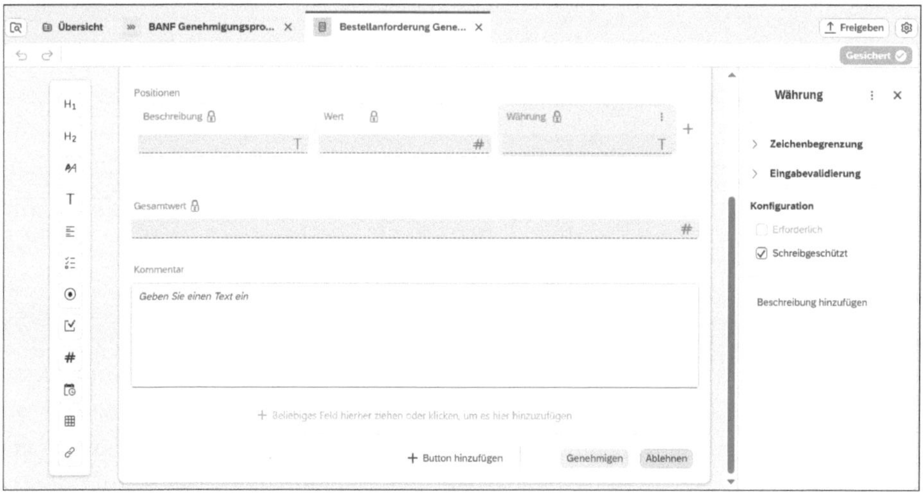

Abbildung 4.63 Formular bearbeiten

6. Um weitere Ergebnis-Buttons hinzuzufügen, klicken Sie auf **+ Button hinzufügen** und konfigurieren sie, wie zuvor beschrieben. Über das Button-Menü können Sie Buttons darauf verschieben oder löschen. Achten Sie beim Löschen eines Buttons darauf, dass die ausgelöste Aktion im Prozess wirklich nicht mehr benötigt wird. Jede Aktion hat einen eigenen Zweig im Prozessablauf – so führt etwa **Genehmigen** zu einem anderen Prozessverlauf als **Ablehnen**.
7. Sichern Sie Ihre Änderungen. Kehren Sie zum Prozesseditor zurück, und öffnen Sie den Formularabschnitt erneut.
8. Damit Formularfelder mit Prozessdaten arbeiten können, müssen sie an Prozessvariablen gebunden werden. Klicken Sie auf das Formular, und wechseln Sie im rechten Seitenbereich zur Registerkarte **Eingaben**. Wählen Sie das Feld aus, das Sie binden möchten. Das Fenster **Prozessinhalte** öffnet sich mit einer Liste aller verfügbaren Variablen (siehe Abbildung 4.64). Es sind nur die Variablen auswählbar, die dem Datentyp des Feldes entsprechen.

Abbildung 4.64 Formularfeld an Variable binden

9. Bei einem Genehmigungsvorgang müssen Sie zusätzliche Informationen angeben, wie z. B. den Betreff, der in der App **My Inbox** als Aufgabentitel angezeigt wird, sowie den Empfänger. Diese Parameter können Sie auf die gleiche Weise, wie eben beschrieben, an Prozessvariablen binden.
10. Sichern Sie Ihre Änderungen.

Sie können z. B. ein Formular als Startauslöser erstellen, in dem die anfordernde Person eine Bestellanforderungsnummer eingibt. Zusätzlich können Sie ein weiteres Genehmigungsformular anlegen, das den aus der Automatisierung berechneten Gesamtwert anzeigt und optional weitere Informationen zur Bestellanforderung enthält (siehe Abbildung 4.65).

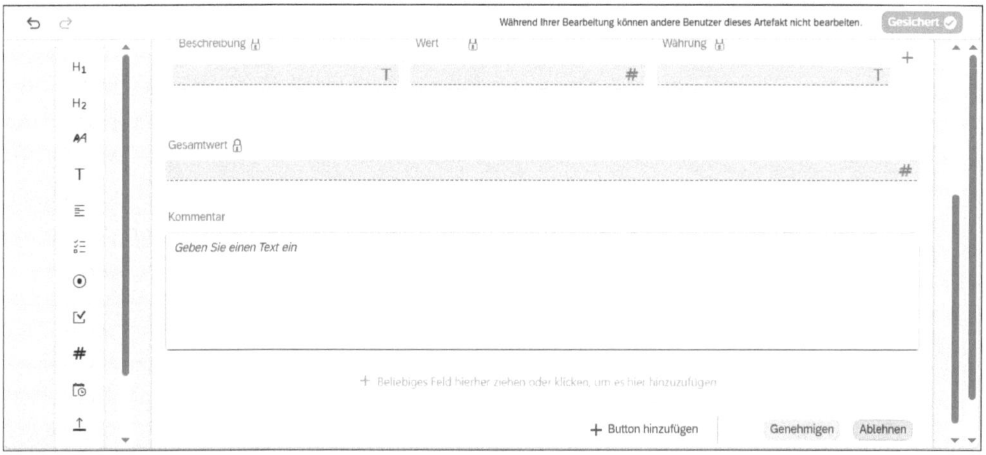

Abbildung 4.65 Beispiel eines Genehmigungsformulars

Geschäftsregeln verwenden

In SAP Build Process Automation ermöglichen Entscheidungen und Geschäftsregeln eine effiziente und konsistente Gestaltung von Prozessen durch automatisierte Entscheidungslogik. Eine *Entscheidung* besteht aus einer oder mehreren Richtlinien. Sie legt fest, wie bestimmte Eingaben verarbeitet werden, um zu einem Ergebnis zu gelangen. Entscheidungen sind zentrale Elemente zur Automatisierung von Geschäftslogik. Jede Richtlinie ist eine Sammlung von *Geschäftsregeln* (engl. Business Rules). Diese Regeln bilden die Grundlage für die Entscheidungsfindung und können in zwei Hauptformen modelliert werden:

- **Decision Table Rule** (dt. Entscheidungstabelle): Eine tabellarische Darstellung von Regeln, bei der jede Zeile eine Regel mit definierten Eingabe- und Ausgabewerten darstellt. Diese Form eignet sich besonders für strukturierte, wiederholbare Entscheidungen mit klaren Bedingungen.
- **Text Rule** (dt. Textregel): Regeln im If-then-Format, die logische Bedingungen und Aktionen beschreiben. Diese Variante ist flexibler und eignet sich für komplexere oder weniger strukturierte Entscheidungslogik.

Um eine Entscheidung zu definieren, müssen der relevante Regelsatz identifiziert und die passenden Datentypen festgelegt werden, die als Eingabe- und Ausgabefelder für die Regelmodellierung dienen.

Folgen Sie diesen Schritten, um eine Geschäftsregel (Entscheidung) in Ihrem Prozessprojekt zu erstellen und zu konfigurieren:

1. Um eine Entscheidung anzulegen, öffnen Sie zunächst Ihr Geschäftsprozessprojekt und navigieren zur Registerkarte **Übersicht** oder klicken auf den **+ Schritt hinzufügen**. Wählen Sie **Anlegen • Entscheidung**. Geben Sie einen Namen, einen Identifikator und optional eine Beschreibung ein, und klicken Sie auf **Anlegen**.

2. Im nächsten Schritt müssen Sie die Ein- und Ausgaben konfigurieren (siehe Abbildung 4.66). Wählen Sie dazu die neu erstellte Entscheidung im Entscheidungsdiagramm aus, und wechseln Sie zur Registerkarte **Eingabe/Ausgabe**. Fügen Sie unter **Eingabeparameter** neue Parameter hinzu, indem Sie Namen, Beschreibung und den Datentyp angeben (z. B. Boolesch, Datum, Anzahl, Zeichenfolge, Datum/Uhrzeit). Aktivieren Sie die Option **Liste**, wenn es sich um eine Sammlung handelt. Fügen Sie unter **Ausgabeparameter** ebenfalls Parameter hinzu, oder wählen Sie **Identisch mit Eingabe**, um einen Eingabeparameter als Ausgabe zu verwenden.

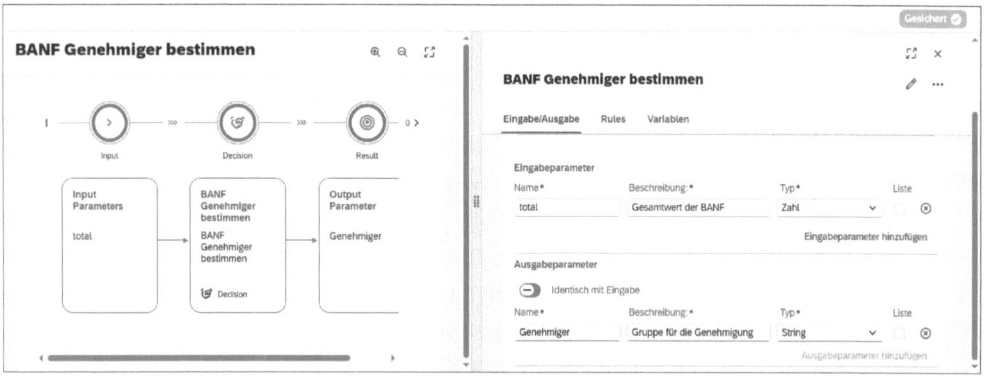

Abbildung 4.66 Geschäftsregel Ein- und Ausgabeparameter

3. Nun müssen Sie Regeln definieren. Wechseln Sie zur Registerkarte **Regeln**, und klicken Sie auf **Regel hinzufügen**, um eine Entscheidungstabelle (siehe Abbildung 4.67) oder Textregel zu erstellen. Modellieren Sie Bedingungen und Ergebnisse mithilfe des Assistenten (Hinweis: Listenparameter können in Zellen verwendet werden, aber nicht in Konditionsköpfen.). Nutzen Sie Funktionen wie *EXISTIN*, *SELECT* oder *AVG*, um komplexe Ausdrücke zu modellieren.

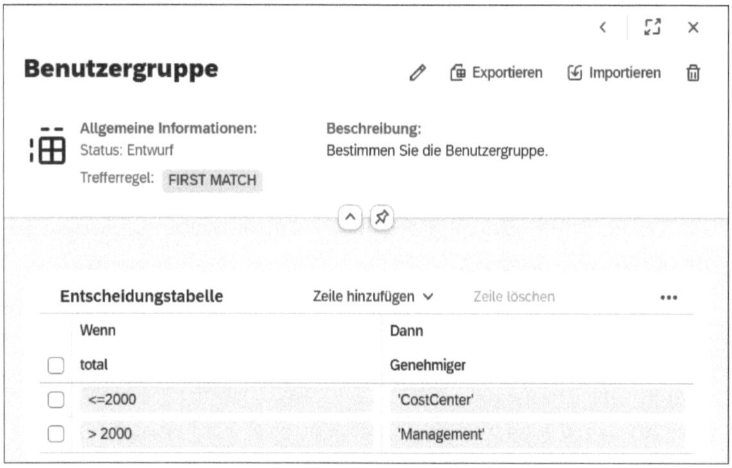

Abbildung 4.67 Entscheidungstabelle für Geschäftsregeln

4. Regeln werden in der Reihenfolge ausgeführt, in der sie unter **Ausführungsreihenfolge** gelistet sind. Sie können Regeln per Drag and Drop oder mit den Pfeiltasten nach oben/unten verschieben. Über das Menü **Mehr** können Sie Regeln duplizieren, löschen oder hinzufügen.
5. Um eine Entscheidungsvariable hinzuzufügen, wechseln Sie zur Registerkarte **Variablen** und klicken auf **Variable hinzufügen**. Geben Sie Namen, Beschreibung und den Datentyp an. Aktivieren Sie **Liste**, wenn es sich um eine Sammlung handelt (nur bei benutzerdefinierten Datentypen möglich). Speichern Sie abschließend die Variable. Sie erscheint nun im Vokabular des Regelassistenten.

Wie in Abbildung 4.66 und Abbildung 4.67 dargestellt, können Sie eine Entscheidungslogik konfigurieren, die, abhängig vom Gesamtwert, die Genehmigergruppe ermittelt. Sie können anschließend die Ausgabe verwenden, um den Empfänger der Genehmigungsaufgabe festzulegen.

Steuerelement erstellen

In SAP Build Process Automation dienen sogenannte *Steuerelemente* (engl. Controls) dazu, den Ablauf eines automatisierten Prozesses dynamisch zu steuern. Ein zentrales Control-Element sind dabei die Bedingungen (engl. Conditions). Sie ermöglichen es, Entscheidungen innerhalb eines Prozesses zu treffen, indem sie definieren, unter welchen Voraussetzungen ein bestimmter Pfad im Prozess ausgeführt wird. Bedingungen basieren auf logischen Ausdrücken, die auf Prozessdaten oder Benutzerinteraktionen zugreifen.

Folgen Sie diesen Schritten, um ein Steuerelement am Beispiel einer Bedingung in Ihrem Prozess zu erstellen und zu konfigurieren:

1. Um eine Bedingung hinzuzufügen, öffnen Sie den Prozesseditor und wählen **+ Prozessschritt hinzufügen** und dann **Kontrollen und Ereignisse • Bedingung**. Die Bedingung wird dem Prozess hinzugefügt. Im rechten Seitenbereich erscheinen automatisch zwei Verzweigungen: **If** (wenn die Bedingung erfüllt ist) und **Default** (Standardpfad, wenn keine Bedingung zutrifft).
2. Geben Sie einen aussagekräftigen Namen für die Bedingung ein, um sie später leichter wiederzuerkennen. Dieser Schritt ist optional.
3. Nun können Sie optional weitere Verzweigungen hinzufügen. Sie können bis zu zehn Verzweigungsbedingungen hinzufügen. Die Reihenfolge der Ausführung ist nicht garantiert. Wenn mehrere Bedingungen zutreffen, wird die erste erfüllte Bedingung ausgeführt, die das System verarbeitet.
4. Um Verzweigungsbedingungen zu konfigurieren, öffnen Sie den Bedingungseditor (siehe Abbildung 4.68), indem Sie auf eine Verzweigung klicken. Fügen Sie eine oder mehrere Bedingungen hinzu, und klicken Sie auf **Übernehmen**, um die Bedingung zu speichern.

Abbildung 4.68 Bedingungseditor

5. Speichern Sie Ihre Konfiguration, um die Bedingung im Prozess zu aktivieren.
6. Sie können eine Verzweigungsbedingung löschen, solange mindestens zwei weitere bestehen bleiben.

Sie können z. B. nach der Ermittlung des Gesamtwerts eine Genehmigung nur dann anfordern, wenn der Wert über 50 liegt. Andernfalls wird der Vorgang automatisch genehmigt.

Freigabe und Deployment

Ein Projekt in SAP Build Process Automation durchläuft verschiedene Lebenszyklusphasen, die durch Status und Versionen gekennzeichnet sind. Diese Phasen steuern, wie ein Projekt entwickelt, freigegeben und produktiv genutzt wird.

Die verschiedenen Projektstatus sind:

- **Bearbeitbar** (Editable): Das ist der Standardstatus nach der Erstellung eines Projekts und wird als Entwurf betrachtet.
- **Freigegeben** (Released): Das ist der Status nach dem Generieren oder Importieren eines Projekts. Jede neue Freigabe erzeugt eine neue Version. Freigegebene Projekte können gelöscht werden.
- **Bereitgestellt** (Deployed): Das ist der Status zur produktiven Nutzung. Bereitgestellte Projekte können nicht gelöscht werden. Die Zurücknahme der Bereitstellung (Undeploy) setzt den Status wieder auf **Freigegeben**.

Sie können innerhalb Ihres Projekts zwischen den Versionen wechseln.

Beim Freigeben eines Projekts kann eine *Version* zugewiesen werden, um Änderungen nachvollziehbar zu machen:

- Major-Version (z. B. 1.0.0 → 2.0.0): für grundlegende Änderungen, die zu Inkompatibilitäten führen können

- Minor-Version (z. B. 1.0.0 → 1.1.0): für kleinere Erweiterungen oder Verbesserungen
- Patch-Version (z. B. 1.0.0 → 1.0.1): für reine Fehlerbehebungen ohne funktionale Änderungen

Bei Freigabe und Deployment eines Projekts in SAP Build Process Automation wird das Projekt stets in einer definierten Umgebung (Environment) bereitgestellt. Diese Umgebung bestimmt, in welchem Kontext der Prozess ausgeführt wird, z. B. Entwicklung, Test oder Produktion. Bitte beachten Sie, dass alle externen Abhängigkeiten wie z. B. Destinationen (für Backend-Systeme oder APIs), Dokumentenpfade (z. B. für Anhänge oder Archivierung) sowie Konfigurationsparameter in der Zielumgebung korrekt definiert und zugewiesen sein müssen. Diese Einstellungen sind nicht automatisch übertragbar und müssen ggf. manuell angepasst werden, um eine fehlerfreie Ausführung sicherzustellen (siehe Abbildung 4.69).

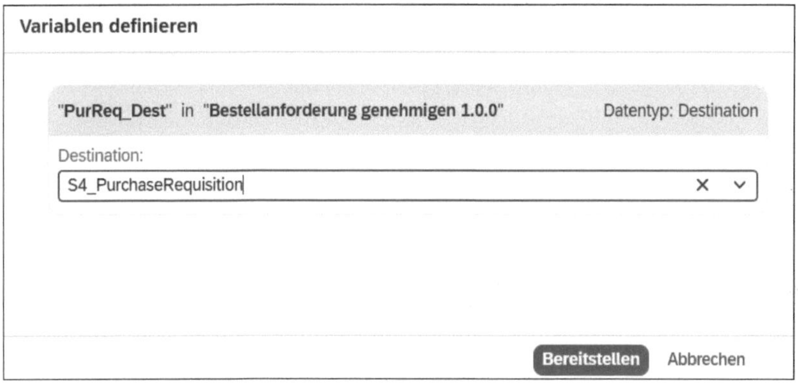

Abbildung 4.69 Destination beim Deployen setzen

App »My Inbox«

Die App **My Inbox** (dt. **Meine Inbox**) ist ein zentraler Bestandteil von SAP Build Process Automation und wird automatisch mit dem Service bereitgestellt. Sie ermöglicht es Benutzer*innen, alle ihnen zugewiesenen Aufgaben effizient zu verwalten und zu bearbeiten (siehe Abbildung 4.70).

In der Inbox können Sie folgende Aktionen durchführen:

- Alle zugewiesenen Aufgaben anzeigen und bei Bedarf reservieren, um deren Bearbeitung zu übernehmen. Reservierte Aufgaben sind für andere Empfänger*innen nicht mehr sichtbar und wechseln in den Status **Reserviert**.
- Aufgaben nach Priorität, Fälligkeitsdatum, Titel oder den Ersteller*innen sortieren sowie nach verschiedenen Kriterien filtern (z. B. Status, Priorität, Anlegedatum)
- Aufgaben nach Eigenschaften wie Titel, Priorität, Status oder Typ gruppieren

- Aufgabendetails und das zugehörige Workflow-Protokoll mit chronologischen Ereignissen (nur Benutzer-IDs sichtbar) einsehen
- Aufgaben freigeben, um sie wieder für andere sichtbar zu machen (Status wechselt zurück zu **Bereit**)
- Aufgaben direkt aus der Detailansicht bearbeiten und abschließen
- Aufgaben bei Bedarf per E-Mail teilen
- in der Vertretungsverwaltung eigene Vertreter*innen hinzufügen und Substitutionsregeln verwalten

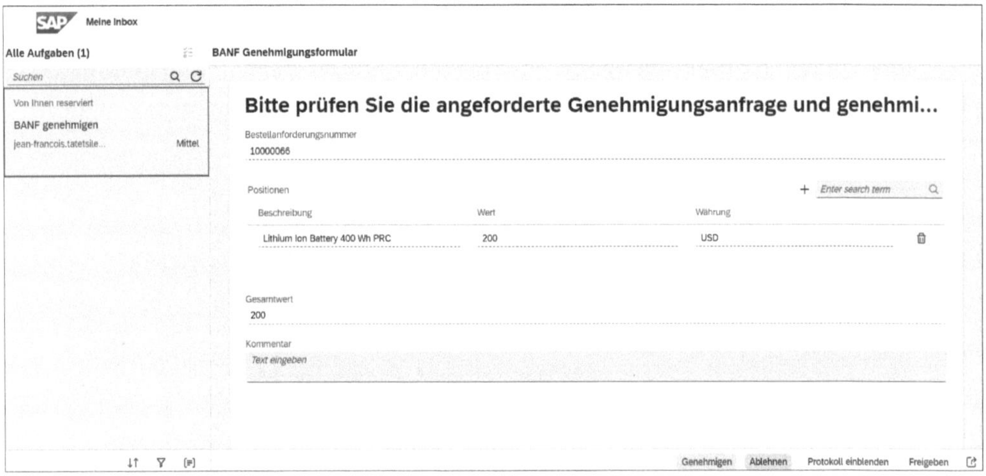

Abbildung 4.70 App »Meine Inbox«

Prozess und Automatisierung überwachen

Die Monitoring-Funktion von SAP Build Process Automation bietet eine zentrale Übersicht über den Zustand und die Aktivitäten bereitgestellter Workflows und Automatisierungsjobs. Damit können Administrator*innen den operativen Betrieb überwachen und bei Bedarf gezielt eingreifen. Für den Zugriff auf die Monitoring-Funktionen ist die Rolle *ProcessAutomationAdmin* erforderlich.

Auf der Monitoring-Seite werden alle relevanten Ereignisse gesammelt und angezeigt, darunter:

- Status von Agenten
- Status von ausgeführten Jobs
- geschäftsrelevante Ereignisse aus Workflows und Automatisierungen

SAP Build stellt auf der Monitoring-Seite mehrere spezialisierte Sichten zur Verfügung, die über Kacheln erreichbar sind:

- **Prozess- und Workflow-Instanzen** (siehe Abbildung 4.71): Diese Kachel zeigt alle laufenden und abgeschlossenen Workflow-Instanzen und ermöglicht eine gezielte Analyse und Reaktion auf Prozessverläufe.

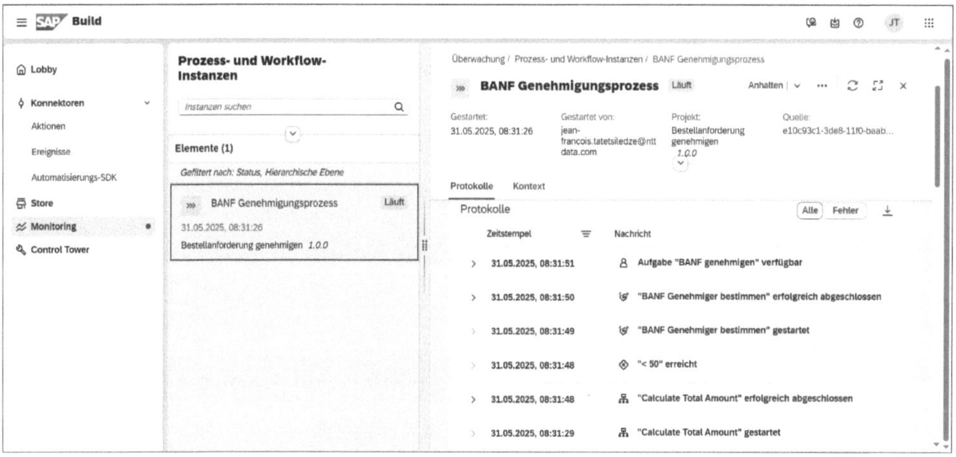

Abbildung 4.71 Prozessinstanz überwachen

- **Automatisierungsjobs** (siehe Abbildung 4.72): Diese Kachel zeigt Fehler, Warnungen, verwendete Variablen und weitere technische Details und unterstützt die Fehleranalyse und Optimierung von Automatisierungen.

Abbildung 4.72 Automatisierungsjob überwachen

- **Erworbene Ereignisse**: Die Kachel zeigt Ereignisse, die über die Process-Visibility-Funktion (Sichtbarkeitsszenario) erfasst wurden, und dient der Nachverfolgung und Analyse geschäftlicher Aktivitäten.

4.5 SAP Build Work Zone

SAP Build Work Zone ist Ihr zentraler Einstieg in die Welt von SAP. Dort werden alle SAP- und externen Anwendungen, Prozesse und wichtige Informationen dargestellt. Im Prinzip ist SAP Build Work Zone multi-device-fähig, da die Lösung auf SAPUI5 basiert. Das bedeutet: Egal, ob Sie mit einem Computer, Tablet oder Smartphone arbeiten, die Oberfläche skaliert immer auf die passende Größe. Ausnahmen sind allerdings Anwendungen, die in SAP Build Work Zone integriert sind, diese müssen auch multi-device-fähig sein. In diesem Abschnitt geben wir Ihnen einen Einblick in die Funktionen und die Einrichtung von SAP Build Work Zone. Wir zeigen Ihnen außerdem, welche Editionen es gibt und worin die Unterschiede zwischen den Editionen liegen.

4.5.1 Unterschiede zwischen Standard Edition und Advanced Edition

SAP Build Work Zone ist in zwei Editionen verfügbar:

- SAP Build Work Zone, Standard Edition
- SAP Build Work Zone, Advanced Edition

Die Standard Edition entspricht dem SAP Fiori Launchpad in der SAP BTP. Dieses wird benötigt, wenn in der SAP BTP eigene Applikationen entwickelt werden und diese nicht als Standalone-Applikationen, sondern auf einem gemeinsamen Launchpad dargestellt werden sollen. Die Advanced Edition beinhaltet alle Funktionen der Standard Edition, bietet darüber hinaus aber noch zusätzliche Funktionen. In diesem Abschnitt meinen wir SAP Build Work Zone, wenn es um Funktionen geht, die in beiden Editionen enthalten sind.

Das Besondere an SAP Build Work Zone ist, dass Sie andere SAP-Lösungen wie z. B. SAP S/4HANA Cloud oder auch SAP Concur darin integrieren können. Dadurch wird SAP Build Work Zone zum *Central Point of Entry* für die SAP-Welt.

Die Advanced Edition der SAP Build Work Zone ist SAPs Antwort auf die Anforderungen, die durch den *Modern Workplace* entstehen. Sie beinhaltet, wie oben beschrieben, den gesamten Funktionsumfang der Standard Edition, darüber hinaus sind aber auch Funktionen wie soziale Netzwerke, eine Wissensdatenbank, ein Arbeitsbereich und vieles mehr fester Bestandteil dieser Edition. Diese Funktionen werden in Abschnitt 4.5.5, »SAP Build Work Zone, Advanced Edition«, beschrieben und vertieft.

4.5.2 Themes

SAP Build Work Zone kann mithilfe von sogenannten *Themes* an die individuellen Bedürfnisse des Unternehmens angepasst werden. Im UI Theme Designer können

Sie Ihre Corporate Identity (CI) pflegen und so Ihrer Work Zone ein individuelles firmengerechtes Aussehen verleihen (siehe Abbildung 4.73). Der UI Theme Designer kann Farbe, Schriftarten, Logos und Layouts editieren, auf Basis eines vorhandenen Themes lässt sich ein Theme an die Bedürfnisse des Unternehmens anpassen. Technisch basieren Themes auf CSS/LESS und sind damit in SAPUI5 voll integriert.

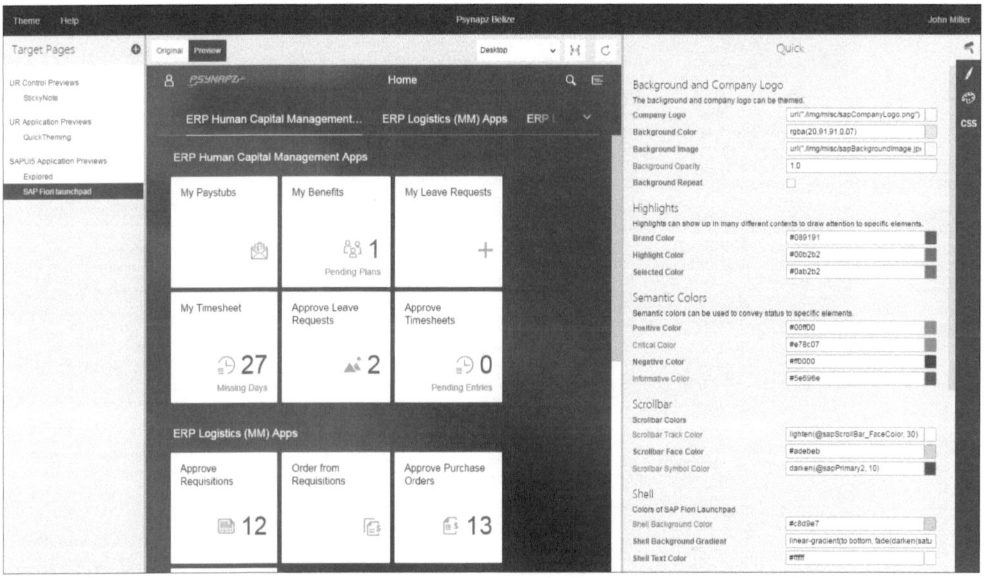

Abbildung 4.73 UI Theme Designer

4.5.3 Architektur

SAP Build Work Zone ist ein voll integrierter Service in der SAP BTP und kann auf andere Ressourcen und Services zugreifen. Durch den direkten Zugriff auf das HTML5 Application Repository haben Sie die Möglichkeit, komplexe Pro-Code-Applikationen oder auch Low-/No-Code-Applikationen, wie z. B. SAP Build Apps (siehe Abschnitt 4.3), in SAP Build Work Zone auszuführen. Das SAP Task Center ist ein Service auf der SAP BTP, dieser erlaubt Verbindungen zu unterschiedlichen SAP-Systemen, wie z. B. SAP S/4HANA oder SAP SuccessFactors, und leitet alle eingehenden Tasks weiter. Durch die Einbindung des SAP Task Centers können Sie eine zentrale Inbox in SAP Build Work Zone einrichten, in der Sie alle Workflow-Freigaben erledigen können.

Abbildung 4.74 zeigt eine klassische Architektur in der SAP BTP, auf der linken Seite sind die SAP Build Work Zone mit ihren Komponenten und die Anbindung des Benutzermanagements dargestellt. Der mittlere Bereich zeigt die verschiedenen Entwicklungstools zur Erstellung von Applikationen sowie deren Transport und Destination für die Verbindung von angeschlossenen Systemen. Der rechte Bereich zeigt sowohl On-Premise, Cloud- als auch angeschlossene Drittanbieterlösungen.

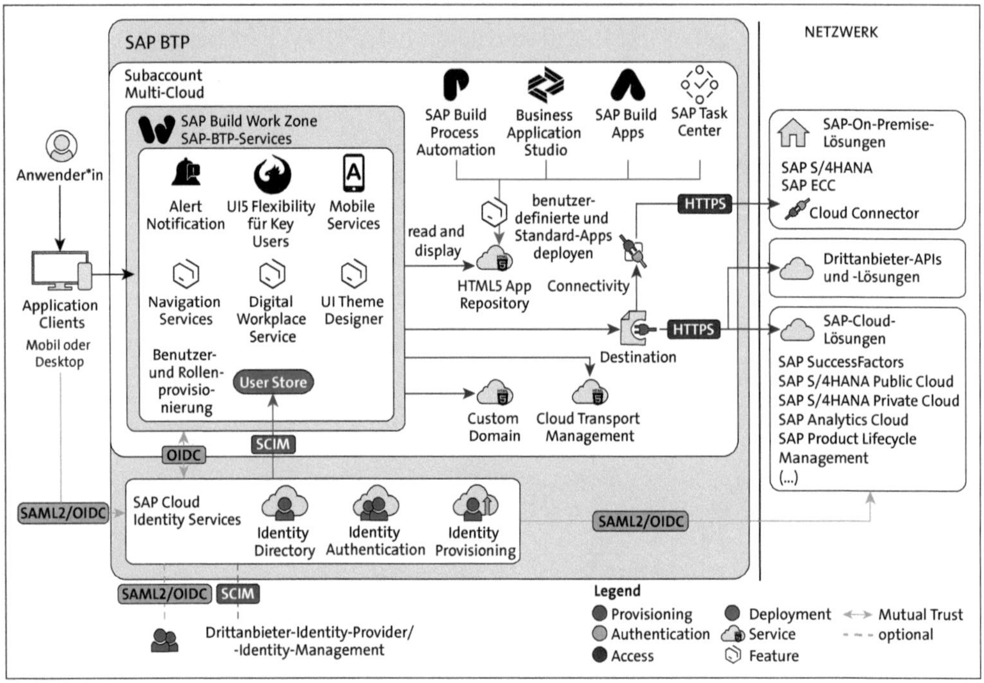

Abbildung 4.74 Architektur von SAP Build Work Zone

Das Benutzermanagement unterscheidet sich in der Standard und der Advanced Edition. Während die Standard Edition auf das eingerichtete Benutzermanagement der SAP BTP zurückgreift, hat die Advanced Edition einen eigenes Benutzermanagement, das durch Provisionierung, z. B. durch den SAP Cloud Identity Service, mit Benutzern und Rollen befüllt wird. Weitere Informationen zum Thema Benutzermanagement in der Advanced Edition finden Sie in Abschnitt 4.5.5, »SAP Build Work Zone, Advanced Edition«.

4.5.4 SAP Build Work Zone, Standard Edition

Dieser Abschnitt gibt Ihnen einen Überblick über die Einrichtung und den Aufbau von SAP Build Work Zone, Standard Edition. Sie erfahren, worauf Sie bei der Einrichtung achten müssen und welche Überlegungen Sie vor der Einrichtung anstellen sollten.

Einrichtung in der SAP BTP

Die Einrichtung der SAP Build Work Zone, Standard Edition, erfolgt wie bei den meisten Services in der SAP BTP. Zunächst muss überprüft werden, ob die benötigten Entitlements dem Subaccount zugewiesen wurden. Wenn diese vorhanden sind, kann SAP Build Work Zone, Standard Edition, über den Service Marketplace als Subscription aktiviert werden. Beachten Sie, dass automatisch Role Collections vom System angelegt werden:

- Launchpad_Admin
- Launchpad_Advanced_Theming
- Launchpad_External_User

Um dem Sprachgebrauch von SAP zu folgen, werden wir von nun an nicht mehr von der SAP Build Work Zone, Standard Edition, sprechen, sondern vereinfacht vom *Launchpad*. Für die Einrichtung des Launchpads wird die Role Collection *Launchpad_Admin* benötigt. Diese muss dem Administrator manuell im Benutzermanagement der SAP BTP zugewiesen werden. Die Role Collection *Launchpad_Advanced_Theming* wird für den UI Theme Designer benötigt, den Sie aus Abschnitt 4.5.2, »Themes«, kennen. Die Role Collection *Launchpad_External_User* ist die Standardrolle für Applikationen, deren Anwender*innen nicht firmenintern sind.

Aufbau des Launchpads

Das Launchpad ist der primäre Arbeitsbereich für alle Anwendungen und teilt sich in folgende Bereiche auf (siehe Abbildung 4.75):

- Header
- Navigation
- Content

Im Header-Bereich finden Sie Ihre Profil- und Personalisierungseinstellungen. Dort können Sie die Sprache, das Theme oder auch die Anpassungen Ihres persönliches Launchpads vornehmen. Zusätzlich zu diesen Anpassungsmöglichkeiten finden Sie dort Ihre Benachrichtigungen, Ihre Inbox und eine allgemeine Suche. Die Navigation führt Sie durch das Launchpad, dort wird das Launchpad in verschiedene Bereiche unterteilt, in die Sie direkt navigieren können. Im Content-Bereich finden Sie alle Apps, Seiten, Widgets und Cards, die Sie für Ihre Arbeit benötigen.

Da das Launchpad multi-device-fähig ist, können Sie es z. B. auch auf einem Smartphone nutzen. Die Anordnung der Bereiche wird dort über die Icons in der Ecke oben links erreicht.

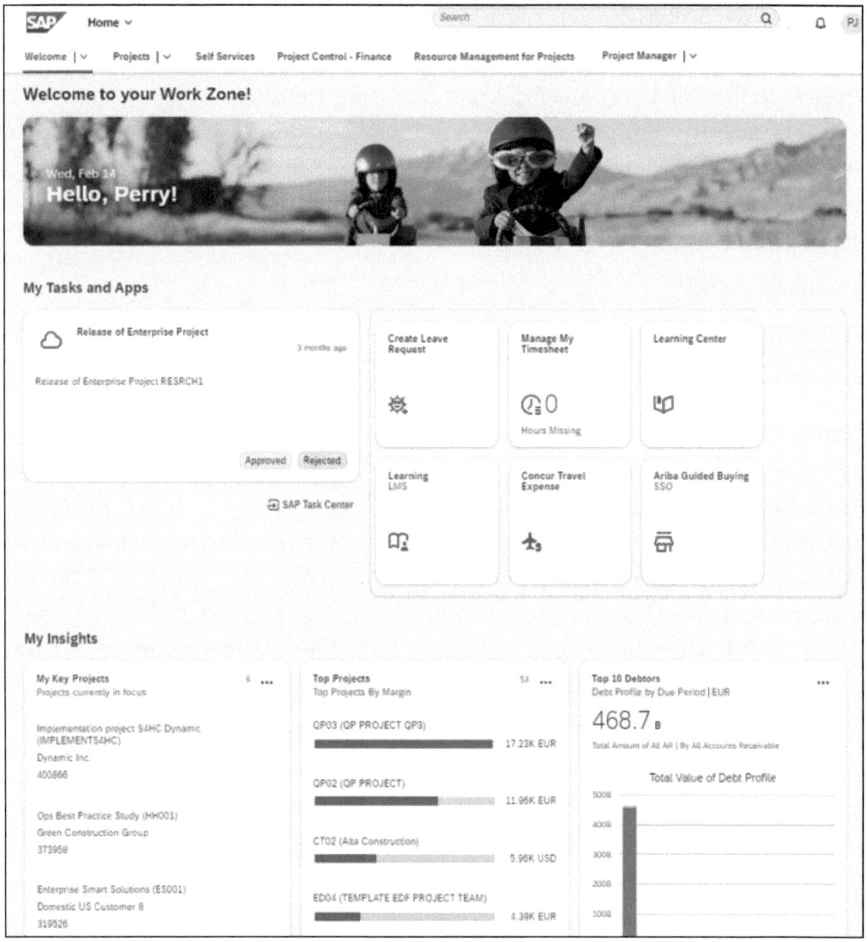

Abbildung 4.75 Aufbau des Launchpads

Website-Verzeichnis und Konfiguration

Theoretisch können Sie in SAP Build Work Zone, Standard Edition, mehrere Launchpads gleichzeitig einrichten. Diese Launchpads werden im Website-Verzeichnis angelegt. Nachdem Sie eine Website (ein Launchpad) hinzugefügt haben, können Sie diese konfigurieren. An dieser Stelle möchten wir nur auf die wichtigsten Einstellungen in der Konfiguration eingehen, weitere Konfigurationseinstellungen entnehmen Sie bitte der Dokumentation von SAP. Die Einstellungen unterteilen sich in folgende Bereiche (siehe Abbildung 4.76):

- **Allgemein**
- **Browsereinstellungen**
- Zeitüberschreitung der Sitzung
- **Benutzerfunktionen**

- Services
- Anzeigen

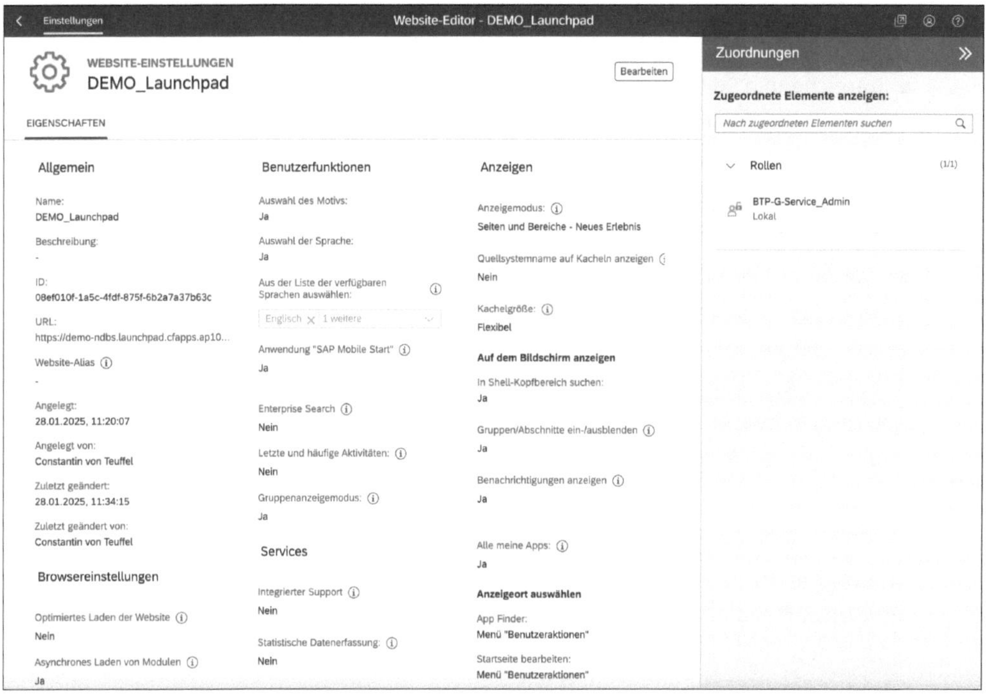

Abbildung 4.76 Website-Einstellungen

Bevor Sie Ihr Launchpad einrichten, überlegen Sie zunächst, wer Ihre Anwendergruppe genau ist, welche Funktionen für Sie ausschlaggebend sind und welche Systeme Sie in das Launchpad integrieren wollen. Die Einstellungen können jederzeit ergänzt oder reduziert werden, falls die Anforderungen sich ändern. Das Launchpad bietet die Möglichkeit, die Apps und das Launchpad selbst in mehreren Sprachen zu nutzen. Das heißt glücklicherweise, dass die Zeiten, in denen man nur auf eine oder ggf. auf zwei Sprachen (meistens Englisch) zugriff, vorbei sein sollten. Die Anwender*innen erwarten heutzutage häufig eine bessere Benutzererfahrung, und SAP Build Work Zone bietet diese. Entscheiden Sie z. B., welcher Anzeigemodus für Ihre Anwender*innen der richtige ist.

Rollen dem Launchpad zuweisen

Im Website-Verzeichnis konfigurieren Sie Ihr gesamtes Launchpad. Jeglicher Content, wie z. B. Ihre Apps oder Rollen, werden im Content-Manager konfiguriert. Beachten Sie, dass Sie die Rollen, die Sie für die Verwendung der Apps benötigen, hier Ihrem Launchpad zuordnen müssen.

Gruppen vs. Seiten und Bereiche

Im Anzeigemodus können Sie zwischen drei Modi wählen:

- **Gruppen**: In der oberen Navigationsleiste werden eine oder mehrere Gruppen angezeigt, die jeweils eine Sammlung von Apps enthalten.
- **Bereiche und Seiten**: In der oberen Navigationsleiste werden nur Bereiche und Seiten von verschiedenen Content-Providern angezeigt. Es ist nicht möglich, Bereiche und Seiten manuell zu erstellen. Apps, die in Gruppen organisiert sind, werden in einem speziellen Bereich namens **Startseite** angezeigt. Dieser wird am Anfang der Navigationsleiste hinzugefügt.
- **Seiten und Bereiche – Neues Erlebnis**: In der oberen Navigationsleiste werden sowohl Bereiche und Seiten von Content-Providern als auch aus Inhaltspaketen sowie manuell erstellte Bereiche und Seiten angezeigt. Die neuen Seiten können Karten, App-Kacheln und Rich Text enthalten. Beachten Sie, dass in diesem Modus Gruppen ausgeblendet sind und der Zugriff auf die Apps aus diesen Gruppen über den App Finder erfolgt.

Content-Manager

Im *Content-Manager* (siehe Abbildung 4.77) pflegen Sie jegliche Inhalte, die Sie auf dem Launchpad anzeigen möchten bzw. die Sie benötigen, um Inhalte anzuzeigen. Sie können direkt auf Ihre HTML5-Apps des gleichen Subaccounts zugreifen, auf dem Sie auch das Launchpad aktiviert haben.

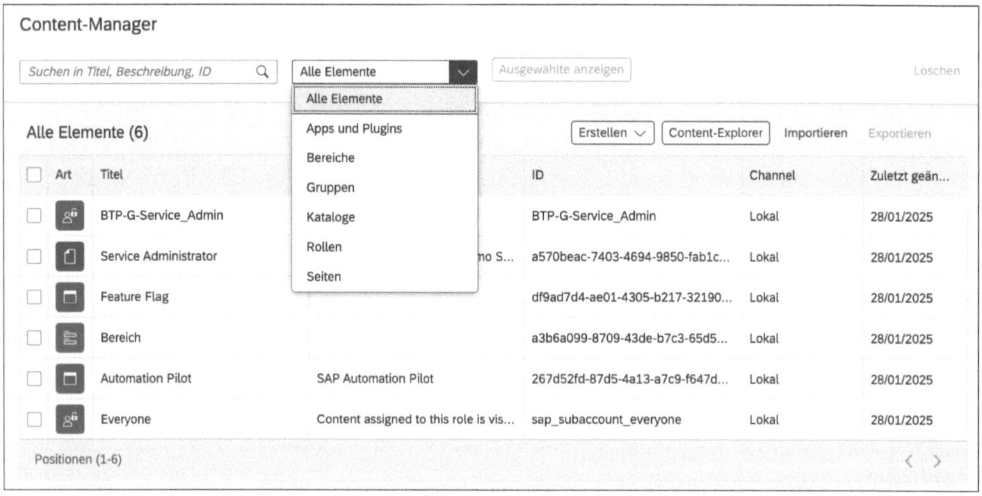

Abbildung 4.77 Content-Manager

Je nachdem, für welchen Anzeigemodus Sie sich entschieden haben, müssen Sie unterschiedliche Kataloge, Gruppen, Bereiche oder auch Seiten anlegen. Diese weisen

Sie dann den hier angelegten Apps zu. Die Apps wiederum müssen einer Rolle zugewiesen werden, damit die Anwender*innen die Berechtigung haben, die Apps zu sehen.

[+]

Rollensynchronisierung zwischen SAP Build Work Zone und SAP BTP

Viele Administrator*innen richten zunächst die SAP BTP mit Benutzermanagement und Rollen im SAP BTP Cockpit ein und aktivieren erst dann SAP Build Work Zone. Beachten Sie dabei unbedingt: Rollen, die im SAP BTP Cockpit angelegt werden, können nicht im Launchpad genutzt werden. Umgekehrt werden jedoch Rollen, die im Launchpad angelegt werden, automatisch in das SAP BTP Cockpit übertragen und können dort nahtlos mit Ihrer bestehenden Benutzermanagement-Konfiguration genutzt werden.

Wenn Sie andere Apps von anderen Subaccounts oder Systemen hinzufügen wollen, müssen Sie dafür weitere Channels anlegen. Weitere Informationen zu Channels finden Sie im nächsten Abschnitt.

Channel-Manager

Der Channel-Manager bietet Ihnen die Möglichkeit, subaccount-fremde Inhalte in Ihr Launchpad zu integrieren. Der Content für HTML5-Apps aus dem gleichem Subaccount wird automatisch bereitgestellt.

Sie haben zwei Möglichkeiten, neuen Content hinzuzufügen:

- Content-Provider
- Content-Paket

Als *Content-Provider* werden ganze Systeme, wie z. B. ein SAP-S/4HANA-Cloud-System, bezeichnet. Dafür benötigen Sie einige Parameter, wobei die Design-Zeit-Destination und die Laufzeit-Destination am wichtigsten sind. Die *Design-Zeit-Destination* wird für die Visualisierung der Apps benötigt. In den meisten Fällen wird in der Destination dafür ein technischer Benutzer für die Autorisierung verwendet. Die *Laufzeit-Destination* wird benötigt, damit Anwender*innen auf die für sie freigegebenen Daten aus dem System zugreifen können. Die angelegte Destination wird in den meisten Fällen mit *Principal Propagation* eingerichtet, da diese Einstellung es ermöglicht, dass der Kunde ohne weiteren Log-in im Hintergrund direkt ins System weitergeleitet wird.

Content-Pakete sind, wie es der Name schon sagt, fest definierte Inhalte, die in einem Paket (als ZIP-Datei) hinzugefügt werden. Anders als beim Content-Provider werden hier die Inhalte direkt bereitgestellt, und daher wird keine Design-Zeit-Destination benötigt. Die Laufzeit-Destination wird identisch wie beim Content-Provider angelegt.

Transportmanager

Es gibt zwei Möglichkeiten, Ihre Webseite zu transportieren: mit einem manuellen oder automatisierten Transport. Beim manuellen Transport können Sie Ihre Webseite im Webseiten-Verzeichnis exportieren und in einer anderen SAP-Work-Zone-Instanz importieren. Der automatisierte Transport ist verfügbar, wenn Sie eine Zwei- oder Drei-System-Landschaft haben, z. B. bestehend aus Entwicklungs-, Test- und Produktivsystem, und Sie einen Transportmanagement-Service nutzen. Diese automatisierten Transporte können im Transportmanager nachverfolgt werden. Weitere Informationen zum Thema Transportmanagement finden Sie in Abschnitt 7.3, »Transportmanagement mit CI/CD«.

Einstellungen

In den Einstellungen finden Sie erweiterte Einstellungen von SAP Build Work Zone zu den Themen:

- Fehlerprotokoll
- Benachrichtigungen
- Alias-Zuordnung
- Sicherheitsheader
- Neo-Website-Konvertierung
- Identity Provisioning
- Identity Authentication
- benutzerdefinierte Domänen

Die genannten Themen spielen eine wichtige Rolle in verschiedenen Bereichen insbesondere im Hinblick auf die Sicherheit. Eine detaillierte Behandlung dieser Themen würde jedoch den Rahmen dieses Buches sprengen. Daher empfehlen wir Ihnen, für weiterführende Informationen die entsprechende SAP-Dokumentation (*http://s-prs.de/v1081901*) zu konsultieren. Diese Dokumentation bietet umfassende und detaillierte Erklärungen, die für ein tieferes Verständnis notwendig sind.

4.5.5 SAP Build Work Zone, Advanced Edition

In diesem Abschnitt gehen wir auf die Unterschiede bezüglich Architektur, Einrichtung und Funktionsumfang zwischen der Advanced Edition und der Standard Edition von SAP Build Work Zone ein. Wie bereits beschrieben, ist SAP Build Work Zone, Advanced Edition, die Antwort von SAP zum Thema *Modern Workplace*.

Architektur

SAP Build Work Zone, Advanced Edition, ist die zentrale Plattform für Anwender*innen auf der SAP BTP, sie kombiniert die Anbindung von SAP-Lösungen und Drittanbieterlösungen. Dabei besteht SAP Build Work Zone, Advanced Edition, aus verschiedenen Komponenten:

- Workspaces
- Launchpad
- Mobile Services
- One Inbox Workflow
- SAP Business Application Studio
- Theme Designer

Das Launchpad und der Theme Designer wurden bereits ausführlich beschrieben. Die Mobile Services und das SAP Business Application Studio sind optionale Komponenten. Eine direkte Integration von SAP-Lösungen ermöglicht die Ausführung von Applikationen, z. B. SAP S/4HANA Cloud, direkt im Launchpad von SAP Build Work Zone, Advanced Edition. Weitere Details sehen Sie in Abbildung 4.78.

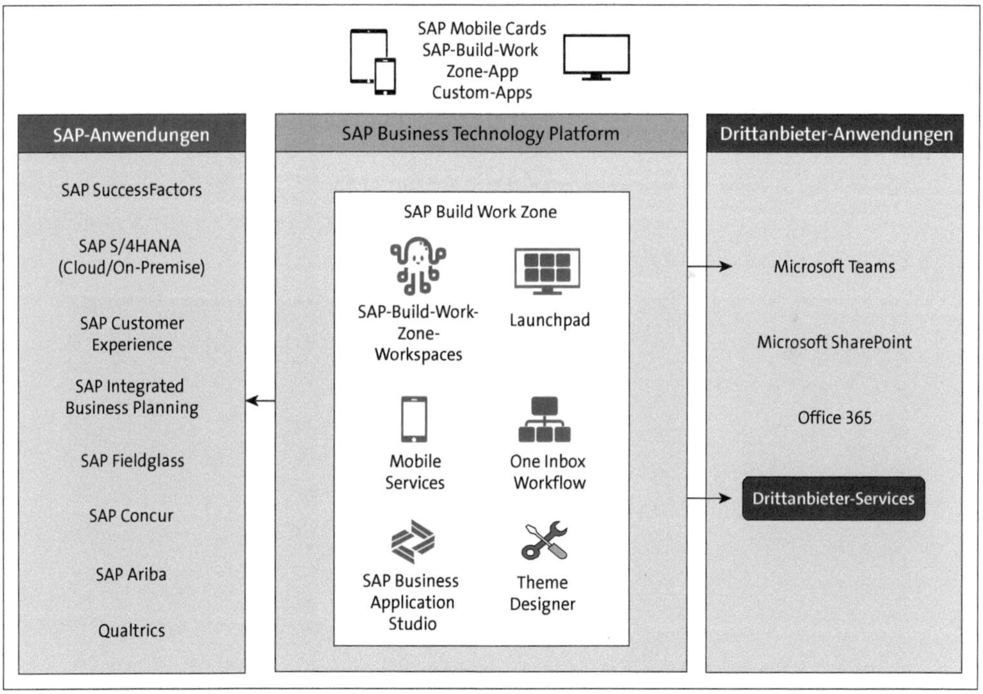

Abbildung 4.78 Architektur von SAP Build Work Zone, Advanced Edition

Standardmäßig kann SAP Build Work Zone, Advanced Edition, direkt mit Microsoft Teams oder Sharepoint verbunden werden. Durch die Möglichkeiten von OAuth2-Clients und Open Connectors können zusätzlich zahlreiche andere Drittanbieterservices integriert werden.

Einrichtung in der SAP BTP

Der einfachste Weg, SAP Build Work Zone, Advanced Edition, einzurichten, ist die Verwendung des Boosters *Get Started with SAP Build Work Zone, Advanced Edition* (siehe Abbildung 4.79).

Abbildung 4.79 Booster zur Einrichtung der SAP Build Work Zone, Advanced Edition

Der Booster prüft die Voraussetzung für den Global Account und stellt sicher, dass die erforderlichen Entitlements und Berechtigungen vorhanden sind. Anschließend leitet er Sie durch die technische Einrichtung. Sie können optionale Komponenten entfernen, den gewünschten Subaccount und die Organisation in der SAP BTP auswählen und bereits Benutzer hinzufügen. Abbildung 4.80 zeigt den Wizard (Schritt-für-Schritt-Assistent) beim Schritt **Configure Subaccount**, in dem Sie einstellen, welcher Service aktiviert werden soll, welcher Subaccount und welche Organisation im Subaccount genutzt werden.

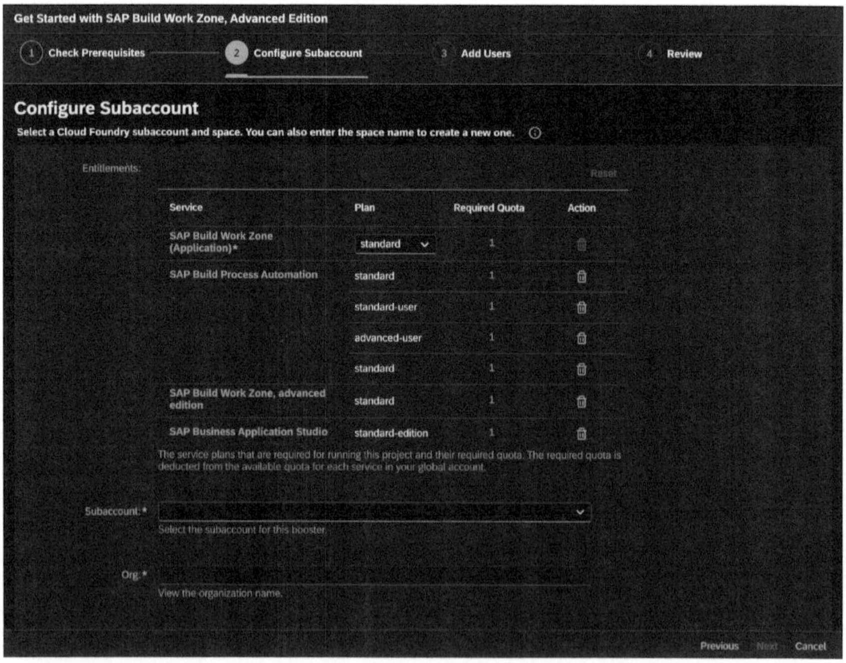

Abbildung 4.80 Wizard für die technische Einrichtung der SAP Build Work Zone, Advanced Edition

Nachdem der Booster durchlaufen wurde, wurden alle benötigten Entitlements aktiviert, auf der Registerkarte **Add Users** musste ein SAP Cloud Identity Service ausgewählt werden. Der erfolgreiche Abschluss des Boosters wird mit der Meldung in Abbildung 4.81 dargestellt.

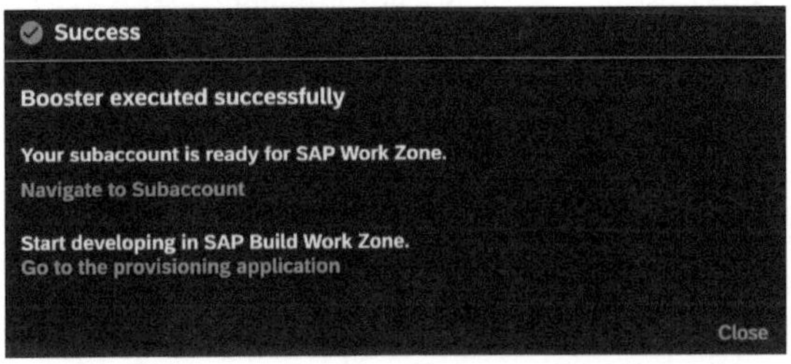

Abbildung 4.81 Meldung zur erfolgreichen Ausführung des Boosters

Besonders wichtig ist der Link **Go to the provisioning application**. Mit diesem Link öffnen Sie den Konfigurator für SAP Build Work Zone, Advanced Edition. Der *Konfigurator* leitet Sie Schritt für Schritt durch die Konfiguration von SAP Build Work Zone, Advanced Edition. Dabei werden folgende Schritte durchlaufen:

- Serviceinstanz anlegen (siehe Abbildung 4.82)
- Destination zu SAP SuccessFactors anlegen (optional)
- Umgebung einrichten
- Identity Authentication und Identity Provisioning konfigurieren
- Start

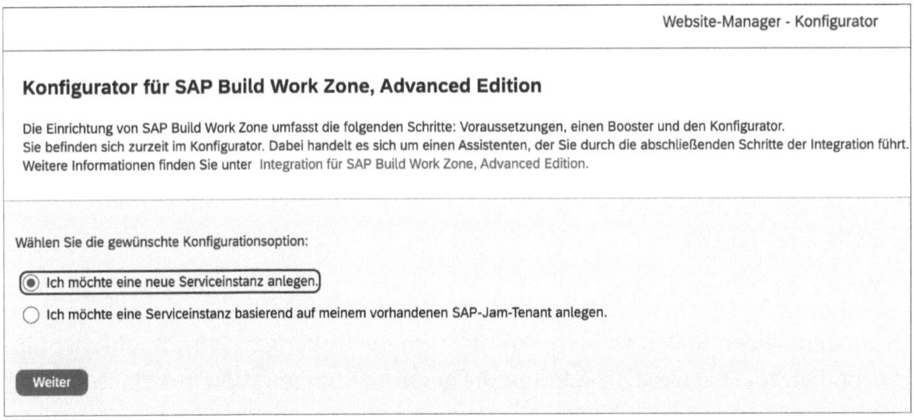

Abbildung 4.82 Konfigurator für SAP Build Work Zone, Advanced Edition

Der entscheidende Abschnitt im Konfigurator ist **Identity Authentication und Identity Provisioning konfigurieren**. Hier müssen Systembenutzer angelegt werden. SAP Build Work Zone, Advanced Edition, verfügt über ein eigenes Benutzermanagement.

Damit Sie die Benutzer nicht manuell anlegen müssen, werden sie aus dem Identity-Authentication-Modul der SAP Cloud Identity Services provisioniert. Diese Provisionierung führt das Modul Identity Provisioning der SAP Cloud Identity Services aus. Dazu müssen der Identity Authentication Service als Quellsystem und die Instanz von SAP Build Work Zone, Advanced Edition, als Zielsystem angelegt werden. Die Transformation ist dabei der entscheidende Punkt. Innerhalb der Transformation können Sie definieren, welche Benutzer oder Benutzergruppen Zugriff auf SAP Build Work Zone, Advanced Edition, bekommen. Wie in Abbildung 4.83 zu sehen ist, gibt es eine `condition`. Darüber lassen sich Bedingungen für die Transformation festlegen. In diesem Fall werden nur die Benutzer übertragen, die sich in einer Gruppe auf dem Identity Authentication Service mit dem Displaynamen IAS_Work_Zone_Users befinden.

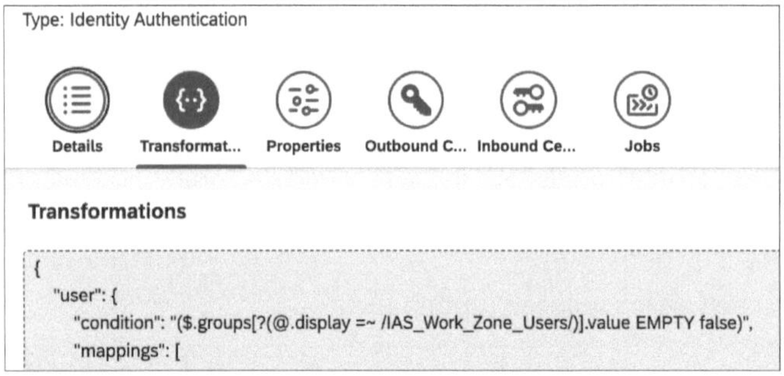

Abbildung 4.83 Transformation im Identity Provisioning Service

Grundsätzlich bringt SAP Build Work Zone, Advanced Edition, eine Vielzahl von Role Collections bereits mit:

- Workzone_Admin
- Workzone_Admin_Read_Only
- Workzone_Advanced_Theming
- Workzone_Area_Admin
- Workzone_End_User
- Workzone_External_User

Die ersten beiden Rollen werden benötigt, um die bisherigen Schritte durchzuführen, und ermöglichen es den Admins, die gesamte Konfiguration innerhalb der SAP Build Work Zone, Advanced Edition, vorzunehmen. Die Rolle Workzone_Advanced_Theming ist für die erweiterte Darstellung im Bereich Theming mit CSS-Möglichkeiten vorgesehen. Die Rolle des Workzone_Area_Admins erlaubt z. B. die Konfiguration des Home-Bereichs.

»Site«-Menü

Das Menü **Site** ist die primäre Navigation in SAP Build Work Zone, Advanced Edition. Über das Menü gelangen Sie zu allen Inhalten, die SAP Build Work Zone, Advanced Edition, zur Verfügung stellt. Über das Menü sind weitere Menüpunkte erreichbar:

- **Startseite** (engl. **Home**)
- **Mein Arbeitsbereich** (engl. **My Workspace**)
- **Anwendungen** (engl. **Applications**)
- **Arbeitsbereiche** (engl. **Workspaces**)
- **Tools**

Im **Menü-Editor** (siehe Abbildung 4.84) können Sie das **Site**-Menü an Ihre Bedürfnisse anpassen und erweitern. Es können etwa neue Verlinkungen oder Workspaces direkt ins Menü aufgenommen oder auch Zugriffskontrollen für die Tools definiert werden.

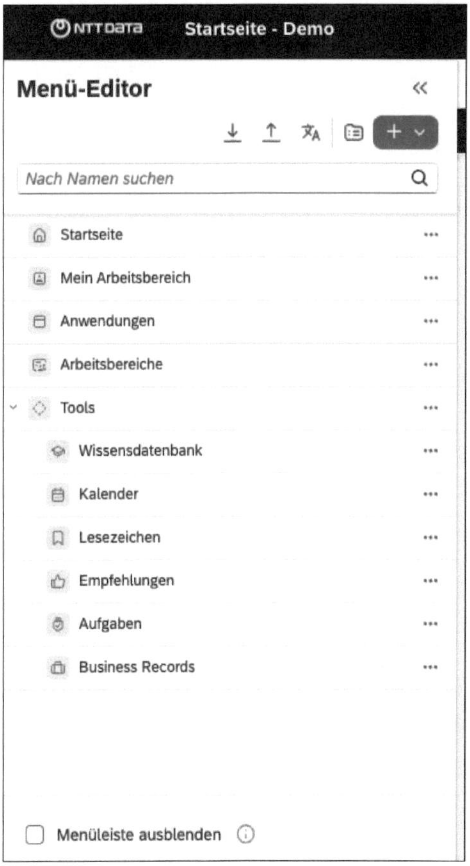

Abbildung 4.84 Site-Menü-Editor

Home

Der **Home**-Bereich (**Startseite**, siehe Abbildung 4.85) funktioniert wie ein soziales Netzwerk für Ihr Unternehmen. Er ermöglicht den direkten Zugriff auf relevante Informationen, die von Kolleg*innen erstellt wurden. Wie in einem öffentlichen sozialen Netzwerk kann man Personen folgen, Beiträge kommentieren und liken oder selbst Dinge posten. Die Administrator*innen können diese Seite konfigurieren und wichtige Inhalte (Applikationen, Kontakte etc.) direkt auf der Seite zur Verfügung stellen.

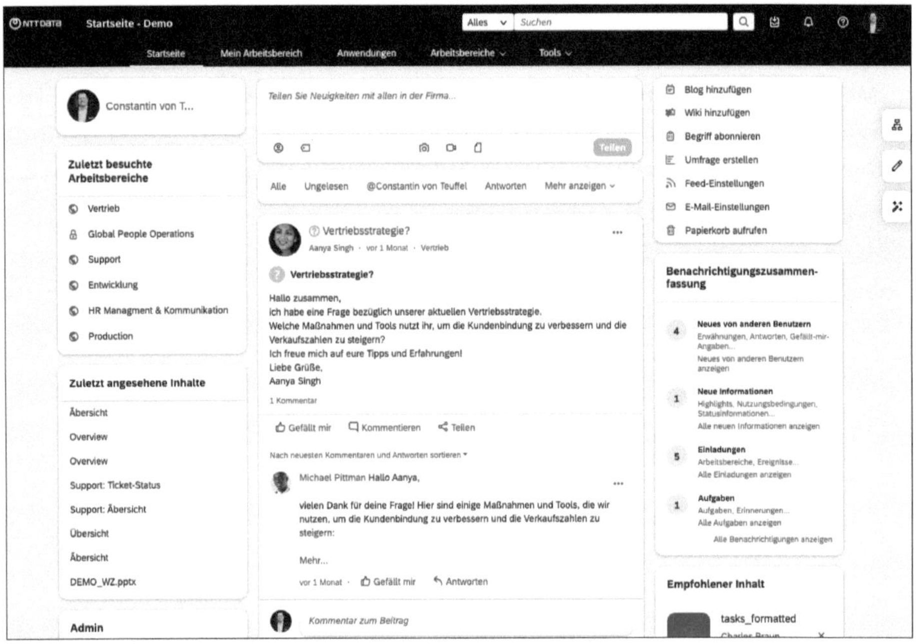

Abbildung 4.85 Der Bereich »Startseite«

Allgemein relevante Ankündigungen können über die Seite allen Anwender*innen zur Verfügung gestellt werden.

My Workspace

My Workspace ist der individuelle Arbeitsbereich jedes Mitarbeitenden. Hier können alle Mitarbeitenden ihren Bereich individuell anpassen. Es stehen viele Widgets zur Verfügung, mit denen der Bereich angereichert werden kann (siehe Abbildung 4.86).

Einige Widgets sind für die visuelle Darstellung notwendig, z. B. Bild-Widgets, während andere den Arbeitsfluss der Mitarbeitenden direkt unterstützen können. Durch Anwendungsgruppen können die am häufigsten genutzten SAP-Fiori-Anwendungen direkt in den personalisierten Arbeitsbereich integriert werden. Zusätzlich können SAP-Fiori-Cards entwickelt werden, um wichtige Daten direkt auf einen Blick zu erhalten. In Abbildung 4.87 sehen Sie den Bereich **Mein Arbeitsbereich**, der SAP-Fiori-Cards, einen Kalender, eine To-do-Liste und eine verknüpfte Datei zeigt.

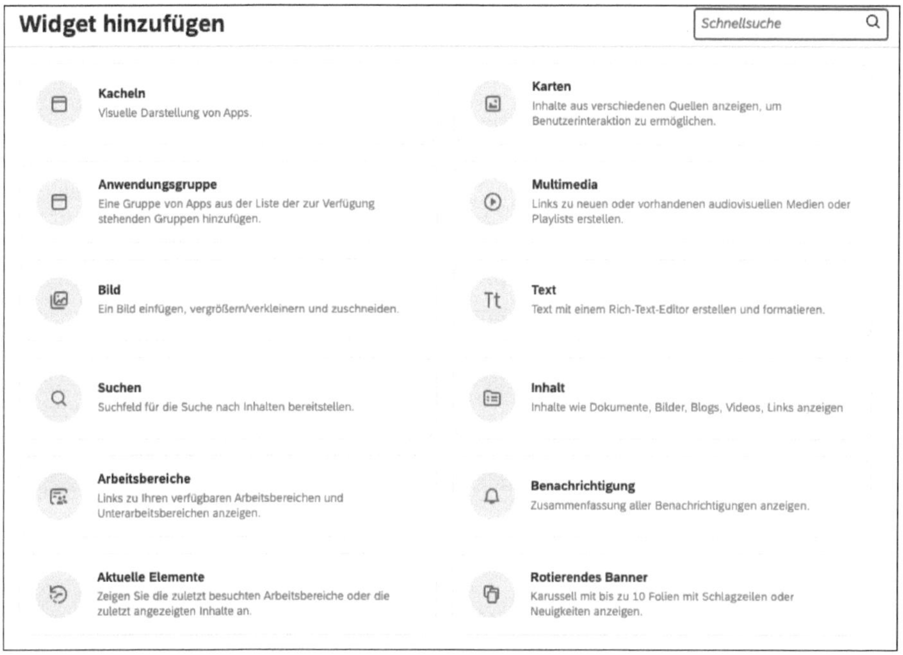

Abbildung 4.86 Widgets für den Bereich »My Workspace«

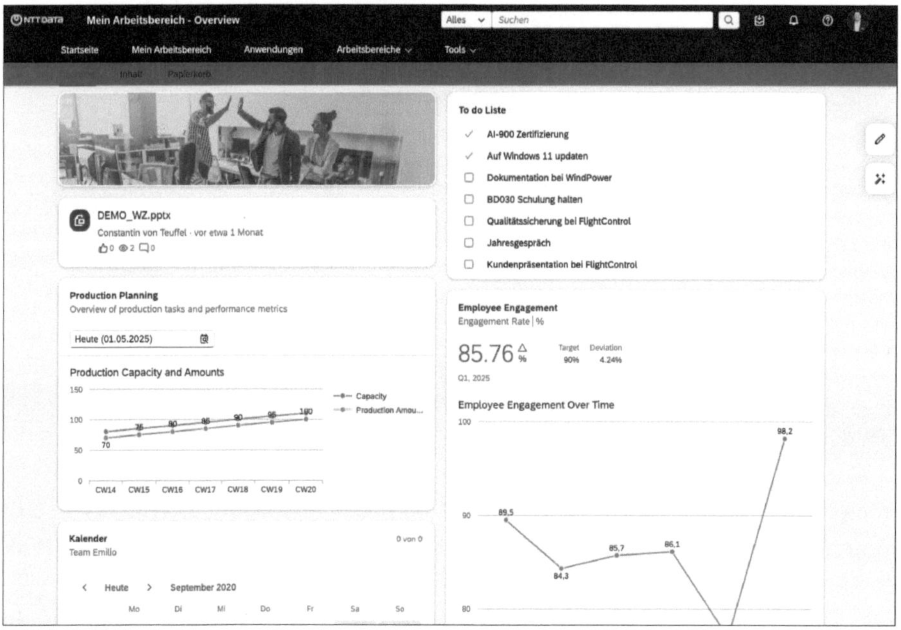

Abbildung 4.87 »My Workspace« mit verschiedenen Widgets

Die Einrichtung des Bereichs wird über Drag-and-Drop-Mechanismen realisiert. Mehr Informationen dazu finden Sie im weiteren Verlauf dieses Abschnitts im Zusammenhang mit den Workspaces.

Anwendungen

Der Bereich **Anwendungen** spiegelt das Launchpad der SAP Build Work Zone, Standard Edition, wider. Dieses wurde bereits in Abschnitt 4.5.4 ausführlich beschrieben.

Workspaces

Workspaces oder **Arbeitsbereiche** (siehe Abbildung 4.88) sind eine Kernkomponente von SAP Build Work Zone, Advanced Edition. Workspaces sind themenbezogene Arbeitsbereiche, die öffentlich sein und allen Anwender*innen zur Verfügung stehen können oder privat nur mit ausgewählten Anwender*innen geteilt werden.

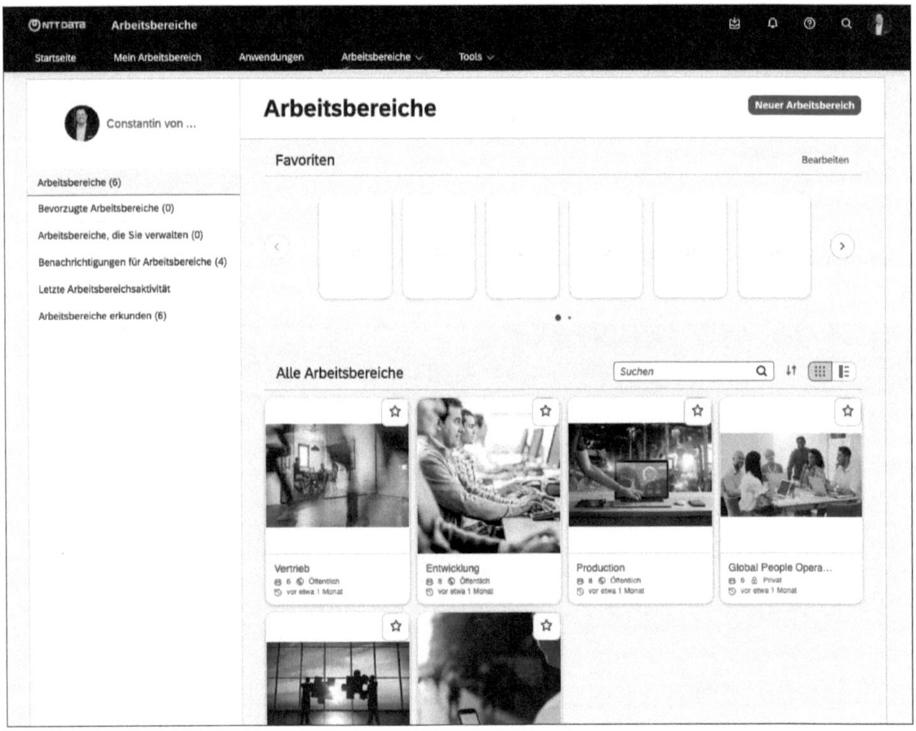

Abbildung 4.88 »Arbeitsbereiche«

Arbeitsbereiche können wie der Bereich **Mein Arbeitsbereich** über Widgets erstellt werden. Allerdings gibt es eine größere Auswahl an Widgets. Die ergänzenden Widgets dienen der Zusammenarbeit mit anderen Kolleg*innen. Arbeitsbereiche verfügen in der Regel über mehrere Unterbereiche. In Abbildung 4.88 sehen Sie ein Beispiel für einen Arbeitsbereich.

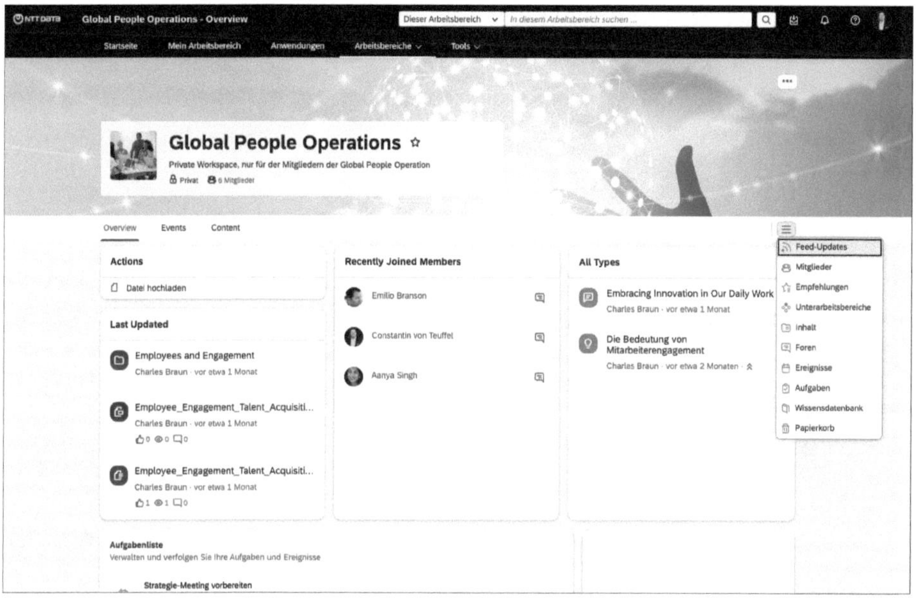

Abbildung 4.89 Beispiel für einen Arbeitsbereich

Über die Navigationsleiste erreichen Sie die verschiedenen Unterarbeitsbereiche. In diesem Beispiel sind dies **Events** und **Content**. Der Unterarbeitsbereich **Content** stellt, wie auch in **My Workspace**, eine Dateiablage dar (siehe Abbildung 4.90). Am Ende der Navigationsleiste befindet sich das Icon ☰ (**Arbeitsbereichsnavigator**). Wenn Sie daraufklicken, gelangen Sie zu weiteren Navigationspunkten.

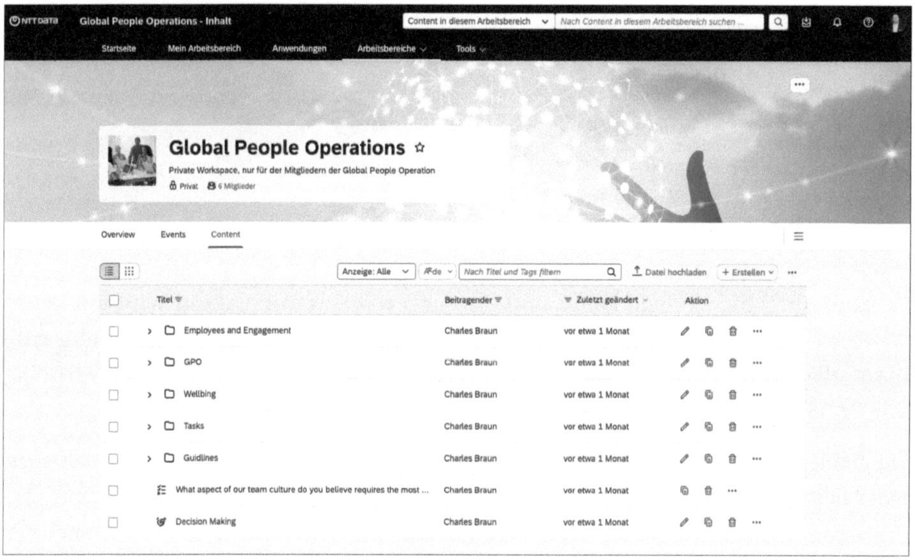

Abbildung 4.90 Content für den Arbeitsbereich

In der Dateiablage können Ordner und alle Dateien, die im Workspace genutzt werden, strukturiert und abgelegt werden.

Beim Erstellen eines neuen Arbeitsbereichs müssen Sie zwischen zwei Arbeitsbereichstypen wählen:

- öffentlicher Arbeitsbereich
- privater Arbeitsbereich

Ein Arbeitsbereich benötigt einen Namen und optional eine Beschreibung. Um die Erstellung eines neuen Arbeitsbereichs zu vereinfachen, liefert SAP Build Work Zone, Advanced Edition, Vorlagen aus (siehe Abbildung 4.91).

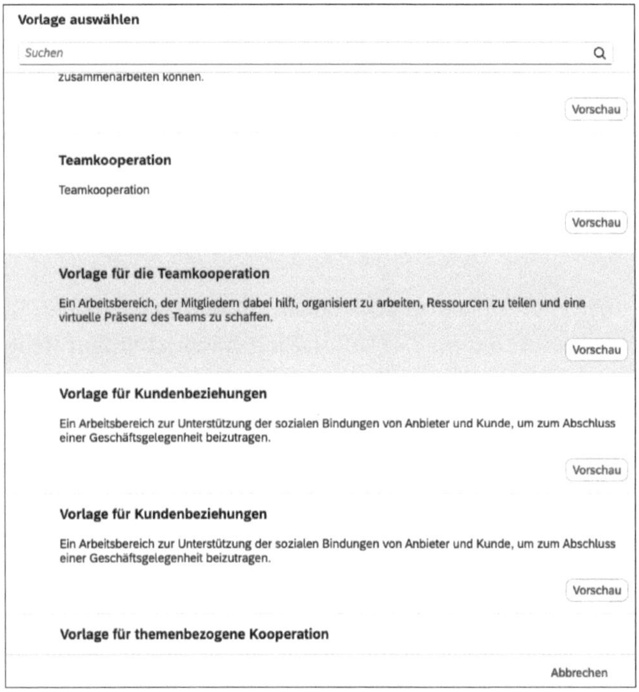

Abbildung 4.91 Workspace-Vorlagen

Es kann auch die Vorlage **keine Vorlage** ausgewählt werden, dann wird ein leerer Workspace angelegt, den man selbst einrichten kann. Im folgenden Beispiel wurde die Vorlage **Teamkooperation** ausgewählt. Die Vorlage beinhaltet bereits eine Reihe von Widgets (siehe Abbildung 4.92).

Die beiden Buttons auf der rechten Seite dienen zur Konfiguration des Workspaces. Über das Stift-Icon  gelangen Sie in den Editor-Modus, dort können Sie über das Plus-Icon im oberen oder unterem Bereich neue Bereiche hinzufügen. Es können bis zu acht Spalten nebeneinander angelegt werden, abhängig von der Bildschirmauflösung können Spalten auch untereinander angelegt werden (siehe Abbildung 4.93).

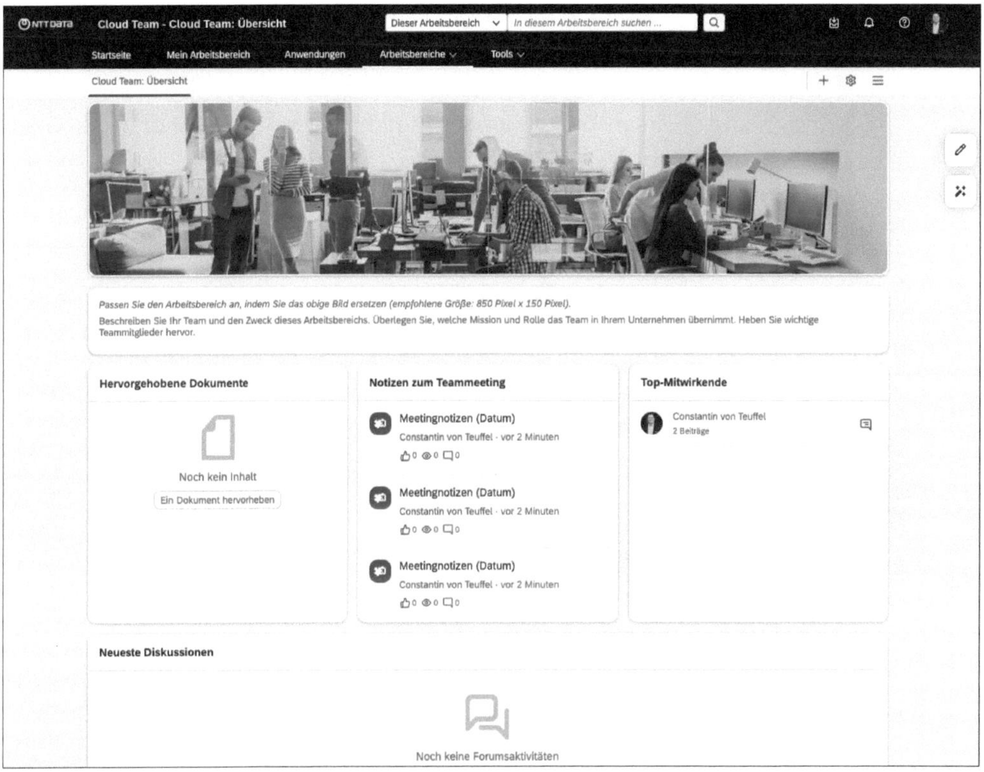

Abbildung 4.92 Workspace »Teamkooperation«

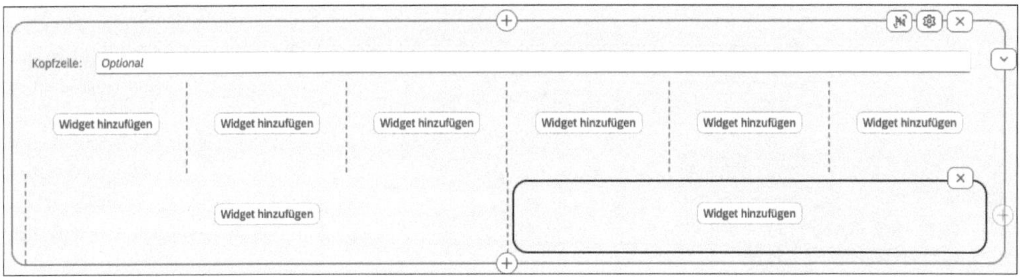

Abbildung 4.93 Spalten in einem Workspace

Über den Button **Widget hinzufügen** können Sie verschiedene Widgets in den Bereich einfügen. Wie bereits erwähnt, umfasst die Auswahl der Widgets deutlich mehr als im Bereich **My Workspace**. In **My Workspace** stehen aktuell zwölf unterschiedliche Widgets zur Verfügung, im Bereich der Workspaces sind es bereits 21, und kontinuierlich werden neue Widgets ergänzt.

SAP Build Work Zone, Advanced Edition, kann als Registerkarte in Microsoft Teams integriert werden. Dazu navigieren Sie in der Administrationskonsole in den Bereich

Externe Integration und wählen Microsoft Teams aus. Dort kann eine ZIP-Datei der SAP Build Work Zone, Advanced Edition, geladen und als App in Microsoft Teams hinzugefügt werden. Abbildung 4.94 zeigt die Auswahl von SAP Build Work Zone als neue Registerkarte in einem Team Channel. Innerhalb eine Teams Channels können über den Plus-Button neue Registerkarten hinzugefügt werden.

Abbildung 4.94 Registerkarte in Microsoft Teams

In Microsoft Teams besteht die Möglichkeit, die gesamte SAP Build Work Zone, Advanced Edition, hinzuzufügen oder nur ausgewählte Workspaces. Durch die Verwendung von Widgets und SAP-Fiori-Anwendungen können die Anwender*innen aus Microsoft Teams heraus direkt mit SAP interagieren und müssen dafür nicht zusätzliche Programme öffnen (siehe Abbildung 4.95).

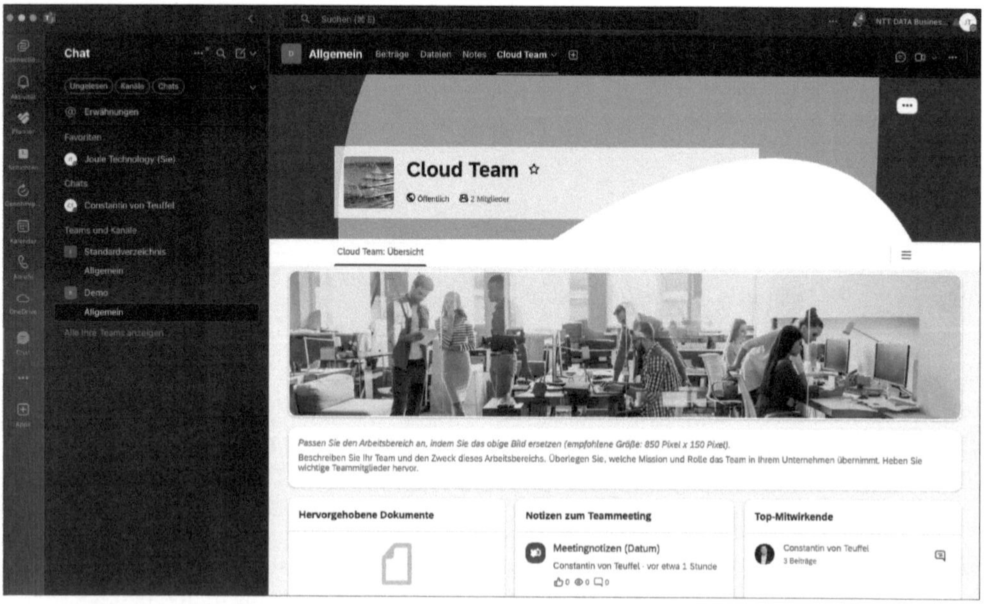

Abbildung 4.95 Workspace, integriert in Microsoft Teams

Der in Abbildung 4.95 gezeigte Workspace **Cloud Team** aus der Vorlage **Teamkooperation** kann nun direkt in Microsoft Teams genutzt werden. Damit ist SAP ein großer Schritt im Bereich Modern Workplace gelungen, der die Arbeit mit Microsoft- und SAP-Produkten kombiniert.

Tools

SAP Build Work Zone, Advanced Edition, bietet weitere Tools für die Anwender*innen:

- Wissensdatenbank
- Kalender
- Lesezeichen
- Empfehlungen
- Aufgaben

Die Wissensdatenbank ist eine Art Wikipedia, in der Know-how visuell gespeichert und wiedergegeben werden kann. Ein großer Vorteil ist, dass auch Fachbeiträge aus den Workspaces direkt integriert werden können. Wenn man Zugriff auf den Workspace hat, kann man über die Suche der Wissensdatenbank auf alle relevanten Inhalte zugreifen.

Integration

Die Integrationsmöglichkeiten von SAP Build Work Zone, Advanced Edition, teilen sich in zwei Bereiche:

- UI-Integration
- externe Integration

In der UI-Integration können Inhaltspakete manuell hinzugefügt oder vordefinierte Pakete von SAP geladen werden.

Die Inhaltspakete von SAP stammen aus unterschiedlichen Bereichen, wie z. B. SAP SuccessFactors, SAP PLM oder SAP Enterprise Service Management (siehe Abbildung 4.96). Selbst erstellte SAP-Fiori-Cards müssen im Content-Manager hinzugefügt und können dann im Bereich **Karten** aktiviert und bei Bedarf konfiguriert werden.

Im Bereich **Externe Integration** können Drittanbieterlösungen wie z. B. Microsoft Teams angebunden und SMTP-Serverkonfigurationen hinterlegt werden (siehe Abbildung 4.97). Der Bereich **Externe Lösungen** bietet die Möglichkeit der Anbindung verschiedener externer Lösungen. Als externe Lösungen werden alle nicht direkten Anbindungen in SAP Build Work Zone, Advanced Edition, definiert, darunter auch andere SAP-Lösungen.

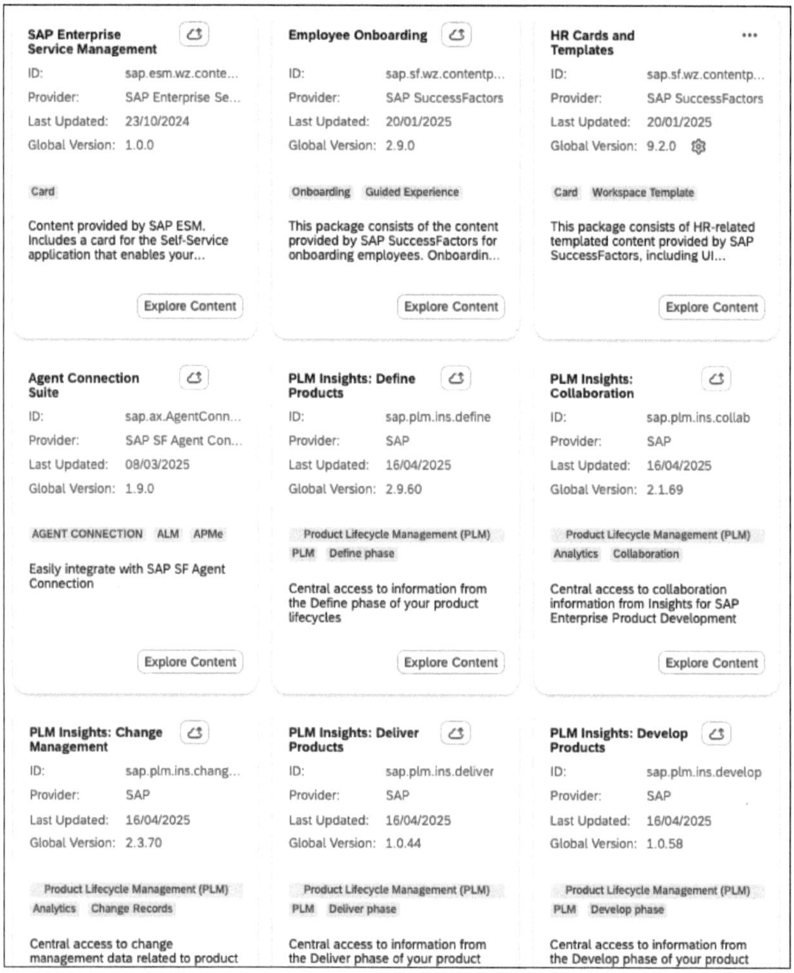

Abbildung 4.96 Inhaltspakete

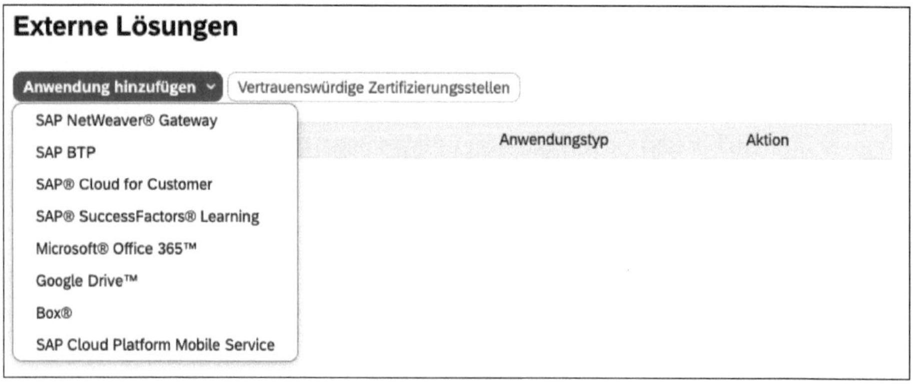

Abbildung 4.97 Externe Lösungen

4.6 SAP Build Code

Der letzte und neueste Baustein im SAP-Build-Portfolio ist *SAP Build Code*. SAP Build Code ist ein Entwicklungswerkzeug, mit dem Sie mit Unterstützung von Joule Cloud-Applikationen entwickeln können. So wie alle SAP-Build-Services erreichen Sie auch SAP Build Code über die Lobby. Nachdem Sie ein neues Projekt angelegt haben, müssen Sie die Kategorie des Projekts auswählen (siehe Abbildung 4.98).

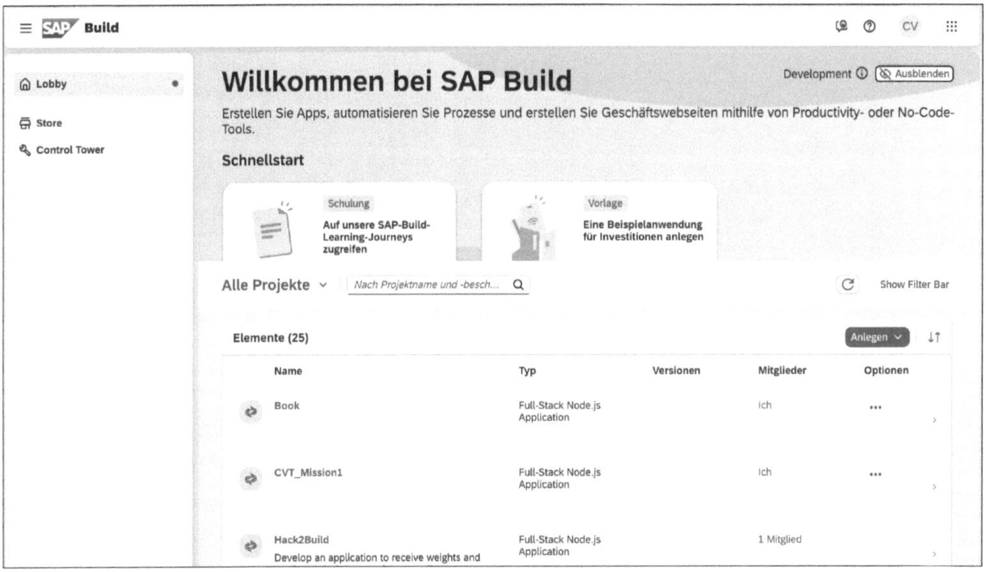

Abbildung 4.98 Kategorie auswählen

In der SAP-Build-Lobby können Sie auf drei verschiedene Arten Projekte für SAP Build Code anlegen:

- neues Projekt anlegen
- aus Git klonen
- aus Dev Space hinzufügen

Beim Anlegen eines neuen Projekts wird zunächst das Ziel abgefragt. Zur Auswahl stehen **Anwendung**, **Automatisierter Prozess** und **Unternehmenswebsite**. Der Bereich **Anwendungen**, der in diesem Kapitel besprochen wird, gliedert sich wiederum in unterschiedliche Kategorien: **Full-Stack**, **Frontend**, **Backend**, **Mobil**. Je nachdem, welcher Typ von Applikation entwickelt werden soll, wird nach der Auswahl der Kategorie der Typ ausgewählt. Wenn Sie z. B. die Kategorie **Full-Stack** wählen, können Sie danach zwischen den Typen **Full-Stack-Node.JS**, **Full-Stack-Java** und **Full-Stack-ABAP** wählen (siehe Abbildung 4.99).

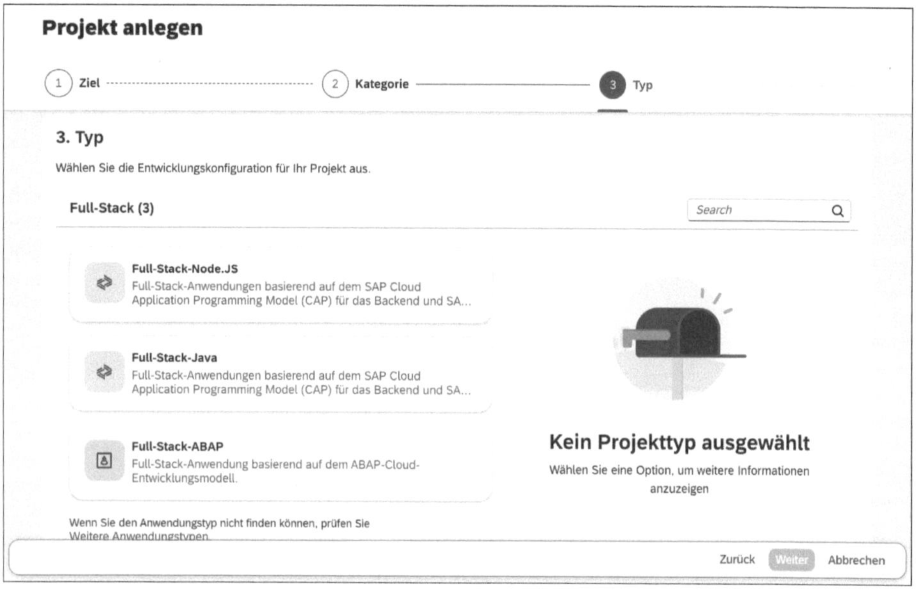

Abbildung 4.99 Full-Stack-Entwicklung anlegen

Nachdem Sie einen Typ ausgewählt haben, wird entsprechend ein neues Projekt angelegt, und die passende Entwicklungsumgebung öffnet sich. In diesem Abschnitt beziehen wir uns auf die Cloud-Entwicklung mit SAP Build Code, daher können die Programmiersprachen Node.JS und Java genutzt werden. Nachdem Sie sich für eine Programmiersprache entschieden haben, müssen Sie Ihrem Projekt noch einen Namen und eine Beschreibung geben und es einem Dev Space zuordnen. Dabei können Sie einen vorhandenen Dev Space auswählen oder einen neuen anlegen. Das neue Projekt wird Ihnen nun in der Lobby angezeigt. Wenn Sie das Projekt anklicken, öffnet sich automatisch die passende Entwicklungsumgebung. Bei SAP Build Code werden neu angelegte Projekte im *Storyboard* geöffnet. Das Storyboard bietet eine einfache Übersicht über das Projekt. Es ist in vier Bereiche unterteilt (siehe Abbildung 4.100):

- **External Resources**
- **Data Models**
- **Services**
- **UI Applications**

Innerhalb der Bereiche können Sie durch einen Klick auf die Plus-Icons neue Komponenten hinzufügen. Dies ähnelt dem Vorgehen im SAP Business Application Studio. Ein wesentlicher Unterschied ist jedoch die Integration von Joule, der Sie bei der Entwicklung von Applikationen unterstützt. Der Joule-Chat kann über das Edelstein-Symbol auf der linken Seite aktiviert werden. Im Chat-Fenster von Joule werden Beispiele für Prompts angegeben. Anders als bei gewöhnlichen Large Language Models (LLMs) verwendet man Joule in SAP Build Code mit einer Kombination aus vordefinierten Befehlen und freien Prompts. Dies ermöglicht Joule, die gesendeten Prompts in direkten Bezug zueinander zu setzen.

Abbildung 4.100 Storyboard

4.6.1 Befehle in Joule mit SAP Build Code

Es gibt verschiedene Befehle, die Sie in Joule nutzen können, um die Entwicklung zu vereinfachen. Hier finden Sie eine Auswahl:

- **/add-ui:** Erstellt Benutzeroberflächen für SAP Fiori und mobile Apps basierend auf dem Storyboard.
- **/cap-app-logic**: Hilft beim Erstellen oder Verfeinern von CAP-Anwendungslogikcode; Voraussetzungen: Datenschemadatei, Datenservicedatei, Anwendungslogikdatei, externe Servicedatei.
- **/cap-edit-data**: Ermöglicht das Erweitern von CAP-Beispieldaten, Achtung: Zu viele Beispieldaten können das AI-Kontingent überschreiten und die Leistung beeinträchtigen. Voraussetzungen: temporärer Ordner für generierte Datenmodelle oder Beispieldaten, Projekt-Stammordner, Datenschemadatei, Beispieldatendatei.
- **/cap-edit-model**: Hilft beim Verfeinern des CAP-Datenmodells, Voraussetzungen: Datenschemadatei, Datenservicedatei, externe Servicedatei.
- **/cap-gen-app:** Erstellt eine CAP-App basierend auf Datenmodell, Beispieldaten und benutzerdefinierter Logik. Komplexe Anforderungen können schrittweise umgesetzt werden.

- **/cap-gen-data**: Erstellt standardmäßig fünf Zeilen CAP-Beispieldaten. Achtung: Zu viele Daten können das AI-Kontingent überschreiten, Voraussetzungen: Datenschemadatei, temporärer Ordner, Projekt-Stammordner.
- **/cap-gen-model**: Erstellt ein CAP-Datenmodell und den zugehörigen Service, unterstützt Entitäten, Felder, Beziehungen und verwendet Heuristiken wie UUID-Schlüssel. Voraussetzungen: temporärer Ordner, Projekt-Stammordner, Prompt an LLM.
- **/cap-unit-test**: Erstellt umfassende CAP-Unit-Tests für die Anwendungslogik. Voraussetzungen: Datenschemadatei, Datenservicedatei, Anwendungslogikdatei, Unit-Test-Datei, externe Servicedatei.
- **/code-search**: Joule hilft beim Suchen von Code-Snippets im Projekt.
- **/fiori-gen-cap-ui**: Erstellt eine SAP-Fiori-Elements-App direkt aus dem Storyboard, Voraussetzungen: hochgeladener Anhang.
- **/mdk-gen-action**: Erstellt Metadatendefinitionen für Aktionen. Voraussetzungen: Application.app, .service, Servicedatendefinition (**.xml**), Beispiel für Aktionsmetadaten.
- **/mdk-gen-i18n**: Erstellt i18n-Dateien in mehreren Sprachen mit Schlüssel-Wert-Paaren. Voraussetzungen: Pfad und Inhalt der Basis-i18n.properties-Datei.
- **/mdk-gen-page**: Erstellt Metadatendefinitionen für Seiten. Voraussetzungen: Application.app, .service, Servicedatendefinition (**.xml**), Beispiel für Seitenmetadaten.
- **/mdk-gen-project**: Erstellt Metadaten für ein MDK-Projekt. Voraussetzung: MDK-Projekte.
- **/sap-help**: Durchsucht die Dokumentation auf *https://help.sap.com*.
- **/ui5**: Unterstützt bei der Entwicklung von SAPUI5-Anwendungen (JavaScript/TypeScript). Erkennt automatisch relevante Dateien und Kontexte.
- **/ui5-create-page**: Erstellt einen neuen XML View mit Controller und Routing-Konfigurationen für UI5-Projekte.
- **/ui5-typescript**: Konvertiert SAPUI5-Projekte oder einzelne Dateien in TypeScript. Unterstützt Projekt-Setup, Dateikonvertierung und zeigt Änderungen im Diff-View an.

Da es eine Vielzahl von Befehlen gibt, ermöglicht Joule auch die Autovervollständigung und das Durchsuchen der Befehle mit dem Schrägstrich / (siehe Abbildung 4.101).

Abbildung 4.101 Autovervollständigung beim Prompten

Zusätzlich zum Befehl und Prompt können Sie Joule noch weiteren Kontext zur Verfügung stellen (siehe Abbildung 4.102). Dadurch kann Joule bessere Ergebnisse liefern oder direkt mit bestimmten Dateien interagieren. Je mehr Kontext Joule erhält, desto besser kann er die Bedeutung von Anfragen über Prompts erfassen und Zusammenhänge analysieren. Wenn Sie nur bestimmte Änderungen oder Erweiterungen für bestimmte Dateien, z. B. Dokumentation oder Unit-Tests, durchführen wollen, empfiehlt es sich, hier die gewünschte Datei als Kontext zu liefern. Um die Dateien als Kontext zu liefern, nutzen Sie das Rautezeichen #. Eine richtige Eingabe wäre z. B.:

```
/cap-unit-test #srv/code/on-customer/calculate-discount.js Create Unit Tests
```

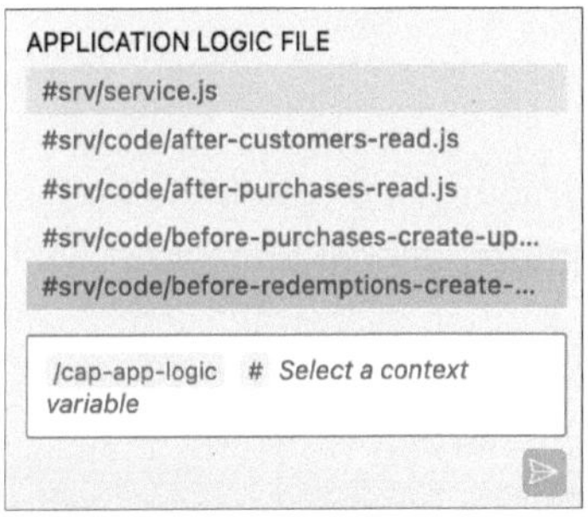

Abbildung 4.102 Anwendung des Prompts auf einen bestimmten Kontext

4.6.2 Beispiel für Joule in der Entwicklung einer CAP-Anwendung

Abbildung 4.103 zeigt den Befehl **/cap-gen-app** zur Generierung von CAP-Anwendungen. Direkt hinter dem Befehl erscheint der Prompt: »Create a customer loyalty application with sample data and application logic.« Joule verarbeitet die Eingabe des

Befehls und des Prompts und liefert eine eigene Interpretation davon. Diese Interpretation von Joule können Sie dann annehmen oder über den **Edit**-Button anpassen.

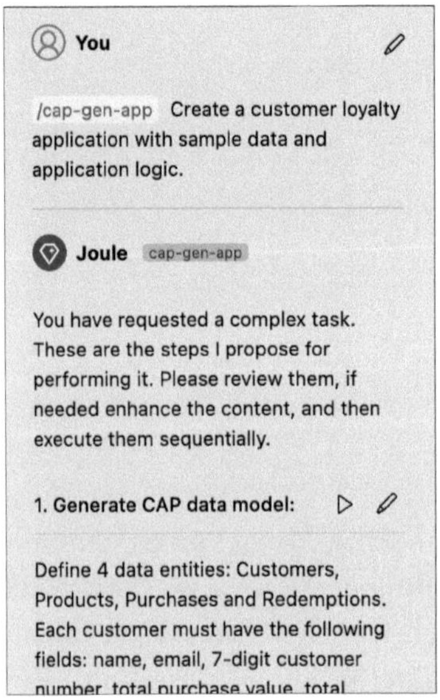

Abbildung 4.103 Prompts editieren

Je nachdem, was im Prompt übermittelt wird, gibt Joule Ihnen eine Auflistung des zu erstellenden Inhalts zurück. Der hier verwendete Prompt ergibt eine Auflistung mit drei Punkten:

1. Generate CAP data model
2. Generate CAP sample data
3. Generate CAP application logic

Jeder dieser Punkte kann über den **Edit**-Button bearbeitet und erweitert werden. Nach der Bearbeitung wird der entsprechende Listenpunkt mit der Run-Taste (siehe Abbildung 4.104) ausgeführt. Alle erstellten Dateien können ausgewählt und angezeigt sowie von Entwickler*innen geprüft werden. Anhand des Ergebnisses kann der Prompt erweitert, angepasst und durch einen Klick auf die **Run**-Taste erneut ausgeführt werden (siehe Abbildung 4.104). Sobald die erstellten Dateien das gewünschte Ergebnis anzeigen, muss dies mit dem Button **Accept** akzeptiert werden. Anschließend werden alle Dateien angelegt.

Das angelegte Projekt wird automatisch ins Storyboard übertragen. Wie Sie in Abbildung 4.105 sehen, wird das Datenmodell jeweils mit dem dazugehörigen Service verknüpft. Falls externe Services bzw. Datenquellen dem Projekt hinzugefügt werden, werden diese dem Bereich **External Resources** zugeordnet und dort angezeigt.

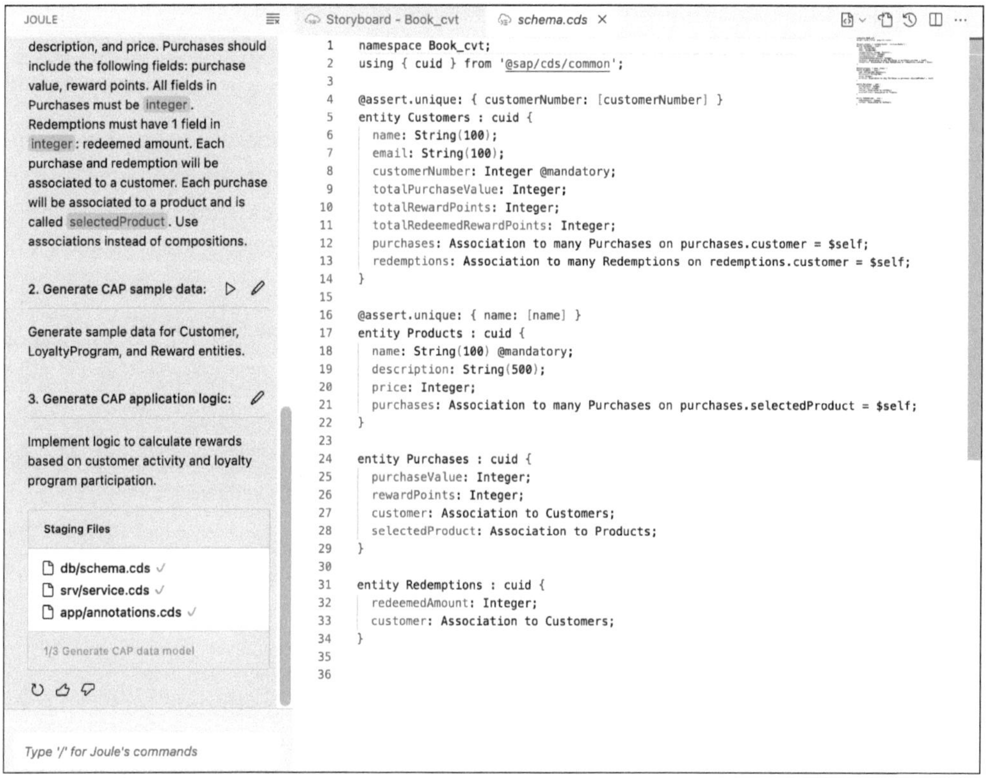

Abbildung 4.104 Projekt mit Joule bearbeiten und anpassen

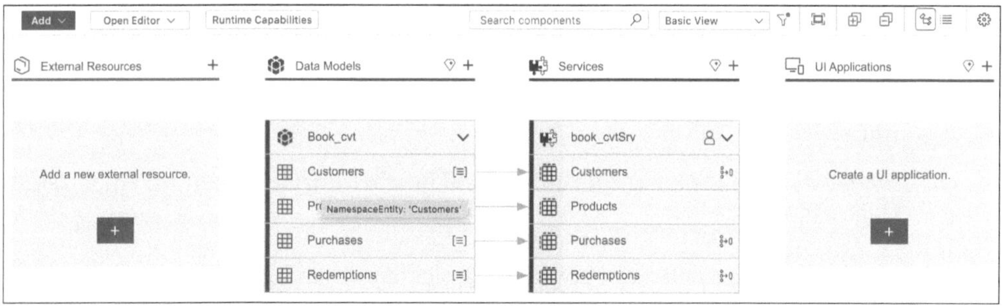

Abbildung 4.105 Angelegtes Projekt im Storyboard

Im hier verwendeten Beispiel fehlt noch die Benutzeroberfläche der Anwendung. Um eine Benutzeroberfläche anzulegen, klicken Sie im Bereich **UI Applications** auf das Plus-Icon. SAP Build Code öffnet nun einen Wizard, der Sie durch die Erstellung der Benutzeroberfläche führt. Nachdem Sie einen Anzeigenamen, einen Applikationsnamen und eine Beschreibung ausgewählt haben, müssen Sie noch den Typ der Applikation und das dazugehörige Template auswählen. Hier haben Sie verschiedene Optionen zur Auswahl:

- **Template-Based, Responsive Application**

  Erstellen Sie eine browserbasierte Anwendung mit standardisierten, aber erweiterbaren Floorplans, die sowohl auf dem Desktop als auch auf mobilen Geräten läuft. Sie basiert auf vorhandenen Datenstrukturen und Metadaten und wendet automatisch das aktuelle SAP-Fiori-Design an.
- **List Report Page**

  Erstellt eine SAP-Fiori-Elements-Anwendung mit einem List Report und einer Object Page.
- **Form Entry Object Page**

  Erstellt eine SAP-Fiori-Elements-Anwendung mit einer Object Page, die für die Dateneingabe optimiert ist.
- **Custom Page**

  Erstellt eine SAP-Fiori-Elements-Anwendung mit einer benutzerdefinierten Seite auf Basis des flexiblen Programmiermodells.
- **Mobile-Centric, Freestyle Application**

  Erstellt eine Anwendung, die nativ auf mobilen Geräten (Android und iOS) läuft und gerätespezifische Funktionen wie biometrische Authentifizierung und Barcode-Scanning unterstützt. Sie ist außerdem auch in Desktop-Browsern lauffähig.
- **Basic**

  Erstellt eine Anwendung mit grundlegenden Layouts.
- **List Detail**

  Erstellt eine Anwendung zur Anzeige der Daten auf einer Listen- und Detailseite.
- **CRUD**

  Erstellt eine Anwendung zur Anzeige und Bearbeitung der Daten auf einer Listen- und Detailseite.

Nach Auswahl des Applikationstyps und des entsprechenden Templates müssen die Datenobjekte definiert werden, die in der Anwendung angezeigt werden sollen. In Abbildung 4.106 sehen Sie jeweils eine Benutzeroberfläche für Customers, Purchases und Redemption.

Die Page Map stellt die Navigation der Applikation mit den unterschiedlichen Benutzeroberflächen dar. Jede Benutzeroberfläche kann mit zusätzlichen Controller Extensions, Actions und UI-spezifischen Elementen erweitert werden.

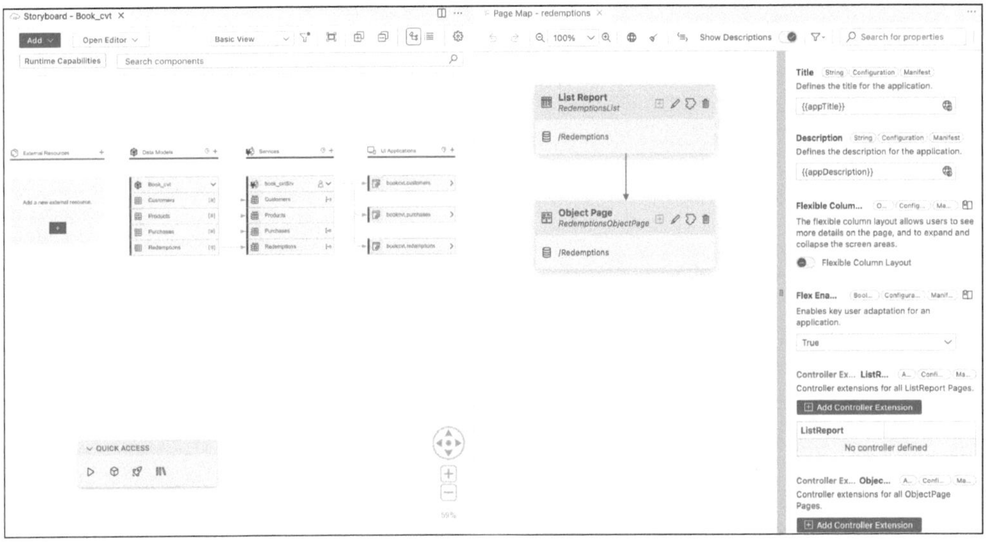

Abbildung 4.106 Page Map

Durch einen Klick auf den Button **Run und Debug** können Sie die erstellte Applikation ausführen und gelangen in eine Projektvorschau (siehe Abbildung 4.107), die in zwei Bereiche unterteilt ist:

- Web Applications
- Services

Im Bereich **Web Applications** sind die erstellten Applikationen zu sehen. Diese können durch einen Klick auf die SAP-Fiori-Kachel geöffnet werden. Der Bereich **Services** listet alle erstellten Entitäten auf. Hier gibt es zwei Möglichkeiten, um sich diese anzeigen zu lassen:

- View as Table: Ein einfacher Listreport für die Anzeige der Daten der Entität wird geöffnet.
- View as Code: Die Daten werden im JSON-Format angezeigt.

Oberhalb der Entitäten werden zwei Links angeboten, um weitere Informationen über den Gesamtservice zu erhalten.

- **service details**

  Der gesamte Service wird mit den Namen der Entitäten und den URLs im JSON-Format angezeigt.

- **metadata**

  Die vollständigen Metadaten des Services werden im XML-Format gemäß den OData-Spezifikationen dargestellt.

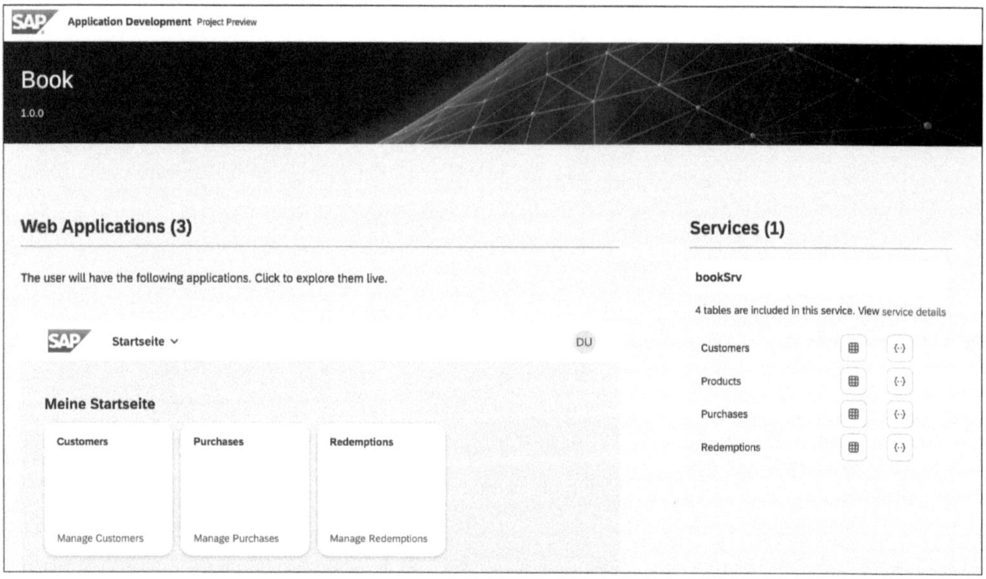

Abbildung 4.107 Vorschau des Projekts

4.7 Application Lifecycle Management

Wichtige Punkte im *Application Lifecycle Management* sind das Transportwesen und einheitliche Governance. Durch die immer weiter wachsende Bedeutung von SAP Build als No-Code- und Low-Code-Umgebung wächst die Herausforderung, Inhalte nachvollziehbar und effizient über verschiedene Subaccounts in der Systemlandschaft transportieren zu können. SAP Cloud Transport Management (siehe auch Kapitel 7, »DevOps und Sicherheit«) ermöglicht die zentrale Steuerung und Nachverfolgung von Transporten innerhalb der SAP BTP. Es unterstützte Pro-Code-Entwicklungen wie z. B. CAP und ABAP RESTful Application Programming Model und auch moderne Entwicklungen mit SAP Build.

Komponenten aus SAP Build Apps (UI, Datenmodelle und Logik) lassen sich transportieren, indem das Projekt exportiert und in einem Transportpaket an *SAP Cloud Transport Management* übergeben wird. Anders verhält es sich bei SAP Build Process Automation. Diese Lösung verfügt über eine spezielle Funktion namens *Promoting Projects*. Sie erlaubt es, Automatisierungen inklusive ihrer Komponenten (Workflows, Entscheidungen und Bots) zu transportieren. Ein zentrales Deployment Interface kann direkt mit SAP Cloud Transport Management verbunden werden und den Transport und die Nachvollziehbarkeit sicherstellen. SAP Build und SAP Cloud Transport Management können auch in bestehende DevOps-Strategien integriert werden und, mithilfe von Continuous Integration/Continuous Delivery Pipelines (CI/CD

Pipelines, siehe Kapitel 7, »DevOps und Sicherheit«) können Transporte automatisiert angestoßen werden.

Neben dem Transportmanagement und CI/CD ist auch die Governance ein zentrales Thema im Application Lifecycle Management. Die Nutzung von SAP Build als No-Code-/Low-Code-Plattform bietet Anwender*innen viele Möglichkeiten. Um Wildwuchs zu vermeiden, ist der Einsatz eines durchdachten Governance-Modells entscheidend. Ein Governance-Modell besteht aus drei Säulen:

- Menschen
- Prozess
- Tools

Damit SAP-Build-Entwicklungen erfolgreich gesteuert werden können, müssen die beteiligten Personen und ihre Verantwortlichkeiten klar definiert sein. Dies betrifft Citizen Developer, IT-Mitarbeitende und Administrator*innen der Plattform. Gleichzeitig sind standardisierte Freigabeprozesse und ein durchgängiges Lifecycle Management erforderlich. Zur technischen Umsetzung von Governance-Modellen stellt SAP etwa SAP Cloud Transport Management bereit.

Die Einführung von Citizen Development erfordert klare Leitlinien für die beteiligten Mitarbeitenden. Schulungen und Enablement-Maßnahmen sind zwingend erforderlich und ermöglichen die Arbeit innerhalb von klaren Grenzen. Zusätzlich muss die IT-Abteilung Richtlinien für Prüfungen und Freigaben erstellen. Diese müssen ausgeführt werden, bevor Inhalte produktiv eingesetzt werden können. In diesem Kontext ist kontinuierliches Monitoring hinsichtlich der Performance und Einhaltung der Richtlinien besonders wichtig.

4.8 Zusammenfassung

SAP Build vereint vier zentrale Services auf der SAP BTP:

- SAP Build Apps
- SAP Build Process Automation
- SAP Build Work Zone
- SAP Build Code

Gemeinsam ermöglichen sie eine flexible, effiziente und zielgerichtete Entwicklung von Anwendungen und Prozessen – unabhängig davon, ob ohne Code, mit wenig Code oder klassisch programmiert wird. SAP Build Apps richtet sich an Personen, die ohne umfassende Programmierkenntnisse Anwendungen erstellen möchten. Dank der intuitiven Drag-and-Drop-Oberfläche, einer Vielzahl an Komponenten und der Möglichkeit, Datenquellen und Logik visuell zu integrieren, lassen sich Web- und mobile Anwendungen schnell umsetzen. Auch komplexere Anforderungen können durch eigene Komponenten und die Anbindung an SAP- oder Drittanbietersysteme abgebildet werden. SAP Build Process Automation bietet eine Plattform zur Modellierung, Automatisierung und Überwachung von Geschäftsprozessen. Mithilfe von Tools wie dem Process Builder, dem Forms Builder und dem Decision Builder lassen sich Prozesse visuell gestalten und durch Bots oder Regeln automatisieren. Bestehende Workflows können wiederverwendet und externe Systeme über Aktionen eingebunden werden. Die zentrale Verwaltung erfolgt über den Control Tower, während die App **My Inbox** und das Monitoring für Transparenz im laufenden Betrieb sorgen. SAP Build Work Zone fungiert als zentraler Einstiegspunkt in die SAP-Welt. Die Standard Edition bildet das klassische SAP Fiori Launchpad ab, während die Advanced Edition zusätzliche Funktionen wie soziale Netzwerke, Wissensdatenbanken und kollaborative Arbeitsbereiche bietet. Besonders hervorzuheben ist die Integration mit Microsoft Teams, wodurch die Work Zone zu einem modernen digitalen Arbeitsplatz wird. Die Gestaltungsmöglichkeiten reichen von individuellen Themes bis hin zu rollenbasierten Navigationsstrukturen. SAP Build Code richtet sich an professionelle Entwicklungsteams und bietet eine moderne Entwicklungsumgebung mit Unterstützung für Node.js und Java. Mit Joule lassen sich Datenmodelle, Services, UI-Komponenten und Tests effizient erstellen. Projekte werden im sogenannten *Storyboard* strukturiert und können direkt auf der SAP BTP bereitgestellt werden. Ein besonderer Vorteil der SAP Build Suite liegt in der nahtlosen Integration aller Komponenten. Die Kombination aus No-Code, Low-Code und Pro-Code ermöglicht es, je nach Projektanforderung flexibel zu agieren. Mit SAP Cloud Transport Management lassen sich Inhalte systemübergreifend transportieren und versionieren. Ergänzt wird dies durch ein Governance-Modell, das klare Rollen, Prozesse und Werkzeuge definiert.

Kapitel 5

Events und APIs

In diesem Kapitel lernen Sie die Grundlagen von Events und APIs kennen. Wir zeigen Ihnen die praktische Nutzung von Events zur Verbindung verschiedener Systeme und zum Aufbau einer ereignisgesteuerten Architektur. Zudem erläutern wir den Einsatz von API Management der SAP Integration Suite zur sicheren, einheitlichen Verwaltung von SAP- und Drittanbieter-APIs.

Das Thema Events und APIs spielt eine wichtige Rolle in der Cloud-Entwicklung, da verschiedene Systeme miteinander verbunden werden. Zum Beispiel kann durch das Anlegen einer Bestellung in einem Webshop ein Event ausgelöst werden, um in anderen Systemen Folgeprozesse wie den Versand von E-Mails oder die Einbindung von Freigabeprozessen anzustoßen. Dadurch erfolgt eine Entkopplung der Aufgaben, da spezialisierte Systeme bestimmte Aufgaben übernehmen. Für die Versorgung von Anwendungen mit erforderlichen Daten, die nicht direkt über das Event bereitgestellt werden, ist der Einsatz von APIs verschiedener Systeme notwendig. Über die API können darüber hinaus ergänzende Funktionen, wie etwa das Erstellen von Rechnungen, aufgerufen werden.

In Abschnitt 5.1, »Was versteht man unter Events?«, werden das Prinzip von Events und die ereignisgesteuerte Architektur in der Softwareentwicklung erläutert. Außerdem wird die Funktion von Queues und Topics innerhalb dieser Architektur erklärt. Anschließend folgt in Abschnitt 5.2, »SAP Event Mesh auf der SAP BTP«, die Umsetzung mit dem Service SAP Event Mesh auf der SAP BTP. Dabei werden Konfigurationsmöglichkeiten, Installation und Rollen behandelt. Nach der grundsätzlichen Einführung wird die Nutzung von Events im ABAP RESTful Application Programming Model sowie im SAP Cloud Application Programming Model näher betrachtet (siehe Abschnitt 5.3, »Systeme an SAP Event Mesh anbinden«). In diesem Kontext werden sowohl die Anbindung an SAP Event Mesh als auch das Senden und Empfangen von Nachrichten erläutert. Zusätzlich wird aufgezeigt, wie eigene Events definiert und verwendet werden können. Neben eigenen Events und APIs stehen von SAP bereitgestellte Standard-APIs und -Events zur Verfügung. Für die Suche und Nutzung dieser APIs und Events stellt SAP den SAP Business Accelerator Hub zur Verfügung (siehe Abschnitt 5.4.1). Darüber hinaus wird beschrieben, wie APIs aus unterschiedlichen Quellen zentral verwaltet und für Anwendungen unter Verwendung des API Managements in der SAP BTP nutzbar gemacht werden können (siehe Abschnitt 5.4.2, »Integration von Drittanbieter-APIs«).

5.1 Was versteht man unter Events?

Ein *Event* (dt. Ereignis) beschreibt allgemein eine Veränderung, die eine Information über eine Aktion oder eine Zustandsänderung liefert. Ein Beispiel dafür ist im SAP-Kontext die Anlage oder Änderung eines Kundenauftrags. Die *ereignisgesteuerte Architektur* (engl. Event-driven Architecture, EDA) ist ein Software-Designmuster, das auf Ereignissen basiert. Ein Event wird von einem *Ereignisproduzenten* (engl. Event Producer) ausgelöst und eine *Ereignisbeschreibung* (engl. Event Description) an den *Ereigniskonsumenten* (engl. Event Consumer) gesendet, der daraufhin eine entsprechende Aktion ausführt.

Die Ereignisbeschreibung ist nicht das Ereignis selbst, sondern eine strukturierte Nachricht über das Event, die von verschiedenen Systemen und Komponenten interpretiert werden kann. Die Nachricht kann in verschiedenen Formaten übermittelt werden, so etwa in JSON oder XML. Listing 5.1 zeigt eine beispielhafte Ereignisbeschreibung für die Anlage eines Kundenauftrags. Darin enthalten sind die Kundenauftragsnummer, der Zeitstempel der Anlage und der Name der Person, die die Nachricht angelegt hat.

```
{
"SalesOrder" : "4711",
"CreationTimeStamp": "2025-06-06T09:03"
"CreatedBy": "Max Mustermann"
}
```

Listing 5.1 Ereignisbeschreibung eines Kundenauftrags

Der Ereignisproduzent übernimmt die Aufgabe, auf Events im System zu reagieren, darauf basierend die Ereignisbeschreibung zu erzeugen und als Nachricht zu versenden. Dem Ereignisproduzenten ist allerdings nicht bekannt, an wen die Nachrichten gesendet werden. Der Ereigniskonsument hingegen ist eine Anwendung, die auf Basis eines eingehenden Events eine Aktion ausführt. Daraus ergibt sich, dass die Zielanwendung des Ereigniskonsumenten eine reaktive Anwendung sein muss, die auf eingehende Anfragen wartet. Ein Beispiel für einen Ereigniskonsumenten wäre eine Anwendung, die basierend auf unterschiedlichsten Ereignisbeschreibungen verschiedene E-Mails versendet.

Der Ereignisproduzent nutzt für die Verteilung der Nachrichten an die Ereigniskonsumenten einen *Ereigniskanal* (engl. Event Channel). Dabei werden die Nachrichten vom Ereignisproduzenten an einen Ereigniskanal gesendet, und der Ereigniskonsument abonniert den Kanal, von dem er Nachrichten erhalten möchte. Die Nachrichtenübermittlung kann dabei entweder direkt im Punkt-zu-Punkt-Verfahren erfolgen oder indirekt über einen Event Broker, der als Vermittlungsinstanz fungiert.

Die Nutzung eines Ereigniskanals bietet mehrere Vorteile: Die Systeme sind nur lose gekoppelt, was bedeutet, dass den Systemen weder Sender noch Empfänger bekannt sein müssen. Dadurch ergeben sich eine verbesserte Skalierbarkeit und Flexibilität, da neue Ereigniskonsumenten einfach hinzugefügt und die Nachrichten an mehrere Ereigniskonsumenten verteilt werden können.

Eine zentrale Komponente, die vom Ereigniskanal verwendet wird, ist der *Event Broker*. Er fungiert in der ereignisgesteuerten Architektur als eine Middleware, die die Nachrichten entgegennimmt. Er besteht aus *Queues* und *Topics* zur Nachrichtenübermittlung. Die Queue empfängt Nachrichten und speichert sie temporär. Der Ereigniskonsument kann Nachrichten entweder über das Pull-Verfahren aktiv abrufen oder über das Push-Verfahren automatisch zugestellt bekommen. Die Nachrichten einer Queue lassen sich allerdings nur an einen Empfänger weiterleiten. Ein entscheidender Vorteil von Queues ist ihre Zuverlässigkeit: Nachrichten bleiben erhalten, bis sie erfolgreich verarbeitet wurden, wodurch ein Datenverlust auch bei temporären Ausfällen von Konsumenten verhindert wird. So muss etwa der Ereigniskonsument zum Zeitpunkt des Versands nicht erreichbar sein. Topics hingegen sind logische Nachrichtenkanäle, an die Nachrichten gesendet werden können. Die Nachrichten werden anschließend an jeden Abonnenten des Kanals weitergeleitet. Dadurch wird es möglich, Nachrichten nach Themen zu strukturieren und eine Nachricht an viele Empfänger weiterzuleiten. Anders als bei Queues erfolgt dabei keine Speicherung der Daten. Man kann diese beiden Komponenten kombinieren, indem Nachrichten an Topics gesendet und von Queues abonniert werden. Darüber hinaus wird durch die Nutzung eines Event Brokers eine zentrale Stelle für das Monitoring der Events geschaffen. Ein Beispiel für einen Event Broker ist der SAP-BTP-Service SAP Event Mesh, der in Abschnitt 5.2, »SAP Event Mesh auf der SAP BTP«, detailliert betrachtet wird.

Die ereignisgesteuerte Architektur basiert grundsätzlich auf asynchroner Kommunikation. Dabei wird die Nachricht vom Sender versandt und die Verarbeitung des Prozesses wird ohne Unterbrechung fortgesetzt. Somit bietet sich diese Art der Kommunikation immer dann an, wenn kein direkter Eingriff in den Prozess nötig ist.

5.2 SAP Event Mesh auf der SAP BTP

SAP Event Mesh ist ein Event-Broker-Service auf der SAP BTP, der alle im vorangegangenen Abschnitt erläuterten Funktionen unterstützt. SAP Event Mesh besteht aus verschiedenen Message Clients, die als logische Einheiten zum Senden und Empfangen von Nachrichten dienen und jeweils über eigene Konfigurationen und Anmeldedaten verfügen. Die Verwendung verschiedener Message Clients bietet folgende Vorteile:

- klare Zuweisung von Verantwortlichkeiten, sodass eindeutig ist, wer für welchen Message Client zuständig ist
- verbesserte Nachvollziehbarkeit der Aufgaben jedes einzelnen Message Clients
- vereinfachte Fehleranalyse, da potenzielle Fehler sich auf einen Message Client eingrenzen lassen

5.2.1 SAP Event Mesh einrichten

Für die Einrichtung von SAP Event Mesh sind zwei grundlegende Komponenten erforderlich. Zum einen wird SAP Event Mesh als Subscription genutzt, um den Service im System für allgemeine Zwecke verfügbar zu machen. Zum anderen gibt es die Variante als Instanz, die als Message Client fungiert und in Abschnitt 5.2.2, »Message Client erstellen«, näher erläutert wird. Die Nutzung der Instanzvariante setzt die Aktivierung der Subscription voraus.

Um die Subscription durchzuführen, müssen Sie SAP Event Mesh auf der SAP BTP über den Bereich **Instances and Subscriptions** als Service auswählen und aktivieren. Dieser Prozess aktiviert nicht nur den Service im Subaccount, sondern generiert auch die erforderlichen Rollen für die Nutzung. Tabelle 5.1 zeigt eine Übersicht über die erstellten Rollen und deren Bedeutung.

Rolle	Beschreibung
ReadRole	Diese Rolle berechtigt den Benutzer, SAP Event Mesh zu starten und die Konfiguration anzuzeigen. Änderungen sind mit dieser Rolle nicht möglich.
TestRole	Verfügt über die gleichen Berechtigungen wie »ReadRole«. Zusätzlich erhält diese Rolle die Berechtigung, auf der Registerkarte **Test** auf der Startseite oder über dem Message Client sowohl das Senden als auch den Empfang von Nachrichten zu testen.
ManageRole	Diese Rolle umfasst zum einen die gleichen Berechtigungen wie die »ReadRole«. Darüber hinaus ist der Benutzer berechtigt, über die Benutzeroberfläche Anpassungen an den Konfigurationen vorzunehmen. Dies umfasst das Anlegen, Ändern und Löschen von Queues, Regeln, Servicedeskriptoren, Webhook Subscriptions, Message Clients und Events.
Subscription-ManageRole	Benutzer mit dieser Rolle können die Aufruf- und Subskriptionsverwaltung des Endpunkts verwalten und ändern. Da diese Rolle sehr umfassende Rechte bietet, sollte sie nur sorgfältig ausgewählten Benutzern zugewiesen werden.

Tabelle 5.1 Rollen für SAP Event Mesh

5.2.2 Message Client erstellen

Nach erfolgreicher Aktivierung von SAP Event Mesh im Subaccount ist der nächste Schritt die Erstellung einer Instanz, um einen Message Client zu generieren. Dazu öffnen Sie im entsprechenden Subaccount den Space, in dem die Instanz angelegt werden soll. Innerhalb dieses Spaces klicken Sie auf den Button **Create**. Wie in Abbildung 5.1 dargestellt, wählen Sie den Service **Event Mesh** sowie den zu verwendenden Serviceplan aus. Zusätzlich vergeben Sie einen eindeutigen Namen, der die Identifikation und spätere Administration erleichtert.

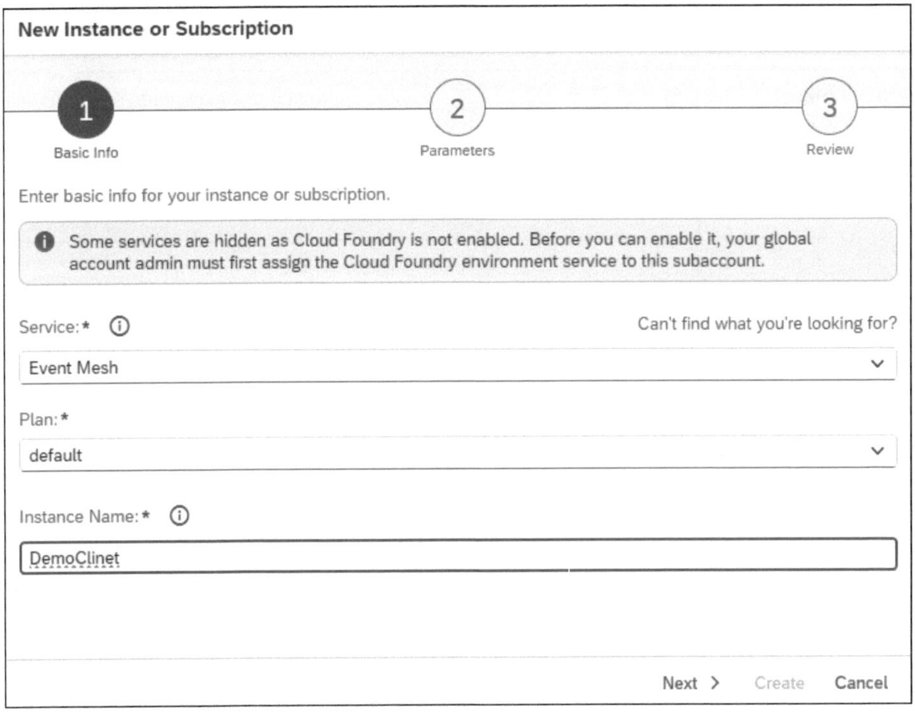

Abbildung 5.1 Instanz von SAP Event Mesh erstellen

Im nächsten Schritt klicken Sie auf den Button **Next**, um die Instanz zu konfigurieren. Die Einstellung erfolgt basierend auf der JSON-Datei. Eine mögliche Konfiguration können Sie Listing 5.2 entnehmen. Betrachten wir nun die einzelnen Parameter genauer. Der `emname` gibt den einmaligen Namen eines Message Clients an, unter dem er später in SAP Event Mesh angezeigt wird. Dabei empfiehlt es sich, den `emname` dem Namen der Serviceinstanz anzupassen. Die nächste Eigenschaft ist der `namespace` (Namensraum). Dieser ist einmalig in einem Subaccount und identifiziert eindeutig einen Message Client. Jede Queue oder jedes Topic des Clients soll bei der Veröffentlichung den Namespace enthalten. Der Namespace setzt sich dabei aus drei Segmenten zusammen, die durch einen Schrägstrich (/) getrennt sind. Die `version` gibt an, mit welcher Version der Message Client angelegt werden soll. Dabei wird zurzeit die Version 1.1.0 verwendet. Der Parameter `resources` gibt wiederum an, wie viele Ressourcen dem Message Client zur Verfügung gestellt werden sollen. Standardmäßig liegt dieser Wert bei 10 und kann bis auf 200 erhöht werden. Dabei stellt eine Unit die in Tabelle 5.2 dargestellten Ressourcen zur Verfügung.

Ressource	Bereitgestellt pro Einheit	Beschreibung
Verbindung	1	Gibt an, wie viele Verbindungen gleichzeitig möglich sind.
Endpunkte	3	Gibt die maximale Anzahl an Queues an.
Konsumenten	3	Gibt pro Verbindung an, wie viele Konsumenten es maximal gibt.
Produzenten	3	Gibt pro Verbindung an, wie viele Produzenten es maximal gibt.
Queue Subscriptions	15	Gibt an, wie viele Abonnements von Queues durchgeführt werden können.
Nachrichten-Spool	10 MB	Gibt die Gesamtmenge an Speicher an, der in den Queues gespeichert werden kann.

Tabelle 5.2 Darstellung der Ressourcen eines Message Clients

Der Parameter `rules` definiert die Zugriffsrechte des Message Clients zum Empfangen und/oder Senden von Nachrichten. Die Regeln unterteilen sich in die beiden Bereiche `queueRules` für Queues und `topicRules` für Topics. Innerhalb dieser Bereiche wird mittels `publishFilter` festgelegt, welche Nachrichten veröffentlicht werden dürfen, während `subscribeFilter` die zu abonnierenden Nachrichten begrenzt. Die Filter werden über einen regulären Ausdruck definiert. Wie in Listing 5.2 zu sehen ist, wird als Filter der Wert `${namespace}` genutzt. Diese Variable beschränkt den Zugriff auf Nachrichten aus dem eigenen Namespace – eine empfohlene Best Practice, da der Message Client dadurch nur auf seine eigenen Queues und Topics zugreifen kann.

Der letzte Parameter `options` bestimmt, über welche Art von APIs der Message Client genutzt werden kann. Folgende Attribute stehen zur Verfügung:

- `management`: Legt fest, ob die REST-API für die Verwaltung des Message Clients aktiviert werden soll.
- `messagingrest`: Erlaubt das Senden von Nachrichten über eine REST-API.
- `Messaging`: Ermöglicht die Kommunikation über das AMQP-1.0-Protokoll.

Jedes dieser Attribute kann durch `true` aktiviert oder durch `false` deaktiviert werden.

```
{
    "emname": "DemoClient",
    "namespace": "Demo/Events/BTP",
    "version": "1.1.0",
    "resources": {
        "units": "10"
    },
    "options": {
        "management": true,
        "messagingrest": true,
        "messaging": true
    },
    "rules": {
        "topicRules": {
            "publishFilter": [
                "${namespace}/*"
            ],
            "subscribeFilter": [
                "${namespace}/*"
            ]
        },
        "queueRules": {
            "publishFilter": [
                "${namespace}/*"
            ],
            "subscribeFilter": [
                "${namespace}/*"
            ]
        }
    }
}
```

Listing 5.2 Einstellung für die Instanz von SAP Event Mesh

Nach Abschluss der Konfiguration lösen Sie die Erstellung der Instanz durch Klicken auf den Button **Create** aus. Anschließend können Sie SAP Event Mesh öffnen. Auf der Registerkarte **Message Clients** (siehe Abbildung 5.2) werden alle Message Clients mit ihren definierten Namen und Namespaces angezeigt. Die in der Kachel dargestellte Zahl gibt Auskunft über die Anzahl der Verbindungen sowie deren maximale Anzahl. Von dieser Übersicht aus können Sie den gewünschten Message Client auswählen, um weitere Einstellungen vorzunehmen.

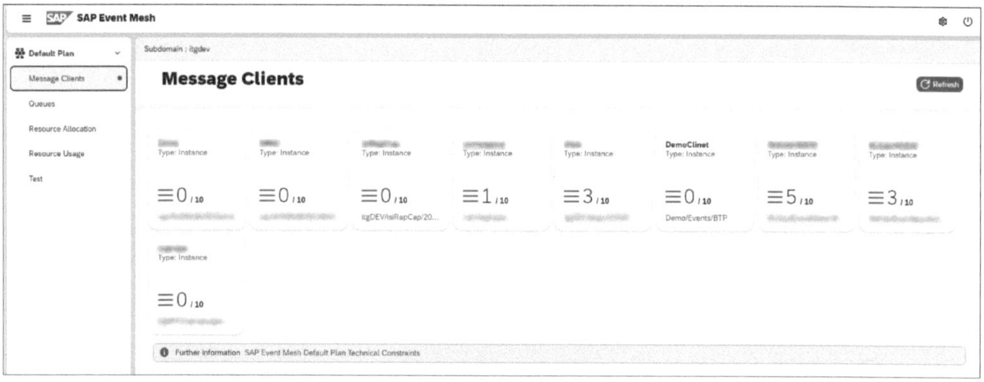

Abbildung 5.2 Message Clients in SAP Event Mesh

5.3 Systeme an SAP Event Mesh anbinden

In diesem Abschnitt untersuchen wir, wie Ereignisse über das SAP Cloud Application Programming Model (CAP) und das ABAP RESTful Application Programming Model ausgelöst und konsumiert werden können. Zunächst werden wir die Modelle getrennt betrachten und anschließend in einem beispielhaften Szenario miteinander verknüpfen.

5.3.1 Anbindung mit dem ABAP RESTful Application Programming Model

Events sind ein fester Bestandteil des ABAP RESTful Application Programming Models. Im Folgenden definieren und lösen wir ein Beispiel-Event für die Anlage von Kontaktdaten aus.

Veröffentlichung von Nachrichten

Das Event selbst wird in der Behavior Definition über das Schlüsselwort `event`, gefolgt vom selbst definierten Ereignisnamen, festgelegt. Listing 5.3 zeigt die Erstellung eines Events mit dem Namen `ContactCreated`. Zusätzlich erweitern wir das Event über das Schlüsselwort `parameter` um eine Ereignisbeschreibung.

```
Managed with additional save
implementation in class zbp_demo_contact unique;
strict ( 2 );
with draft;
define behavior for ZDEMO_r_Contact
...
{
```

```
   event ContactCreated parameter ZDEMO_D_ContactCreated;
...
}
```

Listing 5.3 Behavior Definition für das Event »ContactCreated«

Standardmäßig enthält jedes Event eine Ereignisbeschreibung mit allen Schlüsselfeldern der Entität. Um die Ereignisbeschreibung um weitere Felder zu erweitern, erstellen wir einen abstrakten CDS View und übergeben diesen mittels `parameter`. Für unser Beispiel erzeugen wir einen CDS View, der die Felder »Titel«, »Vorname«, »Nachname« und »E-Mail-Adresse« enthält (siehe Listing 5.4).

```
@EndUserText.label: 'Event Data for the Event ContactCreated'
define abstract entity ZDEMO_D_ContactCreated
{
  Titel                  : ad_title;
  FirstName              : ad_namefir;
  NameLast               : ad_namelas;
  Mail                   : /dmo/email_address;
}
```

Listing 5.4 Abstrakter CDS View für Events

Nach der Definition des Events implementieren wir die Event-Auslösung. Um sicherzustellen, dass nach dem Speichern weiterer Code ausgeführt werden kann, ergänzen wir `with additional save` (siehe Listing 5.3). Auf diese Weise kann die Methode `save_modified` neu definiert werden. Diese Methode besitzt die Importparameter `create`, `update` und `delete`, die jeweils eine Struktur mit einer Tabelle für die Entitäten des Business Objects darstellen. Diese Tabellen enthalten alle Einträge der jeweiligen Kategorie (Neuanlage, Änderung, Löschung).

Listing 5.5 demonstriert die Implementierung zur Auslösung des Events `ContactCreated`. Zuerst prüft die Methode, ob ein neuer Kontakt angelegt wurde – nur dann soll das Event ausgelöst werden. Danach wird die Variable `lt_ContactCreated` vom Typ `TYPE TABLE FOR EVENT zdemo_r_contact~ContactCreated` mit den Daten des neuen Kontakts gefüllt. Dieser Typ `TYPE TABLE FOR EVENT` ist eine Tabelle mit der Struktur des definierten Events. Dabei handelt es sich bei unserem Beispiel um eine Kombination aus dem CDS View `ZDEMO_D_ContactCreated` und den Schlüsselfeldern. Da die Felder in beiden Tabellen identisch benannt sind, verwenden wir den Befehl `CORRESPONDING #( .. )`. Im nächsten Schritt wird das Event durch die Anwendung der Entity Manipulation Language (EML) erzeugt. Dabei wird die EML-Anweisung durch `RAISE ENTITY`

EVENT eingeleitet, gefolgt vom Namen der Entität und des Events, getrennt durch eine Tilde (~). Die Übergabe der Event-Parameter erfolgt dann über FROM. Die Verwendung von RAISE ENTITY EVENT ist ausschließlich in Implementierungsklassen möglich. Da Sender und Empfänger entkoppelt sind, benötigen wir keinen expliziten Empfänger für das Event.

```
CLASS lsc_zdemo_r_contact DEFINITION INHERITING FROM cl_abap_behavior_saver.
  PROTECTED SECTION.
    METHODS save_modified REDEFINITION.
ENDCLASS.

CLASS lsc_zdemo_r_contact IMPLEMENTATION.
  METHOD save_modified.
DATA lt_ContactCreated TYPE TABLE FOR EVENT zdemo_r_contact~ContactCreated.
    IF create-zdemo_r_contact IS NOT INITIAL.
      lt_ContactCreated = CORRESPONDING #( create-zdemo_r_contact ).
      RAISE ENTITY EVENT zdemo_r_contact~ContactCreated
      FROM lt_ContactCreated.
    ENDIF.
  ENDMETHOD.
ENDCLASS.
```

Listing 5.5 Behavior-Implementierung für das Auslösen des Events

Um das Event zu veröffentlichen, benötigen wir ein *Event Binding*. Dieses wird über Eclipse angelegt, indem Sie auf **New • Other • ABAP Event Binding** klicken. Dabei müssen folgende Werte angegeben werden:

- **Type Namespace**: Ein Namensraum dient als Strukturierungselement für eigene Objekte. Der Namensraum »SAP« ist dabei nicht zulässig und ist ausschließlich für die Nutzung durch SAP reserviert.
- **SAP Object Type**: Name des Objekts im SAP-System
- **Operation**: Stellt die Operation dar, die vom Objekt ausgeführt wurde, z. B. Create.

Über den **Add**-Button fügen wir das Event hinzu, indem wir die Entität und den Event-Namen angeben. Das Ergebnis dieser Einstellung für das Event ContactCreated im Namespace zdemo, SAP Object Type contact und Operation Create ist in Abbildung 5.3 dargestellt.

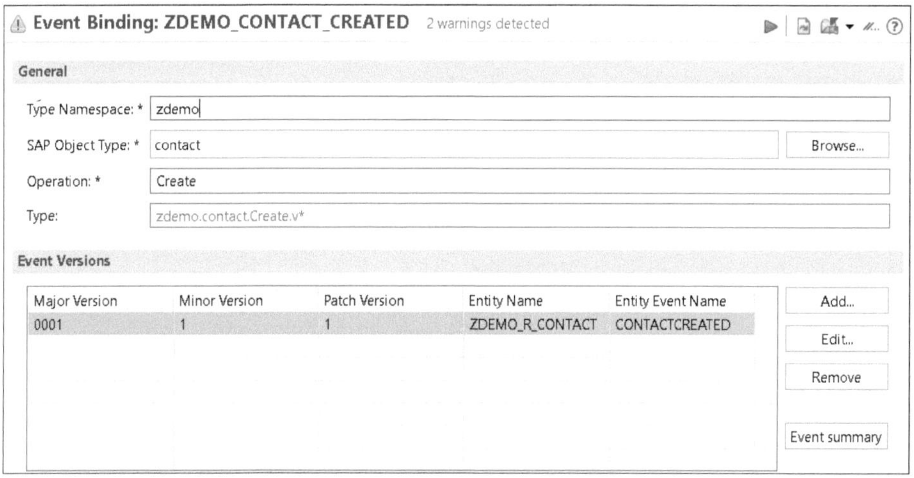

Abbildung 5.3 Event Binding »ZDEMO_CONTACT_CREATED«

Lokaler Konsum von Nachrichten

Events können sowohl in SAP Event Mesh als auch direkt im auslösenden ABAP-System verarbeitet werden. Für den lokalen Konsum benötigen wir eine ABAP-Klasse, die in ihrer Definition die Schlüsselwörter `FOR EVENTS OF`, gefolgt von der Root-Entität des Business Objects, enthält. Listing 5.6 zeigt die Definition einer Klasse, die auf die Events der Kontaktdaten reagiert. In der globalen Klasse findet keine Implementierung statt.

```
CLASS zcl_demo_contact_event_handler
DEFINITION
                        PUBLIC
                        ABSTRACT
                        FINAL
                        FOR EVENTS OF ZDEMO_R_CONTACT.
ENDCLASS.
CLASS zcl_demo_contact_event_handler IMPLEMENTATION.
ENDCLASS.
```

Listing 5.6 Klasse für den Konsum von Events des »BO ZDEMO_R_CONTACT«

In der lokalen Klasse (siehe Listing 5.4) implementieren wir das Handling für das zu verarbeitende Event. Die Methode zur Event-Verarbeitung wird anhand ihrer Parameter definiert. Eine Event-Handling-Methode wird durch die Methode `MethodenName for Entity Event` definiert. Als Übergabeparameter kann hier ein beliebiger Name gewählt werden, gefolgt von `FOR` und dem Event-Namen. Dadurch steht der Übergabeparameter als Importvariable zur Verfügung – eine interne Tabelle, die dem strukturellen Aufbau des Events entspricht.

In der Methode können wir nun verschiedene Aktionen auslösen, wie etwa das Befüllen von Datenbanktabellen oder den Versand von E-Mails. Bei der Implementierung ist zu beachten, dass keine Commits oder Rollbacks durchgeführt werden können, da diese vollständig durch das ABAP RESTful Application Programming Framework gesteuert werden.

```
CLASS lcl_abap_behv_event_handler DEFINITION INHERITING FROM cl_abap_behavior_
event_handler.
  PRIVATE SECTION.
METHODS after_Contact_Created FOR ENTITY EVENT
 created_contacts  FOR ZDEMO_r_Contact~ContactCreated.
ENDCLASS.

CLASS lcl_abap_behv_event_handler IMPLEMENTATION.

  METHOD after_Contact_Created.
        LOOP AT created_contacts ASSIGNING FIELD-SYMBOL(<ls_Contact>).
*         ...
        ENDLOOP.
  ENDMETHOD.
ENDCLASS
```

Listing 5.7 Ereigniskonsument »lcl_abap_behv_event_handler«

5.3.2 Anbindung an das SAP Cloud Application Programming Model

Ebenso wie das ABAP RESTful Application Programming Model kann auch das SAP Cloud Application Programming Model (CAP) Events sowohl empfangen als auch senden. Die Details werden im folgenden Abschnitt erläutert. Um SAP Event Mesh in einer CAP-Anwendung zu nutzen, müssen wir zunächst in der Datei **package.json** unter dem Pfad `cds.requires.messaging` den entsprechenden Eintrag hinzufügen. Wie in Listing 5.8 dargestellt, tragen wir `"kind": "enterprise-messaging"` ein. Durch diese Konfiguration ermöglichen wir der NodeJS-Anwendung, eine Verbindung zu SAP Event Mesh herzustellen.

```
  "cds": {
    "requires": {
 "messaging": {
          "kind": "enterprise-messaging",
      },
  }
}
```

Listing 5.8 Package.json-Einstellung für SAP Event Mesh

In den Servicedaten können wir über `cds.connect.to('messaging');` die Verbindung zu SAP Event Mesh aufrufen. Dadurch erhalten wir die Möglichkeit, Events aus Topics zu empfangen oder an diese zu senden. Das Empfangen von Daten erfolgt über den Event Hook `on`, wobei das entsprechende Topic angegeben wird, auf das reagiert werden soll (siehe Listing 5.9). Durch diese Programmierung wird bei jedem neuen Eintrag zu diesem Topic der Datensatz abgerufen und verarbeitet. Im folgenden Beispiel nehmen wir den empfangenden Datensatz entgegen und protokollieren ihn.


```
const cds = require("@sap/cds");
var messaging = await cds.connect.to('messaging');
    messaging.on(eventTopic, async req => {
        console.log('received >', req.event, req.data);
})
```

Listing 5.9 Empfang eines Events in SAP Cloud Application Programming Model

Mit `emit` in Kombination mit dem jeweiligen Topic-Namen und der Event-Struktur lassen sich in CAP Events einfach senden, wie in Listing 5.10 dargestellt. Diese Methodik ermöglicht ein effizienteres Event Handling mit deutlich geringerem Aufwand als in ABAP.

```
await messaging.emit('Contact/Approve/v1', {…});
```

Listing 5.10 Senden von Events in CAP

In der Datei **MTA.yaml** definieren wir den Message Client für die Deployment-Einstellung. Dazu erstellen wir im Abschnitt `resources` einen Message Client mit dem Typ `org.cloudfoundry.managed-service`, dem Service `enterprise-messaging` und dem gewünschten Serviceplan, wie in Listing 5.11 zu sehen. Die Konfiguration zur Erstellung des Clients kann außerdem über eine JSON-Datei gemäß den in Abschnitt 5.2.2, »Message Client erstellen«, beschriebenen Einstellungen bereitgestellt werden. Der erstellte Client wird anschließend an den CAP-Service angebunden.

```
modules:
- name: ContactCheck-srv
  type: nodejs
  requires:
  - name: DemoClient
resources:
- name: DemoClient
  type: org.cloudfoundry.managed-service
  parameters:
    existing_destinations_policy: ignore
    path: ./event-mesh.json
```

```
service: enterprise-messaging
service-plan: default
```

Listing 5.11 Datei »MTAR.yaml« mit SAP-Event-Mesh-Einstellungen

5.3.3 Kombination von ABAP RESTful Application Programming Model und SAP Cloud Application Programming Model

In diesem Abschnitt untersuchen wir, wie die Kommunikation zwischen einer ABAP-RESTful-Application-Programming-Model-Anwendung und einer CAP-Anwendung mithilfe von SAP Event Mesh umgesetzt werden kann. Als Ausgangspunkt dient die Erfassung von Kontakten in der ABAP-RESTful-Application-Programming-Model-Anwendung, die anschließend als Events über SAP Event Mesh versandt werden. In der CAP-Anwendung prüft ein Genehmiger diese Kontakte und genehmigt oder lehnt sie ab. Die entsprechende Rückmeldung zur Genehmigung oder Ablehnung erfolgt wiederum über SAP Event Mesh zurück an das ABAP-System. Dieses Szenario lässt sich in seiner Komplexität beliebig erweitern und durch die Nutzung von SAP Build Process Automation optimieren.

Senden von Events aus dem SAP BTP ABAP Environment

Nach der Definition und Implementierung der Events im ABAP Environment ist es erforderlich, eine Verbindung zum *Event Broker*, in diesem Fall SAP Event Mesh, herzustellen. Die Anbindung erfolgt mithilfe des Message Clients und erfordert einen Service Key für die entsprechende Instanz. Dazu öffnen Sie die SAP-Event-Mesh-Instanz auf der SAP BTP, wie in Abbildung 5.4 dargestellt, und klicken auf den Button **Create**.

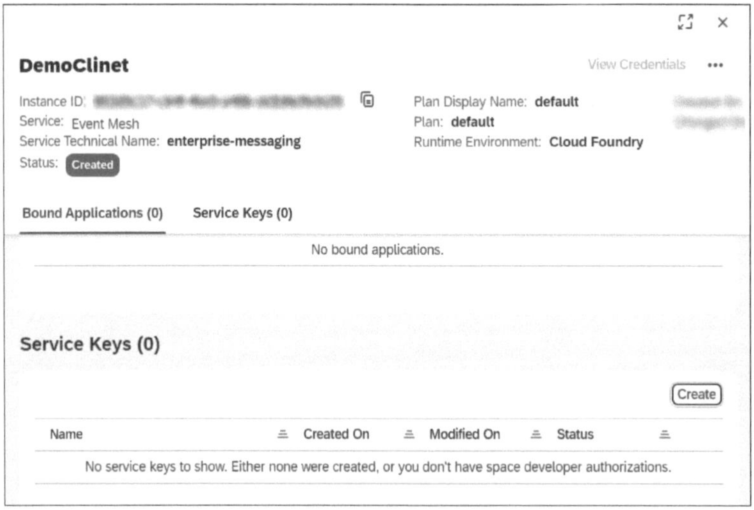

Abbildung 5.4 Message Client für Einstellungen

Ein Service Key ist eine Datei mit Zugangsdaten für einen Dienst und enthält unter anderem folgende Informationen:

- Client ID
- Client Secret
- Token-Endpunkte
- service-spezifische URLs
- Authentifizierungsmethode

Der Service Key wird benötigt, wenn eine externe Anwendung darauf zugreifen möchte, auch wenn sich diese Anwendung auf der SAP BTP befindet. Bei der Anlage des Service Keys ist es nicht nötig, weitere Information außer dem Namen des Keys zu übergeben, wie in Abbildung 5.5 zu sehen ist.

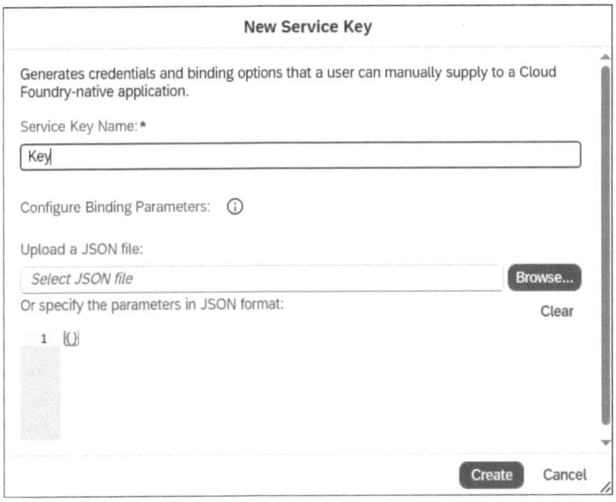

Abbildung 5.5 Neuer Service Key für den Message Client

Nach erfolgreicher Erstellung kann der Key verwendet werden, um Systeme oder Anwendungen über den Message Client mit SAP Event Mesh zu verbinden. Für die Anbindung des ABAP Environments oder von SAP S/4HANA Public Cloud wird die App **Kommunikationsvereinbarungen** (engl. *Communication Arrangements*) genutzt. Mit dieser App können Sie Kommunikationsvereinbarungen anlegen, ändern oder löschen. Für die Verbindung zu SAP Event Mesh ist eine Kommunikationsvereinbarung erforderlich, die sowohl die Berechtigung zum Empfang von Nachrichten als auch die Speicherung der Verbindungsdaten für das Senden an SAP Event Mesh regelt. Nach dem Öffnen der App wählen Sie **Neu** (Englisch **Create**) aus und anschließend das Szenario **SAP_COM_0092**. Ein Szenario ist eine Zusammenstellung von Berechtigungen und Einstellungen für einen Service. Das Szenario **SAP_COM_0092** bezieht sich auf die Integration von *Enterprise Eventing*. Im Anschluss kopieren Sie die Information aus dem Service Key mit Namen »Key« in das Feld **Service Key**. Nach den Einstellungen sollte das Pop-up wie in Abbildung 5.6 aussehen. Im nächsten Schritt wird ein Communication User benötigt, um eine eingehende Verbindung zu ermöglichen. Dabei handelt es sich um einen technischen Benutzer für die Kommunikation. Dazu wird der Button **New** im Pop-up (siehe Abbildung 5.6) angeklickt.

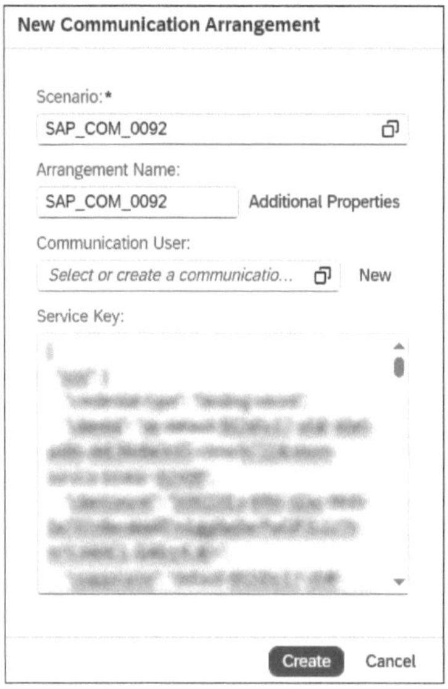

Abbildung 5.6 Neue Kommunikationsvereinbarung anlegen

Dadurch öffnet sich das Anlagefenster der App für die Communication User. In Abbildung 5.7 ist der Prozess zur Anlage eines Communication Users dargestellt. Vergeben Sie einen Benutzernamen, etwa »EVENTMESHDEMO«, und eine Beschreibung. Zudem können verschiedene Authentifizierungsmethoden wie Basic Authentication, OAuth 2.0 oder Zertifikate genutzt werden. Für dieses Beispiel verwenden wir Basic Authentication. Sie können entweder selbst ein Passwort vergeben oder über den Button **Propose Password** eines generieren lassen. Bei Verwendung des Buttons wird das Passwort unter dem Eingabefeld angezeigt. Nach Abschluss der Eingaben klicken Sie auf **Create**, woraufhin das System zum Anlage-Pop-up für Kommunikationsvereinbarungen zurückkehrt.

Legen Sie nun den Namen der Kommunikationsvereinbarung fest. Sie können einen beliebigen Namen wählen, z. B. »ZDEMO_SAP_COM_0092«. Über den Button **Additional Properties** lassen sich zusätzliche Einstellungen vornehmen, wie etwa die Wartezeit oder die Anzahl der Wiederholungsversuche bei Verbindungsfehlern. In diesem Beispiel belassen wir die Daten auf den Standardwerten. Das Ergebnis ist in Abbildung 5.8 zu sehen. Klicken Sie auf **Create**, um die Einrichtung abzuschließen. Nach erfolgreicher Einrichtung wurde die Verbindung zu SAP Event Mesh hergestellt, jedoch werden Events noch nicht automatisch übertragen, da noch nicht festgelegt wurde, welche Events relevant sind.

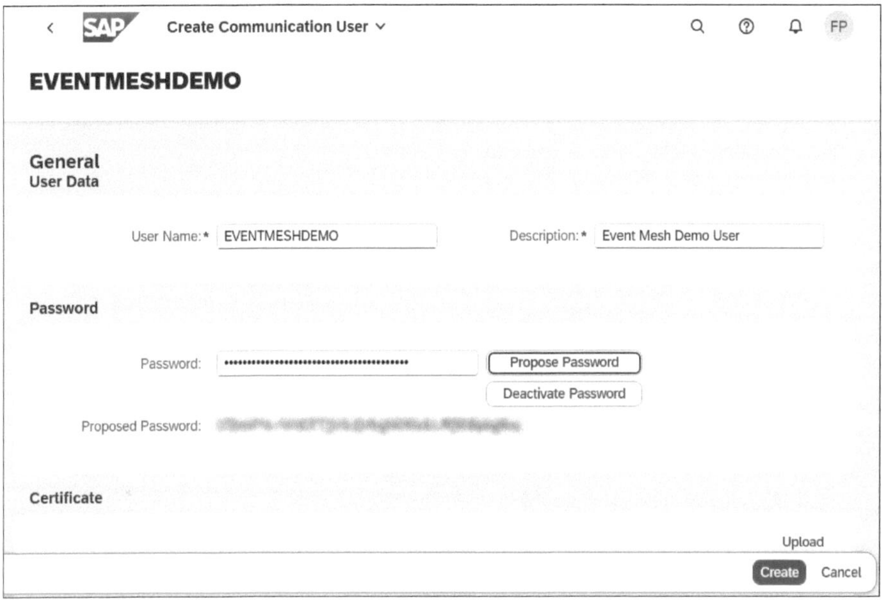

Abbildung 5.7 Communication User anlegen

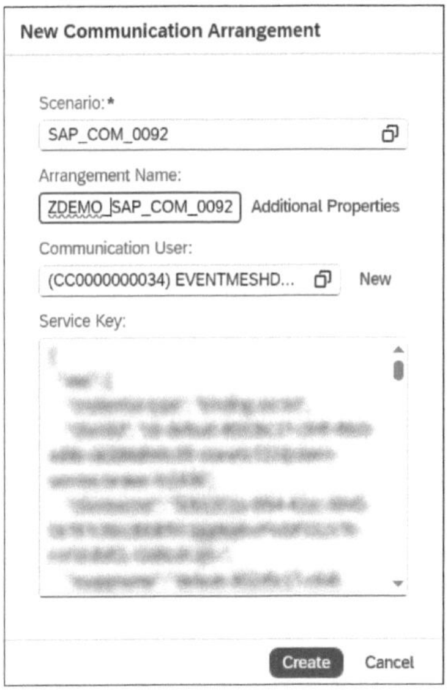

Abbildung 5.8 Neue Kommunikationsvereinbarung mit allen Daten anlegen

Die Kommunikationsvereinbarung legt automatisch einen Event Channel an, der für den Versand und Empfang von Nachrichten konfiguriert werden kann. In ABAP-Umgebungen oder SAP S/4HANA Public Cloud nutzen Sie dafür die App **Bereitstellung von Unternehmens-/technischen Ereignissen** (engl. **Configure Channel Bindings**). In der App, die in Abbildung 5.9 zu sehen ist, kann die Einstellung für die Bereitstellung der Events für SAP Event Mesh angegeben werden. Öffnen Sie dazu den Event Channel mit dem Namen **ZDEMO_SAP_COM_0092**.

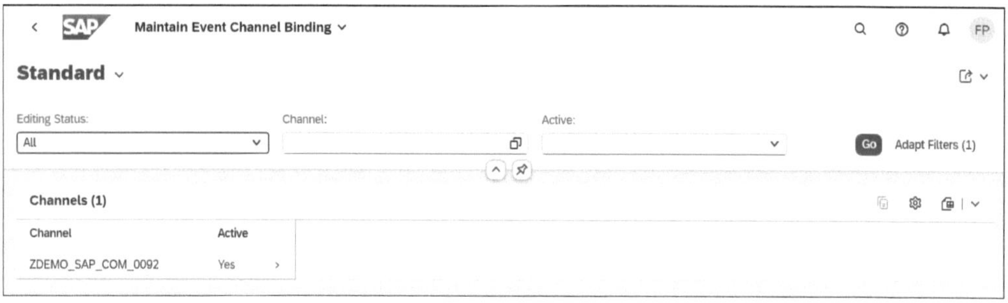

Abbildung 5.9 Main Event Channel

Darauf öffnet sich die Detailsicht, die sich aus vier Bereichen zusammensetzt, deren Funktionen in Tabelle 5.3 beschrieben sind.

Bezeichnung	Funktion
Outbound Topic Bindings	ausgehende Verbindung zum Event Broker
Inbound Topic Bindings	verfügbare Inbound Topics mit Handler
Subscriptions	abonnierte Inbound Topics, die verarbeitet werden
Event Metadata	Information über den Event Channel

Tabelle 5.3 Funktionsbereiche der Detailsicht für Event Channel

Damit Nachrichten über das Event an SAP Event Mesh gesendet werden können, muss in dem Bereich **Outbound Topic Bindings** das zuvor in Abschnitt 5.3.1, »Anbindung mit dem ABAP RESTful Application Programming Model«, definierte Event eingetragen werden. Klicken Sie dazu oberhalb der Tabelle auf den Button **Create** (siehe Abbildung 5.10).

Tragen Sie nun das Event ein. Dieses besteht aus dem Namespace, dem SAP Object Type, der Aktion und der Version, getrennt durch einen Schrägstrich (/). Für unser Beispiel ergibt sich der in Abbildung 5.11 dargestellte Aufbau. Zum Abschließen der Anlage klicken Sie dann auf **Create**, und die Änderung wird gespeichert. Dadurch werden nun bei der Anlage eines Kontakts die Daten an SAP Event Mesh versandt, allerdings werden sie dort momentan noch nicht gespeichert.

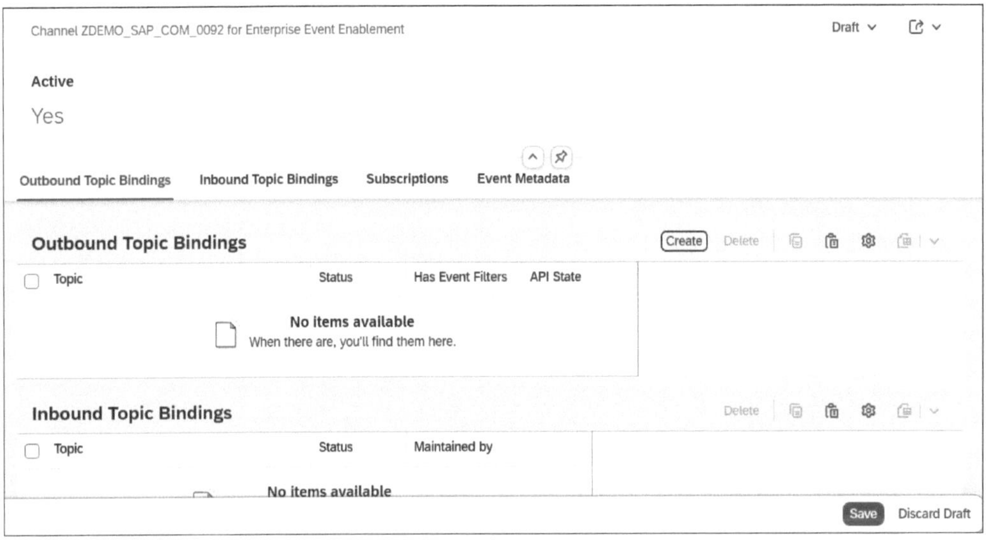

Abbildung 5.10 Event Channel »ZDEMO_SAP_COM_0092«

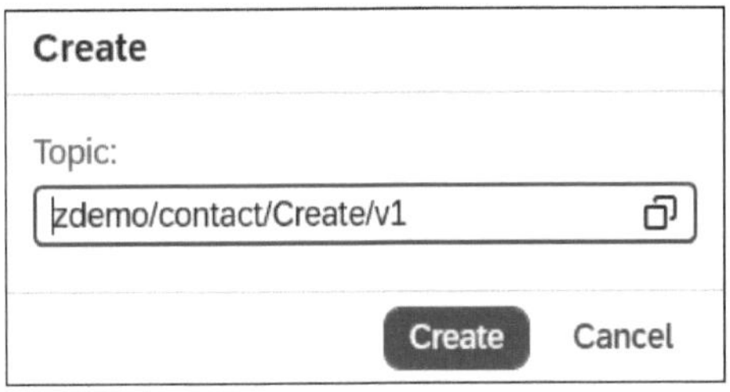

Abbildung 5.11 Topics für Kontakte anlegen

Im nächsten Schritt richten Sie eine Queue und ein zugehöriges Abonnement für das Topic in SAP Event Mesh ein, damit die Daten gespeichert werden können. Für die Erstellung des Topics können die Metadaten des Channels verwendet werden. Durch das Speichern werden die Metadaten automatisch aktualisiert und enthalten die genaue Bezeichnung des Channels sowie alle verwendeten Topics. Die Metadaten können im Bereich **Event Metadata** heruntergeladen und lokal geöffnet werden. Abbildung 5.12 zeigt die Channel-Metadaten mit dem markierten Bereich, der den Topic-Namen enthält, der später für das Abonnieren verwendet wird.

Öffnen Sie nun SAP Event Mesh, und legen Sie im Bereich **Queues** eine neue Queue an, wie in Abbildung 5.13 dargestellt.

```
{
"asyncapi":"2.0.0",
"x-sap-catalog-spec-version":"1.0",
"info":
{
 "title":"Events from SAP S/4HANA",
 "version":"1.0.0",
 "description":"This is an event type catalog from an event provider of type SAP S/4HANA"
},
"x-sap-api-type":"EVENT",
"channels":
{
 "Demo/Events/BTP/ce/zdemo/contact/Create/v1":
 {
  "subscribe":
  {
   "message":
   {
    "$ref":"#/components/messages/zdemo_contact_Create_v1"
   }
  }
 }
},
```


Abbildung 5.12 Metadaten des Event Channels

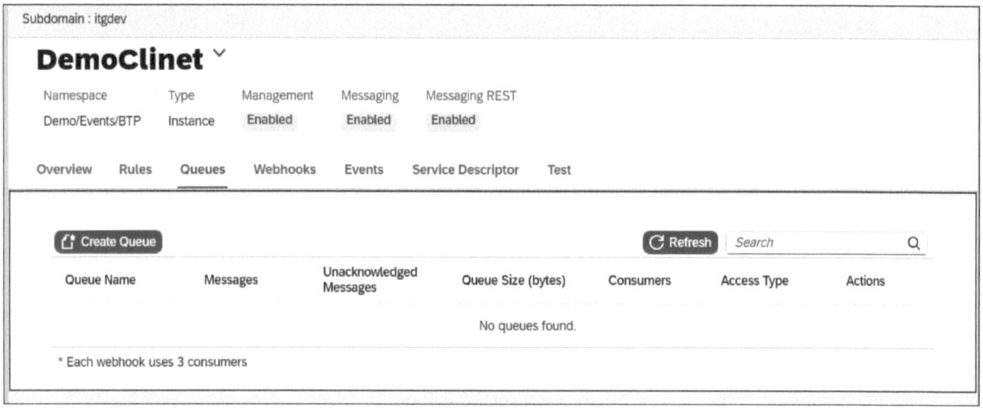

Abbildung 5.13 Bereich »Queues« in SAP Event Mesh

Bei der Anlage der Queue können unterschiedliche Parameter gesetzt werden, deren genaue Funktionen können Sie Tabelle 5.4 entnehmen.

Name	Beschreibung
Queue-Name	Der Name einer Queue dient dazu, diese eindeutig erreichbar zu machen. Bei der Erstellung einer Queue setzt sich der Name aus dem Namespace des Message Clients und dem gewählten Namen zusammen.

Tabelle 5.4 Parameter für die Queue-Anlage

Name	Beschreibung
Access Type	Dieser Parameter legt fest, in welcher Reihenfolge Konsumenten Nachrichten erhalten, wenn mehrere Konsumenten mit einer Queue verbunden sind. Dabei wird zwischen *EXCLUSIVE* und *NON_EXCLUSIVE* unterschieden. Bei *EXCLUSIVE* bekommt nur der erste Konsument alle Nachrichten, und erst wenn dieser die Verbindung trennt, erhält der nächste Konsument die Nachrichten. Bei *NON_EXCLUSIVE* werden die Nachrichten an verschiedene Konsumenten verteilt. Dabei wird die Nachricht nach dem Round-Robin-Verfahren verteilt. Wird eine Nachricht nicht vom Konsumenten bestätigt, wird sie an den nächsten Konsumenten weitergeleitet.
Max Queue Size in Bytes	Gibt an, wie viele Byte an Nachrichten insgesamt gespeichert werden können.
Max Message Size in Bytes	Gibt an, wie groß eine Nachricht in Byte sein darf.
Max Unacknowledged Messages	Bestimmt, wie viele Nachrichten von einem Konsumenten maximal unbestätigt bleiben dürfen, bevor die Verbindung pausiert wird. Sobald diese Nachrichten bestätigt sind, wird die Verbindung wieder aktiviert.
Dead Message Queue	Mit diesem Parameter kann eine Queue angegeben werden, in die Nachrichten verschoben werden, falls sie nicht zugestellt werden können. Anwendungsmöglichkeiten dafür sind etwa die Analyse von Fehlersituationen bei Nachrichten oder deren manuelle Weiterverarbeitung.
Respect Time to Live	Ist dieser Parameter aktiv, werden Nachrichten nach einer festgelegten Zeit automatisch aus der Queue gelöscht. Dazu erscheint ein neues Feld (**Max Time to Live in seconds**) zur Eingabe der Aufbewahrungsdauer in Sekunden. Standardmäßig beträgt diese sieben Tage (604.800 Sekunden).

Tabelle 5.4 Parameter für die Queue-Anlage (Forts.)

In Abbildung 5.14 sehen Sie das Pop-up zur Erstellung einer Queue. In diesem Beispiel legen wir lediglich den Namen der Queue fest und belassen alle weiteren Parameter auf ihren Standardwerten. Für jeden Parameter kann der jeweilige Standardwert automatisch angezeigt und bei Bedarf geändert werden. Bei der Erstellung der Queue erhält diese automatisch den Namespace als Präfix, gefolgt vom definierten Namen.

Abbildung 5.14 Queue anlegen

Nach dem Anlegen der Queue ist es erforderlich, die veröffentlichten Topics aus dem ABAP Environment zu abonnieren. Wählen Sie dazu die gewünschte Queue aus der Liste aus, und klicken Sie auf den Button **Queue Subscriptions**. Es öffnet sich ein Pop-up, das sämtliche Abonnements der ausgewählten Queue anzeigt, wie in Abbildung 5.15 dargestellt. Über das Eingabefeld können Sie weitere Abonnements hinzufügen. Geben Sie in diesem Fall das Topic `Demo/Events/BTP/ce/zdemo/contact/Create/v1` an, das zuvor aus den Metadaten extrahiert wurde. Mehrere Topics können einer Queue zugewiesen werden. Sie können einer Queue mehrere Topics zuweisen, wodurch es möglich ist, Nachrichten aus verschiedenen Systemen effizient in einer einzigen Queue zu bündeln.

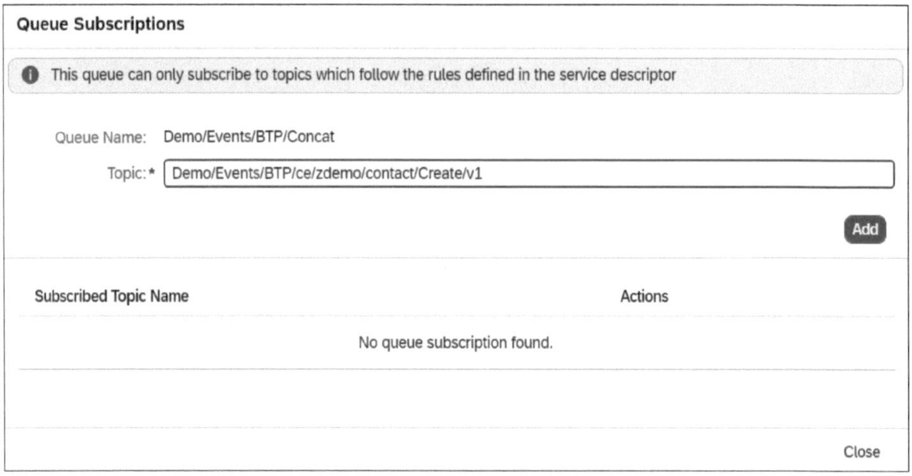

Abbildung 5.15 Topic Subscription anlegen

Wenn nun ein Kontakt über die App für die Kontaktverwaltung angelegt wird, werden die Nachrichten in die Queue übertragen. Das erwartete Ergebnis entspricht Abbildung 5.16, wobei sowohl die Anzahl der Nachrichten (Messages) als auch das Datenvolumen in der Queue (Queue Size) mit jeder neuen Eingabe ansteigen sollten. Im folgenden Abschnitt erläutern wir, wie Daten aus der Queue mithilfe einer CAP-Anwendung verarbeitet werden können.

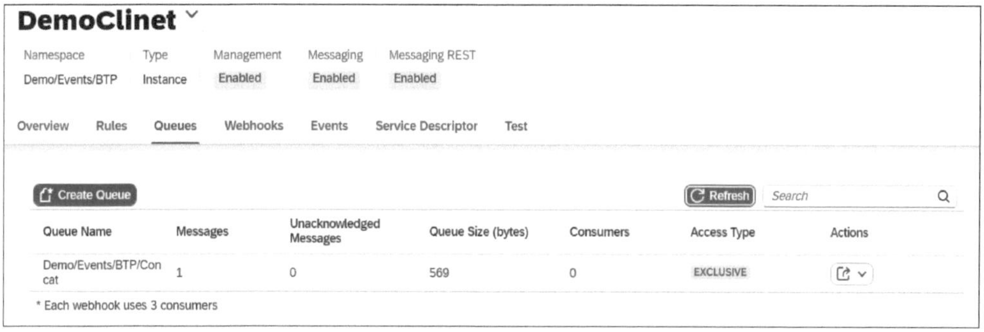

Abbildung 5.16 Nachrichten aus dem ABAP Environment in SAP Event Mesh

Events aus CAP senden und empfangen

Das Ziel der CAP-Anwendung besteht darin, die über SAP Event Mesh übertragenen Kontaktdaten zu speichern und für den Genehmigungsprozess bereitzustellen. Im ersten Schritt benötigen wir ein einfaches Datenmodell. Listing 5.12 zeigt das Modell, das eine Entität für die Kontakte bereitstellt, wobei das Modell dem Event entspricht. Da Events meist die Schlüsselfelder der erzeugenden Entitäten enthalten, können benötigte Objektdaten bei Bedarf per API aus dem System abgerufen werden. Das Datenmodell wird im Ordner **db** erstellt.

```
namespace demo;
entity Contacts {
 key   ContactId : UUID;
    FirstName : String(40);
    NameLast  : String(40);
    Mail      : String(256);
}
```

Listing 5.12 CAP-CDS-Modell für die Kontakte

Auf Basis dieses Datenmodells erstellen wir den Service als CDS im Ordner **srv**. In Listing 5.13 ist die Definition des Services zu sehen. Im Rahmen des Services wird die Entität für Kontakte als Projektion veröffentlicht und ausschließlich lesend bereitgestellt, da die Erstellung über SAP Event Mesh erfolgt. Für die Genehmigung und Ablehnung von Kontakten sind zwei separate Aktionen definiert (`Approve`, `Rejected`).

Zudem findet sich hier die Definition der Events, die vom Service erzeugt werden können. Dazu wird das Schlüsselwort `event`, gefolgt vom Namen des Events, verwendet. Innerhalb des Events werden dann die Felder und ihre Datentypen aufgeführt, die übertragen werden sollen. Die so definierten Events können dann später über den Service ausgeführt und an den Event Broker gesendet werden.

Die Annotation der Kategorie `@AsyncAPI` dient dazu, Informationen bereitzustellen, um das CDS später in eine AsyncAPI-Spezifikation umzuwandeln. *AsyncAPI* ist ein verbreiteter Standard zur Beschreibung von Events. Externe Systeme können mithilfe dieser Dokumentation Events verarbeiten und z. B. eigene Objekte zur weiteren Verarbeitung erzeugen.

```
using demo from '../db/data-model';
@AsyncAPI.Title        : 'Contact Approval Service'
@AsyncAPI.SchemaVersion: '1.0.0'
@AsyncAPI.Description: 'Contact Approval Service'
@AsyncAPI.EventStateInfo: 'active'
service Approval {
    @readonly
    entity Contacts as projection on demo.Contacts
        actions {

            action Approve(Note : String(400));
            action Rejected(Note : String(400));
        };
    event Contact.Rejected {
        ContactId : UUID;
        Note      : String(400)
    }
    event Contact.Approve {
        ContactId : UUID;
        Note      : String(400)
    }
}
```

Listing 5.13 CAP-Service für die Kontakte

Für die Konfiguration in der Datei **package.json** (siehe Listing 5.14) erweitern wir, wie in Abschnitt 5.3.2, »Anbindung an das SAP Cloud Application Programming Model«, beschrieben, den Eintrag `messaging` um das Modul `enterprise-messaging`. Zusätzlich fügen wir weitere Parameter hinzu. Der Parameter `"format": "cloudevents"` sorgt dafür, dass beim Versenden von Nachrichten für ein Event alle Pflichtfelder wie `type`, `source`, `id`, `datacontenttype`, `specversion` und `time` automatisch ausgefüllt werden. Diese Felder werden bei der Verarbeitung auf der ABAP-Seite benötigt. Die Parameter `subscribePrefix` und `publishPrefix` werden mit `$namespace/` ergänzt, sodass bei der Veröffentlichung oder dem Abonnieren automatisch der Namensraum berücksichtigt wird. Im späteren Quellcode ist es daher nicht erforderlich, den Namensraum manuell anzugeben, was sowohl Flexibilität als auch die Einhaltung der Best Practices von SAP ermöglicht. Für die Variante `hybrid` wird zudem der Parameter `queue.name` ergänzt, der entweder automatisch eine neue Queue anlegt oder die angegebene Queue für die Prozesse verwendet. Dies stellt sicher, dass bei der Entwicklung die Queue immer vorhanden ist.

```
"messaging": {
  "[hybrid]": {
   "format": "cloudevents",
    "kind": "enterprise-messaging",
    "subscribePrefix":"$namespace/",
    "publishPrefix": "$namespace/"
    "queue": {
      "name": "Demo/Events/BTP/Contact"
    }
  },
  "[production]": {
   "format": "cloudevents",
    "kind": "enterprise-messaging",
    "subscribePrefix":"$namespace/",
    "publishPrefix": "$namespace/"
  }
}
```

Listing 5.14 Datei »package.json« für Events in CAP

Basierend auf den Einstellungen der Datei **package.json** und dem CDS-Projekt erstellen wir eine JS-Datei für den Service. Die Verbindung zu SAP Event Mesh erfolgt, wie ebenfalls in Abschnitt 5.3.2 beschrieben, mittels `messaging`. Der Topic-Name wird ohne Namensraum angegeben, entsprechend der zuvor erläuterten Einstellung in der Datei **package.json**. Im Programm werden die Daten aus dem Event empfangen und in die Zieldatenbanktabelle geschrieben (siehe Listing 5.15).

```
const cds = require("@sap/cds");
const eventTopic = 'ce/zdemo/contact/Create/v1';
const { Contacts } = cds.entities
module.exports = cds.service.impl(async function () {

    var messaging = await cds.connect.to('messaging');
    messaging.on(eventTopic, async req => {
        let query = INSERT.into(Contacts).entries(
```

```
            req.data
        );
        await cds.run(query);
    })
})
```

Listing 5.15 Implementierung des Ereigniskonsumenten in CAP

Anschließend implementieren wir die Methoden für die Aktionen `Approve` und `Rejected`. Listing 5.16 zeigt eine mögliche Umsetzung. Beide Methoden übertragen mit `messaging.emit` das Event mit dem jeweiligen Topic-Namen (`Contact/Approve/v1` oder `Contact/Rejected/v1`) an SAP Event Mesh. Die zu sendenden Daten, wie `ContactId` und ein Kommentar, werden als JSON-Objekt übergeben. Bei dem letzten Parameter handeltet es sich um einen optionalen Parameter, der den Event Header mitgibt. Wird der Parameter `format` auf `cloudevents` gesetzt, erzeugt das System automatisch den Event Header. Der Parameter `type` wird zusätzlich übergeben, um denselben Event-Typ wie bei der CDS-Projektion zu verwenden. Nach dem Versand wird der Datensatz mit der Methode `deleteContact` aus der Datenbank entfernt.

```
  this.on("Approve", async req => {
        let oData = req.data;
        let oKey = req.params.find( (element) => element.ContactId )
        await messaging.emit('Contact/Approve/v1', {
            ContactId: oKey.ContactId,
            Note: oData.Note
        },{ "type":"Approval.Contact.Approve"});
        await deleteContact(oData.ContactId);
    })
    this.on("Rejected", async req => {
        let oData = req.data
        let oKey = req.params.find((element) => element.ContactId);
        await messaging.emit('Contact/Rejected/v1', {
            ContactId: oKey.ContactId,
            Note: oData.Note },
            { "type":"Approval.Contact.Rejected"});
        await deleteContact(oKey.ContactId);
    })
})
async function deleteContact(sContactId) {
```

```
let   query =
DELETE.from(Contacts).where({"ContactId": { "=": sContactId  }});
    await cds.run(query);
}
```

Listing 5.16 Implementierung des Event Providers in CAP

Um die Actions aus der Benutzeroberfläche auslösen zu können, ergänzen wir die Annotationsdatei auf Line-Item-Ebene mit den in Listing 5.17 dargestellten Annotationen. Dadurch werden nun zwei Buttons angezeigt.

```
{
    $Type : 'UI.DataFieldForAction',
    Action: 'Approval.Approve',
    Label : 'Approve'
},
{
    $Type : 'UI.DataFieldForAction',
    Action: 'Approval.Rejected',
    Label : 'Rejected'
}
```

Listing 5.17 Actions für Genehmigungs-App in CAP

Für das Senden von Nachrichten an SAP Event Mesh verwendet CAP das AMQP-Protokoll (Advanced Message Queuing Protocol). AMQP ist ein offenes, plattformunabhängiges Nachrichtenprotokoll, das zuverlässig den Nachrichtenaustausch in verteilten Systemen wie Cloud-Lösungen ermöglicht. Es eignet sich besonders für die Übermittlung von Events, da es Eigenschaften wie Zustellbestätigung und asynchrone Kommunikation bietet. Für die CAP-Nutzung ist das Node.js-Modul `@sap/xb-msg-amqp-v10` erforderlich. Installieren Sie es mit dem Befehl `npm add @sap/xb-msg-amqp-v10`. Für lokale Tests stellen Sie die Verbindung zu SAP Event Mesh per Service Key her und verbinden sich mit dem SAP BTP Space, in dem der Message Client läuft. Führen Sie dann den Befehl `cds bind -2 DemoClient:DemoClient-key` aus. Zum Starten des Services verwenden Sie den Befehl `cds watch --profile hybrid`, um das `Hybrid`-Profil zu nutzen. Für die Speicherung von Events zur Genehmigung werden zwei Queues benötigt: eine Queue für Ablehnungen und eine für Genehmigungen von Kontakten. Beide Queues werden im Event analog zur Queue für die Kontaktanlage angelegt. Die Einrichtung der Ablehnungsqueue mit dem Namen `Contact/Rejected` ist in Abbildung 5.17 dargestellt.

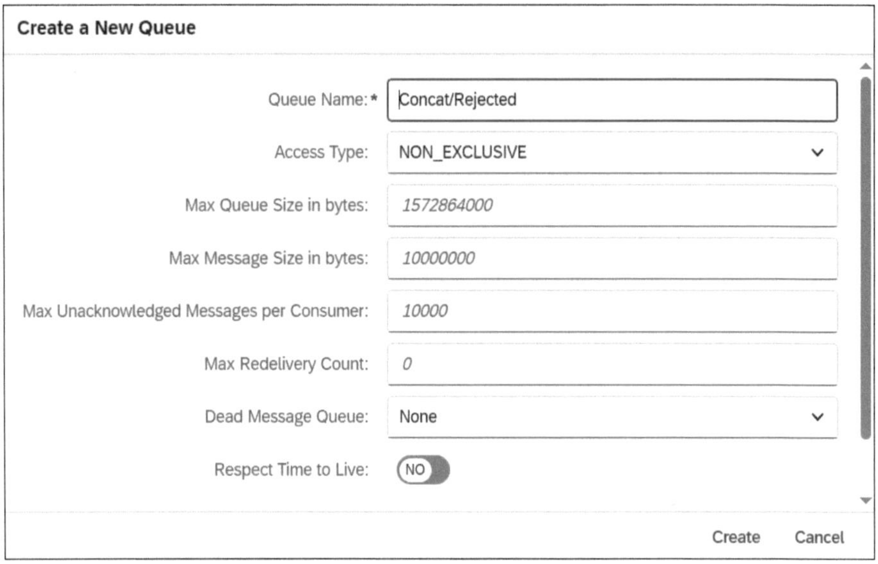

Abbildung 5.17 Queue zur Kontaktablehnung anlegen

Da die Nachrichten nicht direkt an die Queues gesendet werden, müssen Sie für beide Queues eine `Queue Subscription` anlegen. Tragen Sie dazu jeweils den entsprechenden Namen aus dem CAP-Code für beide Queues ein. Abbildung 5.18 zeigt beispielhaft die Einstellung für die `Contact/Rejected`-Queue.

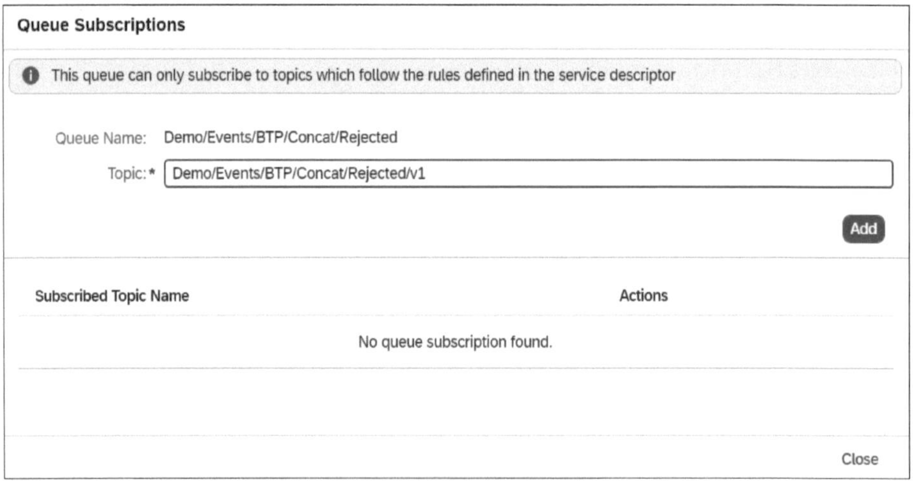

Abbildung 5.18 Subscription für CAP Queues anlegen

Nach dieser Anpassung werden genehmigte oder abgelehnte Daten aus der Vorschau der App an die Queue übertragen.

Events im ABAP Environment empfangen

In diesem Abschnitt erklären wir, wie die aus CAP erzeugten Events über SAP Event Mesh an das ABAP Environment auf der SAP BTP zurückgegeben werden. Für den Empfang von Events in ABAP ist eine AsyncAPI-Spezifikation erforderlich, die durch entsprechende Annotationen automatisch generiert werden kann. Erstellen Sie die Spezifikation mit dem Befehl `cds compile srv --service all -o docs --to asyncapi`. Durch diesen Befehl wird die Spezifikation im Verzeichnis **docs** gespeichert. Basierend auf dieser Datei erstellen Sie im ABAP Environment ein Event Consumer Model. Das *Event Consumer Model* erzeugt eine Reihe von ABAP-Artefakten, um externe Events zu konsumieren. Dadurch ist es nicht nötig, die Objekte von Hand zu erzeugen, und Sie können direkt mit der Implementierung der Event-Handler-Klassen beginnen.

Zur Anlage eines Event Consumer Models wählen Sie in Eclipse **New • Other ABAP Repository Object • Business Services • Event Consumption Model**. Es öffnet sich ein Pop-up für die Anlage des Event Consumer Models, wie in Abbildung 5.19 dargestellt. Legen Sie ein Präfix und eine Identifizierung fest. Das Präfix wird für alle zu erzeugenden Objekte verwendet; Sie können z. B. »Z« oder einen eigenen Namespace verwenden. Geben Sie zudem die AsyncAPI-Spezifikation im Bereich **Event Specification File** an. Sobald Sie alle Angaben gemacht haben, starten Sie den Prozess mit **Next**, und die Spezifikation wird ausgewertet.

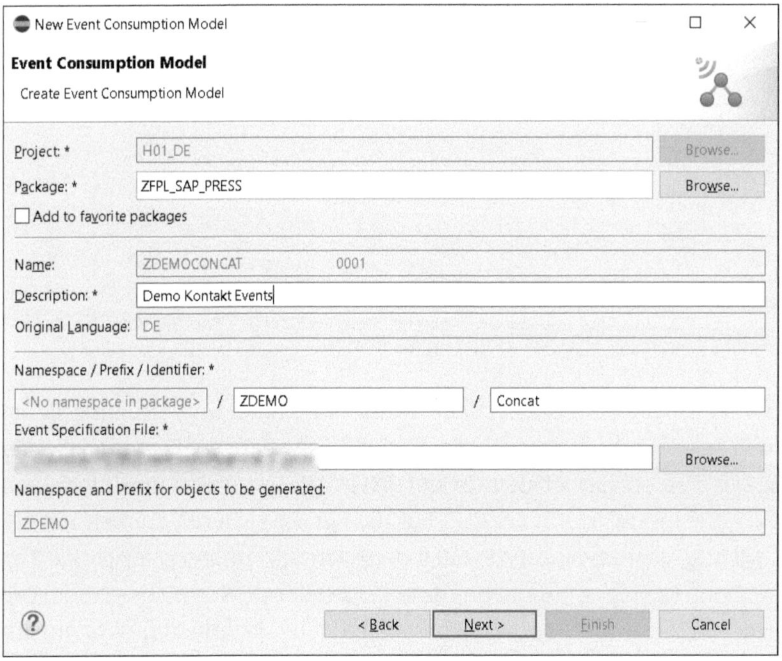

Abbildung 5.19 Event Consumer Model in ABAP erstellen

Durch die Auswertung der AsyncAPI-Spezifikation werden im nächsten Schritt alle verfügbaren Events angezeigt. Dabei können Sie auswählen, welche Events für die Entwicklung relevant sind und genutzt werden sollen. Das entsprechende Pop-up ist in Abbildung 5.20 zu sehen. Anschließend werden Namen für Klassen und Interfaces abgefragt, die für das Modell benötigt werden. Wenn Sie alle Eingaben vorgenommen haben, wird eine Vorschau aller Objekte mit ihren Namen angezeigt. Zu den erzeugten Objekten gehören unter anderem:

- abstrakte CDS, die die Struktur der Events enthalten
- Event-Handler-Klassen
- Interfaces
- Inbound Services, die in Kommunikationsvereinbarungen genutzt werden können
- Behavior Definitions

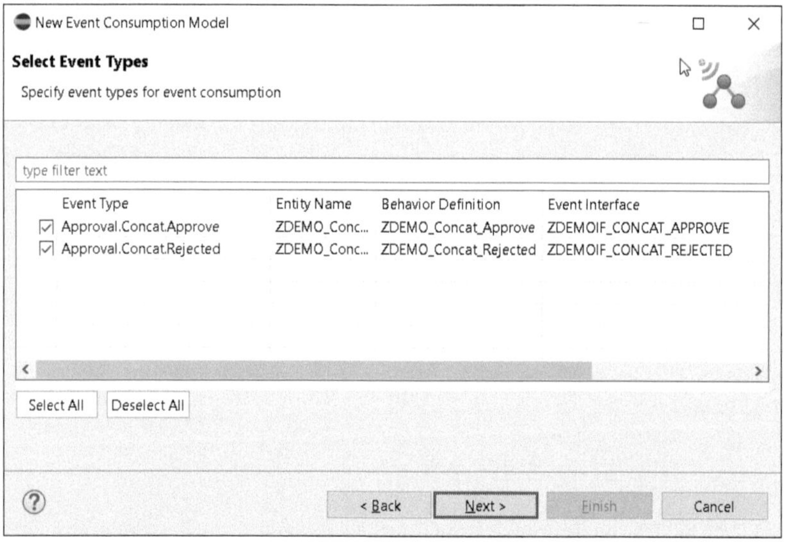

Abbildung 5.20 Events für die Objekterzeugung auswählen

Nach erfolgreicher Anlage steht das Event Consumption Model zur Verfügung. Es besteht zum einen aus dem Event-Typ und der Handler-Klasse für die Events (siehe Abbildung 5.21). Der Typ entspricht dem in der AsyncAPI-Spezifikation hinterlegten Event-Typ und korrespondiert mit der CDS-Entität. Für die spätere Verarbeitung der Events ist es wichtig, dass im Header-Bereich der Nachricht immer der richtige Typ angegeben ist. Zum Beispiel werden von diesem Modell nur Nachrichten vom Typ `Approval.Contact.Approve` oder `Approval.Contact.Rejected` verarbeitet. Wird ein anderer Typ als der im Modell angegebene Typ übergeben, werden die Nachrichten zwar aus SAP Event Mesh abgerufen, aber nicht verarbeitet. Zum anderen enthält das

Modell die Handler-Klasse, die für jedes Event eine Implementierungsmethode beinhalten muss. Um die Implementierung zu testen, ohne dass ein Event von außen ausgelöst werden muss, können Sie über den Button **Simulate Consumption** eine Simulation durchführen. Dabei öffnet sich ein Pop-up, das eine JSON-Datei mit Beispieldaten für das Event enthält, die für den Test angepasst werden können.

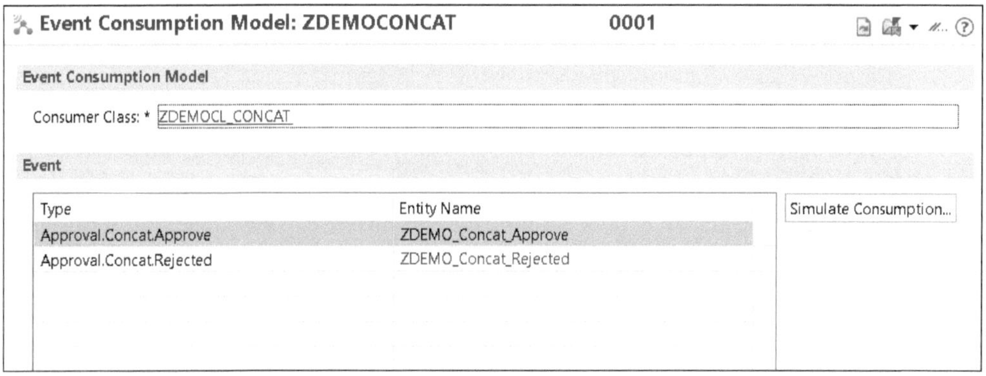

Abbildung 5.21 Event Consumption Models erzeugen

Im nächsten Schritt implementieren wir die Event-Handler-Klasse. Der neue Status wird in einer separaten Tabelle gespeichert. Zudem wird der Kontakt bei Ablehnung gelöscht. Die Statustabelle (siehe Listing 5.18) enthält das Feld `status` mit den Werten `A` (Approved) oder `R` (Rejected). Bei Genehmigung wird der Kommentar im Feld `note` hinterlegt.

```
@EndUserText.label : 'Approval Information for a ContactContact
@AbapCatalog.enhancement.category : #NOT_EXTENSIBLE
@AbapCatalog.tableCategory : #TRANSPARENT
@AbapCatalog.deliveryClass : #A
@AbapCatalog.dataMaintenance : #RESTRICTED
define table zcontact_approv {
  key client     : abap.clnt not null;
  key contact_id : sysuuid_x16 not null;
  status         : zcontact_status;
  note           : abap.char(400);
}
```

Listing 5.18 ABAP-Tabelle für Informationen zur Freigabe

In Listing 5.19 wird die Implementierung der Event-Handler-Klasse gezeigt. Diese Klasse erbt von der generierten Basisklasse `zdemocl_Contact_base`, die alle erforderlichen Event Interfaces bereitstellt. Die Methode der Basisklasse `HANDLE_EVENT` aus dem Interface `/IWXBE/IF_CONSUMER` wird immer dann aufgerufen, wenn das Modell ein

Event empfängt. In dieser Methode erfolgt die Verzweigung zu den spezifischen Methoden für jedes Event. In der Event-Handler-Klasse findet die Implementierung dieser spezifischen Methoden für das Beispiel in Form von zdemoif_Contact_handler~handle_Contact_approve für das Genehmigungsevent und zdemoif_Contact_handler~handle_Contact_rejected für das Ablehnungsevent statt. Zu Beginn beider Methoden werden die Daten aus der Nachricht in den für die Weiterverarbeitung richtigen Typ konvertiert. Dazu wird in der Klasse die folgende Methode des Importparameters io_event->get_business_data( )" aufgerufen. Der Typ der Variablen ist TYPE STRUCTURE FOR HIERARCHY. Dieser Typ enthält alle Felder eines Business Objects und alle seine Kompositionen als tiefe Struktur. Dieser Typ kann nur auf Behavior angewandt werden, die als abstrakte Entität (abstract entity) definiert sind. Diese Struktur ermöglicht im Event Handling die Definition von verschachtelten Events.

Bei der Methode für die Ablehnung wird der Datensatz mit EML gelöscht. In beiden Fällen werden die Daten dann in die neue Datenbanktabelle mit dem dazugehörigen Status geschrieben. Damit ist die Implementierung im ABAP Environment abgeschlossen, und die Daten können verarbeitet werden.

```
CLASS zdemocl_Contact DEFINITION
  PUBLIC
  INHERITING FROM zdemocl_Contact_base FINAL
  CREATE PUBLIC.
  PUBLIC SECTION.
    METHODS zdemoif_Contact_handler~handle_Contact_approve  REDEFINITION.
    METHODS zdemoif_Contact_handler~handle_Contact_rejected REDEFINITION.
  PROTECTED SECTION.
  PRIVATE SECTION.
ENDCLASS.
CLASS zdemocl_Contact IMPLEMENTATION.
  METHOD zdemoif_Contact_handler~handle_Contact_approve.
    " Event Type: Approval.Contact.Approve
    DATA ls_business_data TYPE STRUCTURE FOR HIERARCHY ZDEMO_Contact_Approve.

    ls_business_data = io_event->get_business_data( ).
    INSERT zcontact_approv FROM @( VALUE #(
    status     = 'A'
    contact_id = ls_business_data-ContactId
    note       = ls_business_data-Note  ) ).
  ENDMETHOD.

  METHOD zdemoif_Contact_handler~handle_Contact_rejected.
```

```
    " Event Type: Approval.Contact.Rejected
    DATA ls_business_data TYPE STRUCTURE FOR HIERARCHY ZDEMO_Contact_Rejected.
    ls_business_data = io_event->get_business_data( ).
    MODIFY ENTITIES OF zdemo_c_contact
    ENTITY zdemo_c_contact
    DELETE FROM VALUE #( ( %key-ContactID = ls_business_data-contactid ) ).
    INSERT zcontact_approv FROM @( VALUE
    #( status     = 'R'
       contact_id = ls_business_data-ContactId
       note       = ls_business_data-Note   ) ).
  ENDMETHOD.
ENDCLASS.
```

Listing 5.19 Event-Handler-Klassen in ABAP

Im nächsten Schritt erstellen wir ein Kommunikationsszenario, das für die Nutzung einer Kommunikationsvereinbarung verwendet werden kann. Dazu nutzen wir den vom Event Consumption Model erzeugten Inbound Service, der in Abbildung 5.22 zu sehen ist.

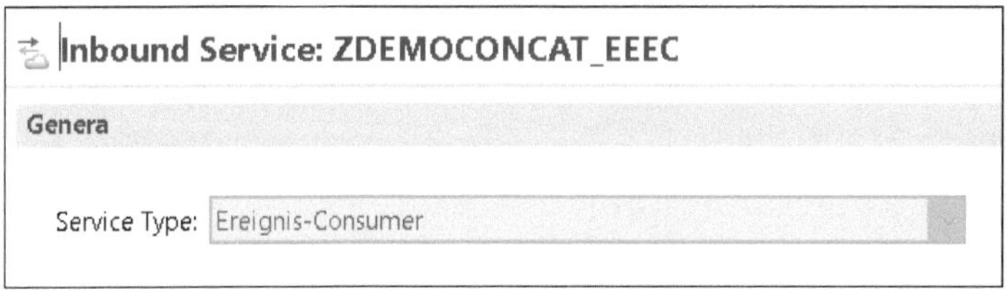

Abbildung 5.22 Inbound Service für Genehmigung

Zur Anlage eines Kommunikationsszenarios navigieren Sie in Eclipse zu **New • Other ABAP Repository Object • Cloud Communication Management • Communication Scenario**. Das Kommunikationsszenario gliedert sich in vier Bereiche:

- Overview: allgemeine Einstellungen und Status des Kommunikationsszenarios
- Inbound: Einstellungen für eingehende Verbindungen, etwa Events
- Outbound: Einstellungen für ausgehende Verbindungen, etwa OData-Services
- Authorizations: Einstellungen für Berechtigungen

Für das Bereitstellen des Event Consumption Models öffnen Sie den Bereich **Inbound** und fügen über den Button **Add...** den Inbound Service hinzu. Sie können später weitere Events hinzufügen. In Abbildung 5.23 sehen Sie das Kommunikationsszenario mit allen ausgefüllten Werten. Um das Kommunikationsszenario zu veröffentlichen, klicken Sie auf den Button **Publish Locally**.

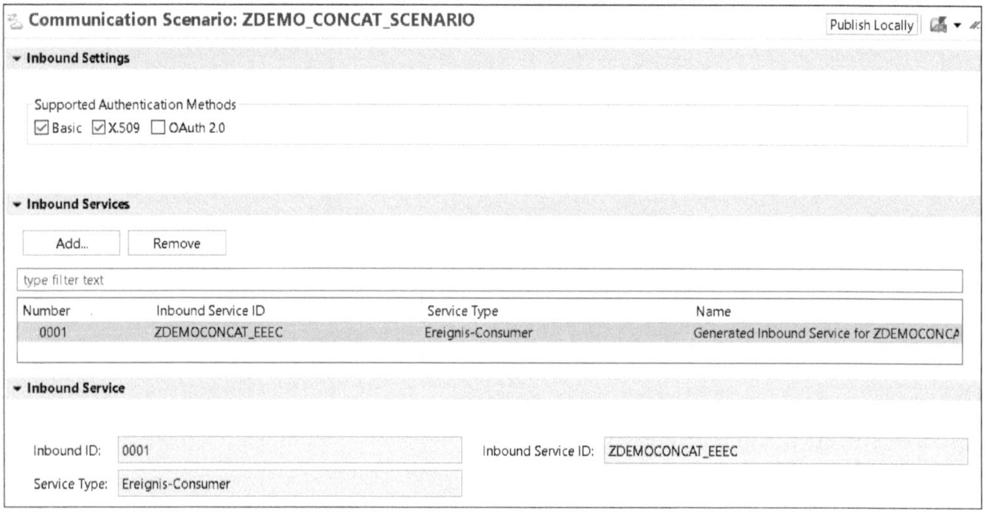

Abbildung 5.23 Kommunikationsszenario für Events

Die folgenden Schritte müssen für jedes System wiederholt werden, da es sich um systemabhängige Einstellungen handelt. Um eine Verbindung zu SAP Event Mesh herzustellen, muss in der App **Kommunikationsvereinbarungen** eine Vereinbarung für das jeweilige Kommunikationsszenario hinzugefügt werden. Diese sollte bei der Anlage wie in Abbildung 5.24 aussehen.

Abbildung 5.24 Kommunikationsvereinbarungen zum eigenen Kommunikationsszenario anlegen

Innerhalb der Einstellung benötigen Sie ein Kommunikationssystem, das Parameter und Einstellungen für die Verbindung festlegt. Klicken Sie innerhalb der Kommunikationsvereinbarungen auf den Button **New**, und legen Sie einen beliebigen Namen und eine Beschreibung für das Kommunikationssystem fest. Starten Sie die Übertragung von Events im Kommunikationssystem, indem Sie den Regler **Event Exchange**

Infrastucture aktivieren (siehe Abbildung 5.25). Dadurch können Events von außen angenommen werden. Im nächsten Schritt fügen Sie den Ereigniskanal hinzu, von dem die Events empfangen werden. Dafür wird über das Plus-Icon [+] der bereits mit SAP Event Mesh verbundene Kanal **ZDEMO_SAP_COM_0092** ausgewählt.

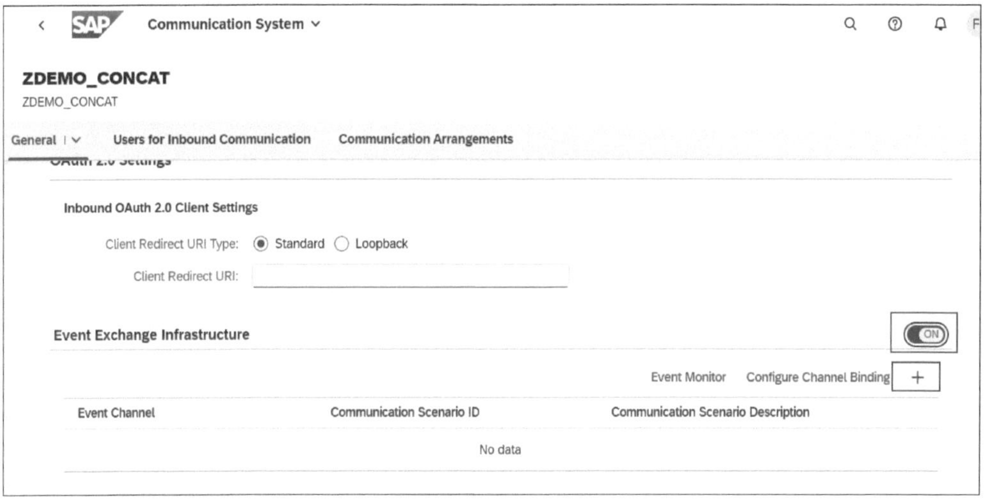

Abbildung 5.25 Kommunikationssystem anlegen

Wählen Sie einen Benutzer und eine Authentifizierungsmethode für die Verbindung aus. Fügen Sie dazu im Bereich **Users for Inbound Communication** einen Benutzer mit dem Plus-Button hinzu. Daraufhin öffnet sich ein Pop-up, das in Abbildung 5.26 zu sehen ist, in dem Sie die Authentifizierungsmethode und den Benutzernamen wählen können. Für unser Beispiel werden der Benutzername, der beim Senden von Events verwendet wurde, und die Authentifizierungsmethode **User Name and Password** genutzt.

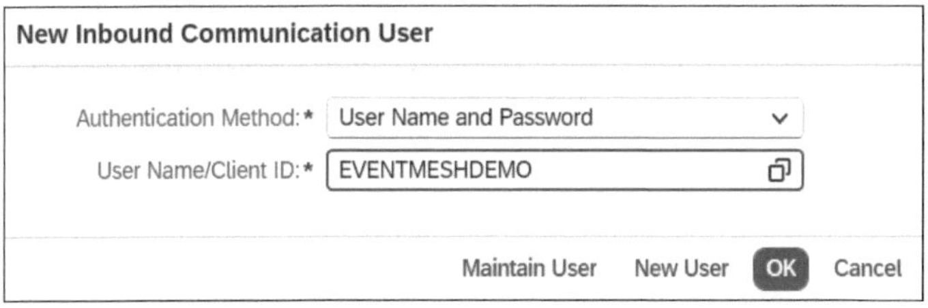

Abbildung 5.26 Benutzername für Kommunikationssystem verknüpfen

Speichern Sie anschließend das Kommunikationssystem, wodurch Sie automatisch zur Kommunikationsvereinbarung zurückgeleitet werden (siehe Abbildung 5.27).

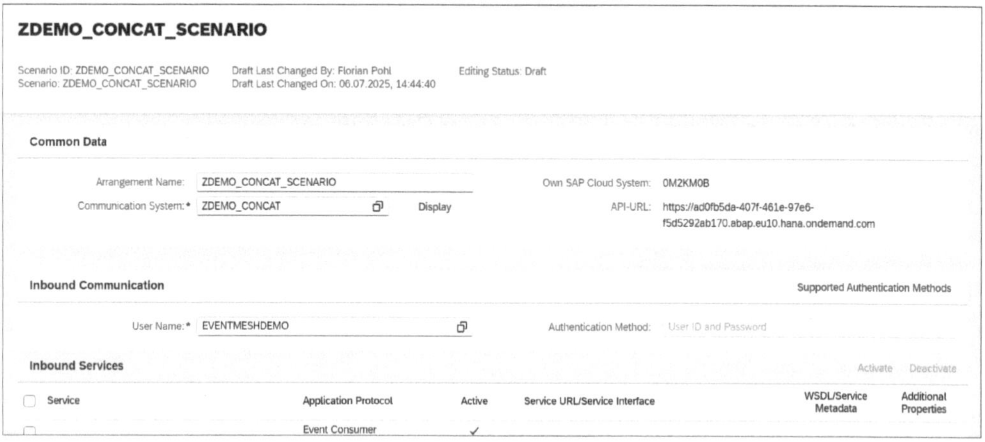

Abbildung 5.27 Kommunikationsvereinbarungen eigener Events

Nach dem Speichern werden die Event Handler für die Topics im Event Channel aktiviert. Dies ist auch in der App **Main Event Channel** zu sehen. Öffnen Sie den Kanal mit dem Namen »ZDEMO_SAP_COM_0092«, finden Sie dort zwei Inbound Topic Bindings für die beiden Events, wie in Abbildung 5.28 zu sehen ist.

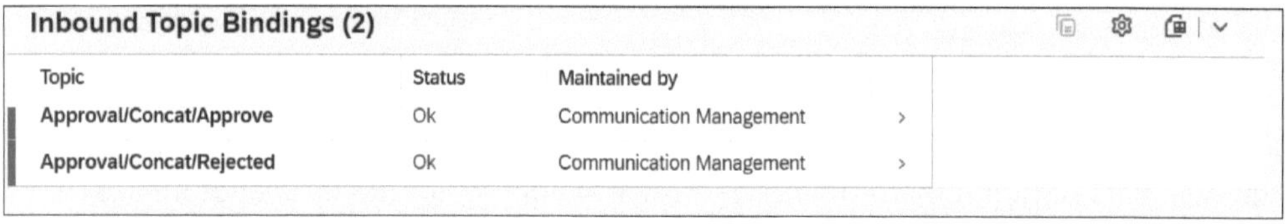

Abbildung 5.28 Eingehende Events

Um eine Verbindung zu einer Queue herzustellen, müssen Sie zunächst eine Subscription erstellen. Klicken Sie dazu im Bereich **Subscriptions** auf den Button **Create**, um eine neue Subscription anzulegen. In der sich öffnenden Eingabemaske tragen Sie den Namen der Queue ein, z. B. »Demo/Events/BTP/Contact/Approve« für die Genehmigungs-Queue, wie in Abbildung 5.29 dargestellt.

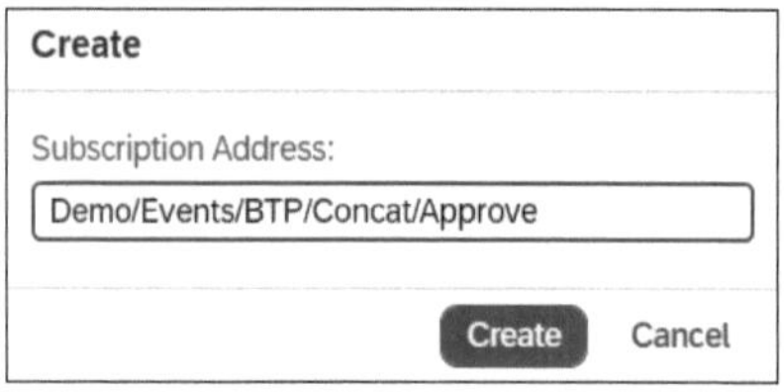

Abbildung 5.29 Queue aus dem ABAP Environment abonnieren

Nachdem das Abonnement abgeschlossen ist, wird es in der Tabelle (siehe Abbildung 5.30) angezeigt. Der Status ist dabei entscheidend, da er angibt, ob die Verbindung funktioniert. Bei einem Wert von **Acknowledged** besteht die Verbindung, und Nachrichten werden empfangen. Bei **Rejected** wurde der Verbindungsaufbau von SAP Event Mesh abgelehnt. Für die Ablehnung kann es verschiedene Gründe geben, z. B. den Versuch, auf eine nicht vorhandene Queue zuzugreifen. Wird versucht, auf eine Queue zuzugreifen, die nicht im Namespace vorhanden ist, wird das Speichern von der App abgelehnt.

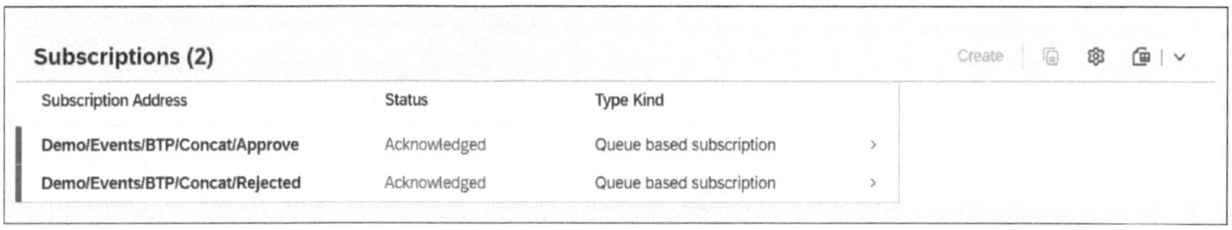

Abbildung 5.30 Alle Abonnements im ABAP Environment

Nach Abschluss aller Prozessschritte erfolgt die Übertragung der Nachrichten von SAP Event Mesh an das ABAP Environment, womit der gesamte Ablauf vollständig abgebildet wird.

5.4 API Management und Integration

In diesem Abschnitt geben wir Ihnen einen Überblick über den SAP Business Accelerator Hub und erläutern die Möglichkeiten, Drittanbieter-APIs für Anwendungen nutzbar zu machen.

5.4.1 SAP Business Accelerator Hub

Der SAP Business Accelerator Hub ist eine zentrale Plattform von SAP für Informationen zu den Themen Integration von API, Events, Erweiterungsmöglichkeiten und anderen Integrationsprozessen. Er bietet Funktionen zum Finden und Testen von APIs für aktuelle SAP-Plattformen wie SAP S/4HANA Public Cloud oder die SAP BTP. Den SAP Business Accelerator Hub (siehe Abbildung 5.31) erreichen Sie über die URL *https://api.sap.com/*.

In diesem Kapitel liegt der Fokus auf den Anwendungsfeldern API, Events und Erweiterungsoptionen für Anwendungen. Für die Nutzung von APIs bietet der SAP Business Accelerator Hub die Möglichkeit, API-Spezifikationen für unterschiedliche API-Typen, wie OData oder SOAP, zu finden. Grundsätzlich wird zu Beginn ein Produkt ausgewählt, zu dem die API gesucht wird. Daraufhin werden Ihnen zu diesem Produkt unterschiedliche Kategorien, unter anderem APIs und Events, angezeigt. Auf der Registerkarte **APIs** werden Ihnen alle APIs und die Spezifikation angezeigt. Dabei können Sie dann über das Suchfeld (siehe Abbildung 5.32) nach APIs, etwa für den

Kundenauftrag, suchen. Um sich die Spezifikation zu einer API anzeigen zu lassen, können Sie diese dann aus der Liste der Kacheln auswählen.

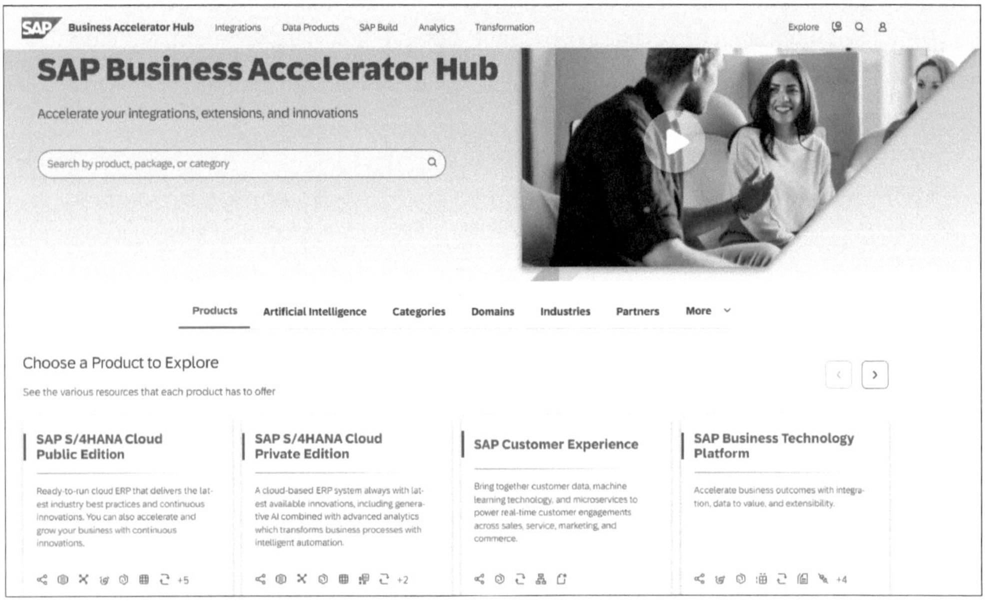

Abbildung 5.31 Startseite des SAP Business Accelerator Hubs

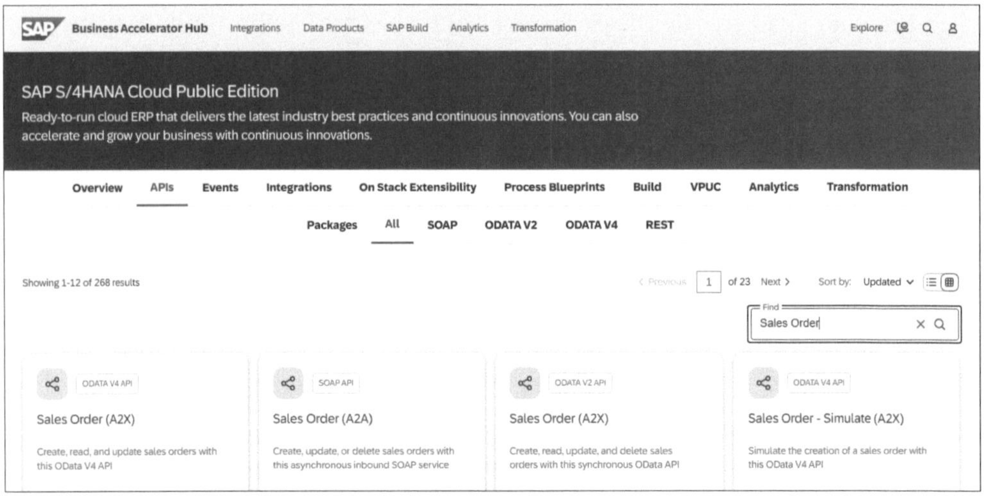

Abbildung 5.32 SAP Business Accelerator Hub: APIs

Innerhalb der Spezifikation im Bereich **Overview** finden Sie die folgenden Informationen (siehe Tabelle 5.5):

Name	Beschreibung
Attributes	Definiert grundlegende Attribute wie z. B. den Namen des Business Objects oder Kommunikationsvereinbarungen.
API Specification	Stellt die OpenAPI-Spezifikation in den Formaten JSON, YAML und EDMX zur Verfügung. Diese können zur Generierung von Objekten genutzt werden.
Authentication Methods	Definiert, welche Authentifizierungsmethoden möglich sind.
Configuration Details	Gibt unter anderem die URLs für die Sandbox und den produktiven Service an.
Extensibility	Zeigt verfügbare Erweiterungen für den Service an.

Tabelle 5.5 Bereich »Overview« des SAP Business Accelerator Hubs

Innerhalb der Spezifikation im Bereich **API Reference** sind alle Operationen eines OData-Services mit den zugehörigen Feldern, Filtern, URL-Operationen und HTTP-Responses dokumentiert. Zudem besteht die Möglichkeit, die API direkt zu testen, wofür standardmäßig ein SAP-Sandboxsystem zur Verfügung steht. Im Bereich **API Consumption** erhalten Sie eine Anleitung sowie gegebenenfalls Quellcode zur Nutzung der API in ABAP, Java oder JavaScript. Im Bereich **Event** werden Business Objects zusammen mit ihren Events angezeigt. Im Bereich **Overview** finden sich eine Beschreibung zu den Events und die AsyncAPI-Spezifikationen, die z. B. für die Entwicklung in ABAP oder CAP verwendet werden können. Im Bereich **Event References** finden Sie detaillierte Event-Definitionen mit allen relevanten Header- und Payload-Informationen. Den beispielhaften Aufbau der Event-Seite sehen Sie in Abbildung 5.33.

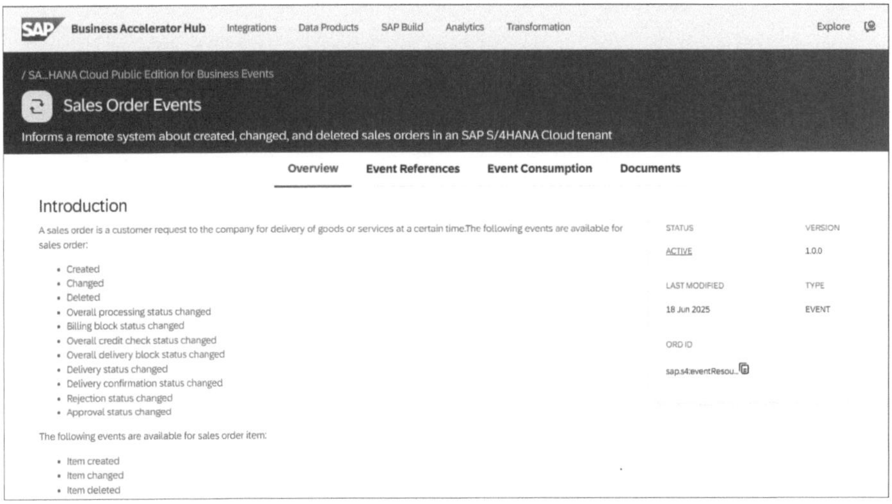

Abbildung 5.33 SAP Business Accelerator Hub: Event Sales Order

Für die ABAP-Entwicklung stellt der SAP Business Accelerator Hub unter dem Namen **On Stack Extensibility** einen eigenen Bereich bereit, der verfügbare Objekte und Erweiterungsmöglichkeiten für eine cloud-fähige Entwicklung aufzeigt. Dazu stehen unter anderem freigegebene CDS Views, Business Objects sowie Business Add-ins zur Verfügung. Die Nutzung dieses Bereichs eignet sich besonders dann, wenn kein eigenes ABAP-System zur Überprüfung vorhanden ist.

5.4.2 Integration von Drittanbieter-APIs

Für die Integration von Drittanbieter-APIs gibt es unterschiedliche Möglichkeiten:

- **Destinationen**

  Eine schnelle und einfache Methode ist das Anlegen einer Destination für jede API. Dies hat jedoch Nachteile wie fehlende Monitoring-Möglichkeiten, Unübersichtlichkeit der APIs und unklare Verantwortlichkeiten.

- **API Management**

  Eine andere Möglichkeit ist die Nutzung des API Managements, das die Nachteile der Destination beseitigt. Das API Management ist Teil der SAP Integration Suite und teilt sich in die Bereiche API Portal und Developer Hub auf.

API Portal

Das *API Portal* ist die zentrale Plattform für Entwickler*innen und Administrator*innen. Es bietet Funktionen wie das Erstellen von API-Produkten, Proxys, API-Providern, Kostenplänen sowie Analyse- und Monitoring-Tools. Tabelle 5.6 gibt Ihnen einen Überblick über die wichtigsten Bereiche.

Bereich	Beschreibung
Discover	In diesem Bereich sind vorgefertigte Objekte verfügbar, die als Komplettlösung oder Vorlage für die Entwicklung genutzt werden können.
Configure	In diesem Bereich lassen sich API-Provider, API-Proxys, Zertifikate, Key Value Maps sowie Policy Templates verwalten.
Engage	Hier können Produkte verwaltet werden. Zudem können API-Proxys dem Produkt zugeordnet werden, damit sie später im Developer Hub verfügbar sind.
Monetize	Ermöglicht es, Kostenpläne zu verwalten, um eine Monetarisierung von API-Proxys zu erhalten. Zudem werden in diesem Bereich die einzelnen Kosten für die API-Aufrufe aufgelistet, die den Konsumenten in Rechnung gestellt werden.

Tabelle 5.6 Bereich des API Portals im API Management

Bereich	Beschreibung
Analyze	Ist die Auswertungsmöglichkeit für API-Proxys. Dabei werden unterschiedlichste Auswertungen zur Verfügung gestellt, z. B. zur Nutzlast oder zu HTTP-Fehlercodes.
API Test Console	Es stellt ein Testtool zur Verfügung, um HTTP-Requests gegen eigene API-Proxys zu senden.

Tabelle 5.6 Bereich des API Portals im API Management (Forts.)

Um APIs bereitzustellen, wird in der Regel ein *API-Provider* benötigt. Dieser API-Provider stellt das System dar und gibt unter anderem den Katalogservice an, für den der OData-Service zur Verfügung gestellt wird. Da sich der *API-Proxy* auf der SAP BTP befindet, kann dabei auch auf lokale Systeme über den Cloud Connector zugegriffen werden. Der API-Proxy ist ein Proxy, der APIs von anderen Systemen verfügbar macht. Dabei stehen unterschiedliche Funktionen, etwa bei der Erstellung oder der Begrenzung von Operationen und Pfaden, zur Verfügung. Darüber hinaus können Dokumentationen hinterlegt und auf Basis von Metadaten generiert werden. Bei Proxys können außerdem *Policys* genutzt werden, um das Verhalten zu ändern. Mit einer Policy kann unter anderem die Prüfung von API Keys bis zu einem Skript mit eigener Logik erstellt werden. Policys sind eine entscheidende Komponente bei der Erstellung von API-Proxys und können komplexe Logiken enthalten. Um die erzeugten Proxys für Konsumenten verfügbar zu machen, müssen sie einem Produkt zugeordnet werden. Ein Produkt ist eine Sammlung von API-Proxys, die im Developer Hub abonniert werden können.

Developer Hub

Im *Developer Hub* können sich die API-Konsumenten registrieren, um die APIs zu nutzen. Konsumenten können interne Entwickler*innen oder Geschäftspartner sein, die die API für ihre Entwicklung verwenden wollen. Die Nutzer*innen können sich im Developer Hub selbst registrieren, dafür ist kein S-User notwendig. Die Registrierung muss dann von Administrator*innen des Hubs genehmigt werden.

Im Hub stehen dann alle veröffentlichten Produkte und API-Proxys zur Verfügung. Um eine API zu nutzen, legen die Entwickler*innen eine Subscription für das Produkt an, wodurch ein API Key für den Benutzer generiert wird. Dieser Key kann dann tracken, wie oft die API aufgerufen wurde und von wem. Dadurch wird dann das Monitoring vereinfacht, und es ist möglich, dem Konsumenten die Kosten für die API in Rechnung zu stellen.

5.5 Zusammenfassung

In diesem Kapitel haben wir Ihnen die grundlegenden Bestandteile und das technische Verständnis einer ereignisgesteuerten Architektur, bestehend aus Event, Ereignisbeschreibung, Ereignisproduzenten, Ereigniskonsumenten und Event Broker vermittelt. Auf der SAP Business Technology Platform wird diese Architektur durch SAP Event Mesh implementiert, das aus zwei Hauptkomponenten besteht: der Subscription als globalem Service sowie der Instanz als Message Client. Jeder Message Client verfügt über eigene Bezeichnungen, individuelle Konfigurationen sowie spezifische Queues und Topics. Der Prozess zur Anlage und Verwaltung von Queues und Topics wurde erläutert, um die Speicherung und Weiterleitung von Nachrichten effizient zu gewährleisten. Sowohl das ABAP RESTful Application Programming Model als auch das SAP Cloud Application Programming Model unterstützen den Versand und die Konsumierung von Events über das Protokoll AMQP. Anhand eines Beispiels haben wir gezeigt, wie die Implementierung erfolgt und worin sich die beiden Technologien unterscheiden. Mit dem SAP Business Accelerator Hub können Entwickler*innen APIs und Events schnell finden und nutzen. Das API Management sorgt für eine einheitliche Nutzung und Überwachung der APIs und teilt sich in zwei zentrale Bereiche – das API Portal für Entwickler*innen und den Developer Hub für Konsumenten – auf.

Kapitel 6

Künstliche Intelligenz auf der SAP BTP

Mit dem zunehmenden Reifegrad künstlicher Intelligenz eröffnen sich neue Möglichkeiten, diese direkt in Entwicklungsprozesse und produktive Anwendungen zu integrieren. In diesem Kapitel erfahren Sie, wie Sie die künstliche Intelligenz auf der SAP BTP einsetzen.

Die Entwicklung künstlicher Intelligenz (KI) auf der SAP BTP zeigt eine kontinuierliche Evolution von grundlegendem maschinellen Lernen hin zu fortschrittlicher *generativer KI*. Die Reise von SAP im Bereich der KI begann bereits mit dem *Machine Learning* (ML, dt. maschinelles Lernen). Das primäre Ziel bestand darin, Unternehmen dabei zu unterstützen, ihre Daten systematisch auszuwerten, Muster zu erkennen und fundierte Vorhersagen zu treffen. Ein typischer Anwendungsfall war die Automatisierung von Rechnungsprozessen, die direkt in bestehende SAP-Systeme integriert wurde. Dabei wurden Zahlungen automatisch den offenen Rechnungen zugeordnet. Das System lernte kontinuierlich aus den Benutzerinteraktionen, um die Trefferquote bei der Zuordnung zu verbessern. Diese Phase legte den Grundstein für eine datengetriebene Entscheidungsfindung.

Mit der Weiterentwicklung der Technologie begann SAP, generative KI-Modelle einzusetzen. Im Gegensatz zum rein reaktiven Ansatz des maschinellen Lernens ermöglichen generative KI-Modelle eine proaktive Erstellung neuer Inhalte, wie etwa automatisch erstellte Texte, Bilder oder sogar Programmcode. SAP entwickelte Plattformdienste wie *SAP AI Core* und *SAP AI Launchpad*, die es Entwickler*innen ermöglichen, eigene Modelle zu trainieren, zu verwalten und produktiv bereitzustellen – und das eingebettet in die SAP BTP. Gleichzeitig wurde der Zugang zu externen vortrainierten KI-Modellen wie z. B. GPTs, Gemini oder Mistral erleichtert, um generative KI-Funktionen wie Textverarbeitung, Codegenerierung oder semantische Suche in SAP-Anwendungen zu integrieren.

Heute steht mit *SAP Business AI* (siehe Abbildung 6.1) eine neue Generation von KI-Diensten bereit, die tief in die Entwicklungsumgebungen und Geschäftsprozesse eingebettet ist. SAP Business AI ist die übergreifende Bezeichnung für alle KI-Funktionen, die SAP in ihre Produkte und Services integriert. Sie umfasst sowohl eingebettete KI in SAP-Lösungen (z. B. in SAP S/4HANA, SAP SuccessFactors oder SAP Ariba) als auch KI-Services auf der SAP BTP, die Unternehmen zur individuellen Entwicklung oder Erweiterung nutzen können. Ziel ist es, kontextbasierte, verlässliche und branchenspezifische KI in den Geschäftsalltag zu bringen. Die zuvor erwähnten Dienste SAP AI Core, SAP AI Launchpad sowie die SAP AI Services auf der SAP BTP wie z. B. Business Entity Recognition sind die Kernkomponenten der sogenannten *AI Foundation*. Damit stellt die AI Foundation die notwendigen Werkzeuge bereit, um KI-Funktionen sowohl in SAP-Produkten als auch in eigenen Anwendungen zu entwickeln und zu integrieren.

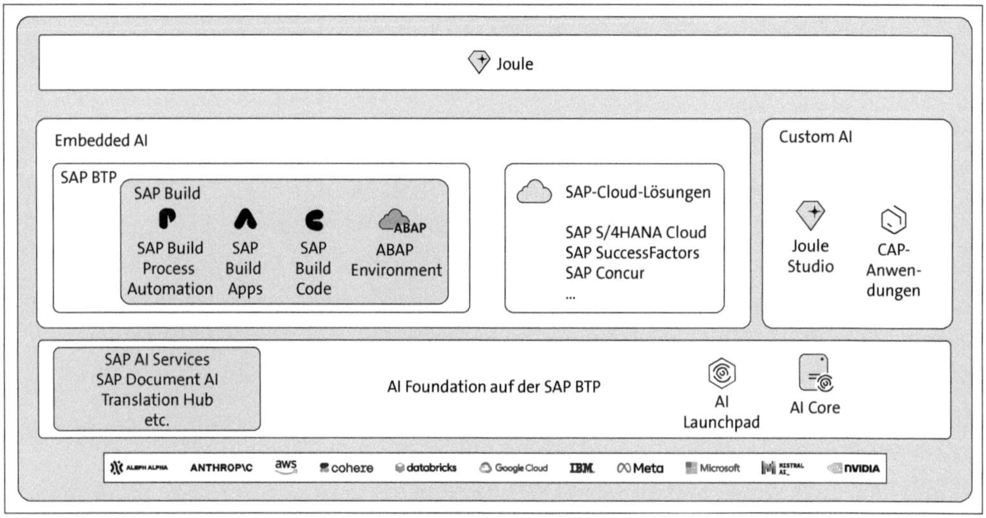

Abbildung 6.1 SAP Business AI im Überblick

Wie Sie in Abbildung 6.1 erkennen können, ist *Joule* für nahezu alle Bereiche von SAP Business AI relevant. Joule kann jedoch nicht nur als KI-Codegenerator genutzt werden, wie in Abschnitt 4.6, »SAP Build Code«, beschrieben, sondern ist auch der generative KI-Copilot von SAP. Er ist ein zentraler Bestandteil der Business-AI-Strategie und ermöglicht die Interaktion auf Basis von Large Language Models (LLMs) in SAP-Anwendungen. Vor Kurzem wurde Joule in SAP Build Process Automation integriert, um Entwickler*innen bei der Erstellung von Geschäftsprozessen, Formularen und anderen Artefakten zu unterstützen. Auch in SAP Build Apps ist Joule nun verfügbar, um die Entwicklung von Webanwendungen zu beschleunigen. SAP hat außerdem angekündigt, *Joule Studio* im Laufe des Jahres 2025 zu veröffentlichen. Dabei handelt es sich um eine integrierte Entwicklungsumgebung innerhalb von SAP Build, die es ermöglicht, mit Low-Code maßgeschneiderte *KI-Agenten* und sogenannte *Joule Skills* zu erstellen, bereitzustellen und zentral zu verwalten.

Abbildung 6.2 veranschaulicht, wie Daten und Modelle zwischen den Komponenten fließen, von der Entwicklung über das Deployment bis zur Nutzung in produktiven Anwendungen.

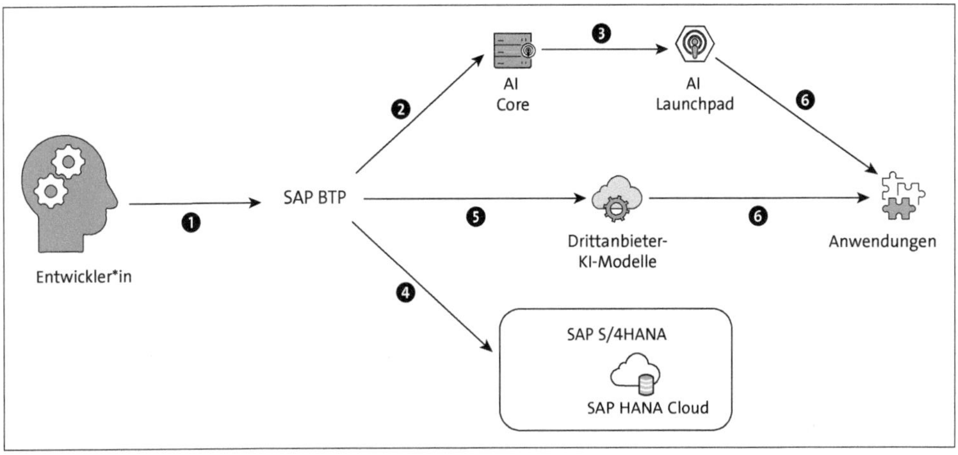

Abbildung 6.2 KI auf der SAP BTP

❶ **Entwicklung**: Entwickler*innen nutzen Tools wie SAP Build Code, SAP Business Application Studio oder APIs bzw. Software Development Kits (SDKs), um Anwendungen zu entwickeln und KI-Funktionen zu integrieren.

❷ **Training und Modellmanagement**: Die entwickelten Anwendungen übergeben Trainingsdaten und Modellkonfigurationen an SAP AI Core, wo KI-Modelle trainiert und verwaltet werden. SAP AI Core übernimmt das Lifecycle Management von Modellen (z. B. Versionierung, Wiederverwendbarkeit).

❸ **Deployment und Überwachung**: Nach dem Training werden Modelle an das SAP AI Launchpad übergeben, wo sie für den produktiven Einsatz bereitgestellt und überwacht werden. Entwickler*innen können hier auch Modelle aktivieren, deaktivieren oder aktualisieren. Über den Generative AI Hub können auch vortrainierte LLMs von Drittanbietern integriert werden.

❹ **Datenzugriff**: Die KI-Modelle benötigen oft Zugriff auf Geschäftsdaten. Über die SAP BTP können sie auf strukturierte Daten aus SAP S/4HANA oder SAP HANA Cloud zugreifen.

❺ **Externe Integration**: Neben SAP-eigenen Modellen können auch externe KI-Dienste wie OpenAI, Google oder benutzerdefinierte Modelle über APIs angebunden und genutzt werden.

❻ **Produktive Nutzung**: Die produktiven Anwendungen (z. B. mit CAP, SAPUI5 oder SAP Fiori Elements entwickelt) konsumieren die bereitgestellten KI-Modelle über REST APIs oder SDKs. Sie nutzen dabei sowohl die Modelle aus dem Launchpad als auch die Daten aus den SAP-Systemen.

In diesem Kapitel erfahren Sie, wie die KI-Werkzeuge auf der SAP BTP funktionieren und wie Sie diese in Ihre Anwendungen integrieren können. Der Schwerpunkt liegt dabei auf der Nutzung vortrainierter LLMs im Zusammenhang mit Geschäftsdaten.

[»]

Materialien aus dem Buch zum Herunterladen

Die in diesem Kapitel gezeigten Programmierbeispiele und Code-Snippets stehen als vollständige Projekte zum Download auf der Webseite zu diesem Buch (*www.sap-press.de/6104*) bereit.

6.1 KI-Services und -Werkzeuge auf der SAP BTP

Die SAP BTP bietet verschiedene KI-Funktionen, darunter direkt registrierbare KI-Services, den generativen KI-Assistenten Joule sowie Entwicklungswerkzeuge wie SAP AI Core und SAP AI Launchpad. Diese ermöglichen die Integration, Entwicklung und den Betrieb intelligenter Anwendungen. In diesem Abschnitt erfahren Sie, wie Sie diese für Ihre Entwicklung nutzen können.

6.1.1 Joule

Joule ist ein KI-basiertes Assistenzsystem von SAP. Es ist ein Large Language Model und ermöglicht dadurch eine einfache menschliche Kommunikation. Joule ist in die Geschäftsdaten eines Unternehmens eingebunden und mit KI-Agenten ausgestattet. Mitarbeitende des Unternehmens profitieren von der Unterstützung in sämtlichen Cloud-Anwendungen. Dabei funktioniert Joule nicht nur innerhalb von SAP-Anwendungen, sondern auch in Drittanbieter-Tools wie Microsoft 365.

Joule hilft dabei, Arbeitsabläufe zu beschleunigen, indem es mehrstufige Workflows übernimmt, Silos zwischen Abteilungen aufbricht und sich flexibel an neue Geschäftsanforderungen anpasst. Dies wird erreicht, indem neue Skills und Agenten entwickelt und Joule entsprechend erweitert wird. Ein großer Vorteil von Joule ist seine Fähigkeit, Mitarbeitende von Routineaufgaben zu entlasten. Entscheidungen können schneller getroffen werden, da Joule kontextbezogene Einblicke liefert, die direkt auf den Geschäftsdaten basieren. Diese Einblicke sind über einfache Eingaben abrufbar und ermöglichen auch die Beantwortung komplexer Fragen mithilfe interner und externer Datenquellen –vergleichbar mit anderen LLMs. Joule ist ein Service auf der SAP Business Technology Platform. Viele Services der SAP BTP, wie z. B. SAP Build Code, haben Joule bereits integriert. Andere Software-as-a-Service-Lösungen, wie z. B. SAP SuccessFactors oder SAP S/4HANA Cloud, können Joule in ihr System integrieren. Abbildung 6.3 zeigt anhand von SAP SuccessFactors diese Integration in einem Architekturbild.

Generell kann man sagen, dass Joule sich in drei Bereiche unterteilt:

- SAP Business AI
- SAP Joule for Consultants
- SAP Joule for Developers

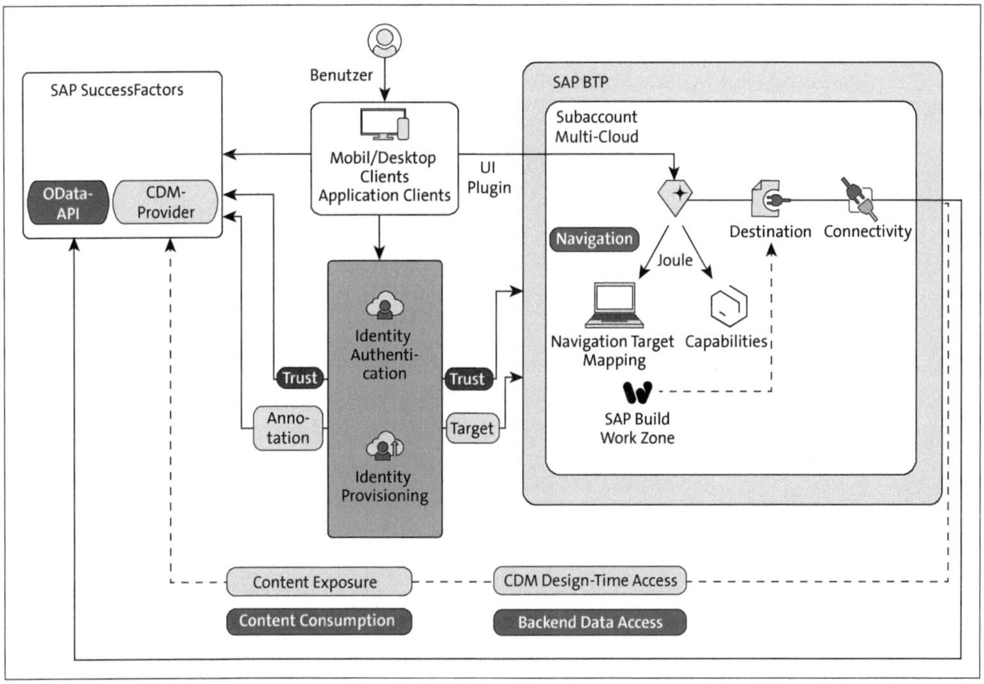

Abbildung 6.3 Joule-Architektur am Beispiel von SAP SuccessFactors

Damit deckt SAP alle Bereiche ab und stellt allen SAP-Anwender*innen einen KI-Assistenten zur Verfügung.

Joule für SAP Business AI

Unter dem Begriff *SAP Business AI* fasst SAP verschiedene KI-Lösungen zusammen, die Sie bei betrieblichen Entscheidungsprozessen und bei der täglichen Arbeit begleiten. Joule unterstützt SAP Business AI in den folgenden Kontexten:

- **Finanzen**: Joule wirkt bei der automatisierten Bearbeitung von Reisekostenabrechnungen, der Optimierung des Forderungsmanagements sowie bei der schnellen Klärung von Streitfällen mit.
- **Beschaffung**: KI-Agenten analysieren Lieferantendaten, generieren Leistungsbeschreibungen und verbessern die Effizienz bei der Lieferantenauswahl und -recherche.
- **Lieferkettenmanagement**: Durch KI-basierte Planungsmechanismen trägt Joule zur Erhöhung der Resilienz bei, insbesondere durch Reaktionen auf Bedarfe und Neuplanung bei Störungen.
- **Personalwesen**: Administrative HR-Prozesse, Recruiting und Maßnahmen zur Mitarbeiterbindung werden durch KI-Funktionen deutlich beschleunigt und teilautomatisiert.

- **Vertrieb und Service**: Joule unterstützt bei der Priorisierung und Bearbeitung von Serviceanfragen sowie bei der zielgerichteten Kundenansprache durch kontextbezogene Empfehlungen.
- **Marketing und E-Commerce**: KI-basierte Segmentierung, automatisierte Inhaltserstellung und personalisierte Produktempfehlungen ermöglichen eine datengetriebene Kundenansprache.

SAP Joule for Consultants

SAP Joule for Consultants ist eine KI-Lösung, die speziell für den Einsatz im SAP-Beratungsumfeld entwickelt wurde. Als kontextsensitiver, dialogbasierter Copilot unterstützt sie Berater*innen entlang des gesamten Projektlebenszyklus. Die Unterstützung reicht von der Anforderungsanalyse über die Systemkonfiguration bis hin zur Transformation und Wartung von SAP-Systemlandschaften. Das Kernstück ist das leistungsfähige Retrieval-Augmented-Generation-Modell (RAG), das auf einer der umfassendsten SAP-Wissensbasen basiert. Diese umfasst über 200.000 Seiten an Produktdokumentation, SAP-Learning-Inhalten, SAP-Hinweisen, Community-Beiträgen und Entwickler-Tutorials. Die Lösung wird immer besser, da z. B. die Community-Beiträge zunehmend nach ihrer Richtigkeit bewertet werden. SAP Joule for Consultants kann für folgende Zwecke genutzt werden:

- schnelle Antworten auf Fragen
- strukturierte Schritt-für-Schritt-Anleitungen
- Designempfehlungen und Codebeispiele

Die Lösung erkennt Zusammenhänge bei Konfigurations- und Implementierungsfragen und bietet dementsprechende Unterstützung an. Ein besonderer Fokus liegt auf der Umsetzung von Cloud-Transformationsprojekten. Joule for Consultants beschleunigt diese durch fundierte Empfehlungen, die auf SAP Best Practices basieren, und hilft dabei, konsistente, qualitativ hochwertige Lösungen zu entwickeln.

[+]

SAP Joule for Consultants für die Entwicklung nutzen

Auch bei der Entwicklungsarbeit ist SAP Joule for Consultants eine Unterstützung, etwa beim gezielten Auffinden spezifischer CDS Views oder Services. Viel Expertenwissen, für das man bislang auf die Beratung angewiesen war, kann SAP Joule for Consultants nun direkt bereitstellen.

SAP Joule for Developers

SAP Joule for Developers unterstützt bei der Entwicklung von Applikationen. Joule ist in vielen Services für die Entwicklung von integrierten Entwicklungsumgebungen (engl. Integrated Development Environment, IDE) enthalten. Damit unterstützt Joule in jedem Bereich der Entwicklung.

Die folgenden Entwicklungsservices und IDEs werden bereits unterstützt:

- SAP Build Code
- SAP Build Apps
- SAP Build Process Automation
- Joule Studio in SAP Build
- ABAP Development Tools for Eclipse

In vielen Bereichen ist SAP Joule for Developers bereits eine große Hilfe. Es hilft bei der Anlage von Projekten, schreibt Unit-Tests und dokumentiert oder erklärt Quellcode oder Prozesse. Dennoch sollten Sie den erstellten Quellcode immer sorgfältig prüfen, da SAP Joule for Developers eben noch nicht alles kann. Der wichtigste Punkt bei der Verwendung ist das *Prompting* – je ausführlicher dieses ist, desto besser sind die Ergebnisse. Erfahrenen Entwickler*innen hilft SAP Joule for Developers auch, Aufgaben schnell zu erledigen, oder übernimmt Arbeiten, wie die Dokumentation zu erzeugen. SAP Joule for Developers wächst in seinem Funktionsumfang kontinuierlich und ist ein guter Begleiter bei der Entwicklung, aber eben kein Ersatz.

6.1.2 SAP AI Services

SAP bietet mit den SAP AI Services eine Reihe von vortrainierten KI-Funktionen als Services an, die Sie direkt abonnieren und produktiv nutzen können:

- **SAP Document Information Extraction** extrahiert automatisch strukturierte Daten aus unstrukturierten Geschäftsdokumenten. Seit Kurzem findet man es unter dem Namen *SAP Document AI*.
- **Business Entity Recognition** erkennt und klassifiziert relevante Entitäten in unstrukturierten Texten.
- **Data Attribute Recommendation** empfiehlt Werte für bestimmte Felder in Geschäftsanwendungen.
- **Service Ticket Intelligence** automatisiert die Klassifizierung von Service-Tickets.
- **SAP Translation Hub** bietet eine maschinelle Übersetzung von UI-Texten und Dokumenten.
- **Personalized Recommendation** erstellt basierend auf Benutzerverhalten und Transaktionsdaten personalisierte Produktempfehlungen.

Der meistgenutzte Service ist SAP Document AI. Damit können Sie Informationen aus Dokumenten wie Rechnungen, Bestellungen oder Lieferscheinen extrahieren und weiterverwenden. Auch die Lösung *SAP Concur* nutzt den Service, um Rechnungsnummern, Beträge und Positionen zu extrahieren und sie anschließend im

Genehmigungsprozess zu verwenden. Der Service analysiert die Dokumente mithilfe von Machine Learning und gibt die Daten im JSON-Format zurück. Diese Dokumente werden über die API eingereicht. SAP bietet außerdem ein SDK in SAP Build Process Automation an, um die Einreichung zu vereinfachen. So können Sie Szenarien abwickeln, wie etwa Rechnungen aus einem Dateisystem oder einer Mailbox zu lesen, Informationen zu extrahieren und diese in einem Workflow zu verwenden oder direkt in einem SAP-System zu speichern. Somit können Endanwender*innen manuelle Schritte automatisieren und viel Zeit sparen.

Der Service verfügt über eine Oberfläche, die Sie dabei unterstützt, Dokumente visuell zu verarbeiten, zu konfigurieren und die Ergebnisse zu prüfen. Die Oberfläche verfügt über drei eng miteinander verbundene Funktionen:

- **Dokument**: Hier wählen Sie das Dokument aus, aus dem die Daten extrahiert werden sollen. Hier können Sie die Dokumente auch direkt hochladen.
- **Schemakonfiguration**: Hier wird definiert, welche Felder aus einem bestimmten Dokumententyp extrahiert werden sollen. Die Felder sind unterteilt in Kopf- und Positionsfelder. Der Service bietet Out-of-the-box-Schemata für die Dokumententypen Visitenkarte, Bestellung, Rechnung und Zahlungsavis. Zudem gibt es ein Schema, das Sie nutzen können, um benutzerdefinierte Schemata anzulegen.
- **Vorlage**: Die Vorlage nutzt ein bestimmtes Schema und zeigt der KI, wo sich die Informationen befinden. Dies verbessert die Genauigkeit.

In diesem Abschnitt erfahren Sie, wie die SAP Document AI API (siehe *http://s-prs.de/v1081902*) verwendet wird, um Informationen zu extrahieren. Anschließend sehen Sie, wie das Dokument in der Benutzeroberfläche analysiert und die Genauigkeit der Extraktion bewertet wird.

Voraussetzung für den Einsatz von SAP Document AI ist, dass Sie das Entitlement für den Service in Ihrem globalen Account aktiviert, den Service in einem Subaccount registriert haben, eine Serviceinstanz mit einem Service Key angelegt und die notwendigen Role Collections zugewiesen bekommen haben. Sie können die Einrichtung auch mit einem Booster vornehmen. Ein Booster ist eine Funktion auf der SAP BTP, die die geführte, automatisierte Einrichtung eines bestimmten Services ermöglicht. Der Booster übernimmt das Abonnieren des Services, das Erstellen des Service Keys und die Rollenzuweisung. Als Global Account Administrator finden Sie den Menüpunkt **Boosters** im SAP BTP Cockpit auf der Ebene des globalen Accounts.

Wenn alles eingerichtet ist, können Sie die Anwendung starten. Generell erfolgt die Extraktion der Daten mit SAP Document AI in zwei Phasen: Zunächst wird das Dokument hochgeladen, und dann werden die extrahierten Informationen abgerufen.

Nutzen Sie die Informationen aus dem Service Key – insbesondere die Token-URL (`<Token-Url>/oauth/token`), die Client-ID und das Client Secret, um ein Zugriffstoken zu erhalten, mit dem Sie sich am Service authentifizieren können. Anschließend senden Sie das Dokument an den Upload-Endpunkt (`/document/jobs`). Dabei handelt es sich um eine POST-Anfrage mit dem Content Type `multipart/form-data`. Als Payload übergeben Sie die Datei sowie Informationen darüber, wie sie analysiert werden soll. Für die Verarbeitung sind insbesondere die Eigenschaften `clientId`, `schemaName` und `documentType` relevant. Zusätzlich können Sie festlegen, wie z. B. welche Kopf- und Positionsinformationen zurückgeliefert werden sollen und ob eine bestimmte Vorlage verwendet werden soll. Abbildung 6.4 zeigt ein Beispiel für das Hochladen einer Datei mit Postman.

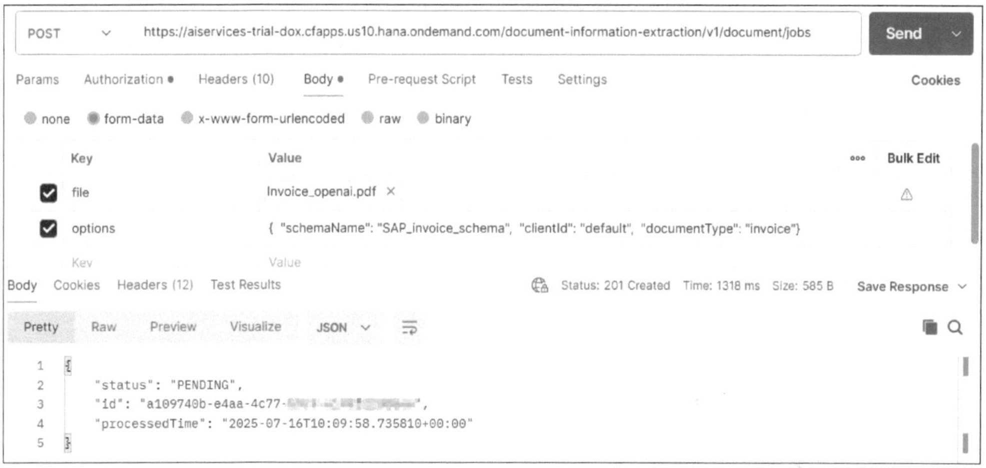

Abbildung 6.4 SAP Document AI: Dokument hochladen mit Postman

Die Werte für **Default** (siehe ❶ in Abbildung 6.5), **Schema Name** (siehe ❷ in Abbildung 6.5) und **Document Type** (siehe ❸ in Abbildung 6.5) können Sie ebenfalls über die API, über die Endpunkte `/clients` bzw. `/schemas`, abfragen. Sie sind auch in der Benutzeroberfläche des Services sichtbar.

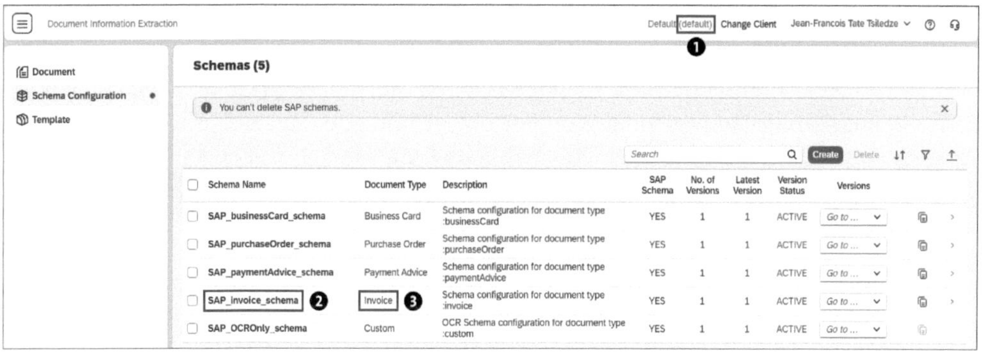

Abbildung 6.5 SAP Document AI: UI-Informationen

Nach dem Senden erhalten Sie als Antwort eine Job-ID für die Verarbeitung des Dokuments (siehe Abbildung 6.6).

Der nächste Schritt ist nun das Abrufen von Informationen. Nach dem Versenden des Dokuments befindet sich die Verarbeitung zunächst im Status **PENDING**. Sobald der Status **DONE** erreicht ist, können Sie die Ergebnisse aus dem JSON-Body extrahieren. Dieser Vorgang erfolgt in der Regel sehr schnell, sodass Sie direkt den nächsten API-Aufruf durchführen können. Überprüfen Sie dennoch den aktuellen Verarbeitungsstatus im Response-Body, bevor Sie die Daten extrahieren. Senden Sie eine GET-Anfrage an den Endpunkt `/document/jobs/<job_id>`, um die gewünschten Daten abzurufen (siehe Abbildung 6.6).

Abbildung 6.6 Informationen extrahieren

Die Ergebnisse für die Kopf- bzw. Positionsdaten finden Sie unter den Eigenschaften **extraction.headerFields** (siehe Abbildung 6.6) bzw. **extraction.lineItems**. Beide sind Arrays, die Informationen in Form von Objekten enthalten. Der Name eines Feldes befindet sich unter der Eigenschaft **name**, der zugehörige Wert unter **value**, und die Wahrscheinlichkeit, dass der Wert korrekt ist, unter der Eigenschaft **confidence**.

In der Benutzeroberfläche können Sie sich die Dokumente ansehen und die erkannte Feldzuordnung sowie das Mapping zum Schema visuell nachvollziehen (siehe Abbildung 6.7).

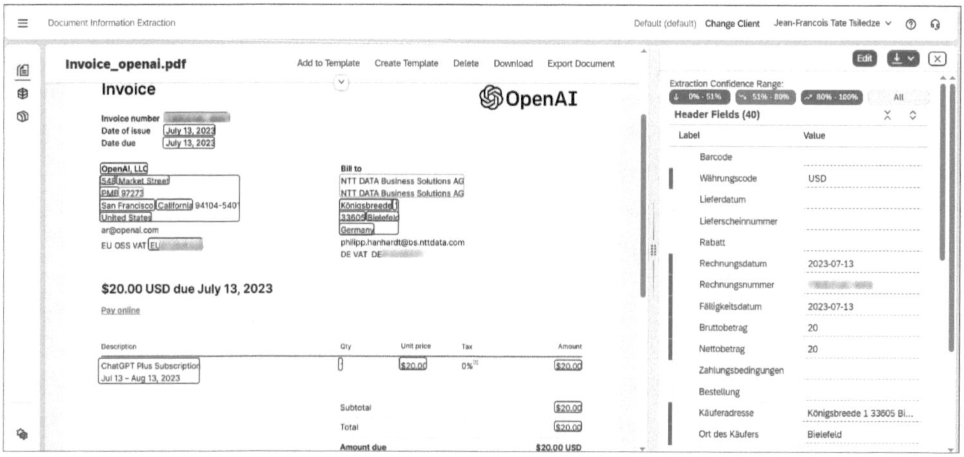

Abbildung 6.7 Extraktionsergebnis

6.1.3 SAP AI Core

SAP AI Core ist der Service auf der SAP BTP, mit dem Sie KI-Modelle trainieren, bereitstellen und betreiben können. SAP AI Core ist in drei Varianten (Service Plans, siehe *http://s-prs.de/v1081903*) verfügbar, die sich in Umfang und Einsatzmöglichkeiten unterscheiden:

- **Free Plan**

  Dieser Serviceplan eignet sich für erste Erfahrungen mit einem eigenen Modell. Er bietet kostenfreien Zugang mit eingeschränkten Ressourcen – so ist z. B. nur eine gleichzeitige Ausführung oder ein Deployment möglich. Er erlaubt keine Nutzung des Generative AI Hub und bietet keinen SAP-Support.

- **Standard Plan**

  Dieser Plan eignet sich für Entwickler*innen, die eigene ML-Modelle einsetzen und externe LLMs manuell über APIs anbinden möchten.

- **Extended Plan**

  Dieser Plan erweitert den Standard Plan um den Zugang zum Generative AI Hub. Damit erhalten Sie Zugriff auf eine Auswahl von LLMs von Drittanbietern. Die Integration erfolgt entweder über das SAP AI Launchpad oder per API. Zusätzlich bietet dieser Plan Funktionen wie Prompt Engineering, Modellvergleich und eine zentrale Verwaltung der Modelle.

Workflows und Repositories

SAP AI Core ist die Engine, die die Ausführung von *KI-Workflows* und die Modellierung von *Workloads* ermöglicht. Workloads sind Abläufe oder Aufgaben, die im Rahmen eines KI-Szenarios ausgeführt werden. Dazu zählen:

- **Trainingsprozesse**: Ausführung von ML-Trainingspipelines auf Basis von Daten und Modellen
- **Inference Services**: Bereitstellung trainierter Modelle als Webservices zur Laufzeit z. B. für die Abfrage von Vorhersagen
- **Batch-Jobs**: Verarbeitung großer Datenmengen in einem definierten Ablauf
- **Prompt-basierte Generative-AI-Aufgaben**: Ausführung von LLM-basierten Aufgaben über den Generative AI Hub

Workloads werden in SAP AI Core über sogenannte *Vorlagen* (Templates) definiert, meist in Form von YAML-Dateien. Diese Vorlagen beschreiben die verwendeten Container Images, Eingabe- und Ausgabeartefakte wie z. B. Datensätze und Modelle, Parameter für das Training oder die Inferenz und Ressourcenpläne wie z. B. CPU/GPU-Zuweisung.

KI-Workflows sind Pipelines, die die Workloads miteinander verbinden. Ein KI-Workflow beschreibt den gesamten Lebenszyklus eines KI-Modells und stellt sicher, dass alle Schritte automatisiert, reproduzierbar und skalierbar ablaufen. Ein typischer KI-Workflow in SAP AI Core kann folgende Schritte enthalten:

- **Datenvorbereitung**: Laden, Bereinigen und Transformieren von Trainingsdaten
- **Modelltraining**: Ausführung eines Trainings-Workloads mit definierten Parametern
- **Modellvalidierung**: Bewertung der Modellleistung anhand von Testdaten
- **Modellregistrierung**: Speichern des Modells in der SAP AI Core Model Registry
- **Deployment**: Bereitstellung des Modells als Inferenzservice
- **Monitoring**: Überwachung der Modellnutzung und -leistung im Betrieb

SAP AI Core verbindet sich mit verschiedenen internen und externen Werkzeugen. Diese Werkzeuge interagieren mit verschiedenen Repositories, Systemen und Objekten. Einige davon werden von SAP zur Verfügung gestellt, andere müssen von Ihnen bereitgestellt werden. Hier sind die wichtigsten Repositories, Systeme und Objekte:

- **AI API**: Zur Verwaltung Ihrer Artefakte und Workflows über mehrere Laufzeiten hinweg. Sie kann auch zur Integration anderer ML-Plattformen, Engines oder Laufzeiten verwendet werden.
- **Argo Workflow**: ein Open-Source-Tool, mit dem sich komplexe ML-Prozesse als Workflows auf Kubernetes orchestrieren lassen
- **Docker Repository**: für benutzerdefinierte Docker Images, auf die in den Vorlagen verwiesen wird
- **Git-Repository**: zum Speichern von Trainings und Bereitstellen von Workflows und Vorlagen

- **Hyperscaler storage**: zur Speicherung von Eingabe- und Ausgabeartefakten z. B. mit dem Service Object Store auf der SAP BTP
- **KServing**: als Framework für optimierte Bereitstellungen von ML-Modellen als Webservices
- **Kubernetes**: Orchestriert und skaliert die *Pods*, die in den Pipelines verwendet werden. Ein Pod stellt eine Abstraktion einer laufenden Instanz eines Prozesses in Ihrem Cluster dar.
- **SAP AI Launchpad**: als Service auf der SAP BTP für die Verwaltung verschiedener KI-Szenarien und Laufzeiten

SAP AI Core ist multimandantenfähig (*multi-tenant*) und verwendet Ressourcengruppen (engl. Resource Groups), um verschiedene Projekte, Teams oder Mandanten voneinander zu isolieren. Bei der Konfiguration Ihres Mandanten wird sofort eine Standardressourcengruppe (*default*) erstellt. Jede Ressourcengruppe hat eigene Zugriffsrechte und Sicherheitsrichtlinien, verwaltet ihre eigenen Modelle, Workflows und Deployments und kann unabhängig skaliert werden.

Generative AI Hub

Mit der zunehmenden Vielfalt an LLMs und Foundation Models wird es immer wichtiger, eine zentrale Plattform zu haben, die den Zugriff auf vertrauenswürdige Modelle verschiedener Anbieter bündelt, die Integration in SAP-Geschäftsprozesse erleichtert und die Werkzeuge für Entwicklung, Orchestrierung und Governance bereitstellt. Generative KI-Modelle sind selbstüberwachte Deep-Learning-Modelle, die mit enormen Mengen unmarkierter Daten trainiert werden. Sie nutzen KI-Technologie und industrielle Rechenressourcen, um komplexe Muster und semantische Wissensbasen zu erlernen. Diese Modelle eignen sich hervorragend für Aufgaben wie die Verarbeitung natürlicher Sprache (engl. Natural Language Processing, NLP). Durch die Analyse von Eingaben wie Eingabeaufforderungen und die Vorhersage von Zielwörtern liefern sie kontextrelevante Antworten in natürlicher Sprache. Ein einzelnes Modell kann mehrere Aufgaben bewältigen, wobei unterschiedliche Eingabeformate und Ausgabemodi verwendet werden.

Generative KI-Modelle sind von Natur aus allgemein gehalten, können aber durch zusätzliche Einbettungen optimiert werden. So können sie für spezielle oder domänenspezifische Anwendungsfälle angepasst werden.

Der Generative AI Hub von SAP bietet:

- Zugriff auf SAP-eigene und externe Modelle (z. B. Open-Source-Modelle wie LLaMA oder GPT-5), inklusive BYOM-Option (Bring Your Own Model)
- Tools wie Prompt-Editor, Playground, SDKs und Feintuning-Services für maßgeschneiderte Lösungen

- Steuerung von Modell-Workflows, Datenmaskierung, Inhaltsmoderation und Ressourcenmanagement
- Datenschutz, Audit-Logs, Rollenmanagement und Zertifizierungen
- Integration von Unternehmensdaten über die SAP HANA Cloud Vector Engine zur kontextbasierten Modellantwort (RAG)

Da der Generative AI Hub das Rückgrat für generative KI in SAP AI Core bildet, werden wir unseren Fokus gezielt auf seine Nutzung legen (siehe Abschnitt 6.2, »Anbindung von SAP AI Core und SAP AI Launchpad«).

6.1.4 SAP AI Launchpad

Das SAP AI Launchpad ist die zentrale Benutzeroberfläche zur Verwaltung von KI-Anwendungsfällen auf der SAP BTP. Es ermöglicht Unternehmen, den gesamten Lebenszyklus ihrer KI-Modelle, von der Entwicklung über das Deployment bis hin zur Überwachung, effizient zu steuern.

Mit dem Launchpad lassen sich mehrere KI-Runtime-Instanzen, wie z. B. SAP AI Core, nahtlos integrieren und verwalten. Dabei unterstützt es sowohl klassische ML-Modelle als auch generative KI-Szenarien durch den direkten Zugriff auf den Generative AI Hub.

Das SAP AI Launchpad bietet folgende Hauptfunktionen:

- Integration mit KI-Laufzeitinstanzen: Verbinden Sie eine oder mehrere KI-Laufzeitinstanzen, und wechseln Sie zwischen ihnen, um weitere Aktionen auszuführen.
- Arbeiten mit Ressourcengruppen des SAP AI Core: Greifen Sie von Ihrer SAP-AI-Core-Laufzeit auf Ihre Ressourcengruppen zu, und führen Sie Aktionen nur für die darin enthaltenen KI-Assets aus (z. B. Modelle, Ausführungen und Bereitstellungen).
- Lebenszyklus von Generative AI Prompts verwalten: Greifen Sie auf den Generative AI Hub zu, und verwalten Sie den Lebenszyklus Ihrer Prompts.
- Lebenszyklus von KI-Anwendungsfällen verwalten: Erkunden und verwalten Sie den Lebenszyklus all Ihrer KI-Anwendungsfälle. Der Lebenszyklus umfasst das Training und die Bereitstellung von KI-Modellen zur Generierung von Endpunkten für Onlineprognosen.
- Statistiken zu Ihren Anwendungsfällen abrufen: Statistiken zu Ihren KI-Anwendungsfällen (Szenarien) und deren Nutzung einsehen. Durch die Analyse dieser Statistiken können Sie den Rechenleistungsbedarf Ihrer KI-Laufzeitumgebungen besser einschätzen.

- Verwaltung der Administration für SAP AI Core: Verwalten Sie Administrationsaufgaben für Ihre SAP-AI-Core-Laufzeit, etwa die für Ihre KI-Workflows erforderlichen Authentifizierungen.

Im SAP AI Launchpad gibt es verschiedene Rollen bzw. Personas, die jeweils spezifische Aufgaben und Ziele verfolgen. Diese Rollen sind essenziell, um den gesamten Lebenszyklus von KI-Anwendungen effizient zu verwalten. Sie werden wie alle Services auf der SAP BTP über sogenannte *Role Collections* zugewiesen und können je nach Projekt- und Unternehmensstruktur kombiniert oder getrennt vergeben werden. In Tabelle 6.1 finden Sie eine Übersicht der verschiedenen Personas und ihrer jeweiligen Aufgaben im SAP AI Launchpad.

Persona	Ziel	Aufgaben
AI Core Administrator	Verwaltung der technischen Infrastruktur und Zugriffsrechte	▪ Zuweisung von SAP-BTP-Rollen und Rollensammlungen (Role Collections) ▪ Verwaltung von Serviceinstanzen und Service Keys für SAP AI Core ▪ Konfiguration von Authentifizierungen und Verbindungen zwischen SAP AI Launchpad und SAP AI Core
AI Developer & Data Scientist	Entwicklung, Training und Deployment von KI-Modellen	▪ Nutzung der SAP AI Core APIs zur Modellentwicklung ▪ Verwaltung von Workspaces im SAP AI Launchpad ▪ Durchführung von Trainingsläufen, Modellbereitstellungen und Monitoring ▪ Nutzung des Generative AI Hub zur Prompt-Entwicklung und -Verwaltung
AI Operator	Monitoring und Betrieb von KI-Anwendungen im Produktivbetrieb	▪ Kontrolle von Modellausführungen, Logs und Fehleranalysen ▪ Verwaltung von Deployments und Ressourcengruppen ▪ Sicherstellung der Verfügbarkeit und Skalierbarkeit von KI-Services
Business User & Use Case Owner	Nutzung von KI-Ergebnissen zur Entscheidungsunterstützung	▪ Zugriff auf Dashboards und Ergebnisse von KI-Modellen ▪ Bewertung von Modell-Performance und Business Impact ▪ Zusammenarbeit mit Entwickler*innen zur Anpassung von Use Cases

Tabelle 6.1 SAP AI Launchpad: Personas und Aufgaben

Persona	Ziel	Aufgaben
Security & Compliance Officer	Sicherstellung der Einhaltung von Datenschutz- und Sicherheitsrichtlinien	■ Kontrolle der Zugriffsrechte und Audit Trails ■ Überwachung der Datenverarbeitung und Modelltransparenz ■ Unterstützung bei der Zertifizierung und Compliance-Dokumentation

Tabelle 6.1 SAP AI Launchpad: Personas und Aufgaben (Forts.)

Architektur

Abbildung 6.8 bietet einen Überblick über die Architektur des SAP AI Launchpads. Sie zeigt, wie die verschiedenen Personas mit den jeweiligen Funktionen interagieren.

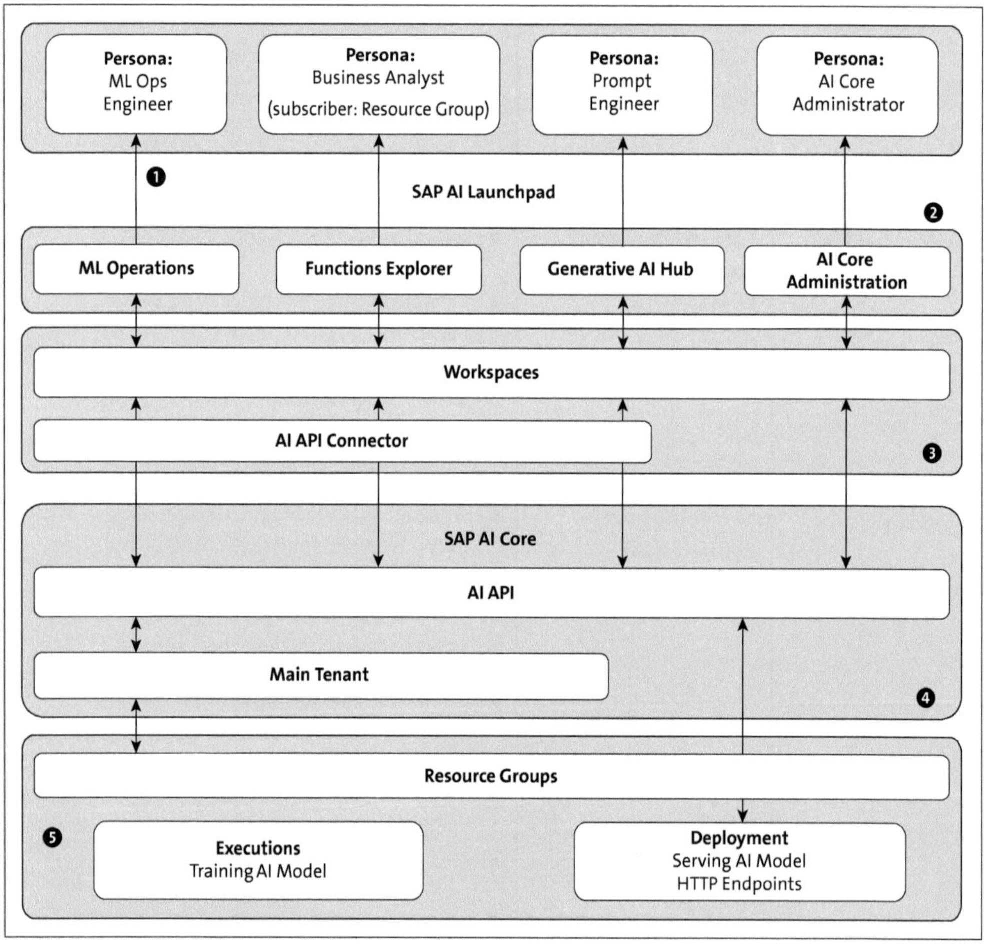

Abbildung 6.8 Überblick über die Architektur von SAP AI Launchpad

Insbesondere wird dargestellt, wie diese Funktionen die *Workspaces* und den AI API Connector nutzen, um mit SAP AI Core zu kommunizieren. Darüber hinaus veranschaulicht die Abbildung, wie SAP AI Core eingehende Anforderungen über die API verarbeitet und dabei Ausführungen, Modelle und Deployments innerhalb von Ressourcengruppen verwaltet.

❶ Personas (Benutzerrollen):
- Der ML Ops Engineer ist verantwortlich für das Training, die Überwachung und das Deployment von Modellen.
- Der Business Analyst nutzt KI-Funktionen zur Datenanalyse und Geschäftsoptimierung.
- Der Prompt Engineer arbeitet mit generativen KI-Modellen (z. B. LLMs) über den Generative AI Hub.
- Der AI Core Administrator ist verantwortlich für die Verwaltung der KI-Infrastruktur.

❷ SAP AI Launchpad (UI-Schicht):
- ML Operations ermöglicht das Management von Machine-Learning-Pipelines.
- Functions Explorer gibt Zugriff auf vorgefertigte oder benutzerdefinierte KI-Funktionen.
- Generative AI Hub wird als Schnittstelle zur Nutzung generativer KI-Modelle genutzt.
- AI Core Administration wird zur Verwaltung von Tenants, Nutzer*innen und Ressourcen verwendet.

❸ Workspaces (Arbeitsbereiche) und AI API Connector:
- Workspaces dienen als virtuelle Umgebungen zur Organisation von Ressourcen, Projekten und Modellen.
- AI API Connector dient als Brücke zwischen der UI und dem Engine von SAP AI Core.

❹ SAP AI Core (Laufzeit-Engine):
- AI API dient als Hauptschnittstelle zur Interaktion mit SAP AI Core.
- Main Tenant repräsentiert die mandantenfähige Hauptinstanz.
- Resource Groups (Ressourcengruppen) fungieren als logische Container zur Gruppierung von Ressourcen (z. B. Modelle, Endpunkte).

❺ Ressourcengruppe:
- Executions bezeichnen Prozesse zum Training von KI-Modellen.
- Deployment bezeichnet die Bereitstellung von Modellen über HTTP-Endpunkte zur Laufzeitnutzung.

Konzept

Im Mittelpunkt steht die Umsetzung konkreter Geschäftsanforderungen in sogenannte *AI Use Cases*. Diese Anwendungsfälle werden im Launchpad als Szenarien modelliert. Ein Szenario beschreibt, wie ein KI-Modell trainiert, getestet und produktiv eingesetzt werden soll. Ein konkretes Beispiel ist das Szenario *foundation-models*, das im Generative AI Hub zur Verfügung steht. Dieses Szenario ermöglicht den Zugriff auf eine Vielzahl von generativen KI-Modellen, die über verschiedene Anbieter bereitgestellt werden. In foundation-models werden diese Modelle als sogenannte *Executables* (dt. ausführbare Einheiten) in Form von *Serving Templates* bereitgestellt (siehe Abbildung 6.9). Sie können das passende Template für das gewünschte Modell auswählen und direkt über das Launchpad ansprechen. Mehr Informationen dazu finden Sie in Abschnitt 6.2.3, »Konfiguration anlegen«.

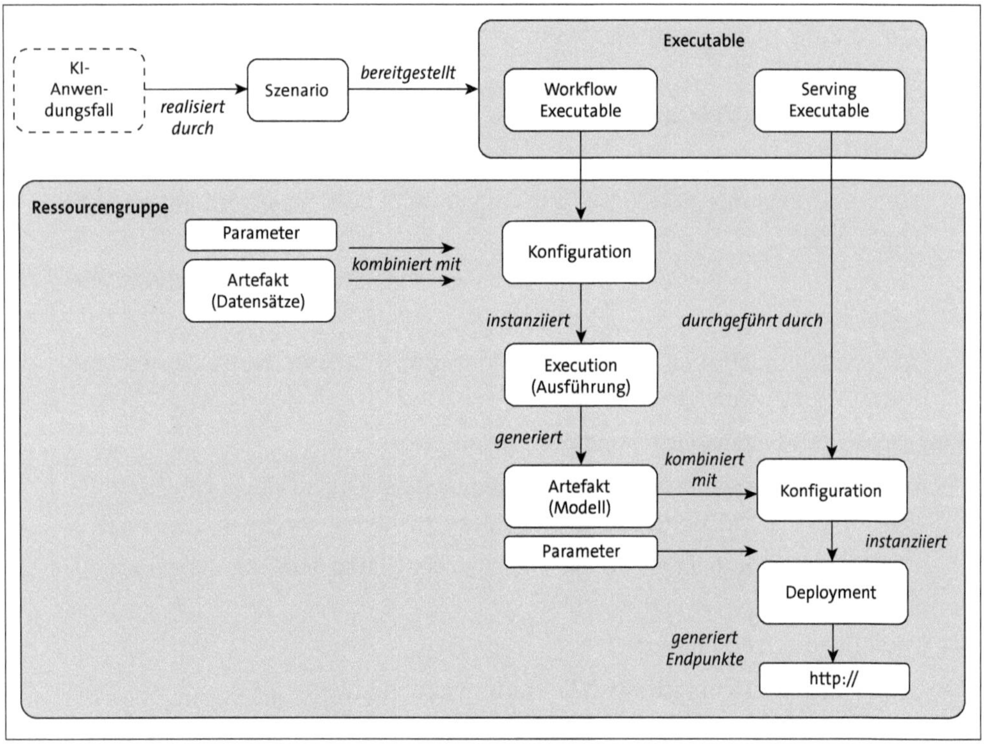

Abbildung 6.9 Konzept des SAP AI Launchpads

Sobald ein Szenario (siehe Abbildung 6.10) definiert ist, werden die dafür benötigten Ressourcen in einer Ressourcengruppe zusammengeführt. Diese bildet die technische Umgebung, in der das Szenario ausgeführt wird. Die Kombination aus Parametern und Artefakten ergibt eine Konfiguration (siehe Abbildung 6.11), die den Trainingsprozess steuert. Nach erfolgreichem Training entstehen neue Modellartefakte, die wiederum in eine weitere Konfiguration überführt werden können.

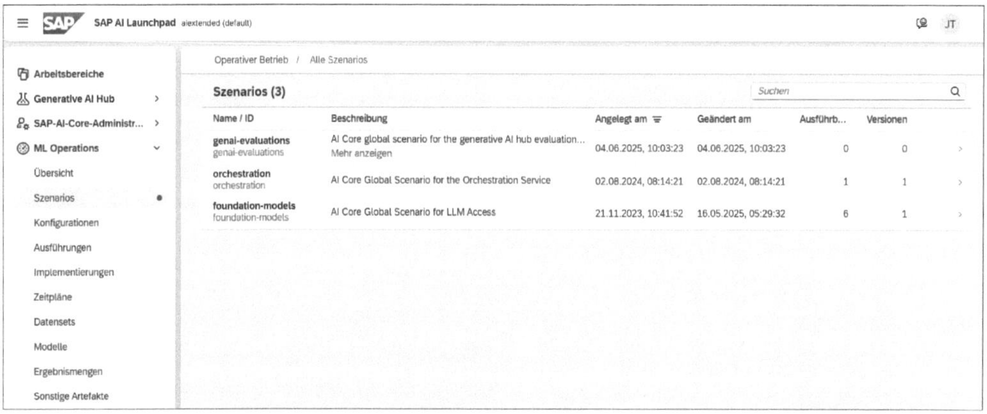

Abbildung 6.10 Szenarien im SAP AI Launchpad

Abbildung 6.11 Konfigurationen im SAP AI Launchpad

Die Bereitstellung erfolgt über das Deployment (siehe Abbildung 6.12), bei dem das trainierte Modell als Dienst veröffentlicht wird. Dieser Dienst stellt einen HTTP-Endpunkt zur Verfügung, über den Vorhersagen in Echtzeit abgerufen werden können. So lassen sich KI-Funktionen nahtlos in bestehende SAP-Anwendungen oder externe Systeme integrieren.

Neben der technischen Orchestrierung bietet das SAP AI Launchpad umfassende Funktionen zur Überwachung und Analyse. Sie können den Status von Trainingsläufen, Deployments und Inferenzprozessen einsehen, Logs analysieren und die Nutzung Ihrer Modelle nachvollziehen. Damit wird nicht nur die technische Kontrolle gewährleistet, sondern auch die Einhaltung von Governance- und Compliance-Vorgaben unterstützt.

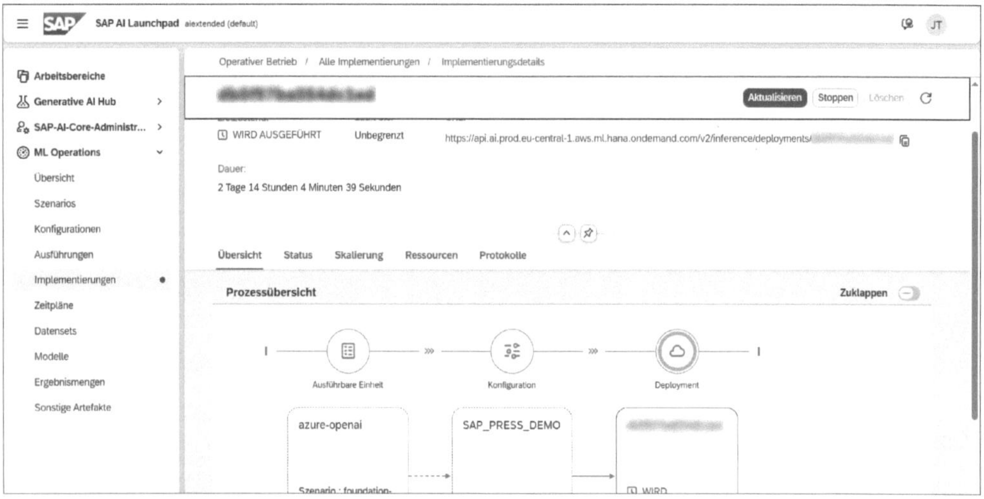

Abbildung 6.12 Deployment des Szenarios im SAP AI Launchpad

Generative AI Hub in SAP AI Launchpad

Der Generative AI Hub bietet eine Low-Code-/No-Code-Erfahrung für den Zugriff auf leistungsstarke KI-Modelle, ohne dass eigene Trainingspipelines oder Infrastruktur notwendig sind. Sie müssen keine eigenen Trainingsdaten und Workflows implementieren, was den Entwicklungsaufwand erheblich reduziert und eine schnelle Integration generativer KI ermöglicht. Das liegt daran, dass die Foundation Models bereits vortrainiert sind und »as a Service« bereitgestellt werden. Als Entwickler*innen müssen Sie nur noch folgende Schritte durchführen:

1. Wählen Sie ein passendes Szenario, wie z. B. **foundation-models**, aus.
2. Erstellen Sie eine Konfiguration mit Parametern wie dem Modell, der Temperatur, den maximalen Token, Prompt-Vorlagen und Sicherheitsoptionen, wie z. B. Data Masking.
3. Definieren Sie Prompts, und testen Sie sie.
4. Integrieren Sie die API-Endpunkte in Ihre Anwendung.

Die Ausführung erfolgt durch den SAP AI Core, der die Inferenzanfrage verarbeitet. Dabei wird kein klassischer *Training Job* gestartet, sondern ein *Prompt Execution Job*, der über eine definierte API kommuniziert. Ein Deployment im klassischen Sinne (das Bereitstellen eines eigenen Modells) ist hier nicht erforderlich, da die Foundation Models bereits gehostet und verwaltet werden. Stattdessen wird ein temporärer oder persistenter Endpunkt erzeugt, über den die Inferenz erfolgt (siehe Abbildung 6.12).

Der Generative AI Hub bietet auch die Möglichkeit, KI zu orchestrieren, also die Koordination und Verwaltung der Bereitstellung, Integration und Interaktion verschiedener KI-Komponenten innerhalb eines Systems oder Workflows. Dazu gehören die Orchestrierung der Ausführung mehrerer KI-Modelle, die Verwaltung des Datenflusses und die Optimierung der Nutzung von Rechenressourcen.

Governance-Funktionen sorgen dafür, dass alle Prozesse den gesetzlichen und organisatorischen Anforderungen entsprechen. Dazu zählen Protokollierung, Überwachung, Mandantenfähigkeit, Rollen- und Rechteverwaltung.

Ein weiterer Vorteil ist die hohe Anpassbarkeit. Sie können Modelle flexibel austauschen, Orchestrierungskonfigurationen ändern und verschiedene Prompt-Varianten für unterschiedliche Modelle speichern. So lassen sich KI-Lösungen schnell an neue Anforderungen anpassen, ohne dass grundlegende Änderungen notwendig sind.

Datenschutz und Sicherheit stehen im Mittelpunkt. Es erfolgt keine automatische Speicherung von Nutzerdaten oder Prompts. Datenmaskierung und Inhaltsfilterung sind standardmäßig integriert. Der Hub erfüllt gängige Sicherheitsstandards wie System and Organization Controls 2 (SOC 2), National Institute of Standards and Technology (NIST) und International Organization for Standardization (ISO).

Zusätzlich ist eine Vektor-Engine integriert, die auf SAP HANA Cloud basiert. Sie ermöglicht es, relevante Geschäftsdokumente als Kontext für KI-Modelle bereitzustellen. So können präzisere und geschäftsrelevante Antworten generiert werden.

6.2 Anbindung von SAP AI Core und SAP AI Launchpad

Nach der Einführung in Konzept, Architektur und Gen AI Hub zeigt dieser Abschnitt, wie SAP AI Core und SAP AI Launchpad miteinander verbunden werden. Dabei wird erklärt, wie Sie zentrale Szenarien wie foundation-models und orchestration im SAP AI Launchpad konfigurieren und über Inferenzendpunkte zur Laufzeit nutzen können.

6.2.1 Services registrieren

In diesem Abschnitt lernen Sie, wie Sie SAP AI Core für die Nutzung des Generative AI Hub einrichten und Beispiel-Prompts im SAP AI Launchpad ausführen.

Bevor Sie mit der Nutzung des Generative AI Hub in Anwendungen beginnen, müssen zunächst einige Voraussetzungen erfüllt sein:

1. Zugriff auf einen globalen SAP-BTP-Account
2. Subaccount mit einer Cloud-Foundry-Laufzeitumgebung
3. Subaccount mit den folgenden Entitlements:
   - SAP AI Core mit dem Service Plan *Extended*
   - SAP AI Launchpad mit dem Service Plan *Standard*

4. Eine Instanz von SAP AI Core Service mit dem Extended-Service-Plan ist erforderlich (siehe Abbildung 6.13). Wenn Sie bereits den Free-Tier- oder den Standard-Service-Plan registriert haben, können Sie Ihre Instanz kostenpflichtig auf den Extended-Plan upgraden, ohne Ihre Daten zu verlieren.
5. Ein Service Key für die SAP-AI-Core-Serviceinstanz. Dies ermöglicht die Verbindung zwischen SAP AI Core und SAP AI Launchpad. Sie können auch andere Entwicklungswerkzeuge wie z. B. ein *Jupyter Notebook* über die API anbinden. Im weiteren Verlauf werden wir die Verwendung des Generative AI Hub im Zusammenspiel mit dem SAP AI Launchpad betrachten.
6. eine Registrierung von SAP AI Launchpad mit dem Standard-Service-Plan (siehe Abbildung 6.13)
7. Sie benötigen die entsprechenden Rollen, um auf die verschiedenen Funktionen zugreifen zu können. Unter *http://s-prs.de/v1081904* finden Sie die vollständige Liste der Rollen mit Beschreibungen und den jeweils zugewiesenen Rechten.

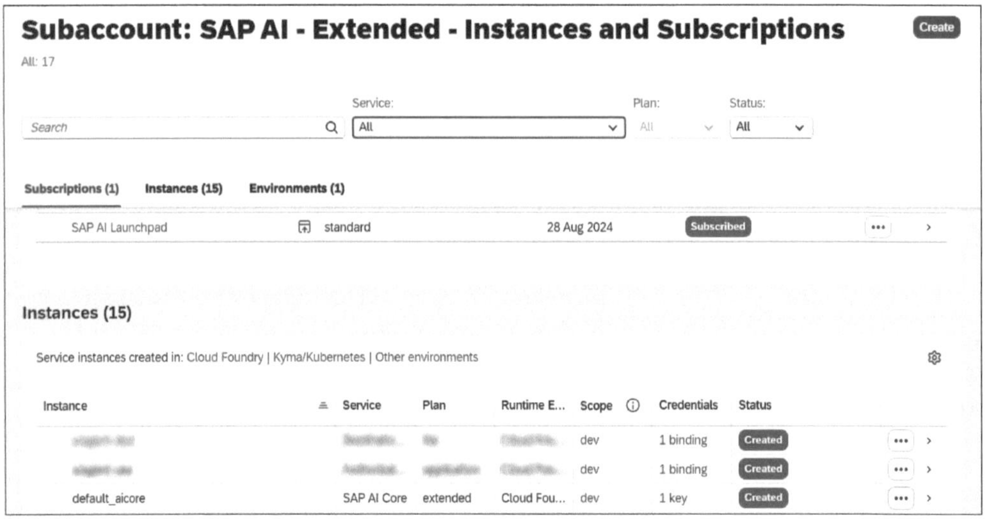

Abbildung 6.13 SAP AI Core und SAP AI Launchpad auf der SAP BTP

Booster

Booster sind für SAP AI Core und für das SAP AI Launchpad verfügbar. Damit können Sie über eine Reihe geführter Schritte die Services registrieren und in Ihrem Subaccount einrichten.

Nach der Einrichtung beider Services können Sie das SAP AI Launchpad starten. Navigieren Sie dazu im entsprechenden Subaccount zu **Instances and Subscriptions**, und klicken Sie auf **SAP AI Launchpad**.

6.2.2 SAP AI Core verbinden

Als Nächstes müssen Sie das SAP AI Launchpad mit der SAP-AI-Core-Instanz verbinden. Gehen Sie dazu wie folgt vor:

1. Laden Sie im SAP BTP Cockpit den Service Key der SAP-AI-Core-Instanz herunter (siehe Abbildung 6.14).

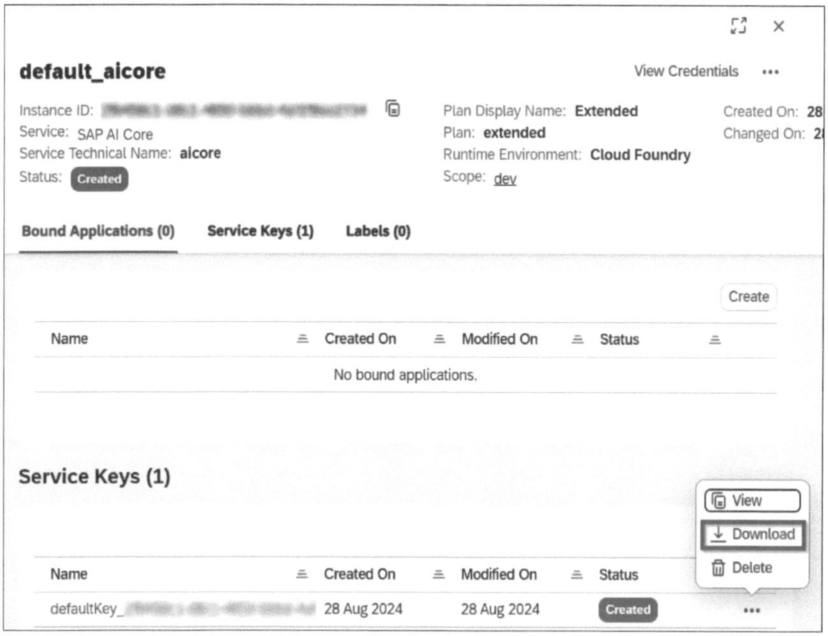

Abbildung 6.14 SAP AI Core – Service Key herunterladen

2. Öffnen Sie das SAP AI Launchpad, navigieren Sie zu **Arbeitsbereiche**, und klicken Sie im Bereich **AI-API-Verbindungen** auf das Icon [•••] und wählen dann **Hinzufügen** (siehe Abbildung 6.15).

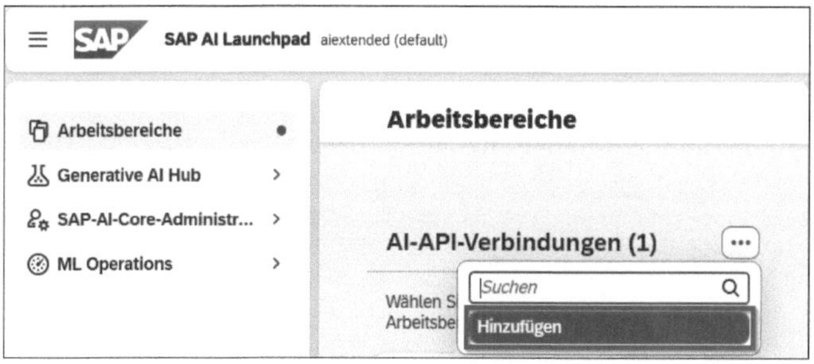

Abbildung 6.15 SAP-AI-Core-Verbindung hinzufügen

3. Geben Sie Ihrer Verbindung einen Namen, und laden Sie den Service Key hoch. Die Angaben zu AI-API-URL, Token-URL, Client-ID und Client Secret werden automa-

tisch aus dem Service Key übernommen. Klicken Sie anschließend auf den Button **Anlegen**, um die Verbindung zu erstellen (siehe Abbildung 6.16).

Abbildung 6.16 SAP-AI-Core-Verbindung anlegen

4. Nach erfolgreicher Verbindung sollten Sie die Standardressourcengruppe **default** unter **Ressourcengruppen** sehen (siehe Abbildung 6.17).

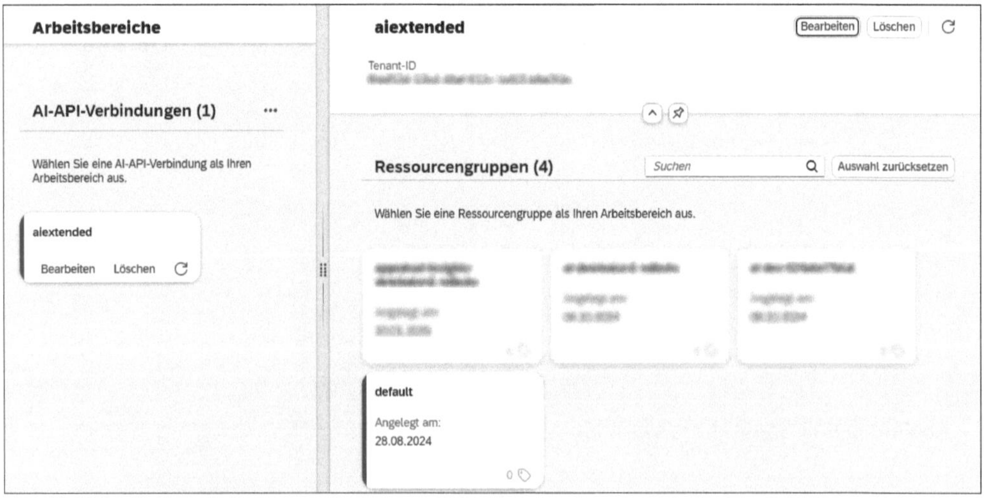

Abbildung 6.17 Default-Ressourcengruppe

Berechtigung für Ressourcengruppe

Sie benötigen die Standardrolle *allow_all_resourcegroups* oder eine Role Collection, die diese Rolle enthält, um Zugriff auf die Ressourcengruppen zu erhalten. Damit haben Sie Zugriff auf alle Ressourcengruppen. Es besteht auch die Möglichkeit, basierend auf der Rollenvorlage *allow_all_resourcegroups* und unter Angabe der entsprechenden Ressourcengruppen-ID eine eigene Rolle zu erstellen. Diese benutzerdefinierte Rolle können Sie anschließend in eine neue Role Collection aufnehmen und den Benutzern zuweisen, die Zugriff auf genau diese Ressourcengruppe erhalten sollen.

Für die Arbeit mit dem SAP AI Launchpad müssen Sie stets eine Verbindung und eine Ressourcengruppe auswählen. Die verfügbaren Funktionen im Menü hängen von der gewählten Ressourcengruppe sowie den Ihnen zugewiesenen Rollen ab. Navigieren Sie im Seitenmenü unter **ML Operations** zum Menüeintrag **Szenarios**, und prüfen Sie dort, ob das Szenario **foundation-models** vorhanden ist (siehe Abbildung 6.10).

6.2.3 Konfiguration anlegen

Im nächsten Schritt erstellen Sie eine Konfiguration. Gehen Sie dabei wie folgt vor:

1. Navigieren Sie im Seitenmenü unter **ML Operations** zu **Konfigurationen**, und klicken Sie auf **Anlegen**.
2. Es öffnet sich ein Assistent, der Sie durch die Anlage führt (siehe Abbildung 6.18). Geben Sie einen Namen ein. Wählen Sie **foundation-models** als Szenario, eine Version und die ausführbare Einheit aus, und klicken Sie auf **Weiter**.

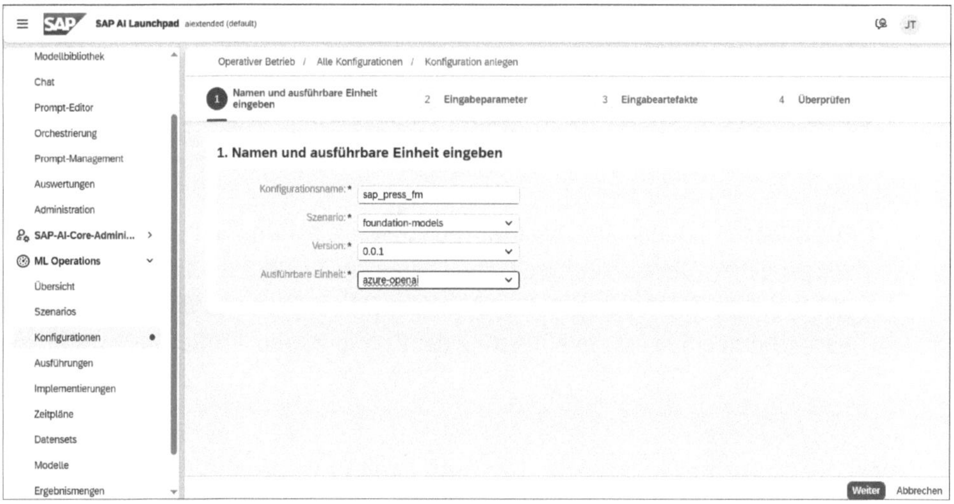

Abbildung 6.18 Generative-AI-Hub-Konfiguration – ausführbare Einheit auswählen

3. Geben Sie den Modellnamen manuell an. Es steht kein Drop-down-Menü zur Verfügung, daher muss der Modellname, z. B. »gpt-4o-mini« oder »text-embedding-3-small«, exakt angegeben werden. Geben Sie die Modellversion an, oder behalten Sie die Voreinstellung **latest** bei (siehe Abbildung 6.19). Klicken Sie auf den Button **Weiter**.

Abbildung 6.19 Generative-AI-Hub-Konfiguration – Modellauswahl

[+]

Verwendung von LLM im Generative AI Hub

Überlegen Sie, welches Modell für Ihren Anwendungsfall geeignet ist, und prüfen Sie die damit verbundenen Nutzungskosten. Die Kosten richten sich nach der Anzahl der verarbeiteten Token, sowohl für Eingabe- als auch Ausgabetext. Die Definition und Abrechnung von Token können je nach Anbieter unterschiedlich sein. Unter *https://me.sap.com/notes/3437766* finden Sie eine Übersicht der verfügbaren ausführbaren Einheiten, der unterstützten Modelle, ihrer Kosten, Abkündigungstermine sowie der Verfügbarkeit nach Region.

Verwenden Sie den *Generative AI Hub in SAP AI Core Calculator* (*http://s-prs.de/1081905*), um die voraussichtlichen Nutzungskosten zu ermitteln.

4. Als Nächstes können Sie Eingabeartefakte wie z. B. Prompt, Parameter oder Kontext angeben. Die ausführbare Einheit **azure-openai** unterstützt jedoch keine Eingabeartefakte im Generative AI Hub. Klicken Sie auf **Überprüfen**, um fortzufahren. Es erscheint eine Zusammenfassung der Konfiguration. Prüfen Sie Ihre Eingaben,

und korrigieren Sie diese gegebenenfalls. Klicken Sie anschließend auf **Anlegen**, um die Konfiguration zu erstellen.

6.2.4 Deployment anlegen

Nach dem Anlegen der Konfiguration werden die Konfigurationsdetails angezeigt (siehe Abbildung 6.20). Dort haben Sie die Möglichkeit, das ausgewählte LLM für die Nutzung bereitzustellen. Klicken Sie dazu auf den Button **Deployment anlegen**. Das Szenario, die ausführbare Datei und die Konfiguration sind bereits vorausgefüllt, wenn Sie das Deployment aus Ihrer Konfiguration erstellen. Sie können einen Zeitraum festlegen, in dem Ihr Deployment aktiv sein soll, oder die Standardeinstellungen Ihrer Umgebung übernehmen. Klicken Sie anschließend auf **Überprüfen**. Eine Zusammenfassung des Deployments wird angezeigt. Klicken Sie auf **Anlegen**, um den Vorgang zu starten.

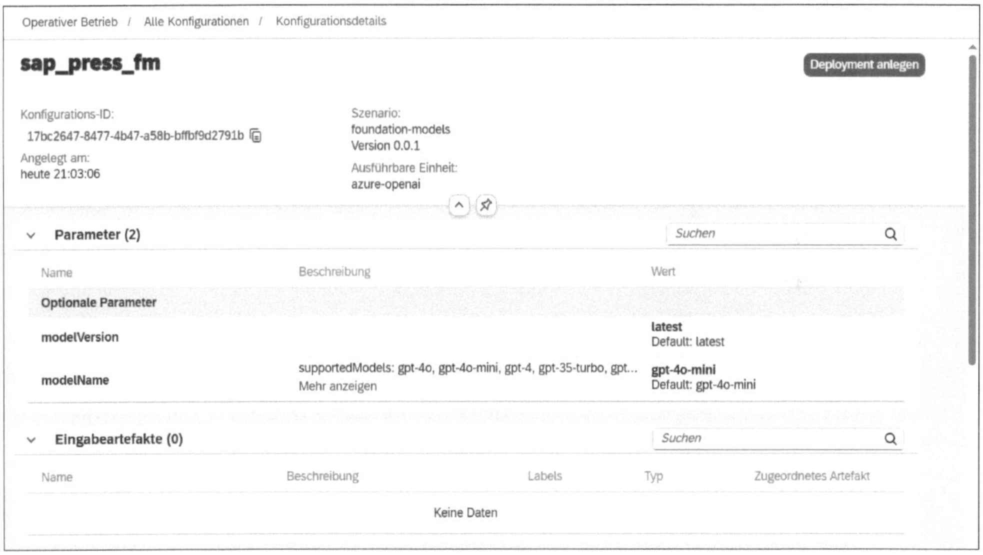

Abbildung 6.20 Konfigurationsdetails im Generative AI Hub mit Deployment-Option

Warten Sie, bis der aktuelle Status von **UNBEKANNT** über **AUSSTEHEND** auf **WIRD AUSGEFÜHRT** wechselt (siehe Abbildung 6.21). Dies kann einige Minuten dauern. Sie können den Status über den Refresh-Button aktualisieren.

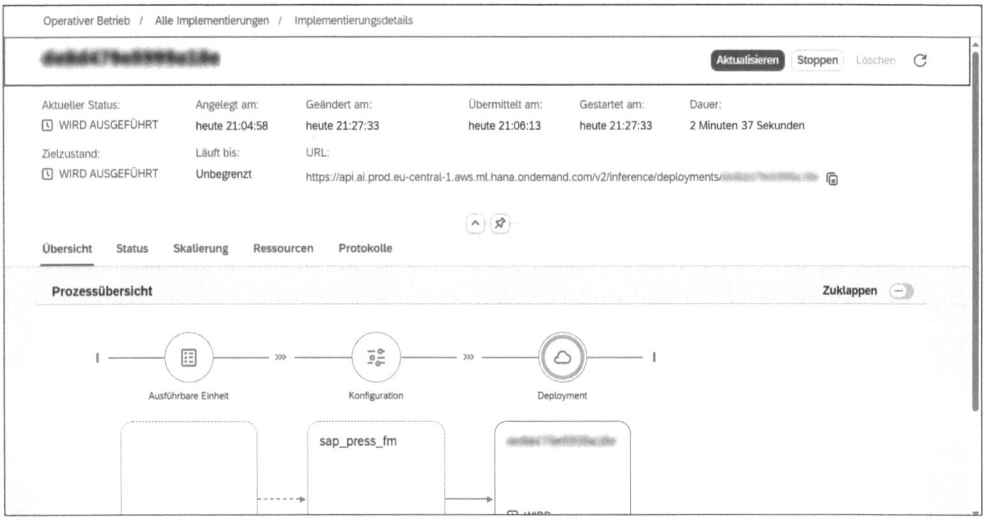

Abbildung 6.21 Generative AI Hub – Deployment-Status

6.2.5 Prompt-Editor

Sie können nun das LLM als Prompt Engineer testen. Wechseln Sie dazu zum **Prompt-Editor** im Menüpunkt **Generative AI Hub**. Der Prompt-Editor ist in zwei Bereiche unterteilt: **Vorlage** und **Antwort**. Der Bereich **Vorlage** gliedert sich in mehrere Registerkarten, darunter:

- **Meldungsblöcke**, in denen Sie Ihren Prompt eingeben können
- **Variablendefinition** zur Festlegung von Platzhaltern für Ihren Prompt
- **Modellkonfiguration**, zur Auswahl des LLM und zur Anpassung der Antwortparameter
- **Tags** zur Kategorisierung und Organisation von Prompts
- **Hinweise** als Beschreibung oder Kommentar zum Prompt-Aufbau

Im Bereich **Antwort** wird anschließend das Ergebnis Ihres Prompts angezeigt.

Gehen Sie dazu wie folgt vor:

1. Wechseln Sie zur **Modellkonfiguration**. Dort wählen Sie **gpt-4o-mini** als Modell aus und begrenzen die maximale Anzahl an Token auf 1.000, indem Sie den Schieberegler bei **Max Anzahl Token** auf 1.000 setzen (siehe Abbildung 6.22).
2. Geben Sie einen Prompt wie z. B. »Was ist der Unterschied zwischen KI-Skill und KI-Agent?« in **Meldungsblöcke (1)** ein, und klicken Sie auf den Button **Ausführen** (siehe Abbildung 6.23). Nach einigen Sekunden erhalten Sie eine Antwort. Auf diese Weise können Sie zwischen verschiedenen verfügbaren LLMs wechseln und

die Antworten für Ihr Anwendungsszenario testen. Sie können Ihrer Vorlage einen Namen geben und sie durch Klicken auf **Sichern** speichern. Unter dem Menüpunkt **Generative AI Hub • Prompt-Management** können Sie Ihre Vorlagen verwalten, anzeigen lassen und direkt in den Prompt-Editor laden.

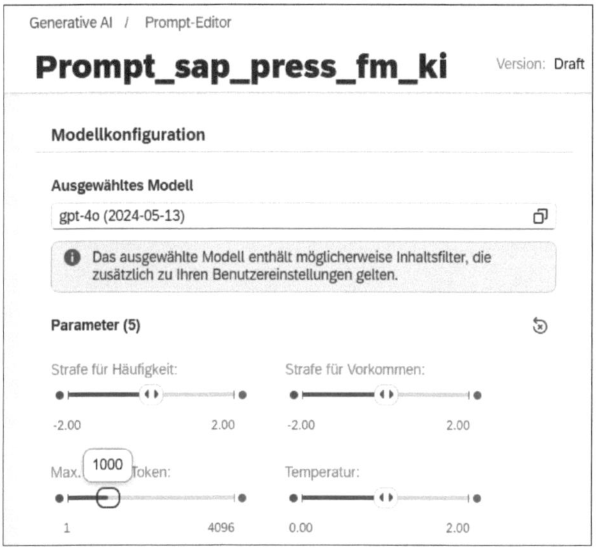

Abbildung 6.22 Prompt-Editor – Modellkonfiguration

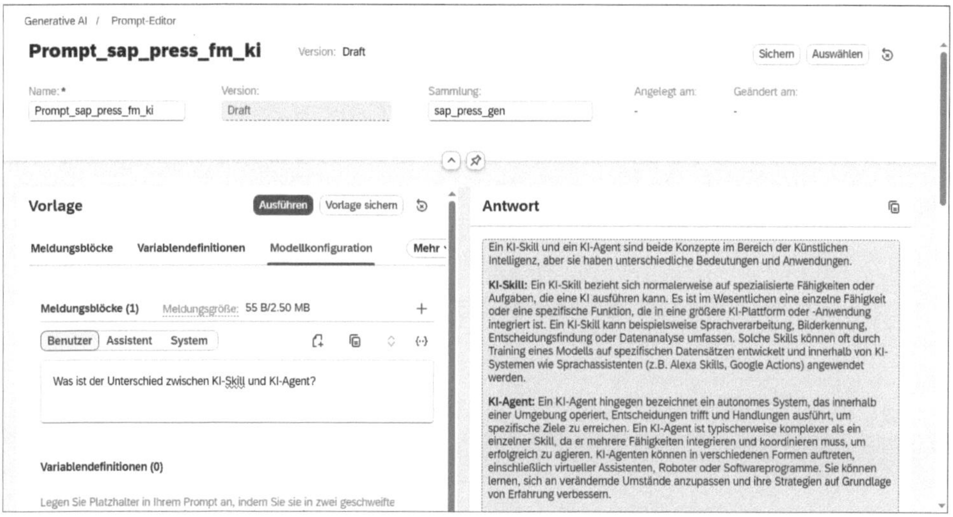

Abbildung 6.23 Prompt-Editor – Prompt ausführen

Sie können das Ergebnis Ihres Prompts in der Modellkonfiguration durch folgende Parameter beeinflussen:

- **Strafe für Häufigkeit** (zwischen -2,0 und 2,0): Je positiver der Wert ist, desto unwahrscheinlicher ist es, dass das Modell dieselbe Zeile wörtlich wiederholt.
- **Strafe für Vorkommen** (zwischen -2,0 und 2,0): Je positiver der Wert ist, desto wahrscheinlicher ist es, dass das Modell über neue Themen spricht.
- **Maximale Anzahl Token**: Die maximale zulässige Anzahl an Token für die generierte Antwort. Ein zu niedriger Wert kann dazu führen, dass die Antwort abgeschnitten oder unvollständig ist.
- **Temperatur** (zwischen 0 und 2): Höhere Werte machen die Antwort zufälliger und niedrigere Werte deterministischer.

6.2.6 Prompt mit REST API

Sie können die REST API z. B. mit Postman nutzen, um Prompts an Ihr Deployment zu senden. Dazu gehen Sie wie folgt vor:

1. Öffnen Sie Postman oder ein ähnliches Tool.
2. Stellen Sie die Authentifizierungsmethode auf OAuth 2.0 ein, und verwenden Sie dabei die Parameter Token-URL (`<service_key_url>/oauth/token`), Client-ID (`<service_key_clientid>`) und Client Secret (`<service_key_clientsecret>`). Die entsprechenden Werte entnehmen Sie dem Service Key Ihrer SAP-AI-Core-Instanz. Damit können Sie ein Zugriffstoken abrufen und es als Bearer Token für Ihre API-Anfragen verwenden.
3. Fügen Sie den Header-Parameter `AI-Resource-Group` hinzu, und setzen Sie ihn auf den Namen Ihrer Ressourcengruppe – in diesem Fall »default«.
4. Wählen Sie POST als HTTP-Methode für Ihre Anfrage.
5. Kopieren Sie die URL Ihres Deployments (siehe Abbildung 6.21), und verwenden Sie diese als Ziel-URL für Ihre Anfrage. Ergänzen Sie die URL Ihres Deployments am Ende mit dem Endpunkt `/chat/completions?api-version=2024-10-21`. Die API-Dokumentation des OpenAPI-Szenarios finden Sie unter *http://s-prs.de/v1081906*.
6. Verwenden Sie die JSON Payload aus Listing 6.1 für Ihre Anfrage:

```
{
    "messages": [
        {
            "role": "user",
            "content": "Was ist der Unterschied zwischen KI-Skill und KI-
Agent?"
        }
    ],
    "max_tokens": 1000,
    "temperature": 1,
```

```
    "frequency_penalty": 0,
    "presence_penalty": 0,
    "stop": null
}
```

Listing 6.1 JSON Payload

7. Senden Sie Ihre Anfrage (siehe Abbildung 6.24).

Abbildung 6.24 Deployment – Anfrage mit REST API

6.2.7 Orchestrierung

Bisher haben wir das Szenario *foundation-models* betrachtet, das den Zugriff und die Nutzung von LLMs von Drittanbietern ermöglicht und vereinfacht. Der Extented Service Plan des SAP AI Core stellt zusätzlich das Szenario *orchestration* (Orchestrierung) zur Verfügung. Während foundation-models auf ein einzelnes Modell beschränkt ist, erlaubt die Orchestrierung die Nutzung mehrerer Modelle und bietet darüber hinaus zusätzliche Flexibilität. Ein wesentlicher Vorteil der Orchestrierung ist die einfache Austauschbarkeit des Modells. Sie können das verwendete Modell direkt in der Konfiguration ändern, ohne sie neu zu deployen. Dies ist beim Szenario foundation-models nicht möglich. Darüber hinaus bietet die Orchestrierung zusätzliche Komponenten:

- **Templating** (Vorlage), um Prompts mit Platzhaltern zu erstellen, die während der Inferenz ausgefüllt werden.
- **Content Filtering** (Ein- und Ausgabefilterung), um Inhalte einzuschränken, die an ein generatives Modell übergeben und von diesem empfangen werden.
- **Grounding**, um externe, kontextrelevante oder Echtzeitdaten wie Geschäftsdaten zu integrieren. Damit erhöhen Sie die Genauigkeit der Antworten des LLM, das mit allgemeinen Daten trainiert wurde.
- **Data Masking** (dt. Datenmaskierung), um die Daten zu anonymisieren oder pseudonymisieren, bevor diese an ein Modell übergeben werden. Bei der Pseudonymisierung werden die maskierten Daten in der Antwort demaskiert.
- **Translation** (Übersetzung), um die Eingabe und/oder Ausgabe zu übersetzen.

Die ersten Schritte zur Bereitstellung einer Orchestrierung im SAP AI Launchpad sind ähnlich wie bei foundation-models. Zunächst müssen Sie eine Konfiguration anlegen. Gehen Sie dabei wie folgt vor:

1. Navigieren Sie im Seitenmenü unter **ML Operations** zu **Konfigurationen**, und klicken Sie auf **Anlegen**.
2. Geben Sie einen Namen ein. Wählen Sie **orchestration** als Szenario, eine Version und **orchestration** als ausführbare Einheit aus, und klicken Sie auf **Weiter**.
3. Fahren Sie mit der Einrichtung fort, indem Sie auf **Weiter** klicken, bis Sie zum Schritt **Deployment anlegen** gelangen (siehe Abbildung 6.25).

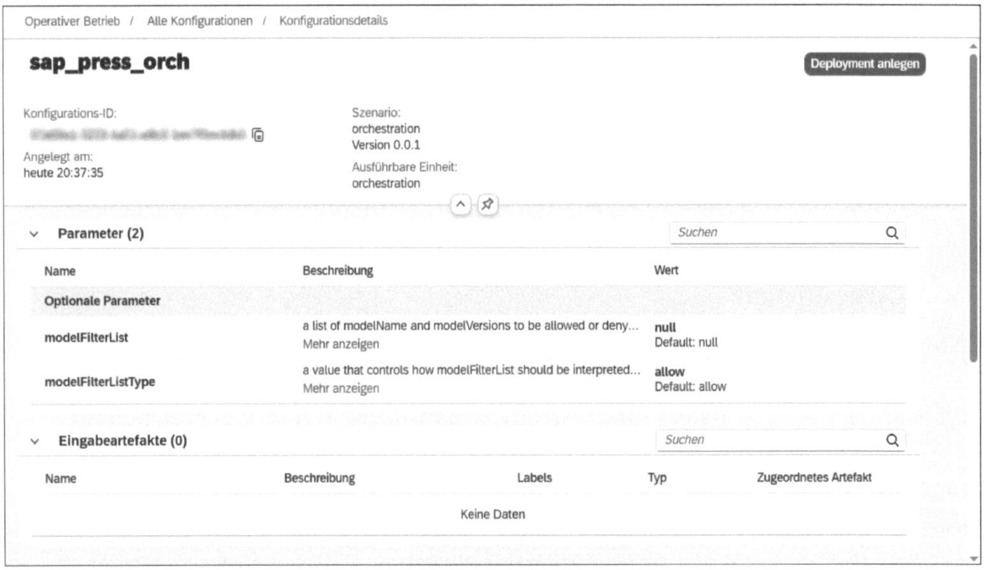

Abbildung 6.25 Orchestrierung – Konfiguration anlegen

4. Klicken Sie auf **Deployment anlegen**. Sie können wie bei foundation-models die Standardeinstellungen übernehmen und bis zur Anlage durchklicken. Warten Sie, bis Ihr Deployment den aktuellen Status **WIRD AUSGEFÜHRT** erreicht hat.
5. Navigieren Sie zum Menüpunkt **Generative AI Hub • Orchestrierung**. Als Erstes wählen Sie die Komponente, die Sie in Ihrer Orchestrierung nutzen wollen (siehe Abbildung 6.26). Klicken Sie anschließend auf **Edit**. Überlegen Sie im Vorfeld, welche Komponenten Sie benötigen, und prüfen Sie die Kosten, da diese Komponenten ebenfalls kostenpflichtig sind.

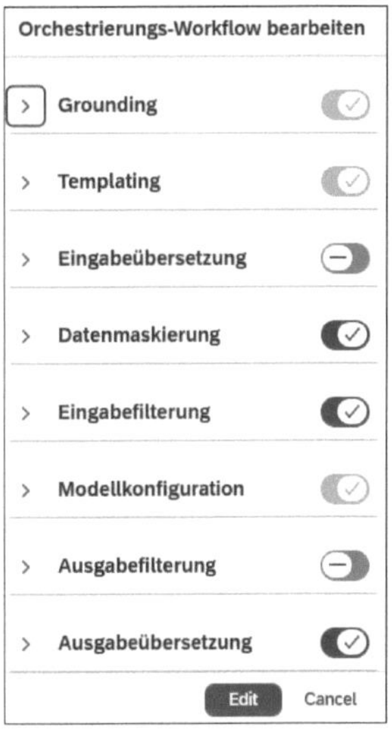

Abbildung 6.26 Orchestrierungs-Workflow bearbeiten

6. Klicken Sie im Orchestrierungs-Workflow auf den Schritt **Templating** (siehe Abbildung 6.27).

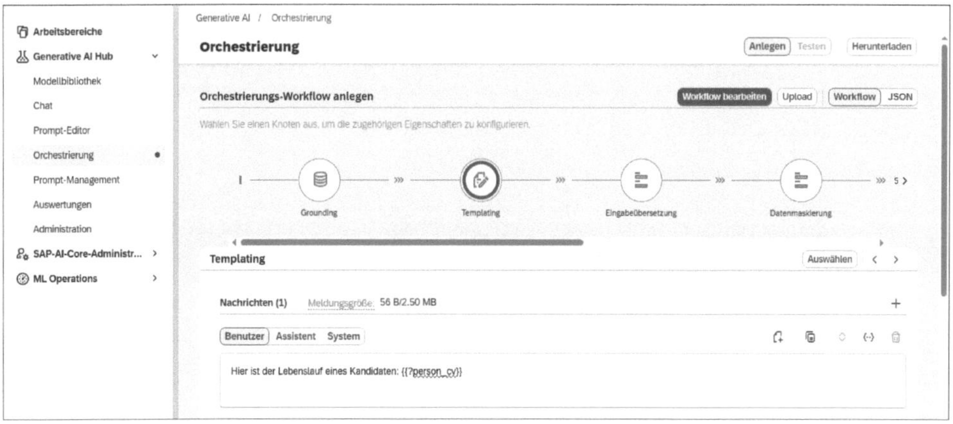

Abbildung 6.27 Orchestrierung – Vorlage bearbeiten

Geben Sie folgenden Text in **Nachrichten (1)** ein: »Hier ist der Lebenslauf eines Kandidaten: {{?person_cv}}«. Dadurch wird eine Variable `person_cv` erstellt.

7. Geben Sie einen Standardwert für Ihre Variable entsprechend Ihrem Anwendungsfall ein – hier ist das z. B. der Lebenslauf eines Bewerbers (siehe Abbildung 6.28).

Abbildung 6.28 Orchestrierung – Variable und Standardwert eingeben

8. Klicken Sie nach Eingabe der Daten auf das Plus-Icon [+]. Es erscheint ein neues Eingabefeld. Konfigurieren Sie die Registerkarte **System** (siehe Abbildung 6.29). Hier können Sie Anweisungen an das Modell geben – wie z. B. »Fassen Sie den folgenden Lebenslauf in fünf Sätzen zusammen«, um die Antwort zu beeinflussen.

Abbildung 6.29 Orchestrierung – Vorlage (System)

9. Klicken Sie auf den Workflow-Schritt **Datenmaskierung**. Aktivieren Sie z. B. **Anonymisieren** für mehr Datenschutz, und wählen Sie die Informationen aus, die Sie nicht weitergeben wollen (siehe Abbildung 6.30).

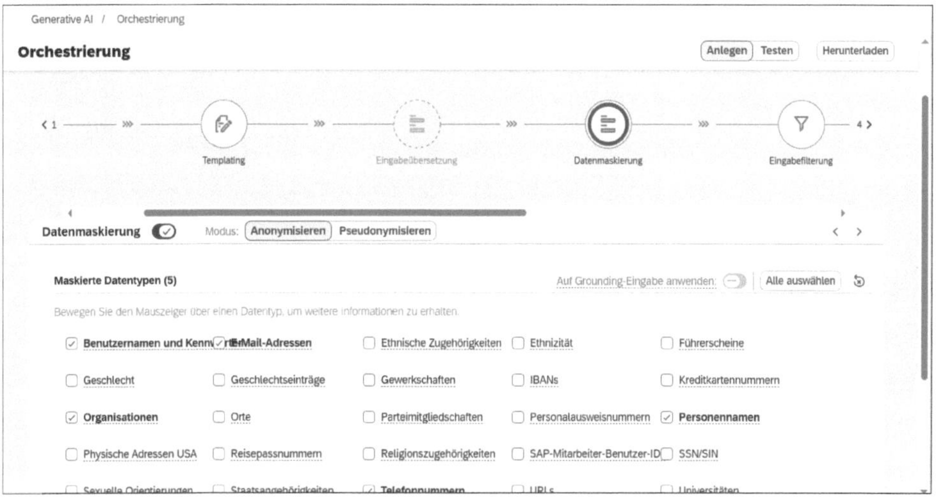

Abbildung 6.30 Orchestrierung – Datenmaskierung

10. Klicken Sie auf den Schritt **Eingabefilterung**. Hier können Sie unerwünscht eingehende Texte bereinigen (siehe Abbildung 6.31). Das Gleiche können Sie auch für die **Ausgabefilterung** erledigen, um die Antwort zu bereinigen.

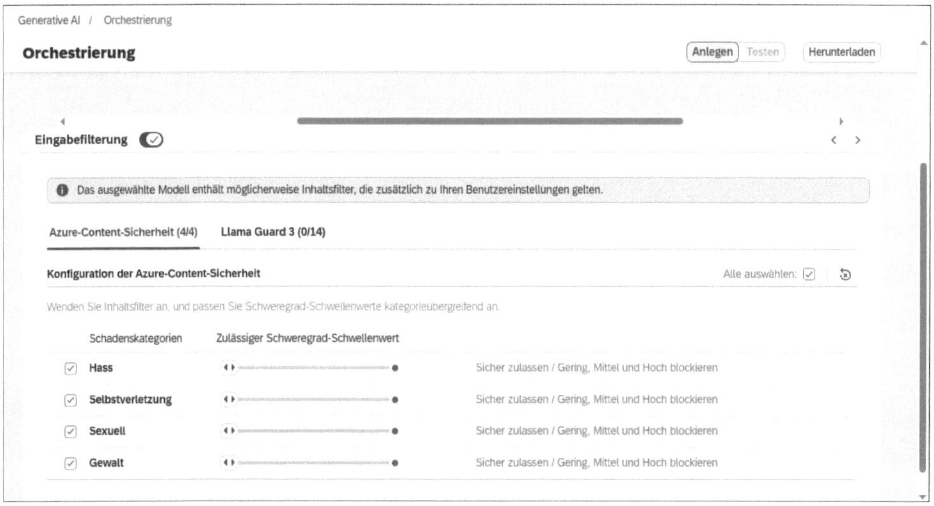

Abbildung 6.31 Orchestrierung – Eingabefilterung

11. Klicken Sie auf den Schritt **Modellauswahl**. Hier können Sie Ihre Orchestrierung einem Deployment zuweisen und das LLM auswählen (siehe Abbildung 6.32 und Abbildung 6.33), das Sie nutzen möchten.

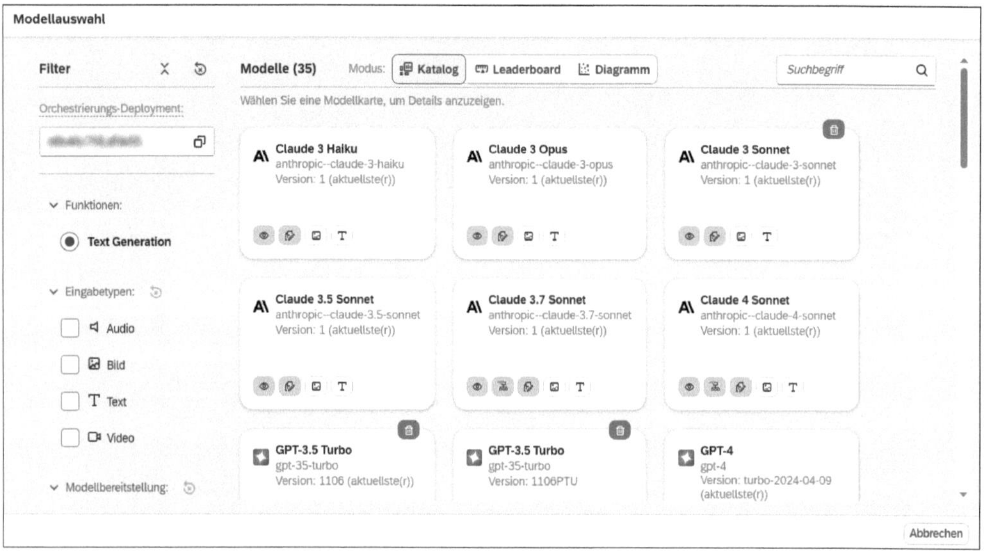

Abbildung 6.32 Orchestrierung – Modell auswählen

Abbildung 6.33 Orchestrierung – Deployment auswählen

12. Klicken Sie auf den Button **Testen**, und geben Sie z. B. einen Lebenslauf ein. Klicken Sie anschließend auf **Ausführen** (siehe Abbildung 6.34). Prüfen Sie, ob die Qualität der Antwort Ihren Anforderungen entspricht. Hier können Sie beobach-

ten, dass die sensiblen Daten maskiert wurden. Sie können die gleichen Prinzipien auf andere Anwendungsfälle übertragen.

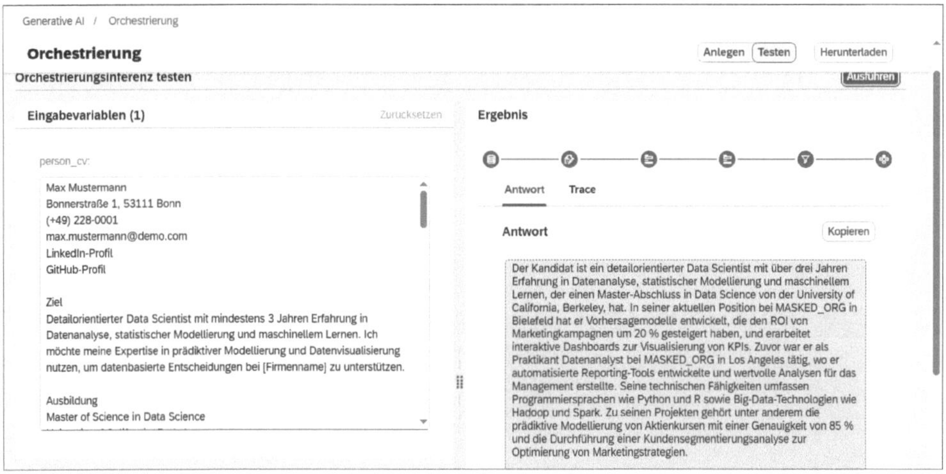

Abbildung 6.34 Orchestrierung testen

Sie haben nun gesehen, welche Vorteile das orchestration-Szenario bietet und wie Sie es im SAP AI Launchpad konfigurieren und deployen können. In Abschnitt 6.3.1, »SAP Cloud Application Programming Model«, erfahren Sie, wie Sie eine Orchestrierung programmatisch konfigurieren, deployen und in Ihre Anwendung integrieren können.

6.3 Integration von KI in der Entwicklung

Nachdem sich die vorangegangenen Abschnitte mit KI-Services und -Werkzeugen wie SAP AI Core oder SAP AI Launchpad beschäftigt haben, liegt der Fokus dieses Abschnitts auf der Integration von KI in die Entwicklung selbst. Die SAP BTP bildet die Grundlage für die nahtlose Integration der bereitgestellten KI-Services in eigene Anwendungen. Abbildung 6.35 zeigt eine mögliche Vorgehensweise, wie verschiedene Arten von Anwendungen die KI-Services und -Modelle einbetten können. Je nachdem, ob es sich um eine ABAP-, CAP-, SAP-Build- oder Python-Anwendung handelt, stehen entsprechende Bibliotheken und SDKs bereit. Mit deren Hilfe können die Anwendungen die KI-Funktionen des SAP AI Core, des SAP AI Launchpads oder der SAP HANA Cloud nutzen.

Wie die KI-Services in eine CAP-Anwendung integriert werden können, erfahren Sie in Abschnitt 6.3.1, »SAP Cloud Application Programming Model«. Anschließend beschäftigt sich Abschnitt 6.3.2, »ABAP in der Cloud«, damit, wie KI in ABAP-RESTful-

Programming-Model-basierten Services oder Klassen konsumiert werden kann. Zuletzt beschreibt Abschnitt 6.3.3, »SAP Build«, wie KI-Modelle auch in Low-Code-Anwendungen von SAP Build integriert werden. Welche KI-Funktionen SAP HANA Cloud hingegen bietet und wie diese genutzt werden können, wird in Abschnitt 6.4, »SAP HANA Cloud und KI«, näher erläutert. In den folgenden Abschnitten wird dies unter Berücksichtigung von Best Practices und mit Bezug zum Unternehmenskontext praktisch gezeigt.

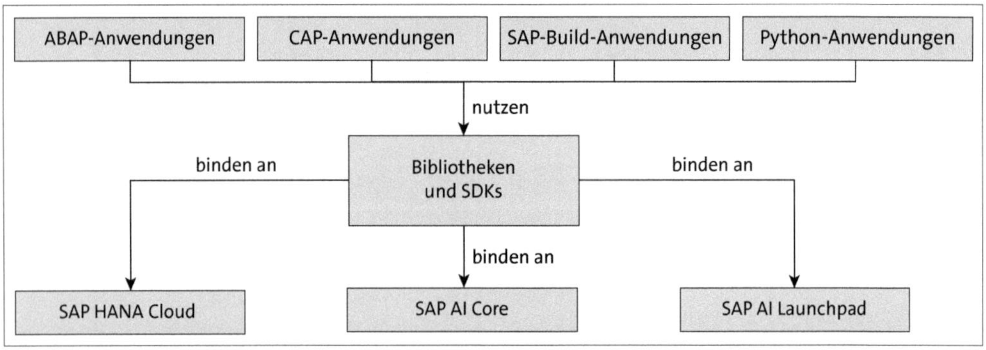

Abbildung 6.35 Integration von KI in SAP-Anwendungen

6.3.1 SAP Cloud Application Programming Model

In diesem Abschnitt werfen wir einen Blick auf KI im SAP Cloud Application Programming Model (CAP). Dabei gibt es zwei Möglichkeiten: Entweder werden die KI-Services direkt in CAP-Applikationen eingebunden, oder CAP wird als Integrationsschicht für den Zugriff auf die KI-Services in der Cloud genutzt. In beiden Fällen erfolgt die technische Integration der KI-Services über das *SAP Cloud SDK for AI*. Es dient als Brücke zwischen CAP und den KI-Services auf der SAP BTP. Aktuell werden die Services SAP AI Core, SAP Generative AI Hub und Orchestration Service unterstützt. Dabei abstrahiert das SDK von vielen technischen Details und vereinfacht somit die Integration von LLMs, Embedding-Modellen und weiteren KI-Technologien. Insgesamt bringt es folgende Komponenten mit sich:

- **AI API**

  Das `ai-api`-Paket bietet einen Client, mit dem die Ressourcen von SAP AI Core, etwa die Modell-Deployments, verwaltet werden können.

- **Foundation Models**

  Über das `foundation-models`-Paket des SDK wird der direkte Zugriff auf Grundlagenmodelle wie ChatGPT ermöglicht.

- **Orchestrierung**

  Mit dem `orchestration`-Paket werden die Funktionen des Orchestration Services wie Data Masking, Content Filtering oder Templating zugänglich gemacht.
- **Agenten**

  Mithilfe des sogenannten `langchain`-Pakets wird der Einsatz der LangChain Patterns wie Prompts, Chains und Tools zusammen mit SAP-Modellen ermöglicht.
- **Prompt Register**

  Das `prompt-registry`-Paket dient zur Verwaltung von wiederverwendbaren Vorlagen für Prompts, die anschließend in verschiedenen CAP-Services eingesetzt werden können.
- **Document Grounding**

  Um Dokumente so aufzubereiten, dass sie von KI-Modellen gezielt durchsucht werden können, um diese für das RAG Pattern nutzen zu können, steht das `document-grounding`-Paket zur Verfügung.

Mithilfe dieser Pakete lassen sich komplexe KI-Funktionen einfach in CAP-Anwendungen realisieren. Dies wird nun anhand eines kleinen durchgängigen Beispiels demonstriert. Es wird ein Agent entwickelt, der eine intelligente Erweiterung des Störungsmanagements darstellt. Er nimmt Texteingaben von Anwender*innen entgegen, versteht sie und kann sie mit historischen Supportmeldungen abgleichen. Dadurch kann er bei der Behandlung der Meldungen unterstützen. Bei der Implementierung nutzen wir sogenannte *Embeddings*, also Vektorrepräsentationen von Texten, mit denen sich die Ähnlichkeit in der Bedeutung berechnen lässt. In Kombination mit einer Ähnlichkeitssuche wird dadurch das sogenannte *RAG Pattern* realisiert. Dabei wird die Anfrage mit kontextbezogenen Daten angereichert, bevor eine Antwort generiert wird. Dadurch kann das KI-Modell präzisere Antworten zurückgeben. Auf die technischen Details zu Embeddings und RAG gehen wir Abschnitt 6.4, »SAP HANA Cloud und KI«, noch einmal genauer ein.

Die Architektur des Szenarios sehen Sie in Abbildung 6.36. Die Anwendungslogik des Beispiels ist in einer CAP-Anwendung implementiert, die in der Cloud-Foundry-Umgebung der SAP BTP läuft. Sie nutzt das SAP Cloud SDK for AI etwa, um auf die AI API des SAP AI Core zuzugreifen und die Embeddings zu generieren. Die erzeugten Embeddings werden in der SAP HANA Cloud gespeichert. Dort werden sie zur Ähnlichkeitssuche verwendet. Dazu wird die *Vector Engine* der SAP HANA Cloud genutzt. In der Architektur dient SAP AI Core als Vermittlungsschicht zwischen der SAP BTP und den Deployments der KI-Modelle auf Azure. Über die AI API können die Modelle angesteuert werden, ohne dass eine direkte Kommunikation mit Azure-Diensten erforderlich ist.

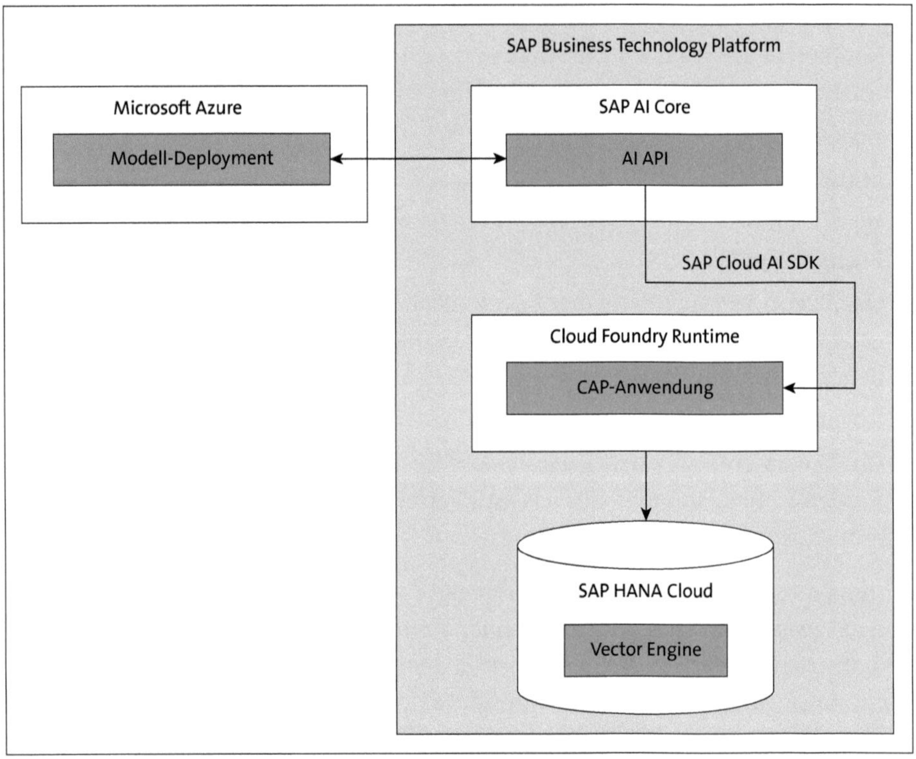

Abbildung 6.36 Zielarchitektur – KI in CAP

Als Basis für den Anwendungsfall dient dabei die CAP-Anwendung aus Kapitel 2, »SAP Cloud Application Programming Model«. Vor der eigentlichen Implementierung müssen jedoch noch einige technische Voraussetzungen geschaffen werden. Die Erstellung einer Instanz des SAP AI Core wurde in Abschnitt 6.1.3 bereits erläutert und wird für dieses Szenario als gegeben angenommen. Zur Verbindung mit dem SAP AI Core ist nichts weiter zu tun, da das SAP Cloud SDK for AI standardmäßig in der Umgebung der Anwendung nach einem Service Binding mit dem Namen `aicore` sucht. Dementsprechend muss nur die Instanz an die Anwendung mit diesem Namen gebunden werden. Anschließend werden die benötigten Pakete des SAP Cloud SDK for AI mit dem folgenden Befehl installiert:

```
npm i @sap-ai-sdk/ai-api @sap-ai-sdk/langchain @sap-ai-sdk/orchestration
```

Dadurch stehen die für die Implementierung notwendigen Funktionen des SDK zur Verfügung. Als Nächstes wird das vorhandene CDS-Modell, wie in Listing 6.2 gezeigt, bezüglich Störungsmeldungen erweitert.

```
entity Incidents : cuid, managed {
  ...
  solution    : String;
  embedding   : Vector(1536);
}
```

Listing 6.2 Erweiterung der Entität »Incidents« um »Solution« und »Embedding«

Dabei wird das Attribut `solution` hinzugefügt, das die Maßnahmen zur Lösung des Problems beinhaltet. Diese Information wird später dem Agenten zur Verfügung gestellt. Außerdem wird das Attribut `embedding` genutzt, um die Vektorrepräsentation der Beschreibung der Supportmeldung zu speichern. Dafür stellt CAP den Datentyp `Vector` bereit. Dabei kann die Anzahl der Dimension mitgegeben werden, sodass sie zum genutzten Embedding-Modell passt. Im Beispiel sind dies 1.536 Dimensionen für das OpenAI-Modell `text-embedding-3-small`. Was genau eine Vektorrepräsentation ist und wie diese im Kontext der Ähnlichkeitssuche verwendet wird, wird in Abschnitt 6.4.1, »SAP HANA Cloud Vector Engine«, näher erläutert. Durch die Einführung des Attributs `embedding` ist noch eine Anpassung am Service selbst notwendig. Alle Attribute vom Typ `Vector` müssen in CAP-Services exkludiert werden, weil sie nicht über OData bereitgestellt werden können. Dies ist für den Konsumenten des Services jedoch nicht relevant, da es sich um ein reines Backend-Konstrukt handelt. Beispielhaft ist dies für die Servicedefinition des Admin-Services in Listing 6.3 dargestellt. Analog dazu muss dies für die Serviceentitäten im Agent-Service angepasst werden.

```
service AdminService {
  ...
  entity Incidents as projection on db.Incidents excluding {
          embedding
       };
  ...
}
```

Listing 6.3 Exkludieren der Vektorattribute in der Servicedefinition

Anschließend kann mit der eigentlichen Implementierung begonnen werden. Dazu legen Sie mit dem folgenden Befehl im neuen Verzeichnis **utils** die neue Datei **ai-utils.js** an:

```
mkdir -p srv/utils && touch srv/utils/ai-utils.js
```

Diese kapselt die KI-Funktionen. Wie Sie in Listing 6.4 sehen, ist der erste Schritt das Handling der Resource Groups in SAP AI Core. Im Beispiel soll die neue Resource

Group ai-inc-mgmt erstellt werden, wenn sie nicht bereits existiert. Dazu wird zunächst das Modul ResourceGroupApi aus dem SAP AI SDK importiert. Dies stellt Methoden bereit, um die Resource Groups über die API des SAP AI Core zu verwalten. Im Anschluss wird die Konstante RESOURCE_GROUP_ID mit dem Wert ai-inc-mgmt für die neue Gruppe definiert. Zusätzlich wird RESOURCE_GROUP_HEADER als Konstante eingeführt, die den HTTP-Header definiert, um in den späteren Methodenaufrufen den Kontext zur gewünschten Resource Group herzustellen. Die Funktion createResourceGroup kapselt nun die Logik zur Erstellung der Resource Group. Sie verwendet die Methode kubesubmitV4ResourcegroupsCreate aus dem SDK, die die gewünschte resourceGroupId entgegennimmt und anschließend per execute den Request an SAP AI Core abschickt. Falls die Gruppe bereits existiert oder ein Fehler auftritt, wird dieser rudimentär im catch-Block behandelt. Analog dazu wird die Funktion getResourceGroups definiert, die die Funktion kubesubmitV4ResourcegroupsGetAll nutzt, um alle vorhandenen Resource Groups zurückzuliefern.

```
const { ResourceGroupApi } = require('@sap-ai-sdk/ai-api');

const RESOURCE_GROUP_ID = 'ai-inc-mgmt';
const RESOURCE_GROUP_HEADER = { 'AI-Resource-Group': RESOURCE_GROUP_ID };

// Erstellung der Resource Group, falls noch nicht existent
const createResourceGroup = async (resourceGroupId) => {
   try {
      return await ResourceGroupApi.kubesubmitV4ResourcegroupsCreate({
         resourceGroupId
      }).execute();
   } catch (error) {
      console.error(`Error: ${error?.message}`);
   }
};
// Abruf aller vorhandenen Resource Groups
const getResourceGroups = async () => {
   try {
      const response =
 await ResourceGroupApi.kubesubmitV4ResourcegroupsGetAll().execute();
      return response?.resources || [];
   } catch (error) {
      console.error(`Error: ${error?.message}`);
      return [];
      }
};
```

Listing 6.4 Handling der Resource Groups des SAP AI Core

Nachdem mittels der vorangegangenen Logik die Resource Group erstellt wurde, müssen im nächsten Schritt die sogenannten *Configurations* eingerichtet werden. Diese definieren, welche Modelle in Verbindung mit dem SAP AI Core verwendet werden sollen. Der Code in Listing 6.5 zeigt, wie zunächst das Modul `ConfigurationApi` aus dem SAP AI SDK importiert wird. Danach wird mit der Funktion `createConfigurations` ein Array mit zwei Konfigurationseinträgen erstellt. Der erste Eintrag für das Embedding-Modell bezieht sich auf `text-embedding-3-small`, das über Azure OpenAI bereitgestellt wird. Die Werte `executableId` und `scenarioId` bestimmen dabei, welche Endpunkte im SAP AI Core angesprochen werden. Das Feld `parameterBindings` bestimmt weitere spezifische Parameter wie den Modellnamen und die zugehörige Version. Die zweite Konfiguration bezieht sich auf den Orchestration Service und parametrisiert die Attribute `executableId` und `scenarioId` entsprechend. Mit der Hilfsfunktion `createConfiguration` wird der Aufruf der Methode `configurationCreate` aus der `ConfigurationApi` des SAP AI SDK gekapselt. Diese reicht die Konfiguration sowie den Header zur Referenz auf die Resource Group mit. Abschließend werden beide Konfigurationen parallel mit `Promise.all` erstellt. Das Resultat beinhaltet die Antworten der Aufrufe, aus denen die IDs der neu angelegten Konfigurationen extrahiert werden. Kommt es während der Konfigurationserstellung zu einem Fehler, wird dieser im Log ausgegeben, und die Funktion gibt ein leeres Array zurück.

```
const { ResourceGroupApi, ConfigurationApi } = require('@sap-ai-sdk/ai-api');
...
// Erstellung der Konfigurationen für die Modelle
const createConfigurations = async () => {
  const configurations = [
    {
      name: 'embedding-config',
      executableId: 'azure-openai',
      scenarioId: 'foundation-models',
      parameterBindings: [
        { key: 'modelName', value: 'text-embedding-3-small' },
        { key: 'modelVersion', value: 'latest' }
      ],
      inputArtifactBindings: []
    },
    {
      name: 'orchestration-config',
      executableId: 'orchestration',
      scenarioId: 'orchestration'
    }
  ];
```

```
  const createConfiguration = async (body) => {
    return ConfigurationApi.configurationCreate(body, RESOURCE_GROUP_
HEADER).execute();
  };

  try {
    const responses = await Promise.all(
      configurations.map(createConfiguration)
    );
    return responses.map(cfg => cfg.id);
  } catch (error) {
    console.error(`Error: ${error?.message}`);
    return [];
  }
};
```

Listing 6.5 Erstellung der Konfiguration zum Modell-Deployment

Mittels der zuvor angelegten Konfigurationen kann im nächsten Schritt das Deployment durchgeführt werden. Dadurch werden die jeweiligen Modelle entsprechend der Konfiguration verfügbar gemacht. Wie in Listing 6.6 zu sehen ist, ist zuerst der Import der `DeploymentApi` aus dem `ai-api`-Paket des SDK notwendig. Die Funktion `createDeployments` erhält als Eingabe die entsprechenden Konfigurations-IDs, die durch die vorherige Funktion `createConfigurations` erzeugt wurden. Dies geschieht über `Promise.all` parallel, sodass mehrere Deployments gestartet werden. Für jede Konfiguration wird dabei die Methode `deploymentCreate` der `DeploymentApi` verwendet. Diese erwartet ein JSON-Objekt mit der `configurationId` und zusätzlich den Header zur Angabe der zugehörigen Resource Group. Wenn alle Deployments erfolgreich erstellt wurden, werden die Antworten zurückgeliefert. Im Fehlerfall wird eine entsprechende Meldung im Log ausgegeben und ein leeres Array zurückgegeben.

```
const { ResourceGroupApi, ConfigurationApi, DeploymentApi } = require('@sap-
ai-sdk/ai-api');
...
// Erstellung der Deployments für übergebene Konfigurationen
const createDeployments = async (configurationIds) => {
  try {
    const deployments = await Promise.all(
      configurationIds.map(configurationId =>
        DeploymentApi.deploymentCreate({ configurationId: configurationId
}, RESOURCE_GROUP_HEADER).execute()
      )
    );
```

```
    return deployments;
  } catch (error) {
    console.error(`Error: ${error?.message}`);
    return [];
  }
};
```

Listing 6.6 Erstellung der Deployments anhand der Konfiguration

Alle vorherigen Bausteine werden, wie in Listing 6.7 dargestellt, in der Funktion `triggerModelDeployments` zusammengefügt. Diese übernimmt die gesamte Orchestrierung, indem zuerst geprüft wird, ob die Resource Group im SAP AI Core bereits existiert, und, falls das nicht der Fall ist, erstellt wird. Die zugehörigen Konfigurationen zu den Modellen werden erstellt und darauf basierend die Deployments instanziiert. Im Detail wird zuerst über `getResourceGroups` die Liste aller bestehenden Resource Groups abgefragt. Anschließend wird geprüft, ob die gewünschte Resource Group, die über die Konstante `RESOURCE_GROUP_ID` definiert ist, bereits existiert. Ist dies nicht der Fall, wird diese über `createResourceGroup` neu angelegt. Da es nach der Erstellung einer Resource Group einige Sekunden dauern kann, bis sie im SAP AI Core verfügbar ist, wird mittels der Hilfsfunktion `delay` der Prozess kurz pausiert. Anschließend werden die Konfigurationen für die Modelle per `createConfigurations` erzeugt. Analog zur Erstellung der Resource Group wird auch hier eine Verzögerung eingebaut, um sicherzustellen, dass die Konfigurationen aktiv sind, bevor das Deployment gestartet wird. Dies wird über den Aufruf von `createDeployments` für jede Konfiguration angestoßen. Treten dabei Fehler auf, werden diese rudimentär durch eine Log-Ausgabe behandelt.

```
// Stopp der Logik, bis Zeitschwelle erreicht wird
const delay = (ms) => new Promise(resolve => setTimeout(resolve, ms));

// Prüfung der Resource Group, Erstellung der Konfigurationen und Starten des
Deployments
const triggerModelDeployments = async () => {
  try {
    const resourceGroups = await getResourceGroups();
    const exists = resourceGroups.some(rg => rg.resourceGroupId ===
RESOURCE_GROUP_ID);

    if (!exists) {
      await createResourceGroup(RESOURCE_GROUP_ID);
      await delay(10000); // Warten, bis Resource Group aktiv ist

      const configurationIds = await createConfigurations();
```

```
            if (configurationIds.length === 0) return;

            await delay(10000); // Warten, bis Konfigurationen verfügbar sind
            await createDeployments(configurationIds);
        }
    } catch (error) {
        console.error(`Error: ${error?.message}`);
    }
};
```

Listing 6.7 Auslöser zum Deployment der Modelle

Anschließend werden die Embeddings zur Vorbereitung der semantischen Ähnlichkeitssuche erstellt. Dazu werden die Beschreibungen der Supportmeldungen in Embeddings umgewandelt. Zunächst wird, wie in Listing 6.8 gezeigt, der `AzureOpenAiEmbeddingClient` aus dem SDK importiert. Die Funktion `generateEmbeddings` übernimmt diese Aufgabe. Dazu werden alle Beschreibungen aus der Datenbank gelesen. Danach wird der `AzureOpenAiEmbeddingClient` initialisiert, über den SAP AI Core mit dem Modell `text-embedding-3-small` verbunden ist. Für alle selektierten Beschreibungen wird nun mittels der Methode `embedDocuments` ein Embedding erzeugt. Diese Embeddings werden anschließend in ein neues Array transformiert, das zusätzlich die jeweilige ID des Incidents enthält. Um die Embeddings zu speichern, werden sie mithilfe des `UPSERT`-Befehls in die Datenbanktabelle geschrieben. Die Besonderheit dabei ist, dass die Embeddings als Zeichenkette gespeichert werden. Dies ist notwendig, da in SAP HANA Cloud, anders als in PostgreSQL, Arrays nicht als Datentyp unterstützt werden.

[»]

Zeitpunkte zur Generierung der Embeddings

Die Generierung von Embeddings sollte generell immer durchgeführt werden, wenn neue Datensätze hinzugefügt werden oder sich bestehende Datensätze ändern. Zudem ist eine Neugenerierung auch notwendig, wenn sich das Embedding-Modell geändert hat.

```
const { AzureOpenAiEmbeddingClient } = require('@sap-ai-sdk/langchain');
...
// Erstellung der Embeddings aus allen Beschreibungen
const generateEmbeddings = async () => {
    try {
        const { Incidents } = cds.entities;
        const incidentSolutions =
 await SELECT.from(Incidents).columns("ID","description");

        const embeddingClient = new AzureOpenAiEmbeddingClient({
```

```
         modelName: 'text-embedding-3-small',
         maxRetries: 0,
         resourceGroup: RESOURCE_GROUP_ID
      });

      let descriptionEmbeddings = [];
      for (const incident of incidentSolutions) {
         const [embedding] = await embeddingClient.embedDocuments([
incident.description]);
         descriptionEmbeddings.push {
            ID: incident.ID,
            embedding: `[${embedding}]`
         });
      }

      const result = await UPSERT.into(Incidents, descriptionEmbeddings);
      return result;
   } catch (error) {
      console.error(`Error: ${error?.message}`);
      return [];
   }
};
```

Listing 6.8 Erstellung der Embeddings

Die letzten notwendigen KI-Funktionen werden in Listing 6.9 dargestellt. Dabei stellt die Funktion `findSimilarIncidents` die semantische Suche auf Basis der Embeddings bereit. In der Funktion `generateLLMSuggestion` werden dem Benutzer mittels des Orchestration Service per Prompt passende Vorschläge zur Lösung des Problems geliefert. Zunächst werden die benötigten Module `buildAzureContentSafetyFilter` und `OrchestrationClient` aus dem SDK importiert. Im Anschluss wird aus der Benutzeranfrage ein Query Embedding mit dem `AzureOpenAiEmbeddingClient` erzeugt. Dies wird mit dem gleichen Modell `text-embedding-3-small` realisiert, das auch zur Erzeugung der Embeddings bezüglich der Supportmeldungen genutzt wurde. Anschließend wird die semantische Suche durchgeführt, indem die selektierten Daten nach ihrer Kosinus-Ähnlichkeit bezogen auf das Query Embedding ermittelt und sortiert zurückgegeben werden. Weitere Informationen zur Kosinus-Ähnlichkeit finden Sie in Abschnitt 6.4.1, »SAP HANA Cloud Vector Engine«.

In der Funktion `generateLLMSuggestion` werden aus den übergebenen Supportmeldungen die drei am höchsten bewerteten für das anschließende Prompting extrahiert. Diese werden als Kontext gemeinsam mit der Benutzerfrage in ein Prompt Template eingebettet. Dieses wird später an das konfigurierte LLM, das in diesem Fall gpt-4o-mini ist, übergeben. Das Template für den Prompt folgt dabei den Vorgaben des Orchestration Service. Es besteht aus drei Teilen:

- System-Prompt
- User-Prompt
- Sicherheitsfilter

Die Sicherheitsfilter basieren dabei auf dem AzureContentSafetyFilter und dienen dazu, dass Eingaben und Ausgaben auf problematische Inhalte überprüft und ggf. blockiert werden. Im Beispiel sind die Kategorien auf ALLOW_SAFE gesetzt, sodass ausschließlich unbedenkliche Inhalte durch die Filterung gelassen werden. Abschließend wird das LLM über den Aufruf von chatCompletion angewiesen, auf der Grundlage der ähnlichen Supportmeldungen und der Benutzeranfrage mithilfe des Prompt Templates eine passende Antwort zu generieren, die einen Lösungsvorschlag für das Problem enthalten soll.

```
const { buildAzureContentSafetyFilter, OrchestrationClient } = require('@sap-
ai-sdk/orchestration');
...
// Suche von ähnlichen Supportmeldungen passend zur Benutzeranfrage
const findSimilarIncidents = async (userQuery) => {
   try {
      const { Incidents } = cds.entities;
      const embeddingClient = new AzureOpenAiEmbeddingClient({
         modelName: 'text-embedding-3-small',
         maxRetries: 0,
         resourceGroup: RESOURCE_GROUP_ID
      });
      const queryEmbedding = await embeddingClient.embedQuery(userQuery);
      const similarIncidents = await SELECT.from(Incidents)
         .orderBy`cosine_similarity(embedding, to_real_
vector(${JSON.stringify(queryEmbedding)})) DESC`;
      return similarIncidents;
   } catch (error) {
      console.error(`Error: ${error?.message}`);
      return error?.message;
   }
}

// Generierung einer Antwort unter Verwendung der ähnlichen Supportmeldungen
const generateLLMSuggestion = async (userQuery, similarIncidents) => {
   try {
      const context = similarIncidents.slice(0, 3).map((inc) =>
inc.description)
```

```
    const filter = buildAzureContentSafetyFilter({
      Hate: 'ALLOW_SAFE',
      Violence: 'ALLOW_SAFE',
      SelfHarm: 'ALLOW_SAFE',
      Sexual: 'ALLOW_SAFE',
    })

    const orchestrationClient = new OrchestrationClient(
      {
        llm: {
          model_name: 'gpt-4o-mini',
          model_params: { max_tokens: 1000, temperature: 0.1 },
        },
        templating: {
          template: [
            {
              role: 'system',
              content: `You are an assistant helping agents in
                        incident management. When a user asks how
                        to handle an incident, consider the provided
                        context, which contains past incidents and
                        their solutions. Use this context to suggest
                        a valid, helpful solution.`,
            },
            {
              role: 'user',
              content: `Question: {{?question}}, context information:
${context}`,
            },
          ],
        },
        filtering: {
          input: {
            filters: [filter],
          },
          output: {
            filters: [filter],
          },
        }
      },
      { resourceGroup: RESOURCE_GROUP_ID }
    )
    const response = await orchestrationClient.chatCompletion({
```

```
            inputParams: {
                question: userQuery
            }
        })
        return response.getContent();
    } catch (error) {
        console.error(`Error: ${error?.message}`);
        return error?.message;
    }
}
```

Listing 6.9 Ermittlung der ähnlichen Supportmeldungen

Um die bisher implementierten KI-Funktionen für Konsumenten zur Verfügung zu stellen, wird im Folgenden ein minimaler CAP-Service erstellt. Dazu werden mit dem folgenden Befehl die CDS-Datei zur Servicedefinition und Implementierung erstellt:

```
touch srv/advisor-service.cds srv/advisor-service.js
```

Listing 6.10 zeigt die Definition des Advisor-Services, der unter dem Endpunkt `/advisor` bereitgestellt wird. Zudem werden die zuvor erstellten Methoden über Aktionen bzw. Funktionen nach außen verfügbar gemacht. Die Funktion `proposeIncidentHandling` nimmt dabei die Fragen der Anwender*innen entgegen und gibt den ermittelten Lösungsvorschlag des LLMs zurück.

```
@(path: '/advisor')
service AdvisorService {
    action   triggerModelsDeployments();
    action   generateEmbeddings();
    function proposeIncidentHandling(userQuery : String) returns String;
}
```

Listing 6.10 Definition des Advisor-Services

Die Serviceimplementierung in Listing 6.11 importiert die zuvor definierte Logik aus der Datei **ai-utils.js**. Mittels dieser Logik werden die beiden Aktionen bzw. eine Funktion implementiert. Bei einer Anfrage an `triggerModelsDeployments` wird die Bereitstellung der Modelle im SAP AI Core ausgelöst. Analog dazu wird bei der Verarbeitung der Aktion `generateEmbeddings` die Generierung der Embeddings für die Beschreibungen der Supportmeldungen aufgerufen. Die Implementierung von `proposeIncidentHandling` verbindet die Ermittlung der inhaltlich ähnlichen Supportmeldungen mit deren Übergabe als Kontext für das LLM zur Generierung der passenden Antwort.

```
const cds = require('@sap/cds')
const { findSimilarIncidents, triggerModelDeployments, generateEmbeddings,
generateLLMSuggestion } = require('./utils/ai-utils.js');

module.exports = class AdvisorService extends cds.ApplicationService {
  init() {
    this.on('triggerModelsDeployments', triggerModelDeployments);
    this.on('proposeIncidentHandling', async req => {
      const userQuery = req.data.userQuery;
      const similarIncidents =  await findSimilarIncidents(userQuery);
      return await generateLLMSuggestion(userQuery, similarIncidents);
    });
    this.on('generateEmbeddings', generateEmbeddings);
    return super.init()
  }
}
```

Listing 6.11 Implementierung des Advisor-Services

Bevor der Service genutzt werden kann, muss dieser in der SAP BPT bereitgestellt werden. Wie dies mit dem CAP Framework möglich ist, wird in Abschnitt 2.3, »Deployment-Strategien«, behandelt. Darüber hinaus müssen noch geeignete Testdaten bereitgestellt werden. Wie dies mittels CSV-Dateien realisiert wird, können Sie in Abschnitt 2.2.3, »Services entwickeln«, nachlesen. Ist der Service anschließend mit geeigneten Testdaten auf der SAP BTP aktiv, kann er mittels der folgenden API-Aufrufe getestet werden:

```
POST .../advisor/triggerModelsDeployments
POST .../advisor/generateEmbeddings
GET .../advisor/proposeIncidentHandling(userQuery='')
```

Werden die Aufrufe in dieser Reihenfolge ausgeführt, kann mit dem letzten Aufruf der Lösungsvorschlag abgefragt werden. Wird die folgende Benutzeranfrage an den Advisor Service übermittelt, wird die kontextbasierte Antwort aus Listing 6.12 zurückgeliefert: `GET .../advisor/proposeIncidentHandling(userQuery='Es gibt Netzwerkprobleme in Halle 2')`.

```
{
  "@odata.context": "$metadata#Edm.String",
  "value": "Um die Netzwerkprobleme in Halle 2 zu beheben, sollten Sie folgende Schritte unternehmen:\n\n1. **Überprüfung der Netzwerkhardware**: Stellen Sie sicher, dass alle Netzwerkgeräte wie Router und Switches ordnungsgemäß funktionieren. Überprüfen Sie die Verkabelung und Verbindungen, um physische Probleme auszuschließen.\n\n2. **Netzwerkdiagnose**: Führen Sie eine Netzwerk-
```

```
diagnose durch, um festzustellen, ob es spezifische Probleme mit der LAN-
Verbindung gibt. Tools wie Ping und Traceroute können helfen, Netzwerkunter-
brechungen zu identifizieren.\n\n3. **Serverüberprüfung**: Da der zentrale
Anwendungsserver nicht erreichbar ist, überprüfen Sie die Serverlogs auf
Fehlermeldungen oder Hinweise auf die Ursache des Problems. Stellen Sie
sicher, dass der Server korrekt konfiguriert ist und keine Hardwareprobleme
vorliegen.\n\n4. **Benutzerzugriff**: Die Fehlermeldung "Zugriff verweigert"
könnte auf ein Berechtigungsproblem oder ein Problem mit dem Authentifizie-
rungssystem hinweisen. Überprüfen Sie die Benutzerrechte und die Authentifi-
zierungsserver, um sicherzustellen, dass sie ordnungsgemäß funktionieren.\n
\n5. **Kontakt mit dem IT-Support**: Wenn die Probleme weiterhin bestehen,
ziehen Sie den IT-Support hinzu, um eine tiefere Analyse durchzuführen und
gegebenenfalls weitere Maßnahmen zu ergreifen.\n\nDurch diese Schritte soll-
ten Sie in der Lage sein, die Netzwerkprobleme in Halle 2 zu identifizieren
und zu beheben."
}
```

Listing 6.12 Lösungsvorschlag des Agenten

Mit diesem Anwendungsfall haben wir Ihnen beispielhaft die Integration von Embedding-Generierung, Ähnlichkeitssuche und LLM-gestützter Analyse mittels des SAP Cloud SDK for AI in eine CAP-Anwendung gezeigt.

6.3.2 ABAP in der Cloud

Im Bereich ABAP stellt SAP mit *Joule* eine KI-Lösung bereit, die die Entwicklung eigener Anwendungen beschleunigen und verbessern soll. Darüber hinaus bietet SAP mit dem *ABAP AI SDK* eine einfache Möglichkeit, eine Verbindung zum SAP AI Core herzustellen und diesen zu nutzen. Beide Themen werden im folgenden Abschnitt ausführlich behandelt.

Joule

Bei *SAP Joule for Developers ABAP AI Capabilities* handelt es sich um eine KI-Lösung, die speziell dazu dient, die Entwicklung von ABAP-Code effizient zu unterstützen. Die KI basiert auf einem LLM von SAP, das mit einem umfangreichen Datenbestand trainiert wurde: mehr als 390.000 Klassen mit über 250.000.000 Zeilen Code sowie 30.000.000 Zeilen CDS-Code. Zusätzlich wurde das Modell mit Daten aus der ABAP-Dokumentation, Blogs, Hilfeseiten, Community Q&A und Industriedaten angereichert. Die KI ist nahtlos in Eclipse integriert und steht ab Release SAP S/4HANA Cloud Public Edition 2502 oder SAP BTP ABAP Environment zur Verfügung. Zu den KI-Funktionen von SAP Joule for Developers ABAP gehören die folgenden Funktionen, die in den nächsten Abschnitten näher erläutert werden:

- Chatbot Joule
- KI-basierte Codeerklärung
- Codevorhersage und -vervollständigung
- Erzeugen von Unit-Tests
- OData-UI-Service-Generator mit ABAP RESTful Application Programming Model

Chatbot Joule

Der *Chatbot Joule* ist als fester Bestandteil innerhalb von Eclipse integriert und bietet die Möglichkeit, Fragen zur SAP-Entwicklung oder zur Softwareentwicklung allgemein zu stellen. Der Chatbot Joule ist mehrsprachig und kann Fragen in verschiedenen Sprachen beantworten. In Abbildung 6.37 wird exemplarisch die Antwort auf die Frage »Was ist RAP?« dargestellt. Für eine optimale Kommunikation mit dem Chatbot Joule wird die Verwendung der englischen Sprache empfohlen.

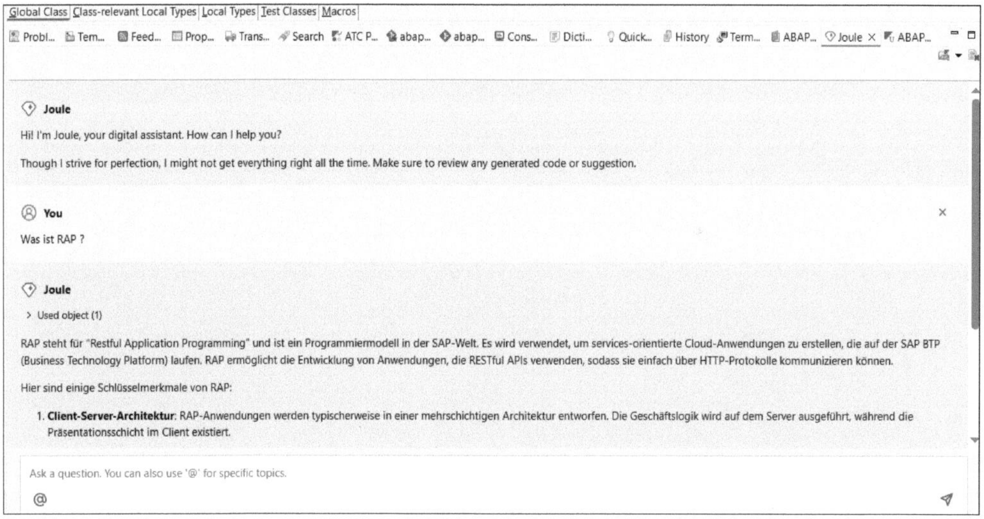

Abbildung 6.37 Chatbot Joule in Eclipse

Darüber hinaus verfügt Joule über die Fähigkeit, Quellcode zu generieren, der direkt im Chat angezeigt wird. Der generierte Quellcode kann jedoch nicht automatisch in ein ABAP-Objekt importiert werden und muss manuell in die Zieldatei kopiert werden.

KI-basierte Codeerklärung

Joule verfügt über die Fähigkeit, ABAP-Objekte und Programmcodestellen sowohl fachlich als auch technisch zu erklären. Um die Erklärungsfunktion in Eclipse zu nutzen, stehen zwei Ansätze zur Verfügung: Bei der ersten Möglichkeit klicken Sie mit rechts auf das Objekt und wählen dort die Optionen **Joule • Explain** aus (siehe Abbildung 6.38). Dadurch öffnet sich das Chat-Fenster, in dem das ausgewählte Objekt erklärt wird. Zusätzlich besteht die Möglichkeit, einzelne Zeilen des Programmcodes zu markieren und für diese spezifischen Codestellen jeweils eine entsprechende Erläuterung zu erhalten.

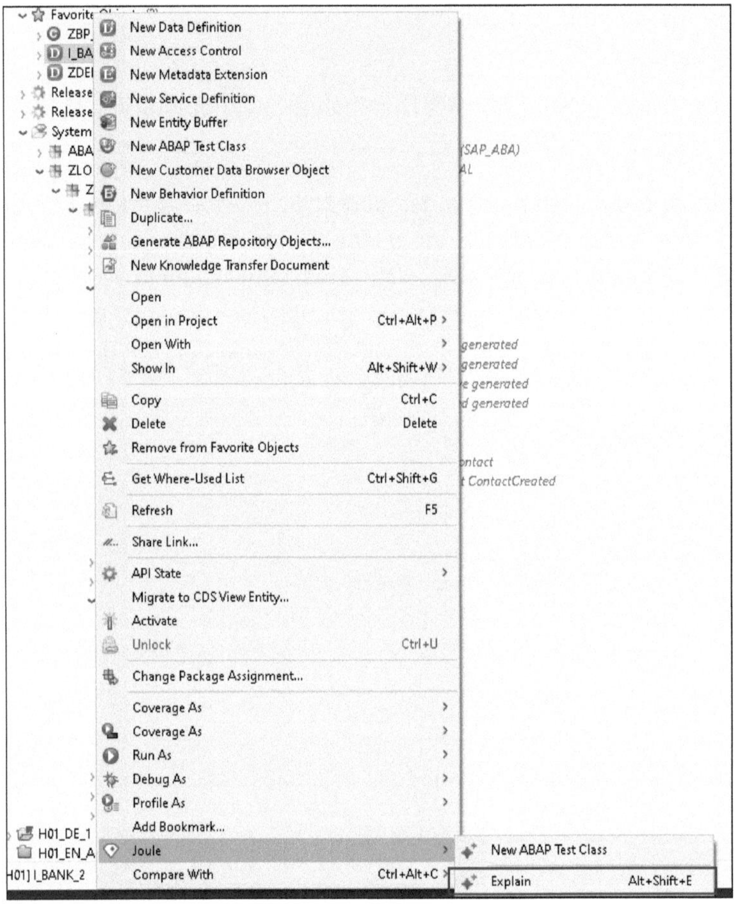

Abbildung 6.38 Joule-Option »Explain« öffnen

Die andere Möglichkeit ist die Verwendung der Chat-Funktion mit dem Befehl `@explain`, gefolgt vom Objektnamen. Dabei können Sie auch zusätzliche Prompts mitgeben, um die Ausgabe zu steuern. Ein Beispiel dafür sehen Sie in Listing 6.13, bei dem das Ziel war, eine Erklärung für den CDS View `I_Bank_2` mit einer detaillierten Beschreibung aller Assoziationen zu erhalten.

```
@explain Datendefinition I_BANK_2 go into particular detail on the association
```

Listing 6.13 Prompt für die Erklärung des CDS Views »I_Bank_2« mit Assoziationen

Mit der Erklärungsfunktion können Entwickler*innen den Geschäftskontext bestimmter Objekte besser verstehen. Außerdem unterstützt Joule beim Verständnis neuer oder unbekannter Syntaxelemente.

Codevorhersage und -vervollständigung

Joule unterstützt die Erstellung von Programmcode, indem er mögliche ABAP-Codevorschläge bereitstellt. Dabei berücksichtigt das System den Kontext der verwendeten Objekte zur Generierung passender Vorhersagen. Eine beispielhafte Codevorhersage ist in Abbildung 6.39 zu sehen. Dabei werden für die Vorhersage sowohl der Name der Methode als auch der Kommentar genutzt. Joule verwendet für seine Vorhersage die angegebene Tabelle zur Datenselektion und kombiniert anschließend die Daten, wobei Vor- und Nachnamen in ein Feld konkateniert werden. Wie Sie in Abbildung 6.39 sehen, zeigt Joule nicht immer den vollständigen generierten Programmcode an, da die Zeichenzahl begrenzt ist. Im Beispiel fehlt deshalb das ENDLOOP. Wird der Programmcode akzeptiert, setzt Joule die Ausführung beim nächsten Durchlauf im entsprechenden Codeblock fort und schließt diesen ab.

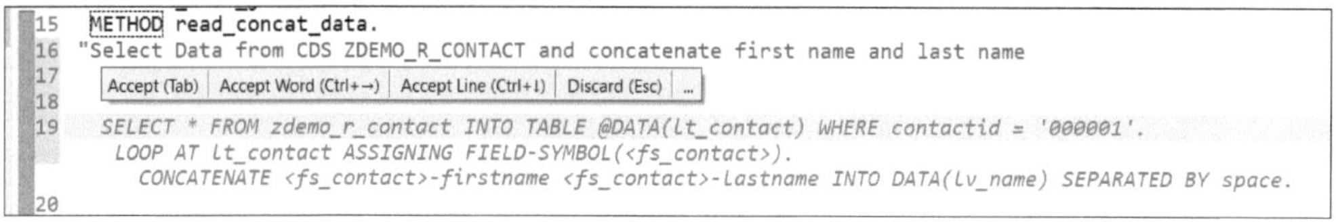

Abbildung 6.39 Codevervollständigung in ABAP

Für die Übernahme des Programmcodes gibt es unterschiedliche Möglichkeiten: Es ist sowohl möglich, den gesamten Programmcode zu nutzen als auch einzelne Wörter nacheinander zu akzeptieren oder abzulehnen. Neben der Programmcodevorhersage können auch Kommentare erzeugt werden. Um die Codevorhersage zu verbessern, empfiehlt es sich, sprechende Namen für Variablen und Methoden zu wählen, um den Kontext besser zu definieren.

Im Bereich **Preferences** in Eclipse können Sie zudem steuern, wann die Vervollständigung ausgelöst wird, aber auch allgemeine Einstellungen vornehmen, wie in Abbildung 6.40 zu sehen ist.

Die Einstellungen erreichen Sie, wenn Sie bei der Programmcodevorhersage auf **...** • **Preferences** klicken, oder alternativ über die allgemeinen Einstellungen von Eclipse.

Falls die Funktion nicht benötigt oder als störend empfunden wird, kann sie durch Anklicken des in Abbildung 6.41 dargestellten Buttons deaktiviert und bei Bedarf durch erneutes Klicken wieder aktiviert werden.

Die Nutzung der Codevorhersage und der Vervollständigungsfunktion mit *Joule* bietet einige Vorteile. So kann sich zum einen die Geschwindigkeit bei der Entwicklung erhöhen, da Schreibarbeit reduziert wird. Ein weiterer Vorteil besteht darin, dass die Entwicklung auch für Anwender*innen erleichtert wird, die mit der Syntax bestimmter Befehle nicht vertraut sind.

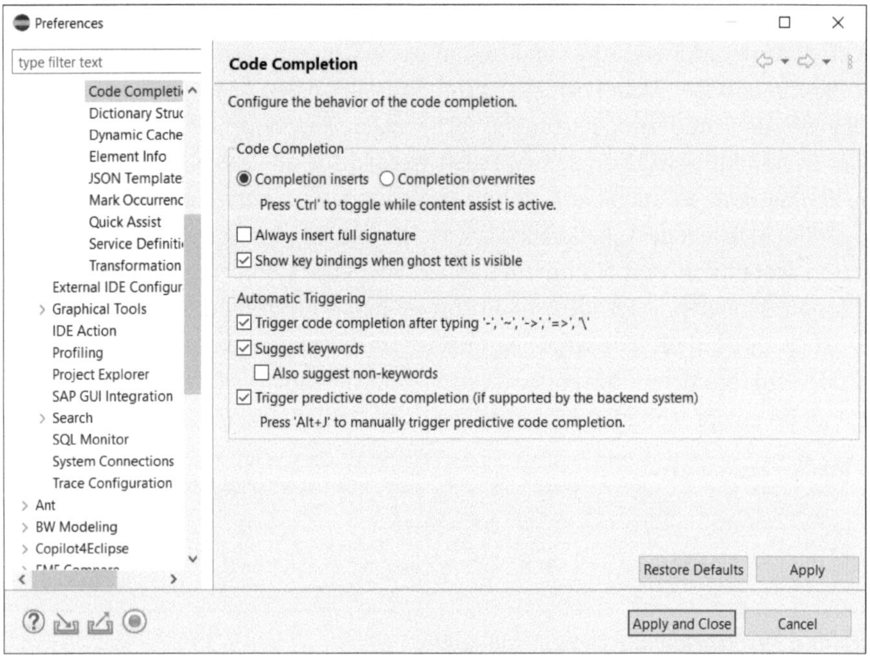

Abbildung 6.40 Einstellung zur Codevorhersage und -vervollständigung

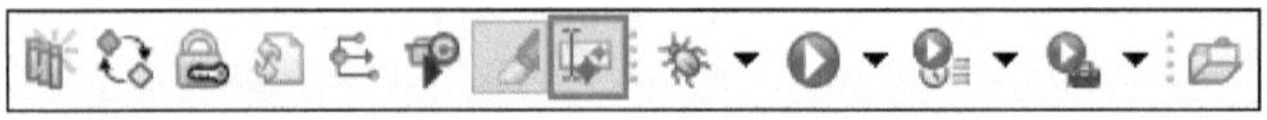

Abbildung 6.41 Aktivieren und Deaktivieren der Vervollständigung

Unit-Test-Erzeugung

In der Softwareentwicklung sind Unit-Tests von großer Bedeutung, da sie das automatische Testen von Programmcode ermöglichen. In der Praxis kommt es allerdings häufig aus Zeit- und Budgetgründen dazu, dass diese nicht oder unzureichend erstellt werden. Dies kann zu Fehlern in der Produktion und schlechter Codequalität führen und sogar wirtschaftliche Folgen haben. Joule unterstützt diesen Prozess mit der automatischen Erzeugung von Unit-Tests. Dabei steht diese Funktion sowohl für CDS als auch für Klassen zur Verfügung. Bei Klassen werden Methoden zur Überprüfung der öffentlichen Methoden angelegt. Hingegen findet bei CDS eine Überprüfung von Berechnungsfeldern und Funktionen statt.

Im Folgenden wird die Funktion am Beispiel eines CDS betrachtet. Der CDS, der in Listing 6.14 zu sehen ist, hat die Aufgabe, die Einträge des Kontakt-CDS ZDEMO_R_CONTACT nach der Sprache der möglichen Kontakte zu gruppieren und zu zählen.

```
@AbapCatalog.viewEnhancementCategory: [ #NONE ]
@AccessControl.authorizationCheck: #NOT_REQUIRED
@EndUserText.label: 'Berechnung zum Contact'
```

```
@Metadata.ignorePropagatedAnnotations: true
@ObjectModel.usageType: { serviceQuality: #X, sizeCategory: #S, dataClass:
#MIXED }
define view entity ZDEMO_C_ContactCalculation
  as select from ZDEMO_R_CONTACT
{
  key ConcatLanguage,
      count(*)        as NumberOfEntries
}
group by ConcatLanguage
```


Listing 6.14 CDS für die Bestimmung der Anzahl an Einträgen pro Sprache

Um Joule für die Erzeugung von Unit-Tests für einen CDS zu nutzen, klicken Sie mit der rechten Maustaste auf den CDS und wählen die Optionen **Joule • New ABAP Test Class**, wie in Abbildung 6.42 dargestellt.

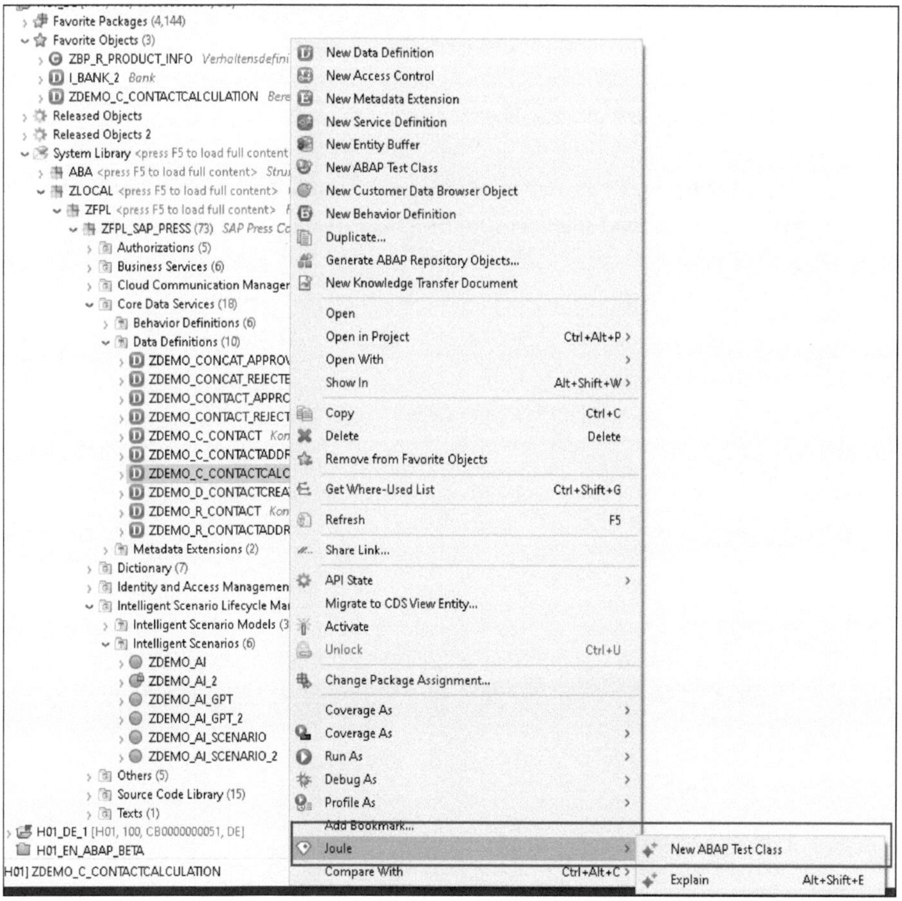

Abbildung 6.42 Starten von Joule zur Testanlage für CDS

Zu Beginn dieses Prozesses wird zunächst der Name der Testklasse angegeben. Dies ist notwendig, da für den CDS noch keine Klasse vorhanden ist, in der Programmcode abgelegt werden kann. Im nächsten Schritt wird eine Analyse aller direkt abhängigen Objekte durchgeführt, die dann später für die Testfälle mit Daten befüllt werden müssen. In Abbildung 6.43 ist die Abhängigkeitsanalyse für das Beispiel zu sehen, dabei wurde der CDS `ZDEMO_R_CONTACT` gefunden, von dem die Daten gelesen werden.

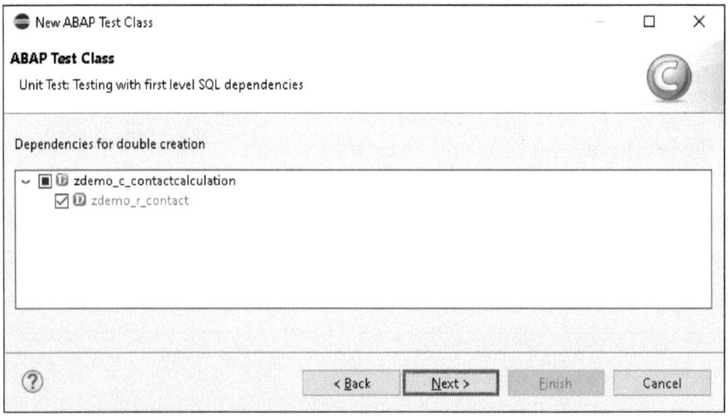

Abbildung 6.43 Abhängigkeit auf SQL-Ebene

Nachdem Sie auf **Next** geklickt haben, werden die möglichen Anwendungsfälle für den CDS bestimmt. In Abbildung 6.44 sind mögliche Testfälle für den Beispiel-CDS zu sehen.

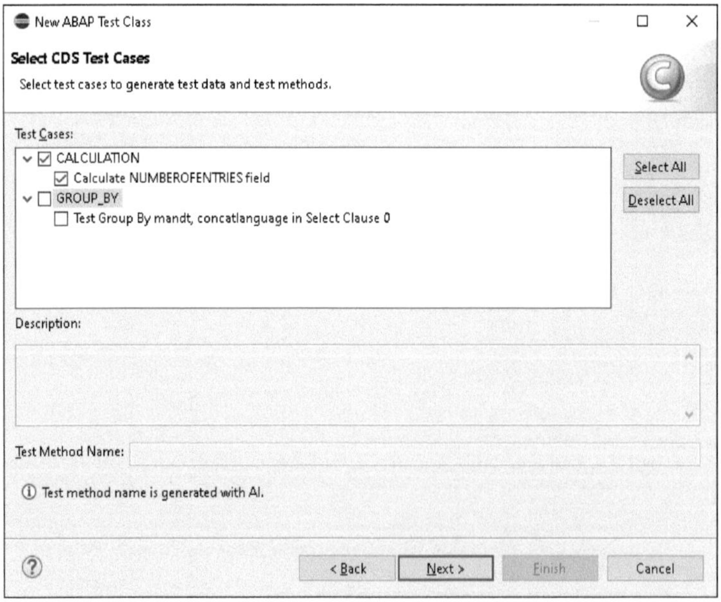

Abbildung 6.44 Testfall auswählen

Dabei werden zwei mögliche Testfälle gefunden: Bei Auswertung werden die Testfälle für das Berechnungsfeld `NumberOfEntries` und die Gruppierung identifiziert. In diesem Schritt wird festgelegt, welche Tests benötigt werden, und die Tests werden entsprechend aktiviert.

Wenn Sie nun auf **Next** klicken, werden im nächsten Schritt Testdaten und die erwarteten Ergebnisse unabhängig voneinander erzeugt. In Abbildung 6.45 ist zu sehen, wie die Testdaten und Ergebnisse für das Berechnungsfeld aussehen. Dabei werden ein Testdatensatz in französischer und zwei Datensätze in englischer Sprache angelegt. Das erwartete Ergebnis sollte diese Verteilung widerspiegeln. Nach Abschluss dieses Schritts wird dann die Klasse mit dem Test erzeugt und kann ausgeführt werden.

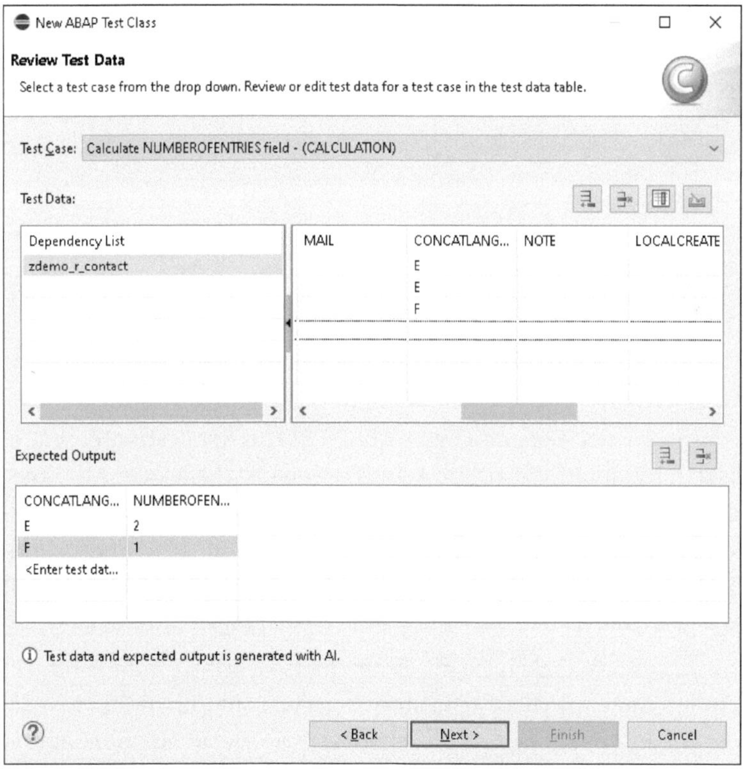

Abbildung 6.45 Testdaten für die Unit-Tests erzeugen

Anders verhält sich Joule bei der Anlage von Unit-Tests für Klassen. Dabei wird der Chatbot verwendet, um die Unit-Tests anzulegen, da die Tests an Komplexität zunehmen. Für die Nutzung klicken Sie entweder mit der rechten Maustaste auf die Klasse, für die die Unit-Tests angelegt werden sollen, und wählen dann die Optionen **Joule • Start Chat for ABAP Unit** aus. Alternativ dazu können Sie auch den Chatbot nutzen. Dort geben Sie dann **@aunit** an, um dem Chatbot mitzuteilen, dass sich Ihre Anfrage auf einen Unit-Test bezieht. Bei den Antworten werden dann Rückfragen von Joule gestellt, etwa was der nächste Schritt sein soll. In Abbildung 6.46 ist zu sehen, wie der Prozess der Unit-Test-Anlage für eine Klasse gestartet wurde. Dabei wurde festgestellt, dass noch keine Unit-Tests vorhanden sind. Es besteht die Möglichkeit, eine vorgefertigte Antwort, wie z. B. **Generate Test**, auszuwählen oder eine eigene Antwort einzugeben. Am Ende des Prozesses erzeugt Joule Programmcode, der dann in den Testbereich der Klasse kopiert werden kann.

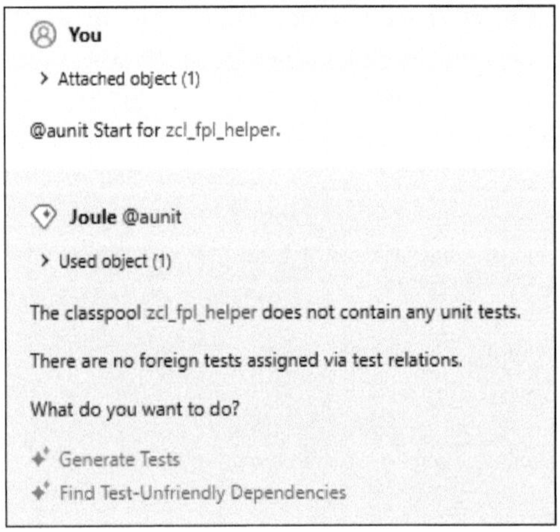

Abbildung 6.46 Unit-Test in ABAP für Klassen mit Joule erzeugen

OData-UI-Service-Generator mit ABAP RESTful Application Programming Model

Eine weitere Funktion ist der Generator von ABAP-RESTful-Application-Programming-Model-Objekten mit Joule. Dabei wird keine Datenbanktabelle oder Ähnliches benötigt, da bei diesem Prozess auch eine Datenbanktabelle angelegt wird. Im Gegensatz zum zuvor vorgestellten Generator für ein ABAP-RESTful-Application-Programming-Model-Objekt, der auf einer einzelnen Datenbanktabelle basiert, ermöglicht dieses Tool die Anlage mehrerer CDS Views und ihrer Beziehungen untereinander.

Um den Generator zu starten, klicken Sie mit der rechten Maustaste auf das Projekt und wählen die Option **Generate ABAP Repository Objects**. Daraufhin öffnet sich die Generatorauswahl, wie in Abbildung 6.48 zu sehen ist. Wählen Sie hier nun die Option **Komplett neuer OData-UI-Service** aus, um die Anlage zu starten. Das Besondere an diesem Generator ist, dass er als einziger Generator kein Referenzobjekt, etwa eine Datenbanktabelle, für die Anlage benötigt.

Im nächsten Schritt wird das Paket ausgewählt, in dem die erzeugten Objekte gespeichert werden. Danach öffnet sich der Generator, der in Abbildung 6.47 zu sehen ist. Das Pop-up stellt unterschiedliche Eingabefelder zur Verfügung. Mithilfe des Feldes **Service Type** wird festgelegt, welche Aufgabe die Anwendung haben soll. Dabei stehen folgende Optionen zur Verfügung:

- **Transactional with Draft**: ein transaktionaler Service mit Draft-Funktion
- **Transactional without Draft**: ein transaktionaler Service ohne Draft-Funktion
- **Read Only**: ein lesender Service

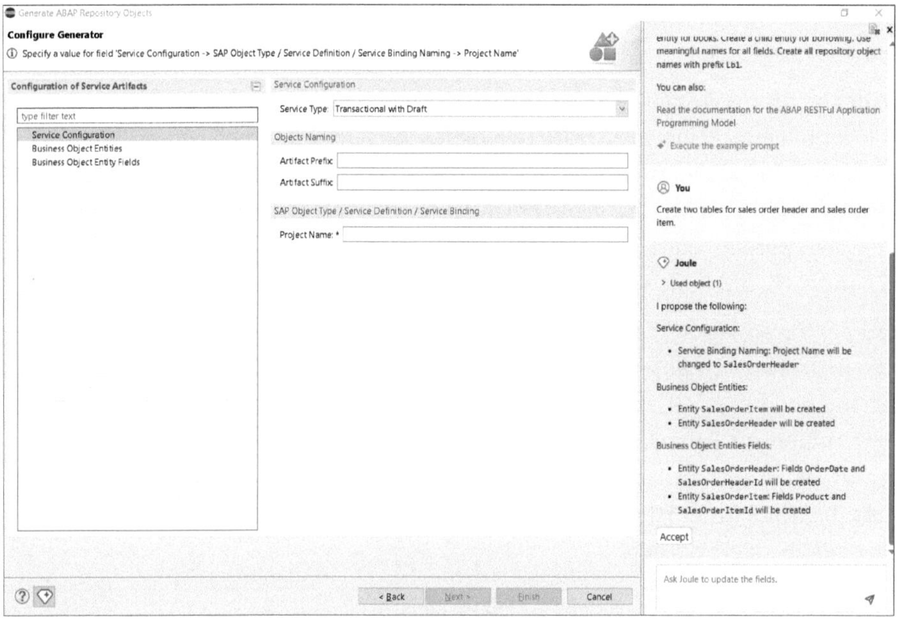

Abbildung 6.47 Generator für einen komplett neuen OData-UI-Service

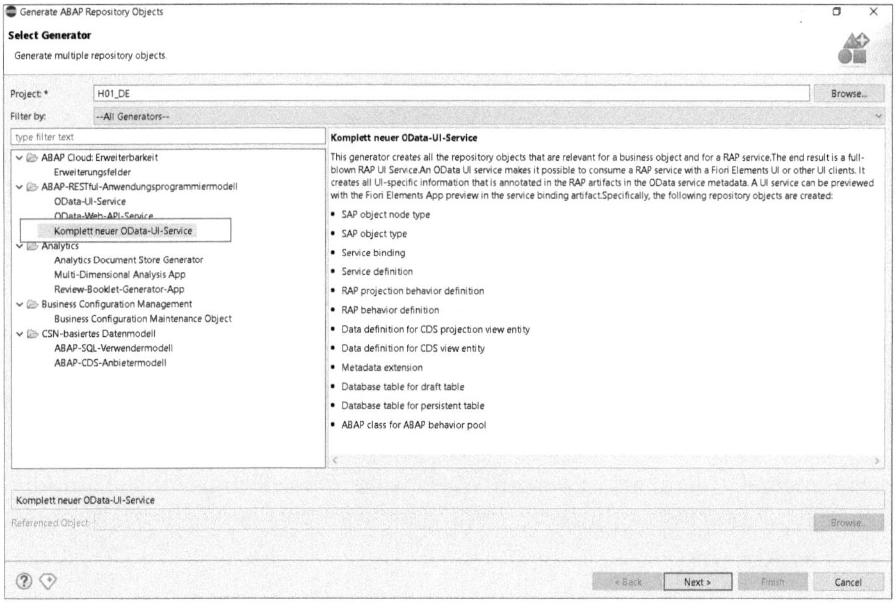

Abbildung 6.48 Generator auswählen

Mit den Feldern **Artifact Prefix** und **Artifact Suffix** können Sie der eigenen Namenskonvention entsprechend Namen für alle Objekte erstellen. Die Felder sind dabei auf eine Länge von drei Zeichen begrenzt. Es muss kein »Z« als Präfix vergeben werden, da automatisch alle Objekte ein »Z« durch den Generator erhalten. Mit dem Feld **SAP Object Type** wird der Name des SAP-Objekts, der Servicedefinition und des Service Bindings festgelegt.

Auf der rechten Seite ist Joule als Chatbot zu sehen, um das Business Object zu erzeugen. Der folgende Prompt »Create two tables for sales order header and sales order item.« wurde in unserem Beispiel genutzt, um das Objekt für die Kundenauftragsverwaltung anzulegen. Im Chat-Fenster ist dann der Vorschlag von Joule zu sehen, der akzeptiert werden kann, um die Felder mit den Werten zu füllen. Es ist allerdings auch möglich, mit Joule weiter im Dialog die Entitäten anzupassen.

Wird der Vorschlag aus dem Beispiel übernommen, werden die Einträge für die Entitäten in die Bereiche **Business Object Entities** und **Business Object Entity Fields** eingefügt. In Abbildung 6.49 ist nun zu sehen, dass in dem Bereich **Business Object Entities** die Entitäten für **SalesOrderHeader** und **SalesOrderItems** hinzugefügt wurden. Zudem ist festgelegt worden, dass **SalesOrderHeader** die Elternentität und **SalesOrderItems** die Kindentität ist. Dabei können nun auch manuell neue Entitäten hinzugefügt oder geändert werden.

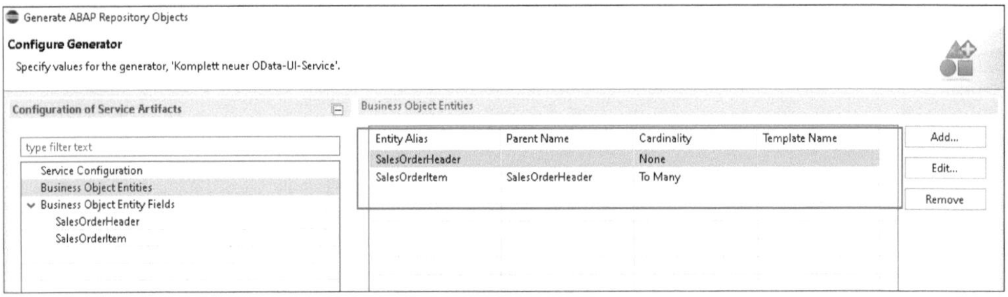

Abbildung 6.49 Neu angelegte Entitäten

Im Bereich **Business Object Entity Fields** werden die unterschiedlichen Entitäten aufgelistet, die auf der Registerkarte zuvor angelegt wurden. Wenn Sie eine Entität auswählen, werden alle Felder, wie in Abbildung 6.50 zu sehen, angezeigt. Diese Felder können dann auch wieder manuell erweitert werden. Zudem können Sie auch einzelne Felder oder Entitäten mit Joule anpassen. Sobald Sie alle Eingaben vorgenommen haben, klicken Sie auf den Button **Next**. Ihnen wird nun eine Vorschau aller Objekte angezeigt, die angelegt werden. Wie Sie sehen, beschleunigt die Nutzung dieses Tools das Anlegen von ABAP-RESTful-Application-Programming-Model-Objekten für neue Objekte.

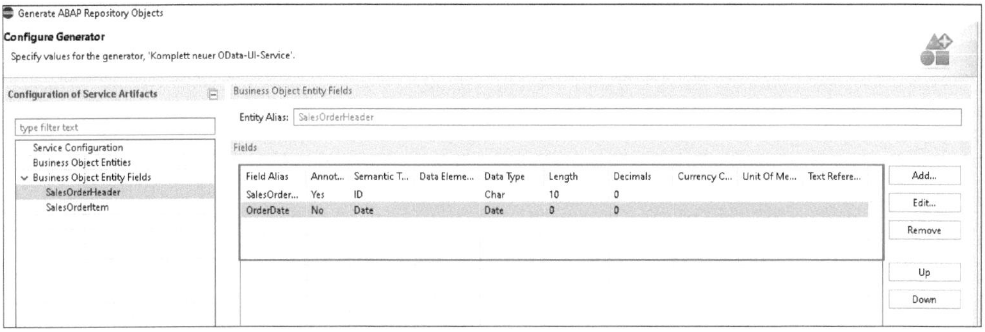

Abbildung 6.50 Felder anzeigen und erweitern

ABAP AI SDK

Das *ABAP AI SDK* ist eine umfassende Library mit verschiedenen Objekten, die es ermöglicht, LLMs über den Generative AI Hub in SAP AI Core einzubinden. Dadurch ist es möglich, Anwendungen in ABAP mit KI-Fähigkeiten auszustatten. Dabei übernehmen die Klassen im AI SDK den Verbindungsaufbau zu SAP AI Core sowie auch die Fehlerbehandlung. Zudem stellt das AI SDK in ABAP das *Intelligent Scenario Lifecycle Management* (ISLM) zur Verfügung. Dies umfasst verschiedene Funktionen, etwa die Bereitstellung eines Lifecycle Managements für das Deployment von LLMs oder die Erstellung von Prompt Templates. Das ABAP AI SDK ist ab Release 2502 verfügbar. Der Funktionsumfang ähnelt dabei dem von CAP.

Im weiteren Verlauf dieses Abschnittes erfahren Sie, welche Einstellungen nötig sind, um die Verbindung zu SAP AI Core vom ABAP Environment aufzubauen.

Im ersten Schritt wird ein *Service Key* für die Verbindung vom ABAP Environment zu SAP AI Core benötigt. Dazu muss der Service Key mit dem Zertifikat des ABAP Environments angelegt werden. Um das Zertifikat herunterzuladen, öffnen Sie die App **Maintain Client Certificates** im ABAP Environment. Die Kachel dafür ist in Abbildung 6.51 zu sehen.

Abbildung 6.51 App »Maintain Client Certificates«

In der App sehen Sie das Zertifikat **Client Default** (siehe Abbildung 6.52). Wählen Sie das Zertifikat aus, und klicken Sie auf den Download-Button in der Spalte **Actions**.

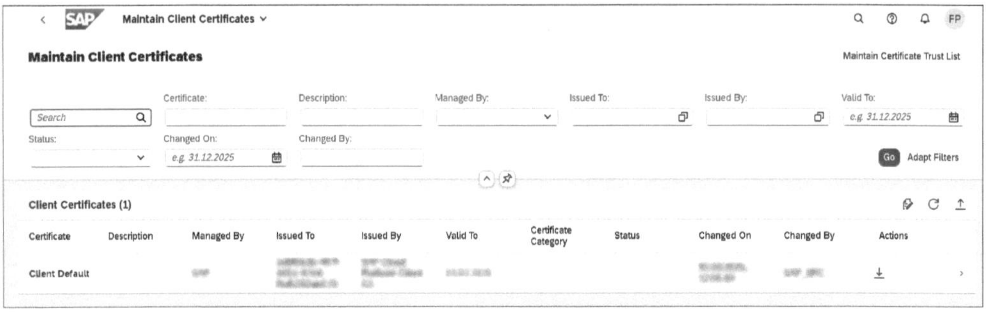

Abbildung 6.52 Liste mit Zertifikat in der App »Maintain Client Certificate«

Es öffnet sich ein Pop-up (siehe Abbildung 6.53), in dem Sie verschiedene Exportformate für das Zertifikat wählen können. Um das Zertifikat für die Anlage des Service Keys zu verwenden, wählen Sie das Format **Base-64-encoded X.509 certitficate (.crt)**.

Abbildung 6.53 Format des Zertifikatexports auswählen

Nachdem das Zertifikat heruntergeladen wurde, kann der Service Key angelegt werden. Dazu legen Sie auf der SAP BTP im Subaccount zu der Instanz von SAP AI Core Service einen Service Key an. Für den Service Key wird dann die Konfiguration aus Listing 6.15 verwendet, die sich aus folgenden Bestandteilen zusammensetzt:

- `credential-type`: Gibt den Typ des Zertifikats an.
- `certificate`: Ist das zu nutzende Zertifikat, in unserem Fall das Zertifikat aus dem ABAP Environment.
- `ensure-uniqueness`: Gibt an, dass bei einem Wert von `true` nur ein Service Key mit diesem Zertifikat genutzt wird. Da dieser auf `false` gesetzt wird, kann das Zertifikat für mehrere Service Keys verwendet werden.
- `certificate-pinning`: Gibt an, dass nur dieses Zertifikat für die Verbindung akzeptiert wird, um die Sicherheit zu erhöhen.
- `hide-certificate`: Bei einem Wert von `true` wird das Zertifikat nicht in Klarschrift im Service Key gespeichert.

```
{
  "xsuaa": {
    "credential-type": x509,
    "x509": {
      "certificate": Certifcate"
      "ensure-uniqueness": false,
      "certificate-pinning": true,
      "hide-certificate": true
    }
  }
}
```

Listing 6.15 Konfiguration des Service Keys für das ABAP Environment

In Abbildung 6.54 ist nun zu sehen, wie der Service Key mit dem Namen »ABAP_Key« für das Beispiel mit den zuvor beschriebenen Einstellungen angelegt wird. Wenn Sie alle Eingaben vorgenommen haben, klicken Sie auf **Create**. Nachdem der Service Key angelegt wurde, kann er heruntergeladen werden. Dieser Key wird dann im nächsten Schritt für die Erstellung einer Kommunikationsvereinbarung und eines Kommunikationssystems genutzt.

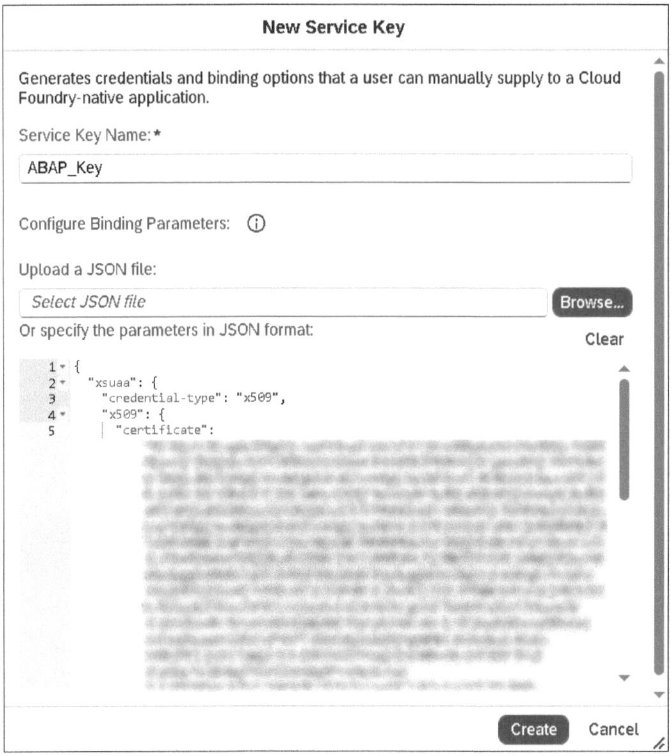

Abbildung 6.54 Service Key für das ABAP Environment anlegen

Zur Anlage der Kommunikationsvereinbarung wird im ABAP Environment die App **Kommunikationsvereinbarungen** geöffnet und eine neue Kommunikationsvereinbarung mit dem Szenario »SAP_COM_0A69« mit der Bezeichnung »SAP AI Core – GenAI – Customer Outbound Integration« angelegt. Als Name wird für das Beispiel »ZDEMO_COM_0A69« verwendet. Im nächsten Schritt müssen Sie ein neues Kommunikationssystem basierend auf dem Service Key anlegen. Dazu klicken Sie auf den Button **New** neben dem Feld **Kommunikationssystem**. Für die weitere Nutzung muss nun ein Systemname eingegeben werden, etwa »ZDEMO_AI«. Für das Kommunikationssystem muss nur die Einstellung für ausgehende Verbindungen angelegt werden, da SAP AI Core nicht das ABAP Environment aufruft. Zunächst muss der Host-Name mit dem Wert »AI_API_URL« aus dem Service Key von SAP AI Core hinterlegt werden. Dabei sollte darauf geachtet werden, dass bei allen Einstellungen das Protokoll nicht angegeben wird. In Abbildung 6.55 sind die Felder gekennzeichnet, die für die OAuth-Einstellung erforderlich sind. Die Werte für die Felder können dem Service Key entnommen werden, das Mapping ist in Tabelle 6.2 zu sehen.

Name des Feldes in der App	Name des Werts im Service Key
Authorization Endpoint	Url
Token Endpoint	Url + »oauth/token«
mTLS Endpoint	certurl + »/oauth/token«

Tabelle 6.2 Tabelle mit Mapping für Kommunikationssystem

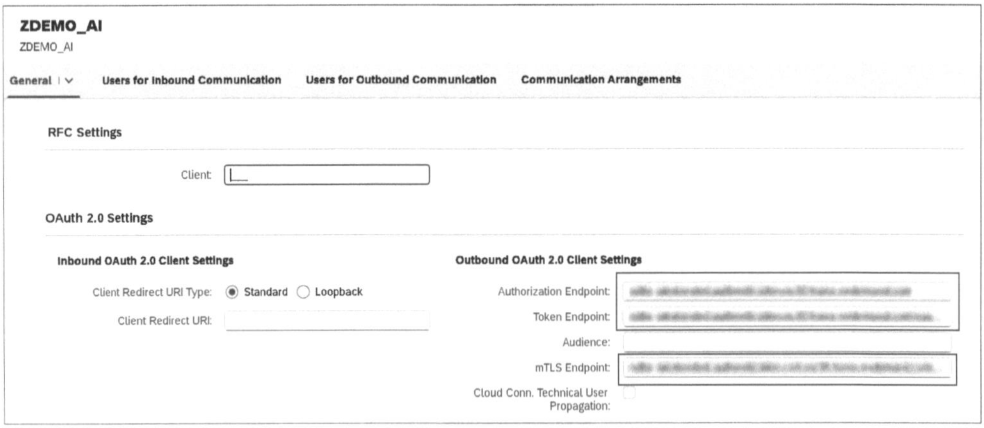

Abbildung 6.55 OAuth 2.0 Client Setting für AI Core und ABAP

Im nächsten Schritt muss ein Outbound User angelegt werden. Dazu klicken Sie im Bereich **Users for Outbound Communication** auf das Plus-Icon. Daraufhin öffnet sich das Pop-up, das in Abbildung 6.56 zu sehen ist. Dabei wird dann die **Authentication**

Method mit dem Wert »OAuth 2.0« ausgewählt und die Client ID aus dem Service Key eingegeben. Als **Client Authentication** wählen Sie *Mutual Transport Layer Security* (mTLS) aus, um einen Zertifikatsaustausch für die Anmeldung zu ermöglichen. Aus diesem Grund ist es nötig, in das Feld **Client Certificate** das zuvor genutzte Zertifikat **Client Default** einzutragen. Klicken Sie auf den Button **Create**, um das Fenster zu schließen. Nachdem diese Eingaben erfolgt sind, kann sowohl das Kommunikationssystem als auch die Kommunikationsvereinbarung gespeichert werden. Durch diesen Schritt ist nun eine Verbindung zu SAP AI Core aufgebaut worden und kann für die Entwicklung genutzt werden.

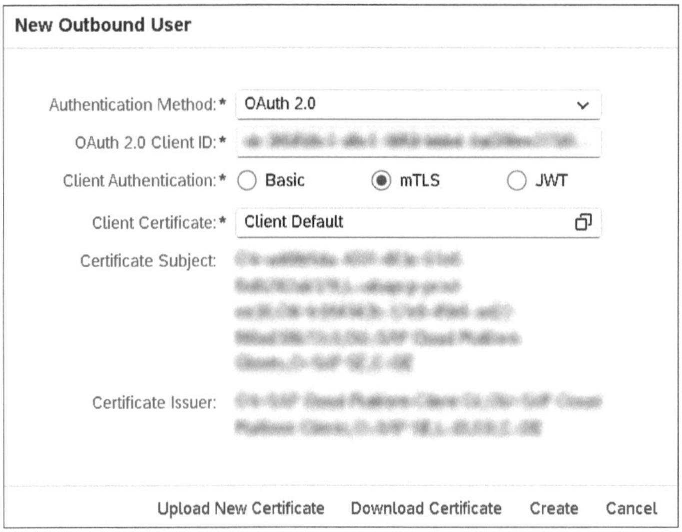

Abbildung 6.56 Outbound User anlegen

In weiteren Verlauf wird nun die Nutzung des ABAP AI SDK näher betrachtet. In ABAP wird das Intelligent Scenario Lifecycle Management (ISLM) dazu genutzt, um mit SAP AI Core zu arbeiten. Dabei wird zwischen zwei ABAP-Objekten unterschieden: dem Intelligent Scenario und dem Intelligent Scenario Model. Ein *Intelligent Scenario* ist eine Konfigurationseinheit, die Informationen zur Verbindung und zur Art des Szenarios enthält. Ein *Intelligent Scenario Model* wird hingegen in Bezug zu einem Intelligent Scenario gesetzt und enthält Informationen über das KI-Modell und dessen Einstellungen. Im ersten Schritt wird deshalb ein Intelligent Scenario angelegt. Dazu klicken Sie in Eclipse mit einem Rechtsklick auf das Projekt und wählen die Optionen **New • Others • Intelligent Scenario** aus, um ein neues Intelligent Scenario anzulegen. Daraufhin öffnet sich ein Pop-up, in dem Sie den Namen, die Paketzuordnung und die **Scenario Technology** festlegen können. Wählen Sie den Wert **SIDEBYSIDE** für **Scenario Technology** aus, da eine externe KI in SAP AI Core angesprochen wird. Durch einen Klick auf den Button **Next** öffnet sich das Fenster in Abbildung 6.57, in dem Sie verschiedene Parameter setzen können. Zu diesen gehören:

- **Intelligent Scenario Type**: Gibt an, welches KI-Szenario und welche damit verbundene KI genutzt werden. Ausgewählt wurde dabei **SAPGENAI** für die Nutzung einer generativen KI.
- **Usage Type**: Hier kann angegeben werden, ob es sich um ein kundeneigenes Szenario handelt.
- **OAuth Profile**: Legt das OAuth-Profil für den Verbindungsaufbau fest. Dieser Parameter wird automatisch befüllt und muss für das Beispiel nicht geändert werden.

  Durch das Speichern wird das Intelligent Scenario zur Verfügung gestellt.

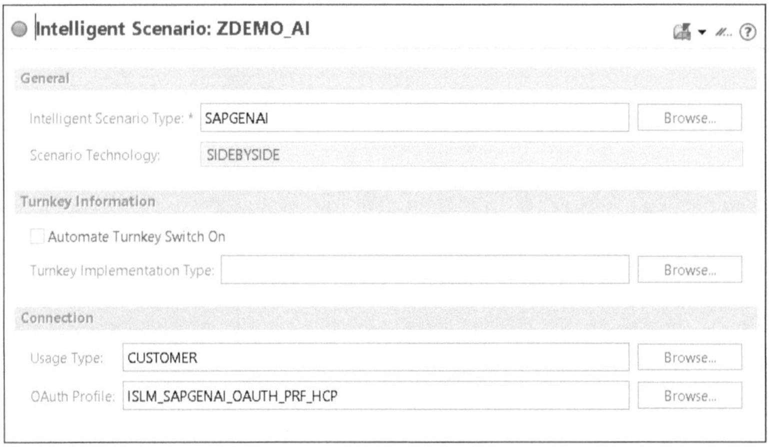

Abbildung 6.57 Intelligent Scenario anlegen

Im nächsten Schritt wird ein Intelligent Scenario Model für das Szenario benötigt. Dazu wird in Eclipse durch einen Rechtsklick auf das Projekt und Auswahl von **New • Others • Intelligent Scenario Models** ein neues Intelligent Scenario Model angelegt. Daraufhin öffnet sich ein Pop-up (siehe Abbildung 6.58), in dem Sie das Intelligent Scenario zuordnen und dem Modell einen Namen und eine Beschreibung geben müssen. Der Name des ABAP-Objekts wird dann basierend auf dem Namen des Modells und des Szenarios erzeugt. Bei der Zuordnung zwischen Modell und Intelligent Scenario handelt es sich um eine 1-zu-1-Beziehung, d. h., es kann nicht mehrere Modelle zu einem Szenario geben. Über den Button **Next** werden dann die Parameter für das Modell angezeigt und müssen befüllt werden.

In Abbildung 6.59 sind nun die Parameter des Modells zu sehen. Dabei wird über die **Executable ID** der KI-Anbieter festgelegt und im Feld **Large Language Model Name** das LLM. Für das Beispiel haben wir uns für **azure-openai** mit **gpt-4o-mini** entschieden. Diese Parameter können nach dem Speichern nicht mehr geändert werden. Zudem wird eine Version des verfügbaren Modells ausgewählt. Sie können außerdem Prompt Templates für die Nutzung des Modells auswählen. Speichern Sie nun das Modell, um das Szenario zur Verfügung zu stellen.

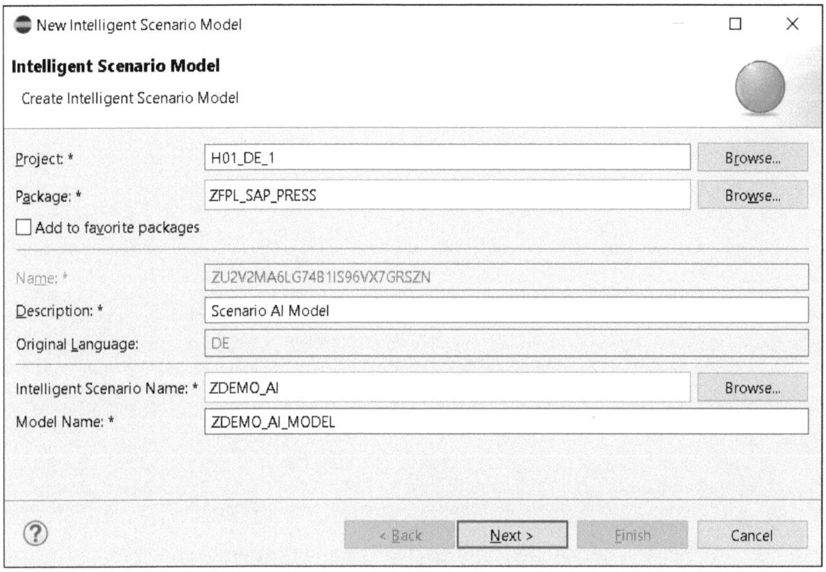

Abbildung 6.58 Intelligent Scenario – Details des Modells anlegen

Abbildung 6.59 Intelligent Scenario Model anlegen

Im nächsten Schritt muss das Modell auf SAP AI Core deployt werden. Dazu wird im ABAP Environment die App **Intelligent Scenario Management** ausgewählt. In dieser App werden alle AI Scenarios in einer Liste angezeigt, auch die vorgefertigten von SAP. Dabei wählen Sie das zuvor erzeugte Intelligent Scenario aus. Auf der Detailseite wird dann das zugeordnete Modell angezeigt. Klicken Sie auf das Modell, und wählen

Sie die zu deployende Version aus, wie in Abbildung 6.60 zu sehen ist. Um das Deployment in SAP AI Core zu starten, klicken Sie auf den Button **Deploy**. Beachten Sie, dass dieses Deployment einige Zeit benötigen kann.

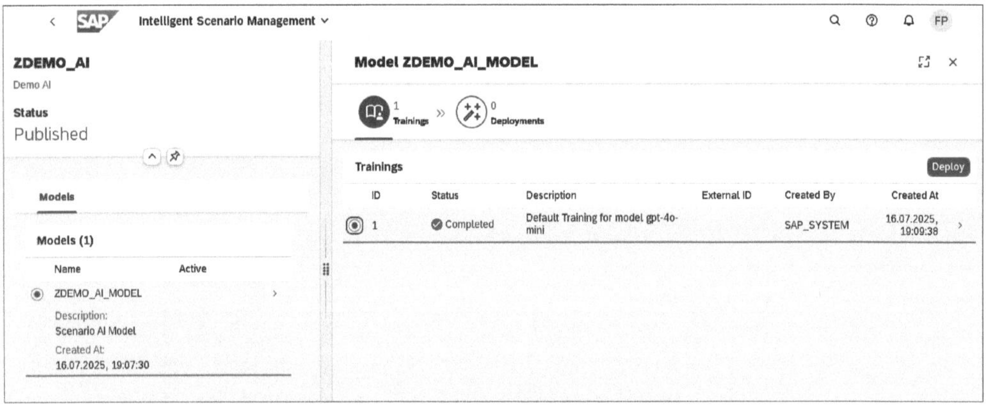

Abbildung 6.60 Deployment des Modells mit dem ABAP Environment

Wenn das Deployment erfolgreich war, müssen Sie es auf der Registerkarte **Deployments** noch aktivieren. Wählen Sie dazu das entsprechende Deployment aus, und klicken Sie auf den Button **Activate** (siehe Abbildung 6.61). Das Modell kann entweder für alle Nutzer*innen oder nur für diejenigen, die den Button angeklickt haben, aktiviert werden. So lassen sich neue Versionen testen, ohne dass dies Auswirkungen auf alle Nutzer*innen hat.

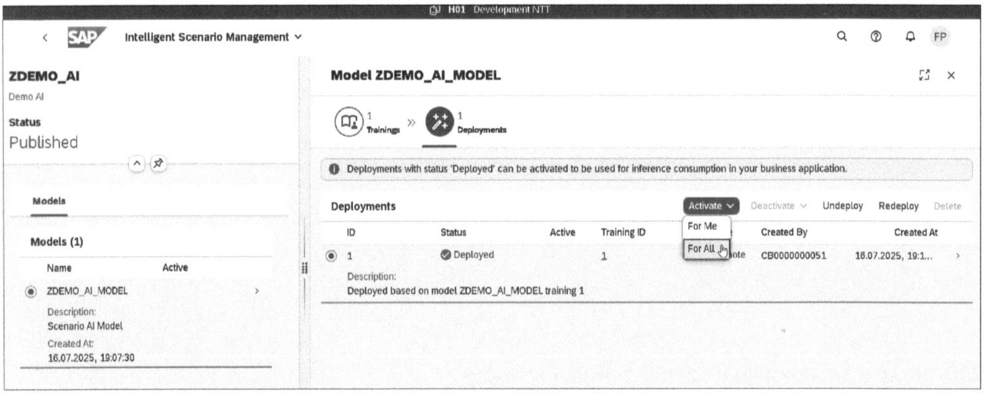

Abbildung 6.61 Modell in ABAP aktivieren

Nach der Aktivierung des Modells kann das Intelligent Scenario über eigenen Programmcode auf das Modell zugreifen. Dazu stehen die Klassen des AI SDK zur Verfügung. Listing 6.16 zeigt einen exemplarischen Aufruf des AI SDK für ABAP. In diesem

Beispiel wird die KI als ABAP-Entwickler*in nach der Definition des SAP AI SDK befragt, wobei die Antwort in der Konsole ausgegeben wird.

Im ersten Schritt wird dazu über `cl_aic_islm_compl_api_factory=>get( )->create_instance( islm_scenario = 'ZDEMO_AI' ).` eine Klasse instanziiert, die die Verbindungsdaten zu SAP AI Core über das Intelligent Scenario aufbaut. Das zu nutzende Modell wird dabei über das mit dem Intelligent Scenario verbundene Intelligent Scenario Model identifiziert. Durch diese Methode wird eine Instanz des Interfaces `if_aic_completion_api` erzeugt. Im nächsten Schritt wird über `api->create_message_container( ).` ein Nachrichtencontainer erstellt, der alle an die KI zu übertragenden Nachrichten enthält. Über die Methode `set_system_role` der Nachrichtencontainer-Klasse wird festgelegt, welche Rolle die Person hat, um der KI mehr Kontext zu geben. Im Beispiel wird mitgegeben, dass man ein ABAP-Entwickler ist. Zudem wird über die Methode `add_user_message` dann eine Nachricht für das LLM übergeben. Für das Beispiel wird die Nachricht »What is the SAP AI SDK?« übergeben. Um nun die Nachricht an das LLM zu übertragen und eine Antwort zu erhalten, wird das folgende Coding ausgeführt: `api->execute_for_messages( messages )->get_completion( ).` Die Ausführung dieser Programmcodes kann einige Sekunden in Anspruch nehmen. Das Ergebnis wird dann in der Konsole angezeigt.

```
METHOD if_oo_adt_classrun~main.
    TRY.
        FINAL(api) = cl_aic_islm_compl_api_factory=>get( )->create_
instance( islm_scenario = 'ZDEMO_AI' ).
      CATCH cx_aic_api_factory INTO DATA(lx_api).
        out->write( lx_api->get_text( ) ).
        RETURN.
    ENDTRY.

    TRY.
        DATA(messages) = api->create_message_container( ).
        messages->set_system_role( 'I am an ABAP Developer'  ).
        messages->add_user_message( 'What is the SAP AI SDK?'  ).
        DATA(lf_data) = api->execute_for_messages( messages )->get_
completion( ).
        out->write( lf_data ).
      CATCH cx_aic_completion_api INTO DATA(lx_completion).
        out->write( lx_completion->get_text( ) ).
    ENDTRY.
  ENDMETHOD.
```

Listing 6.16 Demo für die Nutzung des AI SDK in ABAP

6.3.3 SAP Build

In Abschnitt 4.3, »SAP Build Apps«, und Abschnitt 4.4, »SAP Build Process Automation«, haben Sie gesehen, wie Sie mit Low-Code-/No-Code-Ansätzen Webanwendungen und Geschäftsprozesse auf der SAP BTP entwickeln können. Seit Kurzem bietet SAP, wie bereits in SAP Build Code, auch in diesen Bereichen generative KI zur Unterstützung der Entwicklung an. In diesem Abschnitt lernen Sie, wie generative KI in diesen Lösungen genutzt werden kann.

Mit dem Schieberegler müssen Sie zunächst die Generative-KI-Funktion im SAP Build Control Tower aktivieren (siehe Abbildung 6.62). Es dauert etwa fünf Minuten, bis die Generative-KI-Funktion in SAP Build nutzbar ist. Durch die Aktivierung entstehen keine direkten Kosten. Kostenpflichtig wird die Nutzung erst durch die tatsächliche Generierung von Inhalten.

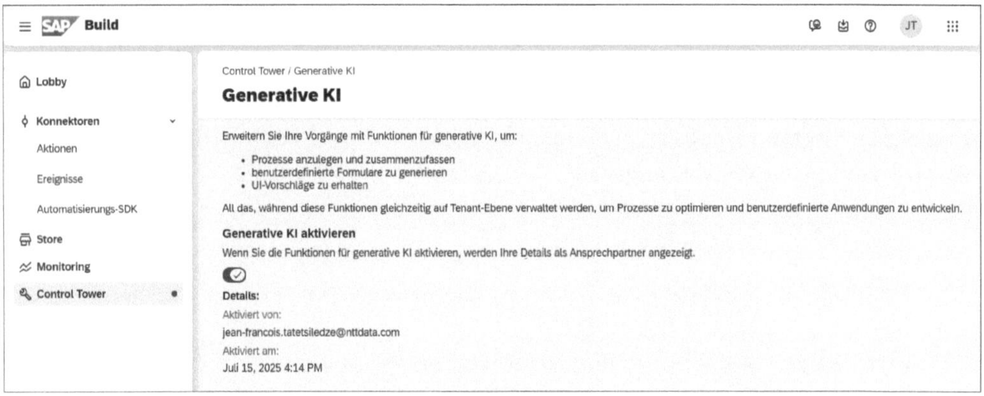

Abbildung 6.62 SAP Build – generative KI aktivieren

SAP Build Apps

Die Generative-KI-Funktion generiert in SAP Build Apps automatisch Benutzeroberflächen und Geschäftslogik basierend auf den im Projekt definierten Datenentitäten. In Abschnitt 4.3.2, »Web- und mobile Anwendungen«, haben Sie gesehen, wie Sie eine neue Datenentität aus einer Destination anlegen können. Sobald die Generative-KI-Funktion aktiviert ist, erscheint automatisch der Button **Generate Pages** (siehe Abbildung 6.63).

Nach einem Klick darauf erhalten Sie eine Rückmeldung über die generierten Seiten. Dabei handelt es sich um Seiten, die die typischen CRUD-Vorgänge (Create, Read, Update, Delete) für die jeweilige Entität abbilden (siehe Abbildung 6.64). Dadurch müssen Sie nur noch leichte Anpassungen wie etwa am Layout, an Beschriftungen oder der Navigation vornehmen, um eine einsatzbereite Anwendung zu erhalten.

Abbildung 6.63 SAP Build Apps – Seiten generieren

Abbildung 6.64 SAP Build Apps – generierte Seite mit Logik

SAP Build Process Automation

Im Gegensatz zu SAP Build Apps steht Ihnen die generative KI in SAP Build Process Automation für die Erstellung verschiedener Artefakte zur Verfügung. Dazu gehören Geschäftsprozesse, Datentypen, Entscheidungen, Formulare und Skriptaufgaben (siehe Abbildung 6.65).

Nachdem Sie ein Artefakt ausgewählt haben, das Sie generieren möchten, geben Sie einen Prompt ein, der z. B. den Prozess und seine Schritte beschreibt. Seien Sie dabei so präzise wie möglich. Verwenden Sie Verben wie »generieren« oder »hinzufügen« sowie die exakten Namen der Artefakte aus SAP Build Process Automation.

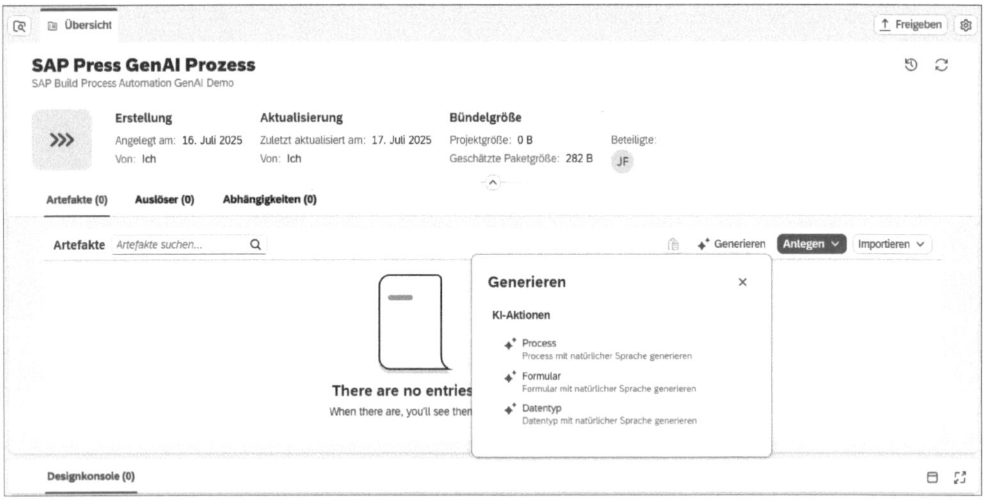

Abbildung 6.65 Generative KI in SAP Build Process Automation

Die Beschreibung des Prompts muss zwischen fünf und 1.000 Zeichen lang sein. Klicken Sie auf **Senden**, um die Generierung zu starten. Falls der Prozess oder einzelne Schritte nicht generiert werden konnten, klicken Sie auf **Zurücksetzen**, um eine neue Beschreibung einzugeben.

Generieren Sie idealerweise zunächst die Artefakte, die im Prozess verwendet werden, bevor Sie den Prozess selbst generieren. Auf diese Weise können Sie die Namen der Artefakte in der Beschreibung verwenden, um den Prozess möglichst präzise entsprechend Ihrer Vorstellung zu erstellen. Wenn die Artefakte gemeinsam mit dem Prozess generiert werden, kann es vorkommen, dass Informationen fehlen. Zum Beispiel werden häufig leere Automatisierungen erzeugt, die Sie nachträglich bearbeiten müssen.

Sie haben außerdem die Möglichkeit, innerhalb eines Prozesses weitere Schritte zu generieren.

[»]

Einschränkungen

Sie können nicht alle Artefakte generieren lassen. So können z. B. keine Verzweigung und Genehmigungsformulare direkt generiert werden. Sie können nur mit der JavaScript-Version ES 5.1 Skript generieren. Die Generierung von Projekteigenschaften wie Umgebungsvariablen oder Abhängigkeit ist auch nicht zulässig. Zudem können Sie Ihr Projekt mit der Generative-KI-Funktion weder freigeben noch Artefakte löschen.

6.4 SAP HANA Cloud und KI

SAP HANA Cloud ist eine In-Memory-Datenbank, die als Service auf der SAP BTP verfügbar ist. Ihre Stärke liegt in der Fähigkeit, große Datenmengen zu speichern und in Echtzeit zu verarbeiten und zu analysieren. Generell ist sie als zentrale Datenhaltung für Cloud-Anwendungen auf der SAP BTP positioniert und integriert sich nahtlos etwa in das SAP Cloud Application Programming Model, das in Kapitel 2 erläutert wird.

Darüber hinaus unterstützt SAP HANA Cloud verschiedene Datenmodelle, darunter relationale, dokumentenbasierte und graphenbasierte Modelle sowie Geo-, Zeitreihen- und räumliche Daten. Dies macht sie zu einer sogenannten *Multi-Modell-Datenbank*. Durch diesen Multi-Modell-Ansatz ist es Entwickler*innen möglich, komplexe und intelligente Anwendungen zu implementieren, ohne mehrere spezialisierte Datenbanken miteinander kombinieren zu müssen (siehe Abbildung 6.66).

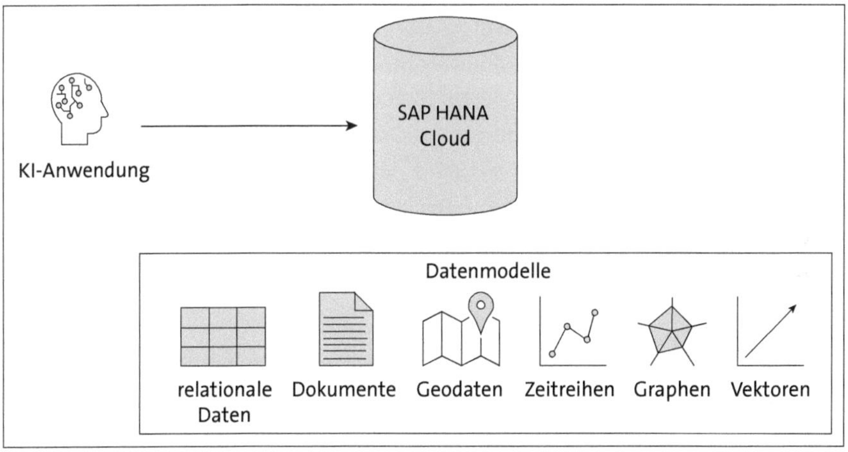

Abbildung 6.66 Multi-Modell-Datenbank SAP HANA Cloud

Insbesondere für die Anwendung von KI ist dies von zentraler Bedeutung. Durch die Anreicherung mit kontextbezogenen Daten aus verschiedenen Quellen, wie etwa Texten, Zeitreihen und Geodaten, können KI-Anwendungen bessere Ergebnisse liefern. SAP HANA Cloud stellt dabei mit der *SAP HANA Cloud Vector Engine* und dem *SAP Knowledge Graph* zwei Werkzeuge zur Verfügung. Diese dienen dem schnellen und intelligenten Durchsuchen von unstrukturierten und strukturierten Daten, um Zusammenhänge herzustellen.

Zusätzlich dazu bietet SAP HANA Cloud die Machine-Learning-Bibliotheken *Predictive Analysis Library* (PAL) und *Automated Predictive Library* (APL) an. In diesem Abschnitt werden nun sowohl die beiden Werkzeuge als auch die Bibliotheken im Detail vorgestellt.

6.4.1 SAP HANA Cloud Vector Engine

SAP HANA Cloud enthält standardmäßig eine sogenannte *Vector Engine*. Dadurch können zusätzlich zu den bisherigen relationalen Daten oder Geodaten auch räumliche Daten, die sogenannten *Vektoren*, gespeichert und verarbeitet werden. Einfach gesagt, ist ein Vektor eine geordnete Liste von Zahlen wie [5, 3, 8]. Jede Zahl in dieser Liste beschreibt eine bestimmte Eigenschaft eines Objekts wie z. B. eines Bildes oder eines Textes. Die Reihenfolge und der Zusammenhang der einzelnen Zahlen sind von entscheidender Bedeutung, denn erst dadurch wird die Darstellung des Objekts eindeutig festgelegt. Entsprechend können so auch die Unterschiede und Ähnlichkeiten zu anderen Objekten identifiziert werden.

Aufgrund dieser beiden Eigenschaften – der mathematischen Darstellbarkeit und vor allem der Vergleichbarkeit – werden Vektoren in der KI eingesetzt. Damit ein Objekt als Vektor dargestellt werden kann, muss zuerst aus dem Objekt eine mathematische Vektorrepräsentation generiert werden. Dies wird als *Embedding* bezeichnet. Wie in Listing 6.17 zu sehen ist, kann zur Erstellung eines Embeddings die Funktion `VECTOR_EMBEDDING` direkt in SAP HANA Cloud genutzt werden. Die Funktion hat dabei drei Übergabeparameter. Erstens den Text, für den ein Vektor erzeugt werden soll. Zweitens den Typ des Textes, der in diesem Fall `DOCUMENT` ist – somit wird der gesamte Text als Dokument betrachtet. Drittens wird das Modell angegeben, das zur Umwandlung des Textes verwendet wird. Auf Basis dieser Parameter wird das passende Embedding durch die Vector Engine berechnet. Da im Statement in Listing 6.17 der Zusatz `FROM DUMMY` genutzt wird, wird der erzeugte Vektor nicht in der Datenbank abgespeichert.

```
SELECT VECTOR_EMBEDDING('Mein Text.', 'DOCUMENT', 'SAP_
NEB.20240715') FROM DUMMY
```

Listing 6.17 Abfrage eines Embeddings per nativer SAP-HANA-Funktion

Zur Speicherung eines Vektors bietet SAP HANA Cloud jedoch den nativen Datentyp `REAL_VECTOR` an. Wie in Listing 6.18 zu sehen ist, kann dieser genutzt werden, um die Embeddings in einer Datenbanktabelle zu persistieren. Dort wird eine neue Tabelle definiert, die neben den klassischen Spalten für die Nummer des Supportfalls `INCIDENT_ID`, dem Titel des Supportfalls `TITLE` und der Problembeschreibung `DESCRIPTION` eine weitere Spalte `EMBEDDING` vom Typ `REAL_VECTOR` enthält. In dieser Spalte wird automatisch ein Vektor gespeichert (`GENERATED ALWAYS AS`). Der Vektor wird dabei durch die Funktion `VECTOR_EMBEDDING` aus der Beschreibung mit dem angegebenen Embedding-Modell berechnet.

```
CREATE TABLE INCIDENT_EMBEDDINGS(
   INCIDENT_ID INT,
   TITLE NVARCHAR(200),
```

```
    DESCRIPTION NVARCHAR(5000),
    EMBEDDING REAL_VECTOR GENERATED ALWAYS AS
       VECTOR_EMBEDDING(DESCRIPTION, 'DOCUMENT', 'SAP_NEB.20240715'));
```

Listing 6.18 Erstellung einer Tabelle zur Speicherung der Embeddings

Wenn anschließend ein neuer Eintrag in die Tabelle eingefügt wird, wie etwa mit dem INSERT-Statement aus Listing 6.19, wird automatisch das passende Embedding aus der Beschreibung erzeugt und abgespeichert. Das Ergebnis mit dem erzeugten Embedding kann anschließend per SELECT-Statement ausgelesen werden und ist am Ende von Listing 6.19 zu sehen.


```
-- Einfügen einer Supportmeldung und Erstellung des Embeddings
INSERT INTO "DBADMIN"."INCIDENT_EMBEDDINGS" VALUES(
    42,
    'Netzwerkproblem',
    'Seit dem heutigen Morgen funktioniert das Netzwerk in Gebäude 3 nicht 
mehr.'
)

-- Abfrage des erstellten Embeddings
SELECT INCIDENT_ID, EMBEDDING
FROM "DBADMIN"."INCIDENT_EMBEDDINGS"
WHERE INCIDENT_ID = 42;
```

Listing 6.19 Einfügen und Auslesen eines Embeddings aus der Tabelle

INCIDENT_ID	EMBEDDING
42	[-0.0038650587666779757,-0.03368062525987625, 0.047651950269937515,-0.002564497059211135, 0.023063305765390396,-0.04448951408267021,...]

Anstelle der nativen SAP-HANA-Cloud-Funktionen können auch externe Embedding-Modelle wie z. B. `text-embedding-3-small` von OpenAI zur Erstellung der Embeddings verwendet werden. Diese sind, wie in Abschnitt 6.4.1, »SAP HANA Cloud Vector Engine«, beschrieben, einfach über den SAP AI Core konsumierbar.

Generell besteht der Zweck der Generierung solcher Embeddings in der Möglichkeit zur Nutzung in der *semantischen Suche*. Bei der semantischen Suche wird nicht nur nach Schlüsselwörtern gesucht, sondern auch nach dem inhaltlichen Zusammenhang bezogen auf die Anfrage. Die Embeddings stellen dabei als Vektoren, die den Inhalt eines Textes mathematisch beschreiben, die Basis dar. Innerhalb der Suche kann somit inhaltlich gemessen werden, wie ähnlich die Inhalte sind. Dabei ist jeder Text ein Punkt im Vektorraum, wobei Texte, die sich ähneln, nahe beieinanderliegen. Die Abstände zueinander sagen dementsprechend aus, wie ähnlich die Texte sind. Zum Messen dieser Abstände werden z. B. die *Kosinus-Ähnlichkeit* und die *euklidische Distanz* genutzt. Die Kosinus-Ähnlichkeit berechnet dabei den Kosinus des Winkels zwischen zwei Vektoren (siehe Abbildung 6.67). Je größer der Ähnlichkeitswert ist, desto ähnlicher sind die Vektoren. Der Wertebereich liegt dabei zwischen -1 (völlig entgegengesetzt) und 1 (identisch).

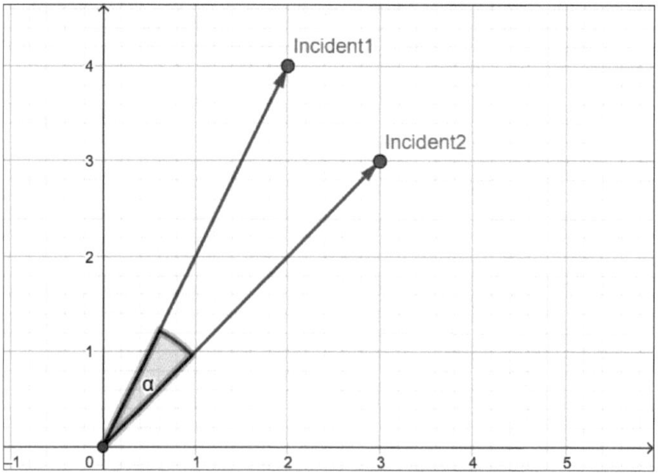

Abbildung 6.67 Kosinus-Ähnlichkeit zwischen Vektoren

Bei der euklidischen Distanz wird hingegen der direkte Abstand zwischen zwei Vektoren im Raum berechnet (siehe Abbildung 6.68). Ein kleiner Abstand bedeutet, dass sich die beiden Vektoren sehr ähnlich sind.

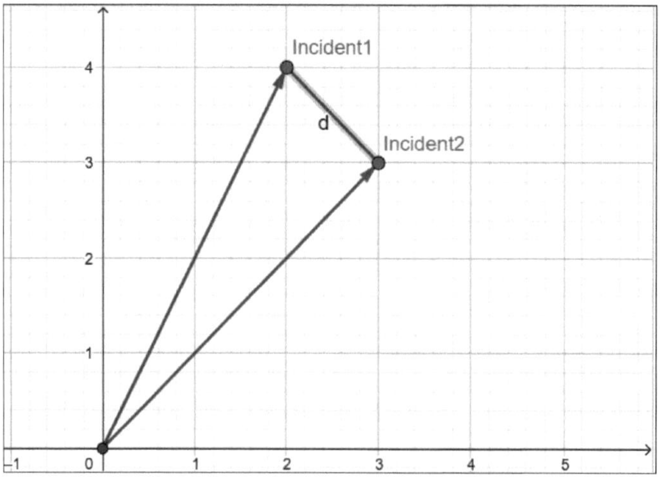

Abbildung 6.68 Euklidische Distanz zwischen Vektoren

Für jedes dieser mathematischen Verfahren bietet die SAP HANA Cloud eine Funktion an: COSINE_SIMILARITY für die Kosinus-Ähnlichkeit bzw. L2DISTANCE für die euklidische Distanz. Dadurch können die Vektoren direkt per SQL Statement verglichen werden.

Mittels der SQL Statements aus Listing 6.20 wird zuerst eine weitere Supportmeldung eingefügt. Dadurch entsteht ein weiteres Embedding zum Vergleich mit dem zuvor erstellten aus Listing 6.19. Mit dem zweiten Statement wird die Funktion COSINE_SIMILARITY aufgerufen. Diese erhält als Eingabeparameter die beiden Embeddings aus der Tabelle. Als Resultat wird der Wert 0.7519360535963934 ausgegeben. Dies bedeutet, dass sich beide Vektoren ähneln. Da die Embeddings basierend auf der Beschreibung erstellt werden und beide Meldungen sich auf Probleme mit dem Netzwerk beziehen, ist dies nachvollziehbar. Abschließend wird die Funktion L2DISTANCE per SQL ausgeführt. Auch hier spiegelt der Rückgabewert mit einer Distanz von 0.616363772438356 eine Ähnlichkeit der Supportmeldungen wider.

```
-- Einfügen einer weiteren Supportmeldung
INSERT INTO "DBADMIN"."INCIDENT_EMBEDDINGS" VALUES(
    255,
    'Temporäre Ausfälle im Netzwerk',
    'Seit gestern Nachmittag haben wir vermehrt zwischenzeitliche Ausfälle im
Netzwerk in Gebäude 5.'
)

-- Berechnung der Kosinus-Ähnlichkeit mit COSINE_SIMILARITY
SELECT COSINE_SIMILARITY( A.EMBEDDING, B.EMBEDDING ) AS COS_SIM
FROM
    "DBADMIN"."INCIDENT_EMBEDDINGS" AS A
    INNER JOIN
    "DBADMIN"."INCIDENT_EMBEDDINGS" AS B
    ON A.INCIDENT_ID = 42
        AND B.INCIDENT_ID = 255;

COS_SIM = 0.7519360535963934

-- Berechnung der euklidischen Distanz mit L2DISTANCE
SELECT L2DISTANCE( A.EMBEDDING, B.EMBEDDING ) AS L2_DIST
FROM
    "DBADMIN"."INCIDENT_EMBEDDINGS" AS A
    INNER JOIN
    "DBADMIN"."INCIDENT_EMBEDDINGS" AS B
    ON A.INCIDENT_ID = 42
```

```
        AND B.INCIDENT_ID = 255;

L2_DIST = 0.616363772438356
```

Listing 6.20 Anwendung von »COSINE_SIMILARITY« und »L2DISTANCE«

Zusammenfassend gestaltet sich der gesamte Ablauf in der Praxis, wie in Abbildung 6.69 dargestellt. Beim Beispiel des Störungsmanagements soll mittels der erstellten Embeddings nach thematisch ähnlichen Supportfällen gesucht werden. Dafür wird im ersten Schritt für jedes Objekt, in diesem Fall die Beschreibungen der Supportfälle, ein Embedding erzeugt und gespeichert. Wird eine neue Suche gestartet, wird auch die Anfrage, etwa das Suchwort »Netzwerkproblem«, in einen Vektor umgewandelt. Anschließend werden mithilfe eines der mathematischen Verfahren die Texte im Vektorraum gesucht, die möglichst nahe am Vektor der Suchanfrage liegen. Somit liefert die Suche nur Inhalte mit hoher semantischer Ähnlichkeit zurück.

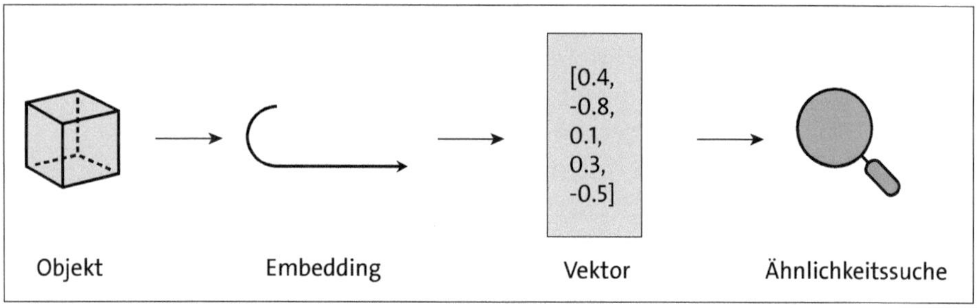

Abbildung 6.69 Einbettung und Vergleich von Vektoren

Ein weiterer wichtiger Anwendungsfall neben der Ähnlichkeitssuche ist die Anreicherung von Anfragen an LLMs mit unternehmensbezogenen Daten. Die Antworten werden durch den mitgegebenen Kontext deutlich präziser auf das Unternehmen zugeschnitten. Dieses Prinzip wird auch *Retrieval-Augmented Generation* (RAG) genannt. Bei RAG werden zunächst per Ähnlichkeitssuche relevante Unternehmensdaten selektiert. Diese werden zusammen mit der ursprünglichen Anfrage als zusätzlicher Kontext an das LLM übergeben. Die Anfrage kann somit intelligenter beantwortet werden, und die Qualität der Antwort steigt. Zudem muss das LLM nicht neu trainiert werden, sondern das Modell wird gezielt mit passenden Informationen angereichert. Die Vector Engine von SAP HANA Cloud spielt dabei eine zentrale Rolle. Sie ermöglicht zum einen die Vektorrepräsentation von Texten, Dokumenten und weiteren Unternehmensdaten. Zum anderen stellt sie die nötigen Funktionen bereit, um diese Informationen effizient und semantisch zu durchsuchen.

6.4.2 Machine-Learning-Bibliotheken

Neben der Vector Engine bietet SAP HANA Cloud weitere integrierte Funktionen im Bereich der KI an. Hier sind die beiden Bibliotheken *Predictive Analysis Library* (PAL) und *Automated Predictive Library* (APL) zu nennen. PAL enthält dabei klassische Machine-Learning-Algorithmen wie z. B. *Entscheidungsbäume* oder *k-Means*. Ein Entscheidungsbaum ist ein Verfahren, bei dem anhand von Beispieldaten Entscheidungsregeln gelernt werden, um neue Daten automatisch einzuordnen. Der k-Means-Algorithmus dient hingegen dazu, Daten in Gruppen, sogenannte *Cluster*, einzuteilen. APL beinhaltet wiederum Funktionen zur vereinfachten automatisierten Datenanalyse. Dabei entscheidet APL automatisch, welches das geeignetste Modell für die Fragestellung ist. Es eignet sich dementsprechend gut für Nutzer*innen ohne tiefere Data-Science-Kenntnisse.

Die in PAL und APL enthaltenen Funktionen decken einen großen Bereich der gängigen Analyseverfahren ab. Dabei kommen die Algorithmen aus folgenden Kategorien:

- Clustering
- Klassifikation
- Regression
- Zeitreihenanalyse
- Empfehlungssysteme
- Verfahren zur Analyse sozialer Netzwerke

Die Auswahl der Algorithmen ist dabei nicht fest, sondern ändert sich mit jedem Release basierend auf Marktanalysen und der gängigen Nutzung. Ein typisches Verfahren, das für Geschäftsanwendungen relevant ist, ist dabei die Klassifikation. Bei der Klassifikation lernt das Modell aus gelabelten Beispielen, wie ein neues Objekt in eine der vordefinierten Klassen einzusortieren ist. Ein klassischer Anwendungsfall im Kontext des Störungsmanagements wäre etwa die automatische Priorisierung neuer Supportmeldungen. Basierend auf den bereits vorhandenen Daten kann anhand der Attribute wie z. B. Priorität, Beschreibung oder Dringlichkeit mithilfe von Algorithmen wie Entscheidungsbäumen oder Regression eine automatische Priorisierung realisiert werden. Dadurch kann die Bearbeitung gerade bei kritischen Fällen beschleunigt werden, da eine korrekte initiale Priorisierung automatisch durchgeführt wird.

Ein weiteres häufig eingesetztes Verfahren ist das *Clustering*. Dabei werden Datensätze automatisch in Gruppen mit ähnlichen Merkmalen eingeteilt. Es unterscheidet sich von der Klassifikation dadurch, dass keine Klassen vordefiniert sind, in die eingeordnet wird. Um beim Kontext des Störungsmanagements zu bleiben, wäre ein Einsatzszenario die automatische Einordnung von Meldungen in Gruppen. Dazu könnte die Beschreibung der Problemmeldung als Embedding generiert und anschließend mittels des k-Means-Algorithmus geclustert werden. Die dabei resultierenden Gruppen repräsentieren die verschiedenen Arten von aufgetretenen Problemen wie z. B. Netzwerkprobleme, Hardwaredefekte oder Zugangsanfragen. Dies hilft bei der Identifikation häufig vorkommender Arten von Problemen. Dadurch können gezielt Maßnahmen ergriffen und kann die Wissensdatenbank für die Mitarbeitenden gefüllt werden.

Ein letztes Verfahren, das sehr hilfreich im Geschäftskontext ist, ist die *Zeitreihenanalyse*. Dabei werden Werte regelmäßig über die Zeit hinweg erfasst, um Trends zu erkennen und daraus Prognosen abzuleiten. Damit könnte z. B. die Anzahl der eingehenden Supportfälle pro Tag als Zeitreihe analysiert werden. Dabei können Algorithmen wie *ARIMA* oder *exponentielle Glättung* verwendet werden, um eine Prognose für die kommenden Wochen zu erstellen. ARIMA ist ein Modell, das historische Werte und deren Veränderungen betrachtet, um zukünftige Werte vorherzusagen. Die exponentielle Glättung ist ein Verfahren zur Prognose, bei dem neuere Werte stärker gewichtet werden als ältere, um Trends und Muster in den Zeitreihen zu erkennen. Mit den Vorhersagen dieser Algorithmen etwa für Stoßzeiten kann die Personalplanung in Bezug auf die Einhaltung der Service Level Agreements optimiert werden.

Um eines der genannten Verfahren in der Praxis auf SAP HANA Cloud anzuwenden, müssen je nach Algorithmus zuerst die Bibliotheken PAL bzw. APL aktiviert werden. Dies ist über die Konfiguration der SAP-HANA-Cloud-Instanz möglich, wie in Abbildung 6.70 zu sehen ist. Dort wird über **Manage Configuration • Advanced Settings • PAL** die PAL-Bibliothek aktiviert.

Anschließend kann die beispielhafte Anwendung der Zeitreihenanalyse mittels des ARIMA-Modells, wie in Listing 6.21 einmal schrittweise dargestellt, durchgeführt werden. Zuerst wird eine neue Tabelle angelegt, die kondensiert nur die historische Anzahl der Supportmeldungen pro Tag enthält. Diese Daten dienen als Trainingsmenge. Im zweiten Schritt wird diese Tabelle für das Beispiel zur Veranschaulichung mit fiktiven Daten gefüllt. Die nächsten beiden Anweisungen dienen dazu, die bisherigen Daten in ein geeignetes Format für die Anwendung des Algorithmus AMIRA zu konvertieren. Anschließend wird eine Parametertabelle für den Aufruf des Algorithmus erstellt und mit Werten für eine 7-Tage-Prognose konfiguriert. Danach wird noch die Tabelle für die Ausgabe erstellt und eine Prozedur für den Aufruf definiert. Schließlich wird diese Prozedur aufgerufen und die Berechnung durchgeführt. Das Ergebnis kann dann aus der Ausgabetabelle ausgelesen werden.

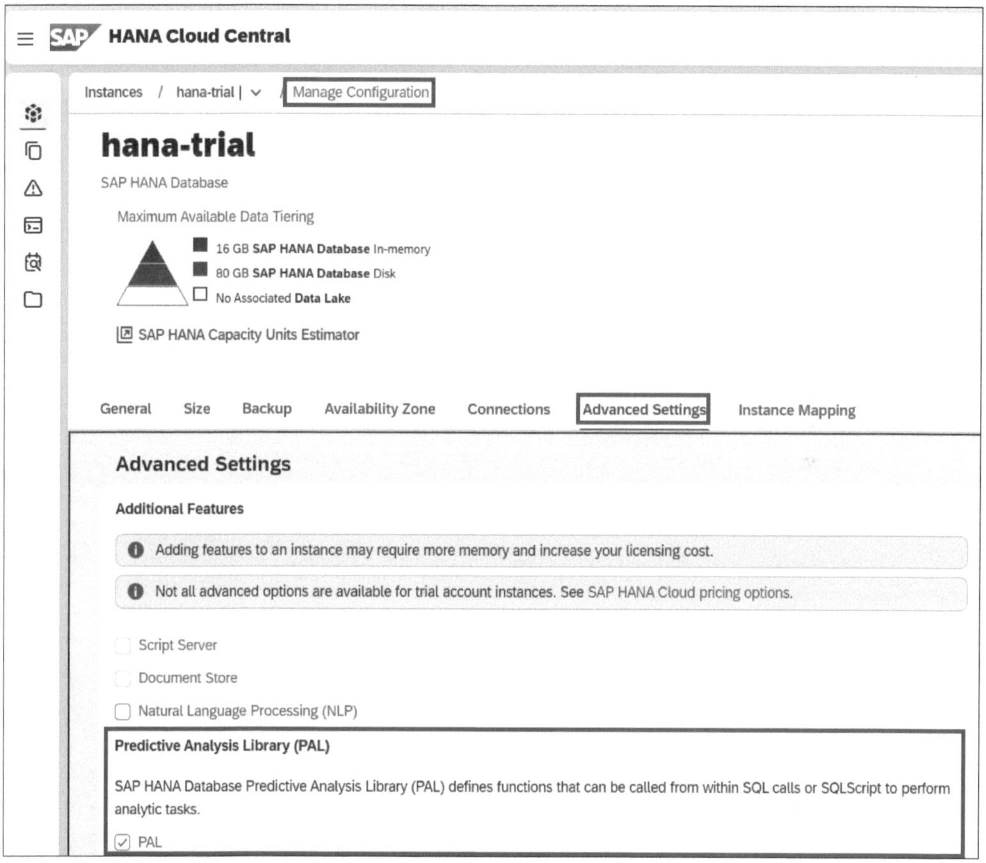

Abbildung 6.70 Aktivierung der PAL-Bibliothek in der SAP HANA Cloud

Diese Anwendung wird in Listing 6.21 einmal schrittweise dargestellt. Zunächst wird der neue technische Benutzer PAL_USER angelegt. Diesem wird die notwendige Berechtigung AFL__SYS_AFL_AFLPAL_EXECUTE zugewiesen, um die Algorithmen der PAL-Bibliothek ausführen zu können. Anschließend melden Sie sich mit diesem Benutzer in der aktuellen Sitzung an. Im nächsten Schritt wird eine Tabelle erstellt, die die historische Anzahl der Supportmeldungen pro Tag enthält. Diese Daten dienen als Trainingsmenge für das Prognosemodell. Danach wird diese Tabelle mit fiktiven Daten für den Monat Juni gefüllt. Die nächsten beiden Anweisungen konvertieren die Daten in das Format, das vom PAL-Algorithmus ARIMA gefordert ist. Dabei wird aus der aktuellen Datumsreihe eine Zeitreihe erstellt, die dann als Eingabetabelle genutzt wird. Anschließend wird eine Parametertabelle für den Aufruf des Algorithmus erstellt und mit den notwendigen Konfigurationswerten befüllt. Danach folgt die Definition einer Ausgabetabelle, in der das trainierte Modell gespeichert wird. Im darauffolgenden Codeblock wird der PAL-Algorithmus PAL_AUTOARIMA mit den vorbereiteten Daten und Parametern aufgerufen. Der Algorithmus analysiert die übergebenen Daten automatisch und ermittelt ein geeignetes ARIMA-Modell. Nach der Ausführung werden das trainierte Modell und die Trainingsresultate anschließend in eine Tabelle geschrieben und angezeigt. Danach wird eine temporäre Parametertabelle für die anschließende Vorhersage definiert und mit den Einstellungen für die Länge der Vorhersage befüllt. Nun wird die Vorhersage mittels PAL_ARIMA_FORECAST und dem zuvor trainierten Modell sowie den Parametern aufgerufen.

```
-- Anlage des Benutzers zur Ausführung von PAL-Funktionen
CREATE USER PAL_USER PASSWORD "PAL_Execute_123" NO FORCE_FIRST_PASSWORD_
CHANGE SET USERGROUP DEFAULT;

-- Gewährung der Ausführungsberechtigung für PAL-Funktionen
GRANT AFL__SYS_AFL_AFLPAL_EXECUTE TO PAL_USER;

-- Herstellung der Datenbankverbindung mit neuem Benutzer
CONNECT PAL_USER PASSWORD PAL_Execute_123;

-- Anlange der Tabelle für die Anzahl der Supportmeldungen
CREATE COLUMN TABLE INCIDENT_COUNTS(
      INCIDENT_DATE DATE PRIMARY KEY,
      INCIDENT_COUNT INTEGER
);

-- Einfügen von Beispieldaten für den Monat Juni
INSERT INTO INCIDENT_COUNTS VALUES('2025-06-01', 10);
INSERT INTO INCIDENT_COUNTS VALUES('2025-06-02', 9);
INSERT INTO INCIDENT_COUNTS VALUES('2025-06-03', 7);
INSERT INTO INCIDENT_COUNTS VALUES('2025-06-04', 11);
INSERT INTO INCIDENT_COUNTS VALUES('2025-05-05', 10);
INSERT INTO INCIDENT_COUNTS VALUES('2025-06-06', 25);
INSERT INTO INCIDENT_COUNTS VALUES('2025-06-07', 2);
INSERT INTO INCIDENT_COUNTS VALUES('2025-06-08', 7);
INSERT INTO INCIDENT_COUNTS VALUES('2025-06-09', 13);
INSERT INTO INCIDENT_COUNTS VALUES('2025-05-10', 4);
INSERT INTO INCIDENT_COUNTS VALUES('2025-06-11', 3);
INSERT INTO INCIDENT_COUNTS VALUES('2025-06-12', 10);
INSERT INTO INCIDENT_COUNTS VALUES('2025-06-13', 15);
INSERT INTO INCIDENT_COUNTS VALUES('2025-06-14', 14);
INSERT INTO INCIDENT_COUNTS VALUES('2025-05-15', 9);
```

```
INSERT INTO INCIDENT_COUNTS VALUES('2025-06-16', 6);
INSERT INTO INCIDENT_COUNTS VALUES('2025-06-17', 9);
INSERT INTO INCIDENT_COUNTS VALUES('2025-06-18', 7);
INSERT INTO INCIDENT_COUNTS VALUES('2025-06-19', 18);
INSERT INTO INCIDENT_COUNTS VALUES('2025-05-20', 20);
INSERT INTO INCIDENT_COUNTS VALUES('2025-06-21', 17);
INSERT INTO INCIDENT_COUNTS VALUES('2025-06-22', 9);
INSERT INTO INCIDENT_COUNTS VALUES('2025-06-23', 3);
INSERT INTO INCIDENT_COUNTS VALUES('2025-06-24', 11);
INSERT INTO INCIDENT_COUNTS VALUES('2025-05-25', 8);
INSERT INTO INCIDENT_COUNTS VALUES('2025-06-26', 13);
INSERT INTO INCIDENT_COUNTS VALUES('2025-06-27', 9);
INSERT INTO INCIDENT_COUNTS VALUES('2025-06-28', 5);
INSERT INTO INCIDENT_COUNTS VALUES('2025-06-29', 11);
INSERT INTO INCIDENT_COUNTS VALUES('2025-06-30', 8);

-- Anlage der Eingabetabelle für PAL AUTOARIMA
CREATE COLUMN TABLE PAL_ARIMA_DATA(
      ID INTEGER,
      VALUE DOUBLE
);

-- Konvertierung der Daten und Einfügen in die ARIMA-Datentabelle
INSERT INTO PAL_ARIMA_DATA
      SELECT
      ROW_NUMBER() OVER( ORDER BY INCIDENT_DATE ),
      INCIDENT_COUNT
FROM INCIDENT_COUNTS;

-- Anlage der Parametertabelle für PAL AUTOARIMA
CREATE COLUMN TABLE PAL_ARIMA_PARAM(
      NAME VARCHAR(50),
      INT_VALUE INTEGER,
      DOUBLE_VALUE DOUBLE,
      STRING_VALUE VARCHAR(100)
);

-- Einfügen der Parameter für die automatische Modellwahl
INSERT INTO PAL_ARIMA_PARAM VALUES('SEARCH_STRATEGY', 1, NULL, NULL);
INSERT INTO PAL_ARIMA_PARAM VALUES('ALLOW_LINEAR', 1, NULL, NULL);
INSERT INTO PAL_ARIMA_PARAM VALUES('THREAD_RATIO', NULL, 1.0, NULL);
```

```
-- Anlage der Tabelle für das trainierte ARIMA-Modell
CREATE COLUMN TABLE PAL_ARIMA_MODEL(
      KEY NVARCHAR(100),
      VALUE NVARCHAR(5000)
);

-- Automatische Ermittlung des ARIMA-Modells
-- Speicherung und Anzeige der Trainingsergebnisse
DO BEGIN
      lt_data = SELECT *
            FROM PAL_ARIMA_DATA;
      lt_control = SELECT *
            FROM PAL_ARIMA_PARAM;
      CALL _SYS_AFL.PAL_AUTOARIMA( :lt_data, :lt_control, lt_model, lt_fit );
      INSERT INTO PAL_ARIMA_MODEL
            SELECT *
            FROM :lt_model;
      SELECT *
            FROM PAL_ARIMA_MODEL;
      SELECT *
            FROM :lt_fit;
END;

-- Erstellung der temporären Parametertabelle für die Vorhersage
CREATE LOCAL TEMPORARY COLUMN TABLE #PAL_ARIMA_PARAM(
      "NAME" VARCHAR(50),
      "INT_VALUE" INTEGER,
      "DOUBLE_VALUE" DOUBLE,
      "STRING_VALUE" VARCHAR(100)
);

-- Einfügen der Parameter für die Vorhersage
INSERT INTO #PAL_ARIMA_PARAM VALUES('FORECAST_METHOD', 1, NULL, NULL);
INSERT INTO #PAL_ARIMA_PARAM VALUES('FORECAST_LENGTH', 7, NULL, NULL);

-- Leerung der ARIMA-Daten für die Vorhersage
DELETE FROM PAL_ARIMA_DATA;

-- Ausführung der Vorhersage mit dem trainierten Modell
CALL _SYS_AFL.PAL_ARIMA_FORECAST( PAL_ARIMA_DATA, PAL_ARIMA_MODEL, #PAL_ARIMA_
PARAM, ? );
```

Listing 6.21 Vorhersage mittels eines trainierten ARIMA-Modells

Das zurückgegebene Ergebnis kann nun analysiert werden. Die Ergebnistabelle ist in Auszügen in Tabelle 6.3 dargestellt. Im Ergebnis werden neben der Spalte ID, also dem Index der Vorhersage wie z. B. Tag x in der Zukunft, und der Spalte FORECAST für die eigentlichen Prognosewerte noch weitere Resultate mitgeliefert. Die Spalte SE enthält dabei den Standardfehler, der die Unsicherheit des Schätzwerts angibt. Zudem werden noch die Werte für das 80%- (LO80, HI80) bzw. 95%-Konfidenzintervall (LO95, HI95) aufgelistet. Diese Werte geben dabei an, in welchem Bereich der Wert mit der entsprechenden Wahrscheinlichkeit liegt. Dabei ist das 80%-Intervall enger definiert, aber weniger sicher, und das 95%-Intervall entsprechend breiter, aber dafür sicherer.

ID	FORECAST	SE	LO80	HI80	LO95	HI95
0	13,151...	4,045...	7,966...	18,336...	5,221...	21,081...
1	10,348...	4,454...	4,639...	16,057...	1,617	19,080...
...	...	...	...	...	...	...

Tabelle 6.3 Rückgabe der Vorhersage mittels des trainierten ARIMA-Modells

6.4.3 SAP Knowledge Graph

SAP Knowledge Graph ist eine Funktion von SAP HANA Cloud, die es ermöglicht, Daten eines Unternehmens semantisch zu modellieren und zu verknüpfen. Dabei liegt der Fokus nicht nur auf der technischen Verbindung von Tabellen und Datenquellen, sondern auch auf der Bedeutung der Daten. Während bei relationaler Modellierung auf der Ebene von Tabellen, Schlüsselfeldern und Joins gearbeitet wird, läuft dies bei SAP Knowledge Graph über eine modellhafte Sicht auf die Geschäftsobjekte und deren Beziehungen untereinander.

Ein solcher *Wissensgraph* (engl. Knowledge Graph) besteht aus Knoten und Kanten, die Beziehungen zwischen den Knoten modellieren. Entitäten können etwa Supportmeldungen, Produkte oder Organisationseinheiten darstellen. Kanten hingegen repräsentieren deren Beziehungen wie »verursacht durch«, »Teil von« oder »gehört zu«. Dadurch kann nicht nur dargestellt werden, welche Daten existieren, sondern es wird auch sichtbar, wie diese in der Realität zueinander in Beziehung stehen. Die Grundlage dafür ist die Verwendung standardisierter Technologien wie *Resource Description Framework* (RDF) zur Beschreibung der Informationen in Form von Tripeln. Wie Sie in Abbildung 6.71 sehen, besteht ein *Tripel* aus Subjekt, Prädikat und Objekt. In diesem Beispiel repräsentiert das Tripel den Fakt, dass eine Supportmeldung einem Mitarbeitenden zugewiesen ist. Die Supportmeldung ist dabei das Objekt, die »Zuweisung an« ist das Prädikat, und der Mitarbeitende ist das Objekt.

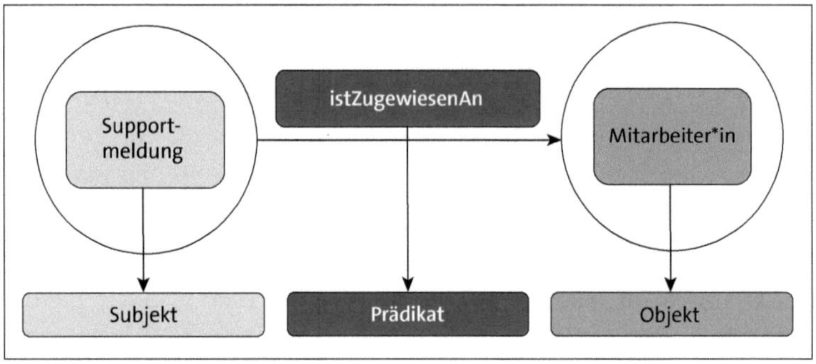

Abbildung 6.71 Tripel in einem Wissensgraphen

Die zweite Basistechnologie ist die Abfragesprache *SPARQL*, die für RDF-basierte Datenstrukturen ausgelegt ist. Ergänzt wird der Ansatz durch die Nutzung von sogenannten Ontologien. Eine *Ontologie* ist ein formales Modell, in dem Entitäten und ihre Beziehungen in strukturierter Weise definiert werden. Zum Beispiel legt die Ontologie aus Abbildung 6.72 fest, dass eine Supportmeldung eine Ursache hat und dass ein Mitarbeitender als verantwortliche Person einer Supportmeldung zugewiesen sein kann. Zudem wird beschrieben, dass ein technisches System aus mehreren Komponenten besteht, die jeweils von unterschiedlichen Supportmeldungen betroffen sein können. Die Auswirkung beschreibt dabei die Probleme auf Komponentenebene. Durch diese semantische Beschreibung entsteht ein logisches Modell der Realität.

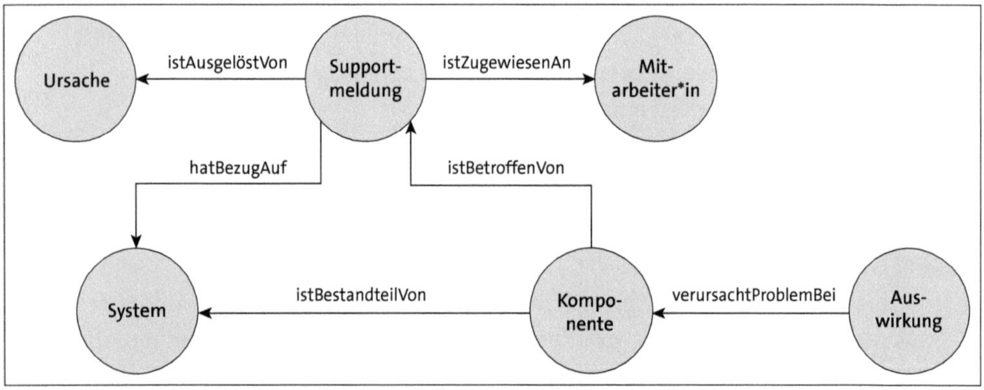

Abbildung 6.72 Beispielhafte Ontologie

Dieses ist sowohl von Menschen als auch von Maschinen interpretierbar. Dabei ist SAP Knowledge Graph nicht auf Dateien beschränkt, die in SAP HANA Cloud vorliegen, sondern es können auch Daten aus externen Quellen wie etwa einem SAP-S/4HANA-System oder beliebigen auf OData basierenden Schnittstellen eingebunden werden. Die semantische Verknüpfung dieser externen Daten mit den internen

Ontologien erfolgt über entsprechende Mappings. Das Mapping beschreibt dabei, wie die Objekte der Datenquelle auf die Ontologie abgebildet werden. Auf diese Weise lassen sich verschiedene verteilte Datenquellen semantisch konsistent integrieren. Wird eine Abfrage mittels SPARQL ausgeführt, wird zunächst anhand der Ontologie ermittelt, welche Konzepte und Relationen abgefragt werden sollen. Anschließend wird über die Mappings identifiziert, welche konkreten Datenquellen notwendig sind, um die Abfrage zu bedienen. Gegebenenfalls werden daraus wiederum einzelne Teilabfragen, da Daten aus verschiedenen Quellen abgefragt werden müssen. Die Resultate der Teilabfragen werden abschließend semantisch interpretiert und kombiniert, sodass ein einheitliches Abfrageergebnis zurückgegeben werden kann.

Durch diese Architektur ist es möglich, mit SAP Knowledge Graph eine logische Sicht über sämtliche Datenquellen hinweg zu modellieren. Dabei ist es nicht relevant, wo und wie diese Daten – ob in strukturierter oder unstrukturierter Form – gespeichert sind. Es wird nur vorausgesetzt, dass die Daten über geeignete Schnittstellen zugänglich sind. Diese Fähigkeit ist insbesondere dann wertvoll, wenn eine Abfrage nicht auf einzelne Datenbankfelder abzielt, sondern auf komplexe Fragestellungen aus dem Geschäftskontext. Diese lassen sich zumeist nur mit Daten aus mehreren Systemen und Datenmodellen beantworten. Am Beispiel des Störungsmanagements kann etwa die Frage gestellt werden, welche Supportmeldungen der letzten 30 Tage Komponenten betreffen, die auch in anderen Systemen verbaut sind, in denen noch offene Meldungen mit hoher Priorität existieren. Dies erfordert klassischerweise komplexe SQL-Abfragen über mehrere Tabellen und eventuell auch mehrere Systeme hinweg. Im SAP Knowledge Graph hingegen wird eine SPARQL-Abfrage formuliert, die leicht verständlich ist und sich direkt aus der Fragestellung ableiten lässt. Bei der Ausführung werden, wie zuvor beschrieben, die benötigten Daten automatisch aus den jeweiligen Datenquellen abgefragt.

Gerade auch im Zusammenspiel mit generativer KI wird SAP Knowledge Graph relevant. Da die Daten im Graphen maschinenlesbar sind, können LLMs automatisch SPARQL-Abfragen generieren und auch erklären, was genau abgefragt wird und warum. So können Anwender*innen z. B. in natürlicher Sprache eine Frage stellen, wie z. B.: »In welchen Systemen sind in den letzten sechs Monaten mehrere Supportmeldungen mit derselben Ursache innerhalb kurzer Zeit aufgetreten?« Das LLM kann daraus eine entsprechende SPARQL Query erstellen, ausführen und die Antwort interpretieren. Durch seine Struktur und Semantik ist SAP Knowledge Graph somit sehr gut geeignet, um der KI den Zugriff auf kontextbezogene Geschäftsdaten für ihre Antworten zu ermöglichen. Dadurch ist es nicht mehr notwendig, jede Fragestellung vorab mittels einer API oder eines Reports zu definieren. SAP Knowledge Graph erlaubt also einen flexiblen Zugriff auf die Daten.

Zusammenfassend ist festzuhalten, dass SAP HANA Cloud mehrere KI-Funktionen zur Verfügung stellt, die direkt in der Entwicklung von Applikationen genutzt werden können. Durch die Vector Engine können semantische Suchen mittels der zugrunde liegenden Embeddings ausgeführt werden. Die Embeddings können dabei direkt mit dem in SAP HANA enthaltenen Embedding-Modell erstellt werden. Neben der Vector Engine können auch die beiden Machine-Learning-Bibliotheken PAL und APL genutzt werden. Diese bieten Funktionen für die Klassifikation, das Clustering oder die Zeitreihenanalyse von Daten an. Schließlich wird durch SAP Knowledge Graph noch die Möglichkeit geschaffen, Geschäftsdaten semantisch strukturiert auch über mehrere Systeme hinweg zu modellieren. Mittels der Abfragesprache SPARQL kann auch die generative KI die Daten abfragen und interpretieren.

6.5 Zusammenfassung

In diesem Kapitel haben wir Ihnen einen umfassenden Überblick über die KI-Funktionen der SAP BTP gegeben. In Abschnitt 6.1 lag der Fokus auf den KI-Services und -Werkzeugen der SAP BTP. Dabei haben wir auch Joule betrachtet, der den Anwender*innen in SAP S/4HANA oder SAP SuccessFactors als KI-gesteuerter Copilot behilflich ist. Die SAP AI Services ergänzen das Portfolio um spezialisierte Dienste wie SAP Document AI zur Extraktion strukturierter Daten aus Geschäftsdokumenten oder Data Attribute Recommendation zur Empfehlung von Eingabewerten für bestimmte Felder in Geschäftsanwendungen. SAP AI Core bietet eine Plattform für Training, Bereitstellung und Betrieb eigener KI-Modelle sowie zur Anbindung der gängigsten KI-Modelle per API. Über den Generative AI Hub lassen sich externe KI-Modelle direkt anbinden, verwalten und testen. Das SAP AI Launchpad stellt eine grafische Oberfläche zur Administration der KI-Modelle bereit. Zusammen bilden diese Komponenten eine modulare Architektur für verschiedenste KI-Szenarien.

In Abschnitt 6.2 wurde die Anbindung des SAP AI Core und des SAP AI Launchpads exemplarisch durchgespielt. Als Erstes wurden die KI-Services registriert, konfiguriert und eine Verbindung zwischen beiden Komponenten hergestellt. Im nächsten Schritt wurde eine Konfiguration angelegt, die definiert, welches KI-Modell (z. B. gpt-4o-mini) in welchem Szenario genutzt werden soll. Danach wurde ein Deployment mit der zuvor erstellten Konfiguration angelegt und aktiviert. Nun konnten Prompts über das SAP AI Launchpad oder per REST API ausgeführt werden. Abschließend wurde die Funktion des Orchestration Service für Sicherheitsfilter und Data Masking erläutert.

In Abschnitt 6.3 haben wir die Integration von KI in die Entwicklung thematisiert. Im SAP Cloud Application Programming Model wurden KI-Funktionen wie Embeddings oder die semantische Suche über das SAP Cloud for AI SDK umgesetzt. Für ABAP in der Cloud wurden entsprechende Klassen und OData-Services bereitgestellt, um die externen KI-Services aufzurufen und im ABAP RESTful Application Programming

Model Stack zu nutzen. Abschließend haben wir Ihnen gezeigt, wie Sie SAP Build Apps und SAP Build Process Automation bei der Entwicklung unterstützt.

In Abschnitt 6.4 haben wir SAP HANA Cloud und ihre nativen KI-Funktionen näher betrachtet. So ermöglicht die SAP HANA Cloud Vector Engine etwa die Speicherung und Suche der sogenannten *Embeddings* direkt per SQL. Darüber hinaus stehen in SAP HANA Cloud die beiden Machine-Learning-Bibliotheken PAL mit klassischen Algorithmen und APL mit Algorithmen des automatisierten Machine Learnings zur Verfügung. Als Ergänzung dazu bietet der SAP Knowledge Graph die Möglichkeit, Daten eines Unternehmens semantisch zu modellieren und per SPARQL-Abfrage zu verknüpfen.

Insgesamt zeigt sich somit, dass die SAP BTP ein breites Spektrum an Lösungen im Bereich KI anbietet, die sich gewinnbringend einsetzen lassen. Das Spektrum reicht dabei von vorgefertigten Services über eine Modellbereitstellung bis hin zur Integration in eigenen Anwendungen. Damit positioniert sich die SAP BTP als strategische Plattform für den Einsatz von KI in der SAP-Welt.

Kapitel 7
DevOps und Sicherheit

Alle sprechen von DevOps, aber was versteht man eigentlich darunter? Erfahren Sie, weshalb DevOps im Entwicklungsprozess ein unverzichtbarer Bestandteil geworden ist, welche Tools und Prinzipien dahinterstehen und wie diese Ihnen das Arbeitsleben erleichtern können.

Der Begriff DevOps setzt sich aus zwei Wörtern zusammen:

- Dev = Development (dt. Entwicklung)
- Ops = Operations (dt. Betrieb)

DevOps ist eine Kombination aus kulturellen Philosophien, Praktiken und Tools, die darauf abzielen, die Fähigkeit zur schnellen und effizienten Bereitstellung von Anwendungen und Diensten erheblich zu verbessern. Im Zentrum der DevOps-Kultur und -Philosophie innerhalb einer agilen Arbeitskultur steht die Zusammenarbeit. Diese Kultur lebt von barrierefreien Interaktionen zwischen Teams und ermöglicht dadurch einen kontinuierlichen Austausch. Das Gemeinschaftsgefühl spielt eine entscheidende Rolle für den Entwicklungserfolg, da es sowohl den Fortschritt als auch die Qualität fördert.

Ein weiterer Bestandteil dieser Kultur ist die Automatisierung von Prozessen. Es lohnt sich, wiederkehrende Abläufe bei integrierten Prozessen zu automatisieren und dadurch Zeit und Fehler zu reduzieren. Gleichzeitig ist Vertrauen die Grundlage jeder Zusammenarbeit. Feedback gehört zum Arbeitsalltag und bietet die Chance, die eigenen Fähigkeiten zu verbessern. Die Offenheit im Umgang mit Problemen, Fehlern und Verbesserungsvorschlägen – und die Möglichkeit, diese direkt mit den beteiligten Personen zu besprechen, fördern die Qualität der Entwicklung. Eine kontinuierliche Verbesserung der Entwicklung ist dadurch deutlich spürbar, und es entsteht auch mehr Mut zu Experimenten und neuen Wegen in der Entwicklung. Abbildung 7.1 veranschaulicht einen DevOps-Zyklus und zeigt auf, welche Aufgaben eher in den Bereich Dev, also Entwicklung, und welche Aufgaben eher in den Bereich Ops, also Betrieb, gehören.

Warum ist DevOps gerade in der Cloud-Entwicklung so entscheidend? Anders als in der On-Premise-Welt erwartet man bei der Cloud-Entwicklung kontinuierliche Updates mit Bugfixing und neuen Funktionen. Durch die Nutzung unterschiedlicher

Cloud-Anbieter (Google, Amazon, Microsoft etc.) bestehen hohe Sicherheitsanforderungen. Die Entwicklungen müssen zugleich auch skalierbar sein, die Integration von Services gewährleisten und sogenannte *Zero Downtime* mit sich bringen. In diesem Kapitel stellen wir Ihnen DevOps im Kontext der SAP BTP vor.

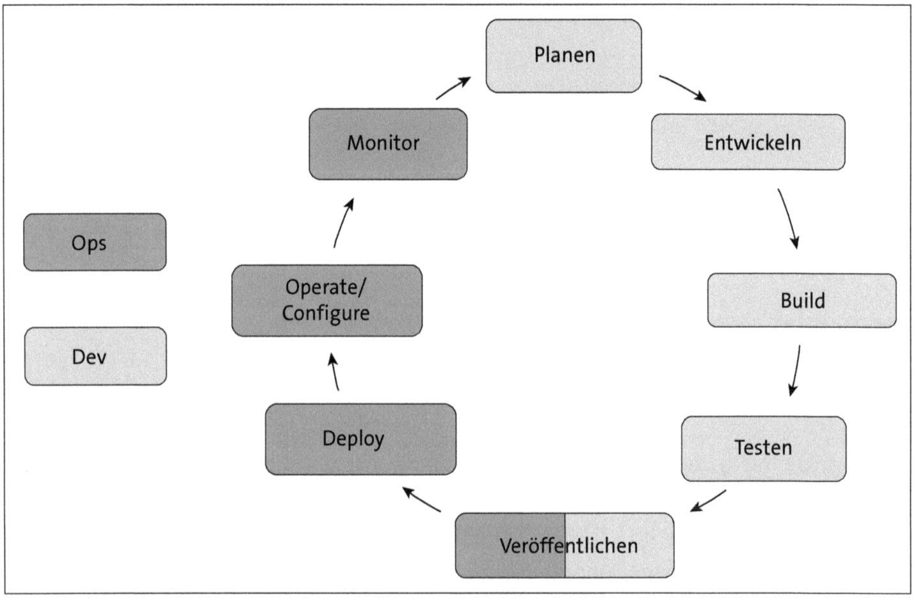

Abbildung 7.1 DevOps-Zyklus

7.1 DevOps-Prinzipien in der SAP-Entwicklung

In älteren ABAP-Systemen wie R3 lag der Fokus nicht auf DevOps-Prinzipien, was auf die spezifischen Eigenschaften der ABAP-Entwicklung zurückzuführen ist. Diese Art der Entwicklung zeichnet sich durch ein Merkmal aus, das sich von Programmiersprachen wie Java oder JavaScript unterscheidet und im weiteren Verlauf erläutert wird. Bei der ABAP-Entwicklung findet die gesamte Entwicklungsarbeit innerhalb eines Systems statt, sodass es nur eine aktive Version geben kann. ABAP verfügt zudem über ein eingebautes Transportwesen, das jede Änderung an einem Objekt in Transportaufträgen speichert. Das Objekt wird im Rahmen dieses Transports gesperrt, und alle weiteren Änderungen werden diesem Transport zugeordnet. Sollte eine weitere Person den Programmcode ändern, wird auch diese Änderung im selben Transport erfasst. Somit werden die Änderungen aller Entwickler*innen zu denselben Entwicklungsobjekten immer gemeinsam transportiert. Diese Transporte werden bei einer Freigabe dann zwischen den unterschiedlichen Systemen transportiert. Die Funktionsweise des Transportwesens ist in Abbildung 7.2 dargestellt.

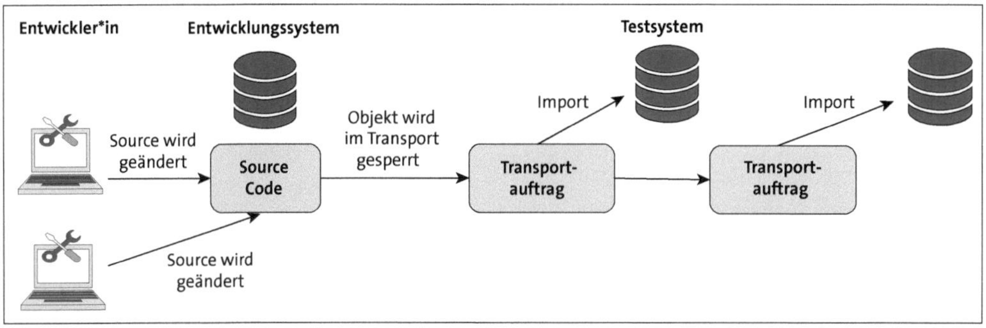

Abbildung 7.2 Transportwesen in ABAP

Im Gegensatz dazu wird bei anderen Programmiersprachen der Programmcode nicht direkt im System geändert, und alle Entwickler*innen verfügen über eine eigene Version. In dieser individuellen Version können Änderungen vorgenommen werden, ohne dass andere Beteiligte darüber informiert werden müssen. Werden Änderungen ohne Abstimmung mit anderen Entwickler*innen deployt, kann niemand nachvollziehen, welche Programmversion aktiv ist. In Abbildung 7.3 ist diese Problematik skizziert. Durch diese Art der Entwicklung ergeben sich verschiedene Probleme, darunter:

- Es ist nicht nachvollziehbar, welche Änderungen importiert wurden.
- Änderungen könnten unbemerkt fehlen.
- Die importierte Version ist möglicherweise nicht getestet worden.
- Die Gefahr von Fehlern steigt erheblich.

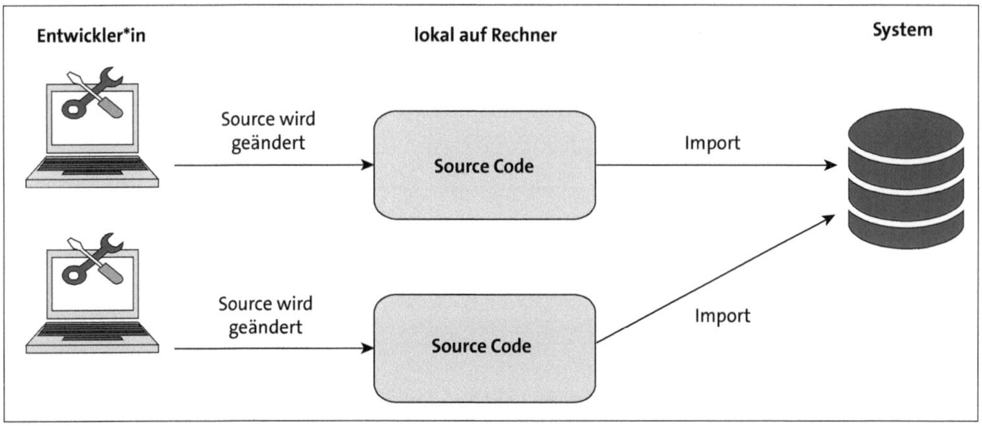

Abbildung 7.3 Development von Nicht-ABAP-Coding

Diese Gefahren und Probleme werden durch die Cloud-Entwicklung und die Prinzipien in verteilten Systemen verstärkt. Um diese Probleme und Gefahren zu reduzieren, kann DevOps eine entscheidende Rolle spielen. Neben den zuvor genannten Gründen für die Nutzung von DevOps bei der Cloud-Entwicklung ergeben sich weitere Herausforderungen. Zu diesen gehören:

- konstante automatische Updates ohne direkte Kontrolle
- hohe Sicherheitsanforderungen
- Skalierbarkeit der Anwendungen
- Integration mit unterschiedlichen Services in der Cloud

DevOps setzt sich dabei aus unterschiedlichen Prinzipien zusammen, die im weiteren Verlauf dieses Kapitels genauer betrachtet werden. Ein zentraler Punkt des DevOps-Ansatzes ist die *Zusammenarbeit* – dabei sollen sich alle Beteiligten im ständigen Austausch miteinander befinden. Somit soll die Gefahr von fehlender Kommunikation und damit verbundenen Fehlern reduziert werden. Die Zusammenarbeit innerhalb des Teams wird durch die Schaffung eines ausgeprägten Gemeinschaftsgefühls unterstützt. Durch die Reduzierung von Informationsasymmetrien und die Förderung eines Gemeinschaftsgefühls soll ein Bewusstsein für gemeinsamen Erfolg geschaffen werden. Ein weiteres Prinzip ist das *Vertrauen*. Bei der Zusammenarbeit sollte Feedback ohne Bedenken gegeben werden können. Daraus ergibt sich das nächste Prinzip: *Offenheit*. Jeder soll seine Meinung und Verbesserungsvorschläge äußern können, um eine Optimierung von Prozessen und Ergebnissen zu erreichen. Das daraus abgeleitete Ziel ist das Prinzip der *kontinuierlichen Verbesserung*. Es sollte regelmäßig überprüft werden, ob die Prozesse und Methoden der Entwicklung optimiert werden können. Dadurch sollen eine optimale, kundenorientierte Entwicklung und Einführung der Anwendung gewährleistet werden. Um eine Verbesserung zu erreichen, ist es allerdings nötig, neue Methoden und Möglichkeiten auszuprobieren. Dies wird durch das Prinzip der *Experimentierfreudigkeit* ausgedrückt. Um diese Ziele und Prinzipien zu unterstützen, ist das Prinzip der *Automatisierung* erforderlich. Durch Automatisierung sollen manuelle Prozesse reduziert werden und die Integration von Entwicklungen vereinfacht und besser testbar gemacht werden. Durch diese Maßnahmen sollen Prozesse effizienter gestaltet und Veränderungen flexibler umgesetzt werden. Zudem wird ein hohes Maß an Qualität und Sicherheit angestrebt. DevOps kann auch im ABAP-Umfeld eingesetzt werden, um die Qualität zu verbessern und eine schnellere Umsetzung zu ermöglichen.

7.2 Versionsverwaltung mit Git

Git ist ein Open-Source-Tool zur Versionsverwaltung, das speziell dafür entwickelt wurde, die Zusammenarbeit im Entwicklerteam zu fördern und die Effizienz zu steigern. Der entscheidende Vorteil von Git liegt darin, dass es lokal immer eine vollständige Kopie des Projekts zur Verfügung stellt. Dadurch kann unabhängig gearbeitet werden, ohne dass eine permanente Verbindung zu einem zentralen Server notwendig ist. Änderungen am Code werden zunächst lokal vorgenommen und anschließend in das zentrale Repository übertragen. Um auf dem neuesten Stand zu bleiben und die Arbeit anderer Teammitglieder zu integrieren, muss vor dem Hochladen der eigenen Entwicklungen auf den Server immer die aktuelle Version geladen und der Quellcode zusammengefügt bzw. ergänzt werden. Dieses dezentrale Modell fördert nicht nur die parallele Entwicklung, sondern erleichtert auch das Nachverfolgen von Änderungen und das Lösen von Konflikten im Code.

Branches sind Zweige in der Entwicklung, die Teams dabei unterstützen, gleichzeitig an einem Projekt zusammenarbeiten zu können. Für verschiedene Entwicklungsabschnitte können neue Branches erzeugt werden, die später wieder zu einem lauffähigen Projekt vereint werden. Genauere Informationen zum Thema Branches erhalten Sie im weiteren Verlauf dieses Abschnitts.

7.2.1 Befehle in Git

Git liefert eine Vielzahl von Befehlen. Die wichtigsten bzw. am häufigsten verwendeten Befehle sind:

- `git init`: Initialisiert ein neues Git-Repository in einem lokalen Verzeichnis.
- `git clone <Repository>`: Klont ein vorhandenes Repository von einem Remote-Server.
- `git add <Datei>`: Fügt eine Datei zum Staging-Bereich hinzu, bereit für den nächsten Commit.
- `git commit -m "<Nachricht>"`: Erstellt einen Commit mit einer beschreibenden Nachricht, die die vorgenommenen Änderungen zusammenfasst.
- `git push <Remote> <Branch>`: Sendet die lokalen Commits an ein Remote-Repository.
- `git pull <Remote> <Branch>`: Lädt Änderungen aus einem Remote-Repository herunter und führt sie mit dem lokalen Repository zusammen.
- `git status`: Zeigt den Status der Dateien im Arbeitsverzeichnis an (geändert, hinzugefügt etc.).
- `git branch <Name>`: Erstellt einen neuen Branch.
- `git checkout <Branch>`: Wechselt zu einem anderen Branch.
- `git merge <Branch>`: Führt die Änderungen eines anderen Branches im aktuellen Branch zusammen.
- `git rebase <Branch>`: Wendet die Änderungen eines anderen Branches auf den aktuellen Branch an, um eine saubere, lineare Commit-Historie zu erhalten.
- `git log`: Zeigt den Commit-Verlauf des aktuellen Branches an.

7.2.2 Branching-Modelle

Eine durchdachte Strategie und ein strukturiertes Modell für die Arbeit mit Branches in Git sind essenziell und unverzichtbar bei der Softwareentwicklung, insbesondere in größeren Teams und bei komplexen Projekten. Branches ermöglichen es, parallel an verschiedenen Features, Bugfixes oder kundenindividuellen Anpassungen zu arbeiten, ohne die Stabilität des Hauptentwicklungsstrangs (Master-Branch) zu gefährden. Für den sinnvollen Einsatz von Branches sind Richtlinien zwingend erforderlich. Sie legen fest, wann, wo und wie viele Branches verwendet werden dürfen. Diese Richtlinien fördern nicht nur die Übersichtlichkeit im Repository, sondern auch die Zusammenarbeit im Team.

Es gibt verschiedene verbreitete Standard-Branching-Strategien. Welche die richtige ist, hängt von verschiedenen Faktoren ab:

- Größe des Teams
- Umfang der Entwicklung
- Entwicklungsrichtlinien
- Einsatz von CI/CD

Bei kundenindividuellen Anpassungen können eigene Branches erstellt und verwaltet werden, damit sind diese Anpassungen isoliert und können separat entwickelt und getestet werden. Die Wahl der richtigen Strategie und die Abstimmung auf ein passendes Branching-Modell tragen maßgeblich zur Quellcodequalität und zur einfacheren Wartung von Software bei.

Es gibt verschiedene Branching-Modelle. Zu den verbreitetsten gehören:

- **NoFlow**: Wird nur bei Ein-Personen-Entwicklungen genutzt.
- **Git-Flow/Feature Branch**: Wird bei Mehr-Personen-Entwicklungen genutzt.
- **GitLab-Flow**: Wird bei größeren Mehr-Personen- und komplexen Entwicklungen genutzt.

NoFlow

Das *NoFlow-Modell* (siehe Abbildung 7.4) beschreibt ein einfaches Branching-Modell, bei dem ausschließlich der Master-Branch verwendet wird. Die gesamte Entwicklung findet auf diesem einen Branch statt, alle Änderungen müssen direkt dort integriert werden. Entsprechend müssen auch sämtliche Konflikte unmittelbar im Master-Branch gelöst werden.

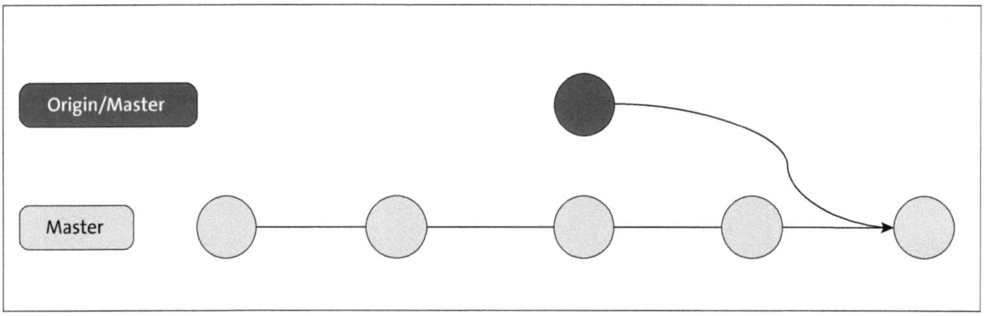

Abbildung 7.4 Branching-Modell – NoFlow

Dieses Modell bringt einige Vorteile mit sich, aus unserer Sicht überwiegen jedoch die Nachteile (siehe Tabelle 7.1):

Vorteile	Nachteile
■ Das Modell ist einfach zu verstehen und umzusetzen. ■ Es entfällt jeglicher Steuerungsaufwand, der bei der Koordination mehrerer Branches entstehen würde.	■ Das Modell ist nicht teamgeeignet, da paralleles Arbeiten fast unmöglich ist. ■ Tests können nur lokal durchgeführt werden. ■ Es besteht ein erhöhtes Risiko, dass der Quellcode im Master-Branch nicht durchgängig stabil ist.

Tabelle 7.1 Vor- und Nachteile des NoFlow-Modells

Git-Flow/Feature Branch

Das *Git-Flow/Feature-Branch-Modell* ist eine bewährte Methode zur Versionsverwaltung in der Softwareentwicklung. Es basiert auf einer klaren Trennung zwischen der produktiven Anwendung, die im Master-Branch gepflegt wird und der Entwicklung neuer Funktionen, die in separaten Feature-Branches erfolgt. Jede neue Funktion wird in einem eigenen Branch entwickelt, wodurch die Stabilität des Master-Branches während der Entwicklungsphase sichergestellt ist.

Nach erfolgreicher Fertigstellung und abgeschlossenen Tests eines Features wird der entsprechende Branch in den Master-Branch gemergt (siehe Abbildung 7.5). Die genutzten Branches in diesem Modell sind somit:

- Master
- Feature-x
- bei Bedarf: Bugfix

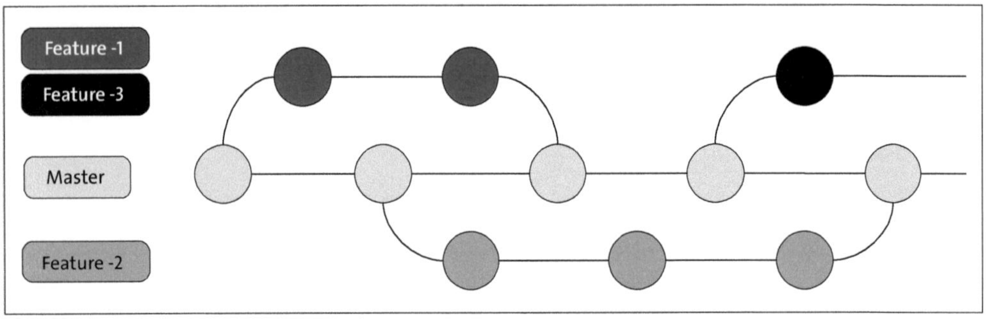

Abbildung 7.5 Branching-Modell – Git-Flow/Feature Branch

Dieses Modell bringt einige Vorteile mit sich, es gibt allerdings auch Nachteile (siehe Tabelle 7.2):

Vorteile	Nachteile
▪ Das Modell ist einfach zu verstehen und umzusetzen. ▪ Gesonderte und vollständige Tests sind möglich. ▪ Features können schnell ausgeliefert werden. ▪ Kleine Entwicklungsteams profitieren von der klaren Struktur.	▪ Ausgedehnte Beta-Testphasen sind nur schwer realisierbar. ▪ Zuständigkeitsmanagement ist innerhalb des Projekts nur eingeschränkt möglich.

Tabelle 7.2 Vor- und Nachteile des Git-Flow/Feature-Branch-Modells

GitLab-Flow

Das GitLab-Flow-Modell ist ein bewährtes Vorgehensmodell zur Organisation von Entwicklungsprozessen in Softwareprojekten. Ziel des Modells ist die klare Trennung zwischen den verschiedenen Branches, die eine stabile, transparente und wartbare Entwicklung ermöglicht. Der Master-Branch hält dauerhaft die aktuelle Softwareentwicklung, diese bleibt unverändert und kann immer ausgeliefert werden. Parallel dazu existiert der Develop-Branch, der einen lauffähigen Entwicklungsstand hält und als Basis für neue Features dient. Für neue Releases werden Release-Branches erstellt, diese Branches werden für Tests und finale Anpassungen genutzt.

Direkte Änderungen an den Haupt-Branches (Master, Develop und Release) sind nicht erlaubt. Stattdessen erfolgen alle Änderungen über Feature-, Hotfix- oder Bugfix-Branches, die jeweils zu diesem Zweck angelegt werden. Nach erfolgreicher Umsetzung und Prüfung werden diese Branches in die entsprechenden Haupt-Branches migriert (siehe Abbildung 7.6).

Die genutzten Branches in diesem Modell sind somit:

- Master
- Develop
- Feature-x
- Hotfix
- Release
- Bugfix

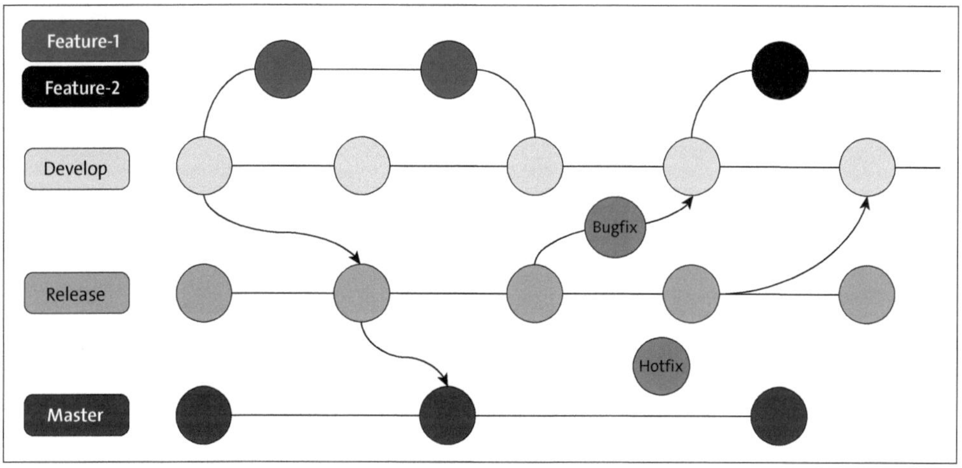

Abbildung 7.6 Branching-Modell – GitLab-Flow

Dieses Modell bringt einige Vorteile mit sich, allerdings gibt es auch hier Nachteile (siehe Tabelle 7.3):

Vorteile	Nachteile
■ Gesonderte und vollständige Tests sind möglich. ■ Neue Features können schnell ausgeliefert werden. ■ Ein effektives Zuständigkeitsmanagement ist möglich. ■ Das Modell ist besonders geeignet für Projekte mit festgelegtem Auslieferungszyklus. ■ Ausführliche Beta-Tests sind möglich. ■ Es gibt eine klare Trennung zwischen Entwicklungs-, Test- und Produktionsumgebung. ■ Der Code ist einfach wartbar.	■ Das Modell ist komplex und erfordert Einarbeitungszeit und Disziplin im Team. ■ Für kleinere Teams ist es ungeeignet. ■ Es erzeugt unnötigen Overhead bei geringer Parallelisierung. ■ Es gibt sehr kurze Release-Zyklen.

Tabelle 7.3 Vor- und Nachteile des GitLab-Flow-Branch-Modells

7.2.3 Mergen

Das Mergen ist einer der wichtigsten und auch anspruchsvollsten Vorgänge bei der Arbeit mit Git. Änderungen können lokal oder aus einem Branch in einen anderen integriert werden. Ziel ist es, parallele Entwicklungen zusammenzuführen, ohne dabei Code zu verlieren oder zu überschreiben. Git versucht dabei automatisch, die Änderungen beider Branches zu kombinieren. Gelingt dies nicht, entsteht ein Merge-Konflikt, und die Entwicklung muss diesen manuell lösen. Durch das dezentrale Entwickeln ist das Mergen sehr wichtig, da die Kombination von beiden ermöglicht, in der Entwicklung unabhängig voneinander zu arbeiten – sogar in derselben Datei oder Methode.

Es gibt verschiedene Arten von Mergen. Generell unterscheidet man zwischen den folgenden:

- **Fast Forward Merge**: Wird eingesetzt, wenn der Ziel-Branch keine eigenen Commits enthält.
- **Three Way Merge**: Wird eingesetzt, wenn beide Branches eigene Commits enthalten.
- **Squash Merge**: Wird eingesetzt, um alle Commits eines Branches zu einem einzigen zusammenzufassen.

Der Ablauf beim Mergen ist in der Regel immer gleich: der Wechsel in den Ziel-Branch, z. B. develop, danach wird der zu mergende Branch, z. B. feature-01, gemergt. Sollten beim Mergen Konflikte auftreten, zeigt Git die betroffenen Dateien an, diese müssen dann manuell bearbeitet, erneut gestaged und schließlich committet werden. Abbildung 7.7 verdeutlicht noch einmal das Mergen.

Um den Merge-Prozess optimiert zu gestalten, sollte regelmäßiges Mergen vom Ziel-Branch in den eigenen Feature-Branch durchgeführt werden.

[+]

Konflikte beim Mergen verhindern

Je öfter lauffähiger Quellcode gemergt wird, desto weniger Konflikte entstehen, und dementsprechend muss weniger korrigiert werden.

Insgesamt ist das Mergen ein mächtiges Werkzeug, das bei richtiger Anwendung eine teamorientierte Entwicklung ermöglicht. Es erfordert jedoch Disziplin, klare Branch-Strategien und ein gutes Verständnis der Git-Historie, um Konflikte zu vermeiden und die Codebasis stabil zu halten.

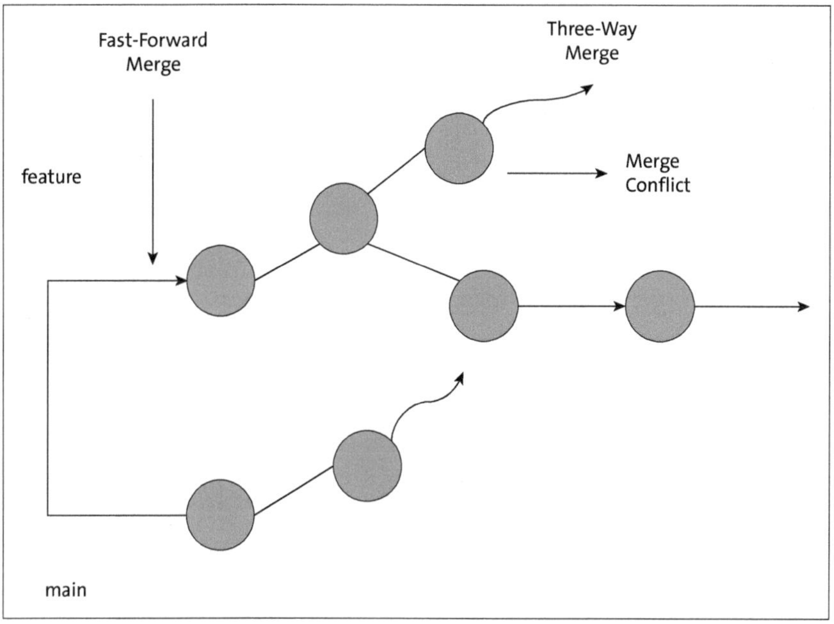

Abbildung 7.7 Merge-Prozess

7.3 Transportmanagement mit CI/CD

Der Transport von Applikationen ist ein entscheidender Faktor in der Entwicklung, da die Entwicklung normalerweise nicht direkt auf dem produktiven System stattfindet. Ein strukturiertes Transportmanagement unterstützt bei dieser Aufgabe.

Abbildung 7.8 veranschaulicht den allgemeinen Transportweg in der Entwicklung: Begonnen wird in der Entwicklungsumgebung, der erstellte Quellcode wird im Source Code Management (Git) eingecheckt, der CI/CD-Service greift auf den Quellcode zu und erstellt sogenannte *deployable Artifacts*. Diese Artefakte werden dann im DEV-(Entwicklungs-)Account deployt und an das Transportmanagement für weitere Deployments in Test- und Produktiv-Accounts übergeben.

CI/CD-Services sind für die Automatisierung in Entwicklungsprozessen ein entscheidendes Werkzeug. Die Abkürzung steht für *Continuous Integration* (CI) und *Continuous Delivery* bzw. Deployment (CD). Die wichtigsten Funktionen von Continuous Integration sind:

- automatische Integration von Codeänderungen mehrerer Beteiligter in ein Softwareprojekt
- automatisiertes Erstellen, Testen und Bereitstellen von Software
- Integration von CI-Systemen zur Codeüberwachung

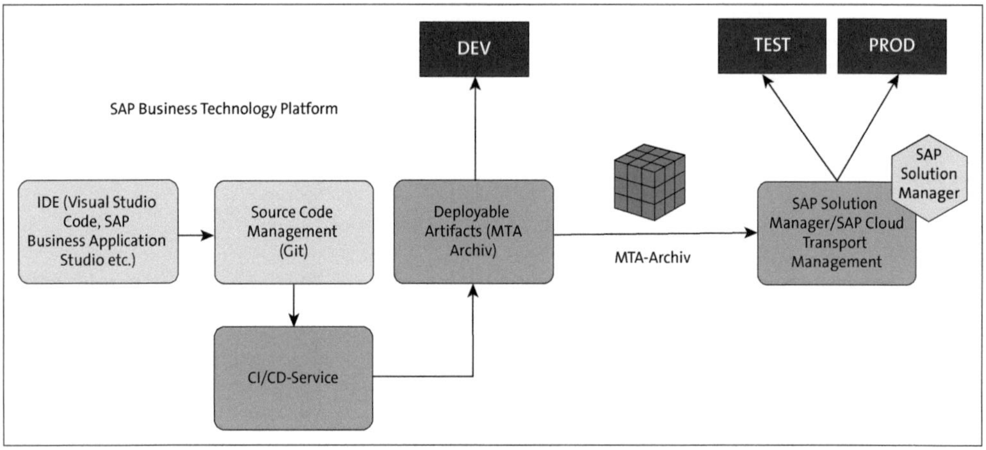

Abbildung 7.8 Allgemeine Transportwege in der Entwicklung

Ziel einer Continuous Integration ist es, Probleme im Quellcode frühzeitig zu erkennen und diese zu kommunizieren, damit die Entwicklung diese beheben kann. Continuous Integration führt sogenannte *Unit-Tests* aus, die von der Entwicklung erstellt werden. Diese Unit-Tests prüfen die Entwicklung auf ihre Richtigkeit. Nachdem alle Tests erfolgreich durchgeführt wurden, wird die entwickelte Applikation erzeugt und ergibt das deployable Artifact. Abbildung 7.9 zeigt den sogenannten *CI-Flow* einmal im Detail.

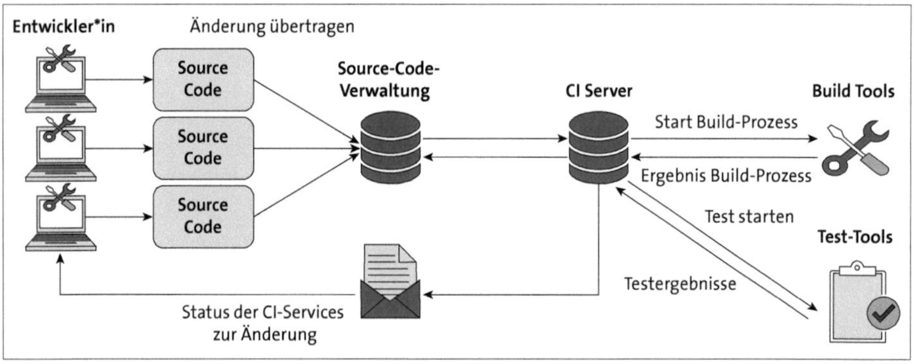

Abbildung 7.9 CI-Flow

Continuous Integration bietet Vorteile in der Codequalität, schnellere Beseitigung von Fehlern, höhere Produktivität und fördert die bessere Zusammenarbeit im Team.

Continuous Delivery ist eine Sammlung von Techniken, Prozessen und Tools für die Verbesserung von Auslieferungsprozessen für Software und automatisierte Prozesse zur Build-Automatisierung, Testautomatisierung und Bereitstellung von Software.

Ziel ist es, die Zeit zwischen der Fertigstellung von neuen Features, Bugfixing oder ganzen Releases und deren Auslieferung an produktive Systeme zu verkürzen. Anders als Continuous Integration benötigt Continuous Delivery die Integration vorab, ohne die keine Delivery möglich wäre. Stellt man Continuous Integration und Continuous Delivery gegenüber, ergibt sich die Auflistung in Tabelle 7.4.

Continuous Integration	Continuous Delivery
■ Quellcode wird integriert. ■ Anwendungen werden automatisch erzeugt. ■ Es werden Unit-Tests, UI Testing, Load Testing, Integration Testing und API Reliability Testing durchgeführt.	■ Alle Punkte aus dem CI werden durchlaufen. ■ automatisches Deployment und Auslieferung

Tabelle 7.4 Continuous Integration und Continuous Delivery in der Übersicht

Der größte Unterschied besteht darin, dass manuelle Prozesse aus der Continuous Integration in der Continuous Delivery automatisiert durchgeführt werden.

Auch SAP stellt einen CI/CD-Service über die SAP BTP zur Verfügung: *SAP Continuous Integration and Delivery*. Wie alle SAP-BTP-Services können Sie auch diesen Service im SAP BTP Cockpit abonnieren und aktivieren. Über den Button **Create** legen Sie eine neue Subscription an (siehe Abbildung 7.10).

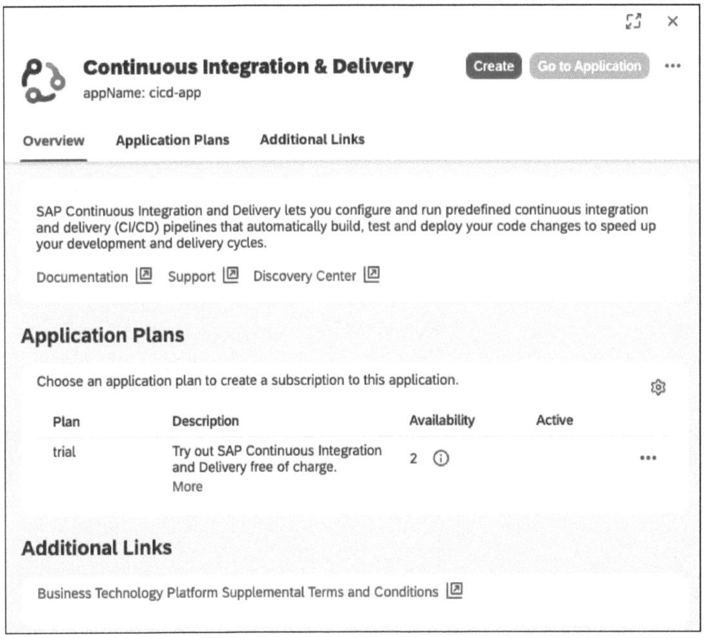

Abbildung 7.10 SAP Continuous Integration and Delivery auf der SAP BTP

SAP Continuous Integration and Delivery auf der SAP BTP unterteilt sich in drei Bereiche:

- Jobs
- Repositories
- Credentials

Der Bereich **Jobs** steuert alle automatisierten Aufgaben im Service, über ihn können neue Jobs angelegt und konfiguriert werden. Neben verschiedenen Konfigurationsmöglichkeiten bietet SAP Continuous Integration and Delivery vier vorkonfigurierte Pipelines:

- Cloud Foundry Environment, für die Entwicklung von CAP-Anwendungen
- Kyma Runtime, für Entwicklungen in Kubernetes
- SAP Fiori for ABAP Platform, für die Entwicklung von SAP-Fiori-Apps
- SAP Integration Suite Artifacts, für die Entwicklung in der SAP Integration Suite

Jede dieser vier Pipelines ist spezifisch für einen gewünschte Anwendungsfall vorkonfiguriert und in eigene Phasen unterteilt. Abbildung 7.11 zeigt die SAP Integration Suite Artifacts Pipeline mit ihren fünf Phasen: Init, Upload, Deploy, Integration Test, Integration Flow Result.

Abbildung 7.11 Phasen der SAP Integration Suite Artifacts Pipeline

Im Bereich **Repositories** können neue Git Repositories an SAP Continuous Integration and Delivery angebunden werden. Diese Repositories können sowohl in der Cloud als auch auf On-Premise-Systemen liegen, für On-Premise-Systeme müssen zusätzlich noch Cloud Connector Credentials erzeugt werden. Anders als z. B. das SAP Business Application Studio, das auf die Destination auf der SAP BTP zugreift, verwaltet SAP Continuous Integration and Delivery seine Verbindungen zu On-Premise-Systemen selbst. Zusätzlich können im Bereich **Repositories** auch Webhooks von ausgewählten Git-Systemen angebunden werden, darunter:

- GitHub
- Bitbucket Cloud
- Bitbucket Server
- GitLab
- Azure Repos

Im Bereich **Credentials** können Anmeldeinformationen angelegt werden. Diese werden in den anderen beiden Bereichen Jobs und Repositories zur Konfiguration genutzt. Es werden verschiedene Anmeldeinformationstypen angeboten:

- Basic Authentication
- Basic Authentication for Custom IdP
- Certificate-Based Authentication for Custom IdP
- Service Key
- Secret Text
- Cloud Connector
- Webhook Secret
- Container Registry Configuration
- Kubernetes Configuration

SAP Continuous Integration and Delivery bietet eine direkte Integration zum SAP Cloud Transport Management, durch diese Integration lässt sich ein durchgängiger automatisierter Prozess realisieren.

Abbildung 7.12 zeigt das SAP Cloud Transport Management in SAP BTP. Über den Button **Create** können Sie eine neue Subscription erzeugen.

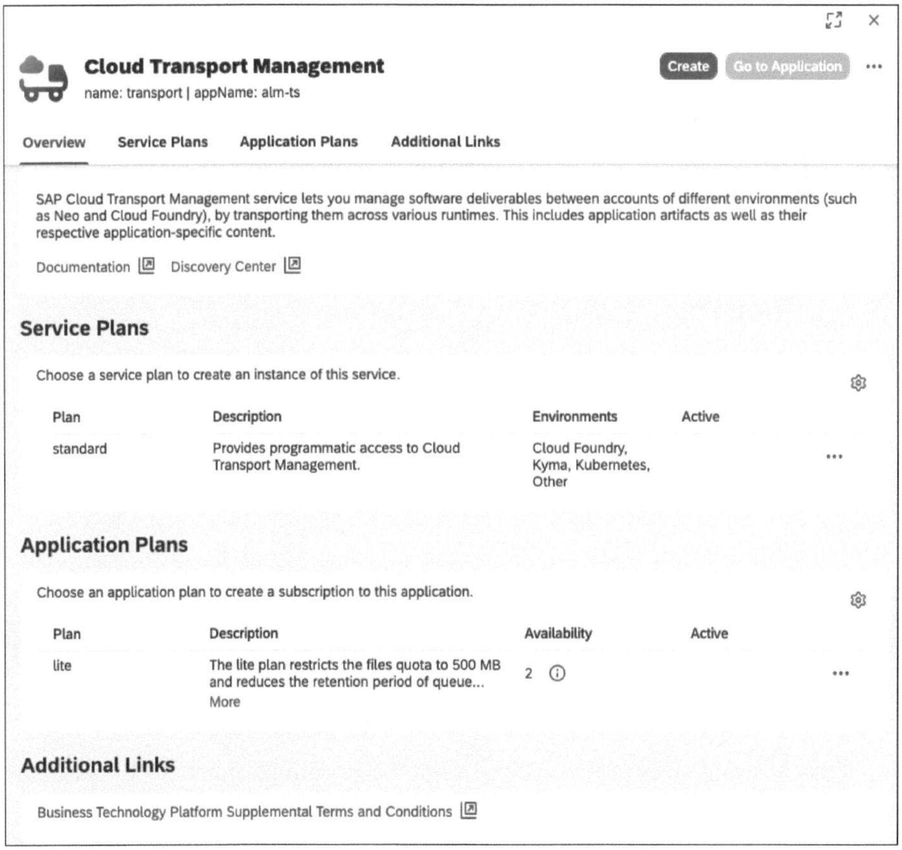

Abbildung 7.12 SAP Cloud Transport Management

Das SAP Cloud Transport Management unterteilt sich in neun Bereiche:

- Overview
- Landscape Visualization
- Landscape Wizard
- Transport Nodes
- Transport Routes
- Transport Requests
- Transport Action Logs
- Landscape Action Logs
- Help

Der Bereich **Overview** ermöglicht einen schnellen Überblick über das gesamte System. Ihnen werden die meistgenutzten Knoten und die Importe grafisch angezeigt (siehe Abbildung 7.13).

Abbildung 7.13 Bereich »Overview« des SAP Cloud Transport Managements

Durch die Auswahl eines Segments im Donut-Diagramm gelangen Sie direkt in die dafür gefilterten Transport Action Logs.

Die Landscape Visualization veranschaulicht alle verwendeten Knoten der Systemlandschaft. Ein Transport kann in einem Knoten, auch *Node* genannt, folgende Status annehmen:

- Initial/Repeatable
- Running
- Succeeded
- Skipped
- Warning
- Error
- Fatal
- Deleted

Der Landscape Wizard unterstützt bei der Erstellung neuer Transportwege. Im ersten Schritt des Wizards kann zwischen vier Templates gewählt werden, je nachdem, ob eine Zwei- oder Fünf-System-Landschaft vorhanden ist. Im zweiten Schritt des Wizards müssen die Knoten definiert werden (siehe Abbildung 7.14).

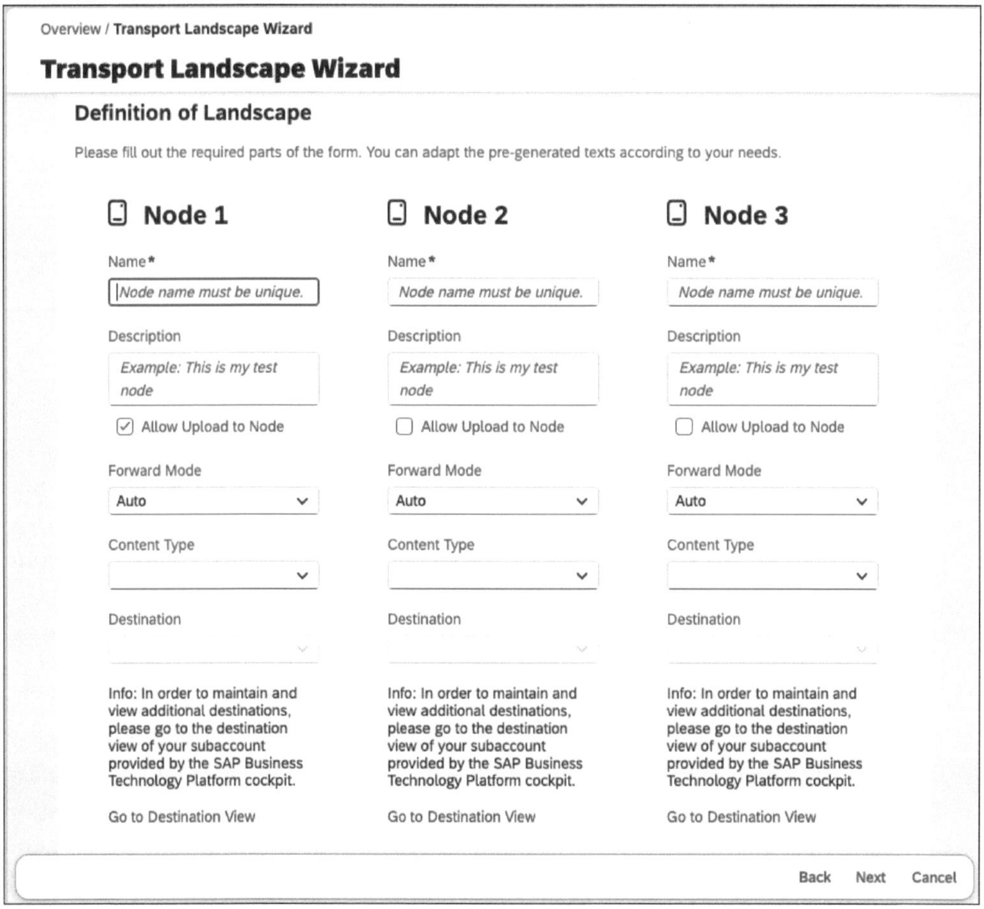

Abbildung 7.14 Landscape definieren

Nachdem Sie die Knoten angelegt haben, müssen Sie den Routen Namen zuweisen, im Fall von Abbildung 7.14 gehen Sie wie folgt vor:

- Route 1: »Node 1 -> Node 2«
- Route 2: »Node 2 -> Node 3«

Die Bereiche **Transport Nodes** und **Transport Routes** zeigen eine Auflistung der Knoten und Wege. In beiden Bereichen können Sie die verwendeten Knoten selektieren, wodurch eine Navigation in die Detailansicht des Knotens ermöglicht wird (siehe Abbildung 7.15).

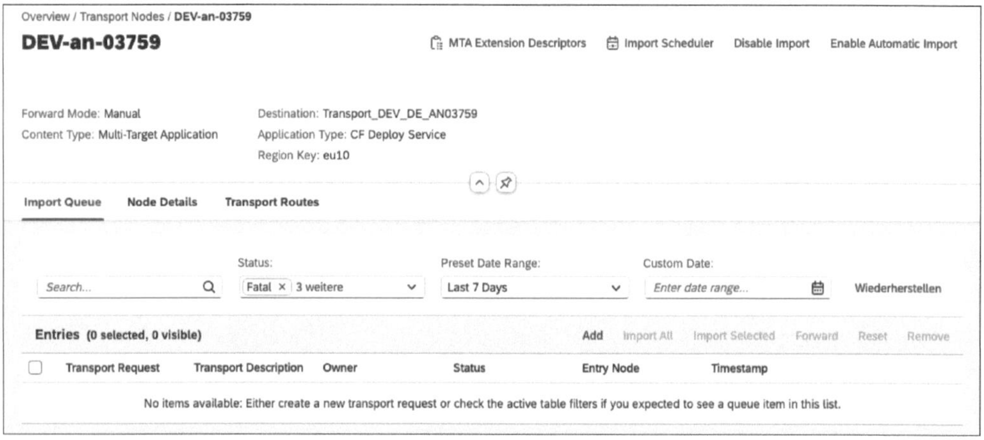

Abbildung 7.15 Detailansicht eines Nodes

Der Bereich **Transport Request** listet alle Transporte und deren Status auf. Sämtliche Transportdateien werden hier archiviert und können heruntergeladen werden. Im Menü findet man noch weitere Bereiche, die Bereiche **Transport Action Logs** und **Landscape Action Logs** bilden den Logging-Bereich im SAP Cloud Transport Management. Hier werden alle Aktivitäten im Bereich Transporte und auch alle Einstellungen in der Systemlandschaft dokumentiert.

7.3.1 Transportmanagement mit SAP Cloud Application Programming Model

Nachdem wir Ihnen den CI/CD- und den Transport Management Service beschrieben haben, möchten wir Ihnen in diesem Abschnitt anhand einer SAP-Cloud-Application-Programming-Model-Applikation, die Sie aus Kapitel 2, »SAP Cloud Application Programming Model«, kennen (example_project), einmal ausführlich die gesamte Konfiguration im CI/CD-Service und die Integration ins SAP Transport Management erläutern.

General Information

Im Bereich **General Information** (siehe Abbildung 7.16) werden die grundlegenden Parameter des zu erstellenden Jobs definiert. Nachdem Sie den Namen und die Beschreibung eingetragen haben, müssen Sie das Git-Repository und den Branch eintragen, von dem der Quellcode bezogen werden soll.

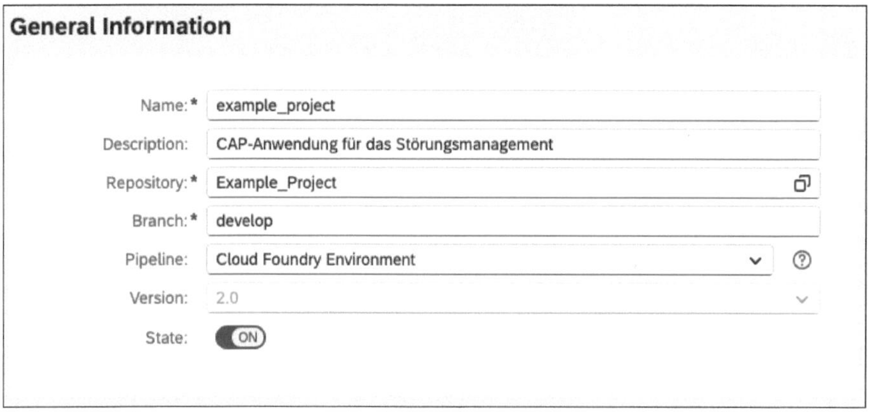

Abbildung 7.16 Generelle Informationen des Jobs eintragen

Als Pipeline wird Cloud Foundry Environment gewählt, diese enthält die folgenden Phasen:

- **Build**: Die Anwendung wird in ein deploybares Archiv transformiert. Diese Phase ist obligatorisch und wird bei jedem Build ausgeführt.
- **Additional Unit Test** (optional): Die implementierten Tests werden ausgeführt.
- **Malware Scan** (optional): Die Projektdateien werden auf Malware und Viren geprüft.
- **Acceptance** (optional): Automatisierte End-to-End-Abnahmetests werden ausgeführt.
- **Compliance** (optional): Automatisierte Codequalitäts- und Sicherheitsprüfungen werden durchgeführt.
- **Release** (optional): Das Archiv (aus der Build-Phase) wird für das definierte Ziel freigegeben.

Build Retention

Im Bereich **Build Retention** (siehe Abbildung 7.17) kann angeben werden, wie lange die Builds aufbewahrt werden sollen. Der Zeitraum liegt zwischen 1 und 28 Tagen. Zusätzlich zur Aufbewahrungsdauer wird auch definiert, wie viele Builds maximal gespeichert werden sollen, hier liegt der Bereich zwischen 1 und 99. Bei Überschreitung der eingetragenen maximalen Builds werden automatisch die ältesten Builds gelöscht.

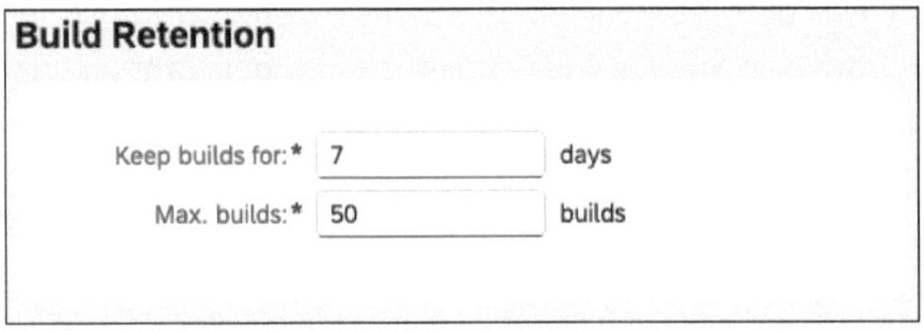

Abbildung 7.17 Bereich »Build Retention«

Stages

Im Bereich **Stages** werden nun alle Phasen aus der Pipeline Cloud Foundry Environment konfiguriert. Der Bereich **Stages** kann über die grafische Oberfläche (Job Editor) oder über das Source Repository durch eine eigene Pipeline in der Datei **./pipline/config.yml** konfiguriert werden. Das example_project wurde als Multi Target Application (**mta**) entwickelt, daher muss auch **mta** als **Build Tool** ausgewählt werden (siehe Abbildung 7.18).

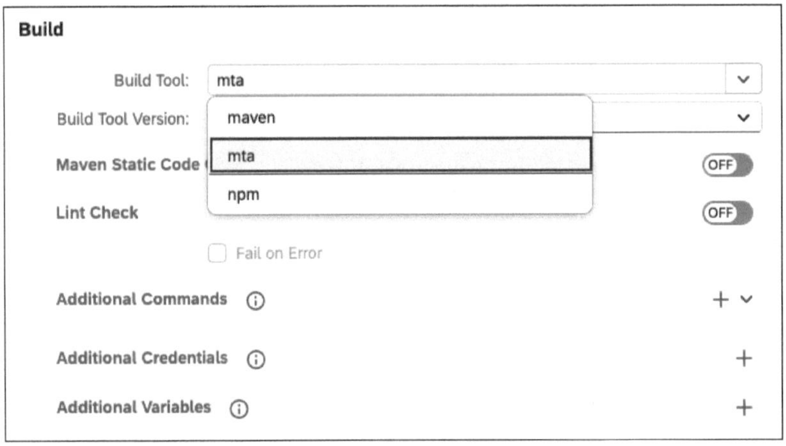

Abbildung 7.18 »Build Tool« auswählen

Der nächste wichtige Abschnitt ist **Release**, der steuert, was nach dem erfolgreichen Build und Tests mit dem erstellten Archiv passieren soll. Abbildung 7.19 zeigt, dass es zwei Optionen gibt, die man auch zusammen nutzen kann:

- **Deploy to Cloud Foundry Space**: Hier besteht die Möglichkeit, direkt in Cloud Foundry zu deployen.
- **Cloud Transport Management**: Hier wird das Archiv an einen definierten Knoten in SAP Cloud Transport Management übergeben.

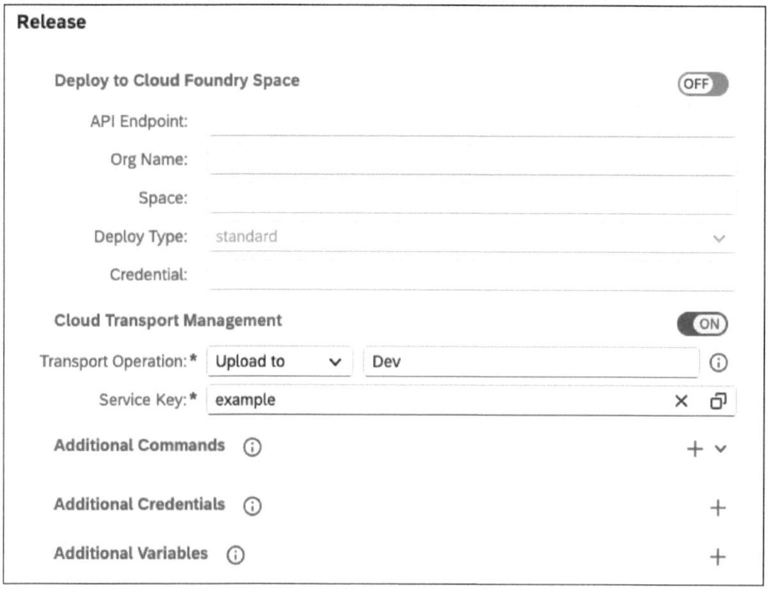

Abbildung 7.19 Release einrichten

Build Notification

Der Bereich **Build Notification** (siehe Abbildung 7.20) bindet den SAP Alert Notification Service der SAP BTP an. Es reicht bereits ein Service Key für die Anbindung.

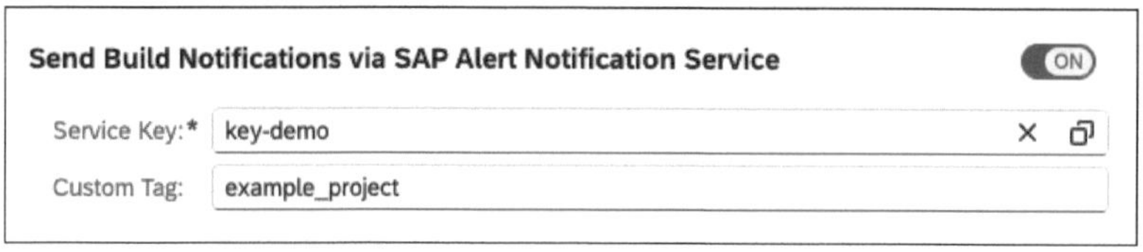

Abbildung 7.20 Build Notification

Alle Informationen aus der Pipeline, die während des Build-Prozesses auftreten, können über den Service weiterverarbeitet werden. Weitere Informationen finden Sie in Abschnitt 7.4.1, »SAP Alert Notification«.

7.3.2 Transportmanagement mit ABAP in der Cloud

Für ABAP existieren innerhalb der SAP BTP einige Möglichkeiten, das Transportwesen für unterschiedliche Anwendungsfälle zu strukturieren. Im Rahmen dieses Abschnitts werden unterschiedliche Möglichkeiten beschrieben und näher erläutert.

abapGit

Bei *abapGit* handelt es sich um einen Open-Source-Git-Client für ABAP, der ab ABAP-Version 702 unterstützt wird. Durch abapGit wird es ermöglicht, ABAP-Objekte wie Klassen, CDS oder Reports in ein Git-Repository zu übertragen. Dabei wird der Programmcode in verschiedene Dateien aufgeteilt. Zum einen in eine ABAP-Datei, die den Quellcode enthält. Zum anderen werden die Metadaten für die ABAP-Objekte in einer XML-Datei gespeichert, die für die Serialisierung benötigt wird. Durch die Nutzung von abapGit wird eine Versionsverwaltung analog zu anderen Programmiersprachen möglich. Dadurch kann der Quellcode über die Nutzung des Pull-Befehls einfach aus dem Git-Repository in andere Systeme übertragen werden. Damit lässt sich Quellcode von einem On-Premise-ABAP-System auf andere Systeme wie die SAP BTP übertragen. Somit ist dieses Tool optimal für die einmalige Migration von altem Programmcode in die SAP BTP geeignet. Dabei ist zu berücksichtigen, dass ABAP in der SAP BTP bestimmten Einschränkungen unterliegt und der Quellcode entsprechend angepasst werden muss. Die Änderungen und Einschränkungen der ABAP-Sprachversion können Sie Kapitel 3, »ABAP in der Cloud und ABAP RESTful Application Programming Model«, entnehmen.

Git-enabled Change and Transport System

Beim *Git-enabled Change and Transport System* (gCTS) handelt es sich um eine Erweiterung des klassischen Transportwesen *Change and Transport System* (CTS) in ABAP. Dabei wird als zentraler Bestandteil ein Git-Server angebunden. Auf diese Weise sind eine Versionsverwaltung und Verteilung von Programmcode zwischen unterschiedlichen Systemen möglich. Dabei werden Transportwege für gCTS zur Verfügung gestellt, die den Git-Server als Ziel definieren. Für diesen Transportweg können dann entsprechende Transporte angelegt werden. Wird ein solcher Transportauftrag freigegeben, werden die Änderungen automatisch in das Git-Repository gepusht. Dabei zeigt sich auch der Unterschied zu abapGit. abapGit ist nicht fest in das Transportwesen integriert und wird davon losgelöst genutzt. gCTS ist hingegen Teil des SAP-Standardtransportwesens und arbeitet direkt mit Transportaufträgen. Zudem ist gCTS auch in SAP S/4HANA vorhanden. Durch die Nutzung von gCTS ergeben sich einige Vorteile. Zu diesen gehören:

- einfache Erstellung von Transportwegen mit unterschiedlichen Systemen
- mögliche Einbindung von CI/CD-Prozessen
- Nutzung unterschiedlicher Branches für die Entwicklung
- einfache Versionsrücksprünge im Fehlerfall möglich

Im Folgenden wird eine exemplarische Konfiguration für die Nutzung von gCTS im Entwicklungssystem für die SAP BTP gezeigt. Zur Nutzung von gCTS wird die App **Manage Software Components** (siehe Abbildung 7.21) verwendet, um Softwarekomponenten zu verwalten. Mithilfe der Softwarekomponenten werden die ABAP-Objekte als eine Menge von Entwicklungsobjekten zusammengefasst, die zusammen ausgeliefert werden sollen.

Abbildung 7.21 App »Manage Software Components«

Nachdem Sie die App geöffnet haben, wird eine Tabelle mit allen im System verfügbaren Softwarekomponenten angezeigt. Über den Button **Create** können Sie nun eine neue Softwarekomponente anlegen. Dabei öffnet sich das in Abbildung 7.22 dargestellte Pop-up für die Erstellung einer neuen Softwarekomponente. Zunächst wird der Namensraum der Komponente ausgewählt. Standardmäßig ist Z vorausgewählt, es ist aber auch möglich, eigene Namensräume zu nutzen, solange sie im System verfügbar sind. Zudem wird ein selbst gewählter Name genutzt, um die Softwarekomponente zu identifizieren. Unter diesem Namen wird später ein Paket im System angelegt. Zusätzlich besteht die Möglichkeit, eine bis zu 60 Zeichen umfassende Beschreibung für die Komponente zu hinterlegen. Über das Feld **Repository URL** wird definiert, ob ein externes Git-Repository verwendet oder der von SAP bereitgestellte Git-Service genutzt werden soll. Durch das externe Git-Repository können eigene Verantwortlichkeiten und Prozesse gesteuert werden, wie etwa eigene CI/CD Pipelines. In unserem Beispiel wird eine Verbindung zu einem externen GitHub-Repository aufgebaut. Das Repository enthält zu diesem Zeitpunkt nur eine README-Datei und hat nur den Branch **main**.

Als abschließender Parameter muss im Feld **Type** der Typ festgelegt werden. Dafür sind folgende Optionen verfügbar:

- **Development**: für Transporte von ABAP-Objekten
- **Business Configuration**: für den Transport von eigenem Customizing

Klicken Sie auf den Button **Create**, um die Anlage der Softwarekomponente abzuschließen.

Nach der erfolgreichen Erstellung der Softwarekomponente wird eine Detailseite angezeigt. Allerdings ist die Verbindung zum Git-Repository noch nicht aufgebaut worden. Um diese Verbindung herzustellen, muss der Button **Clone** angeklickt werden, damit das Git-Repository kopiert wird. Durch das Anklicken öffnet sich ein Eingabefenster mit einem Wizard (siehe Abbildung 7.23). Um eine Verbindung herzustellen, wird im ersten Schritt die Autorisierung abgefragt, in der Sie Benutzername, Passwort oder Token eingeben. Es empfiehlt sich dabei, ein Token zu verwenden, das nur die nötigste Berechtigung für das *Pushen* und das *Pullen* des Repositorys ermöglicht. Nach der Eingabe klicken Sie auf den Button **Next**.

Abbildung 7.22 Neue Softwarekomponente anlegen

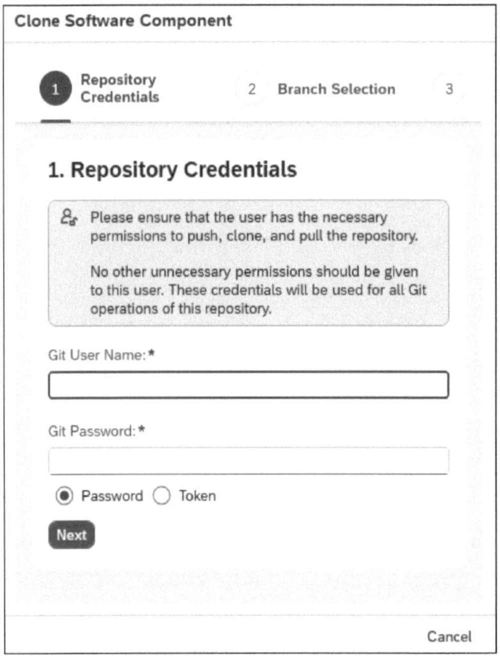

Abbildung 7.23 Clone Wizard für Softwarekomponenten

Im nächsten Schritt muss der Branch ausgewählt werden, der genutzt werden soll. Die Eingabemaske dazu ist in Abbildung 7.24 zu sehen. Bei diesem Schritt ist zu beachten, dass es nicht möglich ist, einen neuen Branch über die Eingabe anzulegen. Somit muss mindestens ein Branch im Git-Repository vorhanden sein. Für den nächsten Schritt klicken Sie auf **Next**.

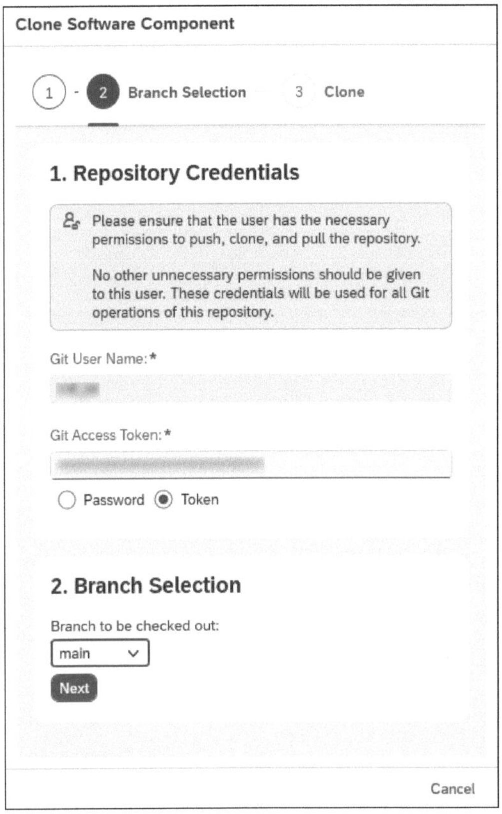

Abbildung 7.24 Branch für Softwarekomponente auswählen

Im nächsten Schritt werden die Einstellungen für das Klonen festgelegt. In Abbildung 7.25 ist die Eingabemaske mit allen Einstellungen zu sehen. Durch die Eingabe **Repository Role** wird festgelegt, welche Aufgabe das Repository im System hat. Dabei wird zwischen dem folgenden beiden Einstellungen unterschieden:

- **Sources – Allow Pull and Push**: Definiert, dass die Entwicklung in diesem System stattfindet und Änderungen sowohl gelesen als auch geschrieben werden können.
- **Target – Allow Pull (Disable Push)**: Definiert, dass im System keine Entwicklung stattfindet und die ABAP-Objekte nur genutzt werden.

Der Parameter **Rollback Mechanism** definiert, wie das System bei Auftreten eines Fehlers während des Pull-Vorgangs reagieren soll. Es kann festgelegt werden, dass bei

Programmfehlern entweder die vorangegangene Version wiederhergestellt wird oder dass nur im Falle eines Fehlers beim Import des Programmcodes ein Zurücksetzen erfolgt. Als letzter Parameter wird festgelegt, ob die aktuelle Version des Programmcodes verwendet werden soll oder ob eine bestimmte Version basierend auf einem bestimmten Commit oder Tag genutzt wird. Zum Abschließen klicken Sie dann auf den Button **Clone**.

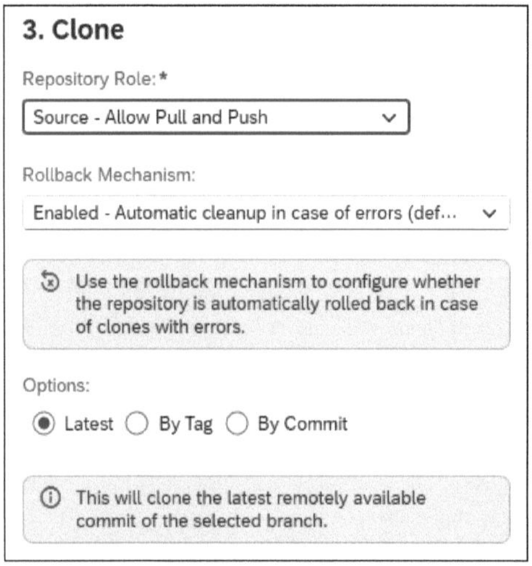

Abbildung 7.25 Clone-Einstellung für Softwarekomponenten

Wenn das Klonen erfolgreich war, werden auf der Detailseite, wie in Abbildung 7.26 zu sehen, die aktuellen Informationen angezeigt.

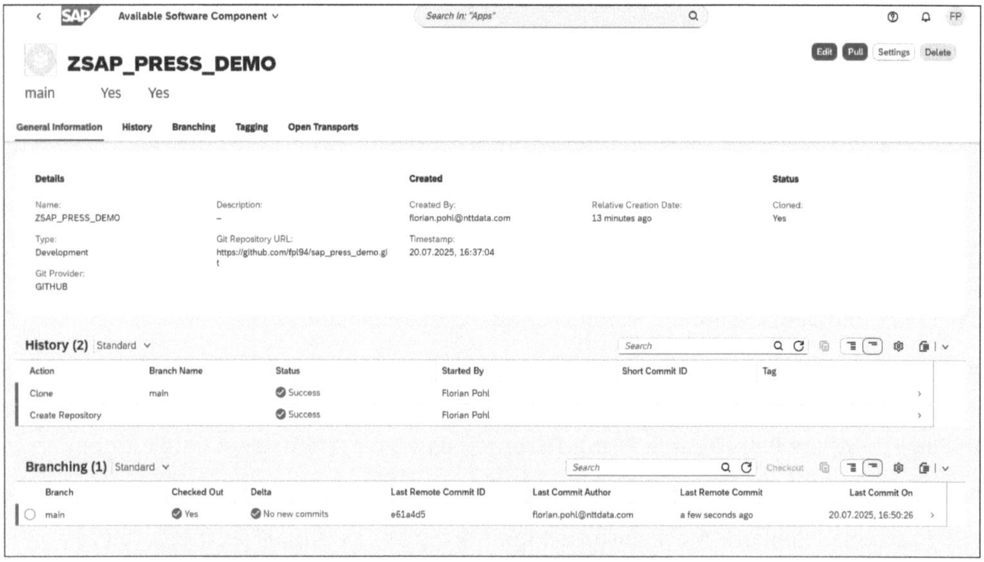

Abbildung 7.26 Ergebnis nach dem Klonen in der App

Auf der Registerkarte **History** werden alle Aktion aufgelistet, die im System durchgeführt wurden. Dabei ist in der **History** der zuletzt ausgeführte Klonbefehl zu sehen. Auf der Registerkarte **Branching** werden alle verfügbaren Branches vom Git-Repository angezeigt. In unserem Fall ist nur der Branch **main** verfügbar. Auf der Registerkarte **Tagging** werden alle selbst definierten Tags für die Entwicklung festgelegt. Die letzte Registerkarte **Open Transports** ist eine Tabelle mit allen offenen Transporten zur Softwarekomponente und zeigt so an, ob es für den Bereich noch offene Entwicklungen gibt.

Durch das Klonen wurde auch ein Commit gegen das Git-Repository ausgeführt, wie in Abbildung 7.27 zu sehen ist. Dabei wurde eine Datei mit dem Namen **.gcts.properties.json** angelegt, die die grundlegenden Einstellungen zu der Softwarekomponente, unter anderem den Namen und die Beschreibung, enthält.

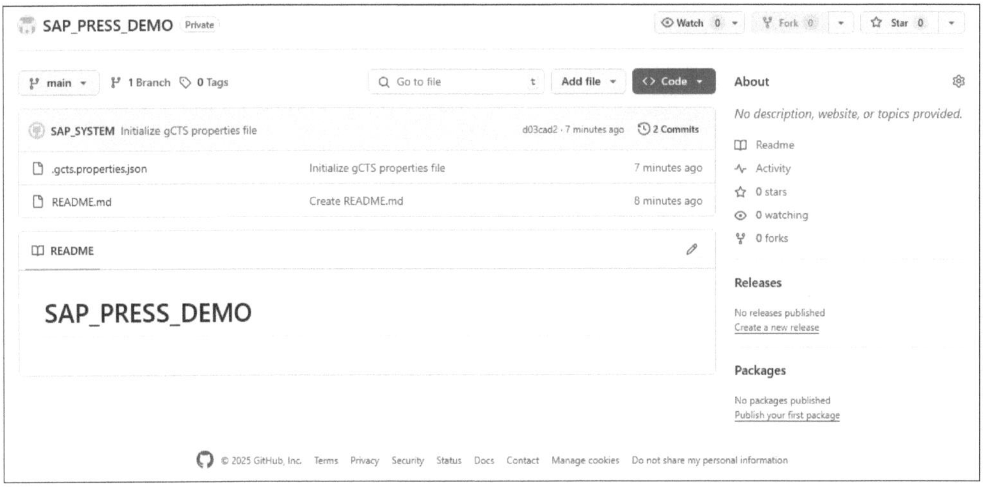

Abbildung 7.27 Ergebnis nach dem Klonen im Git-Repository

Zudem wurde durch das Klonen des Repositorys auch ein Paket mit dem Namen der Softwarekomponente im System angelegt, wie in Abbildung 7.28 zu sehen ist. Bei dem Paket handelt es sich um ein Strukturpaket, in dem nur weitere Pakete abgelegt werden können und keine anderen ABAP-Objekte. Aus diesem Grund wird für unser Beispiel ein Unterpaket mit dem Namen `ZSAP_DEMO_DEV` angelegt, in das dann die ABAP-Entwicklungsobjekte aufgenommen werden können.

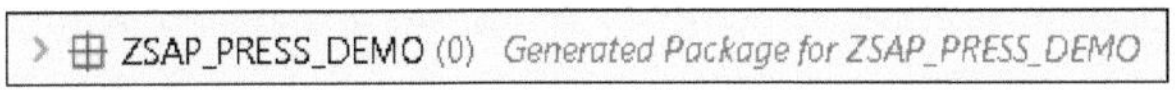

Abbildung 7.28 ABAP-Paket durch die Softwarekomponente erzeugen

Für die Erstellung des Pakets in diesem Schritt wird ein neuer Transport benötigt. Dieser erhält den durch die Softwarekomponente angelegten Transportweg. Durch diesen Transportweg wird dieser bei Freigabe des Transports automatisch in das Git-

Repository gepusht. In Abbildung 7.29 ist der Transportauftrag für den neuen Transportweg dargestellt, dieser hat in der Beschreibung den Namen der Softwarekomponente.

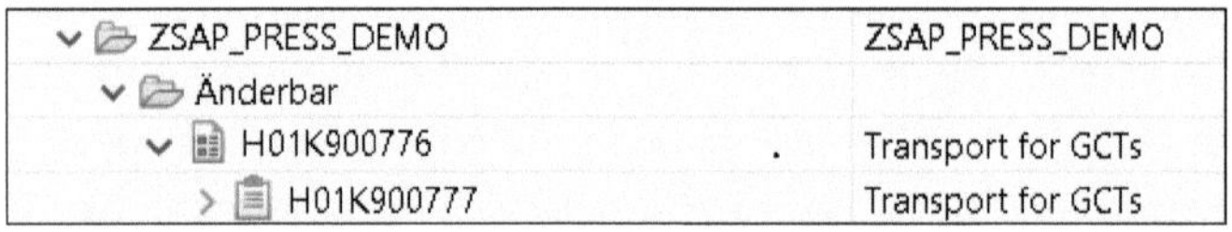

Abbildung 7.29 Transportauftrag für die neue Softwarekomponente

Im nächsten Schritt wird der Transportauftrag freigegeben. Dadurch wird das neu angelegte Paket automatisch im Hintergrund in das Git-Repository gepusht. In Abbildung 7.30 ist das Git-Repository nach der Freigabe zu sehen. Zum einen ist im Git-Repository der letzte Commit zu sehen, dieser setzt sich aus der Nummer des Transports und dem Namen zusammen. Außerdem ist zu erkennen, dass ein neuer Ordner mit dem Namen **object** angelegt wurde. Dieser enthält alle Objekte, die committet wurden. Jedes diese Objekte verfügt wiederum über seinen eigenen Unterordner in diesem Ordner, in dem alle erforderlichen Dateien des Objekts abgelegt wurden. Nachdem die Änderungen in das Git-Repository übertragen wurden, könnten die Daten nun in ein anderes System gepullt werden.

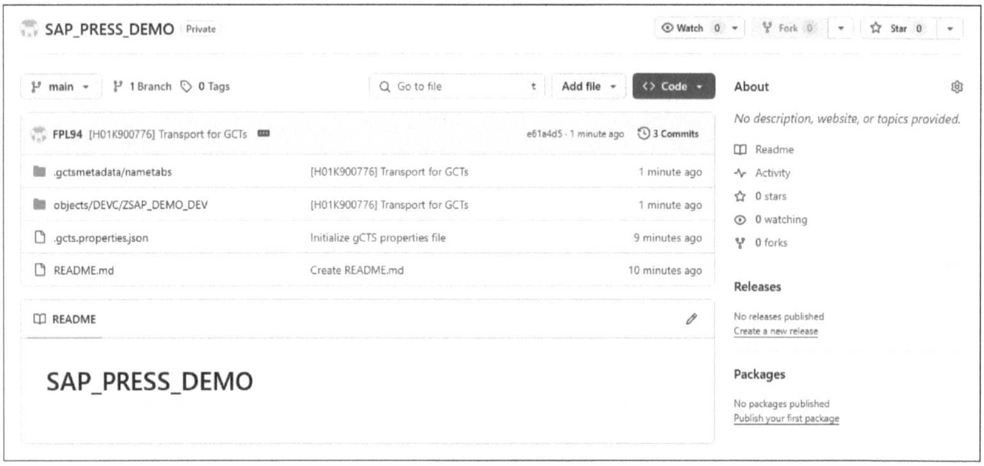

Abbildung 7.30 Änderung des Git-Repositorys nach Transportfreigabe

Neben der direkten Anbindung über das Git-Repository ist es auch möglich, Änderungen über das SAP Cloud Transport Management zu transportieren. Dazu wird die App **Manage Software Components** geöffnet und die Softwarekomponente ausgewählt. Im nächsten Schritt wird der Branch ausgewählt, von dem die Änderungen transportiert werden sollen. In Abbildung 7.31 sehen Sie die Detailseite des Branches.

Dabei können einzelne oder mehrere Commits markiert und über den Button **Export Commit** in das SAP Cloud Transport Management exportiert werden.

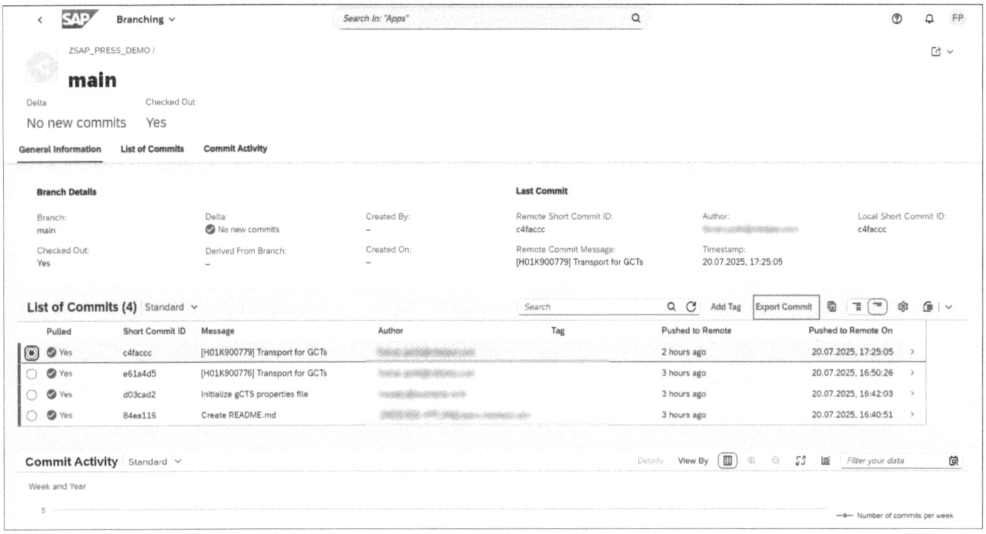

Abbildung 7.31 Branch »main« in der App »Manage Software Components«

Dieser Export ist in Abbildung 7.32 zu sehen.

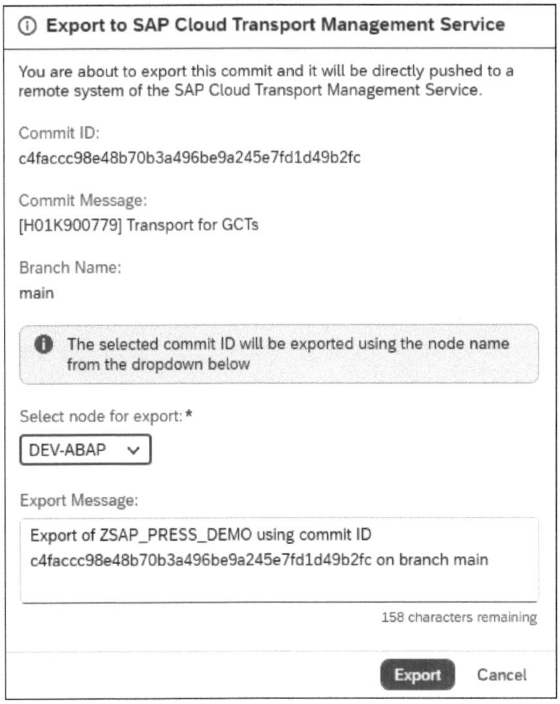

Abbildung 7.32 ABAP Commit Export

Dabei wird bestimmt, von welchem Knoten aus der Transport erfolgen soll. Auf diese Weise folgt der Transport dann dem definierten Transportweg im SAP Cloud Transport Management zum nächsten Knoten. Zudem muss eine Export Message angegeben werden, die in dem Transportknoten angezeigt wird. Die Exportnachricht in Abbildung 7.32 ist z. B. automatisch erzeugt worden.

ABAP Environment Pipeline

Die *ABAP Environment Pipeline* ist Bestandteil des SAP-Open-Source-Projekts mit der Bezeichnung *Piper* mit dem Ziel, CI/CD-Prozesse und DevOps-Praktiken für ABAP zu verbinden. Dieses Projekt kann z. B. in Kombination mit gCTS genutzt werden. Durch den Einsatz von Pipelines kann der Programmcode automatisch, kontinuierlich und umfassend getestet werden, etwa mittels Unit-Tests und dem *ABAP Test Cockpit* (ATC). Für Tests kann ein eigenes ABAP-System automatisch über die Pipeline in der SAP BTP erstellt, der Code dort ausgeführt und das System anschließend wieder entfernt werden. Auf diese Weise ist es möglich, Quellcode losgelöst von Einstellungen und Abhängigkeiten zu testen.

7.4 Fehlerbehandlung

Innerhalb von Anwendungen können Fehler unterschiedlicher Arten auftreten, die unter anderem auf Programmfehler oder fehlerhafte Konfiguration zurückzuführen sind. Zusätzlich zu diesen funktionalen Fehlern können Schwachstellen entstehen, die von Angreifenden ausgenutzt und potenziell für Hackerangriffe verwendet werden können. Um Fehler möglichst zeitnah zu beheben, ist es erforderlich, die Fehler schnell zu identifizieren. Dazu bietet SAP unterschiedliche Services auf der SAP BTP. In diesem Abschnitt stellen wir Ihnen daher den Service *SAP Alert Notification*, der es ermöglicht, Meldungen zu versenden, und *SAP Cloud Logging* näher vor.

7.4.1 SAP Alert Notification

Der Service *SAP Alert Notification* ist ein Service für die Veröffentlichung von Warnmeldungen, die Nutzer*innen zur Verfügung gestellt werden. Mithilfe des Services können Nachrichten über unterschiedliche Kanäle, etwa E-Mail oder Microsoft Teams, versandt werden. *SAP Alert Notification* setzt sich dabei aus den Komponenten *Actions*, *Conditions* und *Subscriptions* zusammen, die in Tabelle 7.5 näher betrachtet werden.

Name	Beschreibung
Actions	Eine Action im Service SAP Alert Notification stellt eine definierte Reaktion auf ein Ereignis dar. Die Art der durchgeführten Aktion richtet sich nach dem jeweiligen Aktionstyp. Dazu zählen z. B. das Versenden von E-Mails oder das Auslösen eines Workflows.
Conditions	Bei einer Condition (Bedingung) handelt es sich um eine Filterung von Ereignissen. Dabei werden die Filter auf Event Properties, wie etwa den Event-Typ, angewandt. Der Operator wird für den Vergleichsoperator verwendet. Zu den Vergleichsoperatoren gehören »Is Equal To« oder »Contains«. Abschließend wird der Wert angegeben, der mit dem Wert der Event Property verglichen wird.
Subscriptions	In den Subscriptions wird die Verbindung zwischen den Conditions und Actions hergestellt. Somit definiert die Subscription, welche Aktion unter welcher Bedingung ausgeführt werden soll.

Tabelle 7.5 Komponenten von SAP Alert Notification

Basierend auf diesen Grundlagen wird im weiteren Verlauf gezeigt, wie mit SAP Alert Notification eine E-Mail versandt wird, wenn ein Schritt in der CI/CD Pipeline abgeschlossen ist – inklusive der Statusinformationen. Grundsätzlich muss eine Instanz des SAP Alert Notification Services erzeugt werden. Nachdem die Instanz erzeugt wurde, kann der Service über seine URL geöffnet werden, die in Abbildung 7.33 zu sehen ist.

Abbildung 7.33 Startbild von SAP Alert Notification

Innerhalb von SAP Alert Notification können über den Bereich **Subscriptions** die Subscriptions verwaltet werden. Über den Button **Create** wird eine neue Subscription für den E-Mail-Versand angelegt. In Abbildung 7.34 ist die Eingabemaske für die Erstellung einer Subscription zu sehen. Bei der Maske handelt es sich um einen geführten Wizard, der sich aus den Bereichen **Create Subscription**, **Select Conditions** und **Select Actions** zusammensetzt. Innerhalb der Schritte für die Auswahl von Bedingungen und Aktionen ist es zudem möglich, diese auch neu anzulegen. In der Maske muss ein Name für die Subscription vergeben werden, und wir empfehlen, zusätzlich eine Beschreibung zu ergänzen.

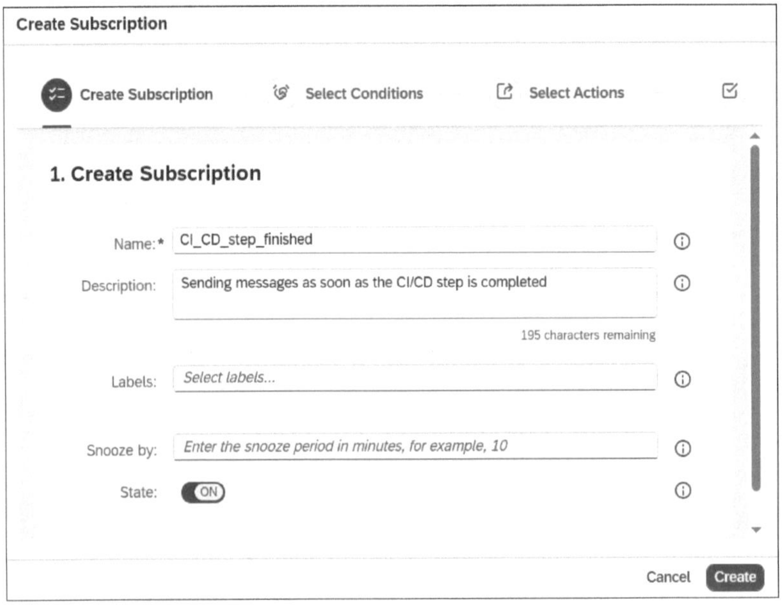

Abbildung 7.34 Subscription anlegen

Im nächsten Schritt wird die Auswahl von Bedingungen getroffen, die in Abbildung 7.35 zu sehen ist. Dabei werden die bestehenden Conditions in einer Tabelle angezeigt und können für die Nutzung ausgewählt werden. Zudem kann über den Button **Create Condition** eine neue Condition angelegt werden. Da zu diesem Zeitpunkt noch keine Condition vorhanden ist, wird im nächsten Schritt eine neue hinzugefügt, damit die E-Mail nur nach Abschluss des Schritts in der CI/CD Pipeline gesendet wird. Klicken Sie auf den Button **Create Condition**, um die Bedingung anzulegen.

Es öffnet sich ein neues Pop-up (siehe Abbildung 7.36), in dem Sie die Eingaben für die neue Bedingung vornehmen können. Dabei sollte ein aussagekräftiger und eindeutiger Name vergeben werden, unter dem die Bedingung für alle Subscriptions verfügbar ist. Zur Filterung wird der Event Type verwendet, da auf das Event `build.stage.end` reagiert werden soll, das das Ende jedes Schritts in CI/CD bedeutet. Um diese Funktion zu erhalten, wird für die Bedingung der folgende Wert angegeben: `eventType is equal to 'build.stage.end'`. Nach dem Speichern wird die Bedingung angelegt und kann für die Subscription genutzt werden. Werden mehrere Bedingungen in einer Subscription verwendet, werden diese mit »UND« verknüpft. Nachdem die Condition ausgewählt wurde, kann im nächsten Schritt die Action erstellt werden.

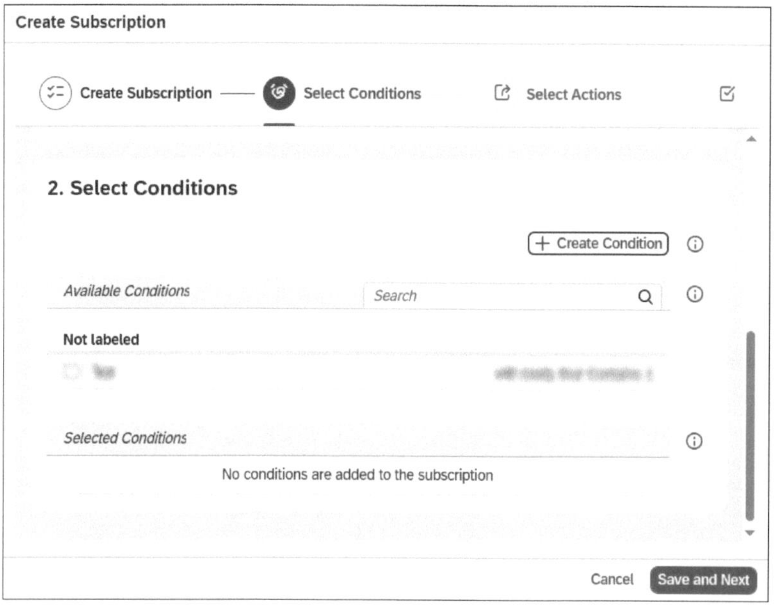

Abbildung 7.35 Bedingungen auswählen

Abbildung 7.36 Bedingung anlegen

Nun wird eine tabellarische Übersicht verfügbarer Actions angezeigt, analog zu den Conditions. Über den Button **Create Action** können Sie eine neue Action anlegen. Bei der Anlage einer Action wird zunächst ein Action Type ausgewählt, der festlegt, über welchen Kanal die Nachrichten versandt werden. Zu den möglichen Kanälen zählen der E-Mail-Versand, Microsoft Teams sowie die Auslösung eines Workflows in der SAP BTP. Basierend auf dem Kanal sind unterschiedliche Eingaben erforderlich, da die jeweiligen Kanäle verschiedene Aufgaben übernehmen. Im folgenden Beispiel wird der E-Mail-Versand genutzt. In Abbildung 7.37 ist das Pop-up für die Eingabe der E-Mail-Daten dargestellt. Dabei wird ein Name für die Definition der Action ausgewählt.

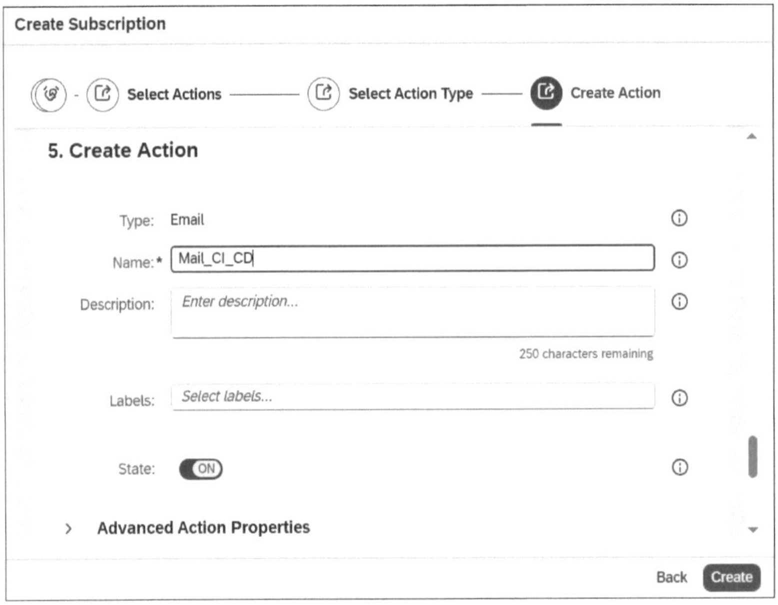

Abbildung 7.37 E-Mail-Action anlegen

Als zusätzlicher Pflichtparameter muss eine E-Mail-Adresse hinterlegt werden, wie in Abbildung 7.38 dargestellt. Bei diesem Action Type können E-Mail-Adressen nur fest hinterlegt werden und nicht dynamisch befüllt werden. Der oder die Besitzer*in der so hinterlegten E-Mail-Adresse erhält beim Speichern eine Bestätigungs-E-Mail, in der die Person erlauben muss, dass E-Mails an sie gesendet werden. Neben diesen Parametern können noch E-Mail-Vorlagen hinterlegt werden. Wird wie in diesem Beispiel keine Vorlage hinterlegt, wird eine Struktur des Events als E-Mail verwendet.

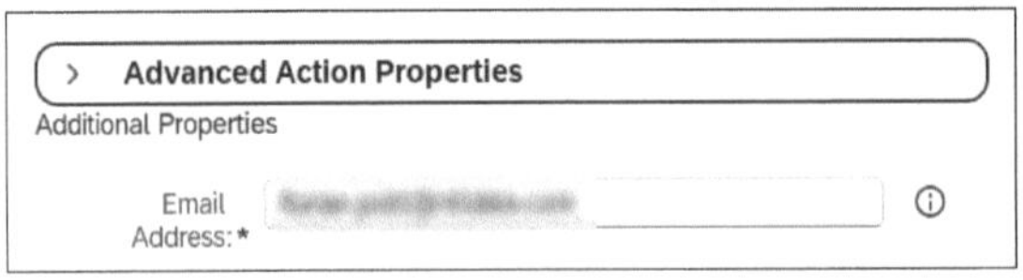

Abbildung 7.38 E-Mail-Parameter in einer Action

Nach Anlage der Action kann diese für die Subscription genutzt werden. Zudem besteht die Möglichkeit, weitere Actions hinzuzufügen. Beim Speichern der Subscription wird eine Zusammenfassung aller Daten angezeigt, wie in Abbildung 7.39 zu sehen ist.

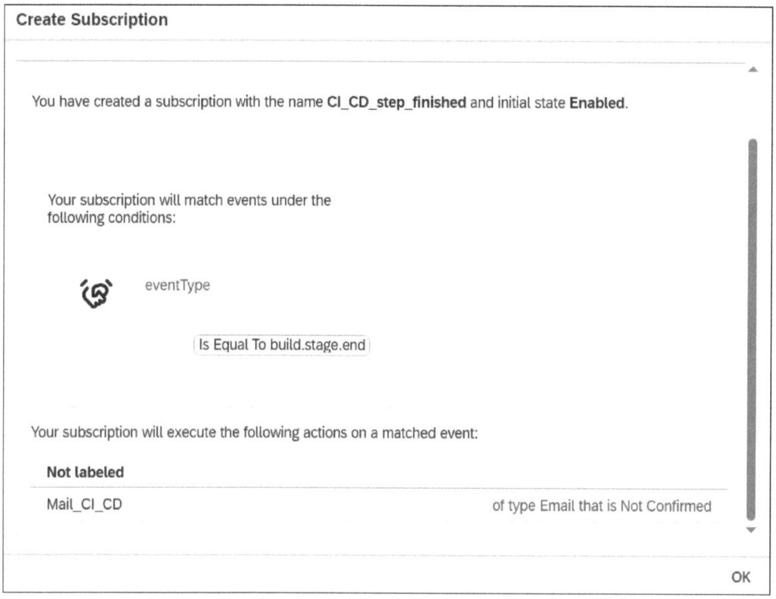

Abbildung 7.39 Zusammenfassung der Anlage einer Subscription

Um die Verbindung zwischen dem CI/CD-Service in der SAP BTP und SAP Alert Notification herzustellen, wird ein Service Key benötigt. Dazu kann über die Registerkarte **Service Keys** in der App **SAP Alert Notification** ein neuer Service Key angelegt werden. Der so erzeugte Service Key wird dann im CI/CD-Service für die spätere Nutzung hinterlegt. Danach kann in einer zuvor angelegten Pipeline der Schritt **Build Notification** aktiviert werden (siehe Abbildung 7.40). In diesem Service wird nun der zuvor angelegt Service Key hinterlegt, und zusätzlich kann ein Custom Tag hinterlegt werden, um z. B. in der Condition darauf zu reagieren. Wird nun die CI/CD Pipeline gestartet und ein Prozessschritt abgeschlossen, erhält die E-Mail-Adresse, die hinter der Action hinterlegt wurde, eine E-Mail mit dem Status.

Bei dieser so erzeugten Nachrichtenverteilung handelt es sich um eine ereignisbasierte Architektur, da SAP Alert Notification reaktiv auf Nachrichten reagiert. Im Beispiel wurde eine Punkt-zu-Punkt-Verbindung dargestellt, die mithilfe eines Event Mesh erweitert werden kann. Dadurch wird die Flexibilität erhöht und eine Entkopplung der Systeme ermöglicht.

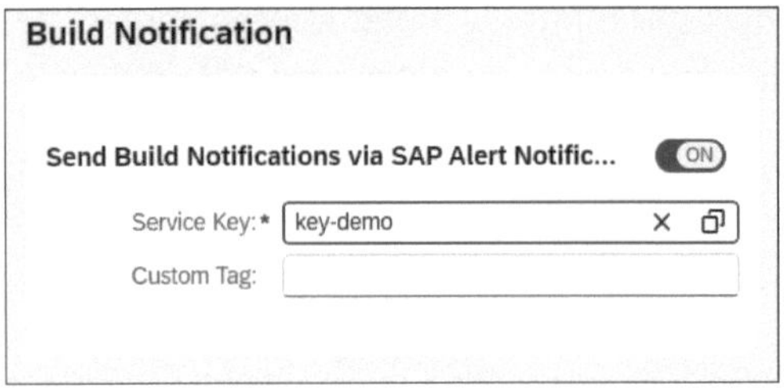

Abbildung 7.40 Build Notification in CI/CD

7.4.2 Logging

Für die Entwicklung von Services ist die Nutzung von Logging-Funktionen sehr wichtig, um Fehler zu erkennen und Informationen über die Prozesse zu erhalten. Zur Aufbereitung von Logs kann Kibana genutzt werden. Bei *Kibana* handelt es sich um ein Datenvisualisierungstool für die Anwendungsüberwachung. Damit ist es möglich, sich eine grafische Darstellung von Fehlern im Zeitverlauf und unterschiedliche Auswertungsmöglichkeiten anzeigen zu lassen. Um eine Verbindung zwischen Kibana und einer Anwendung herzustellen, muss eine Instanz von SAP Cloud Logging oder von SAP Application Logging Service for SAP BTP an die Anwendung gebunden werden. Der *SAP Application Logging Service for SAP BTP* soll allerdings nicht mehr genutzt werden, da der SAP Cloud Logging Service diesen ersetzt. Um Kibana aus der CAP-Anwendung heraus zu öffnen, wählen Sie im SAP BTP Cockpit die entsprechende Anwendung aus und klicken auf der Registerkarte **Logs** auf den Button **Open Kibana Dashboard**, wie in Abbildung 7.41 dargestellt.

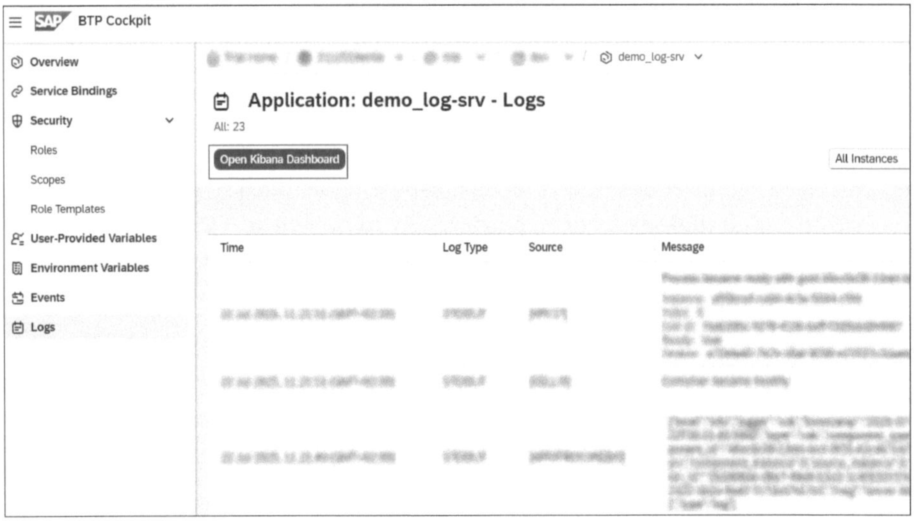

Abbildung 7.41 Kibana öffnen

Durch einen Klick auf den Button öffnet sich das *Kibana Dashboard*, wie in Abbildung 7.42 zu sehen ist. Auf der Startseite werden wichtige Kennzahlen zum Status der Services angezeigt. Die Standardeinstellung für alle Bereiche ist die Darstellung der letzten 15 Minuten, die jedoch nach Belieben verändert werden kann. Zu diesen Kennzahlen gehören unter anderem die Gesamtzahl der Logs und die Anzahl fehlerhafter Requests.

Bei der Anzeige ist zu beachten, dass alle mit Kibana verbundenen Services für die Auswertung angezeigt werden. Soll ein einzelner Service ausgewertet werden, ist es nötig, einen Filter auf den Service zu setzen.

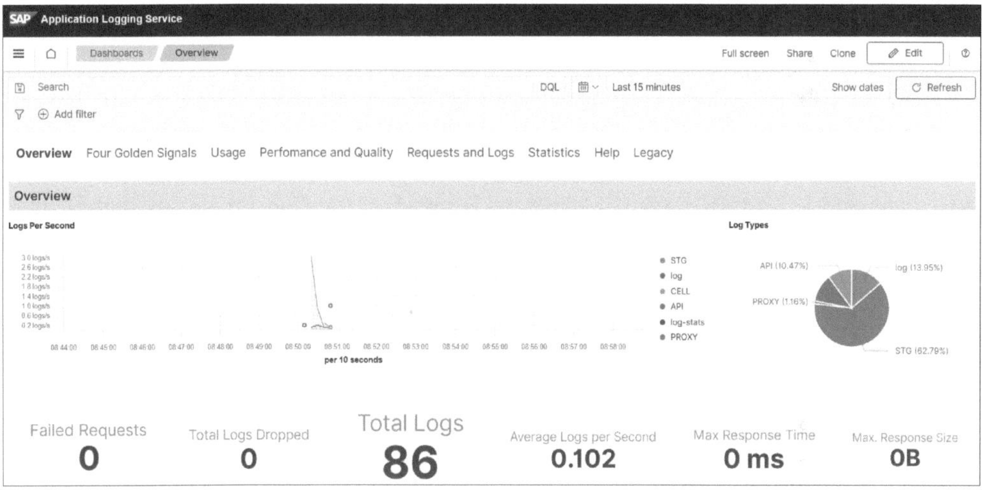

Abbildung 7.42 Kibana-Startseite

Für die Auswertung von Services wird in der Regel der Bereich **Requests and Log** genutzt. In diesem Bereich werden die Ergebnisse der Requests sowie der Anwendungslogs angezeigt. Dieser Bereich teilt sich in die Unterbereiche **Requests** und **Application Logs** auf. In Abbildung 7.43 ist der Bereich **Requests** mit der Liste an Requests zu sehen. Die Tabelle setzt sich dabei aus unterschiedlichen Feldern zusammen. Zu diesen gehören unter anderem die folgenden Spalten:

- **Time**: Zeitstempel der Verarbeitung der Nachricht
- **component_name**: Name des Services, der die Nachricht verarbeitet hat
- **correlation_id**: ID von zusammengehörigen Log-Einträgen, etwa Nachrichten, die im selben Request erzeugt wurden
- **response_status**: HTTP-Code

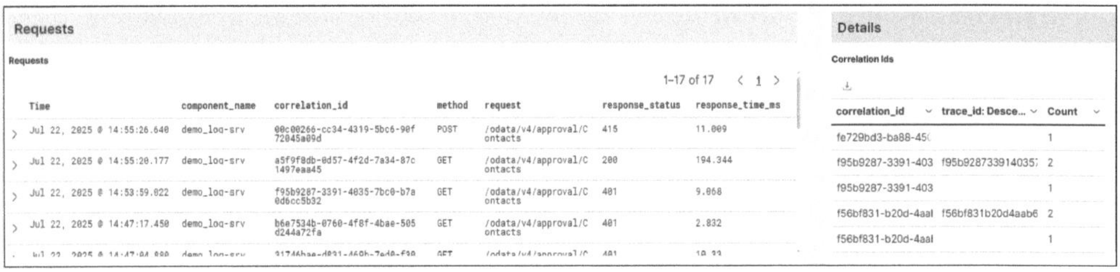

Abbildung 7.43 Request Log in Kibana

Im Bereich **Application Logs** werden Nachrichten angezeigt, die über die Log-Funktion innerhalb der Anwendung gespeichert wurden. Im Rahmen von CAP stehen verschiedene Möglichkeiten zur Verfügung, um Nachrichten zu protokollieren. Eine davon ist das einfache Logging mit dem Befehl `console.log()`. Darüber hinaus kann auch über CDS ein Logger erzeugt werden. Ein Beispiel für ein Logger ist in Listing 7.1 zu sehen. Mit dem Befehl `cds.log("Start");` wird ein Logger mit der ID `Start` zurückgegeben. Es besteht die Möglichkeit, das Loglevel anzugeben, um zu bestimmen, welche Art von Nachricht ausgegeben wird. In den folgenden Zeilen wird jeweils eine Nachricht des Typs »Info«, »Fehler« oder »Warnung« protokolliert.

```
var log = cds.log("Start");
log.info("Service Start ");
log.error("Error");
log.warn("Warning")
```

Listing 7.1 Beispiel für Logger mit CAP

Das Ergebnis des Programmcodes und der Effekt in Kibana sind in Abbildung 7.44 zu sehen. Im Bereich **Application Logs** wird ein Logger mit der ID `Start` angezeigt. Zusätzlich werden das Loglevel und die jeweilige Nachricht dargestellt. Dabei kann dann die ID des Loggers und des Loglevels genutzt werden, um nach bestimmten Nachrichten zu filtern.

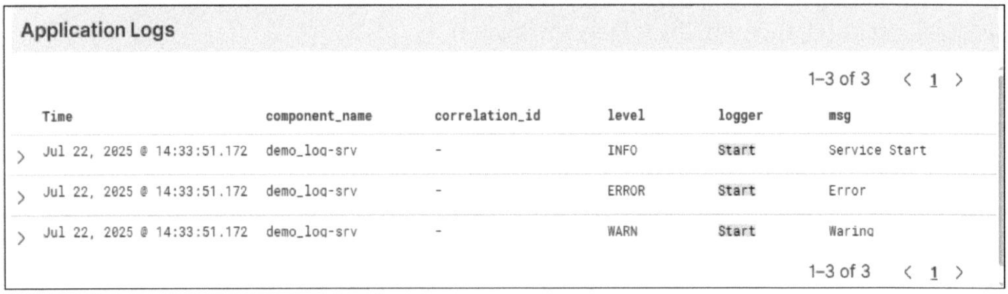

Abbildung 7.44 Application Log in Kibana

7.5 Zusammenfassung

Im Rahmen dieses Kapitels haben Sie erfahren, was die grundlegende Idee von DevOps ist und aus welchen Bestandteilen und Prinzipien es sich zusammensetzt. Dabei wurde die Funktionsweise von Git als Open-Source-Tool zur Versionsverwaltung erläutert. Für die Nutzung in der Praxis wurde gezeigt, welche Befehle benötigt werden, um Änderungen in ein Git-Repository zu commiten, pullen, pushen oder mergen. Für das Arbeiten mit Branching in Git wurden die verschiedenen Modelle vorgestellt: NoFlow für Einzelprojekte, Git-Flow für Projekte mit mehreren Personen sowie GitLab-Flow für größere Teams und komplexe Entwicklungen. Basierend auf Git wurden verschiedene Optionen im Bereich des Transports sowie zur Umsetzung von CI/CD erläutert. Dabei wurden der Funktionsumfang des CI/CD-Services in der SAP BTP schrittweise beleuchtet und seine Funktionen analysiert. Darüber hinaus wurde die Möglichkeit aufgezeigt, wie mit dem Transportmanagement-Service unterschiedliche Knoten angelegt und verbunden werden können, um den Transport zu ermöglichen. Schließlich wurden die Änderungen im Transportwesen und die Nutzung von CI/CD für ABAP gezeigt. Dabei wurden sowohl abapGit, bei dem Änderungen über einen Open-Source-Git-Client in ein ABAP-Git-Repository übertragen werden, als auch das Git-enabled Change and Transport System (gCTS), das ein integraler Bestandteil des ABAP Environments ist, näher betrachtet. Zuletzt wurde das Thema Fehlermeldungen behandelt. Dabei wurde der SAP Alert Notification Service vorgestellt, mit dem sich Nachrichten über verschiedene Kanäle versenden lassen. Außerdem haben Sie erfahren, wie Kibana genutzt werden kann, um Meldungen grafisch auszuwerten. Mit diesen Ergebnissen können Sie nun eigene DevOps-Projekte umsetzen.

Autorenteam

Florian Pohl ist ein erfahrener Entwickler und Themenverantwortlicher im Bereich SAP S/4HANA Development bei der NTT DATA Business Solutions AG. Er verfügt über umfassende Expertise in der ABAP- und SAP-BTP-Entwicklung und hat sich auf die Implementierung von Clean-Core-Konzepten spezialisiert. Seit 2019 konzentriert er sich intensiv auf das ABAP RESTful Application Programming Model (RAP) und setzt es in einer Vielzahl von Projekten ein. Er führt regelmäßig Schulungen zu RAP und CAP durch, sowohl für interne als auch für externe Teilnehmende.

Jean-Francois Tate Tsiledze ist Expert Developer bei der NTT DATA Business Solutions AG. Er hat umfassende Erfahrung im UX Design und in der UI-Entwicklung und hat sich auf Cloud-Anwendungen, Geschäftsprozessmanagement und künstliche Intelligenz spezialisiert. Seine Expertise umfasst On-Premise-, Cloud- und Hybrid-Architekturen. Er hat zahlreiche Projekte in verschiedenen Branchen erfolgreich umgesetzt, darunter die Automobilzulieferindustrie sowie der Öl- und Gassektor. Zu seinen Kernkompetenzen zählen SAP BTP, SAPUI5, Low-Code und No-Code und Core Data Services.

Constantin Freiherr Teuffel von Birkensee ist Head of Team Cloud Development bei der NTT DATA Business Solutions AG und leitet das Center of Excellence BTP. Er verfügt über umfassende fachliche Expertise im SAP-Cloud-Umfeld und langjährige Erfahrung in Forschung, Entwicklung, Produkt- und Projektmanagement. Er leitet ein Expertenteam, das sich auf Prozessautomatisierung, KI, Side-by-Side-Entwicklung und SAP-BTP-Architektur konzentriert. Sein Schwerpunkt liegt auf der Entwicklung innovativer Cloud-Lösungen und deren Umsetzung im SAP-Kontext.

Raphael Witte ist Senior Expert Cloud Developer bei der NTT DATA Business Solutions AG und verfügt über langjährige Erfahrung im SAP-Bereich. Er hat sich auf die Konzeption moderner Cloud-Architekturen und die Full-Stack-Entwicklung von Anwendungen mit dem SAP Cloud Application Programming Model und SAPUI5 spezialisiert. Sein Fokus liegt auf der Entwicklung innovativer Cloud-Lösungen im SAP-Kontext mit der Integration von Prozessautomatisierung und künstlicher Intelligenz.

Index

B

C

D

T

U

V

W

Z